1 & 2. 옛 로마 제국 전역에 도로망을 따라 크고 작은 기념물이 산재해 있다. 리미니의 아우구스투스 개선문(위)은 비아 플라미니아의 종점을 가리킨다. 에페수스에서 출토된 이정표(아래 왼쪽)에는 도로 건설자이자 집정관인 마니우스 아퀼리우스의 이름이 라틴어와 그리스어로 새겨져 있다.

3. 이정표의 형태를 흉내 낸 이 은제 비카렐로 컵은 초창기 여행 일정(아마도 서기 1세기경)이 새겨져 있는데, 카디스에서 로마로 가는 길 위의 중간 기착지들을 열거하고 있다.

4. 여행에는 위험이 따랐다. 3세기경에 제작된 이 봉헌판은 안전한 여행과 귀환(두 발의 방향이 그것을 표현)에 대해 카일레스티스 여신에게 감사를 표시하는 것이다.

5. 포이팅거 지도는 다양한 여행 일정을 그려놓아 로마를 중심으로 하는 체계적 도로망을 보여준다. 이 지도는 13세기에 제작된 복사본만 후대에 전한다. 4세기에 제작된 원본은 황제의 궁전 벽을 장식했을 것으로 보인다.

6. 여행자들은 도로에서 도적 떼를 만나는 걸 두려워했다. 이 장면은 티레의 윌리엄이 펼친 십자군 전쟁의 역사를 묘사한 시몬 마르미온의 삽화 중 하나다.

7. 성경은 많은 여행 이야기를 담고 있다. 엠마오로 가는 그리스도를 묘사한 두치오의 14세기 그림은 포석으로 포장된 도로를 보여준다.

8. 에르하르트 에츠라우브의 목판 지도는 독일을 통과해 로마로 가는 길을 보여준다. 이 지도는 교황 알렉산데르 6세가 선언한 1500년 희년을 축하하기 위해 이탈리아로 여행하려는 독일 순례자들을 위해 제작된 것으로 보인다.

9 & 10. 그랜드 투어의 발달은 음식, 숙박, 새 말을 제공하던 역참 여관들에게 새로운 수익을 안겨주었다(위). 여행자들은 나폴리와 포추올리를 연결하는 크립타 네아폴리타나 같은 고대 유적지를 선호했다(아래 왼쪽). 이러한 장소들은 예술 작품의 인기 소재가 되었고, 작품은 귀국 후 제국의 장엄함을 상기시키는 기념물이 되었다.

11. 나폴레옹 전쟁(1803~1815)은 여행을 중단시켰으나, 나폴레옹은 알프스를 넘어가는 고갯길을 위시해 많은 도로 개선 공사를 주도했다.

12. 로마로 가는 여행자들은 종종 도시 외곽에 멈춰 서서 이와 같은 원경을 바라보며 탄복했다. 그림은 앙드레 지루의 1831년 작품.

13. 19세기에 이르러 영국의 토지 측량은 정기적으로 고대의 유적들을 기록했다. 이 항공사진은 글로스터셔에 있는 포스 가도의 직선 도로를 포착한 것이다. 이런 유산들이 남아 있기에 근대의 영국 제국 건설자들은 자신들이 로마 제국의 후예라고 주장할 수 있었다.

14. 곡괭이를 든 무솔리니의 모습이 담긴 이 일요판 표지는 로마 도시 재개발에 대한 그의 개인적인 의지를 보여준다. 특히 무솔리니는 포럼을 통과하는 새로운 개선로 공사에 착공해 1932년에 개통했는데, 현대 파시스트 의전 행렬에 고대의 배경을 제공했다.

15 & 16. 자동차는 여행의 체험을 크게 바꾸어 놓았다. 올더스 헉슬리는 1924년 유럽 여행 중 아들 매튜에게 보낼 엽서에 이런 그림을 그려놓았다(위). 매력적인 영화 〈로마의 휴일〉(1953)은 2차 세계대전 당시 보도와 함께 따라다니던 음울한 파괴적 이미지를 완전히 바꿔, 로마로 가려는 여행자들이 새롭게 폭증했다(아래).

로마로 가는 길

THE ROADS TO ROME
Copyright © Catherine Fletcher 2024
All rights reserved

Korean translation copyright © CUM LIBRO 2025
Korean translation rights arranged with Felicity Bryan Associates LTD
through EYA Co.,Ltd

이 책의 한국어판 저작권은 EYA Co.,Ltd를 통해
Felicity Bryan Associates LTD와 독점계약한 도서출판 책과함께에 있습니다.
저작권법으로 보호를 받는 저작물이므로 무단전재 및 무단복제를 금합니다.

로마로 가는 길
THE ROADS TO ROME

인간과 문명을 연결한
2천 년의 여정

캐서린 플레처 지음 | 이종인 옮김

책과함께

일러두기

- 이 책은 Catherine Fletcher의 THE ROADS TO ROME(2024)을 우리말로 옮긴 것이다.
- 옮긴이가 덧붙인 설명은 〔 〕로 표시했다.

늪과 숲을 관통하는 길을 내기 위해
자신의 몸과 생을 기꺼이 바친 이들에게

차례

지도 8
프롤로그 로마의 길은 이야기가 있다 11

1부 파괴할 수 없는 기념물 서기전 350~서기 500

1 | 길에서 만난 로마인들 29
2 | 로마 제국을 가로지르는 길 57
3 | 초기 기독교인의 여행 85

2부 성자들과 군인들 500~1450

4 | 비잔티움과 비아 에그나티아 111
5 | 순례자와 비아 프란치제나 139
6 | 십자군과 비아 밀리타리스 167

3부 로마 제국의 위대함을 보여주는 증거들 1450~1800

7 | 도로의 르네상스 195
8 | 탐험가, 첩자, 사제들 219
9 | 왕실의 피난자들 243
10 | 그랜드 투어 269

4부 처음엔 도로, 그 다음엔 철도 1800~1900

11 | 나폴레옹   299

12 | 낭만파 인사들   321

13 | 미국인들   345

14 | 새로운 서사, 오래된 제국   371

5부 로마로 행진하기 1900~현재

15 | 비아 무솔리니아   397

16 | 비알레 아돌포 히틀러   417

17 | 7번 도로   439

18 | 로마의 휴일   463

에필로그 오늘날의 길들 위에서   481

감사의 말 487 | 옮긴이의 말 491 | 여행 경로 501
참고문헌 502 | 주 529 | 화보 도판 출처 566 | 찾아보기 568

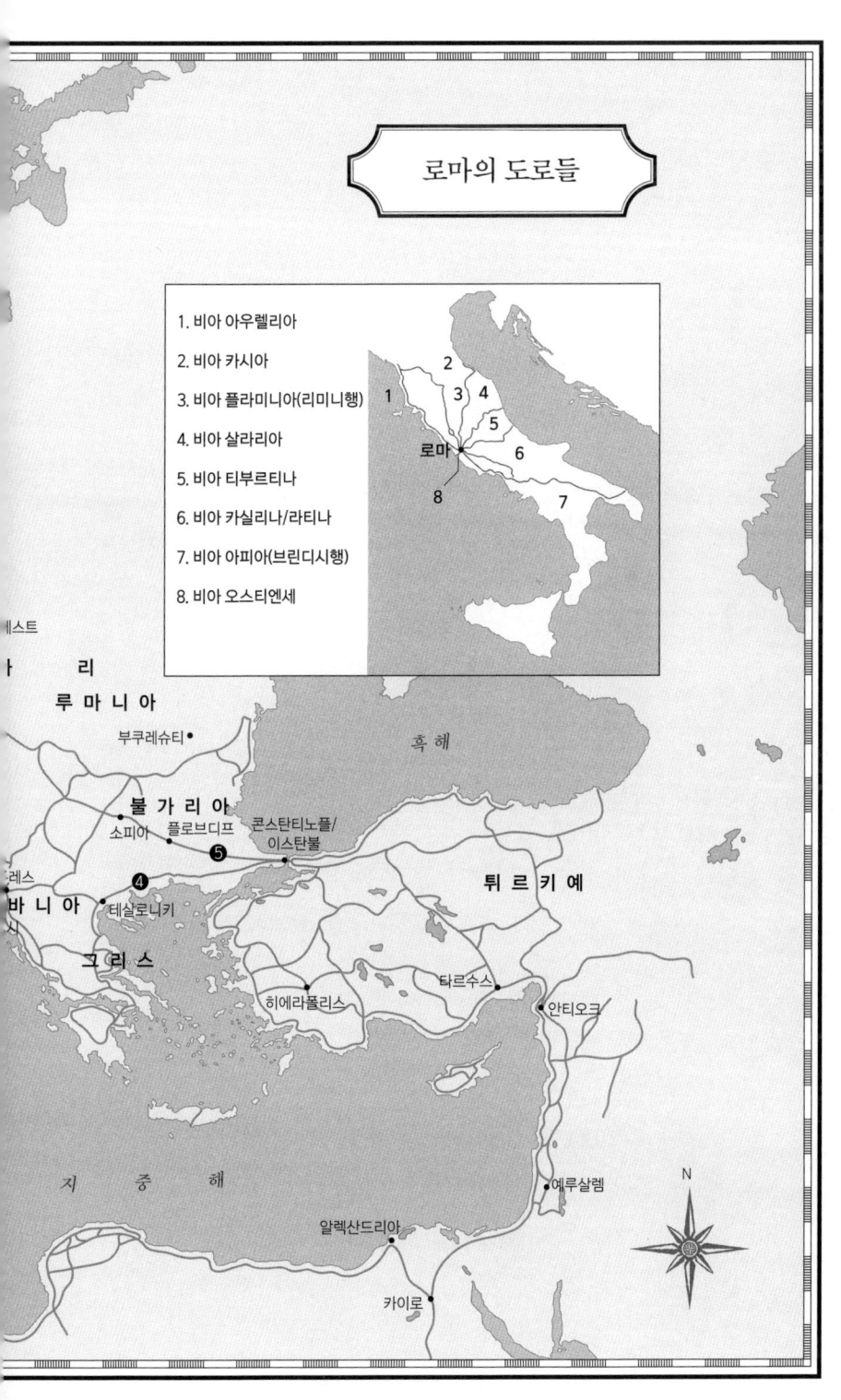

프롤로그
로마의 길은 이야기가 있다

"모든 길은 로마로 통한다." 이것은 중세에 나온 표현으로, 최초의 기록은 프랑스 시인 알랭 드 릴Alain de Lille의 저작에서 발견된다. 그는 근 1000년 전에 "수천 갈래의 길이 세월을 넘어 사람들을 로마로 인도한다"고 썼다. 영국 버전은 이보다 약 2세기 뒤에 나왔는데, 제프리 초서Geoffrey Chaucer는 이렇게 기록했다. "다양한 길이 다양한 사람들을 올바른 방식으로 로마로 데려간다."[1] 이 표현은 더 넓은 의미를 가지고 있지만, 고대 로마인들에게는 그야말로 글자 그대로의 진실을 담고 있었다. 서기전 20년 이후 어느 시점에 아우구스투스 황제는 중앙 포룸Forum(도시 중심에 위치했던 공공 복합장소)에 황금 이정표(로마 제국의 모든 도로의 출발점이라고 알려진 기념물)를 세웠다. 이에 대해 플루타르크는 "모든 길들이 끝나는 지점"[2]이라고 기록했다. 어찌 되었든 모든 길은 로마로 통하고 있었던 것이다.

또 다른 고대 작가인 스타티우스Statius의 말을 빌리자면, 모든 길의 여왕인 비아 아피아 Via Appia(이탈리아어로 '비아'는 길이라는 뜻)는 로마에서 이탈리아의 뒤꿈치에 해당하는 브린디시의 아드리아 해 항구까지 남동으로 연결하는 길이다.³ 이 도로는 영광스러운 유적들과 멋진 소나무 숲 사이를 지나며, 교외 별장과 수로의 잔해 속을 가로지른다. 그 그림 같은 포장도로 아래에는 지하묘지 회랑이 이어지고, 기억의 틈새에는 죽은 자의 유골이 채워져 있다. 그리고 산들이 병풍처럼 둘러쳐져 그윽한 배경을 이루고, 날씨에 따라 부드러운 안개에서 선명한 햇살로 색조가 바뀌어 도시를 향해 가는 풍경을 아름답게 만들어준다. 로마로 그랜드 투어 Grand Tour(18~19세기에 유럽의 귀족 자제들이 다녔던 대륙 여행)를 떠난 사람들이 스케치하거나 그림을 그렸을 법한 평온하고 한적한 장소다. 도로 주변에는 특별한 빛이 있다. 분홍빛 안개는 점점 가셔지면서 붉은 벽돌의 오래된 폐허를 드러낸다. 고대 건물들의 윤곽선은 복잡 미묘한 무늬가 가로지르면서 건물에 적용된 고대 건축기술의 비밀을 드러낸다. 어떤 날엔 나무들이 미풍에 흔들리고, 또 어떤 날엔 강한 바람이 불어와 나무들이 한쪽으로 기울어지게 해 하나의 방향성을 부여하기도 한다. 이 전형적 풍경을 묘사한 그림들은 언제나 많은 사람이 등장하지 않고, 한두 명의 여행자 혹은 자신의 포도밭을 돌보는 단 한 명의 농부가 등장하는 게 보통이다. 이것은 여러 층위의 세계, 역사의 팔림세스트 palimpsest(거듭 쓴 양피지로서 원래 쓰인 문장을 완전히 지우지 않은 채 그 위에 다른 문장을 쓴다)이다. 지난 2000여 년 동안 여행자들은 이곳에 걷거나, 말을 타거나, 자동차를 타고 왔다. 나 역시 지금 여기에 와 있다. 나보다 앞서 이 길을 걸었던 수많은 이들의 발자국이 돌바닥에 새겨진 듯하다. 길들을 따라 서 있는 여러 기념비와 묘석에는 유령들이 어른거린다. 잃어버린 이들, 사라진 이들, 길목에 맴도는 영혼들이 여기에 있다. 이 길 곳곳에는 여행자들을 지켜보았던 여러 신전이 들어서 있다. 처음엔 여신 헤카테가, 그 다음엔 성 크리스토퍼의 신전이 함께 했다. 로마 외곽의 전원 지방은 아름다운 풍경을 자랑하고 있으나 그래도 이 길은 위험한 곳이었다.

비아 아피아에는 배경음악도 있다. 한 세기 전에 작곡된 오토리노 레스피기Ottorino Respighi의 교향시 〈로마의 소나무 숲Pines of Rome〉은 보르게세 공원에서 지하묘지 그리고 잔니콜로 언덕에 이르기까지 낭만적 풍경을 뽐내는 로마의 숲을 연상시킨다. 마지막 악장에서는 한 군단이 승리의 행진을 하며 비아 아피아를 따라 위풍당당하게 도시로 입성한다. 로버트 그레이브스Robert Graves의 1934년 소설 《나는 황제 클라우디우스다》에서 클라우디우스 황제는 카피톨리노의 주피터 신전 밖에 서서 비아 아피아를 가리키며 말한다. "저 길이 보이나? 저건 지금껏 지어진 것 중에서 가장 위대한 기념물이지. 아우구스투스와 티베리우스 같은 황제들이 저 도로를 연장하고 보수했지만, 처음에 길을 닦은 것은 자유민들이라네. 저 길은 지금껏 사람들에게 무한히 봉사해 왔지. 난 길이 피라미드만큼이나 오래 갈 것이라고 확신하네." 황제는 계속해서 이렇게 말한다.

로마의 길은 고상하고 관대한 사람들이 인류의 자유를 위해 세운 가장 위대한 기념물이지. 길은 산맥, 습지, 하천을 관통하며 달려 넓고 곧고 단단하게 지어져 도시와 도시를, 민족과 민족을 서로 연결시킨다네. 길이는 수만 마일에 달하고, 그 길을 고마워하며 오가는 여행자들이 넘쳐나지.[4]

레스피기보다 수십 년 뒤 영화 〈브라이언의 생애Life of Brian〉에 나오는 등장인물들이 로마인이 인류를 위해 해놓은 일들을 토론할 때 도로는 업적 목록의 상위 순번을 차지한다. "그래, 그래. 분명 도로를 거기에 넣어야겠지. … 도로는 아무 말 없이 뻗어 있지." 실제로 많은 길들이 아무런 말도 없이 내달리고 있다. 미학적 관점에서 볼 때 길은 그리 사람을 흥분시키는 대상이 아니다. 길은 기능적이고 세속적이다. 우리가 길을 의식하게 되는 것은 교통 체증이나 사고 같은 문제가 발생했을 때뿐이다. 여행이 순조롭게 진행되면 길은 논평할 가치조차 없다. (이 책을 위해 연구조사를 하는 동안, 다른 책들의 색인에 '도로'가 나오는 걸 별로 본 적이 없었다.) 그렇지만 지난 여러 세기 동안 로마의 길들은 매혹의 원천이 되어 왔다.

　이 책은 그런 매혹이 어떻게 생겨났으며, 과거와 현재에 어떤 파급 효과를 미쳤는지를 다룬다. 명백한 실용적 용도 이외에 어떻게 로마 도로들은 유럽 전역에서 그토록 지속적인 문화적 영향력을 행사하게 되었는가? 그렇게 된 부분적인 이유는 로마인들 자신이 그런 영향력을 행사했기 때문이다. 로버트 그레이브스 소설 속의 클라우디우스 황제가 도로를 가리켜 기념물이라고 한 것은 나름 일리가 있다. 도로 옆에 세워진 이정표들은 관련 로마인들이 사라진 지 오래된 후에도 후원자와 황제들의 이름을 계속 기억하게 해주었다. 로마 도로망의 지속성은 놀라울 정도이며, 그 엄청난 규모는 어떠한 장엄한 건물도 필적하지 못하는 막강한 로마의 국력을 과시한다. 나는 어린 시절에 부모님의 낡은 차 르노 12의 뒷좌석에 앉아 〈아이-스파이I-Spy〉 게임(일종의 숨은그림찾기)을 하면서 이 도로들의 이름을 알게 되었다. 우리 가족이 영국의 전원 지방을 관통해 달리다가 곧게 뻗은 도로에 이를 때마다 아버지는 로마의 도로라고 일러주셨다. 아버지는 옥스퍼드 대학교에서 고전을 전공했으므로, 최소한 어떤 도로를 지날 때 그것이 로마의 길Via Romana이라는 것쯤은 알고 계셨을 것이다. 그런 도로들 중 하나로 워틀링 도로가 있었다. 비록 나중에 그것이 로마인의 도래 이전부터 있었던 것이고, 그들이 기존의 영국 도로에다 리모델링한 것임을 알았지만 말이다. 당시 내게 '워틀링'은 그리 로마 이름처럼 들리지 않았지만, 도로의 정체는 지도상에서 관련 도로를 살펴보는 것으로도 확인할 수 있었다. 국토 측량 지도에는 로마의 도로마다 산세리프체 대문자로 로만 로드ROMAN ROAD라고 기재되어 있었는데, 때로는 관련 도로 바로 옆에 그 표시가 나오기도 했다. 영국 정부의 지도 제작자들은 도로의 역사를 아주 중요하게 여겼다. 영국이 해외에서 영토를 정복하며 영국 제국을 건설해 나가는 동안 통치자들은 영국과 고대 로마의 연결고리를 강조하려 했고, 그에 따라 로마 도로들은 두 제국의 연결 관계를 증명하는 구체적 증거가 되었다.

지난 수 세기 동안 도로는 여러 야심만만한 강대국들에게 하나의 수단이 되어 왔다. 하천과 해로들과 함께 로마인들이 설치한 도로망 덕분에 로마 제국의 성립이 가능해졌고, 또 건국 이후에는 제국을 유지·관리하는 데 필수적인 수단이 되었다. 효율적인 정부는 원활한 소통에 달려 있다. 과거 흙으로 다져진 길을 대체하면서 표면에 자갈을 덮어서 단단하게 다진(혹은 쇄석을 깐) 도로는 로마의 총독과 관리들의 지방 여행을 효율적이면서도 실용적인 것으로 만들어주었다. 일정한 구간마다 설치된 역참驛站에서 말을 갈아탄다면, 일반 전령을 기준으로 하루에 약 80~96킬로미터를 주파할 수 있었다. 쇄석 도로 위로 행진하는 군대는 심지어 날씨가 나쁜 날에도 하루 약 40킬로미터를 갈 수 있었다. 어떤 지역에 군대가 도착하는 데 시간이 걸린다면 멀리 떨어진 거리만큼 제국의 치안 유지에 문제가 된다. 그래서 치안을 위해서는 신속한 사통팔달의 도로가 필요했다. 가령 어떤 세력이 반란을 꾸민다 할지라도 24시간 거리 이내에 제국 군대가 상주하고 있다는 사실을 알고 있다면 그들의 반응은 어떨까. 아마도 오싹한 억제제가 될 것이다. 클라우디우스 황제가 말한 "가장 위대한 기념물"이라는 발언은 분명 부분적으로 새겨들어야 할 필요가 있다. 자유 이외에 군사적 정복이라는 목적도 있었던 것이다.

로마 도로망의 길이와 범위를 가리키는 정확한 수치는 입수하기가 어렵고, 또 어떤 도로의 거리를 따지느냐에 따라 그 수치는 얼마든지 달라질 수 있다. 로마의 도로망이 유럽 전역과 지중해 연안 지역을 내달리며 넓게 뻗어 있었기 때문에 더욱 그러하다. 그러나 도로의 정확한 길이 못지않게 중요한 것은 도로가 동시대인들에게 미친 영향력이다.[5] 로마 제국의 3대 특징은 수도교, 하수도, 그리고 도로다. 그리스 역사가이자 아우구스투스 황제와 동시대인이었던 할리카르나소스의 디오니시오스에 의하면 로마 도로야말로 "비범한 위대함"의 표상이었다.[6] 서기전 8~7세기에 아시리아인들은 이미 상당한 도로망을 갖추고 있었으나, 로마인들에게 가장 친숙한 선례는 다리우스 대왕 시절인 서기전 5세기에 페르시아에 건설된 왕도Royal Road였다. 왕도는 오늘날의 튀르키예, 이라크, 이란을 관통하며 수사에서 사르디스까지 뻗어 있었다.[7] 중국의 한漢나라(서기전 200~서기 200)에도 주요 도로 건설 프로젝트가 있었다. 중국의 도로도 길고 곧게 뻗도록 건설되었다. 하지만 도로 표면을 포장하지 않았고, 도로 관련 기록을 뒷받침해주는 고고학적 증거들도 별로 없다. 중국 측 기록은 도로의

너비가 15.2미터라고 했는데, 2.4~4.8미터인 로마 도로보다 훨씬 넓은 것이었다.[8]

그러나 로마의 도로 건설 프로젝트는 중국 한대의 그것보다 훨씬 오래 존속했다. 서기전 312년에 건설이 시작된 비아 아피아는 처음에는 로마에서 카푸아(나폴리에서 약간 북쪽인 로마 이전에 조성된 정착촌)까지 132로마마일을 달렸다. 이것은 현재의 거리 단위로 196킬로미터에 해당한다. 1로마마일은 1478미터로서 오늘날의 1마일(1609미터)보다 약간 짧다. 비아 아피아의 첫 구간인 테라치나까지는 90킬로미터인데 5~6년 만에 완공되었고,[9] 거의 정확하게 일직선이었다. (현재 이 구간은 7번 국도로, 여전히 사용 중이다.) 고대 로마의 남부 이탈리아에 대한 정복 사업이 계속되자 비아 아피아는 확장되어 카푸아에서 반도를 가로질러 아드리아 해 연안의 바를레타까지 연장되었다. 이어 해안을 따라 남쪽으로 내려가 브린디시에 도달했는데, 총 길이는 385로마마일(569킬로미터)이었다.[10] 비아 아피아는 건설자의 이름이 붙게 된 첫 번째 도로다. 초창기 간선 도로는 그 목적지나 용도에 따라 이름이 지어졌다. 로마의 감찰관이었던 아피우스 클라우디우스 Appius Claudius는 마케도니아 왕처럼 기념되었다.[11] 그의 별명 카이쿠스는 생애 후반기에 눈이 멀었다는 것을 암시한다. 비록 고대 사료에서 확인되는 건 아니지만, 그가 새로운 포장도로를 맨발로 걸으면서 그 강도를 손수 시험했다는 얘기가 전해진다.[12] 이게 사실이든 아니든 비아 아피아만이 그의 유일한 사회 기반 시설 프로젝트는 아니었다. 그는 아쿠아 아피아 Aqua Appia라는 수도교를 건설한 사람이기도 했다. 아무튼 도로 공사는 너무나 중요했기 때문에 로마 정부의 이름으로 주화를 발행하게 되는(공사비 조달 때문으로 보이지만) 최초의 사례들 중 하나가 되었고, 아피우스는 포룸에 동상이 세워지는 영예를 얻었다. 도로의 발달은 로마인들의 정신세계에 일대 변화를 가져왔다. 사람과 사물을 전보다 훨씬 빠른 속도로 새롭게 이동시키는 것이 가능하다는 생각을 하게 된 것이다. 도로는 공간의 개념을 바꾸어 놓았고, 제국의 지평선을 확대했다. 과거에는 서로 떨어져 있던 정착촌들이 이제는 서로 연결되었다. 비아 아피아는 완공되자 남부 이탈리아에서 로마로 여행하는 사람들에게 그 도시에 도착하기도 전에 로마의 강성한 국력을 미리 파악하게 만들었다.[13]

초기 시기부터 도로의 상징성은 새로 정복한 영토들을 로마화하는 데 중요한 역할을 했으며,[14] 로마 제국이 사라진 뒤에도 도로들은 풍경 속에 깊이 새겨진 채 그대로 남았다. 유럽과 지중해 연안 지대를 달리는 수천 마일의 현대의 자동차 도로들도 옛 로마 도로를 그림자처럼 따라가고 있다. 문화적 수준에서도 이 유산은 지난 여러 세기 동안 중요한 자산이었다. 유럽의 대부분 지역, 동부 지중해, 북아프리카 사람들은 오래된 과거와 구체적 연결 관계를 찾기 위해 일부러 해외에 나갈 필요가 없다. 로마 도로의 돌들이 그들이 살고 있는 고장의 들판이나 가까운 마을에 묻혀 있기 때문이다. 아주 오랜 세월 동안 작가들은 거듭해 제국의 위력과 유럽의 정체성을 알려주는 이야기를 써 왔다. 그들은 이야기 속에서 로마의 도로를 위력과 정체성의 은유로 사용하면서, 소설 속 등장인물들이 도로를 활개 치며 걷도록 자유롭게 풀어놓았다. 그리고 화가들은 그 도로를 그렸고, 고고학자들은 도로를 굴착하고 길이를 측정하고 비명碑銘들을 기록했다. 통치자들은 위대한 로마의 전통을 따라가기 위해 그들의 이름을 딴 새로운 도로를 건설했다. 도로의 상징은 중세의 기록에는 희미해

져서 나오지 않지만, 여행자들은 고딕 전쟁Gothic Wars(5세기에 있었던 고트족의 유럽 침공)과 르네상스 사이의 1000년 동안 그 상징을 전과 다름없이 사용했다. 그리고 15세기 이후 비아 아피아는 관광 여행 일정에 한 자리를 차지하게 되었다. 로마의 길들은 제국에 잔존하는 기념물과 로마 도시들의 허물어진 유적으로 인도하는 동시에 일반 여행자들을 과거로, 로마의 역사와 지리 속으로 데려간다.

가족 여행을 하고 약 20여 년이 지난 후에 나는 로마의 영국학교 소속의 다소 낡은 미니버스를 타고 여행할 수 있는 기회를 얻었다. 우리는 도시를 둘러싼 GRA(Grande Raccordo Anulare, 로마 외곽순환도로) 일주를 하는 동안에 비아 카시아Via Cassia, 비아 살라리아Via Salaria 등 고대의 거리 이름들을 거론했다. 차를 타고 가면서 노선의 역사를 그처럼 날카롭게 의식하는 것은 기이한 경험이었다. 도로를 건설한 사람들이 상상조차 할 수 없었던 빠른 속도로 그 길을 지나면서 말이다. (출퇴근 시간에 자동차가 거북이처럼 기어갔다고 하더라도 기이한 경험이기는 마찬가지였을 것이다.) 반면에 때때로 이 오래된 도로들은 스트레스 많은 현대인들이 그들의 생활 속도를 느긋하게 늦추는 특별한 공간으로 변모하기도 한다. 가령 일요일에 비아 아피아의 일부 구간(지방 공원의 자전거 길에 이르는 구간)은 보행자 전용 도로로 바뀌는데, 이 길을 따라 천천히 걸어가면 한가함과 즐거움을 되찾게 된다. 그리고 이 길을 통해 등골이 오싹한 지하 공동묘지에 들어가 볼 수도 있는데, 이것은 아주 빠른 속도로 달리는 테마 파크의 롤러코스터 타기만큼이나 짜릿하고 매혹적인 경험이 된다. 나는 비아 아피아를 찾아오기도 전에 이 길에 있는 가장 유명한 기념물인 카실리아 메텔라Caeccilia Metella의 무덤에 대한 얘기를 들었다. 집정관의 딸이었던 메텔라 얘기가 교과서에 들어 있었는지 혹은 나의 라틴어 선생님이 들려준 이야기 속에 있었는지는 잘 기억이 나지 않는다. 그러나 이제 대리석으로 덮여 있는 둥그런 능묘인 그녀의 무덤을 생생하게 눈앞에 그려볼 수 있다. 이 무덤이 조성되고 1000년 이상 흘러간 후에 로마의 카에타누스 가문의 귀족들은 무덤 바로 옆에다 성을 건설했는데, 목적은 누가 그 도로를 통행하는지 더 잘 통제하기 위해서였다. 16세기 후반에 들어와 이 성이 철거 위협을 받자 도시의 관리들이 개입해 구제했고, 1808년에는 조각가 안토니오 카노바Antonio Canova가 무덤 주위에서 발견된 유물들을 보존하기 위해 현장에다 그의 이름을 딴 기념물 시설을 건설했다.[15] 도로들은 오래 되었을지라도 전혀 불변인 것은 아니었다.

  비록 돌은 점차 마모되지만, 새로운 여행자들은 새로운 기억을 만들며 이곳을 찾는다. 그들은 경치를 보기 위해, 교역하기 위해, 이주하고 이동하기 위해, 휴식과 깨달음을 누리기 위해, 저항하고 정복하기 위해 왔다. 길이 있는 곳에는 온갖 사람들이 모여든다. 관광객과 상인, 관리들이 오고, 순례자들에게는 걷는 행위 자체가 경건한 의식이 된다. 어떤 사람들은 여행을 하지 않고 길가에서 일한다. 여관 주인과 하녀, 마부, 통행세 징수원, 도로 포장을 수리하는 노동자, 도적, 도로 순찰대, 안내인, 그리고 첩자들이다. 이들은 수 세기 동안 그렇게 살아왔다. 항공기와 고속도로는 불과 100년도 채 되지 않았고, 철도도 겨우 200여 년밖에 되지 않았다. 유럽의 대부분 역사에서 이 도로망은 국내외를 오가는 주요 수단이었다.

나는 도로변의 유물들이 보존된 상황을 살펴보면서 도로들을 여행했다. 비아 아우구스타Via Augusta, 비아 밀리타리스Via Militaris(혹은 비아 디아고날리스Via Diagonalis), 비아 에그나티아Via Egnatia, 비아 아피아, 비아 플라미니아Via Flaminia를 여행했고, 그에 더해 맨체스터에서 카디스, 이스탄불, 다시 로마로 돌아오는 길을 답사했다. 로마의 도로망은 이보다 더 멀리 뻗어있었지만 지상에서의 현대 대중교통은 그의 상대가 되지 못한다. 게다가 오늘날의 복잡한 정치적 상황도 얽혀 있다. 과거에 로마인들이 티레에서 아크레로 갈 때는 약 43킬로미터 거리에 불과했다. 그러나 오늘날 레바논에서 이스라엘로 들어가는 길은 폐쇄되어 있어 여행자들은 시리아와 요르단을 경유해서 우회해야 하는데, 직선거리의 10배가 넘는 여정이다. 또한 그 어떤 여행사도 북아프리카의 해변 고속도로를 타고 가는 여행 상품을 제공하지 않아 내가 당초 쓰려했던 북아프리카 관련 내용은 포기해야 했다. 이 여정은 과거와 현재를 이어주는 물리적 연결을 탐사하고, 고대 길들이 여전히 문화적으로 어떤 흔적을 남기고 있는지를 직접 확인해보는 나만의 방식이었다.

유럽 전역에서는 근대 제국들의 유산을 처리하는 방식을 두고 활발한 공적 논쟁이 있어 왔다. 아프리카 문화유산의 복원을 위한 프랑스의 사르-사보이 보고서에서 시작해 영국 내셔널 트러스트의 식민지 관계 연구 보고서, 제국을 이어주는 공공 기념물을 지도로 작성한 이탈리아의 프로젝트에 이르기까지 다양하다. 그러나 로마의 도로들도 제국의 업적이다. 여행자들이 로마 제국과 어떤 연결 관계를 맺었는지 살펴봄으로써 우리는 그들이 가령 신성로마제국, 프랑스, 영국, 이탈리아 제국과 어떤 관계를 맺었는지 더 잘 이해할 수 있다. 이처럼 한 걸음 뒤로 물러서서 유럽 제국의 초석이 되었던 로마 제국을 조망하면 새로운 관점을 발견할 수 있을지도 모른다.

🏛

방대한 규모와 오랜 역사를 가진 도로망에도 불구하고, 내가 이 책을 쓰기 시작했을 때에는 예상했던 것보다 기존의 연구 자료가 많지 않다는 것을 발견했다. 고대 로마 시대의 도로에 대한 연구 자료들은 상당히 많이 있고 파시스트 시대의 도로 프로젝트에 대해서도 뛰어난 연구서가 있었다. 그러나 고대 로마와 현대 로마 사이의 중간 시기에 대해서는 참고 자료들이 들쑥날쑥했다. 르네상스나 그랜드 투어에 관한 책들, 나폴레옹과 가리발디의 전기 등에서 도로에 대해 지나가듯이 인용한 것을 발견하고서 그 세부사항을 더 잘 이해하기 위해 관련 자료들로 되돌아가기도 했다. 나는 여행자들이 도로에 대해서 말한 부분을 직접 살펴보았고, 관심사가 도로가 아닌 다른 것에 있는 일부 여행자들도 이 책에 등장시켰다. 부재는 현존 못지않게 중요하다. 도로는 너무도 당연하게 여겨졌기에 도로에 대한 생각들은 폭넓은 문화적 현상의 여백, 즉 로마 여행에서 자주 발견된다. 도로와 여행은 서로 긴밀하게 연결되어 있으므로, 도로의 이야기를 하려면 여행이라는 더 폭넓은 체험과 어떻게 서로 부합하는지 언급하지 않을 수 없다.

온갖 종류의 역사들이 조사연구자를 매혹하고 있다는 점을 감안할 때 왜 도로의 역사는 상당 부분 연구가 진행되지 않았는지 물어

볼 만한 가치가 있다. 나는 도로의 역사가 두 가지 커다란 관심사, 즉 도로의 경로와 건설에 대한 고고학적 연구와 예술·문학·철학 등 고전 문화에 도로가 수 세기에 걸쳐 미친 영향의 빈틈 사이로 빠져버렸기 때문에 그동안 연구가 소홀해졌다고 본다.[16] 게다가 도로 자체에 대한 연구는 최근이나 연속적인 계보에 집중하는 경향이 있는 기억 연구memory studies의 영역에 잘 부합하지 못한다. 로마 도로 위의 특정 유적들에는 집단 기억이 존재하기도 하는데, 이는 종종 20세기적 중요성과 관련되어 있다. 그러나 로마 도로망의 문화적 의미는 그보다 더 심오한 수준에서 작동하며 좀 더 신화적이고 내면적인 것이기도 하다.

도로들을 이해하기 위해 나는 19세기 초의 두 저술가들이 표현한 아이디어 쪽으로 시선을 돌렸다. 한 사람은 제르멘 드 스타엘Germaine de Stael로, 자신의 로마 여행으로부터 영감을 받은 그녀의 소설 《코린 혹은 이탈리아Corinne, or Italy》는 절반은 이탈리아 사람인 여류 시인 코린과 네빌 공 오스왈드의 사랑 이야기를 들려준다. 코린은 이탈리아의 화신 같은 여성으로서 소설은 당대의 정치와 유럽의 과거를 핵심 소재로 삼고 있다.[17] 포룸을 방문한 코린은 이렇게 선언한다.

사람의 눈은 영혼보다 더 강력하다. 로마의 허물어진 유적들을 보고 나면 우리는 마치 그 시대를 살았던 사람처럼 고대 로마인의 존재를 믿게 된다. 지적인 기억은 공부에 의해 습득된다. 반면 상상력에서 비롯된 기억은 좀 더 직접적이고 심오한 인상으로부터 생겨난다. 그것은 우리의 생각에 생기를 불어넣고, 우리가 배운 것을 마치 직접 목격한 것처럼 느끼게 만든다.[18]

1814년에 이탈리아를 여행하면서 일기를 작성한 새뮤얼 로저스 Samuel Rogers는 마찬가지로 상상력에 대해서 이런 글을 남겼다.

고대 로마에 대해서 말해 보자면 도로, 수도교와 성벽, 감시탑, 일곱 언덕과 캄파냐 지방, 도시를 둘러싼 산들, 도시를 관통해 흐르는 강, 그 너머에 열려 있는 바다 등 모두 여전히 우리 곁에 남아 있다. 이들 중 많은 것들이 불변일 뿐만 아니라 변할 수도 없다. 지금 이 순간 소락테 산 위에서 빛나는 눈, 아펜니노 산맥을 관통해 티레네 바다로 흐르는 티베르 강, 여전히 떠오르는 태양, 여전히 같은 곳에 있는 바다. 그러니 우리에게는 상상력을 발동시킬 소재가 많이 남아 있는 것이다.[19]

로마로 가는 길은 역사 연구의 대상이 될 수 있지만, 동시에 상상의 공간이자 어쩌면 꿈꾸는 장소가 될 수도 있다. 일부 작가들은 여전히 고대의 사료들을 인용할 것이지만 그보다 훨씬 많은 이들은 과거라는 아지랑이 같은 유령들을 소환한다. 그들은 시각적 참고 자료들을 공유하면서 과거를 상상하는 것이다(가령 새뮤얼 로저스가 말한 눈 덮인 소락테 산은 로마 시인 호라티우스를 암시하고 있다). 로마 여행은 하나의 공연이며, 거기에는 대본이 있다. 아니, 좀 더 자세히 말하면 2개가 있다. 하나는 고대의 이교도 유적지에 집중하고, 다른 하나는 기독교 신자들의 순례를 강조한다. 많은 여행자들이 두 대본을 동시에 가져가는데, 정치·종교 성향과 개인적 선호에 따라 강조점이 약간씩 달라질 뿐이다. 그러나 현대에 오면서 두 대본은 각색이 되었다. 각 세대는 여행에 새로운 강조점을 부여한다. 세상이 발달하면서 도로들은 문명과 진보의 표시가 되었다. 어떤 도로는 제국주의적 프로젝트를 정당화하는가 하면 또 어떤 것들은 그런 프로젝트에 저항한다. 도로를 덮고 있는 돌 자체가 불변이라 해도(서서히 마모되는 것을 제외하면), 도로에 관한 얘기들은 불변이 아니다. 이는 완전히 역사라고도 할 수 없고, 단순한 기억이라고도 할 수 없다. 우리는 이것을 '집단적 역사 상상력'이라고 부를 수 있을 것이다.[20]

로마의 마지막 황제가 폐위된 지 1500년이 지난 지금에도 도로는 여전히 중요하다. 새롭게 발견된 로마 도로에 관한 보고서가 일주일이 멀다 하고 빈번하게 나오고 있다. 도로가 이처럼 우리의 상상력을 사로잡고 있는 사실에 의문을 제기하지 않는 것은 도로들이 우리의 문화 어디에나 스며들어 있기 때문이다. 많은 여행자들은 단지 그들의 목적지만을 내다본다. 보존 구역으로 선정된 도로(로마 바로 남쪽의 비아 아피아 구간) 혹은 문화 도로(비아 프란치제나)를 제외하면 콜로세움이나 하드리아누스 성벽, 님므의 경기장, 카디스의 극장처럼 관광객을 끌어들이는 장엄한 유적들을 제공하지 않는다. 그래도 우리는 도로에 흥미를 느낀다. 나는 북쪽에서 남쪽으로 혹은 동쪽에서 서쪽으로 2000년이 넘는 세월을 가로지르며 존재한 길들을 따라가며 아래를 내려다보려 한다. 어떻게 그리고 왜 지난 여러 세기 동안 이 단순한 돌들이 그처럼 강력한 힘을 지니게 되었을까. 비아 아피아를 몸소 걸어갔던 일을 회고하면서 찰스 디킨스는 이렇게 말했다. "이 도로에 뿌려진 모든 돌들에는 역사가 새겨져 있다."[21] 그는 옳았다. 로마 도로의 이야기는 우리 발밑에서 들려오는 유럽과 그 이웃들의 역사다.

1부

파괴할 수 없는 기념물

서기전 350 ~ 서기 500

1
길에서 만난 로마인들

왜 로마의 길이 이처럼 중요한 의미를 갖게 되었는지 이해하려면 우리는 먼저 기본으로 돌아가 도로의 실용성과 그 도로가 자연적·문화적 풍경에 미친 영향을 살펴볼 필요가 있다. 포장도로로 알려진 로마의 최초 도로는 장거리가 아닌 도시 내에 건설된 단거리 도로 클리보 데이 푸블리치Clivo dei Publicii인데, 오늘날에도 걸어 다닐 수 있다. 루키우스Lucius와 마르쿠스 푸블리키우스Marcus Publicius의 이름을 딴 이 도로는 키르쿠스 막시무스에서 시작해 아벤티노 언덕까지 나 있다. 원래의 클리부스 푸블리키우스Clivus Publicius 도로는 거기서 더 아래로 내려가 포룸 보아리움Forum Boarium(로마의 소 시장)까지 이어졌다.[1] 도로 위원회는 도로 건설자들의 이름을 문자 그대로 지도에다 적어 넣었다. 그러나 그 자리에 들어선 현대식 도로는 그리 영감을 불러일으키지 않는다. 당초의 돌들은 사라졌거나 땅속에 묻혔고, 인근의 교차로는 차들이 밀려들어 혼잡하며 차들이 내뿜는 배기가스로 주변 공기는 혼탁해져 있다. 이곳은 도심 지역 중에서 주차료가 비교적 싼 곳이어서 도로 양옆에 차들이 즐비하게 늘어서 있고, 소형 2인승 자동차는 마치 오래된 성벽 같아 보이는 곳을 향해 코를 들이민 채 주차돼 있다. 거기에는 사람들의 줄이 이미 늘어서 있는데, 성 베드로 대성당이 보이는 그 유명한 열쇠구멍을 들여다보기 위해서다. 이 동네에서 볼거리는 거리가 아니라 열쇠구멍 너머의 풍경이다. 도로 자체에는 특별한 표시나 흥미로운 설명이 없다.

키르쿠스 막시무스에는 곧 다가오는 록 음악 공연의 무대 설치가 완료되었다. 나는 팔란티노 언덕을 우회해 아래쪽으로 내려갔는데, 그곳에 남아 있는 황금 이정표의 흔적은 명판이 붙은 주춧돌뿐이다. 고고학자들은 이 평범한 돌덩어리가 과연 원래의 기념물과 관련이 있는 것인지도 확신하지 못한다. 이 돌들은 이정표치고는 너무 커서 이정표였다고 보기 어렵다. 또한 어떤 문장이 새겨져 있었는지에 대해서도 역시 확신하지 못한다. 거기에 도로명과 거리 정보가 있었다는 이론은 현대에 들어와 생긴 것이다. 또 다른 가능성은 로마에서 출발하는 도로와 그 도로의 유지 관리를 맡은 도로 감독관들의 이름이 새겨졌을 수도 있다.[2]

이정표의 실물이 어떻든 간에 고대 로마는 주변 지역들로부터 식량에서 건축 자재에 이르기까지 보급품을 들여오는 효과적 운송망에 의존하고 있었다. 비아 살라리아는 한쪽 방향은 오스티아의 해변 염전 습지로 가는 것이었고(라틴어로 sal은 소금을 의미), 다른 방향은 이탈리아의 산간 척추인 아펜니노 산맥으로 가는 것이었다.[3] 일부 생필품은 하천 운송으로 조달되었는데, 가령 로마의 동쪽에 있는 언덕 도시 티볼리의 생산물은 아니오 강(현재 아니에네 강)을 따라 로마로 들어왔다. 그러다 서기전 30년에 티볼리로 가는 길인 비아 티부르티나Via Tiburtina가 확장되었는데, 이것은 하천이 더 이상 트래버틴Travertine(온천에 의해 생성된 담수 석회암의 일종)을 수송하는 중요 운송 수단이 아니었음을 뜻한다. 건설 자재인 트래버틴은 티볼리 근처 석산에서 다량 생산됐는데 콜로세움 같은 건설 공사에 많이 투입되었다.[4]

도로 공사를 할 때 로마인들이 아무 것도 없는 맨 땅에서 시작한 것은 아니었다. 이탈리아 반도에는 이미 상당한 도로망이 있었고, 특히 에트루리아 남부 지방 도로 기술자들의 수준은 초창기 로마인들의 그것에 손색이 없었다. 예를 들어 볼로냐 근처에 있는 마르차보토라는 에트루리아 도시는 도로 양옆에 배수구가 설치된 격자형의 도로 디자인을 갖추고 있었다. 로마인들이 이들과 다른 점은 로마와 새로 정복된 영토들을 이어주는 장거리 도로를 개발했다는 점이다.[5] 비아 라티나Via Latina는 남쪽으로 내려가 베네벤토까지 갔는데, 로마를 라티움(현재 라치오)과 연결시켜 주었다. 비아 아피아가 더 잘 알려지기는 했지만, 비아 아피아보다 몇 년 전에 건설된 비아 라티나는 최초의 '계획된' 로마 도로였다.[6] 이 도로는 현재 비아 카실리나Via Casilina의 일부를 이루고 있다. 서기전 6세기에서 서기전 4세기에 이르는 초창기 단계에서 도로망으로부터 가장 큰 혜택을 본 사람은 정치적 이유로 로마로 여행한 사람들이었다. 도로 건설은 또한 자원을 여러 지역으로 재분배했다. 그렇지만 초창기의 주요 연결 고리는 이탈리아 서부와 중부의 중심 도시, 특히 부유한 해안 도시들이었다. 쇄석 도로metalled roads는 바퀴 달린 수송 수단을 사용하는 사람들에게 큰 편의를 제공했다. 그것은 편리한 교통수단이었을 뿐만 아니라 도로를 관리하는 군대 덕분에 신변 안전까지 보장되는 것이었다.[7]

도로는 전쟁 수행에도 필수적이었으며, 이는 많은 저소득층 사람들이 장거리를 이동하게 되는 계기가 되었다. 그리스 역사가 폴리비오스Polybios가 로마와 카르타고 사이의 포에니 전쟁을 서술할 때 분명하게 밝힌 바 있듯이, 점점 커지는 제국의 영토로 많은 병사들을 이동시키는 수단이었다. (서기전 218~201년의 제2차 포에니 전쟁 때 병사들의 숫자는 총 70만 명이었던 것으로 추산된다.) 서기전 244년, 서부 시칠리아의 에릭스를 공격할 때 카르타고인의 상황은 궁박했다. "두 적대적 군대 사이에서 보급품 조달이 어려운 상황이었고, 소통 방법도 바다로 나가는 1개 항구와 1개 도로가 있을 뿐이었다. 그래도 그들은 믿기지 않을 정도의 결단력을 발휘하며 버텼다."[8] 카르타고 사령관 한니발은 갈리아를 관통해 북부 이탈리아로 들어갈 계획을 세웠다. 현지의 부족들이 알프스 고갯길을 봉쇄하려 들었지만, 한니발은 첩보 덕분에 그 고개를 넘어갈 수 있었다. 밤중에 갈리아 부족들은 진지에서 철수해 가까운 마을로 돌아간다는 것이었다. 그래서 한니발은 야간 행군을 감행해 고개를 넘었다. 알프스 산을 하산하던 중 한 지점에서 그들은 새로운 길을 닦기도 했다. 말들이 지나가는 통행로를 닦는 데에는 하루면 충분했으나, 한니발의 유명한 코끼리 부대가 통과하기 위해서는 사흘간의 "어렵고 고통스러운 노동"이 필요했다.[9]

평화 시에 군인들은 도로 건설 공사를 했고, 실제로 도로 건설은 군대의 주된 책임이었다. 그러나 새로운 지역을 정복한 후에는 때때로 노예 노동자들을 투입해 도로 공사를 했다. 이런 점에서 로마 시민과 자유민들이 건설한 비아 아피아는 이례적인 것이었는데, 그래도 군대와 관련이 있었다. 이 길은 제1차 삼니움 전쟁(서기전 343~340)에서 로마로 돌아오던 로마 병사들의 귀환로를 그대로 답습한 것으로, 테라치나 시를 관통했다. 이 시는 원래 핵심적 고갯길에 설치되었던 로마군 식민지였다.[10] 더욱이 비아 아피아는 로마와 그 동맹국들을 연결시켜준 반면 라치오의 적대적 도시들은 의도적으로 피했다.[11]

나는 낡은 삼피에트리니sampietrini를 밟으며 로마에서 걸어 나와 비아 아피아 쪽으로 갔다. 삼피에트리니는 로마의 도로들을 포장한 평평하고 네모난 포석을 말한다. 도시의 성벽에서 2개의 아치 밑 통로가 내게 작별을 고했다. 나는 웅장한 붉은 벽돌 탑 밑을 통과해 현재 비아 아피아 안티카Via Appia Antica(고대의 비아 아피아)라고 하는 길 쪽으로 다가섰다. 내 바로 옆에는 기둥 하나가 성벽 쪽에 바싹 붙어 있었다. 이것은 최초의 이정표로, 실제의 복제품이다. 포룸의 황금 이정표에서 여기까지의 거리가 1마일이라는 것을 표시하며, 서기 1세기 후반에 이 도로가 복원되었다는 것을 알려준다. 여기서 조금만 걸어가면 비아 아피아와 비아 아르데아티나Via Ardeatina의 교차점에 위치한 팔미스의 산타 마리아 교회에서 시작되는 그림 같은 도로 구간이 나온다. 여기서 길을 벗어나면 포세 아르데아티네에 있는 나치 만행의 희생자들에게 봉헌된 기념비를 만날 수 있다. 산타 마리아는 원래 "도미네 쿠오바디스Domine, Quo Vadis(주님, 어디로 가십니까?)"라는 별명으로 더 잘 알려진 곳이다. 이 별명은 성 베드로의 전설에서 유래했는데, 베드로가 그리스도의 처형 당시 그리스도를 알지 못한다고 세 번 부인한 사건과 관련이 있다. 베드로는 로마의 박해를 피해서 달아나다가 노상에서 그리스도를 만난다. 이때 이런 질문을 던진다. "주님, 어디로 가십니까?" 그리스도가 십자가에 못 박히기 위해 로마로 간다고 대답하자, 베드로는 발걸음을 돌려 로마로 가서 자신의 운명을 맞이한다. 그리스도의 발자국이 새겨져 있다는 포석은 현재 인근의 성 세바스티안 교회에 모셔져 있다. 그것은 아마도 초창기의 봉헌물로 기독교 유물이 아닐 가능성이 높다.

다소 위험한 도로 구간을 따라 약간 아래쪽으로 내려가면(포장도로도 아니고, 길 양옆에 높은 담벼락이 있다) 이교도와 기독교도가 혼재하는 지하묘지가 나온다. 오랜 세월 동안 기독교도의 박해와 관련이 있는 것으로 믿어져 왔던 지하묘지는 사실 이교도, 기독교도, 유대교도 등 로마의 모든 종교 신자들의 공동 묘지였다. 그렇지만 기독교 순례자들이 찾아가는 중요한 유적이 되었다. 성 칼리스투스의 지하묘지에는 최소한 14명의 교황 시신이 안장되어 있으며, 관광버스가 경배하기를 원하는 사람들을 매일 실어 나르고 있다. 그러나 이렇게 말한다고 해서 비아 아피아에 유혈의 역사가 없다는 얘기는 아니다. 서기전 73년 스파르타쿠스의 반란군이 진압되자 6000명의 노예들이 잡혀 카푸아에서 로마에 이르는 길의 주변에서 십자가형에 처해졌다.[12]

그러나 비아 아피아는 오로지 죽음과 기억의 유적인 것은 아니다. 환락의 장소이기도 했다. 지하묘지로부터 얼마 떨어지지 않은 곳에 막센티우스Maxentius의 허물어진 빌라(별장) 유적이 있다. 막센티우스는 이교도 황제인데, 밀비우스 다리 전투에서 기독교 신자인 콘스탄티누스에게 패배했다. 이 유적 바로 옆에는 전차 경기를 구경하러 오는 관객 1만 명을 수용했던 경기장이 있다. (이 경기장에 있던 오벨리스크 탑은 현재 로마의 나보나 광장에 있다.) 경기장의 너비는 310로마피트

(92미터)이고 길이는 그보다 세 배 이상 길다. 풀과 클로버, 버섯, 잔가지 등이 덮여 있어 걸으면 바삭거리는 소리가 난다. 옛 경기장 트랙의 한 부분에는 핑크색 데이지들이 융단처럼 깔려 있는데, 크기가 약 2.5센티미터에 달하는 큼직한 꽃들이다. 가끔씩 두더지 언덕이 그 꽃밭을 끊는다. 트랙을 한 바퀴 도는 동안 회색과 흑색이 뒤섞인 갈가마귀들이 공중에서 요란하게 움직였다. 근처에서 항공기들이 인근 치암피노 비행장 쪽으로 하강하자, 나무 위에 앉아 있던 갈가마귀들이 비명을 내지르며 앉아 있는 나뭇가지에서 날아올랐다.

다시 도로에 나오니 카실리아 메텔라의 무덤이 바로 위쪽에 있었다. 이제 삼피에트리니는 낡은 포석으로 바뀌었고, 하나의 그림 같은 풍경이 내 앞에 펼쳐졌다. 로마의 소나무들과 사이프러스 나무들 사이로 나 있는 오래된 판석 도로였다. 그 길 아래로 내려가니 길옆에 위치한 커다란 전원 공원인 파르코 아피아 안티카가 나왔다. 초록색 잉꼬 새들이 한 나무에서 비명을 내지르며 날아올랐다. 이 일대의 땅은 16세기에 로마의 카파렐리 가문이 사들여 거대한 농장을 조성했다. 그러나 카파렐리 가문에 대해 알아보려고 여기에 온 것은 아니고 에게리아의 님파이움, 즉 폐허가 된 분수를 둘러보기 위해서다. 이 유적은 괴테와 바이런을 포함해 많은 관광객들을 유치했다. 바이런은 《차일드 해럴드의 순례》라는 장편 서사시에서 샘과 정령에 대해 이렇게 노래했다.

> 그대 샘물의 이끼들은 여전히
> 엘리시온의 물방울로 적셔지고,
> 그대의 동굴이 지키는 샘의 얼굴은

수천 년이 지나도 주름 하나 잡히지 않은 채로
그곳을 지키는 온유한 눈을 가진 정령을 비추네.
샘물 근처에 있는 푸르고 거친 가장자리도
예술의 손길을 지우지 못하고,
대리석에 갇혀 있는 청명한 물은 잠들지 않은 채로
갈라진 조각상의 틈새 사이로 계속 솟구치네.
졸졸 흐르는 시냇물은 그 주변을 돌아 흐르고
고사리, 꽃, 담쟁이덩굴이 그 곁에 얽히듯 기어오르네.[13]

담쟁이는 오늘날에도 허물어진 유적 위로 존재하고 있으며, 분수는 여전히 솟구치는 샘물 소리와 나무들의 우듬지에서 불어오는 미풍으로 영광스러운 자태를 뽐내고 있다. 나무들의 천개天蓋는 벽돌의 사선 무늬 위에 걸려 있고, 땅속의 은밀한 지하수는 치암피노 공항으로 날아가는 비행기 소리에도 불구하고 잠이 들려고 애를 쓰고 있을 것이다. 또 다른 이정표를 지나 나는 퀸틸리우스 가문의 빌라에 도착했다. 퀸틸리우스 가문은 고대 로마의 명문가로, 그들 가문 중 2명이 콤모두스 황제에게 반기를 들고 음모를 꾸몄다가 살해되었다. 퀸틸리우스 빌라는 현재 몇 개의 담장만 예전처럼 서 있을 뿐이다.

이 일대가 로마 제국의 영토로 편입되면서 도로들은 행정 편의, 무역 촉진, 경제 발전 등 더 광범위한 목적에 봉사했다.[14] 도로는 공공사업이었으므로 고용 확대도 가져왔다. 최근에 진압된 지역들을 제국의 중심과 연결시켜 주는 후대의 도로들은 종종 도로 건설을 책임진 관리들의 직책을 따와서 '집정관' 도로라고 언급되었다. 측량사 시쿨루스 플라쿠스Siculus Flaccus에 의하면, 서기 1세기에 이르러 도로들은 쿠라토레스 비아룸curatores viarum이라는 제국 정부 행정관이 관리했다. 이들은 도로의 보수 공사를 발주했고, 현지의 지주들은 도로의 유지비용을 필수적으로 부담해야 했다. 이런 주요 도로 옆에 마을로 들어가는 진입로 역할을 하는 보조 도로들도 있었는데, 이것 또한 현지 지주들이 유지 보수했다. 또한 사유지에 접근하기 위한 개인 도로도 있었는데, 일반 대중이 사용하는 길은 아니었다.[15] 현재 카피톨리노 박물관에 있는 이정표는 서기전 1세기의 것으로 카밀라 가문이 사용하는 개인 도로를 표시했다.[16] 칼레스 푸블리카이calles publicae(공용 샛길)라고 알려진 다른 길은 주로 양 떼들이 이동할 때 사용하는 길이었다.[17] (칼레는 베네치아에서 거리의 이름으로 남아 있다.) 그러나 일부 주요 도로들도 양 떼의 이동에 활용되기도 했다. 티볼리와 로마를 이어주던 비아 티부르티나는 티볼리 외곽의 헤라클레스 성소 아래에 양을 세기 위한 터널을 포함하고 있었는데, 이는 세금 부과 목적이었다.[18]

서기 1세기에 나온 스타티우스의 시는 도로 건설에 들어가는 노동력을 시적으로 다소 과장하며 묘사한다.

함께 일하는 노동자 소집단이 얼마나 많던지! 어떤 집단은 삼림을 베어내어 높은 곳에 있는 땅을 개활지로 만들고, 어떤 집단은 도구를 사용해 비죽 튀어나온 바위를 다듬고 커다란 들보의 거친 표면을 밀어낸다. 또 어떤 이들은 돌들을 서로 묶어서 고정시키고, 소석회燒石灰와 화산응회암을 써서 건설 자재를 더 단단하게 만든다. 그리고 다른 집단은 계속해서 물이 고이는 웅덩이를 말리거나 자그마한 시내의 물줄기를 다른 데로 돌리려고 애를 쓴다.[19]

도로망 건설에 투입된 노동자들의 정확한 숫자는 알 수 없다. 한 전문가는 5년이라는 공사 기일에 맞추어 비아 아피아의 첫 구간 185킬로미터를 완공하는 데 2만 5천 내지 3만 6천 명의 노동력이 들어갔을 거라고 추산했다.[20] 기계식 장비가 없는 상태에서 그것은 놀라운 업적이었다. 토지 측량사에서 석공 그리고 중노동 인부에 이르기까지 세련된 기술이 들어가지 않으면 이루기 어려운 작업이다. 도로 건설용 자재는 현지의 토지 조건에 따라 적절히 선택되었다. 비아 아피아에서는 화산응회암이 사용되었으나 다른 곳에서는 입수 가능한 자재를 선택했다. 로마인들은 곧고 평탄한 길을 선호했는데, 로마 남쪽의 비아 아피아 구간이 대표적이다. 이 길은 가파른 알반 언덕을 통과해 폰티네 습지까지 곧게 뻗어 있다. 군사용 목적으로도 곧게 뻗은 길이 합리적이었다. 길이 짧을수록 행군 거리도 짧아진다. 이런 길은 공사 비용도 덜 들어가고 측량하기도 더 쉬우나, 기술적 문제를 제기하기도 한다. 자연 암반은 때로 단단한 도로 지반이 되어주지만, 없는 경우에는 인공적으로 만들어야 한다. 습지대에는 목재를 사용해 제방을 조성했다. 가령 테라치나 근처의 비아 아피아 구간은 길을 내기 위해 토목 공사가 필요했다. 언덕은 깎아내 낮게 하고, 계곡은 흙을 가져다 덮어야 했다. 이보다 훨씬 평이한 도로 구간도 건설하기 힘들기는 마찬가지였다. 때로는 도로 양쪽에 판 배수 도랑에서 자갈을 얻을 수 있었지만, 없으면 멀리 떨어진 곳에서 돌을 운반해 와야 했다.

초창기 도로 건설에 대한 관련 문서는 그리 많지 않다. 아무도 로마 기술자들을 위해 '도로 건설 요령' 지침을 남겨주지 않았고, 도로가 꾸준히 재건설되고 보수되는 바람에 도로를 연구하는 고고학자만 더 힘들어졌다. 원시적 형태의 도로는 포장된 것이 아니라 융기된 부분인 아게르agger와 양옆의 도랑으로 구성되었고, 그 위에 쇄석이 두 층 깔려 있었다. 그중 밑의 층은 커다란 돌을 깔았고, 위의 층은 자갈을 깔았다. 자갈층은 교통량이 많아지면서 자동적으로 짓눌려 표면이 부드럽게 되었다. 개울이 있는 곳에는 도로 밑에다 아치형 배수구를 설치해 개울을 건넜다.[21] 로마 토지 측량사들이 어떻게 정확한 측량을 했는지는 논의의 대상이다. 이에 대해서는 다양한 이론이 있는데, 현대의 측량기와 비슷한 디옵트라dioptra나 말뚝 위에 직각 십자 형태의 구조물을 얹고 그 끝에 줄을 달아 직선을 정확하게 긋는 도구인 그로마groma 등의 다양한 측량 도구들을 거론한다. 토지를 정확하게 측정해야 할 필요가 있는 세금 징수 제도 덕분에 기하학 기술은 꽤 널리 보급되어 있었다. 이러한 측량 방법들로 인해 고대 로마 사람들은 직선 도로를 선호했다. 고속도로 기술자이자 도로 역사가인 휴 데이비스Hugh Davies의 말을 빌리자면, 그것이 "수학적으로 편리하기 때문"이었다.[22]

이후의 고대 저술가들은 비아 아피아를 포장한 공사의 공로를 아피우스 클라우디우스에게 돌렸다. 그리스 역사가 디오도루스 시쿨루스Diodorus Siculus는 그의 공로를 이렇게 설명했다. "그는 자신의 이름이 붙은 도로의 포장 공사를 실시했다. 그 도로는 로마에서 카푸아까지 1천 스타디아 길이인데, 높은 곳은 평탄하게 만들고 도로가 지나가는 땅의 구멍과 분지는 메웠다. 그 공사를 하느라 공공 재정을 탕진했지만, 그래도 공공선을 위해 노력한 그의 공로를 찬양하는 파괴할 수 없는 기념물을 남겼다."[23] 그러나 고고학적 증거는 서기 1세기 이전에는 포장 공사가 별로 이루어지지 않았다는 것을 보여준다.[24] 초창기에(심지어 트라야누스의 통치 시기인 서기 98~117년까지도) 남부 구간들은 자갈로 되어 있었다.[25] 또 다른 그리스 저술가인 플루타르크는 가이우스 그라쿠스Gaius Gracchus가 서기전 123~121년에 시행한 도로 공사를 언급했는데, 이것이 디오도루스가 생각했던 아피우스의 포장 공사에 가장 가까운 모습이다.

> 도로들은 굴곡 없이 전원의 들판을 곧게 꿰뚫었다. 도로들은 잘게 부순 돌들로 포장이 되었고, 그 아래쪽은 단단히 다진 모래 더미로 보강이 되었다. 지형이 낮은 곳은 돋우어 올리고, 물줄기나 계곡을 만나면 다리를 놓아 건넜다. 도로의 양옆은 평평하면서 수평이 되게 했다. 결론적으로 도로 공사는 평탄하면서도 아름다운 광경을 만들어냈다.[26]

도로들을 "파괴할 수 없는 기념물" 혹은 "공공선에 기여하는 아름다운 것"으로 보는 이미지가 이미 로마 시대에 외부 관찰자들에게 알려져 있었다. 길은 도시와 도시를 연결시켜 높은 명성을 얻었다. 그리고 아주 먼 후대에 들어와서도 로마의 길들은 현대적 상상력의 소재가 되었다. 작가들은 로마 제국과 자신들이 살고 있는 시대를 서로 비교하면서 떠올린 생각을 글로 적을 때, 길의 연결 작용과 높은 명성을 곰곰이 생각했던 것이다.

비아 아피아가 완공된 이후 장거리 도로 건설에는 반세기 이상의 휴지기休止期가 있었다. 그러다가 서기전 241년경에 로마에서 해안을 따라 북쪽으로 가는 도로인 비아 아우렐리아Via Aurelia 공사가 시작되었다. 그리고 그로부터 20년 뒤에 비아 플라미니아Via Flaminia 공사가 착공되었다. 이 도로는 로마에서 출발해 반도를 관통해 아드리아 해안의 식민 도시인 아리미눔(리미니)까지 가는 길이었다.[27] 비아 아피아와 마찬가지로 비아 플라미니아는 로마를 기존의 식민 도시인 리미니뿐만 아니라, 그보다 더 오래되고 가까이 있는 나르니아(나르니)까지 연결시켰다(나르니아라는 신화적 땅을 서술한 아동도서 저자 C. S. 루이스는 고전 도감에서 그 지명을 따온 것으로 알려져 있다).[28] 후대에 비아 플라미니아 도로상에 혹은 그 근처에 세워졌던 이정표들 중 일부는 현재 파노 박물관에 보관되어 있다. 예전에 그곳에 있던 포르투나 여신에게 바쳐진 신전 때문에 파눔 포르투나이Fanum Fortunae라는 이름이 붙은 식민 도시 파노는 아드리아 해안 도시인 리미니의 남동쪽에 있었다. 수수하지만 뚜렷한 특징을 가진 돌기둥들은 허리에서 어깨에 이르는 다양한 높이인데, 서기 4세기경에 세워진 것이다. 이 기둥은 어떤 것은 로마까지의 거리(약 288킬로미터)를 표시하고 있으며, 모든 돌에는 예외 없이 당시 통치 황제의 이름이 새겨져 있다.[29] 당대의 여행자들로서는 로마까지의 거리가 얼마나 남았는지 아는 것도 중요했지만 그보다 더 중요한 건 현 황제의 이름을 알고 있는 것이었다.

여러 세기가 흘러가면서 점점 판도가 커지는 제국 전역으로 도로망이 확충되었고, 놀랄만한 기술이 개발되었다. 풀리아의 포지아 근처인 카라펠레 강 위에는 700미터 길이의 수도교가 건설되었는데, 10개의 아치를 세워 도로가 그 다리를 관통하게 했다. 나폴리 근처 쿠마이에서는 그로타 디 코체이오라는 이름으로 알려진 1000미터 길이의 터널이 근처 아베르나 호수에 있는 이탈리아 해군 기지와 쿠마이 시를 연결시켰다. 경위의theodolite와 해시계를 포함하는 측량 기술은 충분히 발달해 양쪽 끝에서 굴착을 시작하는 터널 공사를 가능하게 해주었다. 그러나 살다이(현재 알제리의 베자이아)의 수도 터널은 양쪽 끝이 첫 번째 굴착공사에서 서로 만나지 않아서 다시 시공해야 했다.[30] 이런 규모가 큰 장대한 공사는 아무데서나 볼 수 있는 게 아니었다. 다른 지역들, 특히 이탈리아 외부에서는 땅을 계단식으로 정돈해 도로가 언덕 옆을 따라 굽이치도록 해 홍수 위험이 있는 강과 계곡을 피했고, 개착開鑿 공사는 아주 드물게 시행했다.[31] 그 후 여러 세기에 걸쳐서 이곳을 찾아온 관광객들은 나르니에 있는 네라 강을 건너가는 다리를 감동받은 눈빛으로 쳐다보았다. 이 다리는 아우구스투스 시절에 지어진 것인데, 비아 플라미니아가 깊은 계곡을 건너가도록 도와주는 가교였다. 고대의 기술은 수천 년 동안 사용되어 왔다. 아펜니노 산맥의 푸를로에 있는 40미터 길이의 터널은 베스파시아누스 황제 시절에 비아 플라미니아가 산속을 지나가도록 건설된 것인데, 1980년대까지 계속 사용되다가 그 무렵 현대식 우회로가 건설되면서 더 이상 사용하지 않게 되었다.[32]

나는 푸를로 관광에 나선 최초의 여행자는 결코 아니다. 16세기에 프랑스 에세이 작가 미셸 드 몽테뉴Michel de Montaigne는 이탈리아 일주 여행을 하다가 베스파시아누스 황제의 명예를 칭송하는 비문을 주목했다(이 비문은 후대의 건설 공사로 눈에 띄지 않게 되었다). 몽테뉴는 이렇게 썼다. "로마로 가는 비아 플라미니아 위에는 포장 공사에 사용되었던 커다란 돌들의 흔적이 남아 있으나 대부분 땅속에 묻혔다. 그래서 원래는 폭이 약 12미터였던 길이 이제는 불과 약 1.2미터밖에 되지 않는다."[33] 피에트랄라타 산과 파가누치오 산 사이의 비좁은 협곡과 칸딜리아노 강 바로 옆에 자리 잡은 푸를로 통행길은 일대 장관을 자랑하는 드라이브 코스다. 그러나 성능 좋은 GPS가 장착되지 않은 차를 몰고 이 길을 지나간다면 반드시 손쉬운 길이라고는 할 수 없다. 비좁은 길 위로 우뚝 솟은 절벽으로부터 흘러내리는 낙석을 사전 예방하기 위해 그물과 울타리가 쳐져 있다. 11월에서 4월까지 운전자는 스노타이어를 갖추고 운행해야 한다는 경고판도 나붙어 있다. 그러나 내가 그곳을 통과할 때 계절은 9월로 산들은 푸르고 싱싱했으며, 저 아래 물빛은 청명한 바다 색깔이었다. 다만 지금은 수면의 높이가 터널이 처음 건설되었을 당시보다 훨씬 더 높아져 있다. 강은 1919년과 1922년 사이에 수력발전소가 건설되면서 댐이 건설되었고, 댐의 콘크리트 벽이 계곡을 가로질러 건너가고 있었다. 방문객에게는 안내판을 통해 보트 타기 금지, 수영 금지, 낚시 금지, 드론 금지라고 알려주었다. 우리는 차를 주차하고 터널을 걸어서 통과했다. 2개의 터널이 있는데 하나는 베스파시아누스 황제가 발주한 규모가 좀 큰 것으로, 아직도 도보로 통행이 가능하다. 다른 하나는 아우구스투스 황제 시절 지어졌을 것으로 추측되는 소규모 터널로, 현재는 통행이 금지되어 있다. 규모가 큰 터널은 2대의 수레가 다닐 정도의 폭인데 현재는 교통 신호에 의해 통제되고 있다. 그래서 차들은 양쪽에서 대기하고 있다가 일방통행에 의해 교대로 터널을 통과한다. 오래 전 로마인들이 개통한 터널을 강철·알루미늄·플라스틱 덩어리인 현대식 승용차가 여전히 사용할 수 있다니 참으로 대단하다는 느낌이 들었다.

조금 더 가다가 도움이 되지 않는 GPS는 제쳐두고 우리는 SS16번 도로, 즉 오늘날의 비아 플라미니아를 따라 리미니로 돌아갔다. 과거와 현재 사이의 불협화음은 더욱 선명해졌다. 도로 번호 387번 근처에는 리들(체인형 수퍼마켓) 매장 안내 표지판이 보였고, 잠시 동안 우리는 한 광고 차량을 따라갔다. 그 차에 붙은 광고는 조르자 멜로니 Giorgia Meloni가 "이탈리아를 부흥시킬 준비가 되었다"라는 것이었다.[34] 멜로니는 '이탈리아 형제당'의 당대표인데, 신파시스트 혹은 포퓰리즘 지향의 우파 정치인이라는 딱지가 붙어 있다. 당시 총선이 2주 앞으로 다가와 있었는데, 멜로니는 여론조사에서 선두를 달리고 있었다. 다시 리미니로 돌아와 보니 한 아치(정확히 말하면 도시 성벽의 출입문)에 아우구스투스에게 바치는 찬양의 글이 새겨져 있었다. "신이 된 율리우스의 아들이고, 일곱 번 전쟁에서 승리를 거둔 사령관이며, 일곱 번 집정관을 역임했고, 여덟 번째로 집정관에 당선된 아우구스투스는 자발적인 결정을 내려 비아 플라미니아와 그 외에 여러 이탈리아 내의 주요 도로들을 복원했다."[35] 이 글의 흔적은 페디먼트 pediment(고대 로마 건물의 삼각형 박공) 위에서 볼 수 있으며 그 밑에는 주피터, 아폴로, 넵튠, 의인화된 로마를 상징하는 4개의 두상이 조각되어 있다. 그리고 잎사귀 모양의 코린트식 대문자가 새겨진 세로 홈이 있는 필라스터(벽에서 앞으로 튀어나온 기둥)가 웅장한 출입구를 완성하고 있다. 이 찬양 글의 신빙성은 도로 건설 공사를 기념하기 위해 서기전 18년과 16년 사이에 발행된 주화에 의해 확증된다.[36] 오늘날 이 아치는 웅장하고도 고립된 모습으로 서 있다. 양옆으로는 오래된 성벽의 일부만이 남아 있고 그 위에는 성벽의 일부였던 총안銃眼들이 줄지어 있는데, 붉은 벽돌은 아치를 이루는 대리석과 대조를 이룬다(화보 1 참조). 인근의 안내문은 아치가 이렇게 뚝 떨어져 있게 된 것은 1930년대에 시행된 공간 재정비 공사 때문이라고 설명한다. 이제 아치는 관광객들이 구시가지로 들어서며 셀카를 찍기 좋은 장소가 되었다. 또한 여기서 그리 떨어지지 않은 곳에 자그마한 직사각형 기둥이 세워져 있다. 그 기원은 불확실하지만 1555년에는 이미 알려져 있었으며, 이것은 율리우스 카이사르가 루비콘 강(도시의 바로 북쪽에 있다)을 건넌 이후에 휘하 병사들을 상대로 연설을 했던 장소를 기념하기 위한 것이라고 한다. 도로가 군사적으로 얼마나 중요한지 다시금 상기시키는 기념물이다.

그러나 카이사르가 루비콘 강을 건너던 무렵 비아 아피아는 건설된 지 거의 300년이 되었고, '도로의 여왕'이라는 이 길도 불멸의 존재는 아니었다. 서기 1세기에서 2세기로 넘어가던 시점에 트라야누스 황제는 로마와 남부 지역을 잇는 도로들의 대대적인 개선을 실시했다. 그가 새로 건설한 도로는 그의 명예를 높이기 위해 비아 아피아 트라이아나Via Appia Traiana, 줄여서 비아 트라이아나로 칭했는데, 실제론 당시 300년 된 비아 미누키아Via Minucia의 경로를 대부분 따랐으며 길은 기존의 비아 아피아의 베네벤토에서 갈라졌다. 그곳에는 트라야누스의 다키아(대체로 현재의 루마니아 지역) 승전을 기념하고 새 도로를 위해 희생 제물을 바치는 부조浮彫가 새겨진 개선문이 지금도 남아 있다. 비아 트라이아나는 타란토를 경유해 브린디시로 가는 옛 남쪽 접근로를 따라가는 것이 아니라, 카노사를 경유해 바리로 건너가는 좀 더 북쪽의 직선 도로를 타고 가다가 해안 지대로 이어진다.[37]

서기 2세기에 글을 쓴 그리스 의사 겸 철학자 갈렌Galen은 도로 개선 공사를 이렇게 서술했다.

[트라야누스는] 돌과 나뭇가지로 진흙 길을 덮었다. 또 잡초가 웃자라고

가파르며, 습지라서 위험해 오랫동안 다니기 어려웠던 길들도 통행하기 쉽게 만들었다. 그는 그런 지역에 수도교를 세워 포장 공사를 함으로써 장애물을 제거했고, 또 건너기 어려워 빙 돌아가야 했던 도로에 다리를 세워 거리를 단축시켰으며, 도로가 너무 가파르게 아래쪽으로 내려가는 곳에는 개착 공사를 해 도로의 높이를 낮추었다. 이런 방식으로 험준한 산과 울창한 삼림, 불모의 사막 지대를 우회해 가능한 한 사람들이 살고 있는 지역 가까이 도로가 지나도록 했다.[38]

그보다 더 북쪽, 로마 제국이 세력 판도를 확장하던 다뉴브 지역에서는 트라야누스의 통치시기에 세워진 이정표가 황제의 위업과 도로 건설의 기술을 함께 칭송하고 있었다.

신이 된 네르바의 아들이며 대제사장, 호민관 권한 4년째, 조국의 아버지, 세 번째 집정관인 카이사르 네르바 트라야누스 아우구스투스 게르마니쿠스 황제는 산을 뚫고 굽은 길을 곧게 펴 이 도로를 건설했다.[39]

그렇다면 로마의 여행자들은 이 도로들을 어떻게 체험했을까? 먼저 그들은 안전한 통행을 희망하면서 신들에게 봉헌물을 바쳤을 것이다. 나는 카피톨리노 박물관에서 양 방향을 가리키는 두 쌍의 발자국이 새겨진 봉헌판을 발견했다. 양 방향은 곧 왕복여행을 상징하는 것이다. 그 석판에는 여행을 무사히 다녀온 남자인 요비누스가 카일레스티스 여신에게 바쳤다는 내용이 새겨져 있었다.[40] 이것은 간단한 기념물이지만, 많은 생각을 불러일으킨다. 나는 발을 새긴 봉헌판 제작자가 요비누스의 두 발을 실제로 살펴보았으리라는 생각이 들었다(화보 4 참조). 여행으로 그의 두 발에 물집이 잡히지 않았는지, 땡볕 아래에서 혹은 시원한 바람을 맞으며 여행했는지, 심한 소낙비를 뚫고서 걸어갔는지 혹은 곤죽이 된 자갈 도로 위를 걸어갔는지, 움푹 팬 돌 위에 고인 물을 밟으며 또 몇 개의 이정표를 지나갔는지 따위를 살폈을 것이다. 폰테 디 노나는 티볼리 언덕 마을에서 로마로 가는 길 도중에 아니에네 강을 건너는 소규모 도하 지점이다. 이곳에 있는 도로변 제단에서는 수많은 점토로 만든 발 모양의 봉헌물이 발견되었는데, 이는 아마도 여행자의 다리와 발에 아무런 사고가 일어나지 않기를 바라는 마음에서 바쳐진 것으로 보인다.[41] 여행의 속도는 사람에 따라 상당히 달랐다. 보행자들은 하루 20로마마일(29.6킬로미터)을 걸어갈 수 있었다. 소송 당사자들이 법정 출두 소환장을 받으면, 재판 날짜는 그들의 보행 속도를 감안해 출두 날짜를 정했다.[42] 그러나 장거리를 그 속도로 걸어오는 것은 신체적으로 힘든 일이었다. 내가 여행길에 나서서 하루에 가장 많이 걸어본 거리는 24킬로미터였는데, 옛 비아 카시아의 일부 구간을 포함한 구간이었다. 하지만 다음 날에 나는 하루를 쉬어야 했다. 만약 내가 고대 로마의 소송 당사자였다면 정해진 시간에 법정에 출두하지 못해 패소했을 것이다.

여력이 된다면 말을 타고 가는 것이 훨씬 쉽고 더 빨랐다. 전령들은 하루에 약 80~128킬로미터를 갈 수 있었다. 이것은 로마에서 발송한 편지가 5일 이내에 이탈리아의 대부분 도시에 도착할 수 있다는 뜻으로, 오늘날의 공공 우편 서비스나 개인 전령 서비스에 해당하는 존재였다. 수행원, 마부, 자가용 운전사는 모두 이 도로 위에서 그들의 조상을 발견할 수 있으나, 그들의 이야기는 고대 사료에는 거의 나오지 않는다. 이와는 대조적으로 황제들의 전기는 관련 기록을 제공한다. 율리우스 카이사르는 8일에 걸쳐서 1일 약 160킬로미터를 주파했다. 티베리우스 네로는 집안 내의 질병이라는 긴급한 상황 때문에 하루에 놀랍게도 약 292킬로미터를 갔다고 한다.[43] 좀 더 현실적인 관점에서 보자면 여행자들은 말이나 바퀴 달린 수송 장비를 이용하는 경제적 여유가 있다면, 신속한 도로에서는 하루 약 56~64킬로미터를 주파할 수 있었다.[44] 또한 형편이 되는 사람들은 가마꾼이나 마부를 두기도 했다.[45] 라이다raeda(화물도 실을 수 있는 개방형 마차)는 상류층 남성들 사이에서 인기 있는 선택이었다. 여성들은 보통 카르펜툼carpentum이라고 하는 밀폐형 마차를 타고 천천히 움직였다. 한편 여성들은 비싼 이동 수단을 이용할 경우 징벌적인 세금을 물어야 했는데, 통상 요금의 10배였다.[46] 또 다른 수단으로 속도가 더 느린 가마가 있었는데, 가마꾼의 숫자에 따라 가마를 타고 가는 사람의 신분이 드러났다. 가마꾼이 8명이면 아주 존엄한 신분의 표시였다. 수행원은 상류층의 정체성을 보여주는 핵심 요소였다. 서기전 1세기 후반에는 30명의 노예 수행원들이 부유한 여행자 앞에 서서 길을 미리 정리해주는 것이 통상 절차였다.[47] 로마의 도로에 있던 수행원들의 숫자는 로마가 노예제 사회라는 것을 보여준다.

고대 로마로 여행하는 데에는 온갖 사유들이 많았다. 공화정 시대에 투표를 하러 가려면 반드시 여행길에 나서야 했다. 그러한 사정은 오늘날 이탈리아에서도 마찬가지이다. 우편 투표는 해외에 사는 사람만 가능하다. 총선에 앞서 기차를 타면서 나는 투표를 위해 고향의 본적지로 돌아가야 하는 학생과 임시직 노동자들을 위한 할인 표를 광고하는 것을 보았다. 과연 그렇게까지 고향 집을 찾아가야 할 만한 가치가 있는지 의문이 들지만, 많은 사람이 가치가 있다고 생각하고 실제로 고향으로 돌아간다.[48] 로마의 인구조사 참여를 위해 예수의 부모인 마리아와 요셉이 고향 마을로 돌아갔다는 얘기는 크리스마스 이야기의 핵심이다. 다른 이들은 개인적 이유로 여행하기도 했다. 가령 시장에 물건을 사들이기 위해 여행하는 것이다(그렇지만 상품을 강이나 바다를 통해 보내는 것이 전반적으로 비용이 훨씬 덜 들었고, 또 로마 제국은 지중해 지역에 중심을 두고 있었으므로 상품 판매자들은 상품을 항구로 내와야 했다).[49] 여행자들은 신탁을 듣기 위해 로마의 종교 유적을 찾아갔으며, 축제에도 참석했다. 어떤 여행자들은 더 멀리, 가령 그리스까지 가서 신전과 학교를 둘러보았다. 여행은 부담스러운 일이었다. 그래도 사업상 혹은 정치 참여를 위해 필요하다면 여행자들은 여행에 나서되, 도중에 다른 행사도 함께 치르는 쪽을 선택했다.[50]

그러나 로마인이 개발한 새로운 형태의 여행, 즉 연간 휴가를 즐길 수 있는 사치스러운 여유를 가진 사람은 상류층이었다. 주로 해변이나 산간으로 휴가를 떠났는데, 소수의 모험적인 사람들은 탐사 여행을 떠나기도 했다.[51] 당연히 여행의 혜택에 대한 활발한 논쟁이 벌어졌다. 특히 세네카Seneca는 주거가 불안정한 건 좋은 게 아니라고 생각했다.[52] 다행스러운 점은 좋은 교통망이 로마의 고위층 인사들에게 빌라 생활을 필수적인 것으로 만들어주었다는 것이다. 고위층들의 이상은 해변과 산속에 각각 하나씩 두 채의 빌라를 소유하는 것이었다. 해변조차 너무 더워지는 시기에는 산속의 서늘한 곳에서 지내야 했다.[53] 소小 플리니우스Plinius는 해변 빌라를 갖고 있었는데, 그것을 친구에게 이렇게 묘사했다.

빌라는 로마에서 약 27킬로미터 떨어진 곳에 있다네. 하루의 일과를 단축하거나 황급히 끝낼 필요 없이, 필요한 일처리를 다한 후에도 거기서 밤을 보낼 수 있지. 게다가 접근로도 하나만 있는 게 아니야. 라우렌툼으로 가는 길과 오스티아로 가는 길 모두 빌라 쪽으로 이어지는데 전자는 열네 번째 이정표에서, 후자는 열한 번째 이정표에서 갈라져야 한다네. 한동안은 길이 모래밭이라 수레를 몰고 가기엔 다소 무겁고 느리지만 말을 타고 가기엔 부드럽고 수월하지. 게다가 길가 풍경도 아주 다채롭다네. 때때로 길은 숲을 통과하면 좁아지다가 숲을 빠져나오면 넓어지면서 탁 트인 목초지가 나오는데, 그곳에는 겨울 동안 산에 있던 양 떼, 말 떼, 소 떼가 내려와 봄철의 온화한 날씨 속에 풀을 뜯으며 살이 통통하게 오르곤 한다네.[54]

중요한 것은 단지 목적지가 아니라 여정 그 자체와 그 속에서 즐길 수 있는 풍경들이었다. 그리고 도로에는 이정표들이 세워져 있어서 플리니우스는 찾아오는 길을 정확하게 지시할 수 있었다.[55] 이상적인 관점에서 볼 때 빌라는 도로뿐만 아니라 도시에도 인접해야 하고(시장과 노동력), 항구나 강(상품의 수출)에서도 멀리 떨어져 있으면 안 되었다. 로마 남쪽의 번잡한 해안 지대에 들어서 있는 빌라들은 이 세 가지 조건을 모두 충족시키는 것이었다.[56] 서기 1세기 후반에는 빌라 생활이 대유행이었는데 시인 마르티알리스Martialis는 농장을 소유한 이들이 그저 체면치레용으로 해변 빌라를 가지고 있어, 빌라에 방문할 때는 먹을 것을 따로 가져와야 한다고 농담했다. 그의 풍자시의 표적이 된 바수스는 "풍요로운 시골의 모든 산물을 가지고 다녔다"고 한다. 그는 양배추, 부추, 상추, 비트 뿌리, 지빠귀, 토끼, 젖먹이 돼지 같은 식재료를 휴대했고, 심지어 하인은 달걀까지 따로 준비해

왔다.[57]

플리니우스의 빌라에서 그리 멀리 떨어지지 않은 곳에 있는 또 다른 로마 유적은 더 큰 도시에서 여행자들이 누렸을 법한 편의시설이 어떤 것이었는지를 잘 보여준다. 오스티아 안티카는 비아 오스티엔세Via Ostiense와 비아 라우렌티나Via Laurentina가 교차하는 티베르 강변에 위치한 도시다. 이곳은 육상 도로뿐만 아니라 해상 항로도 연결하는 요충지였다. 그래서 전성기에는 약 5만 명이 거주했으며, 여러 무역 회사들의 사무소가 들어서 있었다. 오늘날 이 고고학 유적지는 너무나 광대해 심지어 성수기에도 한산한 느낌이 든다.

바닷바람은 소나무에서 떨어진 솔방울들을 차올린다. 상인들의 광장에는 '나비 나르보넨세스Navi Narbonenses'를 선전하는 배 그림이 새겨진 모자이크 바닥이 있다. 배 그림 옆에는 좌우 양쪽에 나무 잎사귀가 있는데, 오고가는 두 방향의 안전한 여행을 소망하는 표시다. 나비 나르보넨세스는 나르본의 배들(Navi는 라틴어로 배를 의미하는 navis의 여격 단수형)을 의미하는 것 같으나, 라틴어 문법에는 맞지 않는 표현이다. 아마도 후대의 유물 복원자가 '나비'를 끼워 넣은 모양인데 그는 라틴어 어휘 생략법을 제대로 공부하지 않은 듯하다.[58] 바다 항구에 도착하는 여행자들은 로마식 택시를 탈 수 있었다. 그것은 바퀴 2개 달린 수레로, 두 마리의 노새가 끌었다. 이 택시는 '마부의 목욕탕'이라고 불리는 곳에 설치된 모자이크에도 등장한다. 노새들은 심지어 '점잖은', '관절염 환자', '목마른', '바보 같은' 따위의 별명도 부여되어 있다.[59] 마차를 기다리는 동안 여행자들은 오스티아의 비아 디 디아나Via di Diana에 있는 잘 갖추어진 와인 바인 테르모폴리움(문자적 의미는 뜨거운 음식을 파는 곳)에서 와인을 즐기기도 했을 것이다. 3개의 아치 뒤로는 흑백 기하학 무늬 모자이크 바닥의 식당, 바 공간, 주방, 야외 식사를 즐길 수 있는 안뜰이 있어 즐겁게 담소를 나누며 식사하는 사람들과 부딪치는 술잔 소리를 자연스레 상상해 볼 수 있다. 1층의 한 구석에는 식품을 차갑게 보관하는 둥그런 석실이 있고, 보관용 선반 위에는 술잔과 당근 같아 보이는 그림이 그려져 있다. 나는 이것이 술에 곁들여 나오는 생야채의 전채를 가리키는 것일까 궁금해졌다. 그러나 고대의 음식 조리법 중에 당근에 큐민을 넣어 요리하는 것도 있어, 아마도 매콤한 야채 안주였을 가능성도 있다.

이러한 술집을 전전하는 일은 키케로처럼 교외에 여섯 채의 별장을 지니고 있다면 너끈히 피할 수 있었다. 나는 로마에서 남쪽으로 내려가다가 키케로와 관련이 있는 장소인 보윌라이를 경유하게 되었다. 로마 시에서 남동쪽으로 약 17킬로미터 떨어진 곳에 지금은 프라토키에라고 알려진 도시가 있는데, 그곳은 변호사 키케로의 의뢰인인 밀로Milo와 밀로의 정적인 클로디우스Clodius가 충돌하며 크게 싸운 장소다. 이 싸움에서 클로디우스는 살해되었다.[60] 그 후에 벌어진 재판에서 여행의 관습이 논쟁의 핵심 사항이 되었다. 밀로의 변호에 나선 키케로는 클로디우스가 수행원들 없이 여행을 했으므로 관습을 제대로 지키지 않았다고 주장했다. 그러나 반대편 사람들은 클로디우스는 3명의 동행자와 검으로 무장한 노예 30명을 거느리고 있었으므로, 충분히 그의 지위에 걸맞은 여행 예절을 갖추었다고 주장했다.[61] 결국 키케로의 변호는 성공을 거두지 못했고, 밀로는 추방 조치되었다.

오늘날 프라토키에는 도보나 자전거로 이동할 수 있는 비아 아피아 안티카의 끝자락에 위치해 있다. 이 길은 현재 일부 구간만 포장되어 있으며, 언덕 아래로 이어진 곧게 뻗은 길이다. 분주한 대로는 소나무와 포플러 숲이 가려주고 있다. 그 한쪽 옆에 석조 능묘가 서 있는데 대리석 외장은 이미 오래 전에 뜯겨져 나갔고, 그 위로는 19세기에 세워진 벽돌 탑이 덧대어져 삼각 측량용 기준점으로 쓰였다(카실리아 메텔라의 무덤도 토지 측량사들에 의해 비슷한 용도로 활용되고 있다). 그러나 로마 도로의 진면목은 지표면 밑에서 발견된다. 오늘날의 스트라다 스타탈레(국도), 즉 SS7 도로 맞은편에 들어선 맥도날드 지점 아래에 있는 도로가 그것이다. 지점 측에서 특별히 가게 1층 바닥을 통유리로 시공해 훤히 내려다보인다. 이 도로는 비아 아피아가 들어서는 바람에 사용하지 않게 되면서 지하에 묻힌 것으로, 보존이 잘 되어 있어서 캠버(도로의 약간 올라온 부분)와 포장도로 양옆의 배수구, 그리고 길가에 있었던 3기基의 무덤도 보인다. 이것은 능묘 수준은 아니고 그저 평범한 사람의 보통 무덤이다.

여기서 조금 더 남동쪽으로 가면 로마 도로를 따라 떠난 가장 유명한 문학적 여행 중 하나와 관련된 중요한 장소가 있다. 고대 로마의 서정시인 호라티우스가 여행한 곳인데, 시인은 서기전 30년대에 발간된 그의 《풍자시편Satires》에서 알반 언덕의 아리키아(라틴어로 Aricia)에 있는 어느 소박한 여관에서 머문 일을 묘사했다. 이 근처에는 방문객들이 즐겨 찾는 명소인 디아나 여신의 신전이 있었다.[62] 여기서 더 남쪽으로 내려간 호라티우스와 친구들은 폰티네 습지를 관통해 비아 아피아와 평행으로 달리는 운하의 출발점에 도착했다. 이곳에 대한 시인의 묘사는 오늘날 유적지에서 느껴지는 평화로운 느낌이 아닌, 떠들썩한 고속도로 휴게소 같은 분위기를 그려낸다.

다음으로 도착한 곳은 아피 포룸Appii Forum이었다. 이곳에는 뱃사공과 인색한 선술집 주인들로 북적거렸다. 이 구간은 발 빠른 여행자는 하루면 충분히 끝낼 거리지만, 우리는 한가롭게 이틀에 걸쳐서 통과했다. 비아 아피아는 천천히 걸어가면 그리 피곤하지 않기 때문이다. … 노예들이 뱃사공들에게 고함을 치고, 뱃사공들도 질세라 맞고함 쳤다. "여기 붙들어!", "100명은 태웠잖아!", "거기 멈춰, 그만 태워!" 뱃삯을 징수하느라, 노새를 준비시키느라 어느덧 한 시간이 훌쩍 지나갔다.[63]

이 구간의 비아 아피아는 곧게 뻗은 직선도로여서 운전하기가 아주 지루하다. 그러나 시속 60킬로미터 속도 제한이 있기 때문에(이걸 준수할 의사가 있다면), 운전자는 주변 풍경을 느긋하게 즐길 수 있다. 주변의 샛길은 1마일마다 번호를 붙인 밀리아라migliara로 표시되어 있다. 이 길들은 수학 노트의 격자처럼 습지를 가로지르며, 양옆으로는 쉽게 범람하는 배수로가 나 있다. 하지만 테라치나에서 이트리 방향으로 동쪽으로 가면 길은 더 이상 곧게 뻗은 직선이 아니다. 산을 넘기 위해 구불구불 나아가야 하는 것이다. 산마루에 다다르자 갑자기 폭우가 쏟아지고 도로 위로 빗물이 흐르기 시작했다. 길은 구불구불 이어지며 오르막과 내리막을 반복했다. 그러다 이트리에 가까워지자 보상이 눈앞에 펼쳐졌다. 중세 성곽의 놀라운 광경이었다. 이윽고 빗줄기는 가늘어졌고, 고성은 안개 속에 가려진 산을 배경으로 동화 속에서나 나올 법한 휘황찬란한 자태를 뽐냈다. 포르미아 쪽 하늘에는 무지개가 떴다.

전승에 의하면 비아 아피아 약 136킬로미터 지점에 있는 무덤은 키케로의 것이라고 한다. 그러나 학자들은 신빙성에 대해 회의적이다. 아무튼 전승에 의하면 그는 길 위에서 살해되었다고 한다. 세네카가 요약한 리비우스의 기록은 이렇게 말하고 있다. "그가 가마에서 상체를 내밀고 두려운 기색 없이 목을 쭉 내밀자, 그 자리에서 목이 떨어졌다."[64] 오늘날 키케로의 묘라고 지정된 그 무덤은 둥그런 석조 건물인데, 주차할 곳이 없어 나는 멀리서 잠깐 힐끗 보기만 하고 비아 플라카Via Flacca를 따라 서쪽으로 방향을 돌렸다. 이어 가에타 해안에 서 있는 웅장한 성채를 지나갔다. 성채는 가에타 반도에 장엄한 모습으로 우뚝 서 있는데, 가파른 절벽 위에 세운 험준한 요새다. 그리고 터널이 나왔고, 도로는 이제 산속을 통과했다.

서기전 3세기 말에는 로마를 중심으로 뻗어 나가는 주요 방사형 도로망이 완성되어 있었다. 비아 오스티엔세는 오스티아 항구까지 이어졌고, 비아 아우렐리아는 북쪽으로 올라가는 해안도로로 제노바까지 연결되었다. 그 외에도 비아 살라리아, 비아 플라미니아, 비아 티부르티나, 비아 라티나, 비아 아피아가 있었다. 이 도로들은 오늘날에도 존재하며, 도로 표지판에도 표시되어 있다. 일부는 옛 위치와 가까운 곳에 남아 있고, 일부는 현대적으로 완전히 개편되었다. 몇몇 철학자들이 그래서는 안 된다는 경고의 목소리를 냈지만, 도로 건설 기술이 보여준 자연에 대한 인간의 통제는 적어도 문학에서는 인간 승리로 여겨졌다.[65] 고대 그리스의 지리학자 스트라보Strabo는 이렇게 말했다. "로마인들은 그리스인들이 무시했던 세 가지를 마련했다. 바로 도로, 수도교, 하수도다."[66] 이 셋은 낭만적 감정을 불러일으킬 만한 것은 못되지만, 비아 아피아는 '공공선'에 봉사한다는 디오도루스 시쿨루스의 평가와는 아주 잘 부합한다.

자갈과 석편이 이탈리아 전역에 깔리면서 로마인들의 교통망은 더욱 견고해졌고, 더 나아가 이정표는 팽창하는 제국의 존재감을 드러냈다. 산과 습지, 강은 여전히 여행자들에게 골치 아픈 문제였으나, 로마의 도로 건설자들은 지형지물을 적절히 우회함으로써 자연이 정복될 수 있다는 것을 보여주었다.

2
로마 제국을 가로지르는 길

1852년 토스카나 지방 도시인 비카렐로에서 온천 재개발 공사가 진행되던 중, 놀라운 고고학 유물이 발견되었다. 약 5000개의 청동 주화와 초창기 주화(에트루리아, 그리스, 로마)를 비롯해 금, 은, 청동으로 된 여러 금속 공예품이 쏟아져 나온 것이다.[1] 그중에는 4개의 은제 잔도 있었는데, 현재 로마의 팔라초에 있는 국립로마박물관에 보관되어 있다. 이정표의 모양을 본뜬 이 잔은 일명 '비카렐로 잔' 혹은 '이정표 잔'이라고 하는데 높이는 9.5센티미터에서 11.5센티미터다. 각 잔에는 카디스에서 로마까지의 여정을 기록한 여행 일정표가 새겨져 있었다. 총 1840로마마일(2723킬로미터)에 달하는 거리다(화보 3 참조). 각 여정은 세부사항이 조금씩 다른데, 아마도 도로의 신설 혹은 보수와 관련이 있을 것이다.[2] 그러나 전체적인 노선은 대체로 일치한다. 카디스에서 출발해 코르도바, 발렌시아, 타라고나를 거쳐 갈리아 남부를 지나는 비아 도미티아 Via Domitia로 접어든다. 그리고 나르본, 님므, 토리노를 경유해 이탈리아 반도에서는 비아 에밀리아Via Aemilia를 따라 피아첸차와 볼로냐, 리미니를 지나 마지막으로 나르니를 경유해 비아 플라미니아를 따라 로마로 들어서는 여정이다.³ 이 여정은 히스파니아(로마 제국 시대에 이베리아 반도를 지칭한 명칭으로, 현재의 스페인과 포르투갈 지역을 포함)에 있던 기존 도로망(일부는 2세기 전인 제2차 포에니 전쟁 중 한니발이 이용했던 것이기도 하다)을 연결한 것으로, 아우구스투스 황제(서기전 63~서기 14)와 휘하 관리들이 구축한 주요 통행로였다.⁴ 이 새로 정비된 비아 아우구스타는 이베리아 속주들을 로마 도로망에 본격적으로 연결해주었다.

4개의 은잔은 아폴로와 님프들, 의학의 신 아이스쿨라피우스, 전원의 신 실바누스에게 봉헌된 아쿠아이 아폴리나레스Aquae Apollinares(아폴로의 샘물)의 신성한 샘에 봉헌물로 바쳐진 것이었다. 아쿠아이 아폴리나레스는 온천 시설과 체육관을 갖춘 아주 오래된 유적인데, 누가 이 잔들을 신들에게 봉헌했는지는 단지 추측할 수 있을 뿐이다. 최근 학자들은 히스파니아에 은광을 가지고 있는 사람이 소유주였을 것이라고 주장한다. 즉 서기 1세기 전반에 비아 아우구스타 덕분에 혜택을 본 사람일 거라는 얘기이다. 그러나 어떤 전문가들은 이 잔이 그보다 더 오래된 것이라고 본다. 비록 직접적인 연결 관계는 없다 할지라도 이 은잔들은 히스파니아 기원설이 충분히 그럴듯해 보인다.⁵ 은잔의 이정표 형태도 주목할 만한 사안이다. 왜냐하면 이정표는 아치, 다리와 함께 로마의 도로를 다른 곳의 도로와 구분시켜주는 특징이기 때문이다. 설혹 제국이 이미 있던 옛 도로를 그대로 답습했다 할지라도, 이런 표시물들은 새로운 권력의 엄연한 가시적 표현이다. 한 황제가 다른 황제를 뒤이으며 계속 늘어난 이정표들은 그들의 통치를 기록했다. 그리고 더욱 중요한 것은 다른 제국은 이런 이정표를 갖고 있지 않았다는 점이다.[6]

비카렐로 여행 일정을 따라가면 우리는 로마 제국의 실용적 기능 발휘에 도로가 얼마나 중요했는지 감을 잡게 될 뿐만 아니라, 도로들의 현대적·문화적 의미 또한 깨우치게 된다. 나는 지브롤터 해협의 서쪽에 있는 남부 스페인의 카디스에서 출발했다. 로마인들은 이 해협을 지구의 끝이라고 생각했었다.[7] 카디스는 로마식 이름인 가데스가 되기 전에는 가디르라는 이름의 페니키아 식민지였다. 가디르는 티레와 카르타고와 함께 페니키아 제국의 3대 주요 항구였다. 로마인들은 서기전 3세기 타라고나를 교두보 삼아 이베리아 정복을 시작해 남쪽으로 세력을 넓혀갔다. 그들이 끌린 것은 은, 납, 주석 광산이었다. 그들은 수산업도 개발해 특히 참치를 집중적으로 잡으면서, 소금에 절인 생선과 가룸garum[생선 내장으로 만든 강한 향기의 소스로, 악어에게 물린 상처에 특효약이었고 유대인들이 특히 좋아했다]을 생산했다. 카디스의 상인들은 점차 영향력을 키워 콜로세움에 가디타니(가데스 사람들)를 위한 특별석이 마련될 정도였다.[8]

카디스의 부유층 중에는 발부스 가문이 있었다. 이들은 고향인 카디스와 로마 양쪽에서 극장 건립을 후원한 것으로 유명했다. 그들이 지은 로마 극장은 후대의 건축물 아래 묻혔으나, 1930년대 파시스트 정부가 광범위한 로마 재개발 사업을 시행하면서 발굴되어 빛을 보게 되었다.[9] 발부스 가문은 부정부패 혐의로 고발당하기도 했으나 그런대로 공화정 말기의 정치적 상황을 무난하게 헤쳐 나갔다.[10] 그들이 카디스에 세운 극장은 한때 1만 명의 관객을 수용하기도 했다. 이제는 닳아버린 석조 관람석 아래에는 햇볕을 피해 걸을 수 있는 곡선형 복도가 있다. 방문자 센터에는 오래 전에 휘갈겨 쓴 "루키우스 코르넬리우스 발부스는 도둑"이라는 낙서가 아직도 남아 있다. 그의 숙부도 같은 이름인 루키우스 코르넬리우스 발부스였는데, 그가 로마 시민권을 인정받기 위해 벌였던 소송에서 키케로가 변호를 맡아 승소했다. 재판 과정에서 키케로는 도로를 비유로 사용했다.

> 왜 가데스 시민이 로마의 시민이 되어서는 안 된다는 것인가? 그 주장에는 어떤 이유가 있는가? 내가 볼 때 아무런 이유도 없다. 모든 도시 국가에는 로마로 통하는 길이 열려 있고, 또 로마 시민들도 다른 도시 국가로 갈 수 있다. 이를 통해 각 도시 국가가 우리와 동맹, 우정, 계약, 협약, 조약으로 더 밀접하게 연결될수록 우리의 특권과 보상, 시민권을 공유하는 것이 마땅하다고 나는 생각한다.[11]

여기서 우리는 로마의 엘리트가 도로망을 어떻게 인식했는지 알 수 있다. 도로가 제국 내의 여러 도시 국가들을 서로 연결시켜 준다는 것이다.

나는 비카렐로 잔의 여행 일정을 따라서 카디스에서 기차를 타고 북쪽의 세비야를 향해 갔다. 기차 통로에는 코로나 때문에 얼굴과 귀를 감싼 마스크를 쓴 불만족스러운 개가 한 마리 있었다. 이곳의 기차에서는 아직도 마스크를 의무적으로 착용해야 했다. 우리는 고대 로마인들보다 훨씬 빠른 속도로 여행을 하지만, 전염병의 위협이나 반려견을 수송하는 문제는 로마인들에게도 그리 낯선 문제가 아니었을 것이다.

기차는 카디스에서 에스타디오까지 지하로 운행했고, 이어 석호를 에두르며 푸에르토 데 산타 마리아를 통과했다. 나는 비카렐로 여행자들이 이 강들을 어떻게 건넜을지 잠시 궁금해졌다. 여기에 다리가 있었을까? 아니면 아피아 운하처럼 여기를 건너려면 보트가 필요했을까? 이윽고 우리는 염전을 지나갔다. 제염업은 고대에 뿌리를 두고 있는 또 다른 산업으로서, 냉장고가 나오기 전에 생선과 육류를 보관하는 데 필수적인 물질이었다. 이 근처의 염전 석호는 로마인들이 이곳에 도착하기 훨씬 전부터 개발되어 있었다.[12] 엘 푸에르토에는 식초 공장이 하나 보인다. 소금과 식초라는 조합이 나름 그럴듯하다. 우리는 풍력 발전소도 지나갔다. 현대식 하얀 풍차 날개가 공중에 치솟아 있었고, 은빛으로 반짝거리는 검은 태양광 패널의 들판이 전개되었다. 이론적으로 따진다면 로마인들은 풍차를 가지고 있었을 법하나 그들이 실제로 풍차를 사용했다는 증거는 거의 없고, 오히려 수차水車를 선호했다는 증거만 있다.

카디스에서 세비야로 가는 길목에 있는 헤레스 데 라 프론테라 역은 정말 아름답다. 다채로운 색의 타일로 장식되어 있는데, 푸른색과 흰색 타일에 아테나와 스키피오 아프리카누스의 모습이 그려져 있다. 내 앞 좌석에 앉아 있던 여자가 타일 사진을 찍었다. "저건 아프리카에서 태어난 로마 황제의 얼굴이야." 그녀 옆에 앉아 있던 남자가 말했다. 그는 스키피오와 셉티미우스 세베루스 황제를 혼동하고 있는 듯했다. 스키피오는 장군이었지 황제는 아니었고, 출생지도 로마였다. 여기에 스키피오의 모습이 그려진 것은 아마도 서기전

200년 무렵 벌어진 제2차 포에니 전쟁에서 로마가 이베리아 반도를 정복하는 데 중요한 역할을 했기 때문일 것이다. 그는 자마(현재 튀니지) 전투에서 한니발의 군대와 싸워서 승리를 거두고 '아프리카누스'라는 별명을 얻었다. 나는 남녀의 대화에 끼어들고 싶은 유혹을 느꼈으나 참았다. 기차는 완만한 언덕들을 통과하며 빠르게 달렸고, 곳곳에 서 있는 높다란 콘크리트 곡물 창고와 거미줄 같은 금속 관개 장치들이 펼쳐진 들판을 지나갔다. 철도 주변의 집들은 태양빛을 반사하는 흰색이나 황토색으로 칠해져 있었다. 푸른 하늘 위로 비행기구름이 가로지른다. 우리는 올리브 숲과 출퇴근용 베드타운처럼 보이는 도시를 지나갔다. 도스 에르마나스(두 자매)라는 정차 역도 있었다. 나는 두 자매가 어떤 사람들이었을까 궁금해졌다.

카디스와 마찬가지로 히스파니아의 로마인이 볼 때 세비야는 로마인 도래 이전에 페니키아 항구였다. 이곳은 과달퀴비르 강의 연안에 있는 도시로, 보트를 타고 접근 가능하다. 도시의 중심부에는 자그마한 로마 유적이 있는데 소금에 절인 생선을 운반하는 암포라(양쪽에 손잡이가 달린 항아리), 버려진 등유 램프, 물을 담는 토기 등을 전시하고 있다. 그 주변에는 로마 시대부터 있었던 장소에 설치된 모자이크 바닥이 있는데, 모자이크에는 여러 그림이 새겨져 있다. 이 그림들은 고대 도시의 집들에 고유한 명칭을 부여해 주었다. 님프의 집, 바쿠스(술의 신)의 집, 기둥의 집, 오케아노스(바다의 신)의 집, 담쟁이덩굴의 집 등이 그것이다. 그러나 이보다 더 중요한 로마인의 정착촌은 여기서 북쪽으로 몇 킬로 떨어진 이탈리카다. 이 마을은 서기전 206년에 건립되었는데, 트라야누스 황제의 고향이며 그의 뒤를 이어 황제가 된 하드리아누스도 이 고장 출신일 것으로 짐작된다.[13] 허물어진 원형 극장은 잘 보존되어 있고, 사라져버린 집들의 모자이크 또한 마찬가지다. 이탈리카는 비카렐로 잔들과도 연관이 있는 시에라 노르테 광산 지대와 가깝다. 여행자가 비카렐로 잔을 주문하기 훨씬 이전부터 이 길 위로 은광석을 실은 수레들이 지나갔을 것이다. 그러나 현재의 이탈리카는 너무 한적해 멀리 고속도로를 타고 들려오는 소리 너머로 새소리가 들릴 만큼 조용하고, 나비가 날아들 만큼 평온하다. 이 마을의 거위들은 나무 그늘 아래에서 게으름을 피우고 있다. 고대 도시를 가로지르는 훌륭한 도로가 있어, 포장석이 사라진 곳에서도 도로의 자취는 새로 생긴 산티폰세 마을로 이어지는 들판 사이에서 계속 보인다. 그리고 마을의 건물들 아래로 도로는 옛 유령과 함께 사라진다.

세비야에서는 도로와 강이 모두 코르도바로 이어진다. 나는 기차를 타기로 했는데, 역에서 커피를 마시며 대기하다가 거의 놓칠 뻔했다. 카디스에서 탔던 중거리 열차 경험이 나를 방심하게 만든 것이다. 전과 달리 이번 열차는 고속열차라 보안 검색이 있었기에 여행 가방을 엑스레이에 통과해야 했다. 나는 줄을 새치기 하는 커플을 보고 그대로 따라 했고, 출발 1분을 남겨놓고 간신히 기차에 오를 수 있었다. 마드리드에서 3월 11일 기차 폭발사고가 발생한 지 아직 채 20년도 지나지 않았기에, 테러 위협은 여전히 존재하고 있다.

고대의 역사서와 문학에서는 길에서의 위험을 경고하는 얘기들이 많이 나온다. 리비우스는 풀리아에서 발생한 양치기들의 음모를 서술하면서 "그들의 산적질이 도로와 공공 목초지를 안전하지 못한 곳으로 만들었다"라고 했다. 이에 그 지역 총독이 "약 7000명을 유죄 처분해 그들 중 많은 자들이 도망쳤고, 또 많은 자들이 사형에 처해졌다"고 한다.¹⁴ 길에서는 도적들과 공모한 부패한 경비병, 술에 취한 난동꾼, 당나귀 도둑도 목격되었다.¹⁵ 2세기 후반의 작가인 아풀레이우스Apuleius는 그의 장편소설 《변신Metamorphoses》에서 한 여행자가 새벽 전에 여관을 떠나려고 하자 문지기가 만류하는 장면을 썼다. "길에는 강도들이 우글거린다는 것을 모르십니까?"¹⁶ 사람이 가하는 위협도 위험했지만, 야생 동물 역시 위험요소였다. 적어도 문학 작품 속에서는 그랬다. 아풀레이우스의 작품 속 인물들은 몸집이 아주 큰 늑대 무리를 조심하라는 경고를 받는다. 엄청나게 거대한 몸집을 가진 늑대들이 맹렬한 야만성을 발휘하면서 제멋대로 공격을 일삼는다는 것이었다. "그들은 광기 어린 굶주림 때문에 마구 사람들을 공격해 먹어치우는데, 우리가 가야하는 도로에는 절반쯤 먹다 내버린 사람 시체들이 나뒹굴고, 살이 다 뜯겨져 나간 채 버려진 하얀 백골들이 번쩍거린다." 하지만 늑대들은 햇빛을 싫어해서 여행자들은 "흩어지지 말고 뾰족한 쐐기 모양의 밀집 대형을 이루어 낮 동안 이동하면" 스스로를 지킬 수 있었다.¹⁷

티베리우스 황제는 사람 살을 뜯어먹는 늑대에 대해서는 별로 대책이 없었지만, 사람들에 대해서는 대책을 세울 수 있었다. 수에토니우스Suetonius는 이렇게 서술했다. "그는 노상강도와 무법자들로부터 여행자들의 안전을 확보하는 일에 각별히 신경을 써 이탈리아 전역에 좀 더 촘촘하게 경비대 군인들을 배치했다."¹⁸ 전시나 비상시에 여행자들은 주요 도로를 피하면서 평소 양 떼를 이동시키는 데 사용하는 길인 칼레스 푸블리카이를 활용했다.¹⁹ 추적을 따돌리기로 단단히 마음먹은 무자비한 사람은 심지어 말을 죽이거나 불구로 만들어 역참 서비스를 파괴했다. 미래의 황제 콘스탄티누스는 아버지의 임

종이 가까이 다가왔다는 소식을 듣고 잔혹한 방법(말이 죽든 말든 신경 쓰지 않고 빨리 달렸다)을 써서 아버지의 병상 곁으로 달려왔다고 한다.[20] 여행자들은 사전 예방을 위해 남루한 옷을 입고 값비싼 보석류는 보이지 않는 곳에다 치워두었고, 적절한 규모의 수행단을 데리고 갔다. 서기 296년에 플루토제니아는 남편 파니스코스를 만나기 위해 콥토스(키프트, 나일 강 동쪽 기슭에 있는 룩소르에서 북쪽으로 약 43킬로미터 떨어진 곳)로 갈 예정이었다. 그는 아내에게 이런 편지를 썼다. "기회가 된다면 훌륭한 수행단을 거느리고 오시오. … 여행 시에 황금 장식물을 가지고 오되, 배에서는 그것들을 착용하지 마시오."[21] 나도 이 조언이 타당하다고 생각해 다이아몬드 반지는 집에다 놔두고 여행에 나섰다. 그리고 수행단은 없었지만, 여행지에 대한 악평 위협은 현대 여행자들에게 간편한 공격 무기가 되어 주었다. 또 야간버스를 타더라도 소셜 미디어나 블로그에 글을 올리면, 전 세계 모든 사람에게 나의 소재지를 알려줄 수 있다.

그러나 아무리 많이 보호를 해준다고 해도 여행 준비를 제대로 하지 못한 부주의한 여행자는 안전하게 지켜줄 수 없었다. 소 세네카는 아케메네스(페르시아) 제국의 왕중왕 캄비세스의 군대가 적군 영토의 지리를 제대로 정찰하지 않아 참혹한 결과를 맞이했다는 것을 서술했다.

그는 보급품을 제공하지도 않고, 도로를 정찰하지도 않고, 길이 없는 사막 지대를 황급히 행군해 휘하 전투 부대로 하여금 적과 맞서게 했다. 결국 행군 첫째 날에 식량 보급품은 떨어지기 시작했고, 불모에다 경작되지 않고 사람의 발길조차 닿은 적 없던 그 땅은 왕중왕의 군대에게 아무

것도 제공하지 않았다.²²

절박한 상황에 몰린 군대는 결국 인육을 먹기에 이르렀다. 캄비세스는 차라리 여정 기록표를 참고했더라면 나았을 것이다. 이는 전시에도 사용된 것으로 알려져 있다.²³ 실제로 5세기 전반부에 집필된 군사 관련 저서에서 베게티우스Vegetius는 군 지휘관들이 거리와 도로 상태를 파악하기 위해 반드시 여정 기록표를 참고할 것을 권했다.

그렇게 해야 지휘관은 지름길, 샛길, 언덕, 강 등의 지리적 조건을 작전 수립에 감안할 수 있다. 더 나아가 영리한 지휘관들은 필요로 하는 지역의 여정 기록표를 단순히 주석만 달아두는 데 그치지 않고, 출발 전에 길을 단순히 머릿속으로만 판단하는 것이 아니라 한눈에 볼 수 있도록 삽화까지 곁들여 두었다고 전해진다.²⁴

여러 가지 여정 기록표가 후대에 전해지는데 로마 제국 전역의 도로들을 기술한 《안토니누스 여정표Antonine Itinerary》가 대표적이다. 이것은 때로 안토니누스 피우스 황제(재위 138~161)와 관련 있는 것으로 생각되지만, 통칭 카라칼라로 더 잘 알려진 마르쿠스 아우렐리우스 안토니누스(재위 198~217)를 가리키는 것으로 보아야 한다. 현존하는 버전은 3세기 후반에 완료되었을 것으로 추측된다.²⁵ 이러한 여정표는 군사 작전을 수립하는 데 편리했을 뿐만 아니라, 일반 여행자들에게도 도움이 되었다. 여행자는 이것을 보면서 도로변 혹은 마을 내의 중간 기착지들 사이의 거리를 확인하면서 여행 기간을 미리 산정할 수 있었다.²⁶ 나는 여행하는 내내 기차 시간표를 이용했는데, 갑작스러운 열차 지연을 제외하면 그래도 꽤 안전한 편이었다. 세비야에서 탄 북행 열차가 아침 안개를 뚫고 달려갔다. 그건 나로서는 멋진 풍경이었으나, 그런 흐릿한 가시성은 급하게 목적지를 향해 달려가야 하는 사람에게는 그리 이상적인 조건은 아니다. 계절은 봄이라 갈아엎은 들판의 씨앗으로부터 초록의 기운이 올라오고 있었다. 코르도바 역에서 내려 잠시 걸어가니 낯익은 돌 포장의 옛 로마 도로가 보였다. 그것은 도시 성벽의 바로 옆, 소규모 정원의 땅 밑에 묻혀 있었는데, 서기 1세기에 조성된 2개의 원통형 벽돌 능묘 사이에 위치했다.

코르도바는 로마인이 도래하기 이전부터 페니키아, 그리스, 카르타고인에게 매력적인 곳이었던 시에라 모레나 광산 지구에 소속된 도시였다. 그 후 로마인의 도시로서 바에티카로 이름을 바꾸었는데, 광물 이외에 다른 물품들도 수출했다. 로마인이 설치한 대부분의 시설들은 현재 지하에 묻혀 있다. 박물관 밑에 로마 극장이 있고, 수의학 대학 밑에 원형경기장이 있으며, 모스크 대성당 밑에 초기 기독교 교회가 있다. 특히 모스크 대성당은 아주 혼란스러운 종교 건물인데, 거대한 모스크(이슬람 예배당) 한가운데에 정교한 바로크 양식의 기독교 교회가 들어앉아 있다. 그리고 지하에 묻히지 않은 예외적 건물이 하나 있는데 바로 로마 신전이다. 직사각형 모양의 세 면이 홈이 파인 기둥들로 장식되어 있는 이곳은 푸른 하늘과 현대식 건물들 사이로 코린트식 머리장식이 고개를 쳐들고 있다. 남쪽으로는 복원된 로마 다리가 있는데, 석조 아치로 이루어진 다리는 과달키비르 강을 가로질러 뻗어 있다.

발렌시아를 지나 유로메드 기차는 바르셀로나 산츠로 가는 해안

철로를 타고 달렸다. 기차를 타고 가는 2시간 40분 동안 나는 오른쪽 차창으로 풍경을 바라보았다. 처음에는 내륙을 따라 이어졌으며, 주변 풍경은 공장 지대로 여러 채의 납작한 블록처럼 보이는 도자기 공장이 있었다. 서쪽으로는 평원에서 가파르게 솟은 언덕들이 보였다. 항구에는 크레인이 있었으며, 그 너머 바다에는 한 척의 배가 떠 있다. 오렌지 나무들은 꽃을 피웠지만, 들판의 여행자들과는 다르게 에어컨 켜진 밀폐된 기차 안에서는 그 냄새를 맡을 수 없다. 코르도바의 알카사르 정원은 감귤나무와 백합의 향기가 가득했었다. 여행은 그런 식으로 분위기가 갑자기 바뀐다. 발렌시아를 벗어나서 한 시간 쯤 가니 해가 졌다. 이제 내가 볼 수 있는 것이라고는 도로의 자동차 헤드라이트와 차창에 비친 내 모습뿐이다. 역사적으로 볼 때 야간 여행은 위험한 선택이었다. 그러나 하늘이 청명하고 달빛이 밝다면 해볼 수도 있는 선택이었다. 특히 여행자가 가야 할 길의 도로 상황을 잘 알고 있다면 말이다. 그러나 아풀레이우스의 장편소설에 나오는 짐꾼이 말한 것처럼 그리 쉽게 선택할 수 있는 선택지는 아니다.

바르셀로나 혹은 바르시노는 사실 비아 아우구스타의 주요 노선에서 벗어나 있는데, 이 도로는 바르셀로나에서 약간 내륙 쪽으로 우회한다. 바르셀로나의 로마식 도로들은 대부분 사라졌지만, 도시의 방문자 안내소는 로마와 이어주었던 도로들, 즉 비아 아우구스타, 비아 도미티아, 비아 에밀리아, 비아 플라미니아 등을 보여주는 전시물을 갖추어 놓고 있다. 안내소 벽에는 약 7미터 길이의 포이팅거 지도

Peutinger Map(화보 5 참조)가 걸려 있다. 이 지도는 가로 672센티미터, 세로 33센티미터로 13세기에 만들어진 복사본이다. 원본은 4세기경, 즉 《안토니누스 여정표》보다 뒤에 만들어진 것으로 보인다. 여정표에서 얻은 정보를 종합해 브리튼에서 인도에 이르는 지역을 시각적으로 묘사한 것이며,[27] 중심에는 로마가 자리 잡고 있다. 이 지도는 과거엔 군사용으로 여겨졌으나 최근 연구에 따르면 서기 300년경 황궁을 장식하기 위해 제작된 것으로, 로마 제국의 위세를 기념하려는 목적에서 그려졌을 가능성이 크다.[28] 기독교 관련 유적이 전혀 언급되지 않는 점도 더 후대의 제작설을 어렵게 만든다.[29] (이것이 제국의 유일한 지도는 아니었다. 아우구스투스가 로마에 지도를 하나 갖고 있었고, 나중에 테오도시우스 2세도 여기에서 영감을 얻어 그와 유사한 지도 제작을 발주했다.)[30] 포이팅거 지도를 제작한 사람은 제국 내 도로들에 대해서 훌륭한 정보를 갖고 있었을 테지만, 《안토니누스 여정표》에서 다루어지지 않은 지역에 대해서는 추가 연구조사를 했을 가능성이 있다.[31] 정확한 지도 제작 과정이 어떤 것이었든 간에, 로마로 통하는 도로의 중요성을 부각시키는 데 목적이 있었던 것만은 분명하다.[32]

바르셀로나 방문자 안내소 밖에는 '능묘의 길'이라는 유적이 있다. 이곳은 한때 도시 성벽 밖을 지나던 로마 도로의 일부였지만, 포석은 현재 남아 있지 않다. 도로의 라인은 바깥에는 붉은 벽돌로, 방문자 안내소에서는 붉은 타일로 표시되어 있다. 코르도바에서와 마찬가지로 도로의 흔적은 무덤들에 의해 선명하게 드러난다. 다만 이것들은 코르도바에 있는 원통형 능묘보다 규모가 작다. 여행 가이드는 내게 무덤의 묘비들은 여행자에게 말을 걸면서 잠시 무덤 앞에 서서 생각에 잠기기를 요구한다고 해설해주었다. 방문자 안내소에 걸려 있는 한 묘비명의 문장은 이러하다. "나를 무시하지 않고 이것을 세심하게 읽어준 여행자에게 행운이 있기를. 나는 여기에 누워 있노라." 고인은 이렇게 지나가는 사람들의 기억 속에 살아남기를 바랐다.

바르셀로나에서 그리 멀지 않은 곳에 그보다 훨씬 중요한 로마의 도시가 있다. 바로 타라고나로, 2000년에 세계문화유산에 등재되었다. 과거 로마 속주의 주도였던 이곳은 지중해 해안 바로 곁에 자리 잡고 있다. 로마인들은 제2차 포에니 전쟁이 시작된 서기전 218년에 여기에 군사 기지를 세운 후 이 도시를 기점으로 이베리아 정복 사업에 나섰다. 또한 이곳은 비아 아우구스타라는 도로명이 아직도 사용되는 유일한 곳으로, 허물어진 벽토 위에 세워진 거리 표지판에 표시되어 있다.

소형 오토바이들이 도로에 나란히 서 있고, 차들은 머리 위의 교통 신호에 맞추어 멈춰 선다. 우리는 바다로부터 그리 멀지 않은 지점에 와 있었다. 오늘 날씨는 따뜻한데, 나는 이 도로가 겨울 폭풍우 속에서는 어떤 모습일까 궁금해졌다. 비아 아우구스타의 도로 구간은 도시의 명물인 원형 극장이 바다 옆에 우뚝 솟은 바위를 깎아 조성되면서, 노선이 비교적 이른 시기에 바뀌었다고 한다. 마침 이 날은 세족 목요일[부활절 전 목요일로, 그리스도가 최후의 만찬 때 사도들의 발을 씻겨준 것을 기념하는 날]이었는데, 나는 계단식 좌석 위쪽으로 올라가서 저 아래 붐비는 관광객들과 지중해의 찬란한 광경을 내려다보았다. 바다 쪽에서는 미풍과 함께 즙 많은 과일 향이 올라왔다. 원형 극장 위쪽에는 장미, 라벤더, 로즈메리, 타임 같은 로마인들이 즐겨 심던 식물들이 있었다. 이곳의 과거의 기억은 따뜻한 향기를 품고 있다. 원형 극장 내부에는 고대 유적 특유의 다층적 역사가 겹겹이 쌓여 있다. 먼저 3명의 순교자를 기념하는 규모가 아담한 서고트식 건물이 있다. 주교 프룩투오수스Fructuosus와 그의 부제 아우구리우스Augurius, 에울로기우스Eulogius는 259년에 여기서 산 채로 불태워졌다. 그 다음은 기독교가 다시 자리 잡은 후 세워진 12세기 교회가 있으며, 그보다 더 후대에는 수도원이 있었고, 마지막으로 19세기에는 감옥으로 사용되었다.

나는 언덕을 올라가 성벽을 따라 이어지는 '고고학 산책길'을 걷는다. 이 성벽은 포격을 견딜 수 있도록 보강된 것이다. 길을 따라 걷다 보니 아우구스투스 황제의 동상을 발견하게 된다. 이는 로마 시대 원본을 본뜬 청동 복제품으로, 1934년 이탈리아 정부가 기증한 것이다. 동상은 스페인 내전 동안 일시적으로 철거되었다가 1939년 프랑코 정권을 지지하기 위해 스페인을 방문한 이탈리아 외무장관의 방문에 맞춰 다시 설치되었다. 고대 역사가 외교 수단으로 어떻게 활용되었는지를 상기시켜 준다. 이곳은 리미니보다 과거를 드러내는 데 더 솔직한 편인데, 안내문에도 파시즘에 대한 언급이 직접적으로 등장한다. 여기에 있는 또 다른 로마 유적은 좀 더 기괴한 방식으로 20세기 역사를 상기시킨다. 하지만 나는 그런 것을 예상하지 못했으므로 다소 비위에 거슬리는 느낌이었다. 3세기 순교자들의 비극적인 이야기야 아무리 고통스럽다 해도 비교적 담담히 접할 수 있지만, 현대의 끔찍한 사건들은 전혀 다른 감정으로 다가온다. 고대의 근위대 성탑은 프랑코 독재 체제 아래에서 감옥으로 사용되었다. 1939년과 1945년 사이 지금은 고대 조각인 히폴리투스 석관이 전시되어 있는 방에서 650명이 총살당했는데, 감옥의 열악한 환경 탓에 수십 명의 재소자들이 더 목숨을 잃었다. 이 건물은 100명 정도의 인원만 수용할 수 있는 크기였으나 그보다 12배나 많은 사람들을 억지로 몰아넣었다.[33] 원형 극장에서 처형된 초창기 기독교 신자들은 시간적으로 기억으로부터 너무나 멀리 떨어져 있어 그들의 죽음은 추상적으로 느껴졌지만, 이 재소자들은 나의 조부모 세대와 동시대 인물들이었다.

히스파니아를 벗어나면 로마로 가는 여행자는 남프랑스 아를 근처의 비아 아우구스타 중간 기착지들을 따라 가면 된다. 이곳에 도달하면 바르셀로나의 능묘의 길과 마찬가지로 알리스캉에 있는 많은 묘비들을 만나게 된다.[34] 이 이름은 엘리시안 필즈Elysian Fields(미덕을 많이 실천한 사람이 사후에 간다고 믿어지던 천국을 가리키는 것으로 엘리시움이라고도 한다)를 연상시키는데, 이 일대는 과거 로마의 공동묘지였다. 공동묘지는 비아 아우렐리아의 양쪽으로 펼쳐져 있는데 도로는 아를로 들어가 직선으로 달리면서 도시의 거대한 원형 극장에 도달한다(이 비아 아우렐리아는 비아 도미티아의 남쪽을 따라 나 있었으며 서쪽으로는 아를과 님므, 동쪽으로는 마르세유와 연결된다. 여행자들은 마르세유에서 이탈리아로 이어지는 해안길을 따라 여정을 계속할 수 있었다). 아를 박물관에 소장된 한 이정표는 4세기 콘스탄티누스 시절에 이루어진 도로 개보수 공사를 언급하고 있다. 서기 310년에 콘스탄티누스로부터 권력을 탈취하려 했던 막시미아누스는 기억에서 말살하는 유죄 판결damnatio memoriae을 받았는데, 그 결과 그의 이름은 이정표에서 삭제되었다.[35]

알리스캉에 도달하려면 닫혀 있는 시내 중심가를 지나야 한다. 거리는 조용하다가도 시장의 소음이 들리는 순간 활기를 띤다. 이어 현대식 공동묘지를 지나가는데 묘지의 외벽은 고대 수로의 잔해이다. 이어 지난 밤 비가 내렸는데도 여전히 바닥이 말라 있는 운하를 지나갔다. 알리스캉에 이르면 분위기가 달라진다. 나무들이 줄지어 서 있고, 고요한 가운데 흙비 냄새와 새소리가 어우러져 신비롭고 차분한 분위기를 자아낸다. 새들의 짹짹거림 사이로 부엉이 한 마리가 울기도 한다. 1888년 반 고흐와 고갱은 이곳의 가을 풍경을 화폭에다 담았는데, 2015년 고흐의 알리스캉 풍경화들 중 하나는 6630만 달러에 팔렸다. 통행로의 양쪽에는 오래되고 이끼 낀 석관들이 나란히 놓여 있다(잘 보존된 묘비는 박물관으로 이전되었다). 계란 모양의 돌, 거울, 실 같은 현대 미술 설치작품이 무덤들 사이를 장식하고 있고, 조금 더 나아가면 통행로의 끝에 있는 12세기 교회 생토노라 경내 안으로 이어진다. 이 교회는 3세기 로마 서기관이었던 게네세Genese를 기념하는데, 게네세는 박해받는 기독교 신자들에 대한 사형 선고서에 서명하기를 거부하다가 순교한 사람이라고 한다. 이 작은 교회는 현재 비아 아우렐리아의 종점이지만, 산티아고 데 콤포스텔라로 향하는 중세 순례길의 출발점이기도 하다.

    여기서 약 32킬로미터 정도 떨어진 님므에는 또 다른 고대 경기장이 있다. 나는 유적지들의 이러한 표준화된 기준에 큰 인상을 받았다. 먼저 포룸이 있고 그 다음에 원형 극장, 경기장, 공중목욕탕, 성벽, 출입문, 도로들이 있는 것이다. 고대의 여행자들도 이런 점에 감명을 받았을까, 아니면 오히려 이런 일관성이 여행을 더 쉽게 만들었을까 궁금해진다. 제국 안에서 여행을 하면 무엇을 기대할 수 있는지 사전에 알 수 있었을 테니 말이다. 오늘날에 비추어서 말해 보자면 어딜 가든 맥도날드를 만날 수 있는 것과 비슷하다. 님므를 지나 떼제베TGV 급행열차는 인근의 수도교에서 이름을 따온 퐁 뒤 가르에 도착한다. 수도교는 가르동 강을 가로지르는 세 겹의 아치 구조로 이루어져 있다. 두 층은 크고 하나는 작은데, 높이는 거의 50미터에 달한다. 떼제베에서 내려 지역 기차로 갈아타고 도시의 중심부로 들어간다. 이곳에서 악어 위에 야자수가 올라간 모습의 대형 간판의 환영을 받았다. 이것은 로마의 이집트 정복을 상징하는 도시의 문장紋章이다. 간판에 적힌 글자는 COL NEM인데, 콜로니아 네마우수스Colonia Nemausus의 약자로 님므의 식민 도시라는 뜻이다. 도시 문장에 식민지라는 지위를 여전히 담고 있다는 게 나로서는 다소 이상하게 느껴진다. 아마도 이 문장의 핵심은 결코 식민화된 적이 없는 야만족 갈리아인에게 우월함을 과시하기 위한 의도였는지도 모르겠다. 님므는 아를로 이어지는 비아 아우렐리아와 알프스 산맥 최남단 고개인 몽주네브르 고개에서 남부 갈리아를 거쳐 스페인으로 이어지는 갈리아 최초의 포장도로 비아 도미티아가 교차하는 지점에 위치해 있다. 도미티아라는 도로명은 서기전 2세기의 장군 도미티우스 아헤노바르부스Domitius Ahenobarbus에서 따온 것인데, 그는 이 지방 정복에 혁혁한 공을 세웠다. 그의 이름은 트레유에서 발견된 이정표에서도 확인할 수 있다.[36] 이 도로의 부분적인 흔적은 나르본에 있는 시청 바로 옆에서 볼 수 있다. 님므에서는 포르트 도귀스트 근처 내셔널 거리에 표지판으로 표시되어 있다. 그러나 최근의 학문적 연구는 과연 이곳이 실제 경로였는지 의문을 표시하고 있다.[37]

저녁은 근처에 있는 레바논 음식점 르 몽 리반에서 먹었다. 나는 팔라펠(병아리콩을 갈아 둥근 완자 형태로 빚어 튀긴 음식)과 로제 와인을 먹었다. 와인은 팔라펠과 잘 어울렸고, 다음에 나온 디저트와도 완벽하게 조합을 이루었다. 프랑스어로 내게 설명해준 내용에 따르면 그것은 일종의 크렘 브륄레라고 했는데, 장미수 향이 나는 우유 푸딩 위에 피스타치오가 얹혀 있어 아주 맛이 좋았다. 음식점 벽에는 레바논 관광청이 제작한 포스터들이 걸려 있었는데, 그중 하나는 발벡에 있는 로마식 바쿠스 신전이었다. 이 신전은 로마를 포함해 로마 제국 내에서 가장 잘 보존된 신전 중 하나다. 이 포스터는 지중해를 건너는 일이 우리 시대의 전매특허는 아니라는 것을 상기시켜 주었다. 지난 2000년 동안 사람들은 로마 제국의 한쪽 끝에서 다른 한쪽 끝으로 향하는 여정을 수도 없이 해왔을 것이다.

실제로 몇몇 사람들은 그런 여행을 다녀왔다. 로마 제국의 여러 도로들을 따라서 여행을 다녔을 가능성을 보여주는 구체적 증거를 들라면 3세기의 영국 여인 레지나의 묘비를 들 수 있다. 이 묘비는 현재 영국 북부의 사우스 쉴즈에 있는 아르베이아 로마 요새에 전시되어 있다. 그녀의 남편인 팔미라 출신 군인 바라테스가 세운 이 묘비는 라틴어와 아람어(고대 중동 지역의 국제어)로 문장이 새겨져 있는데, 시리아에서 출토된 묘비와 비슷하게 생겼다.[38] 비석의 조각가는 고리버들 의자에 앉아 있는 레지나를 보여준다. 그녀는 물결치는 드레스를 입고 묵직한 팔찌를 찼으며, 방적기 앞에 앉아 옷감을 짜고 있다(이것은 현모양처의 비유일 것이다). 이 기념물은 로마 제국의 영향력이 어디까지 미쳤는지를 보여줄 뿐만 아니라, 부부의 결혼을 기록함으로써 여행을 통해서 만들어진 연결 관계가 단지 추상적인 개념에 그치지 않았음을 일깨워준다. 실제로 수많은 사람들이 그 길 위에서 먹고, 마시고, 불평하고, 도둑질하고, 살인을 저지르고, 심지어 사랑에 빠지기도 했던 것이다. 바라테스의 선배들은 더 북쪽인 안토니누스 성벽까지 여행했을 수도 있다. 폴커크 근처에 있는 이 성벽은 스코틀랜드에 있는 로마 제국의 최북단 경계지였다. 그렇지만 거기에는 포장된 도로는 없었다. 남행하는 여행자들은 하드리아누스 성벽 바로 북쪽의 어느 지점에서 잘 포장된 석조 도로에 들어섰을 것이고 그 다음에는 요크, 맨체스터 혹은 체스터를 지나 더 남쪽의 런던으로 내려온 다음 영국 해협의 항구들에 도착했을 것이다.

2개의 언어로 새겨진 레지나 묘비는 언어에 관한 흥미로운 의문을 야기한다. 라틴어는 오늘날의 비즈니스 영어처럼 엘리트 계층의 보편 언어로 제국 전역에 널리 퍼져 있었지만, 군대 내의 일상 언어는 아니었다. 동부 지역에서는 라틴어가 군사 권위를 상징하기 위해 공식적 상황에서 사용되었지만, 역시 군대의 실용적 언어는 그리스어였다. 다른 지역에서도 장교들은 라틴어를 필수적으로 사용해야 했지만 일반 병사들은 각자의 지역어를 사용했다.[39] 제국의 경계에 가까운 다뉴브 지역에서는 군 통역관들의 활동을 기록한 비문들이 여럿 남아 있다. 그들은 이웃인 다키아인, 게르만인, 사르마티아인들과 의사소통을 하고 더 나아가 협상을 하는 책임을 졌다.[40]

여행하던 병사들을 떠올리면, 로마와 그 도로의 역사에서 전쟁은 결코 멀리 떨어져 있지 않다는 사실을 상기하게 된다. 제국의 주요 도로 대부분은 어떤 식으로든 군사 행동과 연결되어 있었다. 처음엔 어떤 지역에 대한 정복을 용이하게 해주었고, 그 다음에는 피정복 민족들과의 관계를 강화하는 데 기여했다. 군용 도로는 결코 건설하기 쉬운 게 아니었다. 벨레이우스 파테르쿨루스Velleius Paterculus는 카이사르의 게르마니아 원정을 묘사하면서 그 점을 분명하게 밝혔다.

그는 … 그의 아버지와 조국이 단지 적을 억제하는 것만으로도 만족했을 상황에서, 오히려 적에게 공격적인 전쟁을 벌였다. 그는 게르마니아의 깊숙한 지점까지 침투해 들어갔고, 군용 도로를 새롭게 건설했으며, 들판을 초토화하고, 가옥들을 불태우고, 그에게 맞서는 자들을 패퇴시켰다. 그리고 자신이 이끌고 간 군대에 거의 피해를 입히지 않은 채 온몸에 영광을 입고 겨울 숙영지로 들어섰다.[41]

모든 군용 도로가 반드시 군용 목적에 직접적으로 관련된 것은 아니었다. 처음에 군사적 목적으로 지어진 도로일지라도 나중에는 모든 사람이 이용할 수 있도록 개방되었다. 그렇지만 도로들은 정복의 역사와 제국의 확장이라는 주제와 분리해 생각할 수 없다. 군대의 유지에는 군수품 보급과 정보 교환이 필수적이었으므로 이런 목적을 원활히 달성하려면 도로가 반드시 있어야 했다. 도로가 있기 때문에 로마 군대는 반란을 신속히 진압할 수 있었다. 그런 진압 작전이 실제로 필요 없다고 할지라도 도로의 존재만으로도 충분한 사전 억제책이 되어 주었다.[42] 도로 그 자체와 도로 주변의 이정표들은 제국 이데올로기의 선언이었고, 로마의 지배라는 개념을 도로변의 풍경에다 분명하게 새겨 넣는 역할을 했다.[43]

우편 서비스도 정보 입수의 필요 때문에 생겨난 것이었다. 수에토니우스에 의하면 아우구스투스 황제는 "처음에는 군용 도로변에다 젊은 군인들을 단기간 주둔시켰고, 그 다음에는 수레와 마차를 배치했다." 속주들의 현재 상황을 신속하게 보고받기 위해서였다.[44] 쿠르수스 푸블리쿠스cursus publicus라고 알려진 이 제도는 기존 도로망을 따라서 국가의 공문서 전달이 원활하게 이루어지도록 해주었다. 초기에는 릴레이 방식의 전령 시스템이 사용되었는데, 나중에는 제도가 수정돼 역참마다 마차가 준비되어 여러 사람이 메시지를 넘겨주는 대신 한 사람이 직접 구두 메시지를 전달할 수 있도록 개편되었다. 전령들은 일반적으로 군인이거나 제국 정부의 전령사들로, 후자는 노예이거나 해방 자유인이거나 둘 중 하나였다. 아우구스투스의 통치 말엽에는 이러한 방식이 완전히 정착되어 전령뿐만 아니라 승객들을 수송하거나 소량의 물품까지도 운반할 수 있었다.[45] 공식 여행자들은 이러한 서비스를 이용할 권리를 증명하는 서류가 발급되었고, 현지인들은 공식 여행자들에게 마차와 노새, 때로는 숙식까지 제공할 의무가 있었다. 티베리우스 황제의 통치(서기 14~37) 초기 속주 총독 섹스투스 소티디우스 스트라보 리부스키디아누스Sextus Sotidius Strabo Libuscidianus는 누가 이런 기반 시설을 이용할 수 있고, 누가 그 시설에 필요한 지원을 해주어야 하는지 설명하는 훈령을 반포했다.

제국의 속주 재정행정관과 그의 아들을 제외하면 누구나 이 서비스를 이용할 자격이 있는 것은 아니다. 행정관과 그 아들은 마차 10대 또는 마차 1대 대신 노새 세 마리까지 사용할 수 있다. … 군용 목적으로 여행하는 사람들은 공공 운송 서비스를 이용할 수 있다. 증명서를 갖고 있는 사람이거나 이 지방을 경유하는 다른 속주에 주둔하는 군인들이 여기에 해당한다. 로마의 원로원 의원은 10대의 마차를 이용할 수 있다. … 제국 정부에 복무하는 로마 기사는 3대의 마차를 사용할 수 있다. … 백부장은 마차 1대를 사용할 수 있다.[46]

역참 서비스의 전형적인 것은 아니지만 좋은 사례가 하나 있는데,

바로 콘스탄티누스 황제가 교회사가인 에우세비우스Eusebius에게 성경 50부를 보내달라고 요청한 건이다. 에우세비우스는 콘스탄티누스의 편지를 부제에게 주어서 일을 추진하라는 지시를 내렸고, 부제는 성경책들의 수송을 위해 2대의 제국 마차를 사용할 수 있다는 허가를 받았다.⁴⁷ 한편 로마 시대 이집트에서는 당나귀 마부가 개인들 사이의 편지를 배달하는 전문적 전령으로 일한 듯하다.⁴⁸

도로의 건설과 유지를 규제하기 위해 광범위한 법적 틀이 개발되었다. 2대의 수레가 다니기 위해 주요 도로의 폭은 직선으로 뻗어 있을 때에는 8로마피트(2.4미터)가 되어야 했고, 구부러지는 곳에서는 16로마피트(4.8미터)가 되어야 했다. 후대에 들어와 도로는 12로마피트(3.6미터) 너비가 되어 약 4로마피트(1.2미터) 너비의 마차 2대가 보행자들을 포장된 도로 밖으로 밀쳐내지 않고 서로 지나갈 수 있었다.⁴⁹ 일부 주요 도로들은 폭이 40로마피트(12.2미터)까지 늘어나기도 했다. 영국의 경우 포스 가도는 18로마피트(5.3미터)였고 워틀링 도로는 그보다 거의 두 배인 34로마피트(10.1미터)였다. 도로 폭은 군대의 신속한 이동을 위해 도로가 건설된 사정을 반영하는 것이다. 군대의 이동이라는 관점에서 보자면 도로가 크고 넓을수록 더 좋은 것이다.⁵⁰ 사유지 위에도 통행권이 설정되어 있었으며, 공공 도로를 이용하는 여행자들은 통행세를 내야 했다. 그밖에도 수해 문제와 같은 규정들이 있었다. 도로 건설의 최초 비용은 일반적으로 군대에서 부담했으나, 도로의 보수 유지는 지방 총독들의 책임이었다. 그래서 그들은 도로가 완공된 후에 최소한의 보수 유지만 필요하도록 처음부터 튼튼하게 지어져야 한다고 주장했다. 제국의 후반기인 438년에 반포된 테오도시우스 법전에는 공공 도로에 관해 무려 66개의 법조문이

담겨 있었다.[51]

역마 제도가 시행된 초창기에 여행자들은 일정한 사용료를 내야 했다(현재의 버스 통행료나 고속도로에서의 통행료와 비슷한 것이다). 그러나 사용료를 지불하던 관행은 서서히 사라졌다. 제국이 멸망할 무렵에는 도로 기반 시설이 현지 주민들에게 부담이 되었다. 여전히 여행자들에게 각종 서비스를 제공해야 했지만, 그런 노력에 대해 아무런 현금 보상을 기대할 수 없었기 때문이다.[52] 반면에 주요 도로 옆에 자리 잡은 도시들은 경제적 혜택이 있었다. 일부 서비스는 무료로 제공해야 했지만, 나머지 서비스는 유료였기 때문이다. 여행자들은 현지 가게에서 물건을 사거나 오락에 돈을 쓰기도 했기 때문에 로마령 브리튼의 소규모 도시들이 도로망을 따라 집중되어 있는 것은 결코 우연의 일치가 아니다.[53] 그러한 혜택의 범위가 소도시 너머의 다른 지역으로까지 확대될 수 있었는가의 문제는 해당 지역이 도로와 연결되는 추가 기반시설을 갖추었는지 여부에 달려 있었다. 현대식 도로들과 연결되어 있지 않은 도시와 마을들은 쇠퇴할 수밖에 없었다.[54]

산, 내리는 눈, 장기간에 걸친 여정. 확실히 실용적인 관점에서 보자면 여행자들의 경험이 항상 긍정적일 수는 없다. 그렇다면 좀 더 넓은 시각에서의 평가는 어땠을까? 후대에 전해지는 분석들은 대부분 우호적인 것이다. 할리카르나소스의 디오니시오스와 스트라보 같은 그리스 사람들은 도로에 대해 열광적인 반응을 보였다. 특히 스트라보는 수로, 도로, 하수도의 핵심 업적을 언급한 다음에 이렇게 부언했다. "로마인들은 시골을 가로질러 언덕을 깎고, 계곡 위에 둑을 세워 도로를 건설했다. 그 덕분에 마차들은 바다를 항해하는 배처럼 거침없이 육지에서 이동할 수 있었다." 로마인들이 도로를 칭송하는 문장은 비문에서 자주 발견되는데 리미니 성문에 적힌 문장이 대표적이다.[55] 하지만 새로운 노선이 개통되는 특별한 순간들을 제외하면 수 세기에 걸쳐 도로망이 천천히 확장되었기 때문에, 도로 인근에 살던 사람들은 우리와 마찬가지로 그것을 당연한 존재로 여겼을 가능성이 크다.

우리는 선택이든 강요든 폭력에 의한 것이든 도로 건설 공사에 나선 사람들의 목소리에 접근할 수 있는 방법이 별로 없다. 도로 공사에 참여하는 건 그리 바람직한 일은 아니었던 것 같다. 플루타르크에 의하면 테베의 장군 에파미논다스Epaminondas는 도로 포장 공사를 감독하는 일을 지시받았다. "그것은 가장 천한 일이었으므로 그를 모욕하려는 것이었다." 그렇지만 그는 쾌활한 마음으로 그 일을 받아들였다. 그리고 "테베에서 가장 천하게 여겨지는 일을 누구나 맡으려고 하는 일, 뚜렷한 업적을 낼 수 있는 일로 바꾸어 놓았다."[56] 그러나 이런 결과가 지중해 세계에 널리 퍼져 있던 상황은 아니었던 것 같다. 타키투스Tacitus는 나우포르투스(류블리아나 근처) 외곽에서 벌어진 로마 군 내부의 사건을 기록했다. 군대의 한 중대가 도로와 다리를 보수하는 일의 책임을 맡았는데, 거기에 불만을 품고 반란에 합류했다는 것이었다. 그들은 책임 사령관을 마차에서 끌어내리고 그런 '가혹한 임무'를 부과하려 한 것에 대해 거칠게 항의했다.[57]

타키투스는 로마의 침공에 저항하는 칼레도니아 족장 칼카구스Calcagus의 연설도 기록했다. 연설에서 족장은 로마인들이 "세상의 도

2 | 로마 제국을 가로지르는 길   81

둑들"이라고 비난했다. 이어 자주 인용되는 다음의 말을 했다. "약탈하고 죽이고 훔치는 것, 이 모든 것을 그들은 '제국'이라 부른다. 그들은 폐허를 만들고 그것을 '평화'라 칭한다." 이 글은 도미티아누스의 통치에 대한 타키투스 자신의 비판을 대변하는 것으로 생각된다. 도미티아누스의 통치 시기에 타키투스 가문은 황제의 총애로부터 멀어졌기 때문이다. 이 연설은 실제 인물의 정확한 발언을 기록한 것이라고 보기는 어렵지만, 노예들의 고통에 대한 타키투스의 서술은 주목해 볼 만하다. "조롱과 폭력을 감내하면서 습지와 삼림을 뚫고 길을 내는 작업은 삶과 육신을 피폐하게 하는 일이었다."[58] ('길을 내는'이라는 표현은 번역자가 함축적인 라틴어 문장을 해석하면서 추가한 것이지만, 노예들이 사람이 살기 어려운 지역을 개척하도록 강제되었다는 점에서 합리적인 추정으로 여겨진다.)

《바빌론 탈무드》에서 한 랍비는 로마인들이 행하는 모든 것은 그들 자신의 혜택을 도모하기 위한 것이라고 말했다. "로마인은 자기 이익을 위해 일을 한다. 시장은 창녀들을 들이기 위해, 공중목욕탕은 자기 위생을 위해, 다리는 세금을 거두기 위해, 그리고 도로는 이 모든 것을 성사시키기 위해 건설되었다."[59] (이것은 영화 〈몬티 파이톤〉의 한 장면에 영감을 준 원천이다. 전승에 의하면 이 말을 한 랍비는 시몬 벤 요하이라고 하는데, 정부를 비판했다는 죄목으로 사형에 처해졌다. 이로 인해 로마 제국에 대한 비판은 후대에 전해지는 게 많지 않다.) 2세기 후반에서 3세기 사이 군인들이 주요 도로에서 이탈해 현지 주민들을 괴롭히거나 돈을 강탈해 간다는 호소문이 황제에게 여러 차례 올라갔다. 어떤 사건에서는 군인들이 농민 9명을 체포해 족쇄를 채운 뒤 한 사람 당 1천 아틱 드라크마 이상의 몸값을 강탈해 갔다. 그러나 정부 당국이 이런 호소문에 적극적으로 반응했다는 증거도 있다. 또 다른 사례에서 지역 총독은 "군인이 당신들의 마을에 무단으로 들어와 주민들의 물품을 빼앗아 자기 배를 불렸다면, 그 자는 반드시 처벌을 받을 것이다"라고 말했다.[60] 이런 사건들이 도로에 대한 이야기에서 잘 언급되지 않는다고 해서 놀랄 필요는 없다. 영국의 많은 도시들이 새로운 우회도로 건설 노선을 두고 다툼을 벌였지만, 막상 도로가 개통되고 나면 대부분의 반대는 사그라진다. 더 심각한 문제들조차도 대중의 시야에서 금세 사라질 수 있다. 내가 이 책을 쓰던 시점에 카타르 월드컵 경기장 시설을 건설하는 과정에서 여러 명의 노동자들이 사망했다는 기사가 여러 번 나왔다. 그러나 막상 월드컵 대회가 개최되면 그런 인명 사고 기사들은 그리 주목을 받지 못하게 될 것이다. 노동자든 현지인이든 로마의 도로 건설에 대한 적개심이 그 후 수십 년 동안 혹은 수 세기 동안 기억되었다 하더라도, 현대에 들어와 도로의 역사가 집필될 무렵이면 그것은 역사책에 거의 등장하지 못한다. 역사책 서술자들은 로마의 정복자들 편에 서서 그들이 연출한 웅대한 장관과 멋진 업적들에 대해서만 말할 것이기 때문이다.

　콘스탄티누스 황제가 권력을 장악한 4세기에 이르러 로마 도로망의 방사형 축은 수도를 제국의 모든 산하 지역과 연결시켰다. 스페인이나 갈리아 지방으로 가려고 하는 여행자는 해안을 따라 제노바까지 이어지는 비아 아우렐리아를 탔고, 다뉴브 강 근처의 지역으로 가려 한다면 움브리아를 거쳐 북쪽으로 이어지는 비아 플라미니아를 이용했을 것이다. 남쪽이나 동쪽으로 가려 한다면 비아 아피아, 그 후속 도로인 비아 트라이아나가 있고, 이어 비아 에그나티아가 있었다.[61] 비아 아피아의 종점인 브린디시는 바다를 통해 연결되었고, 서기전 130~140년경에는 비아 에그나티아가 디라키움(현재 알바니아의 두레스)에서 출발해 테살로니키(이곳에서 여행자들은 남부 그리스로 가는 노선으로 갈아탈 수 있다)를 거쳐 비잔티움(후일의 콘스탄티노플, 현재의 이스탄불)까지 이어졌다.62 이 도로들은 기존의 오래된 도로망에 접목되어(물론 도로망은 개선되었다) 서기 1세기 무렵에는 로마 도로망을 통해 지중해 동부 해안을 따라 이집트의 항구 도시 알렉산드리아까지, 서쪽으로는 탕헤르(모로코)까지 이동할 수 있었다.63 제국은 이제 내해인 지중해를 완전히 포위하고 있었던 것이다.

그러나 후기 로마 제국 시대에 접어들면서 도로 건설 속도는 둔화되었다. 물론 몇 개의 예외 사항도 있다. 그중 대표적인 것은 디오클레티아누스(재위 284~305) 시절에 동부 국경을 따라 건설된 도로, 즉 스트라타 디오클레티아나 Strata Diocletiana다. 이 도로는 홍해에서 출발해 오늘날의 사우디아라비아를 관통해 이라크 지역까지 이어졌다. 도로 상태에 대한 불평불만이 없는 것은 아니었지만, 그래도 여전히 제국의 한쪽 끝에서 다른 쪽 끝까지 여행하는 게 가능했다. 도로변의 이정표들은 여행자가 어떤 도로를 지나가고 있는지 분명하게 밝혀주었다. 그러나 로마 도로들의 의미는 결코 고정된 것이 아니었다. 이제 곧 기독교 순례라는 새로운 형태의 여행이 시작되려 하고 있었다.64

3

초기 기독교인의 여행

예수 그리스도의 초창기 사도들은 순례 여행을 떠나지 않았지만, 조직 종교로 체계를 갖추어가던 4세기부터 기독교는 유대교를 따라서 종교적 헌신의 표시로 여행의 관습을 채택하기 시작했다. 사실 로마 도로들은 성경에서 중요한 비유적 의미를 갖고 있었다. 성경에서 말하는 큰 도로highway는 로마식으로 높게 돋운 도로를 뜻하는데, 이는 메시아의 귀환을 준비하기 위해 닦아야 할 길로 제시된다.[1] 기독교도들은 팔레스타인과 이집트의 성스러운 유적지들을 방문했고, 콘스탄티누스의 개종 이전에도 로마를 방문했다. 로마는 교회의 창건자들인 베드로와 바울의 무덤이 있는 곳이었고 그 외에 다른 많은 순교자들의 무덤이 있는 곳이기도 했다.[2] 특히 서방의 여행자들에게는 성지 예루살렘보다는 로마가 더 쉽게 접근이 가능했다. 페르시아가 614년에 예루살렘을 정복하고, 무슬림이 638년에 다시 정복하면서 더욱 그러했다. 그리하여 로마는 알테라 예루살렘altera Jerusalem(또 다른 예루살렘)으로 알려지게 되었다.³ 로마는 또한 교회 행정의 중심지였기에 사람들은 교회 일로 그곳에 출장을 가기도 했다. 오늘날 회사 일로 출장을 가는 사람이 관광 스케줄로 하루를 추가하는 것처럼, 교황의 결재를 받기 위해 로마 출장을 간 교회 사제도 순례와 유관한 신앙 활동을 추가할 수 있었다. 기독교가 북유럽과 서유럽으로 널리 퍼지면서 순례 여행자들의 숫자는 계속 늘어났다. 여행을 떠날 때 도로가 언제나 가장 확실한 선택인 것만은 아니었으나(종종 해로가 육로보다 더 빨랐다) 여행자들은 대부분 기존의 도로망을 적극 활용했다.⁴

바울은 기독교로 개종한 후에 중동 지방을 여행하면서 상당히 많은 시간을 보냈다.

나는 아라비아로 갔다가 다시 다마스쿠스로 돌아갔다. 그리고 3년 뒤에 베드로를 만나려고 예루살렘으로 올라가 보름 동안 그와 함께 지냈다. … 그 뒤에 시리아와 킬리키아 지방으로 갔다. … 그러고 나서 14년 뒤에 바르나바와 함께 다시 예루살렘으로 올라갔다.⁵

여러 학자들이 바울의 여행 경로를 재구성하려고 노력해 왔는데, 그 경로는 아나톨리아에 있는 비아 세바스테Via Sebaste의 상당 구간도 포함한다.⁶ 그러나 로마 여행은 바울의 여행 경로 중에 맨 마지막을 차지한다. 생애 후반에 그는 예루살렘에서 유대인 지도자들과 논쟁을 벌인 끝에 로마 당국에 의해 체포되어 지중해 해안(현재 이스라엘)에 있는 카이사리아의 감옥에 투옥되어 상당한 시간을 보냈다. 그 후 서기 60년경에 바울은 재판을 위해 로마로 압송됐다. 그의 일행이 포추올리에 도착하자 현지의 기독교 신자들이 환영을 나왔다.

그 무렵 포추올리는 주요 상업 항구였다. 나폴리 만의 최북단에 위치한 이 도시는 로마식 원형 극장을 갖추고 있었다. 이곳은 칼리굴라가 바다 위에다 거룻배로 부교를 만들게 해 바이아로 건너갔던 곳이기도 하다.[7] 오늘날 포추올리는 항구에 반짝거리는 하얀색 쾌속선들이 정박되어 있고, 페리 연락선들이 인근 이스키아 섬과 프로치다 섬을 오가고 있다. 태양이 나폴리 만의 서쪽 곶 뒤로 하늘을 오렌지 빛으로 물들이며 넘어가자 파도치는 바다는 정말 멋진 장관이었다. 바울의 도착은 그리스도의 생애를 그린 타일들 옆, 지역 교회의 외벽에 기록되어 있다. 이곳 주교와 시민들이 1918년에 세운 기념판은 '이방인의 사도' 바울이 포추올리에서 보낸 일주일을 기념하면서, 그 뒤를 따르는 이들에게 새롭고 가장 순수한 영광을 기원한다. 교회 벽에 붙여진 또 다른 기념판은 1990년 교황 요한 바오로 2세의 사목 방문을 기념하고 있다. 그 외에 또 다른 기념물은 대충 깎은 대리석에 부착한 청동판인데, 사도행전의 인용문으로 바울의 도착을 묘사하고 있다. 그리고 재치 있는 말장난으로 근처 레스토랑에서는 바울Paul의 이름을 딴 파울라너Paulaner 맥주를 피자와 함께 서빙한다.

바울은 포추올리에서 남쪽으로 내려갔는데, 아마도 비아 도미치아나Via Domiziana를 타고 갔을 것이다. 해안 지대를 따라 뻗어 있는 이 길은 몬드라고네의 북쪽에서 비아 아피아와 연결된다. 오늘날에는 SS7 콰테르quater(제4지선)라고 하는 이 길로 내가 차를 타고 간 날은 9월 25일 일요일이었다. 이 날은 이탈리아의 선거일이었고, 억수로 퍼붓는 비와 하루 종일 불어온 비바람으로 여름이 끝난 날이기도 했다. 이러한 기상 상태에는 무언가 비유가 숨어있는 듯하다. 내가 캄파니아 지방과 라치오 지방을 갈라놓는 가릴리아노 강을 건너가자 번개가 번쩍거리며 하늘을 갈라놓았다. 이곳 주위에는 산이 많았으나 구름과 구분하기가 어려울 만큼 둘 다 잿빛으로 드리워져 있었다. 나는 시선을 앞쪽 도로에 고정시켜야 했으나 도로 양 옆으로 습지가 펼쳐져 있는 것이 보였다. 도로는 바다에 바싹 붙어서 내달리고 있었기에 침수를 사전 예방하려면 정기적으로 보수 작업을 해주어야 할 것이다. 심지어 오늘날에도 재포장이 필요해 보였다.

사도행전에는 바울이 이 일대에서 겪었던 기상 조건에 대해서는 언급이 없다. 그러나 로마 여행의 상황은 알 수 있다.

형제들이 로마에서 우리의 소식을 듣고 아피 포룸과 트레이스 타베르네 Three Taverns(세 여관)까지 우리를 맞으러 왔다. 그들을 본 바울은 하느님께 감사를 드리고 용기를 얻었다. 우리가 로마에 들어갔을 때, 바울은 자기를 감시하는 경비병 한 사람과 따로 지내도 좋다는 허락을 받았다.[8]

위의 인용문에서 언급된 두 장소는 비아 아피아 위에 있다. 아피 포룸은 호라티우스의 일행이 뱃사공들에 대해 불평을 터트렸던 장소인 테라치나 운하의 로마 쪽 끝부분에 해당한다. 포이팅거 지도에도 나오는 트레이스 타베르네는 좀 더 정확하게 말하자면 '3개의 가게'라고 해야 할 것이다. 여관 이외에 다른 하나는 대장간, 마지막 하나는 아마도 음식을 제공하는 곳이었을 것이다. 이곳은 로마로 가는 길에 있는 마지막 역참이었다.

아나톨리아에서 로마로 가는 여행에 대한 좀 더 자세한 정보는 히에라폴리스(현재 튀르키에 남서쪽에 위치한 파묵칼레)의 주교인 2세기 성인 아베르키오스Aberkios의 생애에서 찾아볼 수 있다. 성인의 묘비명은 초창기 기독교 장례 문장들 중 하나인데, 연대는 서기 190년대다. 비명은 그를 가리켜 "내 수레 옆에 바울이 함께하며 여행했다"라며 은유적으로 언급하고 있다.⁹ 실제 생애보다 200년 뒤에 집필된 《아베르키오스의 생애》는 성인이 로마로 소환된 이야기에 대해 좀 더 상세한 정보를 제공한다. 황제의 딸 루킬라는 악령에 사로잡혀 있었는데, 성인이 로마로 와서 퇴마 의식을 수행해 달라는 요청이었다. 성인의 왕진을 받기 위해 황제는 로마에서 히에라폴리스까지 전령을 보냈다. 그 전령은 이틀 만에 브린디시까지 갔을 것이고, 배에 승선해서는 순풍 덕분에 한 주 안에 펠로폰네소스에 도착했을 것이다. 《아베르키오스의 생애》 저자는 이렇게 썼다. "거기에서 전령은 공용 역마를 사용해 총 15일 이내에 비잔티움에 도착했다." 그리고 다시 전령은 바닷길 여행에 올랐고, 역마를 사용해(중간 역참에서 말을 빌려서) 여정을 완료했다. 여행의 마지막 구간에서는 현지 안내인과 새로운 말들의 도움을 받았을 것이다. 아베르키오스는 왕진 여행을 수락했고, 40일 뒤에 로마의 외곽 해안에 위치한 오스티아 인근의 포르투스에서 전령을 만나기로 약속했다. 40일이라는 기간은 이 여정에 어느 정도 시간이 소요된다고 사람들이 생각했는지를 잘 보여준다. 튀르키예의 안탈리아에서 로마까지 직항선을 탄 아베르키오스는 황제의 전령보다 먼저 약속 지점에 도착했다. 전령의 귀환 여정은 바다에 풍랑이 일어 멀미를 한 탓에 지체되었던 것이다.¹⁰

베드로가 로마에 머물렀다는 증거는 바울의 그것에 비해 아주 단편적이다. 그러나 세부사항이 어떻든 간에 그가 로마에서 십자가형을 받았다는 전승은 도시 발전에 중요한 계기였다. 성 베드로 대성당의 위치는 베드로의 무덤 위에 세워진 것이라고 널리 설명되고 있다.[11] 이 성당이 로마의 공동묘지 위에 세워진 사실은 의심의 여지가 없다. 1940년대의 지하 발굴 때 베드로의 소유물이었을 것으로 보이는 유물들이 발견되었는데, 1968년에 교황 바오로 6세는 그 유물들을 진품이라고 선언했다. 물론 전문가 중에는 그에 대해서 회의적인 사람들도 있다.[12]

사도들의 로마 체류가 순례자들을 끌어들였다면, 로마의 기독교 신자들 또한 순례자가 되어 제국의 도로망을 이용하면서 성지로 여행했다. 콘스탄티누스의 어머니인 성 헬레나는 326년에 순례길에 오른 초기의 예시다.[13] 헬레나가 다른 사람들의 순례에 어느 정도 영향을 미쳤는지는 알아내기 어렵다. 그러나 그녀가 상당한 영향을 미쳤을 가능성이 높다.[14] 그리고 몇 년 뒤 우리가 단지 보르도 순례자라는 이름으로만 알고 있는 이가 서부 프랑스에서 성지까지 순례 여행을 했다.[15] 그가 남긴 여행기는 포이팅거 지도나 《안토니누스 여정표》보다 훨씬 상세하다. 하룻밤 잠자리, 식사, 목욕탕을 제공하는 숙박 시설뿐만 아니라 역참에 대해서도 자세한 정보를 제공한다. 특히 역참은 말을 갈아탈 수 있고 마차의 수리가 가능한데, 하룻밤 숙박지 사이에 1~2개씩 존재했다.[16]

보르도 순례자의 여행 일정은 보르도에서 카르카소네와 아를까지, 이어 코티안 알프스를 통과해 토리노에 이르는 중간 기착지들을 열거한다. 알프스 산은 서기전 15년경부터 도로망에 포함되었는데, 주요 통행로는 대 생 베르나르 고개와 소 생 베르나르 고개 그리고 몽스니 고개가 있었다.[17] 보르도 순례자는 토리노에서 여행을 계속해 밀라노, 베르가모, 브레시아, 베로나, 파도바를 거쳐 아드리아 해에 면한 아퀼레이아까지 왔다. 여기서 그 혹은 그녀는(보르도 순례자의 성별은 알려져 있지 않다)[18] 시르미움(현재 세르비아의 스렘스카미트로비차)까지 갔고, 다시 방향을 남동쪽으로 틀어 불가리아의 소피아에 도착했다. 나는 이곳에서 보르도 순례자의 여정을 따라가기로 했다.

소피아는 로마인들에게 세르디카Serdica 혹은 Serdika라는 이름으로 알려져 있었다. 현지 부족인 세르디족에서 유래한 것인데, 이 도시는 오래 전부터 사람들이 정착해 살았고 서기 1세기에 이르러서는 로마의 군 기지 겸 중간 기착지가 됐다. 그 시기의 많은 도시들과 마찬가지로 도로변 소재지라는 것이 소피아 발전에 핵심 요소였다. 콘스탄티누스는 여러 해에 걸쳐 이 도시를 찾았고, 심지어 제국의 수도를 세르디카로 옮길 것을 구상하기도 했다. 그는 "소피아는 나의 로마다"라는 말까지 했다고 한다.[19] 도시는 계곡에 위치하고 있으며 그 주위를 산들이 둘러싸고 있다. 중앙의 비토샤 거리를 걸어 내려가면 거리에 이름을 안겨준 비토샤 산이 국립 문화궁전 뒤로 우뚝 솟아 있다. 소피아의 특별한 관광 명소는 여러 목욕탕이다. 오늘날 이 도시의 지역 역사박물관은 웅장한 1912년 공중목욕탕 위에 세워진 것이다. 박물관의 벽들은 적색과 백색의 사선들로 장식되어 있고, 다시 그 벽에는 노란 페인트칠로 둘러싸인 아치형 창문들이 설치되어 있다. 박물관 맞은편은 광장인데 로마 시대의 포룸을 그대로 현대식으로 조성한 것이다(로마 시대의 포룸 또한 박물관처럼 다채로운 색상을 자랑했을 것이다).

세르디카는 343년에 아리우스 논쟁을 해결하기 위해 중요한 종교 회의가 소집된 곳이다. 당시 기독교 세계는 성부와 성자의 관계가 시기적으로나 본질적으로 차이가 있느냐 없느냐 하는 문제를 두고 서방 교회와 동방 교회가 분열되어 있었다. 이 난해한 신학 관련 문제는 두 교회 사이에 엄청난 논쟁을 불러일으켰다(아리우스파는 삼위일체 중 성자가 성부보다 열등하다는 입장을 취했다. 즉 성자가 성부와 비슷한 본체homoiousios를 갖고 있을 뿐, 성부와 똑같은 본체homoousios는 아니라고 주장했다. 그러나 325년 니케아 공의회에서 삼위일체론이 정통 교리로 채택되며 성부와 성자는 하나의 본체, 즉 그리스도는 하느님이라고 선언되었다. '비슷한 본체'와 '똑같은 본체'는 원어가 아이(i)자 하나 더 들어가느냐 마느냐의 차이이므로 세심하게 구분할 필요가 있다. 또한 성령의 발현과 관련해서도 논쟁이 일어났는데, 이 논쟁을 가리켜 필리오케filioque 논쟁이라고 한다. 필리오케는 "그리고 아들에게서"라는 뜻으로, 성자도 성부와 똑같이 성령을 발한다는 뜻이다. 그러나 동방 교회는 이것을 인정하지 않았고, 서방 교회는 이를 인정한다). 그리하여 두 교회의 주교들은 서로 말을 하지 않으려 했고, 숙소도 별도의 동에다 정했다. 아무튼 6세기에 이를 때까지 소피아엔 생의 활기가 흘러넘쳤다. 이 시기 많은 고고학적 유물들이 전해지고 있는데, 2010~2012년 사이 새 지하철 노선의 지하 굴착공사 중에 발굴된 것이다. 나는 계단을 내려가 옛 도시의 흔적으로 향한다. 이곳에서는 외부에서 유물들의 일부를 볼 수 있었는데, 부서지기 쉬운 모자이크 유물들은 방문자 안내소에서 덮개를 덮어 보관하고 있었다. 우리가 옛 주택들의 유적을 빙 도는 동안 반대편 벽 너머 지하철의 덜컹거리는 소리가 어렴풋이 들려왔다. 굴착공사에서 발견된 유물들은 이곳에서 어떤 활동이 있었는지 잘 보여준다. 먼저 주사위와 말판 조각은 현대의 호텔 카지노를 연상시킨다. 핀과 바늘은 아마도 전통적인 바느질 도구였을 것이다. 여기서 그리 멀리 떨어지지 않은 고고학박물관에는 이정표, 제단, 묘비명, 도자기와 부장품 등 과거 로마 시대의 흔적들을 더 많이 전시하고 있다. 소피아에는 원형 극장도 있었는데, 지금은 호텔 바로 밑에 묻혀 있다. 지하철 유적지 바깥에는 바닥에서 천장에 이르는 유리창 너머로 로마 시대에 도로 포장에 사용되었던 낯익은 석판들이 보인다. 이것들은 오늘날 소피아의 특징인 노란 벽돌 도로 밑에 숨겨져 있던 것이다. 노란 벽돌 도로는 20세기 초에 깔린 것으로 당시 미국에서도 유행했는데, 이 도로를 보고 L. 프랭크 바움L. Frank Baum은 《오즈의 마법사》에 대한 영감을 얻었다.

소피아 초기 기독교의 흔적은 로마 신전 터 위에 세워진 원형 교회인 성 게오르기 교회에서 볼 수 있다. 나는 처음에는 이것이 방문자 안내소 바깥에서도 보이는 그저 큰 둥그런 건물이겠거니 하고 생각했는데, 건물 옆의 미나렛(이슬람 사원의 첨탑)을 보고는 아니란 걸 깨달았다. 성 게오르기 교회는 실제로는 직사각형 현대식 건물(아마도 19세기 건물) 안쪽에 숨어 있었고, 그 옆에는 넓은 고고학 유적지와 예측 가능한 풍경인 건물들의 기초 유적 옆으로 난 포장도로가 있었다. 교회 안에 들어서니 내부 돔에는 프레스코 벽화가 그려져 있었다. 가장 오래된 그림은 9세기의 것이었는데 천사 그림도 있었다. 천사의 하트 모양 얼굴 주위에는 후광이 감돌고, 크고 넓은 두 눈 위에는 아치형 눈썹이 그려져 있었다. 교회 밖으로 나오니 전통 식당 하나가 눈에 띈다. 현지의 향토 음식인 카바르마(닭고기, 후추, 토마토를 허브 소스에 넣어 끓인 요리)를 팔고 있었다. 보르도 순례자와 그 일행이 소피아에서 어떤 음식을 먹었는지는 알 수 없다. 그들이 나처럼 향토 음식을 즐겼는지, 아니면 코를 찡그리며 고국의 음식을 그리워했는지 우리는 그저 상상에 맡길 수밖에 없다.

그러나 우리는 보르도 순례자가 필리포폴리스(현재 플로브디프)를 향해 나아갔다는 것을 확실히 알고 있다. 서기 46년부터 로마의 통치를 받아온 고대 트라키아의 도시 플로브디프는 소피아처럼 비아 디아고날리스 혹은 비아 밀리타리스 도상에 위치하고 있다(이 도로에 대해서는 다음 장에서 자세히 다룰 것이다). 플로브디프는 이 길에서 갈라져 나와 현재 불가리아와 그리스 북부를 가로지르는 로도피 산맥의 고개들을 통해 더 남쪽의 비아 에그나티아로 연결되는 작은 도로로 빠지는 지점이다. 나는 호텔에서 택시를 타고 소피아 역으로 갔다. 운전기사는 수다스러운 청년이었는데, 영어를 잘 했고 버밍엄에 사촌이 산다고 했다. 그에게 난 맨체스터에서 왔다고 말하자 축구 이야기로 말을 옮기고 훌리건에 대해서도 이야기하더니, 뜻밖에도 자신이 예수 그리스도를 믿는 신자라고 털어놓았다. 그는 이슬람에 대한 반감이라는 암묵적인 분위기와 함께 이들 도시에 기독교가 분명 존재하며, 청년의 친구들 중 몇몇은 무슬림이지만 그래도 좋은 친구들이라고 덧붙였다. 나는 턱수염을 기르고 선글라스를 쓴 그를 보며 유행에 민감한 교회 목사가 된 청년을 상상했다. 그는 신자들에게 이 세상에는 평화가 있어야 하며, 상대 축구팀의 팬들을 두드려 패서는 안 된다고 설교할 것만 같았다. 청년 기사는 플로브디프에서 '옛 시대 정신'을 느낄 수 있을 거라고 내게 말했다.

그로부터 두 시간 반 뒤 나는 기차에서 내려 플로브디프를 탐사할 준비를 했다. 지난 15년 동안 이곳에서 이루어진 광범위한 유적지 연구는 급기야 2019년 플로브디프가 '유럽 문화 수도'에 선정되면서 사람들에게 깊은 인상을 남겨주었다. 나는 아주 우연히 로마 도로와 마주치게 되었다. 지하도로 들어가는 계단을 내려가면서 커다란 석판 위에 서 있는 나 자신을 발견하게 된 것이다. 석판 양옆에는 통유리 전시장을 갖춘 가게들이 들어서 있었다. 그곳엔 "거부할 수 없는 매력"이라는 이름의 옷가게, 유리 장식품을 파는 가게, 저렴한 보석을 파는 가게, 시계 수리점, 중고 서점 등이 있었다. 꽃집은 가게 앞에 고대의 석조 제단처럼 보이는 구조물 위에 작은 꽃들을 진열해 놓고 있었다. 나중에 소셜 미디어에서 검색해 보니 이 구조물은 실제로 2세기경의 장례 기념물로서 행운의 신에게 바쳐진 것으로, 원래 아나톨리아의 중부 카파도키아 출신이었으나 필리포폴리스의 시민이 된 루키우스 크리스피누스 에파가토스Lucius Crispinus Epagathos의 사망을 추모하는 것이었다.[20]

    계단을 올라가 보니 지상에는 옛 포룸(광장) 바로 곁의 중앙 전신 전화국 건물 주위로 로마식 거리들이 쭉 뻗어 있었다. 거리의 노선은 현대식 광장의 일정한 패턴을 따르는 포장 공사에 의해 구분되어 있었고, 현대식 도로가 끝나는 곳에서 더 낮은 지점에 있는 로마식 지표가 드러나고 그와 함께 옛 도로가 시작되었다. 검은 페도라 모자, 바지, 민소매 티셔츠, 어깨에 둘러맨 검은 상의 등 올 블랙 패션의 한 청년이 계단 아래로 내려가 로마식 포장도로 옆으로 걸어가다가 현대식 왕복 도로 아래에 있는 지하철 역사로 사라졌다. 그가 걸어간 곳 너머에는 라마다 트리몬티움 호텔이 보였다. 호텔 건물은 황금 테두리의 창문, 도금 발코니, 호텔 부속의 카지노를 선전하는 라틴어 필기체의 붉은 네온사인을 내걸고 있었다. 트리몬티움Trimontium이라는 이름은 플로브디프의 세 산을 가리키는 것이다. 도시의 동쪽 끝에 있는 동문에는 한때 하드리아누스(로마 황제들 중 하드리아누스는 특히 여행을 많이 한 황제인 듯하다)의 개선문이 서 있었는데, 지금은 펜스를 둘러친 채 복원 공사를 기다리고 있는 중이다.

플로브디프의 최초 정착촌은 로마인들의 그것보다 훨씬 오래 되었다. 정착촌은 수천 년 전으로 거슬러 올라가며, 화산암으로 이루어진 바위 산 위에 자리 잡고 있었다. 이는 내가 자란 스코틀랜드의 스털링을 떠올리게 한다. 어떤 기록에는 트리몬티움이 3개의 산이 아니라 7개의 산이라고도 하는데, 이런 주장이 나온 것은 아마도 로마의 전형적 예에 따라 어떤 도시가 되었던 7개의 산을 가져야 한다는 생각에 그에 계산을 맞추었기 때문이라고 생각한다.[21] 이 지역의 통제를 완벽하게 해냈다고 생각한 로마인들은 산 위가 아닌 아래에다 정착촌을 세운 후 광장, 간이음악당, 신전, 그리고 제국 전체를 통틀어서 몇 개 안 되는 경기장을 건설했다. 이 경기장은 지금 간선 도로 밑에 파묻혀 있으나, 한쪽 끝은 남아 있어 발굴이 되었다. 그 근처에는 호화로운 카페 바가 들어서 있고, 또 다른 일부는 H&M 매장의 지하에서 볼 수 있다. 로마인들은 언덕의 지형을 이용해 등성이에다 극장을 지었는데 오늘날에도 사용되고 있다. 그 형태는 아테네의 아크로폴리스에 있는 극장과 비슷하다.

로마 제국 내의 기독교 박해를 끝내고 종교적 관용을 선포한 311년의 세르디카 칙령과 313년의 밀라노 칙령에 따라 플로브디프는 초창기 기독교의 중용한 선교 거점이 됐다. 그 영향력은 두 동의 멋진 교회 건물에서 잘 드러나는데, 최근에 복원되었다. 그중 더 큰 교회는 모자이크 바닥으로 아름답게 장식되어 있다(플로브디프는 모자이크 제작으로 명성이 높은데, 모자이크 제작 과정을 묘사하는 그리스어 동사가 이 도시에서 유일하게 사용된 것으로도 알 수 있다). 모자이크의 두 층은 첫 번째 것이 아마도 지진으로 파손되었기 때문에 두 번째 것을 새로 입힌 것으로 보인다. 그 두 층은 조심스럽게 분리돼 전시되어 있는데, 기하학 무늬 사이에 공작, 앵무새, 뿔닭 등 기독교적 주제를 암시하는 새들의 디자인이 포함되어 있다. 조금 더 길 아래로 내려가면 과거에 세례소였던 자그마한 교회가 나온다. 이곳엔 온몸을 담글 수 있는 십자가 모양의 세례반이 설치되어 있다. 그 옆에는 물을 마시는 수사슴 그림이 그려져 있는데, 복음의 진리를 받아들이는 기독교 신자에 대한 비유다. 이 장식에는 새들도 나오는데, 특히 성령을 흰 비둘기로 묘사하고 있다. 그러나 옆에 세워진 해설 입간판은 이것을 '비둘기'로 번역하고 있다.

플로브디프를 떠난 보르도 순례자는 남동쪽의 콘스탄티노플로 갔고, 이어 앙카라를 경유해 타르수스와 안티오크를 지나 남쪽의 비아 마리스Via Maris로 접어들었다. 순례자는 많은 기록을 남기지는 않았지만 그래도 디오클레티아누스 황제가 카리누스Carinus를 죽인 곳(현재 세르비아로, 마르구스 전투가 벌어진 곳), 한니발 왕의 무덤, 타르수스와 사도 바울과의 관계 등을 언급했다. 순례자가 성지에 도착하면서 이야기는 활기를 띠며 기록은 순례자가 방문한 곳들을 자세히 적고 있다. 팔레스타인의 일부 도로들은 로마인의 도래 이전부터 존재했는데, 전체 도로망은 하드리아누스 황제(재위 117~138) 시절에 더욱 발달했다.[22] 순례자의 귀국 여행길은 또 다른 경로를 보여준다. 순례자는 콘스탄티노플에서 출발해 비아 에그나티아를 따라 테살로니키로 갔고, 이어 '마케도니아의 알렉산드로스 대왕이 다녀간 곳'인 펠라를 지나 남쪽으로 향해 아울론 트레젝툼이란 곳에 갔다. 이곳의 정확한 위치는 알 수 없으나 아울론은 펠로폰네소스 반도의 남서부인 메세니아 지방에 있었다.[23] 그곳에서 순례자는 배를 타고 이탈리아 동부 해안의 브린디시로 돌아와 육상에서 비아 트라이아나를 타고 카노사 디 풀리아(카누시눔)를 경유해 베네벤토로 왔고, 이어 비아 아피아에 연결되어 로마로 돌아왔다.

보르도 순례자가 성지 순례를 다녀오고 약 50년 뒤에 또 다른 기독교 여행자 에게리아의 여정은 로마 제국 전역을 가로지르는 여행이 실제로 가능했음을 다시금 확인해준다. 여행 일정은 세부사항이 많이 결락되어 중간 기착지들의 열거에 불과하지만, 그래도 후대 순례자들이 여행을 계획하고 준비하는 데 도움을 주었다. 아마도 귀족 출신의 스페인 수녀로서 수도원 생활에 익숙했던 것으로 보이는 에게리아는 대서양 연안의 도시, 가령 갈리시아 혹은 아키텐에서 출발해 성지까지 여행했을 것으로 짐작된다.[24] 그녀는 서기 381~384년 사이에 여행을 다녀왔지만 그녀가 남긴 《여행기》의 사본은 11세기 것이 유일하다. 이 사본은 몬테 카시노 수도원에서 제작되어 토스카나 지방 아레초의 평신도 형제회의 손에 들어갔다가, 19세기 후반이 되어서야 책으로 출판되었다.[25] 에게리아의 서쪽 여행에 대한 묘사는 전해지지 않지만, 필사본(11세기 것)은 시나이 산에 가려는 그녀의 노력을 자세히 서술하고 있다. 그 여정은 수에즈 만의 동쪽 해안을 따라 남쪽으로 이동해야 했다.

어떤 때는 짐 나르는 동물들의 발이 물에 잠길 만큼 바다에 가까웠고, 또 어떤 때는 해안으로부터 90미터 혹은 180미터 떨어졌으며, 때로는 바다에서 800미터쯤 떨어진 사막을 가로질러야 했다.[26]

에게리아 일행은 떨어진 식수를 보충하고 하룻밤 묵어가기 위해 역참을 이용했다. 《여행기》의 저자는 성지 순례에는 아무래도 현지인이 유리하다고 적었다. 길이 전혀 없는 사막에서 낙타들은 심지어 밤중에도 방향 표시를 따라갈 수 있었다. 마침내 에게리아는 클리스마에 도착했다. 그곳은 로마인들이 인도와 무역을 하는 홍해의 항구로, 수에즈 만의 북쪽 끝에 있었다. 이곳에서 에게리아와 일행들은 "사막을 통과해 왔던 길이 너무 모랫길이었으므로 오랜 휴식을 취해야 했다."27 그러나 순례자들이 봉착한 어려움은 모래만이 아니었다. 그들은 위험 지역을 통과하기 위해 로마 당국이 마련해준 군사 경호를 받았다. 그곳은 분명 국가의 간선도로에서 벗어난 지역이었을 것이다. 왜냐하면 에게리아 일행은 간선도로에 도착하자 그들을 따라왔던 군인들을 돌려보냈기 때문이다.28

헤르모폴리스의 테오파네스Theophanes가 남긴 기록은 제국을 일주하는 여행에 대해 좀 더 현실적인 통찰을 제공한다. 헤르모폴리스는 지금은 알 아쉬무닌이라는 지명이 되었는데, 카이로에서 남쪽으로 300킬로미터 떨어진 나일 강 계곡에 있다. 제국의 행정관이었던 테오파네스는 이집트 전역을 여행했고, 북쪽으로 향해 지중해 해안을 따라 현재 튀르키예 안타키아로서 시리아 국경 가까운 곳에 있는 안티오크까지 갔다. 4세기에 안티오크는 제국의 가장 큰 도시들 중 하나였는데, 콘스탄티노플보다 더 중요하게 여겨질 정도였다.29 당시 바다의 길이란 뜻의 비아 마리스는 핵심 통행로였다.30 그러나 이 도로의 일부 구간은 현재 가자 지구를 통과하기 때문에 오랫동안 관광객들에게 개방되지 않았다. 테오파네스의 기록은 그와 일행이 먹은 음식을 자세히 서술한다. 아트리비스 시(카이로 북방 약 40킬로미터)에서 그는 "고기, 계란, 두 종류의 야채, 루카니카(훈제 소시지)"를 먹었다.31 다른 곳에서는 그의 지출 항목에 올리브유, 빵, 꿀, 아티초크(국화과의

식물), 생선 등이 포함되어 있었고, 목욕비와 여행 일행 중 한 사람의 장화 값, 펠트 모자와 비누 구입비도 기록되어 있다.[32] 테오파네스 기록 속의 꿀은 플로브디프와 테살로니키에서 먹었던 호텔 뷔페를 연상시켰다. 그곳에는 집게 같은 도구를 써서 벌집을 통째로 공중에 들어 올려 꿀이 작은 항아리 안으로 떨어지게 했다.

테오파네스가 사들인 고기는 돼지, 염소, 달팽이였다. 때때로 그는 장작을 사들이기도 했는데 이는 그의 일행이 직접 요리를 해먹었다는 뜻이다.[33] 그는 눈 녹은 물도 사들였는데, 아마 얼음 대용이었을 것이다.[34] 그는 제국 정부의 관리였으므로 역참을 이용할 수 있었기에 시설을 이용하지 못하는 사람들에 비해 더 빠른 속도로 여행했다. 그의 기록은 역참이 있는 곳이라면 빠짐없이 이용했다고 밝히고 있다.[35] 그는 하루에 평균 24~35로마마일(35~51킬로미터)을 갔는데, 가장 느릴 때는 하루 16로마마일(23킬로미터), 가장 빠를 때는 45로마마일(66킬로미터)을 갔다. 라오디케아(현재 시리아의 라타키아)에 이르는 마지막 구간에서는 하루 65로마마일(96킬로미터)을 여행했는데 기마 경호대 6명의 호위를 받았다.[36]

이들은 여행 도중에 어디에서 머물렀을까? 소피아 근처 코스틴브로드 마을 인근에는 역참 스크레티스카의 유적이 남아 있다. 안뜰을 빙 둘러싸고 9개의 방을 갖춘 이 역참은 여행자뿐만 아니라 역참 직원들의 공간까지 확보했다. 4세기 첫 25년 동안에 지어진 것으로 보이는데, 그 후 약 50년간 운영됐다.[37] 최근에 튀르키예에서 진행된 고고학 작업 덕분에 아나톨리아 남부의 주요 군용 도로였던 비아 세바스테 도상에 있었던 한 숙박시설mansio의 전형적 사례를 재구성할 수 있게 됐다. 이 숙박시설은 허물어진 벽돌 상태로 남아 있는 게 아니라 2층까지 뼈대가 서 있었다. 아마도 3세기 후반이나 4세기에 가운데 안뜰을 중심으로 지어진 것으로 보이는데 건물의 크기는 가로 49미터, 세로 29미터였다. 전체 면적은 1276평방미터로 730평방미터인 스크레티스카 역참보다 두 배나 크다. 그러므로 더 많은 실질적 서비스를 제공했을 거라고 추측된다. 이 숙박시설은 1층에 13개의 방이 있었고 그 외에 마구간(총 20 내지 30필을 수용할 수 있는 공간)과 경비원 방까지 갖추었다. 2층에는 20명의 여행자들을 수용할 수 있는 공간이 있었으며 목제 계단을 이용해 올라갔다. 객실은 아주 기본적인 것만 갖추었으며 그 외에 창문과 타일 깔린 바닥이 설치되어 있었다. 숙박시설에서 근무하는 직원들은 6명의 마구간 지기와 숙소 내에서 일하는 직원, 경비를 담당하는 소규모 군인들이 있었다.[38]

 나는 영국을 포함해 옛 로마 제국 전역에서 이런 장소들을 발견했다. 가령 영국 스태퍼드셔에 있는 월이라는 작은 마을은 로마 시대에는 레토세툼으로 알려져 있었다. 이는 로마의 유적 혹은 유산을 환기시키는 유럽 전역에 흩어진 많은 지명들 중 하나다. 이탈리아에서 포For로 시작되는 장소, 예를 들어 포를리Forli(고대의 Forum Livii로 리비우스 가문의 광장)나 포르노보Fornovo(고대의 Forum Novum으로 새로운 광장) 같은 것들은 도로의 중간 기착지를 뜻한다. 프랑스 지명 프레쥐스Fréjus는 포룸 율리Forum Julii(율리우스의 광장)에서 유래했다. 숫자가 나오는 지명인 토르 디 퀸토Tor di Quinto는 이정표와 관련 있을 수 있다.[39] 록시터에서 월까지 차를 몰고 가면서 나는 A5 도로상에서 워틀링 도로를 표시한 초록색 표지판을 눈여겨보았다. 19세기 초에 토머스 텔포드Thomas Telford의 지시 아래 개보수 공사가 시행된 이 현대식 도로는 옛날의 로마 도로와 일치하진 않지만 크게 벗어나진 않는다. M6

도로를 지나 리치필드 쪽으로 향하자 도로변 풍경은 방금 전의 황량한 분위기를 벗어버리고 점점 더 좋아졌다.

월은 워틀링 도로와 이크닐드 도로의 교차점에 있었던 중간 기착지였다. 들판에는 공중목욕탕과 여행자들이 쉬어가는 작은 여관의 유적들이 남아 있다. 월은 《안토니누스 여정표》에 올라와 있을 정도로 중요한 곳이었는데, 자그마한 정착촌이 로마의 도로와 편의 시설을 중심으로 발전한 과정을 잘 보여주는 모범적 사례다. 월의 마을 사람들은 이런 유산을 자랑스럽게 여긴다. 그들은 엘리자베스 2세 여왕의 결혼 60주년을 기념하기 위해 그들 나름의 로마식 이정표를 세웠다. 안내판은 60주년도 어떤 의미에서는 나름의 이정표라고 설명한다. 나는 무인 박스에다 20펜스를 집어넣고 안내 팸플릿을 꺼내 들면서 마을의 문화유산을 따라 걸어갔다. 길은 자연스럽게 로마 시대의 중간 기착점 유적지를 지나 가축 전용 도로로 안내한다. 나는 다양한 새들의 노래 소리를 들었고, 풀밭의 바퀴 자국 사이에 떨어져 있는 검은 새 깃털이 빗방울을 뒤집어 쓴 채 반짝거리는 것을 보았다. 아주 오래 전에 이곳을 거닐던 이들은 새들의 노래 소리, 군인들이 행진하는 소리, 수레바퀴가 덜컹거리는 소리를 들었으리라. 지금은 저 멀리 M6 국도에서 차들이 달리는 웅얼거림만 들려온다.

휴식과 긴장 이완을 위해 중간 기착점이 필요한 것은 인간 여행자들만이 아니었다. 동물들은 수송 기반 시설의 필수 요소였다. 도로는 짐을 수송하는 노새의 사용을 배제할 수 없었고, 동물이 없으면 이동을 제대로 할 수가 없었기에 짐승이 끄는 수레 형태의 바퀴 달린 화물 수송도 허용했다. 이 점에 대해서는 로마에 있는 트라야누스의 기둥(로마 황제 트라야누스의 다키아 원정을 기념하는 것으로, 노새와 짐 수레 등 운송 수단이 새겨져 있다)에서 잘 살펴볼 수 있다. 또한 짐 수송 동물로는 노새가 주로 사용되었으나 아주 무거운 짐을 날라야 할 때에는 황소가 동원되었다.⁴⁰ 특히 말들을 돌보는 일은 아주 중요해 전문 '말 의사'가 이를 맡았다. 아예 이런 인력이 일부는 군부대에 배치되어 있었고, 다른 일부는 도로변 숙박 시설에 배치되어 그곳을 지나가는 관리들의 말을 보살폈다. 테오도시우스 법전은 이들이 국가로부터 음식과 의복을 제공받도록 규정하고 있었다.⁴¹ 말 의사 테옴네스토스Theomnestos는 서기 312년경에 리키니우스 황제와 함께 한겨울에 율리안 알프스를 넘는 여행에 나섰다[이 산은 이탈리아와 슬로베니아 사이에 있는데, 율리우스 카이사르 시절에 건설이 시작된 도로명을 따서 이러한 이름이 붙었다. 프랑스의 프레쥐스와 마찬가지로 이 지역의 프리울리라는 지명은 포룸 율리(율리우스의 포룸)에서 비롯되었다]. 리키니우스 황제 일행은 알프스 산을 향해 올라가던 중에 갑작스러운 강한 비바람을 맞았다. 병사들은 말을 탄 채 얼어 죽었으나, 그들의 말은 주인의 시신을 등에 얹은 채 갈 수 있는 데까지 갔다. 병사의 시신은 여전히 무기를 움켜쥐고 고삐를 쥔 채 딱딱하게 굳은 상태로 말과 마치 하나가 된 듯 움직이지 않았다. 일부 말들은 결국 추위를 이기지 못하고 몸이 뻣뻣하게 굳어 죽었고, 빨리 몸을 움직여서 체온을 유지할 수 있었던 파발마만이 무사할 수 있었다. 몸이 뻣뻣하게 굳어져 버린 말들 중에는 테옴네스토스의 말도 있었다. 그는 재빨리 말을 작은 마구간에 집어넣고 향신료가 든 와인에 적신 빵을 말에게 강제로 먹였고, 회복용 약제를 발라주었다. 마침내 그 말은 되살아났고 향신료, 소금, 지방, 기름, 비둘기 똥 등을 뒤섞은 테옴네스토스의 처방약은 수의학 교과서에 실리게 되었다.⁴²

사막 지형을 관통하는 여행은 특별한 어려움을 겪게 되는 코스다. 이집트에 있는 비아 하드리아나Via Hadriana는 홍해의 베레니케 항구와 나일 강의 안티노폴리스(현재 엘 샤이크 에바다)를 연결하는 길인데, 도로변에 빗물을 모아두는 송수관과 깊은 우물들을 파놓아 여행자들이 식수를 얻도록 했다.[43] 유프라테스 강 너머 제국의 동쪽 끝인 메소포타미아로 들어가는 군용 도로들도 이와 비슷한 시설들이 마련됐다.[44] 코르넬리우스 네포스Cornelius Nepos는 그리스 장군 에우메네스Eumenes가 작전의 비밀을 지키고자 도로변 시설이 훌륭한 우회로보다 사막을 관통하는 직선 도로를 선택했다고 기록했다.

목적을 달성하기 위해 그는 가능한 한 많은 숫자의 물주머니와 가죽 주머니를 확보하고, 이어 식량과 열흘 치의 조리된 음식을 준비해놓으라고 지시했다. 행군 중에 되도록 적은 횟수로 불을 피우기 위해서였다. 그는 자신이 구상하는 행군로를 아무에게도 알려주지 않았다.[45]

시리아에서 동쪽으로 더 나아갈수록 로마 도로망에 대한 증거를 찾아내기는 점차 어려워진다. 도로들은 대부분 단단하게 다져진 흙길이었지만 일부 포장된 도로가 있었는데, 남부 튀르키예의 도로 교차점인 우파키클리가 좋은 예이다. 이곳은 지중해에서 내륙으로 약 100킬로미터 내륙에 위치해 있다. 더 동쪽으로는 티그리스 강둑에 있는 디야르바키르에서도 포장도로를 확인할 수 있다. 포이팅거 지도와《안토니누스 여정표》를 제외하면 시각적·문서적 사료들은 거의 없다. 4세기 이후 유프라테스 강 동쪽에는 이정표들이 세워져 있지 않았다. 그렇다고 해서 이 도로를 통한 무역이 이루어지지 않았다는 얘기는 아니다.[46] 이 지역 유적지들은 서유럽보다 발굴이 덜 되었기에 앞으로 더 많은 유적이 발견될 가능성도 충분히 있다.[47]

일부 순례자들은 뒤에 오는 사람들을 위해 숙박 시설을 제공하는 일에 착수했다. 그런 이들 중에 성녀 파울라와 성자 제롬이 있었다. 로마 원로원 의원의 딸인 파울라(347~404)는 30대에 과부가 되었고, 그때부터 금욕주의와 독신 생활을 시작했다. 그 무렵 파울라는 제롬과 알게 되었는데, 제롬은 당시 점점 숫자가 많아지던 부유하고 지체 높은 기독교 신자들의 후원을 희망하고 있었다. 두 사람은 성지에서 광범위한 여행을 시작했는데, 제롬은 나중에 《파울라에 관한 묘비명 Epitaph on Paula》이라는 책을 써서 이 여행을 기록했다. 아나톨리아 해안의 셀레우키아까지 바다를 통해 간 후 파울라는 당시로는 사회적 지위에 어울리지 않는 여행, 즉 과거 '환관 가마꾼들이 태워주던 시절'에서 한 단계 내려와 이제는 '당나귀에 올라타고' 여행했다.[48] 제롬은 그가 펴낸 책에서 이 여행을 완벽하게 묘사하지는 않고 성경에 나오는 지명들에만 집중했다. 그렇지만 요파 근처의 바위에 묶여 있었다고 하는 그리스 신화 상의 인물 안드로메다〔에티오피아의 공주로, 어머니 카시오페이아가 딸이 바다의 정령보다 더 아름답다고 자랑한 벌로 나라에 홍수가 났다. 안드로메다는 이 재난에서 나라를 구하기 위해 바다 괴수의 먹이가 되려고 바위에 묶이게 되었는데, 영웅 페르세우스에게 구출되어 그의 아내가 되었다〕에 대해 간단히 언급했다. 제롬이 언급한 기독교 유적지는 사도 바울이 무릎을 꿇었다고 하는 두로의 모래밭, 빌립의 집, 도르가〔죽은 후 사도 베드로가 간절히 기도해 되살아났다〕가 부활한 곳, 요셉〔예수의 시신을 십자가에서 내려 바위를 깎아 만든 새 무덤에 모신 사람)의 고향 아리마대, 니코폴리스(예수가 부활 후 방문한 엠마오) 등이었다. 파울라는 이후 시온 산에 올라갔고 베들레헴을 방문해 그곳에서 도로변에 있는 야곱의 아내 라헬의 무덤을 보았다. 그리고 가자로 여행하면서 구 도로를 이용했으며, 나사렛과 가나도 방문했다.[49] 베들레헴에서 아예 눌러 살 결심을 한 파울라는 순례자 여관을 짓게 했는데, 아마도 마리아와 요셉이 숙소를 발견하지 못한 성탄절 이야기에서 영감을 받은 듯하다.[50] 이 여관은 필요한 사람에게 무료 숙박을 제공했는데, 자금은 파울라의 개인 재산과 여력이 있는 순례자들이 내놓은 기부금으로 충당되었다. 여관은 큰 인기를 끌어 398년에 제롬이 "찾아오는 사람이 너무 많다"고 탄식할 정도였다. 그로부터 5년 뒤 그는 여관 손님들 중에는 "인도, 페르시아, 에티오피아에서 온 수도자들도 있었다"고 보고했다.[51] 이는 당시 여행 네트워크가 아주 광범위하게 퍼져 있었다는 것을 증언한다.

한편 일부 성직자들은 로마에서 북쪽으로 향했다. 그들 중에는 로마 수도자 아우구스티누스도 있었는데, 595년에 영국 선교를 이끌 우두머리로 선정되어 597년에 캔터베리에 도착했다. 아우구스티누스의 전도 여행에 관한 주된 사료는 가경자可敬者 베다Bede의 《교회사 Ecclesiastical History》인데, 그의 여정을 자세히 다루진 않는다. 그러나 교황 그레고리오 1세가 보낸 일련의 편지들은 아우구스티누스가 롬바르드족이 장악한 이탈리아 북부 지방을 피해 배를 타고 프랑스로 건너갔다는 사실을 밝히고 있다. 그러나 이 시점에 아우구스티누스와 그의 일행은 (베다의 표현대로) "언어조차 알지 못하는 야만적이고, 사납고, 불신앙적인 민족"에게로 가는 것을 주저하며 로마로 되돌아간 것으로 보인다. 그러나 곧 다시 여행을 계속할 것을 권유받고 아를, 비엔, 리옹 등을 경유해 론 강 상류 쪽으로 올라간 뒤 투르를 거쳐 다시 북상해 해협을 건넜을 것으로 보인다.[52] 로마로 오는 길도 로마로 가는 길 못지않게 중요했다.

그러나 이러한 기독교적 여정은 또 다른 이유로도 중요했다. 여러 세기에 걸쳐 로마로 가는 여행이 발전하면서, 순례자들의 이야기(특히 사도 바울의 여정)는 여행자에게 자신들의 길 위의 경험을 해석할 수 있는 또 하나의 이야기 틀을 제공해주었다. 이것은 로마인들에 대해 양가감정을 지니게 했고, 멀리 떨어진 속주 사람들의 생애에 귀 기울이게 했다. 비아 아피아를 걷는 이들은 고대인들의 위대함을 반드시 찬양하지 않아도 되었다. 원한다면 사도 바울과 함께 걷고 있다는 마음으로 그 길을 따를 수 있었다.

2부
성자들과 군인들

500~1450

4
비잔티움과 비아 에그나티아

6세기 중반 젊은 비잔틴 귀족 여성인 아르텔라Arthelais는 콘스탄티노플에서 위험스러운 여행길에 올랐다. 아르텔라는 일찍이 독신으로 한 평생을 마치겠다는 서약을 했다. 그러나 그녀의 미모는 제국 정부 장관들의 시선을 사로잡았고, 황제는 그녀의 아버지이자 총독인 루키우스Lucius에게 그녀를 혼인시킬 것을 요구했다. 이후 성녀로 칭송받게 되는 아르텔라의 《성인전》에 따르면, 강제 결혼을 피하기 위해 아르텔라는 서쪽의 이탈리아로 도망쳐 숙부 나르세스Narses의 보호를 받아야겠다고 마음먹었다. 나르세스는 궁정 환관 출신으로, 군사적 재능을 인정받아 제국의 가장 위대한 원정을 이끈 명장으로 알려져 있다.[1]

아르텔라가 여행길에 나섰던 무렵, 로마 제국은 이제 더 이상 예전의 제국이 아니었다. 이는 도로의 보수에 나쁜 영향을 미쳤다. 비잔티움은 콘스탄티누스 대제의 치세였던 330년에 로마 제국의 수도가 되었고, 그를 기려 콘스탄티노플로 개명되었다. 제국의 동서 분할은 395년에 공식화됐으나 5세기 후반에 이르자 로마 제국의 서방은 이탈리아 외의 영토를 거의 통제하지 못하는 상태가 되었다. 아이러니하게도 제국의 도로망은 습격자들의 약탈 행위를 도왔고, 이어 침략자들이 제국을 쳐들어오는 길이 되었다. 잘 연결되어 있으나 방어가 허술했던 로마의 속주는 탐스러운 약탈의 대상이 되고 말았다.[2] 서로마 제국의 마지막 황제라 할 수 있는 어린 황제 로물루스 아우구스툴루스는 476년에 오도아케르에 의해 폐위되었다. 오도아케르 또한 493년에 동고트족의 통치자인 테오도리쿠스 대왕에게 살해됐다. 비잔틴 황제들의 지지를 받은 테오도리쿠스는 이후 30년 동안 통치했는데, 그의 궁정은 로마에 있는 것이 아니라 아드리아 해안의 도시 라벤나에 있었다. 이탈리아의 수많은 유적지 중에서 비잔틴 통치기 예술의 화려함과 장엄함을 가장 잘 보여주는 곳은 라벤나다. 이곳의 성당과 영묘, 세례당은 세계문화유산으로 등재되었다. 갈라 플라치디아의 영묘 모자이크는 관람자로 하여금 벽 전체가 만지면 부드럽게 느껴지는 윤택한 카펫으로 덮여 있는 게 아닐까 하는 착각이 들게 한다. 네오니아 세례당에는 세례를 받고 있는 그리스도를 묘사한 아름다운 그림이 있고, 성 아폴리나레 성당 안에는 여성 순교자들과 남성 순교자들의 그림이 있다. 또한 산 비탈레 성당에는 유스티니아누스 1세(재위 527~565)와 테오도라 황후의 그림이 있는데, 황후의 진주와 옷은 벽으로부터 광휘를 내뿜는 듯하다. 전승에 의하면 아르텔라를 강제 결혼시키려 했던 황제가 바로 유스티니아누스 1세였다고 한다.

테오도리쿠스가 사망한 후에 이탈리아로 쳐들어가 과거에 서로마 제국 황제들이 다스렸던 땅을 회복한 사람도 유스티니아누스 1세였다. 아프리카에서 승리를 거둔 벨리사리우스Belisarius 장군은 535년에 이탈리아 남부에서부터 공격을 하기 위해 병사를 모집하기 시작했다. 이 장군의 위업을 연상시키는 군사 작전은 1400년 후에 다시 들려오게 된다(2차 세계대전 당시 연합군의 이탈리아 침공 작전을 암시한다). 달마티아 해안에서 동고트족을 상대로 벌인 공격과 거의 동시에 시칠리아에 상륙한 벨리사리우스는 섬을 점령하는 데 성공했으나, 카르타고에서 발생한 반란을 진압해야 했기 때문에 잠시 원정을 멈추었다. 536년 말에 이르러 결국 그의 군대는 나폴리와 로마 점령에 성공했다. 나폴리 함락은 병사들이 수로를 이용해 접근하는 획기적인 공성술 덕분에 성공할 수 있었다. 프로코피우스Procopius는 《전쟁의 역사History of the Wars》에서 이렇게 썼다. "벨리사리우스는 라틴 길을 이용해 나폴리에서 군을 이끌고 나아갔다."[3]

북상하는 도중에 그들은 몬테 카시노에 새로 들어선 수도원을 통과했을 것이다. 그곳은 530년에 훗날 성 베네딕트가 되는 수도사가 언덕 위에 있던 예전의 로마 신전을 허물고 지은 수도원이었다(몬테 카시노라는 이름이 친숙하다면 2차 세계대전 때 이곳이 중요한 격전지였기 때문이다). 몬테 카시노는 비아 라티나 도상에 있는데, 이는 나중에 비아 카실리나가 됐고 현재는 SR6이라는 국도로 명칭이 바뀌었다. 이 길은 라치오 지역을 남쪽으로 가로지르며 넓은 리리 계곡을 지나 아우룬치 산의 반대편으로 이어졌고, 보다 바닷가 쪽에 가까운 비아 아피아보다 내륙에 위치해 있었다. 이 도로는 대규모 병력을 이동시키는 측면에서 비교적 좁은 길인 비아 아피아보다 더 적절했다. 그럼에도 불구하고 6세기에 프로코피우스는 비아 아피아의 상태를 보고 감탄했다. "오랜 세월이 흘러갔고 무수히 많은 수레와 동물들이 지나갔음에도 불구하고 도로의 포석들은 전혀 떨어져 나가지 않았고, 마모되거나 두께가 줄어들지도 않았다. 심지어 광택조차 전혀 잃지 않았다."4

로마에 입성한 벨리사리우스는 많은 고트족 군대의 탈주로 큰 이익을 보았다. 현지 주민들이 비우호적으로 나오자 미리 겁을 집어먹고 달아나버린 것이었다. 로마 북쪽의 도시들도 비잔틴 제국에 항복해 538년에 이르러 비잔틴군은 비아 플라미니아를 완전 장악했다. 고트족은 주도권을 되찾기 위해 여러 차례 반격을 시도했으나 결국에는 나르세스에게 패퇴 당했다. 그 후 프랑크족과 알라마니족의 침공 역시 격퇴됐다. 교황 펠라지오 1세(재위 556~561)의 치세 시에 건설된 산티 아포스톨리 성당은 나르세스 장군의 승리를 기념하는 것이다. 아르텔라를 유스티니아누스 황제로부터 구해줄 사람이 있다면, 그건 바로 숙부 나르세스였다.

중세 성인전의 전기 작가들은 역사적 정확성을 집필 목표로 삼지 않았다. 그래서 나는 실제로 벌어진 일보다는 오히려 벌어졌을 법한 일을 상상하며 아르텔라의 이야기를 따라가려 한다. 젊은 여성이 원하지 않는 결혼을 피해 위험을 무릅쓰고 도망친다는 이야기는 충분히 있을 법한 일이다. 우리가 갖고 있는 제한적인 정보의 관점에서 볼 때 그녀가 이용했을 가능성이 높은 길은 비아 에그나티아이다. 이 도로 명은 그나이우스 에그나티우스Gnaeus Egnatius의 이름에서 따온 것이다. 1974년에 발견되어 현재 테살로니키 박물관에 보관되어 있는 이정표는 그가 마케도니아 속주의 총독이었던 가이우스의 아들이라고 알려준다.[5] 하지만 이것 외에 그의 생애에 대해서 알려진 정보는 거의 없다. 서기전 140~130년경에 조성된 비아 에그나티아는 이탈리아 이외의 지역에서 최초로 건설된 도로로, 스페인에 건설된 로마 도로보다 시기적으로 앞선 것이었다.[6] 키케로는 이 도로를 '군용 도로'라 불렀는데[7] 도로의 성격과 목적을 짐작하게 한다. 도로 이정표들은 라틴어와 그리스어로 적혀 있다. 이는 로마의 국력을 여행자들과 현지에 사는 그리스어 사용자들에게 알리려는 것이었다.[8] 비아 에그나티아는 콘스탄티노플을 서방과 연결시키는 2대 주요 제국 도로 중 하나였다. 나머지 하나는 좀 더 북쪽에 있는 비아 밀리타리스(혹은 비아 디아고날리스)로, 카르눈툼(현재 오스트리아 빈 근처)과 콘스탄티노플을 연결하며 베오그라드, 니시, 소피아, 플로브디프 같은 주요 도시들을 거쳐 발칸 반도 산악 지대를 가로질렀다. 한편 많은 로마 도로들이 그러하듯이 비아 에그나티아는 여러 갈래로 이루어진 도로망으로 이해하는 편이 정확하다. 도로명을 알려주는 이정표 역시 하나의 도로가 아니라 여러 도로를 언급한다.[9] 로마 동부 속주들의 도로는 기존의 헬레니즘 시대 도로망 위에다 부설한 것이었다. 헬레니즘 시대 도로들은 로마 시대에 비해 다소 무계획적이고 즉흥적이었지만, 다들 너비가 넓었다(6.5미터). 다만 포장이 되어 있다 하더라도 우리가 잘 아는 커다란 판석이 아니라 그보다 훨씬 크기가 작은 돌로 표면을 덮은 것이었기에 수레나 말들이 달릴 만한 평탄한 길은 되지 못했다.[10]

아르텔라의 여행은 그리 편안하지 못했다. 프로코피우스가 비아 아피아를 칭찬했음에도 불구하고 그보다 동쪽에 있는 길은 보수 작업이 산발적이었고, 비아 에그나티아는 비가 오는 날씨에는 통행이 거의 불가능할 정도였다. 4세기와 5세기를 거치며 바퀴 달린 수레에 의한 수송은 점점 줄어들었고, 짐 나르는 동물이 그 기능을 대신했다.[11] 도로의 쇠퇴 과정은 전문가들 사이에서 논쟁의 대상이지만, 한 가지 설에 따르면 6세기 후반부터 바퀴 달린 수레의 통행을 위한 도로 보수 작업은 사실상 포기되었고, 대신 말 탄 사람과 보행자들을 위한 보수 작업이 진행되고 험준한 산간 지대에는 계단이 설치됐다고 한다.[12] 그러나 공공 도로의 품질이 전반적으로 악화된 점에 대해서는 전문가들이 대체로 동의한다. 외교 사절들은 여전히 519년과 534년에 비아 에그나티아를 이용했으나, 5세기의 필라델피아 출신 말코스와 6세기의 프로코피우스는 비아 에그나티아의 도로 상태에 대해 개탄했다. 테오도시우스 법전도 도로의 상태가 불량하다고 지적했다.[13] 비문에 따르면 일부 보수 공사가 유스티니아누스 1세 시대에 비아 에그나티아에서 실시됐다고 보고하고 있으나 장기적 계획이 아닌 일시적인 땜질 처방에 그치는 것이었다. 유스티니아누스 이후에는 이렇다 할 보수 공사가 시행됐다는 흔적이 없다.[14] 도로가 황폐해진 요인 중 하나는 발칸 반도와 아나톨리아에서 주기적으로 발생한 약탈 사건들이었다. 이는 정부 행정에 심각한 압력을 가했다.[15] 당국이 제대로 기능하지 못할 경우 도로 수리는 기대하기 어려운 것이 사실이다.

그렇지만 아르텔라는 콘스탄티노플의 황금 이정표인 밀리온 타시 Milyon Taşı를 알고 있었을 것이다. 지금은 볼품없는 커다란 돌덩어리에 불과하지만, 한때는 제국의 중심을 상징하는 중요한 이정표였다. 그러나 이정표에 새겨진 글자는 더 이상 읽을 수 없고 그 옆에 세워진 안내판도 지워진 문장이 어떤 것이었는지 설명해 주지 않는다. 만약 밀리온 타시가 구글 지도에 표시되어 있지 않았더라면 나는 아마 그것을 발견하지 못했을 것이다. 길 건너편에는 수백 명의 관광객들이 하기아 소피아에 들어가려고 줄을 서 있었고, 그보다 조금 더 내려가서는 예레바탄 지하 궁전에 들어가려는 사람들의 줄이 이어졌다. 금빛 모자이크, 화려한 프레스코화, 옆으로 누운 거대한 메두사의 머리 같은 것들에 비하면 이 회색의 깨진 돌은 너무나 소박하고 눈에 띄지도 않는다. 그러나 이 돌은 로마와의 연결, 제국의 도로망이 만나는 지점이라는 점에서 여전히 중요한 의미를 지닌다.

나도 아르텔라처럼 이스탄불에서 출발해 비아 에그나티아를 이용하는 여정을 하려 한다. 그녀처럼 한 번에 한 구간씩, 한밤중에 길을 떠나지만 나의 아버지는 400명의 무장 병력을 붙여주지는 않았다. 여행의 첫 번째 구간은 테살로니키였는데, 야간버스를 타야 했다. 이스탄불 버스 터미널의 승강장은 거대한 타원형으로 되어 있었다. 그 규모를 짐작하게 하는 건 내가 탄 버스 회사가 137번과 138번 승강장을 차지하고 있다는 사실이다. 모든 길은 이스탄불로 통했다. 우리는 밤 10시에 출발했다. 그리스 버스회사 '크레이지 홀리데이스'의 제이슨은 내게 버스 맨 앞자리를 예약해 주었다. 창밖으로 이스탄불의 끝없는 도시 풍경과 도로를 따라 이어지는 건물들이 펼쳐진다. 좋은 교통망은 개발을 부른다. 다만 튀르키예와 그리스 국경에서의 긴 대기 줄은 개발을 저해할지도 모르겠다. 하지만 달리 뾰족한 수가 없으니 멈춘 버스 안에서 기다려야 했다.

고대의 여행기와 아르텔라의 《성인전》에 언급되지 않는 게 무엇인지 아는가? 바로 '국경'이다. 로마의 도로들이 존재했던 시기에는 국경의 통과지점이라는 게 없었다. 물론 여행길을 전혀 규제하지 않았다고 말하는 건 아니다. 전쟁 시기에는 통행 제한이 있었고, 검역 상의 제한도 있었다. 하지만 오늘날 같은 일정한 검문 절차는 20세기 초부터 시작된 것이다. 우리는 버스를 검문하는 동안에 여행용 가방을 다 내놓아야 했다. 불가리아 국경에서 튀르키예로 넘어올 때에는 이런 검문 절차가 없었는데 말이다. 딸과 함께 쇼핑 여행에서 돌아오는 중이던 값비싼 옷을 입은 한 그리스인 여자 승객은 내게 튀르키예가 그리스 쪽으로 이민자들을 자꾸 보내기 때문에 검문을 할 수밖에 없다는 말을 했다. 이는 현실을 아주 완곡하게 표현한 것이었다. 뉴스 웹사이트는 끔찍한 얘기를 보도하고 있었다. 거의 100명에 가까운 난민들이 옷을 다 벗은 채 고무보트를 이용해 양국 사이의 강을 건너려 했다는 것이다.[16] 우리는 검문을 당하면서 국경 경찰의 일차적 목적이 무엇인지 알았다. 그들은 신고하지 않은 고가의 디자이너 옷이나 불법 마약을 찾아내고자 승객들의 여행 가방을 조사하는 게 아니라, 국경을 넘어 몰래 입국하려는 사람들을 색출하려는 것이었다. 오늘날 강제 결혼을 피해 달아나는 여성은 오래 전에 아르텔라가 겪지 않았던 장애물을 마주해야 한다. 짐을 다시 꾸리고 여권에 도장을 찍고 나니 거의 새벽 두 시였다. 나는 도로 표지판에서 '에그나티아'라는 단어를 보았다. 이어 에그나티아 패스라는 톨게이트에서 하이패스 태그를 하고 게이트를 빠져나왔다. 이제부터 에그나티아 고속도로였다. 우리는 무사히 국경을 빠져나왔고, 나는 잠이 들었다.

우리는 이른 시간에 테살로니키에 도착했다. 나는 비아 에그나티아를 따라 걸어갔다(이번에는 고속도로가 아니라 옛 도로에 아주 가까운 길이었다). 아직 날이 어두워 자동차들이 헤드라이트를 켠 채 달리고 있었으나, 나는 동쪽을 향해 걸어갔다. 짙푸른 하늘은 천천히 오렌지색으로 바뀌고 있었다. 내가 묵을 호텔은 이 거리에 있었는데 '임페리얼 플러스Imperial Plus'라는 제국풍의 이름은 꽤 잘 어울렸다. 다행스럽게도 여섯 시간 일찍 체크인할 수 있게 해주어서 너무나 안도가 됐다. 몇 시간 눈을 붙인 뒤에 곧바로 탐사에 나섰다. 아르텔라가 이곳에 도착했을 무렵 이 도시는 완벽하게 기독교화 된 상태로, 5세기 초에는 도시의 수호자인 데메트리우스에게 바치는 새로운 교회도 완공되어 있었다. 뿐만 아니라 성벽도 크게 보수해 그 덕분에 향후 여러 세기에 걸쳐 다양한 공격들을 물리칠 수 있었다.[17] 추수 시기인 10월 말에 거행되는 성 데메트리우스 축제는 점차 정기적인 장이 열리는 날로 자리 잡았다. 이 장은 데메트리아라고 불렸다.[18] 아르텔라와 일행은 여기에서 필요한 물품들을 구입할 수 있었을 것이다. 테살로니키는 지금도 활기찬 도시다. 내가 걸어간 한 거리에는 중국제품 수출입 회사들이 가득 들어차 있었다. 나는 오도스 에그나티아라는 이름의 거리로 걸어 내려가 아르텔라의 시대까지 거슬러 올라가는 갈레리우스 개선문을 보았다. 벽돌로 지어진 이 개선문에는 대리석 프리즈(띠 모양의 조각 장식)가 장식되어 있는데, 298년에 갈레리우스 황제가 페르시아를 상대로 거둔 승리가 묘사되어 있다. 언덕을 따라 이어지는 길에는 나중에 세워진 비잔틴 시대의 성벽 유적이 남아 있다. 이 성벽은 돌과 벽돌이 층층이 교차하며 쌓여 있다. 호텔로 돌아오는 길에는 도로변에 분수대 유적이 하나 있었는데, 그곳에는 서로 휘

감는 잎사귀들로 장식된 네모난 로마식 기둥도 포함되었다.

  나는 여기서 오래 머무르지 않았다. 그 다음 날 테살로니키를 출발해 두레스로 가는 관광버스에 올랐다. 거리는 약 435킬로미터에 불과했으나 국경에서의 검문 대기 시간을 포함해 열 시간이나 걸렸다. 고대의 비아 에그나티아는 탁 트인 곳에서는 너비가 10로마피트(2.96미터)였으나 비좁은 곳에서는 겨우 6피트(1.77미터)로 줄어들었다.[19] 마찬가지로 현대의 도로도 그리스에서 알바니아로 들어가면서 험준한 산간 지대를 통과할 때에는 단선 통행로로 바뀌었다. 그리스어 출구 표지판에는 엑소도스EXODOS라고 적혀 있었는데, 성경적 분위기를 물씬 풍겼다. 버스 운전기사는 한 손에 핸드폰, 입에는 담배를 물고 있었고 스피커에서는 민속 음악이 흘러나왔다. 버스는 잠깐 해안도로를 타고 달리다가 다시 내륙으로 들어섰다. 그리고 베르기나의 분기점을 통과해 마케도니아 왕들의 무덤 쪽으로 달렸다. 그중에는 알렉산드로스 대왕의 아버지인 필리포스 2세의 무덤도 있었다. 구불구불한 도로는 언덕의 측면을 따라 계단식으로 올라가면서 장관을 자랑하는 고개와 여러 개의 터널을 지나갔다. 그중에서 가장 긴 것은 855미터였다. 터널을 지나니 계곡을 건너는 콘크리트 다리 위에서 아찔할 정도로 아름다운 협곡의 전경이 펼쳐졌고, 나무가 우거진 언덕 사이로 작은 구름이 경쾌하게 움직이고 있었다. 이것은 아풀레이우스가 《변신》에서 묘사한 바로 그런 부류의 풍경이었다. 그는 고향 테살리아로 돌아가던 도중에 "험준한 산길, 미끄러운 골짜기 길, 축축한 목초지, 흙 많은 들판"을 지나간다.[20] 오늘날 이 길을 가리켜 에그나티아 고속도로라고 하지만, 옛 비아 에그나티아는 이 길이 아닌 좀 더 북쪽의 에데사를 거쳐 갔다.

알바니아가 가까워지자 언덕들은 붉은색이 진해졌고 덤불은 거칠어졌으며, 바위가 많아졌다. 이 버스는 국제 교통망을 개선하는 프로젝트의 일환으로 유럽연합 지역개발기금에서 부분적으로 자금을 대어 다니게 된 것이었다. 대부분의 승객들은 올리브와 과일을 따는 노동자로서 그리스에서 일하고 집으로 돌아오는 사람들이었다. 국경을 통과하고 얼마 지나지 않아 빌리슈트라는 마을에 이르자 버스는 알바니아 국기와 미국 국기를 게양한 검은 대리석 기념물을 지나갔다. 인터넷에서 찾아보니 공산주의 희생자들을 추모하는 기념비라고 했다. 엔버 호자Enver Hoxha가 통치하던 40년 동안 알바니아는 스탈린 체제를 답습한 국가들 중에서 가장 탄압이 심한 국가였다. 종교, 여행, 사유재산이 금지되었고, 체제의 적으로 간주된 사람은 감옥, 유배, 혹은 처형을 당했다. 버스가 조금 더 나아가자 언덕 너머로 호수가 눈에 들어왔다. 우리는 꼬불꼬불한 길을 따라서 부드럽게 표면이 일렁이는 호수 쪽으로 내려왔다. 그것은 알바니아와 북마케도니아의 양국에 걸쳐 있는 오흐리드 호수였다. 옛 비아 에그나티아는 이 호수의 건너편으로 우회했다.

창밖으로 등에 짐 안장을 맨 말과 거리에서 과일과 야채를 파는 이들이 보였다. 도로변에는 잡초가 무성한 철로가 있었다. 운전기사의 조수는 최근에 법학과를 졸업한 사람으로, 계절마다 관광 가이드 일을 한다고 하는데 영어를 꽤 잘 했다. 그는 철로가 1990년대에 운행 중단됐다고 설명해 주었다. 호자 체제가 붕괴된 후 알바니아는 한동안 무정부 상태였는데, 이 시기 새로운 은행들이 아무런 규제도 받지 않은 채 난립하면서 국민들의 자산이 거대한 폰지 사기에 의해 파탄이 나고 말았다고 한다. 당시 철도의 상당 부분이 운행 중단되어 지금은 버스가 유일한 대중교통 수단이라고 했다. 1500년 전 쇠퇴해갔던 길이 오늘날에도 묘하게 되풀이되고 있었다.

아르텔라는 두레스 항구로 들어가지 않고 남쪽으로 약 120킬로미터 떨어진 블로러라는 항구로 갔다. 이 지점에 이르러 그녀는 자신을 경호해주던 군인들의 호위를 잃게 되어 강도들에게 납치당하고 만다. 그녀의 충실한 하인들은 현지의 성 에우랄리아 교회로 가서 기도를 드리고, 헌금을 했다. 며칠이 지난 후 가난한 남자로 변장한 예수, 납치범들을 덮친 악마, 아르텔라의 간수를 죽인 천사 등의 도움으로 그녀는 갇혀 있던 감옥에서 풀려났다. 블로러를 떠날 수 있게 되어 분명 행복했을 그녀와 일행들은 이탈리아로 가는 배에 올랐다.

두레스는 아드리아 해안에 있는 항구 도시인데, 과거에 로마 군대의 식민 도시였다.[21] 나는 여기서도 비아 에그나티아를 따라 걸었다. 현지에서 이 길은 루가 에그나티아Rruga Egnatia라는 표지판이 설치되어 있었다. 이곳은 번성하는 쇼핑 거리로 이탈리아 고급 브랜드의 공장 직영 아웃렛, 카페, 야채가게, 보험 중개소, 안전 금고를 파는 가게들이 들어서 있었다. 금고 가게가 있다는 것은 현금을 잘못 투자하기보다는 차라리 집에 보관하는 것이 더 안전하다는 표시로 느껴졌다. 인근 거리에는 '트라이아나'라는 카페가 있었는데 이는 트라야누스 황제와 그가 건설한 비아 트라이아나를 연상시켰다. 항구에는 에그나티아 여행사가 있었다.

다음 날 아침 나는 시내를 둘러보러 나섰다. 두레스에 있는 원형극장은 내가 다른 곳에서 보았던 것들에 비해 보존 상태가 그리 좋지 못했다. 중앙 경기장을 채워야 할 자리에 잡초가 우거져 있었는데, 그래도 이러한 유적이 남아있다는 것은 여전히 로마 제국의 흔적이 유럽 각국에 얼마나 널리 퍼져 있는지를 상기시켜 주었다. 냉전 시대에 유년 시절을 보낸 나는 로마가 서유럽의 일부분이라고 배웠으나, 지난 몇 주 동안 여행을 하면서 많은 로마 유산이 동구권의 나라에도 남아 있다는 것을 분명히 알게 되었다. 여러 세기 동안 주택 단지 밑에 파묻혀 있다가 1966년에서 1970년 사이에 1차 발굴 작업이 실시된[22] 원형 극장은 1만 2천 명의 관람객을 수용할 수 있었을 것으로 추정된다. 관람석 아래 복도 한편에는 자그마한 예배당이 있는데, 그곳엔 6세기 모자이크 두 점이 남아 있었다. 하나는 성 스테파노를 보여주는 것이고, 다른 하나는 비잔틴 황후 복장을 한 성모 마리아 옆에 두 천사가 성자인 소피아, 이레니와 함께 있는 모습이다. 이 길을 따라 자리한 다른 도시들과 마찬가지로 두레스 역시 여러 통치자를 거쳐 왔다. 먼저 로마인이 있었고 다음에는 비잔틴 제국, 노르만족, 1390년대에서 1501년까지는 베네치아인, 그 후에는 오스만 제국이 있었다. 그러다 1912년 알바니아 독립을 선언한 알바니아 해방 운동 당시 두레스는 중요한 거점 역할을 했다. 원형 극장 외에도 해변가와 중심 거리 중 한 곳에는 로마 시대의 기둥이 남아 있어 이곳의 로마 유산을 보여준다. 그 주변에는 해변 휴양지에서 빠질 수 없는 야자수들이 줄지어 서 있다.

나는 이탈리아에서 아르텔라의 여정을 계속 이어가기 위해 두레스에서 아드리아 해를 건너 바리 항구로 가는 페리를 타기로 했다. 호텔 프런트의 젊은 여성 직원은 도보 승객은 어느 게이트로 가야 하는지 알지 못했다. "저는 크루즈 선을 타본 적이 없거든요"라고 그녀는 말했다. 역사적으로 이 길에 사는 많은 사람들이 아마도 그녀와 같았을 것이다. 지나가는 여행자들은 많지만, 이곳 사람들은 계속 머물러 사는 것이다. 아르텔라 역시 도망치기 전에 고향에서 멀리 나가본 적이 과연 있었을지 생각에 잠겨 본다. 대부분의 시기 동안 이 페리는 야간에만 운항한다. 나는 외부 객실을 예약해 작은 사치를 누려 보고, 바에서 레드 와인 작은 병을 하나 사서 마셨다. 흥미롭게도 바의 이름은 '바 에그나티아'였다. 테살로니키행 야간버스와 비교하면 훨씬 편안한 밤이다. 바리에 도착하자 나는 반짝거리는 바다와 고기잡이배들 곁을 천천히 걸어 지나갔다. 그곳에 여러 유적지에서 수집해온 일렬로 늘어선 기둥 가운데 약간 앞쪽으로 불쑥 나와 있는 하나의 이정표가 있었다. 원래 비아 트라이아나Via Traiana에 세워졌던 것으로 그 도로의 약 206킬로미터 지점을 표시한 것이며, 트라야누스 황제가 자신의 사비로 그것을 세웠다는 사실을 기념하는 것이었다.[23] 나는 여행 가방을 호텔에 놔두고 걸음을 되짚어서 성 사비노 대성당으로 갔다. 남부 이탈리아의 전통적인 일과인 긴 점심시간과 시에스타(식후 낮잠)로 문을 닫기 전에 그 근처를 한번 둘러보기 위해서였다. 다만 이 성당은 주요 관광 명소는 아니다. 내가 이곳에 온 이유는 도로를 보기 위해서다. 대성당 계단을 내려가서 아래쪽으로 가면 비록 확실한 것은 아니지만 비아 트라이아나의 일부 구간이 발굴 현장 한쪽 구석에 개방되어 있다. 어쩌면 아르텔라는 이 길로 여행을 했을지도 모른다. 여러 세기 동안 바퀴 달린 수송 수단이 통행한 결과 포석들에 커다란 홈이 패있었다. 이 길로 수천, 수만의 여행이 이루어졌으리라고 짐작할 수 있었다. 나는 여기에 도착하기 위해 바닷길을 이용했지만, 그래도 여전히 로마의 길 위에 있었다.

  동방의 도로와 마찬가지로 서방의 도로들도 전쟁의 영향을 지속적으로 받았다. 고트 전쟁 동안 북방의 여러 통치자들이 로마의 영토를 정복하려 했기 때문이다. 5세기 주교인 시도니우스Sidonius는 도로가 "사람들의 소요 사태로 안전하지 못하게 되었고", 전령들은 지나치게 열성적인 공공 경비대의 검문 때문에 "많은 어려움을 겪고 있다"고 불평했다.[24] 안전 문제는 심각한 고려사항이었고 보수·유지 또한 문제였다. 비아 아피아는 정기적 보수가 이루어지지 못했다. 테오도리쿠스의 통치 시기에 테라치나에 이르는 구간(데케노비움으로 알려진 구간)은 인근 운하가 홍수로 범람하는 바람에 통행이 불가능하게 됐다.[25] 억수로 퍼붓는 빗속에서 테라치나를 돌아보면 그 이유를 금방 알 수 있다. 가파른 절벽에서 물이 쏟아져 내리기 때문에 배수 시설이 완비되어 있지 않으면 범람은 필연적 결과다. 심지어 오늘날에도 운하는 탁한 갈색이다. 빗물이 도로에 물웅덩이를 만들어 차량들이 그 위로 지나가면 물보라를 일으키고, 수막현상을 일으킨 차량은 몇 시간이고 도로 통행을 가로막는다.

  접근 불가능한 도로들은 바닷길도 위태롭게 했다. 항해는 도로보다 훨씬 빠르지만, 연결시켜주는 육로가 개통 상태여야 이용이 가능한 경우가 많았다. 그중 하나가 비아 아퀴타니아Via Aquitania였다. 이 도로는 대서양 해안의 보르도에서 출발해 툴루즈를 거쳐 지중해 항구 나르본까지 이어지는 도로였다. 그러나 5세기 이후에는 주요 통행로로서의 구실을 못했던 것으로 보인다.[26] 그래서 영국에서 로마로 가는 여행자들은 이 도로를 이용하지 못하고 도버 해협을 먼저 건넌 다음에 비아 아그리파Via Agrippa를 따라 아미앵, 디종, 리옹으로 갔다. 이어 리옹에서는 론 강 남쪽으로 내려가 마르세유로 갔다가 거기서 이탈리아 항구로 가는 배를 타거나 아니면 비아 율리아 아우구스타Via Julia Augusta를 이용해 리구리아 해안 지대를 통과해 제노바로 갔다.[27] 이것이 노섬브리아의 주교인 윌프리드Wilfrid가 첫 로마 여행에서 이용한 길이다. 윌프리드가 펴낸 《한 평생Life》은 아르텔라의 전기와 마찬가지로 여행의 여러 어려움들을 나열하고 있다. 679년에 로마로 돌아왔을 때 자신의 주교직 임명에 대해 논쟁에 휩싸여 있었던 윌프리드는 적들이 탁 트인 도로상에서 자신을 공격해 올지 모른다고 우려했다. 이러한 우려는 근거 없는 게 아니었다. 그보다 앞서 여행했던 윈프리드Winfrid 주교는 이름이 비슷해 윌프리드로 오인됐다.

그는 마치 사자의 입속에 떨어지듯 적들의 손에 붙잡혔다. 그는 곧장 체포되어 가진 돈을 모두 뺏겼다. 그리고 많은 길동무들이 살해됐고, 성스러운 주교 자신은 옷을 다 빼앗긴 채 알몸이 되어 아주 비참한 상태로 떨어야 했다.[28]

윌프리드는 또 다른 로마 도로인 그랑 생 베르나르 고개를 선택했다.[29] 어떤 상황에서 도로의 선택은 생사를 결정하는 문제였다. 7세기 여행자들은 리옹에서 동쪽으로 샹베리, 모리엔느, 모단을 경유해 고개를 넘어서 수사로 이어지는 보다 더 남쪽에 있는 몽스니 고개를 이용할 수도 있었다. 574년에 이 경로를 따라 현지 주교들의 임명을 재편했다는 사실은 이 도로가 그 무렵에 이미 널리 사용됐다는 것을 보여준다.[30]

도로상의 위험이 무엇이든 간에, 제대로 기능하는 도로는 무역의 핵심 요소였다. 527년경에 카시오도루스Cassiodorus는 마르첼리아나에서 열린 시장을 묘사했는데, 마르첼리아나는 나폴리와 현재의 파도바 근처인 레지오 칼라브리아를 서로 연결시키는 비아 포필리아Via Popilia의 도상에 있었다. 이 길은 카푸아에서 비아 아피아로부터 분기해 메시나 해협까지 이어졌고, 비아 아피아는 내륙으로 들어가 아드리아 해까지 갔다. 마르첼리아나는 《안토니누스 여정표》에서 중간 기착지로 언급되어 있는데, 반도 남부 전역과 연결되어 있었다. 이곳에서 열리는 연례 시장에는 남부 이탈리아 전역에서 상인들이 모였다.[31] 무역은 국제적으로 이루어졌다. 영국 서퍽의 서튼 후에 있는 6세기 무덤에서는 중동의 역청, 프랑스 동전, 시리아의 외투, 비잔틴 청동 양동이 등의 유물이 출토되었다. 이 유물들이 이동한 여정의 적어도 일부 구간은 분명 로마 도로를 이용했을 것이다.

이탈리아에 무사히 도착한 아르텔라는 항로가 더 짧은 브린디시나 바리를 통해 건너왔을 수도 있고, 아니면 처음부터 끝까지 배로 항해했을 수도 있다. 도착 후 그녀는 시폰토라는 도시에 이르러 그곳에서 가까운 가르가노 산악지대에 있는 몬테 산탄젤로 성소 얘기를 들었을 것이다. 가르가노는 이탈리아 장화 모양 지도에서 뒤쪽 돌출부에 위치해 있는데, 비잔티움과 성지를 잇는 주요 동방 노선 가까이에 자리 잡고 있다. 가파른 산기슭의 동굴 안에 세워진 몬테 산탄젤로 성소는 대천사 미카엘에게 봉헌된 곳으로, 처음에는 현지 사람들만 가는 곳이었으나 곧 바다 건너에서 관광객들이 찾아오는 순례지가 되었다. 가르가노는 바리 항구 가까운 곳에 있었으므로 장거리 순례자들이 하룻밤 묵어가기 좋은 중간 기착지이기도 했다.32 아르텔라는 이곳을 찾아 감사 기도를 올렸다.

나는 시폰토에서 아르텔라의 행로에 합류했다. 바리에서 북행 열차를 타고 처음엔 바다 가까이로, 그 다음엔 올리브밭과 포도밭을 지나갔다. 그러다 이탈리아 귀족 명을 통해서만 접하던 도시들을 지나갔다. 일례로 다음 역은 비셸리에였는데, 비셸리에 공작은 루크레치아 보르자의 두 번째 남편이었으나 살해되었다. 곧 기차는 내륙 쪽으로 방향을 틀어 포지아로 향했다. 거기서 나는 정차된 2대의 버스 중 하나를 타고서 동쪽의 가르가노 국립공원으로 갔다. 이 여행은 대중교통 수단을 이용한 것이어서 아주 힘든 코스였다. 마침내 우리의 여행 가방이 짐칸에 실렸고, 우리는 만프레도니아를 향해 출발해 평평한 농경 지대를 통과했다. 왼편에는 가르가노의 산들이 멋지게 솟아 있었고, 우리는 들불을 진압하는 소방관 옆을 지나갔다. 오른쪽으로 다시 바다가 나타났다. 공장 옆에는 태양광 패널들이 둑을 이루고 있었다. 만프레도니아 바로 외곽에는 오래된 교회가 하나 있는데, 그 곁에는 철사로 만든 또 하나의 구조물이 윤곽을 드러내고 있었다. 이것은 에도아르도 트레솔디Edoardo Tresoldi가 제작한 예술 작품으로, 현재의 로마네스크풍 산타 마리아 마조레 대성당보다 600년 앞서 존재했던 고대의 바실리카(교회)가 모델이었다.33 아르텔라 자신도 보았을 법한 건축물이다. 만프레도니아에서 우리는 또 다시 몬테 산탄젤로로 연결되는 교통편을 기다렸다. 그런데 우리가 탄 것과 아주 비슷하게 생긴 버스가 멈추지 않고 쌩 하니 지나갔다. 나의 동료 승객들은 믿기지 않는다는 듯이 그 버스를 쳐다보았다. 어떤 사람은 버스를 쫓아 달려가며 버스의 뒷부분을 손으로 탕탕 치기도 했다. 그런데 정차해야 될 버스라면 섰을 텐데 그러지 않았다. 나는 구글 지도에서 버스 배차 스케줄을 검색해 보았다. 2분 뒤에 버스가 온다고 나왔다. 그리고 정말로 약간 늦긴 했지만 버스 1대가 도착했다. 하지만 그 버스가 몬테 산탄젤로로 가는 분기점을 지나치자 다들 또다시 경악했다. 나는 곧 그 이유를 알아냈다. 먼 길로 우회 중이었던 것이다. 그런데 그 우회로조차도 급커브가 이어져서 대형 버스로는 간신히 지나갈 수 있을 만큼 험난한 길이었다. 운전기사는 버스 백미러에 빛바랜 기도용 염주를 걸어두었다. 아마도 경건한 순례자라면 하느님이 자신들을 보호해주실 거라고 믿을 것이었다.

어떤 이들은 예루살렘까지 이어지는 순례길이 표시되어 있어 걸어가는 것을 택하기도 하지만, 대부분의 순례자들은 위험한 현지 버스를 타기보다 편안한 전세버스를 타고 도착한다. 몬테 산탄젤로의 산 미켈레 성소는 아름다운 외관 뒤로 내려가는 계단을 따라 길고 시끄러운 줄이 이어져 있었다. 우리는 미사가 어서 끝나 동굴 안으로 들어가기를 기다렸다. 아마도 원래는 로마 시대의 제의 장소였을 동굴은 6세기에 들어와 성 미카엘과 연관되기 시작했으며, 14세기에 동굴과 도시의 중심부를 연결하는 계단이 설치됐다. 봉헌실의 중앙에 모셔진 황금빛 대천사 미카엘은 12세기 전반기에 제작된 것이다. 동굴 내부는 너무 번잡하고 소란스러워 관계 직원들의 정숙 호소에도 불구하고 성스러운 분위기를 느끼기 어려웠다. 그래서 우리는 낮은 돌 천장 아래의 제단 근처 작은 예배소를 빙 돌기로 했다. 어떤 사람들은 기도를 올리려 했고, 어떤 사람들은 대놓고 셀카를 찍어대고 있었다. 전승에 의하면 바로 이곳에서 아르텔라가 제단 앞에 몸을 엎드려 절했다고 한다. 지금 이곳엔 몸을 엎드릴 공간조차 없을 것 같다. 하지만 그녀가 바쳤다는 금화 30냥의 헌금은 지금도 분명 반가운 기부일 것이다. 좀 더 이른 시기에 조성된 지하 예배당은 조용하고 평온해서 북적이는 본당과는 뚜렷한 대조를 이룬다. 지금은 박물관으로 사용되는 이곳은 소수의 영국인 순례자들을 포함해 북쪽에서 온 여행자들의 벽면 낙서를 보존하고 있다. 13세기가 지난 후에 룬 문자로 돌에 새겨진 이름들을 쳐다보는 것은 기이한 체험이었다. 헤라이드라는 이름은 직사각형의 테두리 안에 적혀 있어서 눈에 띄었고 헤레베레크트, 위그푸스, 레오프위니 같은 이름들도 있었다.[34] 좀 더 안쪽에는 중세의 '셀카' 같은 것도 있었다. 바로 절반쯤 완성된 얼굴이 돌 벽에 새겨져 있는 것을 말한다. 두 눈, 머리카락, 어깨띠의 시작 부분은 분명하게 보였으나 코와 입은 보이지 않았다. 아마도 관리자가 제작 중인 조각가를 도중에 중단시켰을 것이다. 동굴로 내려가는 계단에는 손 모양의 윤곽이 많이 남아 있었다. 때때로 오늘날의 순례자들은 교회의 기운을 흡수하려는 듯 자기 손을 그 윤곽 위에 올려놓았다. 또한 16세기에서 20세기에 이르기까지 거기에 남겨진 많은 이름들을 볼 수 있었다. 초창기에는 이런 낙서가 비교적 관대히 허용된 듯하다.[35] 이러한 이름 남기기는 순례자들이 그곳을 다녀간 이후에도 정신적으로 계속 거기에 머무르는 듯한 느낌을 주었을 것이다.[36] 그러나 오늘날에는 세 가지 언어(이탈리아어, 영어, 폴란드어)로 낙서를 해서는 안 된다는 단호한 경고판이 세워져 있다.

산 미켈레에서 봉헌물을 바친 아르텔라는 시폰토로 돌아와 숙부 나르세스를 만났다. 둘은 루체라를 거쳐 베네벤토까지 현지의 길을 이용해 함께 여행했다. 이곳에서 아르텔라는 비록 구체적으로 묘사되지는 않았지만 많은 기적을 행사했다. 그러나 그녀의 생애는 짧았다. 겨우 열여섯 살 생일을 맞은 지 몇 달 후에 열병으로 사망했던 것이다. 이와는 대조적으로 숙부 나르세스는 장수해 80대 혹은 90대의 나이로 작고했다. 그는 만년에 이탈리아의 총독Dux Italiae을 지냈으나 568년에 권력 남용으로 새 황제 유스티누스 2세에 의해 해임됐다.37 그러나 나르세스의 후임자들은 그가 획득한 영토를 지킬 만한 능력 혹은 행운이 없었다. 568년에 알보인Alboin의 지휘 아래 북부 게르만 출신인 롬바르드족이 이탈리아를 침공했다. 572년에 이르러 그들은 파비아를 수도로 삼고 북부 이탈리아를 통제했다. 롬바르드족의 영토는 제노바 근처의 리구리아에서 시작해 아드리아 해 북단의 프리울리까지 이르렀다. 권력을 유지하기 위해서는 도로망을 재정비하는 것이 중요했다. 롬바르드족은 571년 이후 스폴레토를 정복한 덕분에 로마와 라벤나를 연결하는 주요 도로인 비아 플라미니아를 봉쇄할 수 있게 되었다.

이것은 이탈리아에 남아 있는 비잔틴 영토의 관리에 큰 문제가 됐다. 이 지역은 당시 비잔틴 제국의 황제를 대신해 엑사크exarch(총독)라는 관리가 다스렸다. 라벤나는 총독부의 수도였는데 나중에는 라벤나와 그 인근 지역만을 의미하게 됐다. 원래 총독부는 라벤나 외에도 아드리아 해안의 베네치아와 이스트리아, 펜타폴리스라 불리는 다섯 도시까지 포함하고 있었다. 다섯 도시는 비아 플라미니아의 종점인 리미니를 비롯해 해안선을 따라 이어지는 페사로, 파노, 세니갈리아, 안코나를 가리켰다. 총독부는 로마와 나폴리, 그리고 롬바르드족에게 함락되었다가 598년 이후 다시 비잔틴의 통제 아래에 들어오게 된 페루자까지 통합할 수 있었다. 하지만 롬바르드족이 비아 플라미니아의 중간 부분을 통제하게 되자, 비잔틴 통행로를 통과하는 대체 도로가 필요했다. 엑사크와 그의 관리들은 결국 소규모 도로인 비아 아메리나Via Amerina로 눈을 돌렸다.[38] 이 도로는 바카노 북쪽에서 비아 카시아에서 갈라져 나와 오르테에서 티베르 강을 건넌 후, 강을 따라 움브리아 지방의 토디를 거쳐 페루자까지 이어진다. 여행자들은 비아 플라미니아의 안전한 구간에 도달하기 위해 두 가지 경로 중 하나를 택할 수 있었다. 하나는 구비오를 거치는 길이었고, 다른 하나는 비잔틴이 599년 7월에 재탈환한 구알도타디노를 거치는 길이었다. 도로 못지않게 중요한 것은 도로를 따라 건설된 새로운 요새들이었다. 그중에서도 페루자와 포솜브로네 사이의 산길을 가로지르는 요새가 중요했다.[39] 움브리아의 도시들은 정치적으로 분열되어 있었지만 로마와 라벤나를 잇는 도로는 계속 유지될 수 있었다.[40]

그러나 8세기 후반에 교황 하드리아노 1세의 선출을 둘러싼 분쟁 이후 전투가 격화되면서 이 도로는 다시 공격 대상이 되었다. 772년에 롬바르드 군대는 로마와 비잔틴 통로에 속한 도시들을 동시에 공격했다. 하드리아노는 프랑크 왕국의 왕 샤를마뉴에게 전령을 보내 롬바르드족의 왕 데시데리우스를 물리쳐달라고 호소하기로 했다. 그러나 육로가 차단되어 전령은 해로를 이용해 마르세유로 갔다. 데시데리우스가 시비의 대상으로 삼은 것은 수십 년 전에 체결된 합의사항이었다. 합의에 의하면 그는 교황령 영지를 통과해 스폴레토의 중앙 공국으로 갈 수 있었다. 이 연결고리는 롬바르드족에 대한 스폴레토와 베네벤토의 충성심을 유지하는 중요한 사안이었다. 하지만 그것이 전부가 아니었다. 만약 하드리아노가 자신의 요구를 모두 관철시킨다면, 데시데리우스는 예전의 정복 지역을 모두 반환해야 함과 동시에 비아 에밀리아와 비아 플라미니아의 핵심 구간들을 잃게 되었다.[41] 결국 사태는 데시데리우스에게 불리하게 돌아갔다. 그는 도로 연결망을 잃었을 뿐만 아니라 왕국마저도 상실했다. 샤를마뉴 혹은 카롤루스 대제로 알려지게 된 인물은 롬바르드족을 패퇴시켰고, 774년부터 이탈리아의 북부와 중부 지방은 프랑크 왕국과 교황청의 지배를 받게 됐다. 그리고 사실상 '두 번째 로마 황제'(비잔틴 제국 외에 서유럽에서 새로운 권력자가 등장했다는 의미)가 존재하게 되었다.[42] 물론 라벤나와 로마 사이의 도로도 원활하게 개통되었다.[43]

  샤를마뉴가 권력을 잡으면서 유럽의 남북 간 교통축은 더욱 중요해졌다. 그의 제국은 오늘날의 프랑스, 독일, 북부 이탈리아, 네덜란드, 벨기에 등의 저지대 국가들, 오스트리아와 스위스에 걸쳐 있었다. 카롤링거(프랑크 왕국의 두 번째 왕조) 시대에는 제국의 통치자들이 여러 번 로마를 방문했는데, 그에 따라 교통 시설의 개선이 요구됐다. 카롤링거 왕들이 남행한 기록은 30여 차례 문서로 기록되어 있는데 어떤 왕은 군대를 거느리고 방문했고, 어떤 왕은 군대 없이 방문했다. 이에 이들을 지원하기 위해 점점 더 정교한 사회 기반시설이 발달했다.[44] 고대 로마인과 마찬가지로 샤를마뉴는 도로의 위력을 잘 알았다. 그의 방문 중 정치적으로 가장 유명한 것은 800년 11월의 로마 여정이었다. 이때 그는 교황 레오 3세와 동행했다. 레오 3세는 전에 정적들의 공격을 받았는데 눈과 혀가 뽑힐 뻔하며 죽음 직전까지 갔고, 결국 샤를마뉴의 궁정으로 피신했다. 레오 3세는 샤를마뉴에게 의지하는 형편이라 불리한 입장에 있었다. 그렇지만 그는 샤를마뉴를 '로마의 황제'라고 칭하며 대관식을 올려주면서 자신의 입지를 되찾았고, 그 후에는 자신을 황제의 옹립자라고 선언했다. 그러나 이러한 황제 선언은 문제가 있었다. 이미 당시에 콘스탄티노플을 다스리던 로마의 여황제 이레네가 있었기 때문이다. 하지만 당시 사회 분위기상 이레네는 여성이었으므로 일부 세력가들이 볼 때 황제 자격이 충분하지 못했다. 게다가 그녀는 왕위 찬탈자라는 의심을 받고 있었다. 자신의 아들 콘스탄티누스 6세의 섭정이었던 이레네는 자신의 아들과 샤를마뉴의 딸 로트루드의 약혼을 성사시켰으나 이후 그녀는 동맹 관계를 뒤집었다. 이레네와 아들 콘스탄티누스의 사이가 악화되자 그녀는 아들을 맹인으로 만들었고(반역 행동을 한 자에게 내려지던 통상적 징벌), 제국의 통치권을 단독으로 행사하게 됐다. 그녀는 샤를마뉴와의 동맹을 재검토하면서 샤를마뉴는 서방에서 권력을 행사하고, 그녀는 동방에서 권력을 행사하는 식의 권력 분담을 추진하려 했다. 하지만 권력을 잡은 지 5년 만에 쿠데타가 발생해 그녀는 폐위됐고, 이후 수 세기 동안 두 제국은 '로마 제국'의 정통 계승자가 서로 자신임을 주장하며 경쟁하게 되었다.[45]

샤를마뉴와 그의 친족 및 후계자들은 도로 연결망에 상당한 영향력을 행사했다. 몽스니 고개는 샤를마뉴의 공동 통치자이자 후계자인 경건왕 루도비쿠스 1세(재위 813~840) 시대에 이미 기능하고 있었다. 경건왕은 그 고개에 있는 노바레사 수도원에 호스피스를 짓는 자금을 지원했다.[46] (이 시기 호스피스와 병원은 현대의 호스텔과 마찬가지로 숙식을 제공했다.) 경건왕 루도비쿠스 1세의 숙부인 카를로만은 세속 권력을 모두 포기하고 수도 생활을 택한 인물로, 소라테 산에다 로마의 초기 주교였던 성 실베스트로를 기리는 수도원을 세웠다. 이 고립된 산은 잘 알려진 지형지물로 비아 카시아의 동쪽에 위치하고 있어서 순례자들이 묵어가기 편리한 중간 기착지였다. 고대 시인 호라티우스의 《송가Odes》에 들어있는 한 서정시는 이 산의 겨울 풍경을 묘사한다. "소라테 산이 두꺼운 눈 이불을 덮고 반짝거리며 우뚝 서 있는 모습이 보이는가? 숲은 무거운 눈을 더 이상 버티지 못하고 휘어지며, 시냇물은 날카로운 얼음의 손아귀에 멈춰 버린 모습을."[47] 이 시의 독자들은 모닥불에 장작을 던지고 와인을 따라보라는 권유와 함께, 도로변 여관에서 똑같은 동작을 취하는 여행자들이 자연스레 떠오를 것이다. 《프랑크 왕족 연대기The Royal Frankish Annals》는 카를로만이 오늘날에도 유명한 순례지인 몬테 카시노를 방문했고, 그곳에서 수도자가 됐다고 기록하고 있다.[48] 이곳은 경건한 종교 생활을 수행하는 수도원일 뿐만 아니라 방문자들에게 숙소와 환대를 제공함으로써 고대의 휴게소 역할을 부분적으로나마 계승했다.

 내가 몽스니 고개와 가장 가까이 한 순간은 님므에서 발랑스를 거쳐 북쪽의 샹베리까지 가는 기차가 알프스를 넘을 때였다. 기차는 산기슭을 에둘러 나아갔고 북행하기 시작하면서 가파른 절벽 곁을 지나갔다. 그 일대는 바위투성이의 험준한 지역이기도 하고 삼림이 울창하기도 했는데, 위쪽에는 소나무가 자라고 아래쪽에는 활엽수가 자라고 있었다. 뒤편으로는 눈 덮인 산맥들이 간간이 모습을 드러냈다. 몽스니 고개를 만나기 위해 꽤 북쪽까지 가야 했는데, 과거의 여행자들이 어느 길로 가야 할까 고심하면서 현지 안내인의 조언을 받았듯이 나는 프랑스 철도SNCF 웹사이트를 검색했다. 그 결과 나는 그르노블을 경유해 북쪽으로 가서 기차를 갈아타고, 이어 남동쪽으로 산간 지대를 통과해 토리노로 가게 됐다. 샹베리를 출발한 기차는 곧장 터널로 들어갔다. 경치 감상은 그걸로 끝인 걸까. 기차가 터널을 빠져나오자 내 곁에 앉은 승객은 차창의 블라인드를 내려버렸다. 물론 이해는 됐다. 그녀는 모니터 스크린을 읽고 있었기 때문이다. 나는 무례하게 굴고 싶진 않았다. 하지만 창밖 풍경을 내다보고 싶은 마음이 드는 건 어쩔 수 없었다. 기차는 우리보다 앞서 간 차량의 고장으로 인해 10분간 지연된다는 안내가 나왔다. 나는 기차가 다시 터널로 들어가자 식당칸으로 향했다. 그런데 신용카드가 작동하지 않았다. 그 카드 하나만 그런 게 아니라 다른 것도 마찬가지였는데, 전파가 잡히지 않아서 그런 듯했다. 가지고 있는 카드가 모두 안 되니 적잖이 당황스러웠다. 바리스타는 전파가 곧 잡힐 테니 커피가 식기 전에 우선 마시라고 권했다. 실제로 산간 지대를 벗어나니 카드가 제대로 작동했다.

  도로변에 작은 상점과 식당들은 예전부터 있어 왔는데, 이외에도 사업상 이윤을 올릴 수 있는 다른 방식도 있었다. 카롤링거 시대의 주요 노선 중 하나는 현재 스위스 동부에 위치한 쿠어를 경유했다. 여행자들은 취리히에서 남행해 발렌 호수에 이르면 호수를 따라 이동하는 왕실 보트를 탈 수 있었다. 즉 도로 수송이 가능한 곳에서는 내륙의 수로가 육로를 보완해주었다. 이 보트들은 연간 8파운드의 소득을 올릴 것으로 기대됐다. 쿠어에서는 남쪽으로 여러 갈래의 길이 있었는데, 하나가 막히면 다른 길로 갈 수 있었다. 이탈리아 리구리아의 남부 해안에서 가까운 루니에서 이루어진 고고학적 발굴은 고대의 도로 중 일부가 이 시기에 재포장되었다는 사실을 보여주었다.[49] 그러나 단순한 유지·보수 외에도 산악 도로가 엉뚱한 자의 손에 들어가면 안보 문제가 제기될 수 있었다. 황제들은 그렇게 되지 않도록 신경을 썼다. 그들은 현재 이탈리아-스위스 국경 인근 아다강 계곡의 발텔리나를 파리의 저명한 생드니 수도원의 수도자들에게 맡겼다. 또한 브레너 고개(동쪽으로 트렌토와 인스브루크를 연결하는 길목)의 바이에른 쪽에서는 황제의 가신 가문들이 기마 전령을 황제에게 제공해야 하는 의무가 있었다.[50] 이는 마치 고대 로마의 역마 제도 cursus publicus와 유사한 방식이다. 예전의 중간 기착지 전통이 되살아나고 있음을 보여주는 또 다른 증거로는 이런 것이 있다. 787년에 카롤링거 관리들은 겨울철에 한해 민가에 숙박을 요구할 수 있었다.[51] 카롤링거 시대 여행자들은 점차 믿을 만한 여관 연결망에 접근할 수 있게 되었다. 동부 스위스에서 시작해 오스트리아 티롤, 이탈리아 트렌티노-알토 아디제와 롬바르디아로 이어지는 레티아 알프스를 통과하는 길은 평균 26킬로미터 간격으로 중간 기착지가 있었다.[52] 여러 세기에 걸친 갈등과 혼란 이후 카롤링거 르네상스는 도로에 있어서도 하나의 부흥기가 되었다.

5

순례자와 비아 프란치제나

샤를마뉴의 원정 이전에도 롬바르드에서 비잔틴 영토로 넘어가야 한다는 점이 로마 여행을 가로막지는 못했다. 북유럽에서 기독교 개종이 활발하게 일어나면서 잠재적인 순례자들의 숫자가 증가하고 있었다. 오로지 부자들만 순례를 희망한 것은 아니었다. 파울루스 디아코누스Paulus Diaconus는 그의 저서 《롬바르드인의 역사History of the Lombards》에서 이렇게 썼다.

> 귀족과 평민, 남자와 여자, 지도자와 일반인을 가리지 않고 많은 사람들이 하느님에 대한 사랑에 이끌려 영국에서 로마로 순례 여행을 떠났다.[1]

순례가 확산되면서 새로운 안내 책자, 개선된 사회 기반 시설과 자세한 여행담들이 나오게 됐다.

영국의 순례자들은 로마의 유산에 대해 완전히 모르는 상태는 아니었다. 로마의 도로들이 중세 초기 영국에서 얼마나 널리 이용되었는지, 또 도로의 역사가 얼마나 잘 알려졌는지는 명확하게 말하기 어렵다. 그렇지만 7세기에서 10세기 동안 법적 문서에서 도로들이 반복적으로 언급되어 있는 것을 보면, 그것이 눈에 띄는 지형지물로 인식되고 있었음을 알 수 있다. 9세기에 웨식스의 알프레드 대왕과 이스트앵글리아의 바이킹 통치자인 구드룸이 강화조약을 맺었을 때 그들은 켄트에서 슈롭셔의 록시터를 연결하는 로마 도로인 워틀링 도로를 두 영토 사이의 경계선으로 삼았다.[2] 그러나 일부 기반 시설들은 분명 사용되지 않았다. 가령 윌트셔의 리딩턴에는 '파손된 도로Brokene strate'가 있었고, 요크셔의 폰테프랙트Pontefract는 허물어진 다리를 뜻한 라틴어 폰스 프락투스Pons fractus에서 온 것이다.[3] 반면에 일부 로마 시대의 소금 도로들은 후대까지 살아남은 것으로 보인다. 이 도로들은 산지와 소비자를 직접 연결했고, 더 중요하게는 과세 가능한 상품인 소금을 운송하는 데 활용됐다.[4] 중세 초창기 영국에 대해서는 확실하게 알려진 것이 많지 않지만, 그래도 세금 관련 정보는 믿을 수 있을 것 같다.

로마에서 영국 순례자들의 방문 사실은 로마 시내 남쪽, 비아 오스티엔세의 도로변에 있는 코모딜라 지하묘지의 낙서에서 확인할 수 있다.[5] 한편 《앵글로 색슨 연대기Anglo-Saxon Chronicle》는 왕위를 양보하고 생애 후반에 로마 여행에 나선 왕들을 기록하고 있다. 예를 들어 웨식스의 왕 체드왈라는 688년 로마를 방문해 교황 세르지오 1세에게 세례를 받았다. 머시아의 켄레드와 이스트색슨 왕 오파는 709년에 로마를 방문했고, 웨식스의 이나는 728년(혹은 726년)에 로마를 방문했으며 이들은 모두 로마에서 생을 마쳤다. 체드왈라의 묘비명은 그의 순례 동기를 밝혀준다. "베드로를 바라보고, 베드로의 시선을 따라 순수한 그의 세례수에서 영적 양식을 취하며, 그 물을 마심으로써 생명을 비추는 찬란한 빛을 온 세상에 흘려보내는 영광스러운 광휘를 받아들이고자 하였다."[6] 이나의 로마 체류는 시기적으로 스콜라의 설립과 일치한다. 스콜라는 영국 내의 여러 왕국에서 오는 순례자들을 수용하기 위한 시설이었다. 부르구스 삭소눔Burgus Saxonum이라고 지칭되는 이 숙소는 오늘날 바티칸 근처 보르고 지역명의 기원이 되었다. 이 지역은 또 하나의 상징으로도 기억되고 있다. 산토 스피리토 인 사시아Santo Spirito in Sassia라는 병원이 그곳에 있었는데, 이름 중 사시아Sassia는 색슨Saxon의 유산을 암시한다.[7]

로마 여행은 711~718년 연간에 우마이야 왕조가 이베리아 반도를 정복하고 무슬림의 지속적인 세력 확대에 대한 우려가 증폭하면서 더욱 복잡해졌다. 738년에 독일의 보니파시오 주교는 영국의 수녀원장 부가에게 이런 편지를 보냈다. "사라센족의 준동이 멈출 때까지 로마 여행을 보류하는 게 좋겠습니다. 사라센족은 그동안 반역적인 공격을 계속했고, 최근에는 로마 근처에도 나타났다고 합니다."[8] 그러나 일부 순례자들은 위험을 감수하고서라도 로마를 방문할 가치가 있다고 여긴 듯하다. 787년경 귀가 들리지 않고 말 못하는 어떤 영국 여행자는 몬테 카시노의 성 베네딕투스 성소를 방문한 후 증세가 깨끗이 치유되어 라틴어와 영어를 유창하게 말할 수 있게 됐다고 전해진다.[9] 게다가 순례자의 순례 여행에 안전과 편안함은 근본적 고려사항이 되지 못했다. 하루 약 32킬로미터(말을 탄다면 조금 더 멀리 갈 수 있다)를 걸어간다고 가정할 때 영국에서 로마까지 소요 기간은 16주, 즉 거의 4개월로 추산된다. 그러나 순례자는 그런 고난이 이미

타티오 크리스티Imitatio Christi(예수의 삶을 따름)라면서 위안 삼을 수 있었다. 핵심은 고통의 체험이었다.¹⁰

9세기 중반에 이르러 로마를 방문하는 왕족들은 샤를마뉴를 모범으로 삼았다. 우리는 그들이 여정 중에 머물렀던 중간 기착지에서 여행 기록을 볼 수 있다. 밀라노 동쪽에 있는 브레시아의 산 살바토레 수도원(현재 롬바르디아 세계문화유산 중 일부)에는 웨스트 색슨 통치자 알프레드의 이름이 방문자의 이름을 기록해 두는 방문자 명부Liber Vitae 에 두 번이나 나온다.¹¹ 웨일스와 아일랜드의 왕들도 로마 여행을 했다. 포이스의 왕 신겐 압 카델은 854년에, 하이웰은 886년에 로마에 있었고, 디버드(나중에 귀네드)의 왕 하이웰 다는 928년에 로마를 방문했다. 848년에는 이름이 알려지지 않은 아일랜드 왕이 방문했고, 1028년에는 더블린의 왕 시트릭이 로마를 찾아왔다.¹² 이 무렵 순례의 관습도 바뀌고 있었다. 더 이상 왕들이 왕위를 물려준 뒤 로마로 은퇴하여 남은 생을 보내는 것이 일반적이지 않게 되었다. 새롭게 등장한 순례의 형식은 정치 행사의 요소가 훨씬 강해졌고, 이것은 로마의 막강한 영향력을 보여주는 것이었다. 왕들은 순례를 마친 다음 귀국하는 경우가 많아졌다.¹³

10세기 전반기 영국에서 왔던 종교 관련 여행자들(이들은 순례자일 수 있고 출장자일 수도 있으며, 둘 다였을 수도 있다)의 이름은 장크트갈렌, 라이헤나우, 패퍼스 등 다수의 알프스 중간 기착지에 기록되어 있다.¹⁴ 로마를 찾은 이들은 남성뿐만이 아니었다. 상류층 여성들 또한 로마를 향해 길을 나섰다. 웨식스의 프리토기타 왕비는 737년에, 알프레드 대왕의 누이인 에델스위스 왕비는 888년에 순례 여행에 나섰으나 파비아에서 사망해 그곳에 묻혔다.¹⁵ 오늘날 파비아에서 에델스위스와 그 이전의 귀족 여성들이 머물렀을 법한 공간에 가장 가까운 곳은 성 조반니 돔나룸(숙녀들을 위한 성 요한) 교회의 지하실이다. 이곳은 롬바르드 왕국이 파비아를 수도로 삼았던 시기에 군데베르가 왕비에 의해 654년에 창건되었으며, 그 이름은 아마도 궁정의 여러 귀부인들을 가리키는 듯하다.[16] 교회의 상부는 다소 낡은 바로크풍이며 '열어둘 것', '지하실 불을 끌 것'이라고 쓰인 경고문을 지나 계단을 내려가면, 12세기 프레스코 벽화가 부분적으로 남아 있는 지하 공간이 나온다. 기둥이 지하실의 전반적인 분위기와 어울리지 않는 것으로 보아 다른 곳에 있던 자재를 재활용한 것으로 보이며, 시기적으로 좀 더 오래된 것일 수도 있다. 그러나 최근의 연구는 에델스위스가 이곳이 아닌 산 펠리체 수녀원에 안장되었을 것이라고 본다. 이 수녀원은 후대의 왕비인 안사가 지은 것으로, 안사는 로마와 몬테 산탄젤로를 찾아오는 순례자 숙박시설을 마련하기도 했다.[17] 건물은 현재 지역 대학의 경제학부가 사용하고 있다.[18] 나는 혹시 안을 볼 수 있을까 싶어 주변을 둘러보았으나 열려 있다는 표시가 없었다. 건물 측면에는 어떤 사람이 스프레이로 '페미니즘과 혁명'이라는 낙서와 함께 여성의 상징과 망치와 낫을 그려놓았다. 문득 왕비가 이 광경을 본다면 어떻게 생각할지 궁금해졌다.

일단 로마에 안전하게 도착하면 순례자들은 무엇을 했을까? 7세기 전반에 편찬된 명소 목록이 이에 대한 단서를 제공한다. 우선 《로마시의 교회 안내 Notitia Ecclesiarum Urbis Romae》는 도시 외곽에 있는 교회와 순교자의 무덤 등 주요 기독교 유적을 알려준다. 조금 후에 작성된 또 다른 문헌인 《로마 시 외곽에 있는 거룩한 순교지들De locis sanctis martyrum quae sunt foris civitatis Romae》은 성벽 안에 있는 교회들에 대한 내용을 추가로 담고 있다.[19] 이것들은 전적으로 기독교 유적지만 알려주는 안내서지만, 샤를마뉴의 대관식 무렵(혹은 757~855년 사이)에 제작된 것으로 보이는 일련의 여행 안내서들은 다른 흥미로운 유적지도 소개한다.[20] 이들은 로마의 기독교 유적과 함께 이교(고대 로마)의 유적도 소개하는 최초의 안내서로 평가된다.[21] 이러한 변화는 특히 카롤링거 르네상스 시기에 고대 로마, 특히 후기 기독교 로마 시대에 대한 관심 부활을 반영한다. 순례자들은 이런 책들을 휴대하고서 종교 유적을 찾아 예배를 올렸을 뿐만 아니라 비문을 탁본하면서 한때 위대했던 제국의 흔적에 주목했다.[22] 한편 책에 소개된 일부 추천 코스는 관광객들에게 도시 밖으로 눈을 돌려 도로변에 점재한 초창기 순교자들의 무덤도 한번 둘러볼 것을 권한다. '여행 일정 12Itinerary XII'는 성벽 밖 비아 포르투엔시스Via Portuensis, 비아 아우렐리아, 비아 살라리아, 비아 핀치아나Via Pinciana 등의 도로 주변에 있는 순례자 무덤들을 묘사한다. '여행 일정 11'은 로마 시 남부의 산 파올로 대성당, 비아 아피아 상에 있는 산 세바스티아노 교회 등이 포함된다.[23] 이 여행 일정들은 도로 자체에 대해서는 많은 정보를 제공하진 않지만, 훗날 도로와 경로에 대해서 더 깊이 있게 다룰 작가들을 위한 기초를 마련한 셈이다.

새로운 여행 안내서들의 발간과 함께 이 시기에는 도시의 유산을 다른 장소로 옮기거나 보수하는 작업이 행해졌다. 지하묘지 상당수가 훼손되고 방치됨에 따라 중요한 유물들이 시내의 교회로 옮겨진 것이다. 《교황 연대기Liber Pontificalis》에는 9세기 중반에 교황 니콜라오 1세가 수행한 유물 복원 사업이 기록되어 있다. 교황은 산 세바스티아노의 개보수 공사를 명하고, 새로운 수도원을 설립했다.[24] 이 초창기 개보수 사업은 오늘날 우리가 비아 아피아 주위에서 보게 되는 기념비적 지역의 형성으로 이어지는 첫 걸음이었다.

프랑크족의 통치가 순례자들에게 비교적 안정된 여행을 보장하자, 로마로 가는 새로운 도로가 북쪽에서 확립됐다. 클뤼니 수도원의 2대 수도원장이자 프랑스 중부 지방인 오베르뉴에 있는 생 피에르 수도원을 창건한 오리악의 제럴드 백작(909년경 사망)에 대해 쓴 전기 작가 오도Odo에 의하면, 이 백작은 로마를 무려 7번이나 다녀왔다고 한다. 물론 오도는 주로 제럴드 백작의 기적에 관심이 있었기 때문에, '7번의 여정'이라는 표현은 실제 숫자라기보다 상징적인 의미일 가능성이 높다. 마치 플로브디프의 7개의 산처럼 말이다. 여행을 서술하면서 오도는 로마로 가는 새로운 길인 비아 프란치제나Via Francigena에 대해 중요한 세부사항을 언급했다.[25] 876년에 비아 프란치스카Via Francisca[26]라는 이름으로 처음 언급된 이 도로의 문자적 의미는 '프랑크족의 도로'다. 로마 집정관들의 이름이 붙은 도로와 마찬가지로 이 도로 역시 정치적 존재감을 드러낸다. 비아 프란치제나는 파비아에서 시작해 피아첸차, 루카, 시에나를 경유해 남쪽으로 로마에 도달한다. 이 때문에 도로는 후대에 로메아 스트라타Romea Strata 혹은 스트라타 로마나Strata Romana(둘 다 '로마로 향하는 길'이라는 뜻)라고도 불렸다. 또한 이 도로는 해안에 가까이 있어서 홍수와 해적의 공격에 취약했던 비아 아우렐리아를 대체했고, 비잔틴 총독의 영토에 너무 가까이 있거나 혹은 그렇지 않더라도 더 이상 통행이 어려워 버려졌던 비아 카시아의 일부 구간도 대체했다.[27] (비아 카시아의 일부 구간들은 아예 비아 프란치제나에 편입됐다.) 실제로 프란치제나는 단일 도로라기보다 우리가 이미 앞에서 살펴본 다른 도로들과 마찬가지로 수 세기 동안 사용되면서 생겨난 여러 길들을 한데 아우른 것이다.[28] 그럼에도 도로변에 있는 도시들, 가령 산 지미냐노나 시에나 등은 큰 혜택을 보았다.[29] 그렇다고 해서 모든 여정이 편안했던 것은 아니다. 오도의 기록에 따르면 신분 높은 여행자들도 도로상의 숙소를 매번 이용할 수는 없었기에 제럴드 백작 일행은 때때로 텐트에서 묵어야 했다.[30]

캔터베리 대주교 시게릭은 990년대 초에 교황 요한 15세로부터 팔리움[양모로 제작된 어깨 장식 띠로 교황 직무의 권한을 상징]을 수령하기 위해 로마 여행을 하면서 여정을 기록했다. 이 기록은 중세 시기 영국에서 로마로 가는 도로상에 있었던 중간 기착지들을 나열한 최초의 문서다.[31] 그러나 실질적으로 시게릭이 로마로 향한 여정 기록은 현재 전하지 않고, 그의 로마 도착에서 시작해 그곳에 머물렀다가 귀국한 여정만 전한다[당시 왕복 길은 보통 같았기에, 귀국 여정이 로마로 향한 길과 동일했을 것으로 추정한다]. 그의 일행은 스콜라 삭소눔Schola Saxonum을 이용했을 가능성이 높다. 그들은 이곳을 거점 삼아 먼저 성벽 밖의 교회와 유적지를 방문하고, 그 다음에는 도심의 장소들을 둘러보았다.[32] 이 문서는 8세기에서 12세기 사이의 로마의 교회들을 열거한 유일한 목록이자, 로마 방문자가 어떤 유적을 둘러보았는지 참조할 수 있는 진귀한 자료다.[33] 귀국 길에 시게릭은 비아 카시아를 따라 북쪽으로 가다가 로마에서 약간 떨어진 산 조반니 인 노노['아홉 번째 지점에 있는 산 조반니'라는 뜻]에서 하룻밤을 묵어가게 되었다. 참고로 이곳은 라 스토르타에서 가까운 곳으로 라 스토르타는 영어의 구불구불한tortuous과 동일 어원에서 나온 것인데, 곧 도로가 구불구불한 곳이라는 뜻이다. 그는 이후 계속 북행해 볼세나 호수와 비테르보로 향했다.[34]

시게릭이 로마 여행에 나선 무렵 비테르보는 이미 기독교 중심 도시로 성장하고 있었다. 이곳은 중세의 성벽 도시로, 언덕 위아래로 구불구불 이어지는 길은 삼피에트리니(포석)로 포장되어 있었다. 이곳에서 나는 나만의 비아 프란치제나 여행을 시작했다. 우선 비테르보에서 버스를 타고 그 이름이 암시하듯이 산 위에 있는 몬테피아스코네로 갔다. 산꼭대기에는 12세기에 지어진 교황 요새가 있었다. 나는 이곳에서 북쪽으로는 볼세나 호수의 반짝거리는 수면을, 남쪽으로는 비테르보를 조망할 수 있었다. 이 풍경은 장관일 뿐만 아니라 전략적으로도 중요한 곳이었다. 높은 곳에 올라와 있으면 진격해 오는 군대를 놓칠 수 없기 때문이다. 여기서 비테르보까지는 95퍼센트가 내리막길이다. 여정은 공장 지대를 지나며 시작되었는데, 모르타델라(이탈리아 소시지)를 킬로그램당 6.9유로에 판매한다는 광고를 내건 슈퍼마켓을 지나갔다. 이어서 전력 송전탑이 늘어선 도로에 들어서면서 전신주가 주변 풍경을 망쳐놓는다는 19세기 여행자들의 불평을 떠올렸다. 그러나 울타리 곁의 분홍색 꽃들에서 시작해 올리브 밭과 놀랍게도 포도처럼 덩굴에서 자라는 키위에 이르기까지 즐길 수 있는 풍경은 얼마든지 있었다. 내가 지나가자 느긋이 일광욕을 즐기던 작은 도마뱀들이 황급히 달아났다. 그리 매력적이지 않은 파리가 있긴 했지만, 도로는 한동안 그리 곧지는 않아도 비아 카시아의 포석이 그대로 남아 있는 구간이 이어졌다. 그 길을 따라 있는 붉은색과 하얀색의 비아 프란치제나 표지판들이 눈에 띄었다. 가끔 로메아 스트라타라는 표기도 썼는데, 표지판 속 자그마한 순례자는 때로는 길을 가리켰고 때로는 유럽 깃발을 흔들었다(이 길은 유럽평의회 공인 문화길이기도 하다). 표지판 속 그림들 중에는 여행자의 전통적 특징인 지팡이와 짐 가방을 멘 이도 있었다. 지팡이는 여행자가 장거리를 걸어가는 데 도움을 주는 물건이고, 짐 가방은 개인 물건을 넣어 다니는 것이다.[35] 그런데 이 길에는 거의 아무 것도 없었다. 숙박을 제공하는 '순례자 집'과 음수대가 하나 있긴 했지만, 둘 다 몬테피아스코네에서 그리 멀지 않은 지점에 있었다. 나는 물병을 가져온 게 천만다행이라고 생각했다.

소스타 마리나 전망대에는 이전의 여행자들이 남긴 소박한 낙서가 피크닉 테이블을 장식하고 있었다. 기본적인 낙서는 이런 것이다. "임레 다녀감. 2022년 4월 26일." 마테오라는 사람이 적어놓은 명상적인 낙서도 있었다. "두 눈이 영혼의 거울이라면 자연은 생명의 거울이다." 상업용 낙서도 있었다. "비테르보에서는 포르카 바카에 들리세요." 이 낙서 옆에는 미소 짓는 얼굴이 그려져 있었다. 포르타 바카는 햄버거와 스테이크를 파는 집인데, 온라인 평점이 4.4이므로 그리 나쁜 조언은 아닌 것 같다. 많은 고대 여행자들이 이처럼 풍경에 그들 나름의 표시를 했다. 그 일부는 이집트의 동부 사막에 있는 암벽 피신처에 그대로 남아 있다.[36] "아무개가 여기에 왔다"라는 기본적 낙서도 뒤에 오는 여행자들로 하여금 이 아무개는 누구였을까, 왜 고향에서 이처럼 멀리 떨어진 곳까지 찾아왔을까? 하는 질문을 불러일으킨다. 오늘날의 낙서 예술가들은 자기 이름을 밝히지 않는 경향이 있지만, 때때로 남기기도 한다. 비아 프란치제나 길 위나 산 미켈레, 그리고 철도 선로 옆 벽면에 마치 태그처럼 흔적을 남긴다.

나는 고개를 들고 비테르보 너머의 산들을 바라본다. 뚜렷한 3개의 봉우리와 그 사이를 잇는 능선이 보인다. 과거에는 이정표가 도로를 찾기 위한 주요 수단이었지만, 지형지물 또한 중요하다. 길을 걷다 보니 묵주를 두른 하얀 성모 마리아 상이 눈에 들어왔다. 조각상 옆에는 성인 파드레 피오가 그려진 양초와 포장된 선물이 놓여 있었다. 바위 위에는 어떤 사람이 푸른색으로 이렇게 써놓았다. "길 위의 성모 마리아여, 우리를 위해 기도해 주소서." 기독교가 로마 도로를 따라 널리 퍼질수록 이런 새로운 요소들도 함께 퍼졌다. 한 가지 흥미로운 이야기를 덧붙이자면 트리비아trivia라는 단어는 원래 세 갈래 길 three ways을 의미했는데, 세 길의 교차점에 설치된 표지판을 가리키게 되었다. 영국 헤리퍼드셔의 세인트 마이클 교회에는 자그마한 로마식 제단이 있다. 이 제단은 베키쿠스(전형적인 라틴식 이름이 아니므로 이 사람은 아마도 현지인이었을 것이다)라는 남자가 세 갈래 길의 신에게 바친 것이다.[37] 한때 교차점에 세워졌던 트리비아가 이제는 성인들의 성소로 대체되고 있는 것이다. 마리아 조각상 주위는 한적했다. 길을 걷는 몇 명의 사람과 자전거를 탄 사람 몇 명만이 스쳐 지나갔다. 이곳이 한때 수레, 가마, 말과 순례자 등이 지나가는 북적이는 통행로였다는 것은 상상력 없이는 믿기 어려울 정도다. 근처에는 목욕탕도 있었다. 포이팅거 지도에 나와 있는 아쿠아이 파세리스는 이 도로 바로 근처에 있었고, 르네상스 시대 여러 화가들은 테르메 델 바쿠코를 스케치했다.[38] 저 멀리 목욕탕처럼 보이는 돔형의 벽돌 건물이 있는데, 포이팅거 지도에 표시된 목욕탕의 위치와는 맞지 않았다. 아무튼 비테르보 관광객을 겨냥한 스파 시설 광고물이 많이 보였다. 버스 정류장으로 가는 길에 서 있던 한 입간판은 이렇게 광고하고 있었다.

"목욕으로 면역 체계를 강화합시다." 나는 공중목욕탕을 이용해 보고 싶다는 생각이 들었으나 예전에 이용했을 때 우리가 주차해둔 밴에 도둑이 들어 동료 3명의 물품이 옷까지 포함해 몽땅 다 털린 기억이 떠올라 좀 망설여졌다.

11세기부터 영국 왕실의 로마 순례 여행은 다시 속도를 냈다. 크누트 왕은 1027년 교황 요한 19세가 주관한 콘라트 황제의 대관식에 참석했다. 이것은 순례 여행인가 하면 정치적 여행이기도 했다. 크누트는 협상을 하기 위해 로마를 방문했고, 그의 딸은 1036년에 콘라트의 아들과 혼인했기 때문이다.[39] 13세기 노르드인의 기록에 따르면 크누트가 길을 따라 곳곳에 병원을 세우고, 순례 여행을 떠난 가난한 순례자들에게 자금을 지원했다고 한다.[40] 콘라트와 논의하는 과정에서 크누트는 로마로 가는 길에서 부과되는 통행세 문제를 언급했다. 앞서 796년에 샤를마뉴는 머시아의 왕 오파에게 상업 여행자들이 순례자인 척하면서 통행세를 내지 않고 있다고 경고했다.[41] 그러나 크누트는 통행세에 대해 다른 의견을 갖고 있었다. "상인이든 기도를 올리기 위해 가는 사람이든 장애물이나 통행세 징수 없이 로마를 자유롭게 왕복할 수 있어야 하며, 확고한 평화 속에 정당한 법의 보호를 보장해 주어야 한다."[42] 그 결과 로마로 가는 여행자들은 모두 자유롭게 통행하는 것으로 합의가 되었다. 하지만 그것이 실제로 준수되었는지의 여부는 또 다른 문제다.

기독교의 지리적 판도가 확대됨에 따라 여행자의 출신지도 다양해졌다. 아이슬란드의 순례자인 문카트베라의 니클라스는 조국이 기독교로 개종하고 약 150년이 지난 후인 1154년에 로마 여행을 떠났다. 그는 먼저 노르웨이로 간 뒤 북극 항구인 베르겐으로 갔고, 이후 남쪽의 덴마크와 독일로 갔다가 스위스로 들어섰다. 그는 이곳에서 그레이트 세인트 버나드 고개를 넘어 이탈리아에 도착했다. 그 후 피아첸차에서 포 강을 건넜을 것이다.[43] 도시의 남쪽에서는 덴마크 왕 에리크 1세(재위 1095~1103)가 세운 '에리크의 호스피스'에 머물렀을 수도 있는데, 이는 로마 순례의 영향력이 얼마나 광범위하게 이루어졌는지를 보여주는 또 다른 사례다.[44] 볼세나에서 니클라스는 그의 여행 일정에도 언급된 성 크리스티나의 유물을 보기 위해 방문했다. 유물 중에는 그녀의 발자국이 찍힌 돌도 있었는데, 본래 그녀를 익사시키기 위해 목에 달아 놓은 돌이라 한다(현재 이 돌은 교회 제단의 일부가 됐다). 니클라스는 이어 비아 카시아를 따라 비테르보를 경유해 몬테 마리오 쪽에서 로마로 들어왔다.[45]

오늘날 몬테 마리오는 자연 보존지로서, 로마 중심부에서 쉽게 갈 수 있는 몇 안 되는 녹지 공간 중 하나다. 헨리 제임스Henry James는 19세기 후반에 이곳을 방문하고 "이탈리아에서 가장 멋지고 오래된 털가시나무 산책길이며 … 회녹색의 아치형 그늘 아래 틈틈이 펼쳐지는 푸른 캄파냐의 풍경"이라고 말했다.[46] 몬테 마리오 정문에 붙어 있는 경고판은 멧돼지를 조심하라고 일러 주었다. 포장된 산책길은 소나무 숲 사이로 구불구불 나 있는데, 시작점은 스타디오 올림피코(축구장)에서 그리 멀지 않은 곳이었다. 내가 길을 걷던 오후, 그곳에선 라치오와 유벤투스의 경기가 열리고 있었다.

니클라스의 로마 여행담은 기독교 유적 및 유물과 더불어 이교도 유적에 대한 언급도 포함되어 있다. 그는 '카타쿰바스라고 불리는 곳'과 '디오클레티아누스 황제가 소유했던 전당'을 잘 알고 있었다.[47] 바로 이 점에서 오로지 기독교 유적에만 집중했던 시게릭의 여행과 다르다. 우리가 이미 살펴본 바와 같이 니클라스는 기독교와 이교도 유물을 동시에 둘러본 최초의 여행자는 아니다. 하지만 기독교 유적에만 집중하는 순례자들과 좀 더 폭넓은 관심을 가진 여행자들의 차이는 이후에도 계속됐다. 이는 이후 여러 세기 동안 로마 여행 방식에 영향을 미치게 된다.

12세기부터 로마 여행자들은 좀 더 자세한 여행담을 남기기 시작했다. 이전 세기의 간략한 주석 형식의 목록은 12세기 들어 묘사 중심의 이야기로 바뀌었고, 덕분에 우리는 다양한 사람들의 여행 이야기를 들을 수 있다. 그들은 개성적이고 때로는 독특한 이야기를 전하는데, 그런 여행자들 중에 투델라의 랍비 벤야민이 있다. 그는 12세기 중반에 오늘날 스페인에 해당하는 사라고사에서 출발해 동부 지중해로 갔다. 그의 여행 동기는 다소 수수께끼다. 그의 기록을 살펴보면 단순한 순례자라기보다는 상인의 면모도 엿보인다. 진주 양식장에 대한 기록이나 항구 접근성에 대한 관심이 이를 뒷받침한다. 하지만 그가 여행 자체를 즐기고 지중해 주위의 동료 유대인들을 만나는 걸 좋아했을 가능성도 배제할 수 없다.[48] 벤야민은 먼저 에브로강을 따라 토르토사로 간 뒤 타라고나와 바르셀로나를 경유했다. 당시 바르셀로나는 중요한 유대교 문화 중심지였다. 이후 지중해 해안 지대를 따라 헤로나, 나르본, 몽펠리에를 거쳐 마침내 아를에 도착했다.[49] 그의 경로는 1000년 전 비카렐로 잔에 새겨진 여정과 아주 유사하다.

론 강 하구인 아를에서 벤야민은 마르세유로 갔다. 이 도시에서는 배를 타고 제노바로 갈 수 있었다. 해로를 이용하면 알프스 고개를 넘어간다든지 범람의 위험이 있는 해안도로를 이용하지 않아도 되었다. 이어 피사와 루카를 경유해 남쪽으로 내려가 로마에 도착했다. 그곳에서 그는 약 200명의 유대인 공동체를 발견했는데, 벤야민은 "그들은 명예로운 자리를 차지하고 세금은 내지 않았다"라고 기록했다. 그들 중 일부는 교황 알렉산데르 3세를 모시고 있었다. 많은 기독교 순례자들과 마찬가지로 벤야민은 로마의 기독교와 이교도 건물에 관심을 보였고, 또 유대교 역사에서 소중한 유적지들도 둘러보았다. 로마 교외에서는 '티투스의 궁전'이라 불리는 건물이 있다는 것도 주목했다.[50] 티투스는 유대인의 반란을 진압하고 제2성전을 파괴한 인물로 유명했다. 벤야민은 예루살렘에서 로마로 가져온 유물에 대해서도 관심을 표했는데, 그중에서 솔로몬 왕의 작품인 예루살렘 성전에서 가져온 2개의 청동 기둥에 큰 관심을 보였다. 이 유물은 현재 라테라노 대성당에 보존되어 있다.[51]

벤야민은 로마에서 카푸아로 갔는데 아마도 비아 아피아를 이용했을 것이다. 그는 "카푸아 지방의 물이 나쁘고, 근처에 열병이 돈다"고 기록했다.[52] 현대에 말라리아라는 질병으로 알려지기 훨씬 전부터 이 병은 무서운 위협으로 인식되고 있었다. 그는 포추올리에 치료 효과가 대단한 온천이 있으며 어떤 특별한 곳에서는 "땅 속에서 기름, 즉 석유가 분출한다"고 주장했다.[53] (이것은 오늘날에도 이 지역에 있는 유황 온천을 가리킨 것으로 보인다.) 또한 벤야민은 이 지역에서 로마의 터널 중 하나를 보았는데, 그가 "포추올리에서 산 아래를 따라 약 24킬로미터 길이의 도로가 있다"고 한 것은 다소 과장된 것이다. 그리고 터널 공사를 완공한 사람이 로마의 창건자인 로물루스라고 했는데,[54] 이러한 유적이 고대의 것임을 대체로 인식하고는 있었지만 구체적인 사항에 대한 지식은 다소 불확실했던 것으로 보인다.

크립타 네아폴리타나 터널은 실제 길이가 약 700미터로, 서기전 37년경에 아우구스투스 휘하의 최고 장군인 아그리파의 발주로 기술자 루키우스 코케이우스 아욱투스가 설계한 것이다.[55] 이 터널은 지역에 있는 4개의 터널 중 하나로, 주요 항구 도시인 포추올리와 나폴리를 연결한다. 전에는 이곳으로 가려면 언덕을 넘어야 했는데 터널이 생기며 곧바로 연결됐다. 터널의 존재는 푸오리그로타(터널의 바깥)나 피에디그로타(터널의 기슭) 같은 오늘날 도시 구역의 이름에도 남아 있다. 이 터널은 이후 유럽의 상류층이 이탈리아를 여행하던 그랜드 투어 시대에 인기 있는 관광지가 되었고, 모차르트를 비롯한 유명 인사들도 방문한 바 있다.[56] 현재는 일반 대중에게 공개되지 않으나 입구는 여전히 보인다. 포추올리 방향의 푸오리그로타 쪽 입구는 막다른 골목 끝에 있으며, 바위 속으로 높고 좁은 아치형 출입구가 뻗어 있다. 양옆에는 아파트 건물이 들어서 있다. 터널 입구 앞에서 나는 내부에서 불어오는 차가운 공기를 느낄 수 있었다. 그러나 터널 반대편 쪽에서는 이런 행운을 누릴 수가 없었다. 나폴리 쪽의 입구는 공원 안에 있었는데, 내가 막 그곳에 도착하니 문을 닫고 있었기 때문이다(토요일 오후 3시에 공원 문을 닫는다니 나로서는 잘 상상이 되지 않았지만, 아무튼 현지 사정은 그러했다). 나는 터널 입구나 반대쪽이나 별반 다르지 않을 거라 생각하면서 언덕을 내려가 바닷가 부두로 갔다. 그곳에서 나는 맥주를 마시며 손에 든 과자를 낚아채려고 달려드는 비둘기들과 맞서 싸웠다. 이곳은 요트들이 정박한 곳으로 항구에는 멋진 요트들이 있었고, 헬리 한센 브랜드의 옷을 입은 멋쟁이들도 눈에 띄었다. 이곳에서 마시니 '테이블 서비스 요금'까지 포함해 4유로밖에 쓰지 않아 다소 기분이 좋아졌다. 거기다가 베수비오 산이 보이는 전망도 꽤 괜찮았다.

벤야민이 터널의 완공자가 로물루스라고 주장한 동기는 곧 분명해졌다. 그는 로마의 창건자가 다윗 왕과 그의 장수 요압에 대한 두려움 때문에 이 터널을 건설했다고 설명했다.[57] 즉 유대인 통치자들의 위협에 준비하기 위한 대응책이었다는 것이다. 벤야민은 나폴리, 아말피, 베네벤토를 거쳐 아드리아 해안 쪽으로 가면서 여러 도시를 방문했고, 마침내 이탈리아의 뒤꿈치 부분에 해당하는 오트란토에서 배를 타고 코르푸로 향했다.[58] 그는 비아 에그나티아를 선택하지 않고 중간에 여러 항구에 들르는 콘스탄티노플행 뱃길을 이용했다.

스페인과 동부 지중해 사이에는 또 다른 경로가 있었다. 서기 첫 2세기 동안에 로마인들은 알렉산드리아에서 탕헤르에 이르는 해안 도로를 건설해 북아프리카 해안의 여러 중심부들을 서로 연결했다. 이들 도시에서 출발한 배들은 지중해를 누비고 다녔다. 14세기의 독일 사제인 루돌프 폰 주헴Ludolph von Suchem은 "스페인과 아라곤에 사는 무슬림들은 예언자 마호메트의 궁정을 방문하고자 할 때에는 이 길을 이용했다"고 기록했다. 그러나 이 경로는 기독교 신자에게는 선택 대상이 아니었다. 왜냐하면 모로코와 그라나다의 두 왕국은 아주 강력하고 부유하며 사라센(이교도)들이 거주했기 때문이다. 이들은 술탄(이집트의 지배자)을 전혀 신경 쓰지 않았고, 스페인의 기독교 왕과도 사이가 좋지 않았다. 심지어 사라센 왕국의 알가르브 왕을 도와주었는데, 왕국은 스페인의 국경 지대에 자리 잡고 있었다.[59] 15세기의 부르고뉴 저술가도 이 경로의 선택 가능성을 일축했다. 성지가 지브롤터에서 2500마일이나 멀리 떨어져 있을 뿐만 아니라 "잘 무장된 요새 곁을 지나가야 하는 위험이 있었고, 보급품의 위기를 극복한다 해도 그 다음에는 사막을 건너야 하고, 마지막으로 이집트를 통과해야 했기 때문이다."60 (이집트가 왜 위험한지에 대해서는 명시하지 않았지만, 아마도 그의 책을 읽는 독자들은 과거에 십자군과 맘루크 술탄 간의 충돌을 이미 알 것이라고 간주했기 때문으로 보인다.) 벤야민에게도 이 경로가 선택지 중 하나였는지는 불명확하지만, 어쨌든 그는 선택하지 않았다.

북아프리카 도로는 중세 기독교 저술가들에게 알려져 있었으나, 지중해 남쪽에 위치한 제국 영토는 후대에 들어와 유럽인의 기억에서 사라졌거나, 로마의 유산이 오로지 현대 서구의 것으로 주장되면서 의도적으로 망각된 것으로 보인다. 예를 들어 18세기의 스코틀랜드 탐험가 제임스 브루스James Bruce가 알제리의 팀가드(타무가디)에 있는 웅장한 격자형 도시 유적 스케치를 공개하자 다들 의심스럽게 여겼다. 이 스케치는 사실 탐사 여행에 동행했던 볼로냐 출신의 화가 루이지 발루가니Luigi Balugani의 작품이었을 가능성이 크다. 어쨌든 1세기 뒤에 알제리 주재 영국 영사가 직접 현장을 답사하고 《브루스의 자취를 따라가는 알제리와 튀니스 여행기Travels in the Footsteps of Bruce in Algeria and Tunis》를 발간하면서 브루스의 얘기가 모두 진실로 확인되었다.61 오늘날 리비아의 치안이 취약해 여행자들은 이 도로를 온전히 다 답사하지는 못한다. 멋진 로마 시대 유적지 렙티스 마그나엔 접근이 불가능하다. 그러나 도로의 서쪽 절반은 다시 방문객들에게 개방되어 있다. 로마 제국 서쪽 변경의 마지막 전초기지인 살라 콜로니아를 비롯해 모로코의 볼루빌리스에 세워진 카라칼라의 개선문, 엘젬의 콜로세움과 튀니지 곳곳의 여러 로마 도시들을 방문할 수 있다.

벤야민은 서방의 기독교가 어려운 시절에 여행에 나섰다. 순례자들의 안전 통행에 대한 위험이 너무 커서 당대의 역사가 맘스버리의 윌리엄에 의하면 교황 칼릭스투스 2세는 영국 사람들에게 로마 대신에 웨일스 남서부 끝 지점에 있는 성 데이비드 교회를 방문하는 게 나을 것이라고 조언했다고 한다. 그에 따르면 이 교회를 두 번 순례하면 로마를 한 번 다녀온 것과 같다는 것이다.[62] 1159~1178년 연간에는 2명의 대립 교황이 선출되어 성 베드로의 후계자 자리를 놓고 서로 경쟁하기도 했다. 한편 12세기에 들어와 고대에 대한 관심이 더욱 커지면서 로마까지 힘겹게 도달한 여행자들은 이교도 유적지에 대해서도 주의를 기울였다. 이들은 1140년에 성 베드로 대성당 소속 성직자가 편찬한 《로마 시의 경이Mirabilia Urbis Romae》를 참조했을 것이다. 이 책자는 기독교 이전 시대 기념물들에 대한 많은 정보를 제공했다.[63] 이러한 유적지 방문은 교육적 가치가 있다고 생각됐으며, 성직자의 안내 책자는 12세기 후반 또는 13세기 초에 발간된 《로마 시의 경이로움에 대한 서술Narratio de Mirabilibus Urbis Romae》에 의해 보충됐다. 이 책의 저자는 영국인 방문자 그레고리Gregory였는데, 한 학자는 그를 "로마를 방문한 최초의 낭만적 여행자"라고 말했다.[64] 그레고리는 문학적 소질이 있었고 예술에 관심이 많았으며, 독자들에게 도시의 풍경을 높은 곳에 올라가 조망할 것을 권했다.[65] 그는 어쩌면 첫인상의 중요성을 강조한 가장 이른 시기의 저술가일지도 모른다.

눈앞에 펼쳐진 도시의 파노라마가 정말로 경이롭다. 셀 수 없이 많은 탑과 궁전 같은 건물이 즐비하게 늘어서 있어 그 누구도 다 헤아릴 수 없다. 도시에서 멀리 떨어진 언덕의 첫 번째 등성이에서 이 광경을 처음 보고 감탄하지 않을 수 없었고, 카이사르가 갈리아를 정복한 후 알프스 산을 넘어 로마의 성벽을 바라보며 했다는 말이 저절로 떠올랐다. "신들의 고향이여, 인간들은 싸우지도 않고 그대를 포기한단 말인가. 이 도시를 내버린다면 그들은 대체 어떤 도시를 지키겠다는 것인가?"[66]

카이사르의 말은 루카누스Lucanus의 고대 서사시 《내전Civil War》에 나오는 것이다. 이 서사시는 남쪽에서 올라와 비아 아피아를 따라 네미 호수와 알반 언덕을 지나 로마로 향하는 과정을 묘사한다.[67] 영국에서 출발한 그레고리는 몬테 마리오나 혹은 비아 카시아를 통해 로마에 입성했을 것이다. 어느 경로를 택했든 도시의 풍경을 감상하려면 길에서 한 번 멈춰서야 했고, 이 '정지의 순간'은 곧 로마 여행의 필수적인 부분이 되어 세기에 걸쳐서 반복됐다. 이 시기 여행자들이 고대 유물에 관심이 많았다는 증거가 있다. 1140년대에 윈체스터 주교가 조각상을 사들이는 모습이 포착된 것이다.[68] 도로 이용은 여전히 어디에서 어디로 가기 위한 수단이라는 실용적 측면이 강했으나, 어떤 이들은 길을 걷다가 멈춰 서서 도로변의 고대 유적을 감상하기도 했다.

한편 순례길 노선은 변화하고 있었다. 13세기 이후 비아 프란치제나는 점점 사용되지 않게 됐는데, 로마에서 북쪽으로 향하는 선호 노선이 피렌체와 볼로냐를 경유하는 오늘날과 가까운 경로로 옮겨졌기 때문이다. 이는 피렌체가 상업적으로 점점 더 중요한 도시가 된 것도 원인으로 작용했다.[69] 물론 두 도시 사이에도 로마 도로가 있기는 했지만 주요 도로는 아니었다. 1088년에 볼로냐 대학이 설립되자 더 많은 사람들이 찾아왔다. 볼로냐는 북부 이탈리아의 여러 노선이 교차하는 지점에 있었기에 인근 도시들과 연결되는 도로망 주변에는 많은 여관들이 생겨났다.[70] 13세기 중반의 도시 기록에 의하면 30개 이상의 가구가 있는 모든 마을에 여관이 있었고, 그곳에서는 현지인은 물론 외지인에게 음료나 간식을 판매했다.[71] 이 여관들은 현지 관리들massari이 감독했고, 말들의 편자를 갈 수 있는 시설을 반드시 구비해야 했다.[72] 방문객들을 잘 보살피는 것은 도시에게도 이익되는 일이었다. 그래서 볼로냐 시 당국은 여관들의 위치를 규제했고, 기존의 시내 숙박 시설에서 나오는 세수에 피해를 보지 않고자 도시에서 너무 가까운 곳에는 여관 신축을 제한했다.[73] 여관의 숫자는 피렌체로 가는 도상에 가장 많았으나 소규모 도로에도 여관들이 적지 않게 들어섰다. 예를 들어 피스토이아 방면에 5개, 모데나 방면에 7개, 이몰라와 라벤나 방면에 각각 4개의 여관이 영업을 했다.[74] 비아 프란치제나 도상에 있으면서 피렌체와 옛 비아 카시아의 해안도로 사이에 있는 루카는 1332년에 82개의 여관이 있었고, 침대는 423개에 달했다.[75]

그러나 14세기의 상당 기간 동안 로마 여행은 교황청의 부재로 단절됐다. 순례는 계속 됐지만 교황청과 프랑스 왕 사이의 갈등으로 교황청은 프랑스 남부의 아비뇽에서 70여 년 간 머물렀고 이후에는 한 교황은 로마에서, 다른 교황은 아비뇽에서 통치하면서 명백한 분열 상태로 이어졌다. 한동안 서부 기독교권의 도로들이 과연 로마로 이어지는지조차 불분명했다. 교황청은 12세기와 13세기 동안 유랑 생활을 했고, 1198년에서 1304년 기간의 절반 이상을 로마 이외의 곳에서 통치했다. 이 시기 6명의 교황은 아예 로마에 발을 들이지도 않았다.[76] 1309년에서 1376년 사이에 교황을 알현하려는 여행자 혹은 교황청에 볼 일이 있는 여행자는 로마가 아니라 아비뇽으로 갔다. 한 연대기는 1347년에 이렇게 기록했다. "다른 지방에서 온 사람들은 길에서 강도를 만나 돈을 털릴 위험이 있었기 때문에 로마 방문을 꺼렸다."[77] 1378년에 교황이 로마로 돌아온 이후(대립 교황이 여전히 아비뇽에 있는 상태였지만), 용무를 해결하기 위해 로마를 찾는 예전의 빈도가 회복됐다.

이 시기 로마를 방문한 여행자 중 주목할 만한 이는 특별한 여행 회상기를 남긴 마저리 켐프Margery Kempe다. 그녀는 1413년에서 1415년 사이에 로마와 예루살렘을 방문했다. 당시 여성 순례자들은 전반적으로 환영받지 못했다. 실제로 여성의 방문이 금지된 장소들도 있었는데, 라테라노 대성당의 성 요한 세례자 예배당과 성 베드로 대성당의 성 레오 및 성 십자가 예배당이 그러했다. 스페인 순례자 페로 타푸르Pero Tafur는 여성들의 산크타 산크토룸Sancta Sanctorum(거룩한 성소) 출입을 막은 사실을 기록했고, 독일인 관찰자 니콜라우스 무펠Nikolaus Muffel은 월경 중인 여성이 예배당의 성스러운 계단에 피를 흘려 더럽혔다고 불평했다. 여성 출입을 제한하는 게 겉으로는 여성의 안전을 위한 것이라고 주장했지만 내면적으로는 이런 사고에 대한 두려움, 즉 여성의 생리 현상이 부정하다는 인식이 여성 출입 제한의 근거가 되었을 가능성이 있다.[78]

남성 저술가들은 오래 전부터 여정에 나선 여성들의 부도덕성에 대해 비난해 왔다. 성 보니파스는 여성들의 순례 여행을 아예 금지해야 한다고 주장했는데, 747년에 케임브리지(아마도 캔터베리의 착오인 듯) 대주교에게 보낸 편지에서 "롬바르드, 프랑스, 갈리아의 거의 모든 도시마다 영국인 간통녀나 창녀가 적어도 1명 이상 있다"고 불평했다.[79] 이러한 주장은 과장일 가능성이 높지만, 로마로 향하는 도로변에서 성 산업이 운영되었다는 증거는 풍부하다. 예를 들어 6세기의 성인 시케온의 테오도루스 전기에는 그가 마리아라는 창녀와 황제의 전령 코스마스 사이에서 태어났다고 전한다. 코스마스는 마리아와 그녀의 어머니, 여동생이 운영하는 여관에 머물렀는데, 여관은 앙카라에서 서쪽으로 약 100킬로미터 떨어진 제국 도로변의 마을에 있었다.[80] 그보다 500여 년 전에 이미 스트라보는 이집트 내의 여행자들에게 제공되는 향락에 대해 언급했다.

> 엘레우시스는 알렉산드리아와 니코폴리스 가까운 곳에 있는 마을로, 카노푸스 운하 바로 곁에 있다. 남녀를 불문하고 향락을 즐기려는 이들을 위한 숙박시설과 조망 좋은 장소가 마련되어 있는데, 엘레우시스는 이른바 '카노푸스풍'의 생활과 당시 횡행하던 노골적인 방탕함의 출발점이었다.[81]

한편 대大 플리니우스는 그보다 더 폭넓은 통찰을 내놓았다. "악덕이 이처럼 널리 퍼진 길이 또 어디 있겠는가? 상아와 금, 보석이 이렇게 흔해진 길이 또 어디 있겠는가?"[82] 여행은 종교적 신심을 드러내는 수단이 될 수 있지만, 동시에 여행을 위한 도로들은 별로 바람직하지 못한 행동의 공간이 되기도 했다. 그로부터 7세기가 흘러간 후인 15세기 스위스인 순례자 펠릭스 파브리Felix Fabri는 순례길을 따라 있는 매음굴을 언급하며 이런 기록을 남겼다. "음란한 집들을 운영하는 자들은 대부분 독일인이다."[83] 심지어 오늘날 몬테 산탄젤로에서 버스를 타고 내려오는 길에도 어떤 여인이 길가에 플라스틱 의자를 내놓고 앉아 있는 것을 보았다. 그녀의 발치에는 빨간 백이 놓여 있었고, 얇은 검은색 스타킹을 신고 있었다. 바로 옆에 그랜드 호텔 사보이아에 들어서니 리셉션에서는 무료로 '러브 키트 베이직'을 나눠주고 있었고, 25유로를 내면 '러브 키트 디럭스'를 제공받을 수 있었다. 그러나 순례자의 기록엔 당연히 이런 세부사항들, 나아가 여행의 전반적 과정을 생략하는 것이 관행이었다. 순례자들은 오로지 경건한 신앙심만 강조했다. 그들은 고대의 도로를 이용했지만 관심은 오로지 목적지였다. 예루살렘 성지로 가는 길에 베네치아를 둘러보았던 파브리는 이렇게 썼다. "우리는 그 도시에서 오로지 성스럽고 명예로운 곳들만 방문했다." 그는 "호기심이나 그보다 더 불순한 동기에서 비롯된 일들"은 실제로 있었더라도 빼버렸다고 한다.[84] (그러나 그가 매음굴 주인들에 대한 정보를 알고 있었던 걸 보면, 뭔가 있었을지도 모른다.) 15세기에 예루살렘을 향해 떠난 이탈리아인 순례자 산토 브라스카Santo Brasca 또한 파브리와 마찬가지로 호기심에 대해 적대적이었다.

순례는 성스러운 유적들을 방문, 묵상, 경배하기 위한 목적으로만 나서야 한다. … 세상을 둘러보겠다는 생각, 야망 또는 "나 거기 다녀왔어" 혹은 "난 그걸 보았어"라고 말하며 이웃의 찬양을 받으려는 목적으로 여정에 나서서는 안 된다.[85]

그가 염두에 두었던 여행자는 아마도 1480년에 로마를 다녀온 익명의 프랑스인 여행자였을 것이다. 그는 키프로스에 있는 비너스 신전에 대해 이렇게 말했다. "이 건물은 화려한 외관뿐만 아니라 이곳에서 행해지는 미신적 의례들로 전 세계에 유명하다."[86] 순례자들도 고대 유적에 관심이 있었다는 것을 보여주는 여행 안내서가 존재한다. 하지만 그들의 여행담에서는 성자들을 다룬 이야기가 고대 로마의 유적들보다 언제나 우선시됐다.

마저리 켐프는 이러한 접근 방법의 좋은 사례다. 그녀의 여행기는 순례 여행이라는 목적에 부합하는 것만 이야기에 담았다.[87] 1373년 경에 킹스 린(당시에는 비숍스 린)에서 태어난 마저리는 시장의 딸이었는데, 이런 가정환경 덕분에 여행에 필요한 경비를 조달할 수 있었다. 장거리 순례는 시간이나 금전 모두 많이 드는 일이었다. 결혼 후 14명의 자녀를 둔 켐프는 이후 정절과 순례의 삶을 시작했다.[88] 그녀의 책은 사제와 필경사 솔트하우스를 포함해 여러 명의 도움으로 집필됐으며, 필사본이 후대에 전해진 것은 이 협업의 덕분이었다.[89] 켐프는 야머스에서 출발해 해로로 로테르담과 앤트워프 사이에 있는 지에릭제(현재 네덜란드 소재) 항구까지 갔다. 거기서 다시 남쪽으로 라인 강 연안의 콘스탄스에 이르렀고, 그녀는 교황 특사로 파견돼 그 도시에 머물고 있던 영국 출신 수도사이자 신학 석사를 만났다.[90] 이런 인물들은 여행자들에게 매우 중요한 자원이었다. 현지 정보나 조언을 얻을 수 있기 때문이다. 그러나 켐프의 경우에 수도사는 그 이상의 것을 해달라는 요청을 받았다. 켐프의 지나치게 경건한 태도는 문제가 됐다. 그녀는 끊임없이 우는가 하면 고기 먹는 것을 거부해 동료 여행자들의 빈축을 샀다. 그 결과 그들은 아예 수도사에게 그녀를 떠맡긴 채 떠나버렸다. 이후 그녀를 다시 일행으로 받아주긴 했지만, 조건을 붙였다. "당신은 우리가 있는 곳에서 복음에 대해서 얘기해서는 안 되고, 식사 때에는 우리들과 마찬가지로 식탁에 앉아 즐겁게 시간을 보내야 합니다."[91] 그러나 다시 그녀와 일행의 관계는 틀어지고 말았다.[92] 이 이야기는 켐프 쪽 기록만 전해지기에 편향된 시선일 수 있지만, 어쨌든 너무 경건해 신비주의적 분위기마저 풍기는 순례자들과 모험에 나서서 좋은 시간을 보내기를 바라는 여행자들 사이의 간극을 잘 전달한다.

나는 그리 종교적인 사람은 아니지만, 몬테 산탄젤로의 산 미켈레 성소 앞에 줄 서서 기다리면서 마저리의 마음을 어느 정도 이해할 수 있을 것 같았다. 주위에는 정숙을 요청하면서 사진 촬영과 휴대폰 사용은 안 된다는 경고문이 세워져 있었으나 거의 무시됐다. 방문객들은 어서 계단 아래로 내려가 동굴 안으로 들어가고 싶어 했고, 옆 사람의 개인적 공간 따위는 전혀 개의치 않았다. 그들은 아마도 교구 행사 차 들른 것일 수도 있지만, 종교적 순례 못지않게(어쩌면 그 이상으로) 점심 식사도 중요한 것 같았다. 거리로 나서자 가게 주인들은 기념품을 판매하기 위해 경쟁하듯 목소리를 높였고, 군밤을 파는 노점을 최소한 3개는 목격했다. 한 남자는 즉석에서 군밤을 구워 팔았는데, 냄비를 열심히 화로 위에서 돌리고 있었다.

켐프는 이후 아시시를 거쳐 로마로 향했는데, 그녀가 명시하진 않았지만 베네치아에서 출발했다는 점을 보면 가장 가능성 높은 경로는 비아 플라미니아로 보인다. 이 구간의 동행자는 리처드라는 등이 굽은 남자였는데, 그는 자신이 그녀를 보호하지 못할까봐 걱정했다.

적들이 나를 강탈하고 내게서 당신을 납치해 해코지할까봐 걱정이 됩니다. 그래서 당신을 함께 데리고 갈 용기가 나지 않습니다. 당신이 나와 함께 있을 때 치욕을 당하게 된다면, 설사 100파운드를 준다 해도 나는 감당할 수 없을 것입니다."[93]

여행 중인 여성에게 이는 현실적인 위협이었다. 실제로 프랑스 귀족 과부가 순례자 집단에서 낙오된 후에 인신매매되어 비록 잠시이기는 하지만 성매매를 강요당했다는 기록이 남아 있다.[94] 켐프와 리처드의 사례는 장애인과 여성 여행자의 특수한 체험을 지적한 것으로, 그들이 도로상에서 만나게 될 봉변에 대한 공포가 잘 드러난다. (이 책의 집필을 위해 3개월간 여행하는 동안 나는 남자친구가 있다는 핑계를 만들어내야 하는 경우가 딱 한 번 있었다. 마흔이 넘은 지금은 20대 때에 비해 귀찮게 구는 시선을 받는 일이 현저히 줄어들었다.) 켐프는 무사히 아시시에 도착했다. 이곳은 성 프란체스코 대성당이 극적인 풍경 위에 세워진 곳으로, 비아 플라미니아 선상에 있진 않지만 그리 멀지 않아 충분히 접근 가능하다.[95] 이곳에서 그녀는 피렌체 귀부인 일행을 만나 로마로 가는 마지막 구간을 함께 했다. 도둑들의 위험으로부터 안전을 지키기 위해서였다.[96] 이들 사이에는 어느 정도 동지 의식도 있었을 것이다.[97] 그러나 켐프의 여행 동료들은 별로 도움을 주지 못했다. 그녀는 아시시에서 출발해 비아 플라미니아를 따라 로마에 도착 후 성 토마스 호스피스에 머물렀다. 이 숙박 시설은 수 세기 동안 영국인들이 로마에 자체 숙소 없이 지내다가 과거의 스콜라 삭소눔을 계승해 만든 것으로, 영국인 순례자들을 위한 병원이자 숙소였다. 그러나 켐프는 이곳에 오래 머무르지 못했다. 왜냐하면 일행 중 한 사람이 그녀를 험담하고 중상모략해 호스피스의 직원들이 그녀를 내쫓았던 것이다.[98]

후대 순례자들 덕분에 여행에 관한 기록은 더 풍부해졌지만, 대다수의 여행자들에게 도로는 그저 한 지점에서 다음 지점으로 가기 위한 수단에 불과했다. 로마 권력의 상징으로서 도로가 지닌 의미는 문서에서 아주 드물게 언급될 뿐이다. 그레고리가 로마의 전경을 보고 감탄했다는 일화는 실로 예외적인 일이었다. 그러나 켐프가 로마 여행을 마치고 불과 수십 년 지나지 않아 그 흐름은 바뀌게 된다.

6

십자군과 비아 밀리타리스

도로는 오로지 순례와 관광만을 위한 게 아니었다. 십자군 전쟁의 전개 과정을 보면 알 수 있듯이, 길은 계속해서 군사적 기능을 수행했다. 11세기 후반부터 시작된 십자군 전쟁은 참가자들과 지지자들에게 '무장한 순례'로 인식되었다.[1] 그들이 기독교를 위해 수복하고자 하는 예루살렘은 과거 로마 제국의 영토였으며, 도달하는 여러 갈래의 길이 있었다. 루돌프 폰 주헴은 1350년경에 이렇게 썼다. "성지 순례를 하려는 자는 육로 혹은 해로를 이용해 그곳에 가야 한다. 전문가에게 들은 바에 따르면 만약 육로로 가고자 한다면 가장 좋은 방법은 헝가리, 불가리아, 트라키아 왕국을 경유하는 것이다. 그러나 이 도로는 아주 지루하다고 한다."[2] 로마 일대에서는 고대 유산에 대한 관심이 증대했지만, 십자군이 중요하게 여긴 것은 그들의 실용적 목적에 부합하는 도로 상태였다. 1095년에서 1291년까지 여덟 차례의 대규모 십자군 전쟁이 벌어졌는데(물론 중간에 소규모 전쟁도 있었다),

그중에서도 이슬람 세력으로부터 성지를 되찾고자 한 전쟁이 장거리 여행과 1000년 뒤의 로마 도로망 측면에서 아주 중요하다. 십자군의 기록은 동방으로 가는 도로들의 구체적 현황에 대해서 말해줄 뿐만 아니라, 비잔틴 제국과 그 서방 경쟁국들 사이에 있는 접경지에서 벌어진 교통망에 대한 갈등도 조명해 준다. 더 나아가 그들이 도로 유산을 어떻게 인식하고 있었는지 보여준다.

제1차 십자군(1096~1099)에 참가한 용사들은 세 갈래의 경로 중 하나를 택했는데, 모두 역사적 로마 도로들과 아주 가까운 곳에 있었다. 특히 2개의 고대 도로인 비아 에그나티아와 비아 밀리타리스가 중요하다. 전자는 이미 살펴본 바와 같이 두레스에서 동쪽으로 테살로니키를 거쳐 콘스탄티노플로 이어진다. 후자는 카르눈툼에서 출발해 베오그라드와 소피아를 거쳐 남동쪽으로 향한다(이 도로는 비아 디아고날리스라는 이름으로도 불리는데, 편의를 위해 비아 밀리타리스로 통일하겠다). 7세기를 거치며 비잔틴 제국은 발칸 반도의 통제권을 슬라브인에게 넘겨주게 되었고, 이로 인해 콘스탄티노플과 로마 사이의 육로 여행은 더욱 어려워졌다. 비아 밀리타리스는 이미 552년에 훈족의 공격에 노출되어 필리포폴리스(현재 플로브디프)를 지나던 군대가 그 길을 통과하지 못하게 되었던 전력이 있다.[3] 700년에 이르러 대부분의 여행자들은 육로 대신 해로를 선택했다.[4] 8세기와 9세기 동안의 외교문서를 보면 비아 밀리타리스가 아닌 해안 경로, 비아 에그나티아, 혹은 다뉴브 강을 따라 흑해 쪽으로 이어지는 도로들이 더 선호되었음을 알 수 있다.[5] 그렇긴 해도 일부 불평불만은 과장된 것으로 보인다. 6세기에 코멘티올로스Komentiolos 장군은 비아 밀리타리스를 찾지 못해 애를 먹었다고 하지만, 제국의 행정을 논한 10세기 문서는 이 도로의 세부사항을 제공할 뿐만 아니라 테살로니키에서 베오그라드까지 8일이 걸린다는 예상 도착 시간도 추정해 놓았다.[6] 비교적 후대까지도 역참의 개념은 남아 있었으며, 현지 공동체는 도로의 유지를 책임져야 한다는 의무도 여전했다. 하지만 그들이 실제 유지한 것은 포장도로가 아니라 다져진 흙길이었다.[7]

비아 밀리타리스가 여전히 사용되었다고 생각해 볼 수 있는 더 강력한 증거가 있다. 이 도로는 발칸 반도의 주요 도시들을 다뉴브 강과 북부 이탈리아에 연결시키는 중요 교역로였다.[8] 비아 에그나티아와는 다르게 이 도로를 대체할 해안도로는 없었다. 계속되는 전쟁에도 불구하고 784년에 비잔틴 제국의 여제 이레네는 콘스탄티노플 서쪽 지역인 트라키아(오늘날 튀르키예, 그리스, 불가리아에 걸쳐 있었다)를 통과해 여행을 했다. 그녀가 상당한 숫자의 수행원들을 데리고 이 지역을 여행했다는 것은 도로 상태가 적어도 통행 가능한 수준이었다는 것을 보여준다. 그로부터 몇 년 뒤에는 콘스탄티노플에서 남동쪽으로 직선거리로 약 100킬로미터 떨어진 니케아에서 개최된 종교 회의에 주교들이 참석했는데, 니케아는 육로로 가면 이보다 훨씬 먼 여정이었다. 그럼에도 불구하고 참석률은 한 세기 전보다 크게 상승했다. 이는 여행의 여건이 전보다 나아졌다는 증거로 볼 수 있다.[9] 비아 에그나티아를 이용했던 이들은 그리스 해안을 따라 항구에서 항구로 이동하는 해로를 대안으로 택할 수 있었지만, 날씨와 해적이라는 고유의 위험 요소가 존재했다.[10] 9세기 중반 들어 콘스탄티노플과 로마 사이의 육로가 좀 더 정규적으로 사용되게 됐다. 이 무렵은 불가르족이 플로브디프에서 아드리아 해안에 이르는 통로를 통제하고 있었다. 불가르 왕의 사절단이 교황 니콜라오 1세를 방문하자, 교황청 관리들은 그들의 왕국을 통하면 그리스인들의 땅(콘스탄티노플)에 이르는 손쉬운 육로가 열릴 수 있음을 깨달았다.[11] 그 결과 양측은 이에 동의해 단 6년 사이에 무려 5번의 여정이 이루어졌다는 기록이 남아 있다.[12] 이렇듯 국가의 외교술은 연결망에 획기적 변화를 가져올 수 있었다.

그러나 십자군을 다룬 주요 사료에서는 두 주요 도로 중 하나만 로마 도로로 인정되고 있다. 바로 비아 에그나티아로, 익명의 저술인 《프랑크족의 행적Gesta Francorum》에서 '옛 로마 도로'로 서술되어 있다.[13] 이것이 저자의 비아 에그나티아에 대한 인식이라는 점은 주목할 만한데, 비아 밀리타리스의 묘사 또한 흥미롭다. 비아 밀리타리스는 책에서 그 이름이 언급되지는 않으나 "프랑크의 경이로운 왕 샤를마뉴가 콘스탄티노플에 이르도록 건설한 도로"라고 설명되어 있다.[14] 이는 샤를마뉴가 성지로 떠났다는 이야기에서 유래됐을 가능성이 높다. 샤를마뉴가 실제로 성지를 다녀왔다는 증거는 없지만, 10세기에 소라테 산의 한 수도자가 집필했다는 내용에 의하면 샤를마뉴는 몬테 산탄젤로의 예배당에서 교황 레오의 축복을 받은 후 떠났다고 한다.[15]

그러나 이것은 사실이라기보다 신화에 가깝다. 사료 어디에도 비아 밀리타리스의 개보수 작업에 샤를마뉴가 관여했다는 내용은 나오지 않는다. 우리가 이미 살펴본 바와 같이 샤를마뉴 시대의 외교 문서는 사절단이 주로 해로를 선호했고, 여의치 않으면 다른 도로를 이용했다고 밝히고 있다.[16] 그렇다면 왜 저술가들은 샤를마뉴에게 이런 공로를 돌리고 싶어 했을까? 아마도 비아 밀리타리스는 로마식 이정표와 기념물이 많이 남아 있지 않았기 때문일 것이다. 혹은 고대 문헌에 접근할 가능성이 누구보다 높은 교육 받은 필경사 집단 사이에서 '로마 도로'라는 개념이 충분히 상징적 위력을 갖고 있었기 때문에, 도로 건설이 샤를마뉴와 고대 로마 황제들을 연결시키는 좋은 방식이라고 생각했을 수도 있다. 전설이 어떻게 생겨났든 간에, 로마 도로가 건설되고 1000년이 지난 후에도 상상 속의 기억이 만들어낸 신화가 도로에 결부된 한 가지 사례로 볼 수 있다.

비아 밀리타리스에 접근하도록 하는 데 샤를마뉴보다 더 중요한 역할을 한 것은 발칸 반도와 중부 유럽에서의 종교적·정치적 환경의 변화였다. 7세기부터 이웃인 비잔틴 제국에 중요한 도전자이자 때로는 동맹국이었던 불가리아 제국은 1018년에 비잔틴 제국에 함락됐다. 한편 1000년경부터 1038년까지 왕국을 다스렸던 헝가리의 이슈트반 1세는 자신의 왕국에 기독교를 정착시키는 데 힘을 쏟았다. 그로 인해 도로를 보수했는데, 성지로 가는 순례자와 십자군은 덕분에 그 도로를 이용할 수 있게 됐다.[17] 십자군 전쟁의 배경에는 1054년 동방의 교회와 서방의 교회가 분열한 대분열이 있었다. 그 결과 비잔틴 황제들은 서방의 군주들에게 결코 믿을 만한 동맹이 될 수 없었다. 제1차 십자군은 예루살렘을 탈환하는 데 성공했으나, 곧 1187년에 살라딘이 이끄는 군대에 의해 다시 함락됐다. 제4차 십자군(1202~1204)은 아예 성지에 도달하지도 못하고 1204년에 십자군이 콘스탄티노플을 약탈하는 것으로 끝났고, 1261년까지 이곳은 라틴인 혹은 프랑크족이 다스렸다.

이렇게 제1차 십자군 전쟁(1096~1099)과 제2차 전쟁(1147~1149) 때 십자군 병사들은 서유럽에서 비잔티움까지 육로를 이용해 이동했다. 이들을 이끈 지도자들은 영국, 프랑스, 플랑드르, 독일 출신이었다.

이들이 지역의 끝자락에서 출발해 약 3220킬로미터에 달하는 여정 동안 그들이 이용한 도로들은 로마 제국에 뿌리를 두고 있었을 가능성이 높다. 13세기에 이르러 영국의 도로는 로마 시대와 그 이후에 생긴 도로가 섞여 있는 상태였으며, 이는 자동차가 등장할 때까지 계속 유지됐다. 그러나 영국의 도로들은 이전 몇 세기를 거치며 많이 열악해졌는데, 일부 도시를 제외하면 대부분 비포장도로였다. 그래서 바퀴 달린 수레는 통행이 어려워 사람들은 말을 타거나 걸었고, 짐은 짐승에 실어 날랐다.[18] 프랑스와 플랑드르에서 온 병사들은 이탈리아로 간 뒤 남쪽으로 브린디시나 바리에서 아드리아 해를 건너 두레스로 갔고, 거기서 다시 비아 에그나티아를 따라 동쪽으로 향했다. 독일에서 온 병사들은 좀 더 동쪽 경로를 택해 다뉴브 강을 따라 남쪽으로 가 오늘날의 베오그라드까지 갔고, 이어 비아 밀리타리스를 따라 동쪽의 비잔티움으로 갔다.[19] 제2차 십자군 때부터는 해상 이동도 병행돼 앵글로-노르만, 독일, 플랑드르 함대가 이베리아 반도를 경유해 항해했다. 제3차 십자군 전쟁(1189~1192)에서는 함선의 사용이 증가했다. 비록 비용이 많이 들기는 했지만 함선은 소규모 정예 부대를 실어 나를 수 있었고, 기습 효과라는 전략적 이점도 작용했다. 그러나 신성로마제국의 황제인 프리드리히 1세 바르바로사는 육로를 이용해 레겐스부르크에서 남쪽으로 휘하 군대를 이끌고 갔다.[20]

일부 십자군 병사들은 다른 병사들보다 발칸 반도에 대해 더 잘 알고 있었다. 전에 예루살렘을 다녀온 사람들의 조언과 그들을 안내하기 위해 집필된 책자들이 군수물품 조달 계획을 세우는 데 큰 도움이 되었을 것이다. 이러한 계획은 아주 중요했다. 왜냐하면 군인이자 순례자들인 이들의 생명에 가장 큰 위협이 되는 것은 전투가 아니라 질병과 기아였기 때문이다. 제1차 십자군 전쟁 때 행군에 나선 병사 중 절반이 이로 인해 사망한 것으로 추산된다.[21] 일부 보급품들은 수레에 의한 수송이 가능했지만(해로보다 육로가 좋은 점), 험준한 지형이 그것을 어렵게 만들었다.[22] 또한 보급품은 다뉴브 강을 따라 뗏목으로 수송될 수도 있었으나, 이후에는 현지에서 필요한 물품을 사들여야 했다. 이를 통해 니시(현재 세르비아에 위치해 있으며, 고대 로마 정착촌인 메디아나 근처) 같은 시장 도시가 중요한 중간 기착지가 됐다.[23] 하지만 십자군은 현지 통치자들의 허락이 떨어지지 않거나 적의 영토에 들어섰을 때는 현지에서 약탈하거나 습격을 하기도 했다.[24] 프랑스 귀족 고티에 생자부아Gautier Sans-Avoir는 "독일을 지나 헝가리 왕국으로 들어섰는데, 사방이 커다란 습지와 호수로 둘러싸여 있어 왕국으로 들어가려면 비좁은 통로를 이용할 수밖에 없었다"고 전한다. 그리고 처음에는 헝가리 왕 칼만이 십자군에게 우호적으로 보급품을 제공했지만, 베오그라드에 도착하자 상황이 달라졌다. 그곳 통치자는 시장의 개설을 거부했고, 결국 십자군과 시민 간에 폭력 사태가 벌어졌다.[25] 툴루즈의 영주 레몽Raymond의 군대는 비아 에그나티아를 타고 행군을 하다가 루사 시를 약탈해 그리스인들의 보복을 받았다. 또한 카스토리아에서는 보급품 문제로 분쟁이 벌어지자 마구잡이로 가축을 훔치는 것으로 문제를 해결했다고 한다.[26] 이런 상황에서 도로 주변에서 살아간다는 것은 결코 쉬운 일이 아니었을 것이다.

어떤 경우에는 폭력이 특정 대상을 향해 조직적으로 가해졌다. 제1차 십자군은 라인란트 유대인들에 대한 공격으로 악명이 높다. 1096년에 마인츠와 쾰른, 레겐스부르크와 프라하 같은 도시에서 유대인들은 기독교로 개종하거나 죽음을 당하거나 둘 중 하나를 선택할 것을 강요당했다. 12세기의 한 히브리 연대기는 십자군 병사들이 유대인에 대해 '복수'하겠다는 생각이 강했다고 기록했다. "유대인의 조상이 아무런 이유 없이 그들의 메시아를 살해하고 십자가에 처형"했기 때문이었다.[27] 십자군은 대주교의 궁전에서 보호받기를 희망했던 사람에게도 '칼, 죽음, 파멸의 바람'을 행사했다. 유대인들 중 일부는 십자군을 기다리기보다 서로 죽이는 집단 자살을 택했다.[28] 이러한 학살이 약탈을 통해 군자금을 마련하기 위한 수단인지, 성지를 회복하려는 십자군의 목적에 부합하는 강제 개종인지를 놓고 역사가들 사이에서 논쟁되어 왔다.[29] 이 학살 사건은 유럽 유대인 역사에서 하나의 전환점으로 인식되며, 이후 수 세기 동안 진행된 박해의 출발점이 됐다. 이러한 사건은 여행자들이 종종 자신을 폭력의 희생자로 묘사하지만 그들이 가해자일 때도 있으며, 그 경우 대부분 그 사실을 인정하지 않는다는 점을 우리에게 상기시킨다. 11세기의 반유대주의 폭력 사태는 유대인 저술가들에 의해 기록됐지만 대부분의 기독교 연대기 작가들은 이를 무시했고, 어쩔 수 없이 언급해야 할 때에는 마지못해 최소한의 사실만 언급했다. 그 외에 고대의 도로상에서 벌어졌던 여행자들이 현지의 식량 창고를 습격하고, 여관방을 부수고, 직원을 괴롭히거나 구타했던 개별적 사례들은 거의 기록으로 남지 않았다.

라인 강을 따라 내려온 제1차 십자군 전쟁의 순례자들은 각자 다른 경로를 선택했다. 로렌의 공작 고드프루아Godfrey는 육로를 택해 헝가리를 통과했다.³⁰ 아풀리아의 왕자 보에몽Bohemond은 이전에 군사 작전을 수행한 경험이 있었고, 두레스와 북부 그리스의 일부 지역을 점령한 바 있었다. 그는 아드리아 해를 건너가기 위해 비용을 자비로 충당했다.³¹ 남부 이탈리아를 경유한 이들은 수많은 성지가 있는 로마나³² 바리에서 잠시 머무를 수 있는 선택지가 있었다. 두레스의 남쪽에 위치한 아블로나(현재 블로러)에 무사히 상륙한 보에몽은 초반에는 비아 에그나티아를 타지 않고 휘하 군대를 이끌고 오늘날의 알바니아를 남쪽으로 가로지르는 경로를 이용했다. 이후 지금의 그리스에 있는 에데사에 이르러서야 주요 도로를 탔다.³³ 제1차 십자군 때 병사들은 세 번째 경로를 이용하기도 했다. 이 길은 북부 이탈리아에서 출발해 오늘날의 크로아티아 지역인 아드리아 해안 동쪽을 타고 내려가 비아 에그나티아에 합류하는 코스였다. 이는 툴루즈의 레몽과 그 일행이 택한 경로로, 이 경로를 이용하면 바리에서 두레스로 건너는 항해를 피할 수 있었다.³⁴ 이렇게 한 데에는 그럴 만한 이유가 있었다. 비록 짧은 거리였지만 여러 차례 해상 난파 사건이 있었기 때문이다. 1097년에는 400명이 사망한 사고가 있었고, 프랑스 왕 필립 1세의 동생인 베르망두아의 백작 위그Hugh of Vermandois는 배가 난파되어 비잔틴 영토로 떠밀려오기도 했다. 군대의 지휘관으로서는 그리 보기 좋은 모양새는 아니었다.³⁵ 또한 바다를 건너는 것은 수레에 의한 수송을 원천적으로 배제했다.³⁶ 이것은 레몽이 육로 행군을 결정한 한 가지 이유이기도 했다.

레몽이 택한 길은 실제적으로나 비유적으로나 험난한 길이었다. 그의 사제로 함께했다고 주장하는 레몽 다길레르Raymond d'Aguilers³⁷는 도로 상황을 생생하게 묘사했다. "버려진 땅이라 접근하기도 어렵고 험준한 산간 지대로, 그곳에서 3주 동안 들짐승이나 새 한 마리조차 보지 못했다." 그는 현지인에 대해서도 불평을 늘어놓았다. "야만적이고 무지한 그들은 우리와 교역하지 않으려 했고, 길 안내도 제공하지 않았다. 오히려 십자군 중 약한 이들을 공격하기도 했다."[38]

십자군 외에 다른 여행자들도 도로에서 만난 이들이 어떤 문화적 태도를 지녔는지에 대해 중요한 정보를 제공한다. 예를 들어 비잔틴 관리 그레고리 안티오코스Gregory Antiochos는 생선을 싫어하는 불가리아 사람들을 혐오의 시선으로 바라봤고, 성직자였던 메사리테스Mesarites는 연기로 가득 찬 여관에서 구토를 했으며, 술 취한 하인이 한밤중에 탐욕스럽게 식사하는 모습에 혐오감을 느꼈다고 기록했다.[39] 여행을 하면 그 나라 사람들의 음주 습관을 알게 된다. 토리노의 한 레스토랑에서 나는 저녁 식사를 하며 250밀리리터 분량의 화이트 와인을 주문했다. 영국인으로서 이 정도면 꽤 절제한 것이었다. 그런데 식당 맞은편의 남자는 혼자서 화이트 와인 500밀리리터를 주문했고, 그와 함께 있던 여자는 레드 와인 250밀리리터를 주문했다. 그러나 데님 반바지에 오리건 덕스 티셔츠를 입은 턱수염 기른 남자를 보고 곧 압도되고 말았다. 자녀와 함께였음에도 그는 자신의 분량으로 화이트 와인 한 병을 주문한 것이다. 아마도 오리건 덕스가 경기에서 졌나 보다.

외부인들은 그것을 우습게 여겼지만, 현지인의 관점에서 자신이 살고 있는 지역에 대해 훤히 안다는 것은 십자군에 저항할 때 상당한 자산이 됐다. 그들은 험준한 산간 지대와 울창한 숲에 대해 잘 알았고, 지형에 어울리지 않는 중무장으로 지장을 받는 일도 없었다. 레몽은 이렇게 보고했다. "우리 병사들은 그들을 넓은 평지에서 상대할 수도, 소규모 접전을 피할 수도 없었다."⁴⁰ 레몽은 거의 40일 동안 행군했고 때로는 손으로 만져질 정도로 짙은 안개를 헤쳐 나가야 했다고 주장했지만, 실제 그렇게 싸웠다기보다 광야에서 보낸 그리스도의 40일을 상징적으로 암시한 것으로 보인다. 어쨌든 그들이 "기아나 정면충돌로 인한 피해 없이 이 여정을 지날 수 있었던 것은 하느님의 가호와 지휘관들의 노고 덕분"이라고 레몽은 생각했다.⁴¹ 그보다 한참 뒤인 14세기 초 마리노 사누도 토르셀로Marino Sanudo Torsello는 십자군 원정을 논하면서 이런 확고한 의견을 갖고 있었다. "결코 육로로 병력을 이동해서는 안 된다." 제1차 십자군 전쟁 때 은둔자 피에르와 고드프루아 드 부용Godefroy de Bouillon이 비아 밀리타리스 도상에서 성공을 거둔 것에 대해 토르셀로는 이렇게 썼다. "내 대답은 이러하다. 그들의 사명 완수는 인간의 사전 구상이나 힘에 의한 것이 아니라, 하느님의 인도로 진행되고 천상의 은총에 의해서 마무리된 것이다."⁴²

이탈리아나 영국에 있던 로마 도로들과 비교해 발칸 반도의 로마 도로들은 연구가 훨씬 미비한 편이다. 심지어 노선이 실제 어디로 지났는지에 대한 논쟁이 이어질 정도지만, 큰 그림에 대한 합의는 대체로 이루어졌다. 무엇보다도 발칸 반도의 지리적 상황은 다른 대안이 생겨날 여지를 남기지 않았던 것이다(험준한 산악 지형은 심지어 20세기에 들어와서도 도로 건설자에게 큰 장애였다).⁴³ 예를 들어 비아 밀리타리스는 베오그라드를 통과하면 모라바 강의 동쪽 계곡 지대를 따라 남쪽으로 이어졌고, 약 120로마마일(177킬로미터)을 가면 니시(콘스탄티누스 황제의 출생지인 로마령 나이수스)에 도달한다.⁴⁴ 이 지역은 비잔틴 제국, 불가리아 왕국, 세르비아 왕국의 세 국경이 맞대고 있는 경계 지역이었다. 비잔틴 제국은 11세기 중반부터 다뉴브 강과 니시 사이의 도로를 의도적으로 방치했다. 연대기 작가 윌렐무스 티렌시스Willelmus Tyrensis에 의하면, 비잔틴 제국은 이 지역을 사실상 인구가 없는 상태로 만들어 도로를 보수할 인력이 인근에 없도록 했다. 윌렐무스는 이렇게 썼다. "그 결과 일대가 울창한 숲과 관목으로 뒤덮여 아무리 이 길을 사용하고 싶어도 그쪽으로 갈 수가 없었다. 그리스인들(비잔틴)은 자체의 방어력보다는 험준한 도로와 가시덤불이라는 천연 방어시설을 더 믿었던 것이다."[45] 참나무들이 울창하게 들어선 '불가리아의 숲'은 오늘날 세르비아 일부 지역까지 뻗어 있으며, 전략적인 천연 방어 요새를 형성했다.[46]

나는 불가리아의 숲을 직접 맞닥뜨릴 필요는 없었다. 코로나19 관련 제한 조치와 철도 보수라는 두 가지 사항이 겹친 탓에 베오그라드를 오가는 국제 열차의 운행이 중단된 것이다. 철도 당국은 11세기 비잔틴 제국이 이 일대의 도로 통행을 방해했던 것처럼, 철도 운행을 철저히 막고 있었다. 결국 비엔나에서 베오그라드와 니시로 가려던 나의 계획은 무산되어 우회를 해야 됐다. 다행히 대체 야간열차가 있었다. 비엔나 역의 직원이 승객 명단에서 내 이름을 확인한 후, 나는 내 침대칸을 찾아가 아래쪽 침상에 펼쳐진 하얀 시트 위에 드러 누었다. 침상 바로 옆 플라스틱으로 된 작은 찬장 안에는 세면대와 함께 비누와 수건, 구두약 파우치까지 갖춰져 있었다. 야간열차가 부다페스트에서 다뉴브 강을 건너자 강물 위로 붉은 빛이 스쳐 지나갔다. 나는 이제 비아 밀리타리스에서 벗어나 부쿠레슈티로 향하는 중이었다. 거기에서 낮 열차로 갈아타고 소피아로 되돌아가 비아 밀리타리스의 남동쪽 구간을 다시 이어가게 될 것이다. 다소 번거로운 절차였으나 나의 여행은 이보다 더 나빠질 수도 있었다. 만약 이틀 전에 여행에 나섰다면 독일 철도망 마비라는 대혼란 속에 갇혀서 옴짝달싹하지 못했을 것이다. 듣기로는 러시아의 사보타주 세력이 통신 케이블을 절단하는 바람에 IT 사고가 발생해 철도가 제대로 운행하지 못했다는 이야기도 있었다. 로마 시대로부터 1000년이 흘러갔지만 전쟁의 원칙은 여전하다. '적의 교통망을 공격하라'.

나는 고대의 도로에서 벗어난 경로로 여행을 하고 있지만, 숲이 울창한 언덕들을 보니 순례자와 십자군들이 마주했을 풍경이 충분히 떠올랐다. 이 강의 계곡 지대는 위에서 내려오는 공격에 아주 취약한 지역이다. 열차가 카르파티아 산간 지대를 구불구불 지나가야 하는 브라쇼브와 부쿠레슈티 사이 구간은 특히 그러하다. 삼림이 울창한 구릉지들이 연이어 있고, 그 뒤로는 무엇이 숨어 있을지 알 수 없는 소나무 숲이 펼쳐진다. 더 뒤편으로는 구름을 이고 솟아 있는 높은 산들이 자리하고 있다. 기차는 루마니아의 알바이울리아라는 역을 지나갔다. 분명 로마와 관련 있는 이름으로 생각됐는데, 역시 이곳은 과거 로마의 군영이 있던 아풀룸Apulum이었다. 그런데 루마니아는 그 이름에도 불구하고 국토 전체가 로마의 속주였던 것은 아니다. 현재 루마니아의 일부 지역만이 로마령 다키아에 속해 있었다. 루마니아 현지인들이 로마 제국의 철수 이후에도 다뉴브 강 북쪽 유역에 그대로 머물렀는지, 아니면 강의 남쪽으로 이주했는지의 여부에 대해서는 여전히 논쟁이 벌어지고 있다.[47]

십자군들이 마주했던 어려운 문제들을 소상히 밝혀주는 사료로는 익명의 저작인 《프리드리히 바르바로사의 원정사 History of the Expedition of Frederick Barbarossa》라는 책이 있다. 프리드리히는 신성로마제국의 황제였으나 자신을 '로마 황제'로 생각해 언제나 본인을 아우구스투스라고 부르게 했던 인물이다. 신성로마제국의 황제는 10세기부터 교황이 독일 왕에게 수여한 호칭이었다.[48] 아마도 파사우 출신이었을 것으로 짐작되는 이 사료의 편찬자는 다양한 사료들을 종합해 제3차 십자군 전쟁의 전개과정을 상세히 서술했다.[49] 당초 작전 계획은 비잔틴 황제의 협력을 최대한 많이 얻어낸다는 것이었다. 황제의 대리인들은 십자군에게 "좋은 길로의 호송, 최상의 시장 준비, 자유로운 바다 통행"을 약속했다.[50] 지원 사안 중에 도로가 제일 먼저 언급됐다는 것은 그 중요성을 잘 보여준다. 그러나 사료의 편찬자는 "그리스인들의 입술에는 뱀의 독이 발라져 있었다"며 약속한 바를 지키지 않았다고 기록했다.[51] 대신 브란체보(현재 보스니아의 브라녜보로 추정)의 공작이 "우리를 불가리아의 공공 도로 혹은 그들이 말하는 사람이 잘 다니는 길에서 벗어나도록 유도했는데, 주요 도로가 아니었기에 돌이 많은 험준한 길이었다"고 한다. 이로 인해 십자군 병사들은 외부의 공격에 더욱 취약하게 됐다.[52] 이 지역의 지리에 익숙한 일부 헝가리 순례자들이 길을 찾는 선봉대 역할을 맡아 앞장서서 다소 성공을 거두기도 했다. 그러나 끝도 없이 이어지는 불가리아의 숲에서 십자군들은 반복해 매복 공격을 당했다. 공격자들의 독화살은 낙오자와 식량 조달을 나간 하인들을 노렸고, 대낮에도 사람들이 무차별 학살을 당했다.[53] (편찬자는 이것이 외세의 침략에 맞선 정당한 저항이라고는 생각하지 않은 듯하다.) 굶주림은 또 다른 위협이었다. 특히 비상식량을 휴대하지 못한 가난한 순례자들의 고통은 막심했다. 십자군은 공격자를 생포한 경우 종종 교수형에 처했는데, 때로는 치욕스럽게도 늑대에게 하듯이 발목을 묶어 거꾸로 매달아 죽였다.[54] 이런 상황이 이어지다보니 약속했던 시장의 개설은 취소됐고, 십자군들의 식량 약탈에 대한 필요성이 커지며 결국 더 큰 위험에 노출되었다. 비잔틴 사람들은 여기에 더해 도로의 교차점들을 숲에서 베어낸 나무로 가로막고, 그 위에 엄청나게 큰 바위를 얹어서 통행이 불가능하게 만들었다. 또 전에 불가리아의 전 지역을 보호하고 방어해주었던 시설이었지만 세월이 흘러가면서 못쓰게 된 고갯길의 고대 요새들의 탑과 망루를 새롭게 보수해 더욱 강화했다.[55] 이들은 산간 지대의 이점을 살려서 높은 곳에 자리 잡고 있다가 산기슭 쪽으로 달려 내려가며 공격했다. 십자군은 반격하려고 애썼지만 별 소용이 없었다. 프리드리히 황제가 불가리아를 힘들게 통과한 후에 도달한 트라키아(현재 플로브디프)에서 치르쿠비츠의 평야를 가리켜 "온갖 좋은 것들이 가득한 곳"이라고 말한 건 그리 놀라운 일이 아니다.[56]

다행히도 난 십자군처럼 군대를 이끌고 이 나라를 통과하는 건 아니었기에, 현지인들은 내게 우호적이었다. 부쿠레슈티에서는 호텔 매니저가 반갑게 맞아주며 내 영국식 억양을 환영했다. 그는 과거에 런던에서 한동안 살았는데, 영어 선생님이 영어 공부를 위해 텔레비전 드라마 〈폴티 타워스Fawlty Towers〉(무능한 호텔 지배인이 주인공인 영국 고전 시트콤)를 보라고 그에게 권했다고 한다. 나는 장래의 호텔 매니저에게 그런 조언을 해준 게 잘한 일인지는 확신이 서지 않았으나, 아무튼 그 호텔은 아주 잘 운영되고 있었다. 그는 내 발음을 듣고 "BBC 억양이네요"라고 말했는데, 실제로 가끔 BBC에서 일하기도 해서 그리 틀린 말도 아니다.

다음 날 아침, 나는 역으로 가서 간단한 간식거리를 산 뒤 먼저 루세로 가는 열차를 탄 후 환승해 소피아로 가기로 했다. 기차표 예매는 미리 해두었으나 막상 기차를 타니 차장이 좌석 예약을 없애고 6개의 좌석을 '자신의 업무용'으로 남겨둔 것을 보았다. 나로선 크게 상관없었으나 일부 승객들은 못마땅하게 여겼다. 곧 다른 남자 직원들이 그 자리에 합류했는데, 여기서는 열차 내에서 좌석 예약권을 사는 시스템이 따로 있는 듯했다. 기차가 예정 출발시간보다 늦어지자 몇몇 불안해하는 관광객들이 차장에게 소피아로 가는 기차편에 대해서 물었다. 그러자 차장은 손사래를 치면서 "아무 문제 없다"고 말했으나, 그들은 영 믿지 못하겠다는 표정이었다. 어쨌든 우리는 다뉴브 강 위에 놓인 기다란 다리를 통과해 마침내 환승역인 루세에 도착했다. 이곳에선 여권 검사가 있었는데, 책임자인 유능한 젊은 여성 경찰관은 똑같은 질문을 받자 영어로 단호하게 말했다. "저기 가서 기다리세요. 소피아행 열차는 내가 지시를 내릴 때까지 출발하지 않습니다." 그 후 각자 여권을 돌려받는 동안 이름과 국적이 일일이 호명됐다. 프랑스, 독일, 미국, 아르헨티나 등이었다. 불가리아 국경 경찰은 '묘한 창의력'을 발휘해 내 여권에 도장을 옆으로 찍어 놓았다. 소피아행 열차는 예정보다 40분 늦게 출발해 서쪽으로 굽이쳐 돌아가는 길을 따라 달렸다. 역들의 표지판은 키릴 문자로 쓰인 불가리아어로 되어 있었는데, 오래 전 러시아어 야간 강좌에서 배운 바 있고 또 그리스도 두 번 방문한 적이 있어서 어느 정도 알아볼 수 있었다. 옆에는 프랑스어 표지판도 있었다. 여자화장실Dames, 대합실Salle d'Attente 같은 것 말이다. 이것은 인터넷을 검색해 보니 불가리아의 취향을 보여주는 것이었다. 불가리아는 오스만 제국으로부터 독립한 후 서유럽을 지향하는 분위기가 하나의 유행이 됐다고 한다. 독립은 1878년의 자치권 획득으로부터 시작해 30년에 걸쳐 공식화됐다. 아무튼 고대의 공통어인 라틴어를 대신해 이제는 BBC 영어와 프랑스어가 그 자리를 넘보고 있다.

기차는 삐걱거리며 앞으로 나아가더니 멈추어 섰고, 약간 기울어져 있었다. 책에서 눈을 들어 창밖을 보니 우리는 소피아 북쪽 약 80킬로미터 지점의 산길 어딘가에 와 있었다. 승객들은 무슨 일인지 알아보려고 차창 밖으로 고개를 내밀었다. 사람들이 수군거리기 시작하자 내가 탄 칸에 앉아 있던 독일인 학생이 어느 정도 루마니아어를 할 줄 알아서 통역해 주었다. 기차가 소 한 마리를 들이받았다고 한다. 현지인들은 별로 놀라지 않은 듯했고, 짧은 점검 후에 우리는 다음 역을 향해 출발했다. 소의 상태는 어떤지 몰랐지만, 진실을 알고 싶지 않았다. 어쨌든 우리의 소피아행을 중단시킬 정도의 사고는 아니었다. 그날 이후 여행을 하면서 소 떼를 만나면 나는 도로의 방어벽이 단단한지 살펴보게 됐다.

나는 소피아에서 며칠 머무른 뒤 그 도시를 출발했다. 기차는 넓은 계곡 지대로 들어섰다. 12세기의 저술가 드외의 오도Odo of Deuil는 프랑스 왕 루이 7세를 따라 제2차 십자군 원정에 나섰던 인물인데, 불가리아의 이 일대를 가리켜 "넓고 비옥하며 쾌적한 평야"라고 말했다. 그의 기록에 따르면 니시에서 소피아까지의 여행길은 4일이 걸리고 소피아에서 플로브디프, 그리고 플로브디프에서 에디르네까지 역시 그 정도가 소요된다고 했다. 마지막으로 에디르네에서 콘스탄티노플까지는 5일이 걸린다고 했다.[57] 이것은 하루에 평균 약 43킬로미터를 이동한 셈인데, 비교적 순탄한 여정이었음을 암시한다. 십자군들의 불평에도 불구하고 그들은 소피아 박물관의 지역사 전시에 거의 등장하지 않는다. 행패를 부리는 외국인들이 몇 주 동안 머물다가 떠나버린 사건은 언급할 가치조차 없다고 여겼는지도 모른다.

이곳은 대체로 평탄한 지역이다. 도보 여행을 해도 그리 힘들지는 않을 것이다. 지금은 농업 지대가 되었는데, 오르막길과 내리막길이 있으나 하이킹 안내 책자에는 '보통' 수준의 난이도로 표기되어 있다. 그러나 중요한 문제는 습지가 많다는 것이다. 비가 많이 내린 후에는 이 지역을 통과하는 일은 피해야 할 것 같다. 도로가 고가로 조성되고 배수가 잘되었다면 그런 문제에 적절히 대응할 수 있었으나, 인구가 줄던 시기에는 유지 보수가 보장되지 않았을 것이다. 플로브디프에서 한 시간쯤 지나자 다시 언덕 지역에 도달했다. 기차는 삼림이 울창한 비탈길을 따라 굽이굽이 달렸고, 곧 허물어질 것 같은 다리들을 지나갔다. 이곳은 철도와 도로가 나란히 바짝 붙어 지나가야만 했다. 탁 트인 소피아 평야를 지난 후에 이런 산간 지대를 마주한 이들은 분명 한숨을 쉬었을 것이다.

과거와 마찬가지로 이곳에도 지역 교통망이 이어진다. 협궤열차는 남쪽으로 로도피 산간 지대로 달리며 본선 철도상의 셉템브리와 도브리니쉬트를 연결한다. 이 환승 지점을 지나면 다시 탁 트인 평야가 나온다. 평야는 마리차 강을 따라 넓고 평탄하게 펼쳐진다. 강은 플로브디프와 에디르네를 연결하는 고대 도로를 따라 유유히 흘러간다. 언덕들은 이제 저 멀리 물러났다. 이제 이곳에서의 주된 위험은 산간 지대에서의 공격이 아니라 습지가 나오지 않을까 하는 것이었다. 나는 걷거나 수레를 타거나 말을 달리는 여행자들이 왜 이곳에 오면 안도했는지 그 이유를 알 것 같았다. 그러나 현지인들은 별로 안도를 느끼지 못했다. 수 세기 동안 이곳은 비잔틴 제국과 불가리아 왕국 사이의 경계 지역이었기 때문이다. 위험이 증가하자 플로브디프 언덕 아래에 있던 로마 유적들은 대체로 버려졌고, 이곳 사람들은 성벽으로 둘러싸인 언덕 위 마을로 철수했다. 오늘날에도 성벽 일부는 19세기 목조 가옥 아래나, 유일하게 전해지는 중세 출입문인 히사르 카피아 근처에서 볼 수 있다. 이 지역의 다른 요새들 또한 중요해졌다. 원래 트라키아 시대에 세워졌던 아센 요새는 마리차 강의 지류인 플로브디프 남쪽의 아세니차 강 절벽에 자리 잡고 있다. 유스티니아누스 황제 시절에 재건된 이 요새는 1204년에 르니에르 뒤 트리Renier du Trit가 이끄는 십자군에 의해 점령됐다. 그 후 차르 칼로얀Kaloyan의 군대가 이 요새를 공격해 오자 르니에르 뒤 트리는 13개월을 버텼다고 한다(관광 웹사이트와 한 연대기 작가의 말에 의하면 '오랜 기간'이었다). 오늘날 여행자들은 근처에 남아 있는 로마 도로를 따라 하이킹할 수 있다.[58]

십자군들은 소규모 도로가 위험하다고 생각했지만, 그래도 수송 기반 시설의 필수 요소였다. 제3차 십자군 전쟁이 벌어지고 몇 년 뒤인 1203년에 트르노보(현재 중북부 불가리아에 있는 벨리코 타르노보)[59]의 대주교 바실Basil은 동방 교회와 로마 교회의 상호 관계를 논의하기 위해 두레스로 여행을 떠났다. 그러나 그건 그리 유쾌한 여행이 아니었다. 바실은 교황청의 대표를 만났는데, 아마도 레체 백작 겸 타란토의 군주인 브리엔의 발터였을 것이다. 바실은 그를 만난 후 비잔틴 당국에 의해 체포됐다가 여드레 후에 풀려났다.[60] 20세기의 학자인 제임스 로스 스위니James Ross Sweeney는 바실의 여행길을 재구성했는데, 이에 따르면 지역 도로들의 연속성이 여러 세기 동안 지속됐고 소규모 도로들 또한 중요했다는 것을 보여준다. 트르노보와 두레스를 연결하는 간선 도로는 없었지만 트르노보는 고대 도시인 니코폴리스 아드 이스트룸과 가까운 곳에 있었고, 그곳에는 서쪽의 로베치로 이어지는 로마 도로가 있었다. 도로는 다시 발칸 산맥을 남쪽으로 넘어 소피아로 향하는 에트로폴레 고개와 연결된다. 소피아에 도착한 바실은 비아 밀리타리스를 이용해 갈 수도 있었으나 이 도로를 취하지 않고 남서쪽의 큐스텐딜을 경유해 더 남쪽의 비톨라(현재 북마케도니아 소재지)로 갔다. 비톨라는 비아 에그나티아가 교차하는 지점이었다.[61] 바실은 총 약 755킬로미터를 여행하는 데 30일이 걸렸다. 그러나 돌아오는 데에는 그 절반인 15일이 걸렸다. 즉, 갈 때는 하루 평균 약 24킬로미터, 돌아올 때는 하루 약 48킬로미터 이상을 주파한 셈이다. 이는 여행을 나설 때에는 많은 수행원들이 따라 붙어서 중간 기착지에 자주 머무른 탓도 있었겠지만[62] 그렇다 하더라도 여정의 이동 시간 편차가 매우 크며, 당시 여행 속도가 고대 로마 시대의 수준과 별반 차이가 없었음을 보여준다.

플로브디프에서 이스탄불로 가는 나의 여행길은 대체로 고대 비아 밀리타리스를 따라가는 여정이다. 이스탄불로 가는 열차가 있었으나 야간열차뿐이었던지라, 창밖 풍경을 보고 싶었던 나는 관광버스를 타고 일곱 시간 가는 쪽을 택했다. 버스 기사님은 내 여행 가방을 대신 실어주었다. 그는 청백색 체크무늬 상의에 파란 사각무늬에 빨간 자수로 회사 로고가 들어간 넥타이를 맸고, 잘 다듬은 회색 콧수염은 1980년대의 쇼 사회자를 연상시켰다. 그런데 승객 숫자가 맞지 않아 출발 전 전체 티켓 검사가 이뤄졌다. 이후 출발한 버스는 탁 트인 플로브디프 평원을 달려 나갔다.

  때는 10월 중순이라 어떤 들판은 막 갈아엎은 상태였고, 지상의 그루터기는 햇살을 받아 반짝거리고 있었다. 다른 밭들은 아직 그대로 묵혀 두는 듯했다. 우리는 마리차 강을 건너갔다. 인터넷을 보니 이 강에 놓인 최초의 다리는 로마 시대로 거슬러 올라간다고 한다. 또 하나의 제국 권력의 흔적인 셈이다. 버스는 하스코보에서 잠시 멈춰 섰다. 기사님이 우리에게 바닐라 맛이 나는 작은 케이크를 나누어 줬다. 태양은 이제 푸르스름한 회색 구름 뒤에서 빛났고, 지형은 점점 산간 지대로 변해갔다. 튀르키예 국경에 도착하기 직전, 근처 무스타파 시장에서 오래 정차했다. 검은 비닐봉지에 담긴 술이 줄줄이 버스로 실려 들어오는 걸 보니 불가리아의 주류 세금이 꽤 낮은가보다. 실제로 불가리아는 EU 국가들 중에 증류주에 대한 세금이 가장 낮다. 반면 튀르키예에서는 여당인 정의개발당이 2002년에 집권한 이래 주류 세금을 계속 높여 최근엔 30퍼센트까지 올랐다고 한다. 참고로 무스타파 마켓은 내가 처음 만난 기도실을 갖춘 주류 판매점이었다.

  국경 너머의 풍경은 그리 황량하지는 않았다. 나는 밴 1대, 트랙터 1대, 물결무늬 모양의 지붕이 있는 건물을 보았는데 고요하고 한적하다는 느낌을 받았다. 도로 표지판은 그리스 방면 갈림길을 알린다. 여기서 마리차 강은 국경을 형성했고, 또 다른 표지판은 근처에 '고대 도로 비아 디아고날리스'가 있다고 알려주었다. 영어로 표기된 걸 보니 로마 유산을 국제적으로 어필할 수 있다고 여기는 듯하다. 여기서 그리 멀지 않은 곳에 로마의 요새 겸 중간 기착지인 카스트리스 루비스가 있는데, 이 요새는 포이팅거 지도에도 있는 곳이다.

현지의 와인 생산 회사는 '카스트라 루브라'라는 이름의 비아 디아고 날리스 레드 와인을 생산하고 있다. 메를로와 카베르네 쇼비뇽, 시라와 네비올로의 교배종인 불가리아 품종의 루빈, 그리고 지역 토종 포도인 마브루드를 블렌딩한 와인이다. 불가리아와 튀르키예 국경에는 거대한 불가리아 국기와 EU 깃발이 공중에 휘날리고 있었다. 우리는 버스에 앉아서 기다렸다. 2명의 자전거 여행자가 자전거 꽁무니에 노르웨이 깃발을 단 채 지나갔다. 기다리는 것은 아주 지루했다. 그런데 로마인들은 노르웨이에 가봤을까? 직접 가진 않았지만 무역로는 있었다고 한다. 우리는 버스에서 내려 줄을 서서 천천히 검문소 쪽으로 이동했고, 통과 후 여권에 도장을 받았다. 일부 승객들은 탑승하기 전 황급히 담배를 피웠다. 다시 버스에 올라 국경을 넘어가니 미나렛(첨탑) 2개가 솟은 모스크가 보인다. 하얀 벽에는 다소 검은 그을음이 있었는데 아마도 자동차 배기가스 때문일 것이다. 버스는 곧 다시 멈춰 섰고, 유니폼에 프랑스식으로 장다르메스(jandarmes, 프랑스어로 gendarme는 '경찰'이라는 뜻)라고 적혀 있는 경찰이 튀르키예 승객들의 신분증을 확인했다. 그리고 다시 버스가 출발했다.

    한동안 평평한 길이 계속 됐다. 토지는 대부분 농지였고 일부는 관목 덤불이었으며, 언덕도 그리 많지 않았다. 우리는 흡연과 화장실을 위해 잠시 멈춰 섰다. 휴게소의 와이파이 비밀번호는 14531453이었는데, 오스만 제국이 콘스탄티노플을 점령한 해를 가리키는 것이었다. 튀르키예인들에게 그만큼 인상적인 해였는지 IT 담당자가 그 숫자를 두 번이나 사용했다. 마침내 바다가 보였다. 지중해와 흑해를 갈라놓는 마르마라 해였다. 이스탄불에 도착하자 오후 5시 반으로 비가 내리고 있었다. 옛날에 비아 밀리타리스를 타고 온 여행자들은 위풍당당한 모습으로 '황금의 문'에 도착했을 것이다. 이 고대 도로의 마지막 구간은 늘 양호한 상태로 유지됐는데, 전쟁에서 이기고 돌아온 장수들의 개선식에 대비하기 위해서였다.[63] 나는 이스탄불의 중앙 버스 터미널에서 하차했는데, 시 당국이 권력이나 위엄의 과시보다는 복잡한 교통 혼잡이나 해결해주었으면 하는 생각이 들었다. 나는 지하철을 향해 여행 가방을 끌고 갔으나 계단을 잘못 내려가 낑낑대며 여러 층을 다시 올라야 했다. 어떤 사람이 방향이 틀렸다고 지적해 주어 다행이었다. 지하철을 타고 유럽 상인들의 거주 구역이었던 페라로 가는 동안 도시의 모습은 지하인지라 볼 수 없었다. 그러나 지하철이 잠시 골든 혼을 건너는 다리 위로 나오자 조명을 받은 모스크가 어둠을 뚫고 모습을 드러냈다.

　비잔티움에서 출발한 고대 도로들은 남쪽으로 갈라티아를 거쳐 안타키아(고대 안티오크의 인근)로 이어졌고, 이후 지중해의 동부 해안을 타고 갔다. 이 도로들도 나름 어려움이 있었다. 프랑스 십자군들이 마르마라 해의 남부 해안을 따라 로파디안(현재 울루아밧)에서 에드레밋(이들 모두 현재 튀르키예에 위치)까지 이동하며 지중해로 향했던 도로는 너무나 보수 상태가 열악해 도중에 길을 잃기 십상이었다. 그러나 이 길은 더 잘 닦여 있던 산악 길보다는 보급품 수송에 더 나았다. 이런 상황인지라 길 안내인과 척후병이 반드시 있어야 했다.[64] 《프랑크족의 행적》의 익명의 저자는 니케아로 가는 길을 확보하기 위해 고드프루아 공작이 어떤 조치를 취했는지 서술했다. "공작은 3000명의 병사들에게 도끼와 칼을 주었고, 이들에게 앞서 가면서 나무를 베어 순례자들이 지나갈 수 있는 길을 만들라고 지시했다." 그들은 쇠와 나무로 된 십자가들을 길에다 세워 표시를 남겼는데,[65]

이것은 로마가 정치적 지배를 과시하기 위해 세웠던 이정표의 기독교적 대응물이었다. 이는 의도했든 아니든 고대의 도로변 십자가형의 이미지를 연상시켰다.

    성지에 들어서서도 십자군은 이전 로마 도로를 기반으로 발전한 도로망을 활용했다. 하지만 이것이 반드시 안전한 길은 아니었다. 티레에서 아크레까지 약 43킬로미터에 이르는 해안도로는 산과 바다 사이에 놓인 폭 좁고 가느다란 땅이었다. 어떤 구간에서는 그조차 없어서 가파른 길을 올라야 했다. 이로 인해 공격에 매우 취약했다.[66] (이런 특성 때문에 오늘날 티레-아크레 구간은 폐쇄됐다.) 제1차 십자군이 1099년에 예루살렘으로 접근할 때 라믈라(현재 텔아비브 남서쪽에 위치)에서 어떤 경로를 택했는지는 사료들이 구체적으로 전하지 않는다. 십자군이 갈 수 있는 길은 세 갈래가 있었다. 그들은 당시 가장 널리 사용됐던 엠마오에서 남행하는 도로를 이용했을 가능성이 가장 높다. 이 도로는 초기 이슬람 시대에 만들어진 것으로, 그보다 전에 있었던 로마-비잔틴 도로와 나란히 놓여 있었다. 다른 경로들도 있었지만, 이후 여정에 대한 기록을 보면 십자군은 마르마라 해의 남부 해안도로처럼 표시가 아예 안 되었거나 덜 표시된 도로들은 길을 잃어버릴 위험이 있기에 피하고 대부분 주요 도로를 택했다.[67] 프랑크족이 그보다 더 북쪽의 도로를 이용했다는 증거도 있다. 그 길은 바이트 구르와 몬스 가우디를 지나는 로마 도로였다. 로마에서 순례자들이 기쁨에 찬 마음으로 도시를 내려다보았던 몬스 가우디(기쁨의 언덕)가 있는 것처럼, 예루살렘과 산티아고 데 콤포스텔라에도 같은 이름의 언덕이 있었다. 그러나 이 길이 제1차 십자군의 주된 길이었을 가능성은 낮다.[68]

십자군이 예루살렘을 점령한 뒤 통행량 증가에 대비해 도로망의 정비·보수가 대대적으로 벌어졌다.[69] 신전기사단이나 병원기사단을 비롯한 군사 수도회는 예루살렘 안팎 도로들의 방어를 강화했다. 도로의 통제는 수익이 높은 사업이기도 했다. 이론상 이 일대의 순례자들은 서유럽에서와 마찬가지로 통행세를 낼 필요가 없었지만 성지 여행에 나설 여유가 있는 사람들은 길에서 상당한 수준의 서비스를 감당할 수 있는 여력이 있었고, 또 자신을 환대해준 이들에게 기부를 하기도 했다.[70] 이 시기 여행기들은 일부 도로들이 잘 보수되어 있었다는 것을 확인해 준다. 12세기 후반에 성지를 다녀온 존 포카스John Phokas(혹은 존 두카스)는 이런 글을 남겼다.

> 사마리아에서 거룩한 성도(예루살렘)까지는 84스타디아였다. 도로는 돌로 포장됐고 그 지역 일대가 메마르고 물이 없었지만, 그래도 포도원과 나무들은 번성했다.[71]

그러나 다른 곳의 도로 상태는 형편없었다. 포카스는 예루살렘에서 동쪽으로 몇 킬로미터 떨어진 곳이자 사해의 북서부에 있는 코지바 수도원도 방문했다.

> 이곳을 지나면 길고 비좁고 험한 길이 나온다. 이 길은 광야의 안쪽으로 이어지는데, 그 길에 도착하기 전에 2개의 산이 마주 보고 있는 것이 보이고 그 사이로 여리고로 가는 길이 지나간다. 이 길은 돌로 포장되어 있지 않지만, 그 흔적을 희미하게 볼 수 있다. 그러나 오늘날 이 일대는 수도원에서 사용하는 샘물이 풍부하게 갖추어져 있고, 근처의 토지는 신

성한 수도원들 사이에 분배가 되어 나무와 포도나무가 우거진 비옥한 땅이 되었다. 그래서 수도사들은 그들 소유의 토지에다 망루를 짓고, 토지로부터 풍성한 수확을 거두고 있다."[72]

포카스가 고대에 적어도 일부 사막길에 존재했던 저수지나 우물에 대해 전혀 언급하지 않은 것은 의외다. 예루살렘에서 남행해 카이로까지 가는 도로들을 묘사한 14세기의 저술가 마리노 사누도 역시 이 시설들을 언급하지 않았다. "물과 풀이 풍성한 좋은 도로다. … 길은 모래 위를 지난다. … 도로 전체가 모래다. … 모래도 많고 초지도 많으며, 물도 풍부하고 시장이 있다."[73] 이러한 기록들로 보아 도로는 여전히 통행 가능했지만, 고대 여행자들이 누렸던 정도로 편리하지는 않았던 듯하다.

북쪽으로 올라가 비잔틴 제국의 잔존 지역에서는 일부 로마식 도로 관리 체계가 여전히 유지되고 있었다. 1299년의 기록에 따르면 스코페에서 콘스탄티노플에 이르는 구간은 겨울철 도로 상황이 불량했지만, 도로변에 살고 있는 사람들은 여행자에게 숙소를 제공해야 할 의무가 있었기에 세금과 부역이 감면되었다고 한다.[74] 반면에 1204년의 라틴 제국의 수립부터 1453년의 오스만 정복에 이르기까지 비아 에그나티아는 장거리 도로로서의 기능을 발휘하지 못한 듯하다.[75] 사실 현지 주민들에게 중요한 것은 주요 간선 도로가 아니라 시장이나 필요시 행정 중심지로 갈 수 있는 부수적 도로였다.[76] 그럼에도 불구하고 로마 제국의 수도가 동쪽으로 옮겨진 지 1000년이 지난 시점에서도 로마 도로의 포장 상태는 많이 닳았을지언정, 그 노선 자체는 놀라울 만큼 끈질기게 살아남아 있었다.

3부

로마 제국의 위대함을 보여주는 증거들

1450~1800

7
도로의 르네상스

아비뇽 분열 이후 교황들이 갈등을 신속히 수습한 것은 아니었다. 어떤 때는 자신이 교황이라고 주장하고 나서는 사람이 셋이나 됐다. 그러나 15세기 중반에 이르러 교황청은 다시 로마에 안정적으로 자리 잡게 되었다. 이탈리아는 지중해 무역로의 중심에 위치해 있었고, 이는 유럽에서 가장 부유한 지역 중 하나가 되게 했다. 이러한 부는 새로운 이탈리아 르네상스의 기반이 되었다. 르네상스와 함께 고대 로마의 유산을 재발견하고 널리 현양하려는 의식적인 운동이 전개됐다. 이는 고대의 이교도 유산과 기독교 교회의 전통을 나란히 조명하는 것이었다. 도로를 비롯한 여러 영역에서도 고대 로마의 과거를 재현하려는 시도들이 있었고, 비록 르네상스 시기의 사람들이 상상한 방식대로였지만 재창조하려는 노력이 이루어졌다. 이 시기에 문화유산을 분석하고 보호하려는 최초의 시도들이 나타나기 시작했다.

이처럼 고대 로마 유물의 복원 사업을 적극 추진한 일련의 교황들이 있었다. 그 첫 번째가 1417년에 즉위한 교황 마르티노 5세로, 로마의 저명한 귀족 가문 중 하나인 콜론나 가문의 사람이었다. 그 다음에는 베네치아 출신의 에우제니오 4세가 교황 자리에 올랐는데, 1431년에서 1447년까지 재위했다. 하지만 그는 로마에서 벌어진 반란 사태에 직면해 재위 기간 동안 상당 세월을 피렌체에서 보냈다. 에우제니오 4세의 후계자인 니콜라오 5세는 로마의 교황청을 안정시키는 데 상당한 공헌을 했다. 1452년에는 신성로마제국 황제인 프리드리히 3세의 대관식을 성 베드로 대성당에서 주재하기도 했다. 한편 고대의 유적과 건물들에 대한 좀 더 체계적인 연구가 시작됐다. 이 역사를 기술한 초기의 저술가는 피렌체 학자인 포지오 브라치올리니Poggio Bracciolini였다. 그는 서유럽의 수도원 도서관에서 다양한 고전 문헌을 발굴했다. 그의 저서 《행운의 다양성에 대해De varietate fortune》는 1447년부터 필사본 상태로 유통되었는데, 비아 아피아의 두 번째 이정표 지점에 카실리아 메텔라의 무덤이 있다고 서술했다. 브라치올리니는 로마의 성벽을 논한 플리니우스의 문장을 인용하며 고대의 로마에서 교외로 빠져나가는 성문들을 자신이 살던 시대에 남아 있던 문들과 비교하려는 시도를 하기도 했다.[1]

이 시기는 로마의 기반 시설을 복원하고 정비하는 시기였다. 도로의 유지 보수를 책임지는 관리는 '거리와 건물의 감독관'이라고 칭했다. 이 직책은 이미 1227년에 기록되어 있으며, 그 자리에 오른 관리는 도시의 고대 건축물을 포함해 도시 계획 전반에 관한 결정을 맡았다. 1425년에 교황 마르티노 5세는 이들을 도시의 행정관이 아닌 교황에게 직속되도록 했다. 이는 교황이 도시의 역사적 유물과 유적에 대해 깊은 관심을 갖고 있다는 표시였다.[2] 당시 교황들은 폰티네 습지에 대해서도 관심을 표명했다. 습지를 잘 준설하면 훌륭한 농지가 될 뿐만 아니라, 농지로 조성해야 습지의 상태보다 더 많은 수익을 가져다주기 때문이었다. 이러한 토지 개선 노력은 일대의 두 강 이름에도 그 흔적이 남아 있다. 하나는 리오 마르티노로 마르티노 5세의 이름을 딴 것이고, 리오 시스토는 그보다 후대인 16세기의 교황 식스토 5세[3]의 이름에서 유래한 것이다. 리오 마르티노 강은 레오나르도 다빈치가 제작한 1515년의 조감도에서 발견된다. 그는 10여 년 전부터 이런 조감도를 제작해왔다. 다빈치는 물과 수로 시설에 관심이 많았던 것으로 유명한데, 전에는 아르노 강의 물줄기를 다른 데로 돌리려는 군사 계획(결국 미수로 끝났지만)에도 관여했다. 그의 지도는 아우룬치 산에서 흘러내려 삼림 울창한 습지에 도달하는 여러 갈래의 강을 보여준다. 그 지도를 가로지르는 비아 아피아의 표시가 선명하다.[4]

15세기 동안 도시 계획자들은 도로망을 재정비하는 작업에 착수했는데, 때로는 기존의 역사적 구조를 따르는 방식으로 이루어졌다. 산탄젤로 다리에서 만나는 비아 델 펠레그리노Via del Pellegrino, 비아 파팔리스Via Papalis, 비아 렉타Via Recta가 그 예다. 반면 성 베드로 대성당에 이르는 비아 알레산드리나Via Alessandrina처럼 새로운 도로를 건설하기 위해 구역을 정리하기도 했다.[5] 니콜라오 5세는 어떤 발굴 작업이든 교황청 재무관의 승인을 받도록 했다. 이 재무관은 바티칸의 최고위 인사 중 하나였다.[6] 15세기 말에 이르러 교황 알렉산데르 6세(1492~1503년까지 재위한 로드리고 보르자)의 치세 시에 로마의 고위 민간 관리인 도시 보존관에게 고대 유물을 파괴하는 모든 자를 조사해 엄벌을 내리는 책임이 부여됐다.[7] 저명한 수집가인 만토바 후작부인 이사벨라 데스테Isabella d'Este는 도시의 보존관들 때문에 "고대 유물을 로마 밖으로 반출하려면 일종의 예술이 필요하다"고 말했다.[8] 예술이 외교적 혜택의 약속인지, 혹은 그보다 은밀한 뇌물이었는지는 판단하기 어렵다. 당시에는 합법적 수수료와 뇌물 사이의 경계가 불분명했기 때문이다. 한편 트리엔트 공의회(1545~1563) 이후 이교도 조각상의 전시에 대해 비우호적인 태도가 형성됐다. 이로 인해 저명한 교회 고위 성직자들이 소장하던 유물들이 일부 매각되었으며, 그 대상은 피렌체, 페라라, 만토바의 통치 가문들이었다.[9] 그럼에도 불구하고 로마와 그 유적들은 여전히 여행자들의 여정에서 중요한 관광 대상으로 남았다.

역사적으로 꽃 시장이 있었으며 현재 온갖 종류의 물건과 기념품들을 팔고, 주위에는 관광객 상대의 술집들이 있는 캄포 데 피오리에서 나는 르네상스 시기의 도로 보수 공사를 기념하는 증거물을 발견했다. 2개의 닫힌 창문 사이의 테라코타 벽에 부착된 명판은 교황 알렉산데르 6세가 도시 재개발에 심혈을 기울였다고 알려주었다. 명판에는 이런 문장이 나온다. "아드리아누스의 영묘(현재 산탄젤로 성)가 복원된 후 그는 도시의 비좁은 거리들을 확장하라고 지시했다." 이것은 보르자 가문의 업적으로는 기억되지 않지만, 평범한 로마 시민들에게는 궁중 암투보다 훨씬 큰 변화를 가져왔을지도 모른다. 여기서 비아 줄리아Via Giulia까지는 걸어서 얼마 걸리지 않는다. 비아 줄리아는 알렉산데르의 경쟁자이자 후계자였던 교황 율리오 2세가 건설한 도로인데, 교황은 로마의 집정관들처럼 도로에 자기 이름을 붙이는 것을 좋아했다. 이 길의 양옆에는 푸른 잎사귀들이 장식한 벽들이 들어서 있고, 한 지점에서는 아치가 우뚝 솟아 있다. 비아 줄리아는 한때 교황권의 위엄을 과시하기 위한 공간이었을지 모르지만, 이제 그 위를 덮은 포석 덕분에 고대 로마의 낭만적인 역사적 풍경을 떠올리게 한다.

고대와 현대의 상호 작용을 아주 예민하게 의식한 여행자들 중 한 사람으로 훗날 교황 비오 2세가 되는 에네아 실비오 피콜로미니Enea Silvio Piccolomini가 있다. 1458년에 교황으로 선출되기 전에 피콜로미니는 여러 추기경의 비서이자 외교 사절로서 옛 로마 제국 땅들을 널리 여행했고, 생애 만년에 자신이 유럽의 과거와 마주했던 경험을 글로 남겼다. 그러나 교황이 되어서는 동방에서 벌어지는 새로운 정치적 역학 관계에도 대응해야 됐다. 동방에서는 오스만 제국이 서서히 세력 판도를 넓히면서 비잔틴 제국의 남아 있는 영토 대부분을 점령했다. 비오 2세가 교황으로 선출되기 5년 전에 메흐메트 2세의 군대는 비잔틴 제국의 마지막 보루였던 콘스탄티노플을 함락시키는 데 성공했으며, 그 후 여러 해에 걸쳐서 오스만 제국은 그들의 영향력을 동부 지중해 지역과 북아프리카 해안 지역까지 확대했다. 그들은 비아 밀리타리스를 지나 1520년에 베오그라드를 점령했고, 1529년에는 비록 잠시이기는 하지만 빈을 포위하기도 했다. 콘스탄티노플을 통한 무역은 계속 됐지만 이 도시와 이탈리아 사이의 주된 경로는 해로였고, 베네치아 공화국이 동방으로 향하는 선박들을 보호했다. 로마의 도로망 자체는 여전히 남아 있었으나 이제 콘스탄티노플의 주된 종교는 이슬람이었고, 로마 제국의 후계국은 오스만에게 패배했기 때문에 비아 에그나티아는 더 이상 제국의 두 수도를 이어주는 주된 도로가 아니라 적대적인 두 세력을 연결하는 길이 되어버렸다. 이제 로마 제국의 유산을 오롯이 자기 것이라고 주장하는 단 하나의 도시가 있었는데, 바로 로마였다.

이런 맥락 속에 비오 2세는 유럽 혹은 서구의 정체성을 개발하는 주요 사상가로 등장했다. 그 정체성은 동방의 오스만 제국을 반대하면서 정립된 것이었다. 비오 2세는 초창기 저서에서 '더 큰 공동체 의식'을 표현하고자 할 때 로마 제국이라는 개념을 사용했지만, 곧 그는 '유럽인European'이라는 용어를 제시했다.[10] 그는 자신의 저서 《비망록Commentaries》에서 유럽의 고대 유산을 강조하는 동시에 옛 로마 제국의 서쪽 절반 지역에 사는 사람들을 위한 우월한 정체성을 구축했다. 그 후 여러 세기가 지나면서 이 아이디어는 정교하게 다듬어졌다. 유럽의 새로운 제국들이 흥망성쇠를 거듭하면서 누가 서유럽에 속하고 또 속하지 않는지, 누가 진정한 로마의 후계자인지의 문제가 중요해졌다.

대부분의 중세 여행 기록들과는 다르게 비오 2세의 《비망록》은 역사를 광범위하게 다루고 있다. 아시시 근처에 있는 페루자는 "고대 에트루리아의 12대 도시 중 하나이자 고대에 명성이 높았다"고 기록했다.[11] 또한 이 책에는 콜로세움과 콘스탄티누스의 개선문도 소개된다.[12] 그는 아니에네 강을 가로지르는 폰테 노멘타노 다리는 나르세스의 유명한 작품이라고 서술했다.[13] 나르세스는 비잔틴 제국의 장군으로서 유스티니아누스 1세가 로마를 재정복하는 데 중요한 역할을 했고, 전승에 의하면 성 아르텔라의 숙부였다. 나르세스가 과연 건설했는지 역사적으로 불확실하지만 그 다리가 비오 2세의 전임자 니콜라오 5세에 의해 복원된 것은 확실하고, 어쩌면 8세기 교황 하드리아누스 1세가 건설했을 가능성도 있다.[14] 또한 그의 또 다른 여행으로 4명의 추기경과 함께 티베르 강을 따라 오스티아로 향한 내용이 있다. 그는 이렇게 썼다. "광대한 폐허가 이 도시가 한때 상당히 컸음을 보여준다. 도시는 바다에서 약 1.6킬로미터 떨어진 곳에 있다. 무너진 주랑柱廊, 쓰러진 기둥, 부서진 조각상의 파편을 아직도 볼 수 있다."[15]

나폴리의 알폰소 1세와 강화 조약을 맺기 위해 백방으로 노력하던 중에 비오 2세는 이탈리아 남부의 핵심 유적지들을 방문하는 기회를 잡았다. 그가 가본 곳은 바이아, 쿠마이와 고대 도시들의 폐허, 살레르노, 아말피, 사도 안드레아와 마태오의 무덤 등이었다. 사도들의 거룩한 유해는 성스러운 만나가 스며 나온다고 한다.[16] 여기서 비오 2세는 이탈리아 르네상스 시대의 특징적인 서술 방식을 취하면서 기독교 성물과 이교도 유적을 동시에 언급한다. 고대의 선배 여행자들과 마찬가지로 비오 2세의 여행기는 도로변의 이정표에 의존해 거리를 측정했는데, 이는 그 길들이 여전히 사용되고 있음을 보여준다. 그는 티볼리로 향하는 비아 티부르티나를 이용했는데, 주민들이 두 번째 이정표에서 그를 맞이했다고 기록했다.[17] 비아 아피아에서는 도로를 포장한 포석이 여전히 남아 있었고, 개암나무들이 시원한 그늘을 도로변에 드리움으로써 "그 어떤 예술보다 위대한" 자연은 도로의 아름다움을 더욱 높였다. 더욱이 "왼쪽 산에 고대의 유적이 있었는데, 산기슭에는 보윌라이라고 하는 고대 건물의 유적이 남아 있었다. 이곳은 밀로가 클로디우스를 살해한 곳이라 한다"고 적었다.[18] 이것은 키케로가 변호를 맡았던 사건인데, 고전 문학에 해박한 르네상스 인문주의자 비오 2세는 물론 이 사건을 잘 알고 있었다. 이는 이

전 시기보다 훨씬 더 구체적으로 고대 유산에 접근한 사례다. 교황이 된 후 비오 2세는 율리우스 카이사르의 글쓰기 스타일을 모방해 자기 자신을 3인칭으로 지칭하면서, 비아 아피아를 따라 로마로 돌아오며 고대의 도로와 그 주변 담장을 보호하기 위해 했던 조치를 기록했다.

> 한 남자가 네미 근처에 자신의 집을 짓기 위해 도로 포장을 파내고 길을 훼손하며 큰 돌을 잘게 부수고 있었다. 교황은 그를 심하게 질책했고, 네미의 영주인 콜론나 공에게 교황이 관리 책임을 지고 있는 공공 도로가 이런 식으로 파괴되는 일이 다시는 없도록 하라고 지시했다.[19]

로마 유산을 대하는 비오 2세의 태도가 언제나 일관된 것은 아니었다. 그는 자신의 건축 공사를 위해 여러 고대 유적지에서 대리석을 가져다 사용했다. 거기에는 성 베드로 대성당(오늘날의 돔 성당이 아니라 그 전신)도 포함되었다. 콜로세움에서 가져온 대리석은 성 베드로 대성당의 정문 계단을 복원하는 데 쓰였고, 옥타비아 회랑의 로마식 기둥은 비오 2세가 발코니 정면 장식을 위해 의뢰한 '축복의 로지아'에 포함될 예정이었다. 공사에 추가로 필요한 대리석은 티베르 강 하구 지역에서 조달해 썼다. 비오 2세는 이렇게 썼다. "어디를 굴착하든 대리석, 조각상, 거대한 기둥을 발견할 수 있다."[20] 그러나 그는 이후 로마와 인근의 고대 유적을 파괴하거나 반출하거나 재사용하는 것을 금지했다. 만약 이 지시를 어길 경우 파문을 당할 수 있었다. 다만 자신이 필요에 따라 허가를 내줄 권리는 남겨 두었다.[21]

비오 2세의 여행은 이탈리아 반도나 이교도 유적지에 국한되지 않앉으며, 순례 역시 그의 삶에서 변함없는 부분이었다. 교황으로 선출되기 전인 청년 에네아 실비오 피콜로미니는 외교 사절단의 일원으로 스코틀랜드를 방문한 적이 있었다. 다만 잉글랜드 왕이 그에게 안전 통행을 보장해 주지 않았기에 그는 브뤼헤 근처 저지대 항구인 슬루이스에서 배를 타고 가야 됐다. 거센 돌풍으로 그가 탄 배는 노르웨이 쪽으로 밀려갔으나, 12일 만에 그의 일행은 마침내 스코틀랜드에 상륙했다. 피콜로미니는 에든버러에서 동쪽으로 약 40킬로미터 떨어진 곳에 있는 화이트커크의 세인트 메리 교회까지 맨발로 순례했다.[22] 화이트커크라는 이름은 옛 세인트 메리 교회가 하얀 벽토칠을 한 데서 유래했다. 그러나 이 건물은 살아남지 못했다. 1914년에 여성 참정권을 주장하는 운동가들에 의해 불태워졌고, 이후 복원된 건물은 붉은 사암 외벽을 갖추게 되었다. 교회 밖에 세워진 안내판은 1413년에 1만 5천 명 이상의 순례자들이 이곳을 찾았다고 알려주었다. 당시 순례자들에게 숙박을 제공한 숙소의 돌이 오늘날 근처 마을 주택에 재사용된 것을 발견할 수 있다. 순례자들이 자신의 질병을 고쳐준다고 믿었던 성스러운 샘물은 후대에 말라버렸다. 어쨌든 한 세기 뒤에 종교개혁이 시작되면서 순례자들의 숫자는 크게 줄어들었다.

여행의 위험 요소들은 사라지지 않았다. 15세기에 피콜로미니는 제임스 국왕에게 잉글랜드를 상대로 벌이는 전쟁에 참여할 것에 대한 설득에 실패한 후, 풍랑의 위험이 있는 해로를 피해 이번에는 육로로 여행하는 것을 선택했다. 그는 안전 통행의 보장을 얻지 못했으므로 변장을 하고 베리커폰트위드에서 남쪽으로 향했다. 그는 이 여정을 다채롭게 묘사했다. '와인과 흰 빵을 본 적 없는 농부들'을 만났는가 하면, 어느 날 외양간에서 묵어가게 되었을 때 두 젊은 여성이 '고장의 관습에 따라' 그와 동침하겠다고 한 것이다.[23] 내가 베리커폰트위드에 머무는 동안 이런 파격적 제안은 없었으나 맛있는 피시앤칩스를 맛보았으며, 성벽(로마식이 아니라 엘리자베스 시대의 것) 주위를 즐겁게 산책한 기억이 있다. 비오 2세는 독자들에게 두 여성의 제안을 거절했음을 분명하게 밝혔으며, 그 절제로 인해 한밤중 밖에서 들린 소란이 스코틀랜드의 강도가 아니라 친구들로 밝혀지는 보상을 받았다고 전했다.

피콜로미니는 뉴캐슬을 지나 로마 도로를 타고 계속 남행했다. 그는 이곳을 "카이사르가 세웠다고 전해진다"고 기록했지만, 현대 학계에서는 건립을 하드리아누스의 업적으로 본다. 더럼에서 그는 가경자 베다의 무덤을 방문했다.[24] 베다의 유해는 아직도 더럼 대성당에 모셔져 있으나, 피콜로미니가 보았을 성소는 종교개혁 때 파괴됐다. 북부 잉글랜드는 오늘날 피콜로미니의 시대보다 훨씬 더 많은 로마의 유적들을 전시하고 있다. 가령 고대 도로인 스테인게이트와 디어 스트리트의 교차점에 있는 코브리지라는 로마 도시를 찾아가 볼 수 있다. 그곳의 박물관에는 팔미라 기수 병사 바라테스의 묘비를 비롯해 기병들의 돌격을 막기 위해 길 위에 뿌려놓는 뾰족한 쇠못 덫 caltrops 같은 군사 장비의 잔해가 전시되어 있다. 에페수스에서 나온 화려한 은제 쟁반(전시된 것은 복제품이고 진품은 영국박물관에 있다)은 과거 이곳 상류층들의 생활 방식을 엿보게 해준다. 반면 피콜로미니는 도시와 대성당을 통해 영국의 과거를 보았다. 비로소 이곳의 로마 역사가 체계적으로 목록화되기 시작한 것은 헨리 8세가 고대 유물들의 전수 조사를 지시한 1530년대에 들어서였다.

피콜로미니는 이렇게 말했다. "요크는 아주 크고 인구가 많은 도시다. 그 크기와 정교한 건축술로 인해 이곳의 대성당은 온 세상의 주목을 받고 있다. 또 아주 가느다란 기둥들로 지탱되고 있는 유리벽으로 인해 화려하게 반짝거리는 예배당도 유명하다."[25] 이 예배당은 비교적 최근 건물로 1408년에 완공되었으며, 중세 유럽 최대 규모의 장엄한 스테인드글라스 창이 지금도 남아 있다. 다른 많은 교회 중심 도시들이 그러하듯이 요크 또한 로마 도시였으며, 당시에는 에보라쿰이라 불리는 속주 수도였다. 요크의 로마 유산과 기독교 전통은 306년에 이곳에서 황제로 선포된 콘스탄티누스 대제의 동상에서 교차한다. 대성당 앞에는 그의 동상이 세워져 있는데, 울타리 근처에 설치된 명판에 이런 문장이 나온다. "그가 기독교 신민들의 시민적 자유를 인정하고 스스로 신앙을 받아들인 것은 서방 기독교 세계의 종교적 토대를 세운 것이다." 이 기념물에는 1960년대에 대성당 굴착 공사를 하다가 발견된 로마식 기둥도 있다. 오늘날 요크의 주요 거리 중 하나인 스톤게이트는 벽에 붙어 있는 안내판에 의하면 그 명칭이 '이곳이 로마식 포석 포장도로였다는 사실'에서 유래했다고 알린다. 이 도로는 로마 요새 시절의 비아 프라이토리아Via Praetoria를 가리키는 것이다.

비오 2세 이야기의 행간 속에서 우리는 그가 길 위에서 만난 사람 혹은 그의 여행길을 도와준 사람에 대한 이야기를 발견한다. 어느 겨울, 페라라에서 레노 강으로 가는 길에 누군가는 강의 얼음을 깨야 했고(물론 장차 교황이 될 인물이 직접 했을 리는 없다), 또 누군가는 얼어붙은 강을 의자에 앉은 그를 메고 건너야 했다. 이때 수행원들은 물론 걸어가야 했다. 또한 어둠 속에 발이 묶인 그들은 불편함을 감수하고 눈에 띄는 농가 오두막이라면 어디든 들어가 밤을 보내야 했다.[26] 이런 강제 숙박을 받아들여야 했던 농부의 견해는 역사의 침묵 속에 묻혔으나, 이 이야기는 상류층의 여행은 도로 보수 노동자, 가마꾼, 숙박 시설을 제공해준 이들의 노력 덕분에 가능했다는 것을 분명하게 보여준다.

비오 2세 교황 통치의 마지막 해인 1464년에 티볼리에서 동쪽으로 아니에네 강을 따라가면 나오는 도시 수비아코에 이탈리아 최초의 인쇄소가 설립됐다. 인쇄술의 보급으로 문헌과 지도들이 더 널리 유통되었다. 1492년에 도구 제작자 겸 측량사인 에르하르트 에츨라우프Erhard Etzlaub는 로마로 가는 길을 표시한 지도를 발간했다. 이는 1500년의 희년을 기념하기 위해 이탈리아로 가려는 독일 순례자들을 위해 제작된 것으로, 알프스를 넘어가는 고갯길을 보여줄 뿐만 아니라 로레토에 있는 성모 성소를 집중 조명하고 있었다.[27] 인쇄업자들은 지도와 더불어 여행 일정 자료도 많이 발간했다. 이제 더 이상 안내서를 손으로 베껴 돌릴 필요가 없어졌다. 1500년 무렵엔 순례자를 위한 여행 안내서의 다양한 편찬본과 번역본이 유럽의 구매자들 앞에 놓이게 됐다.[28] 이러한 책들은 이탈리아 고대 유적에 대한 더 상세한 연구로 보완되었다. 레안드로 알베르티Leandro Alberti의 방대한 저서 《이탈리아 전역의 묘사Descrittione di Tutta Italia》는 1550년 볼로냐에서 발간됐다. 이 책은 이탈리아의 여러 도로와 도로 양옆에서 볼 수 있는 기념물들을 설명하는 데 다수의 고대 문헌을 인용했다. 알베르티는 현장 답사를 철저하게 했다. 예를 들면 푸를로 터널의 베스파시아누스를 언급한 기념비는 심하게 마모되어 잘 읽어볼 수 없다고 지적했다.[29] 그는 도로의 현재 상태에 대해서도 중요한 증언을 했는데, "테라치나의 비아 아피아는 폰티네 습지의 범람으로 인해 대체로 파괴됐다. 그러나 도로 옆의 많은 무덤들은 아직도 남아 있는데 어떤 것은 온전하게 보존되었고 어떤 것은 절반쯤 허물어졌으며, 어떤 것은 기반만 남아 있다"고 했다.[30] 이보다 전인 1514년에 이사벨라 데스테는 남쪽으로 내려가는 길에 문제가 있다는 말을 했다. 그녀는 그 해 12월에 나폴리에서 로마로 돌아왔는데, 이런 조언을 했다. "날씨가 좋다면 가에타까지는 해로를 이용하는 게 좋다. 우리가 여기로 돌아올 때 아주 형편없는 도로를 만나 고생했기 때문이다."[31]

알베르티의 저작을 비롯해 16세기에는 고대 유물을 예술적으로 재현하는 것에 대한 관심이 높아졌다. 레오나르도 다빈치의 비아 아피아 지도 작성 외에도 많은 이탈리아 화가들이 로마의 유적을 스케치했다. 네덜란드 화가 마르텐 반 헴스케르크Martin van Heemskerck는 1530년대에 이탈리아를 방문하고 유적지들을 스케치로 남겼는데, 이 그림은 로마의 고대 유물에 대한 이른 시기의 중요한 시각적 기록이다. 울리세 알드로반디Ulisse Aldrovandi의 1556년 저서 《고대의 조각상에 대해Delle Statue antiche》는 방문자들에게 어떤 유물을 둘러봐야 하는지 조언해준다. 이들 가운데 상당수는 개인 소장품이었는데, 소유주의 선의에 힘입어 관람하거나 현지 안내인의 중개로 협상해 볼 수 있었다. 안내인의 도움에 대해서는 1470년대부터 문헌에 나타난다.[32] 고대 문화의 애호 현상 속에 일부 학자들은 도로에 특별한 관심을 기울였는데, 스페인의 왕실 연대기 작가인 후안 히네스 데 세풀베다Juan Ginés de Sepúlveda가 대표적이다. 그는 로마에 상당 기간 거주했고, 스페인의 제국 정책 수립 과정에서 눈에 띄는 역할을 맡았다. 1543년에 그는 스페인의 펠리페 2세와 결혼하러 가는 포르투갈의 마리아의 여행길에 수행했다. 신부 일행이 메리다에서 살라망카에 이르는 로마 도로를 여행할 때 세풀베다는 로마 시대 이정표에 새겨진 문장들을 베껴 쓰고 이정표 간의 거리를 측정했으며, 현장 답사 보고서를 신랑에게 발송했다.[33] 결혼 선물 치고는 다소 이례적인 것이기는 하지만 어쨌든 이는 왕자에게 스페인 제국 내에 있는 로마 제국의 유산을 확인시켜 주는 선물이었을 것이다. 유럽의 근대 국가들이 저마다 제국을 건설하던 시기, 그들은 과거의 제국을 연구해야 할 필요가 있었다. 1575년에는 세풀베다의 저작에 뒤이어 암브로시오 데 모랄레스Ambrosio de Morales의 《스페인 도시들의 고대 유물The Antiquaties of the Cities of Spain》이 출간되었는데, 이 책은 고대 문헌 자료와 현지답사를 종합한 스페인 제국 내 최초 사례였다.[34]

교황청의 고위급 인사들이 고대인들의 빌라 생활을 모방하면서 로마 주위의 도로 풍경도 점차 바뀌었다. 르네상스 시대 로마풍 빌라의 가장 초기이자 현존하는 사례는 비아 아피아에 있는 카시노(작은 집)인데, 매력적인 로지아(방의 한쪽 면이 주로 안마당을 향해 개방된 형태)가 특징으로 현재는 로마 시의 공식 행사장으로 사용되고 있다. 이 집은 1438~1439년 피렌체·페라라에서 열린 동서 교회 공의회에 비잔틴 황제를 수행해 참석했던 베사리온 추기경의 소유로 보기도 하지만, 실제로는 그보다 훨씬 뒤인 1475년 베사리온의 뒤를 이어 투스쿨룸의 주교가 된 조반니 바티스타 제노Giovanni Battista Zeno가 여름 별장 용도로 복원했을 가능성이 더 크다. 건물 장식에는 베사리온이 아니라 제노의 문장이 남아 있기 때문이다.[35] 1444년에 인문주의 학자 플라비오 비온도Flavio Biondo가 페라라의 레오넬로 데스테Leonello d'Este 후작에게 보낸 편지에서 "그 유명한 비아 아피아와 비아 라티나 사이 지역에 사냥감이 풍부하다"는 얘기를 하고 있는데,[36] 이는 르네상스 시대에도 도로에 대한 관심과 이해가 높았다는 것을 보여준다.

그러나 빌라 건설이 폭발적으로 늘어난 것은 16세기 중반부터였다. 16세기 초반 동안 벌어진 영토 전쟁이 이 시기에 서서히 진정되기 시작한 것이다. 물론 그전에도 건축은 이루어졌지만 교황들은(가령 클레멘스 7세와 바오로 3세) 방어가 강화된 산탄젤로 요새의 방들을 복원시키는 공사나, 안토니오 다 상갈로Antonio da Sangallo의 설계로 포르타 아르데아티나에 세운 요새처럼 로마 성벽을 강화하는 공사를 주로 의뢰했다.[37] 때로 전쟁의 승자와 패자들의 증거가 도로상에서 발견되기도 한다. 16세기 초까지 이탈리아 남부 전역에 걸쳐 있던 나폴리 왕국은 스페인의 지배하에 놓이게 되었다. 이에 1568년 비아 아피아의 테라치나를 지나 조금 더 간 곳에 스페인 총독은 경계비 탑을 세워 나폴리 왕국과 교황령의 경계를 표시했다.[38]

빌라 생활의 재현에는 먼저 사회 기반 시설이 수반되어야 한다. 그러자면 부동산 중개업자의 설명처럼 '우수한 교통망'이 있어야 한다. 교황 비오 5세의 포도원 카살레토Casaletto('작은 농가' 혹은 '오두막'이란 뜻)는 비아 아우렐리아 안티카Via Aurelia Antica 바로 옆에 있었다.[39] 루크레치아 보르자와 페라라 공작 알폰소 데스테의 막내아들인 이폴리토 데스테Ippolito d'Este 추기경은 비아 티부르티나를 따라 티볼리로 향했는데, 그는 건축가들에게 자신의 별장인 빌라 데스테를 그곳에 짓게 했다. 이 집의 정원에는 분수가 많이 들어섰고, 인근 계곡의 하드리아누스 황제의 빌라를 포함해 여러 고대 유물과 연계되는 복잡한 구조를 갖고 있었다. 근처에는 또 다른 로마 빌라인 호라티우스의 별장도 있었다. 언덕의 등성이에 자리 잡은 이 건물은 깊은 계곡 너머로 도시의 중심부가 내려다보여 조망이 아주 뛰어났다. 이 별장은 9세기에 기존 기초 위에 새롭게 건설되었으며, 이후 수도원이나 사유 주택 등 다양한 용도로 사용되었다. 1878년에 프레더릭 설Frederick Searle이 사들였고, 현재는 랜드마크 트러스트를 통해 임차할 수 있다.⁴⁰ 나는 2018년에 교육 방문 프로그램 덕분에 학생들과 함께 이 집에 머문 적이 있는데, 오늘날의 여행이 과거와 이어지는 또 하나의 사례다. 현재는 객실 아래로 고대의 님파이움(물의 요정에게 바쳐진 분수 신전)이 보인다.

경우에 따라 고대와 르네상스 시대의 건축가들과 후원자들은 도로가 보이는 전망 자체를 가치 있는 것으로 여겼다. 자니콜로 언덕(로마 중심부에서 티베르 강 건너편에 있는 트라스테베레에 위치)에 올라가면 남쪽으로 알반 언덕, 북쪽으로는 비아 플라미니아와 비아 살라리아를 볼 수 있다. 이런 점에서 마르쿠스 발레리우스 마르티알리스Marcus Valerius Martialis는 율리우스 마르티알리스의 빌라에서 바라본 아름다운 경관을 칭송한 바 있다. 이로부터 1500년 뒤, 교황 레오 10세의 교황청에서 근무하던 고위 관리는 이곳에다 빌라 란테를 건설하는 공사를 발주했다.⁴¹ 그로부터 몇십 년 뒤인 1550년대에 교황 율리오 3세는 비아 플라미니아를 따라 포도원 등 상당한 부지를 사들였고, 빌라 줄리아를 지었다. 이 고전주의 양식의 화려한 별장 옆에는 님파이움도 갖춰졌다. 이 건물은 현재 로마의 에트루리아 박물관으로 사용되고 있다. 율리오 3세는 비아 플라미니아에 성 안드레아에게 바치는 새로운 교회도 지었다. 이는 베사리온 추기경이 펠로폰네소스 반도의 파트라스에서 성인의 유해를 운구해 로마로 돌아오던 중에 이곳에 머물렀던 것을 기념하는 것이다. 당시 파트라스는 오스만 제국의 침공에 대비해 이러한 조치를 취했다. 한편 1552년 가을에 비아 플라미니아에서 달리기 경기가 개최되었는데, 그중에는 교회 건설 공사장에서 일하던 인부들과 교황청 포도원 소속 일꾼 사이의 경주도 있었다. 빌라 줄리아는 로마를 찾아오는 저명한 인사들이 묵어가는 유용한 숙소로도 활용되었다. 인사들 중에는 1560년에 묵었던 피렌체 공작 코시모 데 메디치도 있었다.[42] 빌라가 도시의 성벽 바로 바깥쪽에 있었기 때문에 지체 높은 방문객들이 공식 입성에 앞서 옷을 갖춰 입고 준비하기에 적절했다. 다른 교황과 추기경들도 율리오 3세의 모범을 따랐다. 비오 4세는 비아 플라미니아 옆에 자신의 팔라체토(소궁전)를 지었고 여기에는 오늘날까지 전해지는 공공 음용 분수대가 있는데, 온라인 리뷰는 이 물을 마시는 것은 피하라고 조언한다.[43] 1565년에 로마의 고대 유산에 대한 책을 쓴 베르나르도 가무치Bernardo Gamucci는 이렇게 말했다. "우리 시대에 이르러 비아 플라미니아는 폰테 몰레에 이르기까지 사방이 성벽과 궁전, 아리따운 정원들로 장식되어 있는데, 그 옛날 자부심 높은 로마인들조차 이토록 아름다운 모습은 보지 못했을 것이다."[44] (가무치에 대해선 산 지미냐노 출신이라는 것 외에 알려진 게 거의 없다.) 영국 대사 토머스 노스Thomas North는 율리오 3세의 사망 직후 빌라 줄리아를 둘러보고 이런 소감을 남겼다. "매우 훌륭한 건축물로, 그 안에 많은 편의 시설을 갖추고 있다. 내부는 온통 흰 대리석으로 정교하게 조각됐으며 보기 드문 과일과 고대 로마 곳곳에서 매일 발굴되는 유물들, 그리고 티베르 강에서 건져 올린 것들로 가득 차 있다. 지금까지 내가 봤던 어떤 건축물보다도 뛰어나며, 파비아 근처의 카르투지오회 수도원을 제외하면 견줄 만한 곳이 없을 정도다."[45]

노스가 언급한 카르투지오회 수도원은 로마로 가는 길목에 있는 고위 인사들의 중간 기착지로, 지금도 방문할 수 있다. 나는 2022년 9월 9일 금요일에 그 건물을 둘러보았다. 당시 영국은 작고한 엘리자베스 2세 여왕의 애도 기간이었다. 노스가 살던 시대였다면 이런 소식은 로마에 도착하는데 14일, 영불해협을 빠른 속도로 건넜다면 10일 정도 걸렸을 것이다. 반면에 나는 그 전날 제노바에서 밀라노로 가는 열차를 타고 목적지를 향해 달려가던 중 핸드폰을 보고 알았다. 뉴스의 흐름을 가로막는 유일한 장애는 서부 아펜니노 산맥을 통과할 때의 터널뿐이었다. 그 속에 들어가니 인터넷 접속이 잠시 끊겼다. 나는 파비아에 있는 비앤비(bed and breakfast의 줄임말로, 1박에 아침 식사가 포함된 숙소)에 투숙했다. 숙박시설의 주인은 파비아는 고대 로마 도시의 일반적인 배치를 따르고 있으며, 2개의 주요 도로가 직각을 이루고 있다고 설명해 주었다. 비앤비는 그중 하나에서 조금 떨어진 곳에 위치한 중세 탑의 상층부를 개조한 건물이었다. 광장 맞은편에는 두오모(돔형 성당)가 있었는데, 한때 대성당의 공사 부서가 섰다고 한다. 내 방은 꼭대기 층에 있었다. 창문은 광장 쪽을 향하고 있지는 않았지만, 좋은 전망을 제공했다. 붉은 지붕들 너머로 내가 제노바에서 오는 길에 기차에서 바라보았던 언덕들이 보였다.

여왕 애도 기간 중에 영국은 우체국과 철도청의 파업이 일시 중단됐다. 그러나 이탈리아에서는 아직도 철도 파업이 진행 중이었다. 나는 체르토사행 열차가 취소된 것을 보고, 대신 버스를 타기로 했다. 버스가 가는 길이 너무나 직선이기에 로마 도로가 아닐까 싶었지만, 위키피디아에 따르면 이 길은 원래의 로마 길 서쪽에 있던 중세 도로라고 한다. 길의 양옆에는 운하가 있었고, 도중에 드물게 이탈리아에서 보기 힘든 수문을 발견하기도 했다. 수도원은 도로에서 내려 나무가 늘어선 긴 길을 따라 15분 정도 가야 했다(그 길은 동쪽으로 나 있었으니 아마도 옛 로마 도로에 가까운 길일 것이다). 14세기 말에서 15세기 초에 건설된 수도원은 규모와 화려함이 압도적이었다. 건물의 정면은 대리석이었고, 조각상들이 일렬로 늘어서 있었다. 내가 그때까지 본 수도원 회랑 중에서 가장 규모가 컸다. 건물 주위에는 장미가 자라고 있었고, 아름다운 세공의 성가대석과 프레스코 벽화를 비롯해 밀라노 통치자들의 멋진 대리석 무덤들이 눈길을 끌었다(조각의 디테일이 몹시 정교해 베아트리체 데스테가 진흙 밭을 건널 때 신었다는 굽 높은 신발도 볼 수 있었다). 실로 노스가 수도원을 묘사했던 그 당시로부터 달라진 것이 별로 없었다.

우리는 파비아에서 약 8킬로미터 떨어진 곳에 있는 라 체르토사 디 파비아에 안내되었다. 귀족들은 이곳에서 식사를 하고 거창한 연회를 개최했다. 이곳은 유럽에 지어진 건물들 중 가장 훌륭하고 잘 지어진 건축물이었다. 수도원은 밀라노 초대 공작인 잔 갈레아초 비스콘티Gian Galeazzo Visconti가 건설한 것으로, 그는 사후에 이곳에 안치됐다. 그의 무덤은 백색 대리석으로 되어 있으며, 2개의 관과 제단은 모두 상아로 만든 것으로 그 세공이 너무나 정교하여 롬바르디아 전체에서도 볼거리로 꼽힌다. 수도원의 회랑은 사방이 약 12미터에 이르며 이곳의 문과 책상, 의자들은 다양한 나무를 사용한 정교한 조각 장식으로 꾸며져 있는데, 그 안에 새겨진 수많은 이야기들이 너무나도 생생하고 세밀하게 표현되어 있어 사람이 붓으로 그린다고 해도 이보다 더 아름답게 그려낼 수는 없을 것이다.[46]

이 건물에 하나 새롭게 추가된 것이 있다면 소규모 박물관이다. 과거 귀빈용 객실 자리에 들어선 것으로, 이곳은 로마로 가는 방문객에게 쉬어갈 곳을 제공한 것만이 아니라 여행 도중에 종교적 예배를 올릴 수 있는 공간을 마련해 주기도 했다. 이러한 체류는 외교관들뿐 아니라 왕실 방문 시에도 흔한 일이었다. 로마로 들어가는 길은 때로 극적인 입성 행렬을 위한 공간으로 탈바꿈하곤 했다. 임시로 세운 개선문, 활인화(분장한 사람이 정지한 자세로 명화나 역사적 장면을 표현한 것), 퍼레이드, 음악, 대중이 어우러진 도시 입성은 그야말로 화려한 행사였다. 교황청의 의전 담당자는 도로를 따라 환영 행사를 면밀히 기획했는데 이는 여관과 예배당을 지나 도시 외곽까지 이어졌고, 철저히 의례적인 형식으로 조직되었다. 방문자의 수행원 규모는 그의 위신을 나타내는 지표였다. 로마로 입성하는 과정이 마치 '과거의 개선행진' 같았던 것으로는 교황 비오 2세의 입성이 있다. 교황은 1460년에 한 음모에 맞서던 중 포르타 델 포폴로 근처 수도원(교황의 말에 따르면 이곳은 네로가 살해당한 자리였다)에서 출발해 대중의 열렬한 환호 속에 성 베드로 대성당까지 도시를 가로질러 갔다. 그의 행렬이 지나가는 길목마다 집들은 장식되었고, 광장에는 융단이 깔렸으며, 거리는 꽃과 풀로 뒤덮였다.[47] 교황 알렉산데르 6세 이후 새 교황이 보위에 오르는 즉위식possesso은 점점 더 고전적 요소들을 많이 가미하면서 고대 로마의 개선식을 모방했다. 가령 고대 유적을 그대로 활용하거나 이상화된 고전 양식의 임시 구조물을 세우기도 했다.[48]

로마 입성은 대부분 북쪽 도로를 타고 왔다. 이를 위한 공식 절차는 로마 대사 접견을 다룬 교황청 의전서에 기록되어 있다. 방문객들은 몬테 마리오를 넘어 도시로 들어왔는데, 이곳은 일찍이 콘스탄티누스 황제가 이교도 경쟁자 막센티우스와의 결전 전야에 천상의 십자가 환영을 보았다는 장소다. 지금은 비아 트리온팔레Via Trionfale를 따라 내려오면 한쪽 골목 안에 있는 산 라자로(과거 로마의 나환자 정착촌)라는 작은 교회를 만날 수 있다. 현대적 감수성을 발휘한다면 근처의 유명한 젤라또 가게에 들르거나, 과거 입성 전 여행자들이 식사하던 포도밭 이름에서 따온 트라토리아 델 팔코네에서 점심 식사를 할 수도 있다. 반면 남쪽에서 출발한 화려한 입성도 있었다. 가령 신성로마제국의 황제 카를 5세는 북아프리카에서 승리를 거둔 후인 1536년에 남쪽에서 로마로 들어왔고, 마르칸토니오 콜론나는 레판토 해전에서 승리를 거둔 후인 1571년에 그러했다. 오스만 제국과 그 동맹을 상대로 거둔 승리는 르네상스 시대의 지휘관들에게 과거 로마 제국 시대에 아프리카와 소아시아에서 거둔 승리에 비견했다. 특히 스키피오 아프리카누스의 승전을 많이 거론했는데, 비록 일시적이기는 하지만 지중해 중심의 로마 제국에 대한 인식을 되살리는 계기가 되었다.[49] 카를 5세의 입성을 위해 고대 행렬 경로를 따르기 위한 대대적인 철거 작업이 선행되었는데, 이론적으로는 황제가 실제 고대 행렬이 지나던 길을 따라갈 수 있도록 하기 위함이었다.[50] 우리는 그런 표준 경로가 없다는 걸 알고 있지만,[51] 르네상스 시대 사람들은 이 입성을 '재현'하고자 했다. 이 과정은 로마의 기독교 유적과 고대 유적을 아우르는 순례처럼 구성되었다. 카를 5세는 도미네 쿠오 바디스 성당에서 추기경들의 영접을 받았고[52] 비아 아피아를 따라 올라가다가 산 세바스티아노 문을 통해 로마로 들어갔다. 그리고 포룸을 경유해 바티칸으로 향했다. 여러 세기에 걸쳐서 이런 행사들이 많이 행해지면서 셉티조디움과 콘스탄티누스 개선문 일대는 고대 유적이 잘 드러나도록 정비 및 철거 작업이 단행되었다. 이는 이후 수 세기 동안 반복될 여러 정비 사례 중 하나가 되었다.[53]

새로 단장된 로마 도로들의 상징적 힘 이외에도, 고대 로마 도로망의 일부 실용적 요소들이 다시 등장했다. 그런 것들 중에는 새로운 역참 서비스가 있었다. 로마 제국의 통합된 역참 제도 cursus publicus(혹은 역마 제도)와는 다르게 이것은 국가별로 운영되었고, 곧 공식화됐다. 프랑스 왕 루이 11세(재위 1461~1483)는 자국을 통과하는 외국 사절의 여권을 검사하기 시작했고, 동맹국들의 전령은 각 지방의 역참으로부터 말을 공급받을 수 있도록 했다. 스페인과 영국도 각각 1505년과 1512년에 역참 제도를 설치, 운영했다.[54] 16세기 중반에 이르러 북부 이탈리아에서는 역참 소재지들을 열거한 인쇄된 여정표가 발간되어 널리 퍼졌다. 프란치스쿠스 쇼투스Franciscus Schottus의 여행 일정은 17세기 초에 나와 인기를 끌었는데, 영어 여행자를 위한 이탈리아어 회화책에도 언급될 정도였다.[55] 한편 역참 제도의 발달은 뉴스의 유통에 기여했다. 푸거 가문이 운영한 것으로 알려진 뉴스레터 《푸거자이퉁겐》은 푸거 가문 이외에도 여러 가지 정보를 담고 있었는데, 역참 제도 덕분에 널리 퍼진 것으로 보인다.[56]

그렇지만 역참 제도의 발전이 '진보'의 방향으로만 이루어진 것은 아니었다. 1494년부터 1559년까지 계속된 이탈리아 전쟁은 본질적으로 이탈리아 반도의 패권을 장악하려는 프랑스와 스페인의 갈등이었다. 이 전쟁은 여행 경로에 영향을 주었고, 날씨 역시 변수였다. 예를 들어 알프스 고개를 어떤 경로로 넘을지는 당대의 정치 동맹에 따라 달라지곤 했다. 이사벨라 데스테는 1525년에 아드리아 해안의 페사로에서 출발해 로레토의 성지를 거쳐 비아 플라미니아를 따라 로마로 향하던 중 생각보다 길고 험한 길에 당황했다. 그녀의 근심은 테르니에 도착했을 때 더욱 심해졌다. 베네치아 사절로부터 프랑스 왕이 파비아 전투에서 포로가 되었고 '로마로 가는 길이 파괴되었다'는 소식을 들은 것이다. 그러나 그녀의 대사가 헌신적으로 나선 덕분에 안전하게 로마로 돌아올 수 있었고, 다수의 신사들이 '아름다운 기마 행렬'을 이루면서 그녀를 환영해 주었다.[57] 전쟁 중에 여행을 하는 사람들은 염탐을 당하지 않을까 우려했다. 실제로 현지 통치자들은 적대적 세력을 염탐하면서 그들의 첩보망을 통해 여행자들에 대한 정보를 유포시켰다. 그런 염탐을 피하고 싶은 이들은 주요 도로를 피하면 됐지만, 그것은 위험한 일이었다. 비밀 정보를 전달하는 임무를 맡은 전령들은 검문하는 사람들의 의심을 누그러뜨리기 위해 가짜 공식 서한을 휴대하고, 진짜 메시지는 암기하거나 암호화해 전달했다.[58]

  도로들은 해마다, 또는 수십 년 단위로 계속 변화했다. 이는 기존에 나와 있던 많은 역참 여정표가 새롭게 수정·증보된 것을 통해 알 수 있다.[59] 모든 조건이 좋을 경우 런던에서 로마로 가는 전문 전령은 역참에서 원활하게 말을 갈아타고 2주 정도면 도착할 수 있었다. 하지만 대부분의 여행자들은 이보다 훨씬 많은 시간이 걸렸다.[60] 반면 1500년 전의 로마 제국 시대에 같은 도로를 원활하게 가면 9일 만에 주파할 수 있었다.[61] 1529년 당시의 전령들이 로마 시대보다 늦은 건 전쟁 중인 지역 근처를 지나가야 했기 때문일 가능성이 크다. 아무튼 전반적으로 보자면 16세기의 역참 제도는 고대 로마 수준에서 크게 발전한 바가 없었다. 그러나 이동 시간은 거의 비슷했지만 인쇄술이 발달해 유럽의 독자들은 로마 도로에 대해 훨씬 방대한 역사 지식을 얻을 수 있게 되었다.

8

탐험가, 첩자, 사제들

16세기는 빌라 생활의 부흥과 새로운 역참 제도가 출현한 시기지만 동시에 새로운 분열의 시대이기도 했다. 종교개혁은 기독교를 분열시켰고, 이것은 불가피하게 로마 여행의 동향과 서사에 영향을 미쳤다. 로마는 더 이상 서구 기독교권의 중심이 아니라 가톨릭이라는 한 기독교 교회의 중심이 됐으나, 교황청은 제국주의 확장의 여파로 점점 세계적 영향력을 키워가고 있었다. 이 시기에 로마를 찾은 사람들은 이전과는 달랐다. 자발적이라기보다 어쩔 수 없이 떠나온, 추방된 가톨릭 신자들이었다. 그들의 이야기는 도로 곳곳의 흔적 속에 남아 있다. 비아 아피아를 따라 걷다 보면 영국이 교황청으로부터 독립할 때 중요한 역할을 했던 레지날드 폴Reginald Pole 추기경의 기념물을 볼 수 있다. 도미네 쿠오바디스 성당을 조금 지나면 보이는 테라코타 기와지붕을 인 작은 예배당이 그것이다. 한 이야기에 따르면 이곳은 폴이 암살 시도를 피해 도망친 장소라고 한다.[1] 영국 왕 헨리 8세는 실제로 폴을 살해하기 위해 자객들을 파견했다. 헨리가 로마 교황청과 결별하던 무렵 폴이 교황에게 충성을 바쳤을 뿐만 아니라, 플랜태저넷 왕가의 후손이므로 얼마든지 영국 왕위를 주장할 수 있었기 때문이다. 다만 폴과 자객들이 실제로 있던 곳은 베네치아 근처 북부 지방이었다. 따라서 비아 아피아 이야기는 같은 길에서 벌어진 키케로 암살 사건을 고전적으로 빗댄 것일 가능성이 높다. 이런 신화적인 요소는 제외하더라도 이 예배당은 영국과 로마 교황청의 관계를 보여주는 중요한 증거물이다. 이것은 아마도 폴과 그 지지자들이 로마의 영국인 병원을 여전히 잔존하던 왕당파(헨리 8세에게 충성하는 영국인들)로부터 넘겨받은 시기(헨리 8세의 파문은 1538년에 공표되었다)인 1530년대에 추기경 자신이 건설 발주한 것으로 보인다. 베드로 성인과 연관된 성당 바로 옆에 자리한 이 예배당은 영국 가톨릭의 지속적인 생명력에 대해 증언하고 있다.[2]

프로테스탄티즘이 발흥했다고 해서 이탈리아에 대한 관심이 줄어든 것은 아니었다. 이탈리아에는 교황청 직할령 외에도 여러 도시 국가들이 있었고, 고대는 기독교 분열 상황으로부터 멀찍이 떨어져 있었기 때문이다. 《이탈리아의 역사Historie of Italie》(1549)라는 책을 출간한 윌리엄 토머스William Thomas 같은 이들은 로마를 방문했을 때 교황청에 대해서는 비판적이었으나(혹은 흥미를 느꼈으나), 로마의 유적에 대해서는 열광적인 반응을 보였다. 예를 들어 토머스는 율리오 2세의 비아 줄리아가 "멋지게 지어졌다"고 인정했으나 거기에는 "창녀들만 살고 있다"고 덧붙였다.[3] 그러나 토머스는 고대의 수도교에 대해서는 언급했지만, 도로 자체를 논하지는 않았다. 다만 "비아 플라미니아, 비아 살라리아, 비아 아피아에서는 부식된 혹은 부식되고 있는 자그마한 피라미드들을 볼 수 있다"고 기록했다.⁴ 에드워드 6세 (1547~1553) 시대에 의회 의원이었던 토머스는 에드워드 6세에 이어 왕위에 오른 가톨릭 군주 메리에 대항해 반기를 들었던 토머스 와이어트Thomas Wyatt의 반란에 가담했다가 처형됐다.

메리 여왕 시기 영국과 로마 교황청의 외교 관계는 복원됐다. 여왕은 토머스 노스를 교황청에 파견했다. 우리는 이전 장에서 빌라 줄리아를 칭송했었던 노스를 만났다. 그러나 전반적으로 볼 때 노스는 고대의 유물보다는 도시의 방어시설, 여행의 목적, 주민들의 노스 일행에 대한 접대 등 외교적으로 중요한 사안에 더 관심이 많았다. 그럼에도 그는 2번에 걸쳐 카르타고의 한니발의 업적을 언급했다. 몽 스니에 대해서는 "한니발이 이탈리아로 입성할 때 바위를 깎아 산에 길을 냈다"고 말했다.⁵ 플루타르크의 《영웅전》 번역가로 명성이 높은 노스는 아마도 한니발의 여행길을 다룬 고대 사료들을 잘 알고 있었을 것이다. 그는 파노와 포솜브로네 사이에 있는 아프리카군과 로마군 간의 격전지에 대해서도 언급했다. 또 푸를로 터널이 이 시기에 건설되었다고 (부정확하게) 고증하면서 이렇게 썼다. "이 터널은 사람의 손으로 건설되었는데, 그 목적은 한니발이 자신의 군대를 통과시켜 스키피오 아프리카누스와 맞서기 위해서였다."⁶ 이 이야기의 핵심은 샤를마뉴가 콘스탄티노플로 향하는 도로를 건설했다는 신화적 이야기와 마찬가지로, 도로가 통치자의 업적을 널리 선전하는 좋은 도구였다는 것을 알려준다.

도로망에 대한 폭넓은 관심은 1552년에 출간된 샤를 에스티엔Charles Estienne의 《프랑스의 길 안내Guide des chemins de France》에서 엿볼 수 있다. 이 책은 왕국의 도로들을 조사한 것으로 주로 옛 여정 안내서처럼 목록 형식으로 구성되어 있으며(《안토니누스 여정표》도 직접 언급하고 있다), 아를과 님므의 원형경기장 등 고대 주요 기념물에 대한 정보 및 여행 소요 시간과 역참 등 실용적 세부사항을 담았다.[7] 21세기인 지금은 지도가 핸드폰 안에 있으며, 수천 명 여행객의 리뷰와 자동으로 연결된다. 여행자들은 내가 방문했던 장소에 대한 내 생각을 읽을 수 있다. 그러나 이탈리아를 처음 방문했을 때인 1999년만 해도 《론리 플래닛Lonely Planet》이나 《러프 가이드Rough Guide》 같은 여행 안내서를 들고 갔다. 이런 책들은 투숙할 호텔을 알려주고 식사할 장소와 둘러볼 유적을 미리 일러줌으로써 사실상 내 여행의 윤곽을 정해 버렸다. 심지어 핸드폰 시대에 들어와서도 여행을 좌우하는 것은 다른 여행자들 혹은 현지 주민의 조언이다. 예를 들어 예전 동료가 리미니 지역의 맛집 정보를 내게 문자로 알려주었고, 기차역 화장실에서 줄 서서 기다리는 동안 옷매무새가 깔끔한 미국인 여성이 쪼그려 앉는 변기를 울적한 표정으로 보는 모습을 보고 조금만 기다리면 익숙한 좌식 변기 자리가 날 거라고 안심시켜 준 적이 있다. 또한 라벤나에서는 옆 테이블에 앉은 어떤 여행객이 우리에게 피아데(현지식 납작빵)가 맛있다고 알려주었고, 나는 볼로냐를 방문하는 친구에게 그곳의 경쟁 관계인 두 아이스크림 가게를 모두 들러보고 주랑 아래 언덕을 걸어올라 산 루카 성당까지 가볼 것을 조언해 주기도 했다.

종교개혁 이후 로마로 오는 사람들 중에는 사제가 되기 위해 (불법이었지만) 영국에서 오는 젊은이들이 있었다. 1598년에서 1685년 사이에 750건의 여행 건수가 기록되어 있는데, 이는 영국인 순례자 병원이 신학교로 재편된 이후다.⁸ 잉글리시 칼리지는 파르네세 광장과 캄포 데 피오리에서 그리 멀지 않은 비아 몬세라토Via Monserrato에 있는데, 오늘날까지도 400년 넘게 교육기관으로서의 기능을 이어 오고 있다. 그러나 1570년대 당시 엘리자베스 1세를 전복시키려는 음모에 대한 두려움 속에 가톨릭 사제가 영국에서 금지되면서, 이곳은 아늑한 환대의 공간이 아니라 첩자들의 온상이라는 소문이 나돌았다. 바로 이런 시기인 1579년 초에 앤서니 먼데이Anthony Munday가 이곳에 머물게 되었다. 먼데이는 열여덟 살 때 "낯선 나라들을 살펴보고 외국어를 배우고 싶어서" 로마 여행을 결심했다고 한다.⁹ 그는 인쇄공의 도제로 지내던 삶이 너무나 따분했던 듯하다. 튜더 시대 영국의 젊은이들이 교육차 해외를 방문하는 것은 그리 이례적인 일이 아니었다. 로마 교황청과 갈라선 이래로 이탈리아 여행이 다소 불편해지긴 했지만, 엘리자베스 1세의 궁정 내에서는 이탈리아 문물이 인기가 높았다.¹⁰

먼데이는 4개월이 채 되기 전에 잉글리시 칼리지를 떠났지만, 그래도 책 한 권을 충분히 쓸 만한 소재를 수집했다. 그는 먼저 잉글랜드 칼리지 출신으로 동료들과 함께 영국에 돌아왔다가 체포된 예수회 사제 에드먼드 캠피언Edmund Campion의 사건에 대해 선정적으로 쓴 글을 출간 후, 1582년에는 자신의 잉글리시 칼리지 경험을 바탕으로 《영국인의 로마 생활The English Roman Life》이라는 책을 썼다. 이 흥미로운 책은 유학 중 있었던 일화와 영국에서 큰 인기를 끌던 반가톨릭 폭로문을 결합한 형태였다. 한 비평가에 따르면 "역사와 허구를 넘나드는" 책이었다. 이 책은 먼데이의 여러 저작 중에서 그의 생전에 재쇄에 들어간 이례적 사례였다.¹¹ 먼데이의 로마 여행은 프랑스 종교전쟁의 두 차례 격렬한 국면 사이에 이루어졌는데, 전쟁은 여행에 큰 어려움을 안겨주었다. 1578년까지만 해도 영국에서 로마로 가는 여행자들은 주로 네덜란드와 독일을 거쳐 고타드 고개를 넘는 동쪽 경로를 택했다. 그러나 먼데이의 시대에는 다소 위험이 있기는 했지만 파리와 리옹을 경유해 남쪽 경로로 가는 것도 가능해졌다.¹² 그는 이렇게 썼다. "불로뉴로 건너간 후 그곳에서 아미앵으로 갔다. 그러나 적잖은 위험이 있었다. 고장 전역에서 약탈과 살인을 일삼는 군인들에게 노출되었던 것이다."¹³

오늘날 파리에서 남쪽으로 향하는 길에는 고속열차 떼제베가 다닌다. 나는 위층 좌석에 앉아 차창으로 지나가는 들판과 숲을 더 잘 바라볼 수 있도록 했다. 마치 옛 역참 도로를 타임랩스 카메라로 돌려보듯 풍경이 '빨리감기'로 지나갔다. 들판의 소들은 꼬리를 휘두르며 앉아 있었고, 강을 건너고 터널을 지나며 남쪽으로 갈수록 언덕이 많아졌다. 때로 마을도 보였는데 붉은 지붕의 가옥들, 교회의 종탑, 첨탑 등을 지나갔다. 어떤 마을은 성곽 밖에 묘지가 있었다. 그러다 왼편 너머 저 멀리 알프스 산이 보였고, 풍력 터빈은 풍경을 점점이 수놓았다. 이제 종교전쟁은 더 이상 없지만 그렇다고 갈등이 완전히 사라진 것도 아니다. 오늘은 2022년 8월 31일인데, 러시아가 유럽으로 수송되는 노르트 스트림 가스관을 차단했다고 한다.

16세기에는 전쟁 지역에 가까이 갈수록 점점 더 위험이 분명해졌다. 1527년에 신성로마제국 황제에게 충성을 바치던 군대가 당시 영국 왕의 특사였던 토머스 와이어트Thomas Wyatt를 납치한 일도 있었다.¹⁴ 정식으로 계약을 맺은 군 지휘관들조차 외교적 신분을 존중해

주지 않았다. 외교 면책이라는 개념 자체가 아직 유아기에 불과했다. 16세기 초에도 프랑스 대사의 수행단과 교황 특사로 나선 스페인 추기경이 로마로 가는 길에 공격을 받았다.¹⁵ 전쟁이 끝난 뒤의 상황도 혼란스러웠다. 병사들은 전역 후에도 고향으로 돌아갈 자원이 없어 종종 작전이 끝난 곳에 그대로 머물렀다. 역참 경로의 질서를 유지하려는 도시 치안 책임자들의 노력에도 불구하고 16세기 후반의 경제 위기는 문제를 더욱 악화시켰고, 소총이 널리 보급되면서 도로의 위험은 증가했다. 먼데이와 그의 동료 토머스 노웰Thomas Nowell도 강도를 만나 돈을 다 빼앗겨 도로변에 사는 영국 가톨릭 망명자들에게 도움을 청할 수밖에 없었다. 그들은 먼저 아미앵의 영국 사제 우드워드Woodward를 찾아갔고, 그는 그들을 자비로 거두어주었다.¹⁶ 우드워드는 이어 랭스의 앨런 박사(나중에 추기경이 되는 윌리엄 앨런은 당시 영국인 망명자들을 위한 신학교를 운영하고 있었다)를 소개해 주었으나, 먼데이 일행은 그곳으로 가는 여비를 마련하기 위해 외투를 팔아야 했다.¹⁷ 파리에서는 영국 대사를 소개받았는데, 대사는 서둘러 귀국할 것을 권했다. 그러나 그들은 조언을 거부하고 남행해 리옹을 거쳐 밀라노로 갔다. 그들은 이렇게 기록했다. "그곳 보로메오 추기경의 궁전 안에서 웨일스 출신의 로버트 그리핀Robert Griffin이라는 사람의 숙소를 발견했다. 그는 당시 추기경의 고해사제로서 대단히 좋은 평판을 얻고 있었다."¹⁸ 그리핀은 그들에게 숙소를 마련해주었는데, 이로 미루어볼 때 영국인을 도와주는 망명자 네트워크가 분명히 존재했음을 알 수 있다. 이들은 이후 볼로냐, 피렌체를 거쳐 비아 키안티지아나Via Chiantigiana를 따라 시에나에 이르렀고,¹⁹ 마침내 로마에 도착해 잉글리시 칼리지에 여장을 풀었다.

드러내놓고 반가톨릭 주의를 표명했음에도 불구하고 먼데이는 신학교의 위치가 카스텔 산탄젤로에서 그리 멀지 않은 지점에 있다는 것에서 시작해 객실 내의 접이식 침대와 작은 담요에 이르기까지 일상생활을 비교적 공정하게 묘사했다. 이는 다른 사료들에 의해 확인된다.[20] 그는 이렇게 기록했다. "음식은 좋고 맛있었다. 전채 요리로 시작해 이탈리아식 수프, 두 가지 고기 요리를 포함해 총 다섯 코스였다. 고기는 염소, 양, 닭 등을 삶은 것과 가능한 한 가장 좋은 재료로 구운 고기, 이렇게 두 종류였는데 아주 맛이 좋았다. 때로는 조림이나 오븐에 익힌 고기도 나왔다. 마지막 다섯 번째 코스는 치즈일 때도 있고 설탕 절임 과자일 때도 있으며 때로는 무화과, 아몬드와 건포도, 레몬과 설탕, 석류 또는 이와 비슷한 단것이었다. 이들은 영국인이 단것을 좋아한다는 것을 알고 있었다."[21] 이는 가톨릭의 부와 사치를 강조하는 듯하지만, 동시에 비교적 부유한 여행자들이 도시를 여행할 때 즐겼을 법한 식사에 대해서 상상할 수 있도록 해준다.

하지만 이 모든 이야기에는 반역적인 사제들의 발언도 함께 담겨 있다. 먼데이에 의하면 잉글리시 칼리지에 있는 한 신부는 엘리자베스 1세를 "거만한 왕위 찬탈자 악녀"로 묘사하면서 "곧 개들이 그녀의 살을 발기발기 찢어버리고, 그녀를 지지하고 뒷받침해준 자들도 그렇게 해버리기를" 희망했다.[22] 먼데이가 전하는 신학교 일상에는 채찍질을 상세하고도 선정적으로 묘사한 부분도 있다. 한 사제가 그에게 "직접 채찍질을 시도해보면 고통이 아니라 오히려 쾌락을 얻을 수도 있다"고 조언했다는 것이다. 그러나 먼데이는 공손하게 거절했다고 전한다.[23] 여가 시간에 신학교 학생들은 포도원을 산책하거나, 게임을 하거나, 로마의 일곱 성당을 방문했다. 이 부분에서 먼데이의 기록은 순례자나 관광 안내서의 전형적인 모습에 더 가까워진다. 그는 성 베드로, 성 바오로(사도 바울), 라테라노, 산타 마리아 마조레, 산타 크로체, 산 로렌초, 산 세바스티아노 성당과 주변의 주요 볼거리를 열거하고 장점을 설명하면서도 유물들에 대한 비판도 적절히 가미했다. "교황은 유물들을 이용해 많은 이들을 속이고 높은 수익을 올려 교황청의 화려함을 유지한다."[24]

먼데이는 이어 도시 북쪽, 현재 빌라 아다 공원 옆에 위치한 산타 프리실라 지하묘지 탐험을 극적으로 묘사했다. 그는 이렇게 썼다. "지하실로 들어갈 때 입구에 줄을 묶어놓고 그 줄을 풀면서 안으로 들어간다. 이렇게 하지 않으면 길을 잃어버릴 염려가 있고, 일단 길을 잃으면 다시 입구 쪽으로 나올 수 없다. 만약 줄이 없다면 분필을 가져가 코너를 돌 때마다 표시를 해두고 되돌아 나올 때는 그 표시를 길 안내로 삼아야 한다. 다만 지하실 안에서는 습기 때문에 촛불이 금방 꺼지기 때문에, 횃불을 사용해 분필 표시를 읽어야 한다. 그러나 줄을 사용하는 방식이 훨씬 수월하다."[25] 또한 로마 이외의 지역도 설명되어 있는데, 순례자들은 산티아고나 로레토, 페루자를 향하는 길목의 몬테팔코 프란체스코회 단지에 들르거나, 유명한 그리스도의 수의를 보러 토리노로 향했다.[26] 이런 기록들은 당시의 전형적인 관광 동선을 보여주는 단서가 된다. 다만 먼데이는 고대 유물보다는 기독교 성지에 집중했다. (1555년에 유대인 박해 속에 건설된 유대인 게토에 잠시 들리기도 했다.)[27] 먼데이는 레안드로 알베르티의 저작에 대해서도 알았을 것으로 여겨지지만, 적어도 이 여행기에서 그에 대한 언급은 없다.

그러나 우리는 수송 수단 발전에 대한 주목할 만한 기록을 볼 수 있다. 로마 축제의 소음과 혼잡을 묘사하면서 먼데이는 이런 설명을 했다.

> 신사들은 각양각색의 옷을 입고 있다. 어떤 이는 여장을, 또 어떤 이는 투르크인 복장을 했으며 대부분 서로 다른 모습으로 변장했다. 이들은 말에 타거나 마차에 탔는데, 그들 중 맨땅에 서 있는 사람은 아무도 없었다. 왜냐하면 축제를 보기 위해 땅위에 서 있는 사람은 빨리 달리는 마차와 말들로 인해 목숨이 아주 위태로워지기 때문이다. 어쨌든 이처럼 시끌벅적한 행사를 나는 평생 본 적이 없다.[28]

마차는 13세기부터 기록에 등장한다. 처음엔 여성들이 주로 이용했지만 점차 부유층 사이에서 인기를 얻었다. 16세기에 이르러 남자들도 널리 사용하며 마차는 말과 가마를 대체했고, 다양한 형태의 마차가 나오면서 장거리 여행의 주요 수송 수단이 됐다.[29]

먼데이와 거의 같은 시기에 프랑스 수필가인 미셸 드 몽테뉴도 로마에 와 있었다. 그의 여행기는 이 장르의 고전일 뿐 아니라, 로마 도로에 대한 세세한 논평을 담아 먼데이와 그보다 앞선 레안드로 알베르티의 기록을 보완해 준다. 다른 두 사람과 달리 몽테뉴는 출판을 목적으로 글을 쓰지 않았으며(여행기는 18세기 말에 이르러서야 인쇄되었다.), 덕분에 글에는 또 다른 성격이 드러난다. 더 중요한 것은 고대 도로에 대한 관심이 여행이라는 경험 속에 어떻게 녹아들었는지에 대한 것이다. 몽테뉴는 당대의 풍속뿐만 아니라 고대의 전례에 대해서도 관심이 많았다. 처음에 독일과 스위스를 여행했던 몽테뉴는 이렇게 말했다. "(리마트 강 옆에 있는) 스위스 바덴의 온천 문화는 역사가 오래됐으며, 타키투스도 언급한 바가 있다. 타키투스는 온천의 원천을 찾아내기 위해 최대한 노력했으나 그에 대한 지식을 얻지 못했다."[30] 그는 현지인들이 고대 유물에 대해 잘 알지 못하는 것을 개탄했다. 현지인들은 그들의 고장을 통과하는 도로변에 세워진 로마식 기둥에 대해서 전혀 알지 못했다. 그러나 몽테뉴는 그것을 보고 "라틴어 문장을 발견했는데 완전히 해독할 수는 없으나 … 네르바 황제와 트라야누스 황제에게 바치는 봉헌문인 듯하다"라고 적었다.[31] (그러나 내가 보기에 이정표인 듯하다.) 여정을 이어가던 몽테뉴는 마르크도르프에 있는 역참 '쾰른의 표준Standard of Cologne'에서 묵었다. 그는 이 역참이 "황제가 이탈리아로 갈 때 이용하는 노선에 맞춰 운영되는 곳"이라고 했다. 이는 기반 시설이 어떻게 통치자의 필요에 맞춰 설계되었는지를 잘 보여준다.[32] 그는 현지 요리를 배울 수 있도록 요리사를 데려오지 않은 것과, 독일인 시종을 고용하거나 독일인 여행 동반자를 구하지 못한 것을 아쉬워했다. "늘 멍청한 길잡이에게만 맡겨야 하는 것"이 매우 짜증났기 때문이다.[33]

훌륭한 가이드가 없기에 세바스티안 뮌스터Sebastian Munster의 《코스모그라피아Cosmographia》(여행자에게는 큰 도움이 되지 않는 지리서)에 의존해야 했음에도 불구하고 몽테뉴는 도로에 관한 정보를 어떻게든 얻었다. 이스니의 한 수도원에서 그는 비문을 발견했는데, 페르티낙스 황제와 안토니우스 베루스 황제가 캄피도니움, 즉 그날 밤 묵을 예정이었던 켐프텐 주변 1만 1천 보에 이르는 모든 도로와 다리를 보수했다는 내용이었다.[34] 몽테뉴는 어떻게 이 비문이 수도원에 오게 되었는지 우리에게 말해주지 않는다. 그것이 역사적 관심 때문에 보존되었는지, 아니면 다른 많은 약탈품처럼 건설 자재로 쓰려고 어디선가 가져온 것인지도 말해주지 않는다. 이 비문은 다소 평범한 내용이었음에도 몽테뉴는 그 내막을 좀 더 알아볼 결심을 했다. 이는 고대 세계와 그 유물에 대한 점증하는 관심을 보여준다. 그는 이런 결론을 내렸다. "켐프텐 주위의 도로들을 모두 살펴본 결과 그렇게 훌륭한 장인들의 솜씨로 보이는 보수 공사는 없었고, 게다가 단 하나의 다리도 없었다. 우리는 언덕을 개착해 길을 낸 것은 발견했으나 그 작업은 그다지 중요한 것은 아니었다."[35]

이탈리아 쪽으로 남행하면서 몽테뉴는 트렌토에서 '건강 증명서'를 획득했다. 그가 전염병에 걸리지 않았음을 증명하는 문서였다. 그는 로베레에서 다시 증명서 확인을 받은 후, 베로나에 들어갈 때 이 문서를 사용했다. 그는 "전염병의 위험이 있어서 그런 게 아니라 세관에서 통상적으로 하는 것이고, 여행자들에게 몇 푼의 돈을 더 뜯어내기 위한 수단으로 행해진다"고 했다.[36] 나는 몽테뉴의 말에 공감을 느꼈다. 이 책의 자료 조사를 위해 로마를 첫 번째로 방문했다 돌아오는 길에 나는 코로나 검사의 절차 변경으로 인해 20파운드를 더 내야 했다. 몽테뉴만 이런 증명서가 필요했던 것은 아니다. 그로부터 150년 뒤인 1722년에 영국 여행자 에드워드 라이트Edward Wright는 교묘한 '속임수'를 써서 두 벌의 증명서를 받아냈다. 하나는 건강하다는 것으로 전염병을 우려하는 이들을 안심시켜 이탈리아 도시로 쉽게 들어가려는 것이었고, 다른 하나는 아프다는 것으로 그때가 사순절 기간이었는데 여관에서 지방이 많은 육류를 얻으려는 것이었다.[37] 나는 다행히 이들의 격리만 겪었지만 이탈리아에서 검역 격리는 흔한 것이었고, 특히 전염병이 발발하면 더욱 단속이 심했다.[38]

베로나에서 몽테뉴는 경기장을 방문하고 "지금까지 본 것 중 가장 웅장한 건축물"이라고 평했다.[39] 페라라에서는 방문객들이 모두 행정 관청에 이름을 기입하는 관행을 목격했고, 스카르페리아에서는 아펜니노 산맥을 통과하면서 손님을 유치하기 위해 서로 경쟁하는 여관을 보았다.[40] 그러나 피렌체는 기대에 못 미쳐서 실망스러웠다. 몽테뉴는 이렇게 썼다. "왜 이 도시가 마치 특권인 양 '아름답다'는 소리를 듣는지 모르겠다. 물론 아름답기는 하지만 볼로냐보다 아름답지 않고 페라라보다 조금 나을 뿐이며, 베네치아에는 한참 못 미친다."[41] 그는 피렌체에서 시에나를 거쳐 로마로 갔다. 그리고 이탈리아의 사회 기반 시설에 깊은 감명을 받았다.

이 길의 숙박 시설은 최고 수준이다. 여기는 주요 역참길이기 때문이다. 말 한 필을 빌리는데 5줄리오, 역참비는 2줄리오인데 말을 두세 구간 혹은 며칠 간 빌리더라도 비용이 같다. 여행자는 말 관리에 신경 쓸 필요가 없다. 한 마을에서 다른 마을로 가는 동안 여관 주인들이 서로의 말을 맡아주고, 게다가 계약을 맺으면 길에서 말이 지치거나 다치더라도 다른 곳에서 새 말을 공급받을 수 있다.[42]

로마로 출발하는 날 몽테뉴와 일행은 동트기 세 시간 전에 출발했다. 몽테뉴가 한낮의 로마 들판을 너무나 보고 싶어 했기 때문이었다. 이는 이탈리아에서는 아주 이른 출발이었다. 몽테뉴는 이렇게 말했다. "이탈리아는 게으른 사람들이 살기 좋은 나라다. 그들은 아침에 매우 늦게 일어난다."[43] 여기서 드디어 로마의 도로가 등장한다.

열다섯 번째 이정표를 지나자 로마 시가지가 눈에 들어왔다. 그러나 곧 한참 동안 시야에서 사라졌다. … 그러다 우리는 약간 높이 솟아 있고 큰 돌로 포장된 도로의 일부를 보았는데, 그 주변에는 확실히 고대의 기운이 감돌았다.⁴⁴

로마에 들어간 몽테뉴는 처음에는 '곰'이란 이름의 숙소에 묵었다. 그곳은 비아 디 몬테 브리안차와 비아 델오르소가 교차하는 모퉁이에 있었다. 후자의 도로는 번역하면 '곰의 거리'라는 뜻이다. 이어 그는 산타 루치아 델라 틴타 성당 맞은편에 있는 숙소로 옮겨갔다.⁴⁵ 그리고 로마의 고대 기념물과 교회들을 포함해 도시를 두루 탐방했고, 교황과의 알현도 가졌다.⁴⁶ 그는 서쪽 해안 지대인 오스티아도 둘러보고 이렇게 말했다. "비아 오스티엔세는 고대 문물의 찬란함이 풍부하게 남아 있다. 가령 도로나 수도교의 흔적이 그것이다. 더욱이 그 길에는 웅장한 폐허들이 많다. 전체의 3분의 2 구간이 고대 로마인들이 도로를 포장했던 커다란 검은 판석으로 뒤덮여 있다."⁴⁷ 그는 심지어 로마 시민권도 취득했다. 그는 "비록 완전히 허울뿐이지만, 상당히 기쁘긴 했다"라고 썼다.⁴⁸

로마를 떠나 로레토로 가면서 몽테뉴는 비아 플라미니아를 택했다. 이 길에는 "자세한 내용이 알려지지 않은 진귀한 고대 유물들"이 많았기 때문이다. 오르테에서 티베르 강을 건너면서 그는 다리의 폐허를 보았다. 그것은 고대 사비니와 팔리스키를 연결시켜주는 것으로, 아우구스투스 황제 시절에 건설된 것이었다.⁴⁹ 몽테뉴는 이 도로의 개보수 상황에 대해 감탄했다. 또한 그는 교황이 도로의 한 구간을 자신의 가문 이름을 따서 비아 본콤파냐Via Boncompagna로 명명한 사실에 주목했다. 이는 이탈리아와 독일에서 흔한 일이었는데, 비아 아피아의 선례를 따른 것이었다. 몽테뉴는 "공공복리 정신이라고는 조금도 없는 사람이라도 명성과 평판을 얻고자 하는 욕망을 자극해 유용한 일을 하도록 부추기는 훌륭한 유인책"이라고 평가했다.[50] 그는 아레초로 가는 길에서도 도로 보수 상황을 보았고, 토스카나의 간선 도로 보수 유지에도 깊은 인상을 받았다.[51] 그는 루카 근처의 공중목욕탕도 방문했다. 거기서 도치아doccia라는 목욕 장비를 시험했는데 "여러 개의 관으로 구성되어 뜨거운 물을 몸 여러 부위, 특히 머리 쪽으로 쏘아 보내는 장치"였다.[52] 이후 그는 피렌체, 피사, 비테르보의 목욕탕을 거쳐 로마로 돌아온 후, 북쪽으로 되돌아갔다. 그는 피아첸차에서 베로나의 여관 다음으로 이탈리아 최고의 여관이라는 포스타에 묵었고, 알프스를 넘어 여행을 마쳤다.[53]

기록이 남아있는 대부분의 여행자들은 중상층 계급 출신이지만, 로마로 이주해 온 사람들은 사회 계층 전반에 걸쳐 있었다. 그런 사람들 중 일부가 몽테뉴 여행기 속에 비극적 사건의 주인공으로 등장한다. 이 이야기는 산 조반니 아 포르타 라티나 교회를 중심으로 벌어진다. 번역하면 '라틴 문'에 있는 성 요한 교회로, 로마 성벽의 이 문은 비아 라티나로 이어졌다. 비아 라티나는 라치오를 남쪽으로 가로지르던 고대 도로였는데, 거의 2000년 전 더 직선 도로인 비아 아피아에 그 자리를 내주었다. 몽테뉴가 방문했던 당시 이 교회는 때때로 위험했던 과수원과 포도원 한가운데에 있었다. 교회 자체는 다소 방치되어 있었다. 본래 이곳을 관리할 성직자가 있어야 했지만 추기경은 아무도 임명하지 않은 듯했고, 실제로는 포르투갈 출신인 마르코 핀투Marco Pinto라는 사람이 관리인 역할을 했던 것으로 보인다. 산 조반니는 남성끼리 성관계를 하는 집단이 정기적으로 만나는 곳이었다. 성의 역사가 대개 그러하듯 11명이 체포되어 재판을 받았기에 우리는 이 사실을 알 수 있다. 좀 더 구체적으로 말하면 이들은 동성결혼을 계획하다가 체포된 것이었다. 그 결과 이들 중 8명이 화형 당했다. 남아 있는 재판 기록을 통해(일부 문서는 기억을 완전히 지우기 위해 불태워졌다)[54] 그들 사이의 활발한 공동체 활동뿐 아니라, 로마로 온 여행자로서의 이들의 단편적인 이야기도 알 수 있다.

8명 중에서 6명은 스페인 사람으로 카스티야 출신 3명, 아라곤·카탈루냐 출신 2명, 안달루시아 출신 1명이었는데 이런 구분은 이탈리아에서 그리 중요한 게 아니었다. 그리고 나머지 중 1명은 포르투갈 사람, 다른 1명은 당시 베네치아령이던 오늘날의 몬테네그로 사람이었다.[55] 마지막 남자는 발다사레 혹은 바티스타라는 이름으로 알려졌는데, 티베르 강에서 뱃사공으로 일했다. 그는 플랑드르에서 이탈리아로 건너왔고, 그와 함께 체포된 동료 중 1명인 롭레스는 플랑드르에서 남색 혐의 때문에 도망 중이던 여관 주인이었다.[56] 재판에 회부된 이들 중 몇몇은 로마로 오는 순례자와 여행자들을 지원하는 국립 교회들과 연결고리를 맺고 있었다. 나보나 광장에 있는 산 지아코모 델리 스파뇰리(스페인의 성 야고보 교회), 비아 델 수다리오에 있는 산 줄리아노 데이 피아밍기(플랑드르의 성 줄리안 교회) 등이 그런 교회였다.[57] 만약 먼데이가 원했더라면(혹은 출판업자가 허락을 했더라면) 그는 자신의 저서 《영국인의 로마 생활》보다 더 선정적인 순례자 병원 이야기를 펴낼 수 있었을 것이다. 이 남성 동성애자 이야기는 여행을 떠난 사람들의 동기에 대해 또 다른 가능성을 제시한다. 그들은 이런 문화가 있다는 것을 듣고서 호기심을 느껴 방문했을 수도 있다. 개신교 국가들은 가톨릭 국가인 이탈리아의 성적 일탈에 대해 빈번히 암시했다. 가령 윌리엄 토머스가 로마의 창녀들과 피에르 루이지 파르네세Pier Luigi Farnese (교황 바오로 3세의 아들)의 소년 시종들을 언급한 것부터 율리오 3세가 양자로 입양한 어린 조카를 추기경으로 임명한 악명 높은 사건에 이르기까지 다양하다. 17세기의 인기 높았던 청교도 책자는 이렇게 비난했다. "교회의 성직자들 중 자신의 남색 상대를 제외하고는 결코 승진시켜 주지 않는 것이 율리오의 관습이었다."[58] 이런 표현이 일부 독자들을 불쾌하게 만들었을 수 있지만, 어쩌면 다른 독자에게는 흥미를 끌었을 수도 있다.

점점 더 많은 유럽 청년들이 탐사에 나섰다. 케임브리지 대학의 학자이자 국회의원의 아들인 파인스 모리슨Fynes Moryson은 20대 후반이던 1590년대에 유럽과 중동을 여행하고 돌아와서 《여행일지Itinerary》라는 기록을 남겼다. 1617년에 발간된 이 책은 몽테뉴의 여행기와 마찬가지로 여행을 수행하는 실제적인 면모를 풍부하게 전해준다. 예를 들어 그는 안코나에서 로마 여행을 위해 말과 사료를 구하는 역할을 맡은 베투리노vetturino를 고용했다. '작은 운전사'라는 뜻의 베투리노는 단순히 운전만 하는 것이 아니라 가이드이자 여행 조력자 역할도 수행했다. 모리슨은 이탈리아 여행기의 한 주제가 되는 베투리노의 사기 행위에 대한 글을 남긴 초기 여행자 중 한 사람이었다. 사기는 주로 고객들의 음식 값을 지불하지 않고 떼먹거나, 강을 건널 때 추가 요금을 청구하는 식이었다.[59] 베투리노들도 그들의 손님에 대해 그에 못지않게 오싹한 얘기를 들려줄 수 있을 것이다. 그러나 우리 입장에서는 모리슨이 로마에서 출발하는 도로들에 대해 상세히 설명했다는 점이 더 중요하다. 그는 자신의 여행기를 집필하면서 레안드로 알베르티(그의 표현으로는 수도사 레안드로)의 저서를 많이 참고했다. 알베르티의 책은 출간 후 80년간 이탈리아어판만 11쇄를 거듭한 인기 높은 책자였다.[60] 모리슨은 이렇게 썼다.

> 도로들 중에서 가장 유명한 것은 길의 여왕이라 불리는 비아 아피아다. … 비아 아피아는 성 세바스티아노 문에서 시작해 카푸아까지 포장되어 있다. 이어 길은 두 갈래로 갈라지는데 왼쪽 길은 브린디시로, 오른쪽 길은 포추올리를 거쳐서 쿠마로 이어지는데 길 양옆에 으리으리한 집들이 많다. 이 도로는 감찰관 아피우스 클라우디우스의 이름을 따서 지어졌다.

모리슨은 다른 주요 도로들을 언급하면서 비아 아피아에 못지않게 유명한 비아 플라미니아도 언급했다.[61] 그가 로마 여행을 떠난 시기에는 인쇄된 안내서들이 많이 유통되고 있었다. 모리슨의 여행기 같은 책들은 여행을 떠나려는 이들에겐 사전 정보를 제공했고, 이탈리아를 직접 방문하지 못하는 먼 곳의 독자들에게는 고대 도로의 역사를 전달했다. 그러나 여행에 대해서는 여전히 신중을 기할 필요가 있었다. 1608년에 토머스 코리엇Thomas Coryat은 서머싯 주의 오드콤을 출발해 대륙을 남행할 때 로마가 아니라 베네치아로 가기로 했다. 당시 영국 정치권에서는 로마로의 여행에 대해 상당한 불안감이 존재했다. 제임스 6세이자 1세인 국왕은 "도시의 고대 유물을 보고자 하는 허영심과 호기심에 이끌려 로마로 몰려가 가톨릭의 영향에 물들고, 자국으로 돌아올 때는 종교에 반감을 품고 국왕의 통치와 정부에 불만을 품게 된다"고 불평했다.⁶² 그래서 영국의 많은 저술가들이 로마의 고상한 가치를 물려받은 후계자로서 베네치아 공화국을 칭송하는 쪽을 더 선호했다.⁶³ 헨리 8세가 로마 교황청과 결별한 이후 베네치아는 영국의 대 이탈리아 외교의 거점이 됐다. 영국과 바티칸 사이의 공식 외교 관계 정상화는 20세기까지 기다려야 했다.

당시 상황을 고려하면 예상할 수 있듯 코리엇의 여행기는 가톨릭 교회보다는 고대 로마 제국의 역사에 더 집중하고 있다. 불로뉴로 건너가면서 그는 "맑은 날에는 도시의 전망탑이 도버 성에서 쉽게 보이는데, 율리우스 카이사르가 건설한 것이라고 한다"고 적었다.⁶⁴ 이어 그는 수레를 타고 남쪽으로 갔는데 "수레는 고장의 유행에 따라 3개의 고리를 설치하고 그 위에다 거친 캔버스 천을 얹은 것"이었다. 이후 손에서 검을 놓지 말라는 조언을 받을 만큼 위험한 베론의 숲을 지나 아미앵에 도착했다. 그는 거기서 로마로 향하는 순례자를 처음 만났다. "아주 소박한 친구였는데, 라틴어를 너무 서툴게 말해서 영국 시골의 학생이라면 그렇게 말했다고 매를 맞을 법한" 사람이었다.⁶⁵ 코리엇은 파리에서도 별 깊은 인상을 받지 못했다. 그는 이렇게 썼다. "라틴어로 파리는 루테티아Lutetia라고 하는데, 이 말은 진흙탕이라는 뜻의 라틴어 루툼Lutum에서 유래한 것이다. 파리의 거리들은 대부분 진흙투성이고, 내가 평생 동안 보아온 그 어떤 도시보다 고약한 냄새를 풍겼다."⁶⁶ 반면에 그는 율리우스 카이사르가 지었다는 아주 오래된 석조 성벽을 주목했다.⁶⁷ 그러나 고고학적으로는 확인되지 않는 이야기로, 북방의 성벽에 대해선 으레 카이사르의 이름을 붙이던 관행이 있었던 것으로 보인다.

오늘날 파리의 고대 유적은 그리 대단한 것은 아니지만 센 강 건너편 라탱 지구의 지하에 묻혀 있다. 생 자크 거리와 생 미셸 대로는 고대 로마의 정착지 루테티아의 중심 도로였다. 그중 생 자크 거리가 가장 뚜렷한 옛 모습을 보여주는데, 강에서부터 생 주네비에브 언덕까지 곧게 이어진다. 언덕이라고는 해도 제법 가파른 오르막길이다. 로마 시대의 흔적을 가장 잘 보여주는 파리의 유적은 원형 극장(경기장) 뤼테스Arènes de Lutèce다. 그러나 돌의 상당수는 로마 시대의 것이 아니며, 규모도 그리 크지 않다. 하지만 극장이 있었던 당시 정착지 인구가 고작 8000명 정도였다는 점을 생각하면 놀랄 일은 아니다. 지금은 한 러너가 스트레칭을 하고, 몇몇 아이들이 경기장을 차지해 공놀이를 하고 있다. 이곳 사람들은 야외 운동을 좋아하는 듯하다. 튈르리 궁에서는 요가하는 사람을, 조각 공원에서는 탱고를 추는 사람들을 보았다. 원형 극장 옆에 재건된 님파이움 근처에는 예쁜 정원용 꽃들이 피어있고 분수에서 솟아오른 물은 수련이 떠 있는 연못으로 흘러들었다. 소르본 근처에도 로마식 분수의 유적이 남아 있지만, 그걸 알아보려면 사전 정보가 있어야 한다. 콜롱브 거리에 표시된 옛 로마 성벽의 자취도 미리 알고 가지 않으면 알아보기가 어렵다. 가장 인상적인 유적은 중세 박물관에 있다. 이 건물은 고대 로마 시대의 거대한 공중목욕탕 자리에 지어졌다. 목욕탕 단지의 일부는 전시 공간으로 개조되었고, 일부는 원형 그대로 보존되었으며, 나머지는 지붕 없이 야외에 노출된 채로 남아 있다. 근처에 있는 판테온 건물의 외관도 로마에게서 영감을 얻은 것이다.

리옹에서 코리엇은 도시가 고대에 지어진 것에 주목했다. "이 도시는 로마의 신사인 무나티우스 플랑쿠스Munatius Plancus가 지었는데, 키케로의 제자이자 뛰어난 웅변가였다."[68] (이것은 고대 사료에 있는 정보다.) 그는 허물어진 원형 극장을 둘러본 소감도 적었다. "이곳에서 예수 그리스도의 충성스러운 신자들이 그를 위해 기꺼이 이루 말할 수 없는 고통과 고문을 감내했다."[69] 그는 이런 언급을 통해 고대 로마에 대한 근세 유럽인들의 양가 감정적인 태도를 드러냈다. 로마인들은 위대한 건설자인 동시에 이교도 신자이자 박해자였다. 한편 코리엇의 여행기는 해외의 기이한 이야기들을 통해 독자들을 즐겁게 하려는 목적도 갖고 있었다. 그는 소문도 빠뜨리지 않았다. 예를 들어 에식스 백작이 과거에 리옹의 스리 킹스 여관에 머물렀다는 것이다. 에식스 백작은 엘리자베스 1세의 총신이었으나 총애에서 멀어져 반역을 일으켰다가 처형된 인물이다. 코리엇은 옛 프랑스 대사의 콘스탄티노플 사절단에 포함된 튀르키예 사람들에 대해서도 흥미를 보였다(그 흥미는 오늘날의 관점에서 보면 인종차별적인 것이었다). 튀르키예인 중 한 사람은 광대였고, 다른 한 사람은 학자였다. 이탈리아에 도착한 코리엇은 선배 여행자 몽테뉴와 마찬가지로 이전 도시에서 떠나올 때 전염병에 걸리지 않은 상태임을 증명하는 건강 증명서를 제시하라는 요청을 받았다.[70] 또한 그는 여행자들이 의자에 앉은 채 알프스 고개를 넘어가는 것을 보았고,[71] 어떤 '명랑한 이탈리아인'과 동행하며 즐거움을 느꼈다. 안토니오라고 하는 이 이탈리아 사람은 자신이 유명한 마르쿠스 안토니우스(고대 로마의 군인이자 정치가)의 후예라고 주장했다. 다소 엉뚱하게 들리지만 당시 이탈리아 상류층 사이에서는 이런 황당한 족보를 주장하는 것이 대유행이었다. 안토니오는 자신의 좌우명을 수시로 말하면서 일행을 즐겁게 했다. "마음껏 즐겨라. 악마는 이미 죽었으니!"[72] 그러나 코리엇은 뭔가 배우려고 열심이었고, 자신의 주장을 뒷받침하려는 열의도 강했다. 그는 이를 위해 여행 내내 고대의 권위 있는 저술가들을 자주 인용했다. 그중에는 유명한 역사가 코르넬리우스 타키투스, 리비우스, 수에토니우스 등이 있었다.[73] 파도바에서 그는 리비우스의 생가를 방문해 고대 유물 컬렉션을 둘러보았고, 그 유물이 실제로 리비우스의 것이 아니라는 주장에 반박했다. 이는 고대 유물의 진위 여부를 둘러싼 초기 논쟁의 한 사례였다.[74] 코리엇은 샤를마뉴의 신화적 도로나, 푸를로 터널을 한니발이 건설했다는 이야기를 믿지 않았다. 그러나 이렇게 고증하기를 좋아하는 코리엇도 파리의 성벽은 카이사르의 작품이라고 선뜻 인정했다.

코리엇의 여행기는 여행 문학의 역사에서 하나의 전환점이었다. 이전 독자들은 허구나 판타지를 즐겼지만, 이제 정확성이 훨씬 더 중요한 가치로 여겨졌다. 출판물은 다른 여행자들에게 관련 정보를 제공했을 뿐만 아니라 점차 체계화되는 외교 관계를 관리하는 정부에도 정보를 제공했다. 한 현대 평론가는 제국주의와 식민지 확장이라는 맥락에서 "외국 문화에 대한 지식은 권력의 도구가 되었다"고 지적했다.[75] 이 지식은 유럽 역사와 지리에 대한 국내 인식에도 영향을 주었다. 코리엇, 몽테뉴, 1615년에 《여행담 A Relation of a Journey》을 쓴 조지 샌디스George Sandys는 특히 개신교도에게 문제시되던 예전의 로마 여행 동기를 대체하는 보다 세속적인 여행 동기 개발에 중요한 역할을 했다. 실제로 샌디스는 북부 이탈리아의 덜 알려진 도시들을 집중적으로 방문했다. 알려진 지역은 이미 "날마다 사람들이 다니고 또 정확하게 서술되어 있기" 때문이었다.[76] 이것은 여행 작가들이 자신의 새로움을 강조할 때 쓰는 일종의 상투어가 됐다. 그로부터 한 세기 뒤에 조셉 애디슨Joseph Addison은 "많은 여행 저술가들이 비아 플라미니아를 언급했으므로 그 길에 대해서는 더 이상 언급하지 않겠다"고 말했다.[77] 이제 여행은 더 이상 종교적 헌신이 아니었고, 또한 그것만이 전부는 아니었다. 이웃 국가들을 탐사하려는 학문적인 정보 수집의 목적으로도 이루어졌다.[78] 1632년 니콜라 상송Nicholas Sanson의《우편 지리도Carte Geographique des Postes》는 최초의 인쇄된 우편 지도였고, 그 다음 10년 동안 1552년《프랑스의 길 안내》를 보완하는 지도가 제작되었다.[79] 마테오 볼로그니니Matteo Bolognini가 1647년에 제작한 그림은 영국인 여행자 존 바그레이브John Bargrave의 모습을 보여준다. 물결치는 머리카락을 지닌 존은 검은 겉옷 밑에 하얀 칼라와 소매가 달린 옷을 입었고, 그 옆에 있는 2명의 동료와 함께 다소 부정확하게 그려진 이탈리아 지도를 들여다보고 있다.[80] 그림 속의 바그레이브는 이탈리아와 로마를 가리키고 있다. 이처럼 여행 기록은 글에서 시각적 표현으로 변모하고 있었으며, 로마 도로는 문자 그대로 지도 위에 표시되었다.

9

왕실의 피난자들

17세기와 18세기에 로마로 가는 길들은 계속해서 고대 유물 연구자들의 관심을 받았을 뿐만 아니라, 동시에 탈출 경로로도 활용되었다. 추방당한 가톨릭 신자들은 로마의 역사를 바라보는 그들 나름의 방식을 창조했고, 새로운 독자층을 위한 여행 이야기도 만들어 냈다. 그들 중 일부는 로마 유물을 열광적으로 찬양했으나, 일부는 종교적 갈등과 제국주의적 확장에 영향을 받아 전혀 다른 서사를 제시했다.

1607년에 이른바 '백작들의 도주' 사건으로 한 무리의 아일랜드 귀족들이 다소 암울한 상황에서 고국을 떠나야 했다. 이들 중에는 티론 백작인 휴 오닐Hugh O'Neill과 티르코넬의 마지막 왕인 로리 오도넬Rory O'Donnell 등이 있었다. 9년 전쟁의 패배 이후 굴복할 수밖에 없었던 그들은 잉글랜드에 대한 반역죄로 기소되었다. 그러나 이 이야기는 단순히 무죄나 유죄 중 하나로 단정할 수 없는 복잡한 양상을 지닌다.[1] 좀 더 넓은 관점에서 보자면 튜더 왕조 시대부터 잉글랜드가 아일랜드를 상대로 장기적인 정복 사업을 벌인 후유증이었다. 아일랜드 백작들은 잉글랜드에 저항했으나 성공을 거두지 못했고, 곧이어 스코틀랜드의 개신교 정착자들이 건너와 얼스터 개간지 사업을 벌이기 시작했다. 당초 백작들과 그 일행은 스페인으로 가려 했으나 악천후로 인해 항해를 중단하고 프랑스에 체류하게 되었다. 그들은 이후 여러 차례 불행한 일을 겪고서 마침내 로마로 갔는데, 그곳에서 교황을 만나기를 희망했다. 그 과정에서 가문 대대로 연대기를 기록해 온 집안 출신인 타이그 오 시아나인Tadhg Ó Cianáin이 아일랜드어로 된 최초의 여행기를 남겼다. 그의 여행기가 중요한 것은 로마의 과거 업적보다 박해에 더 초점을 맞추고 있기 때문이다.[2]

오 시아나인의 여행기는 위험한 사건들로 가득하다. 백작들은 1608년 2월 28일 로마로 가기 위해 저지대 국가를 떠났다. 이때 알프스는 여전히 눈이 덮인 상태였다. 그들은 고트하르트 고개를 넘으면서 '악마의 다리'에서 말을 한 필 잃었고, 오닐은 돈 120파운드를 분실했다. 오 시아나인의 설명에 의하면 "산을 넘어가는 길은 잘 정비되어 있지 않은 데다 험준해, 성질이 사납고 길들여지지 않은 말들은 제대로 걸어가기가 어려웠다. 산을 내려올 때는 길이 얼어붙었으며 바위가 많고 비좁은 데다 험난했다. 고개의 남쪽 끝에 있는 아이롤로라는 마을에 이르기까지 계속 그런 상태였다(아이롤로는 현재 스키리조트로 잘 알려져 있다)."[3] 이어 티치노 계곡 아래쪽으로 더 내려가면 나오는 벨린초나는 아름답고 요새화된 도시로, "3개의 강력한 성채를 갖추어 도로 주변 마을과 인근 지역 전체를 지배하고 통제한다"고 했다.[4] 이 고갯길은 전략적 중요성을 지니고 있었다.

백작 일행은 비아 에밀리아를 따라 피아첸차, 파르마, 볼로냐를 경유해 아드리아 해안 지역을 따라 로레토 성지를 방문했다가 다시 비아 플라미니아를 따라 반도를 가로질러 로마로 갔다. 여행기의 상당 부분을 로레토에 할애한 오 시아나인은 그곳으로 가는 여정의 위험을 이렇게 서술했다. "길이 한적하고 어두운 황무지를 통해 나 있기 때문에 많은 이단자들과 강도들이 들끓었고, 길을 오가는 순례자들을 강탈하거나 살해했다."[5] 로레토에서 로마로 돌아오는 데에는 아시시로 짧게 우회한 것을 포함해 6일이 걸렸다. 이처럼 성지를 방문했다는 사실은 백작 일행의 우선사항이 무엇이었는지 잘 보여준다. 4월 29일 로마에 도착하자 일행은 폰테 몰레에서 아마 대주교의 영접을 받았다.[6]

일단 로마로 들어가자 오 시아나인의 기독교 강조는 계속 되었다. 어떻게 보면 그의 여행기는 코리엇이나 몽테뉴보다는 그 이전의 순례자 여행기와 더 닮았다.[7] 그는 교황의 축복과 로마의 순례 교회들에 대한 전통적 관광을 묘사한다. 가장 눈에 띄는 고대의 인물로는 최초의 기독교 황제였던 콘스탄티누스다. 고대 로마는 기독교 교회와 관련이 있을 때에만 이야기에 등장한다. 예를 들어 라테라노 대성당은 이렇게 묘사한다.

크고 높은 제단 앞에는 매우 훌륭한 4개의 기둥이 있는데 겉은 놋쇠로 만들어져 화려하게 도금되어 있으며, 내부는 예루살렘에서 이곳으로 가져온 성스러운 흙으로 채워져 있다. 이 기둥들은 바다에서의 성공을 기념하여 아우구스투스 황제가 세웠다고도 하고, 어떤 이들은 '넵튠의 기둥'이라 부르기도 한다. 높은 제단 밑에는 예배당이 있는데 품 안의 요한 John of the Bosom이 로마인에 의해 감금되었을 때 전능하신 하나님께 예배

를 올린 곳이라 한다.⁸

오 시아나인은 산타 마리아 로톤다(판테온)⁹의 로마 기원을 언급했지만, 백작 일행이 산 칼리스토의 지하묘지를 방문했을 때는 다시 한 번 박해에 초점이 맞춰졌다.

이 지하묘지에 17만 4천 명의 순교자들이 누워 있다. 주님의 사도들과 제자들은 이교도들을 피하고 그들로부터 도망치기 위해 이 동굴에 머물렀다. 18명의 교황도 이곳에 묻혀 있는데, 그들은 하느님을 믿지 않은 이교도들에게 처형된 후 고귀하고 위대하고 영광스러운 순교자로서 이곳에 모셔졌다.¹⁰

코리엇이 리옹을 묘사하면서 고대 로마사의 잔혹한 측면을 간략히 언급했다면, 오 시아나인은 로마 당국이 억압자로 등장하는 부분을 더욱 강조했다. 영토 확장을 위해 아일랜드를 쳐들어온 적대적인 외세의 침략으로부터 도망쳐온 백작 일행이 로마 시대 순교자들의 이야기에 관심을 보인 것은 그리 놀라운 일이 아니다. 또한 다른 여행기들이 강조한 로마 시대의 업적이 오 시아나인의 여행기에서는 전혀 나오지 않는 것 또한 이해할 만하다. 백작 일행은 비아 아피아를 따라 여행하며 오늘날의 그로토 디 에게리아도 방문했을 것으로 짐작되지만, 도로명은 언급하지 않았다. 그들이 오스티아로 짧은 나들이를 갔을 때도 단지 "휴일을 맞이해 바람을 쐬러 갔다" 정도로만 서술되어 있다.¹¹ 오 시아나인과 그 일행은 분명 로마의 길을 따라 여행했을 것이고, 때로는 위험하지만 유용하다는 걸 발견했을 것이다. 그러나 여행기엔 도로에 대한 이야기는 별로 없고, 고대 로마 통치자들에게 박해를 당한 기독교 신자들에게 과도하게 집중하고 있다.

로마 여행은 최초의 아일랜드인 여행기뿐만 아니라 최초로 출간된 아프리카인 자서전에서도 등장한다. 사가 크러스토스Ṣägga Krəstos는 1630년대에 프랑스와 이탈리아를 여행했는데, 로마에 오래 머물렀던 일을 기록하고 있다. 그는 로마에서 교황을 만나 자신이 에티오피아 황제 야어코브Ya'əqob의 후계자라는 것을 설득시키려 했다.¹² 그러나 두 사람의 연대가 일치하지 않기 때문에 그 주장은 진실이 아님을 알 수 있다. 그러나 높은 교육을 받아 교양이 있던 사가 크러스토스는 여러 명의 유럽 통치자들을 속여 넘겼다. 아프리카의 뿔 지역과의 관계 개선에 관심이 있던 유럽 통치자들은 그의 사기에 속아 넘어갔거나 혹은 의심을 하면서도 한번 믿어주는 게 손해될 게 없다고 생각했을 것이다. 그는 나일 계곡 남쪽에서 수백 마일 떨어진 신나르에서 카이로로 향했다. 이는 그리 쉬운 여정이 아니었다. 이집트 사막에서 그의 낙타들은 "모래밭에 쑥쑥 빠져 24시간 동안 겨우 약 16킬로미터를 갈 수 있을 뿐이었다."¹³ 아무리 로마가 광범위한 도로망을 자랑한다고 해도 여기까지 미치지는 못했다. 사가 크러스토스는 이어 육로로 예루살렘과 나사렛으로 갔다(카이로에서 예루살렘까지는 세관 통과의 문제가 있기는 했지만 15일 정도 걸리는 손쉬운 길이었다). 다음 구간은 크레타, 잔테, 코르푸를 경유하는 해상 여행이었다. 이탈리아 반도의 발꿈치에 있는 오트란토에서 사가 크러스토스는 나폴리로 가는 길을 택했다. 아마도 비아 아피아 혹은 비아 트라이아나의 지선이었을 것이다. 나폴리에서는 곧바로 북행해 로마에 도착했다. 이어 리미니를 경유해 베네치아로 갔고(비아 플라미니아), 북부 이탈리아를 가로질러 토리노로 갔으며(비아 에밀리아), 그 다음에는 알프스를 넘어 리옹과 파리로 갔다.[14] 자서전 속 이야기는 여행의 세부사항에 대해 별로 언급하지 않는다. 단 현지의 관대한 통치자들의 후원은 언급했다. 그들은 "여러 명의 귀족"과 "호화롭게 단장한 값비싼 말들"을 호위대로 제공했다. 이것은 이 여행 구간이 아주 편안했음을 의미하며, 모든 여행자가 마차를 타고 간 건 아님을 보여준다. 17세기에 왕실 인사에 대한 환대는 극진했으므로, 사가 크러스토스의 주장대로 황제의 후계자라면 이런 호화로운 여행을 기대할 수 있었을 것이다.

로마 방문자들의 대다수가 유럽인 겸 백인(현대적 인종 개념으로 백인이라는 용어가 처음 정립된 것은 17세기였다)이었지만, 사가 크러스토스의 사례는 예외도 있었다는 것을 보여준다. 실제로 12세기 이후 바티칸 성벽 안에 위치한 산토 스테파노 수도원은 로마로 오는 아프리카 출신 기독교 여행자들에게 로마에 머무를 수 있는 거점을 제공했다.[15] 이런 여행자들 중 한 사람이 요하네스Yohannas다. 그는 추방당한 에티오피아 부모 사이에서 키프러스에서 태어나 로마 가톨릭교회 내에서 두 번째로 흑인 주교가 됐다. 그는 열여섯 살이던 1525년 무렵에 로마에 도착했으나, 그의 아버지는 그 직후 사망했다. 이후 요하네스는 산토 스테파노 출신의 에티오피아 수도사 한두 명과 함께 순례 여행을 떠났다(당시 이 공동체에 소속된 사람은 30명 정도였다).[16] 튀르키예, 시리아, 현재의 이라크 지역 기독교인들도 교황을 만나기 위해 로마를 찾아왔고, 때로는 장기간 로마에 머물렀다.[17] 16세기부터는 아메리카 대륙의 여행자들도 방문했다. 한 시에서는 멕시코 나와족 방문자들의 유럽 여행을 묘사했는데, 그들은 스페인을 거쳐 로마에 있는 '교황의 긴 집, 다채로운 지하실이 있는 곳'으로 갔다.[18] 이들은 당시의 도로 상황을 알려주는 여행기는 쓰지 않았지만 로마의 도로를 이용한 것만큼은 분명하다. 한편 아프리카 노예를 거래하는 무역의 규모가 커지면서 그들을 로마로 수입해 오는 새로운 길들이 생겨났다. 그 중에는 디에고 벨라스케스를 섬기는 노예였던 화가 후안 데 파레하Juan de Pareja도 있었다. 벨라스케스는 1649년 로마 체류 중에 파레하의 초상화를 그렸다. 그는 이듬해에 노예 신분에서 해방돼 화가로서 독립된 커리어를 구축해 나갔다.[19]

그로부터 몇 년 뒤에 스웨덴의 크리스티나 여왕이 양위 후 로마의 상류층 사회에 합류했다. 크리스티나는 다섯 살에 왕위에 올랐고 1644년 열여덟 살 생일부터 왕국을 단독 통치했으나, 결혼을 하지 않기로 결심하고 사촌을 후계자로 삼았다. 이러한 선택에 대한 논란과 그녀의 가톨릭 성향, 사치스러운 재정 운영이 1654년 양위의 배경이 되었다. 이후 그녀는 비밀리에 가톨릭으로 개종하고 로마로 이주했다. 그녀의 여행기는 1656년에 나왔는데 여러 권의 군사 역사와 전기들을 펴낸 갈레아초 과르도 프리오라토Galeazzo Gualdo Priorato가 집필했으며, 신속하게 영어로 번역되었다. 이 책은 왕족과 귀족의 여행에 대해 자세히 기록하고 있을 뿐만 아니라 거대한 행사들이 어떻게 치밀하게 준비되었는지, 그리고 당시 의식이 어떻게 고대와 연결되었는지를 풍부하게 보여준다.

1655년 9월 22일에 브뤼셀을 출발한 크리스티나는 50명의 수행원, 30명의 호위병, 3대의 마차와 4개의 수레를 대동했다. 여기에는 그녀를 수행한 귀족들의 하인이 포함되지 않아 일행은 100명이 훨씬 넘었을 것으로 보인다.[20] 크리스티나는 먼저 "단단한 고대의 성벽으로 둘러싸인 대도시"[21]인 로렌으로 갔다가 로마 식민지였던 쾰른(주둔지를 뜻하는 라틴어 콜로니아에서 유래한 이름)으로 향했다. 그녀는 쾰른에서 2명의 추방당한 왕족을 만났다. 스코틀랜드의 왕 찰스 2세(나중에 잉글랜드의 왕이 됨)와 그의 동생 글로스터 공작이었다.[22] 그녀는 이어 쾰른에서 남동쪽으로 향해 아우크스부르크로 갔으나 티롤 산맥의 좁고 험한 길을 건널 수 있는 적합한 마차를 받을 때까지 기다려야 했다.[23] 그녀는 이런 소형 마차 외에도 '매우 화려한 가마'를 소유하고 있었으며, 이를 타고 인스브루크에 입성했다.[24]

프리오라토의 여행기를 통해 여왕이 현지 상황에 맞는 다양한 형태의 수송 수단을 활용했을 뿐만 아니라 그녀가 위엄 있게 이동하는 동안 다음 도착지를 위한 준비가 차질 없이 이루어지도록 전령들이 도로를 오가며 분주히 움직였다는 사실도 알 수 있다. 또한 사회 기반 시설에 대한 흥미로운 이야기도 나온다. 알프스 너머 브레너 고개를 지나 인스브루크 반대편의 볼차노에서는 "아디제라는 맑은 강에 항해가 가능하게 되어, 연간 네 차례 열리는 귀족 장터에서 이탈리아로 운송되는 모든 상품을 빠른 유속을 통해 실어 나른다."[25] (이 강은 메라노, 볼차노, 트렌토, 베로나를 거쳐 아드리아 해로 흘러든다.) 프리오라토는 또한 포 강의 피카롤로에서 페라라까지 약 24킬로미터 구간에서 "강둑이 위험한 홍수에 대비해 매우 튼튼하게 쌓여 있다"고 기록했다.[26] 크리스티나가 이 강을 건널 때는 화려한 개인용 배가 제공되었으나 다른 사람들은 46척의 크고 두터운 소형 배들을 연결한 부교를 이용했는데, 그 너비는 4대의 마차가 나란히 지나갈 수 있을 정도였다.²⁷ 이것이 나폴리 만을 건너는 고대의 방식을 그대로 답습한 것인지의 여부는 알 수 없으나 그렇게 해석할 수도 있다.

프리오라토는 고대 역사에 대해서는 많이 쓰지 않았다. 그는 크리스티나가 길에서 만난 귀족 가문들과 여행의 순례적 측면에 더 관심이 많았다(그녀는 아일랜드 백작들과 마찬가지로 로레토의 성지를 방문했다). 하지만 그는 볼로냐가 "비아 에밀리아의 한가운데 위치해 있다"고 언급했으며, 파노의 성벽은 부분적으로 고대의 것이고 도시가 "운명의 신전Temple of Fortune과 아우구스투스 개선문 유적으로 유명하다"고 적기도 했다.²⁸ 고대의 것인지 혹은 후대에 들어와 복원된 것인지 알 수 없으나, 개선문들은 때로 크리스티나의 방문을 환영하기 위해 특별히 단장되기도 했다. 마체라타에 있는 피오의 문이 그 예다. 1641년에 작고한 카를로 엠마누엘 피오 추기경의 의뢰로 만들어진 이 문은 여왕의 도착을 찬양하고 영광스럽게 하기 위해 그림, 인물, 좌우명, 상형문자, 비문 등으로 아름답게 단장되었다. 또한 대성당에서는 방문을 기념하기 위해 추가로 개선문을 설치해 환영했다.²⁹ 때로는 덜 유명한 고대의 유물이 프리오라토의 주목을 받았다. 예를 들면 폴리뇨에 있는 '유명한 성문'이 그것인데, 시민들은 롬바르드족을 이 성문 밖으로 내쫓았다.³⁰ 스폴레토의 '고대 성문'에는 2개의 비문이 장식되어 있었는데 하나는 여왕을 기리는 것이고, 다른 하나는 "카르타고의 한니발이 트라시메노 호수 전투에서 승리한 후 로마로 진격하려다 패주한 장소를 암시하며, 그 문이 오늘날까지도 '도망의 문'이라 불린다"는 내용이었다.³¹ 고대 유적들은 근대 왕족 여정에 자연스럽게 편입되었으나, 프리오라토의 기록에선 도로들이 그저 지나가듯이 언급될 뿐이다. 이것은 도로를 바라보는 태도를 잘 보여준다. 즉 조용히 배경으로 존재하지만, 중요한 무대 장치였다는 뜻이다. 카를 5세의 로마 입성과 마찬가지로 도로 위에서 왕실 사람들은 배우처럼 적절히 연기를 했다.

크리스티나의 여행 일정에 나오는 찰스 2세와 그 동생의 존재가 분명하게 보여주듯이 17세기 중반 영국 내 정치적 갈등은 고국을 떠나야 하는 이유가 되었다. 앞서 지도를 검토하는 존 바그레이브를 살펴본 바 있는데, 그는 왕당파를 지지한다는 이유로 케임브리지 대학의 연구원 자격을 박탈당했다.[32] 영국의 내전이 격화되던 17세기 후반 일부 유배자들은 이러한 망명에 합류했다. 앵글로-아일랜드계 시인 존 데넘John Denham 경은 이들의 체험을 밝은 시선으로 바라보려 노력하며 이렇게 썼다.

> 파리에서, 로마에서, 헤이그에서
> 그들은 편안했다.
> 착한 사람은 그 어디에서도
> 낯선 사람 취급을 받지 않았다.[33]

지도 옆에 바그레이브와 함께 서 있는 존 레이먼드John Raymond는 이탈리아를 여행한 후 1648년에 여행기를 썼다. 그는 비아 아피아에 합류하기 위해 빙 둘러가는 길을 택했다. 그는 로마를 출발할 때 먼저 비아 라티나를 따라가다가 트레스 타베르네에서 남쪽 길과 합류했다. 그 길을 레이먼드는 이렇게 묘사했다. "이곳은 기독교 형제들이 사도 바울을 만난 곳이다."[34] 레이먼드의 글은 기독교적 언급과 함께 비문에 대한 세밀한 기록이 결합되어 있다는 점에서 주목할 만하다.

그는 비아 아피아에 대해 이렇게 묘사했다. "엄청나게 단단한 돌들로 포장을 해서 오랜 시간이 경과하는 동안 말들과 사람이 많이 지나다니고, 험한 날씨에 의한 자연 마모에도 불구하고 그 어떤 부분도 파손되지 않았다. 단 폰티네 습지는 물이 범람해 예외다. 나머지 부분은 모두 온전하고 단단하다."35 (교황 식스토 5세가 폰티네 습지를 정비하려 한 노력은 분명 제한적인 효과만 거둔 듯하다.) 그러나 모든 로마 방문자들이 여행기를 작성하면서 언제나 완벽을 기한 것은 아니었다. 영국인 여행자 바나스터 메이나드Banaster Maynard는 로마에서 나폴리까지 이르는 동안 오로지 경유지들만 언급할 뿐, 비아 아피아에 대해서는 전혀 언급하지 않았다.36

로마 도로에 대한 장래의 관점을 결정한 것은 인터레그넘interregnum〔크롬웰이 죽고 찰스 2세가 들어서기 전까지 국왕 자리가 비어 있던 때〕 시기에 등장한 또 다른 영국 여행자였다. 드웨에 있는 영국 신학교에서 교육을 받고, 나중에 리슐리외 추기경의 라틴어 비서를 지낸 리처드 라셀스Richard Lassels는 젊은 귀족들을 교육하는 '교양 여행'이라는 발상을 처음으로 제시한 인물이었다. 그는 레이디 훼트넬Whetenell의 가정교사 자격으로 이탈리아 여행길에 올랐다. 그녀는 루뱅의 영국 수도원과 연줄이 있는 가톨릭 신자였는데, 1650년의 희년에 맞춰 로마로 가는 여정을 주도했다. 이 여행에는 그녀의 남편과 라셀스도 함께했다. 그러나 여행 도중 레이디 훼트넬은 아이를 사산하고 출산 중에 사망했다. 그로부터 20년 뒤, 라셀스가 그녀의 남편을 위해 쓴 여행기가 발간되었다.37 이 책은 '그랜드 투어Grand Tour'라는 표현의 기원이 되었을 뿐 아니라38 비아 아피아를 바라본 그의 기록을 통해 영국 독자들에게 로마 도로의 인상적인 이미지를 각인시켰다.

지표면에서 약간 올라온 이 길은 로마의 위대함과 부를 보여주는 강력한 증거 중 하나다. 로마에서 시작해 나폴리 왕국을 경유해 브린디시에 도달하는 이 도로는 여행하는 데 닷새가 걸렸다. 도로의 폭은 마차 2대가 마주 보고 지나가도 될 만큼 넓고 모두 커다란 흑색 돌로 포장되어 있는데, 각각의 돌은 장정 2명이 들어야 할 만큼 크다. 돌들은 틈새 없이 촘촘히 놓여 있어 1800년이 지난 지금까지도 그대로 유지되고 있으며, 역사가 프로코피우스의 말대로 '쌓였다Congesti'기보다는 '함께 태어났다Congeniti'고 할 만큼 자연스럽게 맞물려 있다. 이 도로는 지난 오랜 세월 동안 수많은 말과 노새들이 다닌 덕분에 아주 매끈하면서도 반짝거린다. 길 위에 햇빛이라도 비추면 저 멀리 3킬로미터 밖에서도 반짝거려 마치 은을 뿌려놓은 것 같이 보인다.[39]

라셀스는 자신이 참고한 서적이 프로코피우스의 《고트 전쟁》과 플루타르크의 〈그라쿠스의 생애〉라고 언급했다. 비오 2세가 도로의 아름다움을 찬양하고 몽테뉴가 도로가 고대의 분위기를 지녔다고 했다면, 라셀스는 거기에 부연해 도로는 위대함의 증거라고 선언했다. 거기에 반짝이는 도로라는 시적 이미지가 더해지며 이 고대의 관념은 현대 독자들에게 새롭게 강조되었다.

그랜드 투어는 특히 북유럽을 중심으로 유럽 전역의 젊은 귀족 남성(때로는 여성)들에게 일종의 통과 의례가 되었다. 최근 연구에 따르면 이탈리아만이 인기 있는 목적지는 아니었지만,[40] 이탈리아 여행이 고전 문명에 대한 독특한 기회를 제공한 건 분명했다. 그러나 일부 여행자들은 실용적 교육 목표가 더 강해 가정교사와 동행하기도 했다. 여행 중에는 화가들에게 부탁해 초상화를 제작하는 게 통상적이었다. 그래서 로마의 폼페오 바토니Pompeo Batoni, 베네치아의 로살바 카리에라Rosalba Carriera 같은 이들은 이러한 작업으로 경력을 쌓았다.⁴¹ 여행자들은 다양한 경로를 선택할 수 있었다. 예를 들어 영국인 여행자는 파리에 들러서 베르사유 궁을 관광한 뒤 리옹과 론 계곡의 로마 유적들을 살펴본 후 아비뇽에 이르고, 이어 알프스 고개를 넘어 북서부 이탈리아로 들어가 토리노, 밀라노, 피렌체를 방문할 수 있었다. 독일을 경유하는 대체 코스도 있었다. 이탈리아에 들어서면 주요 역참 도로를 따라가거나 아니면 아레초와 페루자로 들어가는 우회로를 선택해 테르니에서 비아 플라미니아를 타고서 남행해 로마나 나폴리로 갈 수 있었다. 돌아오는 길에는 비아 플라미니아를 따라 아드리아 해 연안과 베네치아까지 원형으로 돌아가거나, 베네치아에서 브레너 고개를 넘어 독일과 저지대 국가들로 가는 경로, 아니면 비아 에밀리아를 따라 볼로냐, 모데나, 파르마, 피아첸차를 경유해 프랑스로 들어가 거기서 귀국 길에 오를 수도 있었다.

초기 단계에 그랜드 투어에 나선 여행자들은 영국 인구 중 아주 소수의 엘리트 계층이었다. 한 추정에 따르면 매년 약 1만 5천에서 2만 명가량이 해외를 방문했는데, 만약 한 사람이 평생에 두 번 이상 가지 않는다고 가정해도 전체 영국인 중 10퍼센트도 채 되지 않는 이들이 해외여행을 한 셈이다. 물론 그보다 더 자주 여행한 사람들도 있었다.⁴² 14세기에는 아라곤에서 온 순례자들이 여름철에 로마로 몰려들었지만,⁴³ 전형적인 9개월짜리 그랜드 투어 일정은 10월에 시작되었다. 여행자들은 첫 몇 달은 북부 이탈리아에서 보내고, 가장 더운 시기에는 남부에서 머문 뒤 다시 북부로 돌아갔다. 이렇게 하면 말라리아 유행 시기를 피할 수 있었다. 당시에는 모기가 질병의 원인이라는 사실은 알지 못했고, 말라리아라는 이름도 '나쁜 공기'를 뜻하는 이탈리아어에서 유래되어 공기가 병의 원인이라 여겨졌다. 이에 여행 안내서들은 계절별 위험을 경고했고, 17세기 중반 이후 여행객들은 여름철 로마 방문을 피하는 경향을 보였다. 특히 현지인보다 면역이 약했던 북유럽 방문객들이 말라리아에 취약했다.[44]

관광 명소에 대한 조언으로 여행자들은 코리엇과 그 선대 작가들의 여행기를 참고했으나, 제법 유식한 이미지를 풍기고 싶은 사람들을 위해 곧 새로운 책이 필수 자료가 되었다. 바로 1705년에 출간된 조셉 애디슨의 《이탈리아의 여러 지역에 대한 논평Remarks on Several Parts of Italy》이었다. 도로의 역사에 대한 애디슨의 접근 방식은 라셀스와 달랐으나, 두 사람의 글은 이후 많은 후대 이야기들이 바탕으로 삼을 기본 틀을 보여주었다. 라셀스가 역사적 전거로서 프로코피우스와 플루타르크를 인용했다면, 애디슨은 문학 작품들을 많이 인용했다.

내가 로마에서 나폴리로 가는 여행에서 가장 큰 기쁨을 느낀 것은 수많은 고전 작가들이 묘사하고 많은 위대한 사건들의 무대가 되었던 들판, 마을, 강들을 보는 일이었다. 도로 자체는 특별한 볼거리가 거의 없는 황량한 곳이다. 이 길을 지날 때는 호라티우스가 브린디시로 떠난 여정을 떠올려 보는 것이 의미가 있다. 그가 들른 여러 중간 기착지와 그가 따라 간 도로를 오늘날과 비교해 보면 우리는 그의 시대로부터 이 지역 풍경에 어떤 변화가 있었는지 어느 정도 짐작할 수 있다. 우리가 시인의 여행기를 통해 고대 로마의 지체 높은 사람들의 통상적인 이동 거리를 추측해 본다면, 비아 아피아로 갈 때 하루에 약 22.5킬로미터 이상을 가지 않았음을 알 수 있다. 비아 아피아는 이탈리아에서 귀족들에게 많이 이용된 도로로 나폴리, 바이아, 그리고 나라에서 가장 아름다운 지역들로 이어졌다.

애디슨은 자신의 기록을 마무리하며 호라티우스의 의견에 동의한다고 했다. 호라티우스는 천천히 가는 여행자들에게 비아 아피아가 다른 어떤 길보다 더 적합하고 했다. 덧붙여 도로의 상태를 이렇게 꼬집었다. "이 도로를 급히 달린다는 것은 매우 유쾌하지 못한 일이다." 애디슨은 또 다른 시인인 루카누스를 인용하기도 했다. 루카누스는 안옥수르(테라치나, 여기서는 로마 이전의 볼스키족 지명으로 표기)에서 로마로 가는 정반대 방향으로 여행을 했다. 애디슨은 "이 경로는 오늘날 흔히 다니는 길이 아니다. 두 시인 모두에게서 등장하는 장소들도 일치하지 않는다"고 했다. 도로가 변화했음을 인지한 것이다. 애디슨이 번역한 루카누스의 시는 12세기 그레고리가 이미 지적한 것처럼, 카이사르가 알반 언덕에서 바라본 로마의 첫 인상이 중요하게 다뤄진다는 점도 주목할 만하다.

그는 이제 안옥수르의 가파른 고갯길을 정복했고,
폰티나의 습지로 나아갔다.
그곳엔 진흙탕 늪지를 가르는 긴 운하가 있었고,
맑고 깨끗한 물줄기가 그 사이로 흐른다.
이어 디아나의 삼림 울창한 영역을 지나
신성한 그늘을 가로질러 높은 알반 언덕으로 올라갔다.
그곳에서 그는 새로운 기쁨을 느끼며
도시가 그의 시야에 모습을 드러내는 것을 바라보았다.[45]

애디슨의 책이 있으면 여행객들은 즉시 적절한 이야기를 인용할 수 있었다. 이 책은 가정교사들이 문학 지식을 익히기에 편리한 교과서였을 뿐 아니라, 어떻게 생각하고 느껴야 할지 방향을 찾는 불확실한 여행자들에게도 길잡이 역할을 했다. 로마의 자연 풍경을 보고서 무엇을 느껴야 하는지, 고전 작가들과 함께 전원 풍경을 공유하는 즐거움 같은 것들이 그것이다.[46] 새뮤얼 존슨의 전기로 잘 알려진 제임스 보스웰James Boswell은 1765년 그랜드 투어를 할 때 애디슨의 책과 1758년 출간된 샤를-니콜라 코생Charles-Nocolas Cochin의 《이탈리아 기행Voyage d'Italie》을 가지고 갔다. 코생의 책은 특히 미술사 부분에 장점이 있었다.[47] 이 책자는 매혹적인 여행을 만들어내는가 하면 엉뚱한 사람의 손에 들어가면 지루한 책이 되었다. 가령 한 세기 뒤에 이탈리아 여행을 하고 자신의 여행기를 펴낸 레이디 모건Morgan은 이렇게 말했다. "이 고상한 지루함은 웃음을 자아낸다. 고전적 지형을 너무나 사랑하고 거의 신탁과 같은 권위를 가지고 자신의 논평을 반복적으로 말한다. 또한 자신의 논평이 박학하면서도 독창적인 것처럼 행세한다."[48] 나는 레이디 모건이 오늘날 이른바 맨스플레이닝mansplaining(거들먹거리거나 잘난 체하며 하는 설명)이라 부르는 경험을 한 것 같다고 생각한다. 그녀의 논평은 나로 하여금 여행자로서의 글쓰기에 대해 생각해 보게 했다. 나는 어느 정도 문학 작품을 인용하는가? 현장에서 무엇을 찾고 있는가? 독자들이 이미 앞의 여러 장에서 감지했겠지만, 나는 스페인과 동유럽을 여행하면서 그랜드 투어의 경로를 훨씬 넘어서는 지역들을 방문했다. 이 점에서 중요한 사실이 있다. 북부 유럽 여행자들이 묘사하는 '로마 도로'는 전체의 일부에 불과하다는 것이다. 비아 아피아가 여왕이라면, 비아 플라미니아는 여왕의 시녀다. 그리고 비아 플라미니아와 알프스 고개들을 연결하는 비아 에밀리아가 언급될 때도 있지만, 이들 도로 사이에는 명확한 서열이 존재했다. 이탈리아를 벗어나면 도로에 대한 관심은 훨씬 적어졌다.

그렇다고 해서 로마 제국의 나머지 지역들이 완전히 무시되었다는 얘기는 아니다. 16세기부터 서유럽 국가 사이에는 고대 유물에 대한 분명한 관심이 있었다. 가령 후안 히네스 데 세풀베다는 이정표 문장들을 베껴 썼고, 헨리 8세는 (앞으로 살펴보겠지만) 고대 유적에 대한 보고서 작성을 지시했으며, 프랑수아 1세는 님므에 있는 원형경기장을 복원하기를 희망했다. 로마 시대의 직접적 유물이 없는 곳에서는 대체물을 만들어내기까지 했다. 비엔나에서 마이들링 구역을 거닐다 보면 티볼리가세(비아 티부르티나를 가리키는 독일어)라는 거리를 걷게 되는데, 그 길은 신성로마제국 합스부르크 왕가의 여름 별장인 쇤브룬 궁전으로 이어진다. 18세기 중엽 마리아 테레지아 여제 시절에 개조된 이 궁전의 광대한 정원에는 고전 양식의 조각품들이 흩어져 있는데, 그중에는 원본과는 달리 크기에서 압도하려는 듯 거대한 넵튠 동상도 있다. 이 정원의 설계자는 원본 작품의 수준에 못 미친다면, 규모로 원본을 능가하려는 의도를 가졌던 게 아닌가 하는 생각이 든다. 여기엔 알록달록한 돌로 만든 촌스러운 가짜 로마 유적도 있는데, 무너져 내린 기단과 기둥들이 백합 연못을 둘러싸고 있다. 도시의 중심부로 들어가면 이런 모방작들이 훨씬 많다. 18세기 황실 교회인 칼스키르헤는 카를 6세 황제의 발주로 1737년에 완성되어 성 카를로 보로메오에게 봉헌됐다. 이 교회는 높고 푸른 돔과 화려한 코린트식 기둥머리가 인상적인데, 건물 정면의 하이라이트는 트라야누스 황제의 기둥에서 본뜬 2개의 거대한 기둥이다. 교회 앞에서는 현지 어린아이들이 뛰놀고 있었다. 그들은 교회보다는 거리에서 비눗방울을 뿜어대며 그들을 즐겁게 하는 거리의 예술가에게 더 관심이 많았다. 토요일에 그 근처로 산책을 나온 시민들은 분수대 주위에 배열된 종려나무 화분들 옆에서 대화를 나누고 키스하며 포즈를 취했다. 이처럼 옛 제국과 새로운 제국의 건축물들은 유럽의 도시 풍경 속에 깊이 자리 잡고 있다.

동쪽으로 가면 상황은 좀 더 복잡했다. 콘스탄티노플로 가는 일부 여행자들은 자신들이 로마의 길을 따라 가고 있다는 걸 알았다. 로마인들의 왕(신성로마제국 황제가 사용했던 호칭) 페르디난트의 대사였던 오지에 기셀린 드 부스베크Ogier Ghiselin de Busbecq는 1555~1556년 사이에 여행을 했는데, 레안드로 알베르티의 《이탈리아 전역의 묘사》가 발간된 지 그리 오래된 시점이 아니었다. 대사는 세르비아의 도시 니시 인근 니샤바 강둑에서 이렇게 말했다. "이곳에는 로마 도로의 흔적들이 남아 있다. 라틴어 비문이 새겨진 로마 시대의 작은 대리석 기둥이 서 있었으나, 문장이 마모되어 읽어낼 수가 없었다."[49] 그를 호송한 튀르키예인은 좀 떨어진 곳인 세베린에 있는 트라야누스의 다리 터를 가리켰다(이것은 약 130킬로미터 떨어진 곳으로, 현재는 다리 기둥만 일부 남아 있다).[50] 앙카라 주변 지역에 이르러서도 상황은 비슷했다. "튀르키예의 공동묘지에서 종종 그리스어와 라틴어 비문이 새겨진 훌륭한 대리석 기둥과 판석들을 발견했지만, 너무 훼손되어 읽을 수 없었다."[51] 콘스탄티노플에 대해서도 부스베크는 말했다. "고대 기념물의 흔적이 많이 있으나 왜 온전하게 전해지는 것은 거의 없는지 의아한 생각이 들었다."[52] 이는 당연한 의문이었고, 그런 의문을 품은 서구 여행자들은 부스베크뿐만이 아니었다. 1540년대에 프랑스의 고대 유물 전문가인 피에르 쥘Pierre Gilles은 프랑수아 1세(당시 프랑스 국왕은 오스만 제국과 새로운 동맹을 맺었다)의 지시에 따라 도시를 방문한 뒤 "현지 사람들이 귀중한 유물이나 흥미로운 것들에 대해 보이는 무관심과 경멸"에 대해 한탄했다.[53]

고대 유물이 별로 없다는 사실은 1717년 비아 밀리타리스에 있는 아드리아노플(에디르네)에서 작성된 편지에서도 발견된다. 부스베크처럼 콘스탄티노플 대사였던 남편과 함께 여행했던 레이디 메리 워틀리 몬터규Mary Wortley Montagu는 베오그라드에서 출발해 여행길에 오르며 이렇게 말했다. "세르비아의 사막 숲은 도적들의 공동 피신처였다. 그들은 50명 정도 무리를 이루어 강도짓에 나섰는데, 우리는 경호원들을 동원해 신변 안전을 지켜야 했다."[54] 그녀는 편지의 상당 부분을 그 도시에서 한 학자와 나눈 대화를 통해 배운 이슬람 분파들에 관한 이야기로 할애했다. 하지만 편지를 받는 사람이 고대 유물에 대한 얘기도 기대할 것을 알고 있었다. 그 점에 있어서 그녀는 부스베크처럼 실망을 맛보았다.

고대 그리스의 유물들은 별로 없습니다. 우리는 흔히 트라야누스의 문이라고 하는 아치 곁을 지나갔습니다. 소피아와 필리포폴리스 사이의 산간 지대를 오가는 통로를 봉쇄하기 위해서 만든 것이라 합니다. 하지만 나는 그것이 일종의 개선문 유적이라고 생각합니다(여기에 비문은 새겨져 있지 않았습니다). 설사 그 통로가 봉쇄되었다 할지라도 군대가 행진할 수 있는 다른 통로들은 얼마든지 있습니다. 플랑드르의 백작인 보두앵이 콘스탄티노플을 점령한 후에 이 좁은 길목에서 참패했다는 이야기가 전해지긴 하지만, 게르만 군대가 그 때문에 진군이 가로막혔으리라고는 생각하지 않습니다. 이제 이 도로는 많은 노력 끝에 튀르키예 군대가 아주 편리하게 통행할 수 있게 되었습니다. 이곳과 베오그라드 사이에 있는 고랑이나 물웅덩이 위에는 튼튼한 널빤지 다리가 세워져 있습니다. 그리고 현지의 절벽은 제가 들었던 것처럼 그리 험준하지는 않았습니다.[55]

워틀리 몬터규가 신빙성에 대해 의문을 품었던 트라야누스 문을 제외하면, 그녀의 역사적 기준점은 로마가 아니라 십자군 전쟁이었다. 그녀가 도로 상태를 주목한 것도 오스만이 그들의 군대가 용이하게 행진할 수 있도록 도로를 개선했기 때문이었다. 오스만 군대는 1683년에 비엔나를 포위 공격했으나 패퇴했다. 그러나 거듭해 공격해 올 수 있는 오스만의 능력은 틀림없이 외교관들이 염두에 두고 있었을 것이다. 그러나 워틀리 몬터규는 로마 기원의 도로라는 점은 언급하지 않았다.

고대 유물이 별로 발견되지 않는 것은 그 나름의 이유가 있었다. 문제는 오스만이 호기심이 없는 게 아니라 로마 제국의 유일한 후계 국가의 잔해를 패배시켰다는 데 있었다. 그들은 동로마 제국과 그 일원의 주민들을 룸Rum, 즉 로마인이라고 불렀다(비잔틴이라는 용어는 중세에 사용되지 않았다). 정복자들은 패배자의 업적을 치켜세우는 데 관심이 없었고, 콘스탄티노플을 완전히 '이슬람화'해야 한다는 견해가 정복자 메흐메트의 아들 바예지드 2세가 술탄 자리에 오르면서 더욱 힘을 얻어갔다. 그 결과 150여 년에 걸쳐 기독교 교회와 세속 기념물들이 교체되었다.[56] 오스만 제국은 기존의 사회 기반 시설을 사용할 때 철저히 실용적 관점을 적용했다. 성 소피아 대성당을 모스크로 개조한 유명한 사건 외에도 그들은 콘스탄티노플에 적절한 수도 공급을 위해 고대의 수도교들을 원상 복구했다. 또한 비아 밀리타리스를 보수하거나 그 도로에서 돌을 빼와 새로운 도로를 건설한 것은 순전히 오스만 군대의 행군을 수월하게 하려는 것이었다.[57] 오늘날 내가 이스탄불에서 밀리온 타시를 찾으러 길을 헤매며 느낀 바와 같이, 로마 유산을 눈으로 확인하려면 상당한 노력이 필요하다. 후기 로마 제국 혹은 비잔틴 제국의 유적들이 관광객들에게 공개된 것은 20세기에 들어와 현대의 튀르키예가 세속 국가로 확립된 이후의 일이다. 예를 들어 기독교 벽화들에 회반죽 칠을 해버린 코라 교회는 1945년에 박물관이 되었다. 바실리카 저수지는 1980년대에 들어와 물을 다 뺀 후에 일반 관광객들에게 공개되었다.[58] 요약하면 서구 국가들은 고대 로마 시대의 상징적 가치를 그대로 받아들인 반면에, 오스만 제국은 정반대의 길로 갔다. 그 결과 사람들은 실제 이상으로 고대 로마 제국이 서구와 훨씬 더 관련이 깊다고 생각하게 되었다.

서로마 제국의 도로들에 대한 점증하는 관심은 여행자들의 여행기뿐만 아니라 다른 문서에도 반영되었다. 2022년 크리스마스 때 나는 스코틀랜드에 계신 어머니를 방문했다. 연휴가 한창 무르익어 이제 슬슬 다른 재밋거리를 찾던 차에, 스털링의 낡은 지도를 들여다보게 되었다. 스털링은 내가 고등학교를 다닌 곳이자, 어머니가 아직도 살고 있는 곳이다. 1896년이라는 연도가 찍힌 한 지도에는 로마 도로의 라인이 표시되어 있었다. 그 도로는 당시 사용되고 있는 것은 아니었으나, 지도 제작자는 지도상에 표시할 정도로 중요하게 보았던 것이다. 영국의 고대 유물에 대한 소재 파악 작업은 헨리 8세의 시대까지 소급된다. 1534년과 1542년 사이에 존 릴런드John Leland는 왕의 고대 유물관으로 봉직하면서 전국을 돌며 고대 유물을 조사했다. (공교롭게도 이 시기는 헨리 8세가 의회를 통해 '영국 왕국은 제국'이라 선언하며 로마와 결별한 직후였다.) 릴런드의 뒤를 이어 1586년에는 윌리엄 캠던William Camden이 《브리타니아Britannia》라는 책을 펴냈다. 이 책은 당시 영국인과 로마인 조상들 사이에 족보상의 연결 고리가 있다는 것을 밝히려는 최초의 시도였다. 캠던은 "영국인과 로마인이 오랜 세월 동안 상호 접목을 통해 마침내 하나의 민족으로 성장했다"고 기록했다.[59] 로마에 대한 영국의 관심은 계속되었다. 1658년에 윌리엄 버튼William Burton은 《안토니누스 여정표》에 대한 주석서를 펴냈고, 캠던의 책은 1695년에 라틴어에서 영어로 번역되어 증보 출판됐다.[60] 남부 유럽과 비교해 볼 때 영국에는 고대 유물이 그리 많지 않았으나, 로마의 도로들이 그런 부족을 충분히 보완해 주었다. 1736년 이후 어느 시점에 고고학자 프랜시스 드레이크Francis Drake는 벌링턴 백작의 수석 정원사로부터 백작의 영지가 고대 도로의 유적일 가능성이 있다는 이야기를 듣고 크게 흥분했다.

지난 주 론즈버러에 갔을 때 나는 벌링턴 공에게 그의 영지 내에 있는 로마 도로를 찾기 위해 땅파기 작업을 하자고 제안했고, 승낙을 받아냈다. … 50센티미터 정도 파내려가니 고운 흙이 나왔는데, 운하 옆을 파내려가자 인부들이 도로를 발견했다. 너비가 약 7미터로 이제껏 만나본 것들 중에서 가장 넓은 로마 도로였으며, 도로상에 찍힌 수레바퀴 자국을 선명하게 볼 수 있었다. 틀림없이 이것은 안내서에서 첫 번째 구간으로 언급된 대형 군사 도로로서 한쪽은 요크에서 프라이토리움까지, 다른 한쪽은 험버 강을 건너 링컨으로 이어졌을 것이다. … 벌링턴 공은 그의 영지 내에 있는 로마 도로를 가능한 한 많이 발굴하는 데 동의했다.[61]

벌링턴 3대 백작의 본명은 리처드 보일Richard Boyle로, 팔라디오 양식 건축과 일련의 중요한 고대 건물들의 후원자로 잘 알려진 인물이다. 그는 자신의 영지 내에 있는 로마 도로의 상징적 가치를 잘 알고 있었다. 로마 도로의 발굴은 사회 전체에 혜택을 주는 중요한 공적 공사였다. 로마 도로는 이른바 '명예혁명' 이후에 영국 귀족들이 내세우고 싶어 하는 가치관에 부합하는 것이었다. 영국 귀족들은 시민적 덕성과 자유 수호 정신이라는 관점에 입각해 자신들이 로마 공화국 원로원 의원 계급의 후예라고 주장하기를 좋아했다.[62]

레이디 메리 워틀리 몬터규가 여행하는 동안 유럽의 가장 유명한 망명자 중 한 사람이 로마로 이주할 예정이었다. 그는 영국의 제임스 프랜시스 에드워드 스튜어트로 이른바 '오래된 왕위 계승자Old Pretender'로 알려졌으며, 영국 왕 찰스 1세의 손자였다. 그의 아버지 제임스 2세는 가톨릭 신자였는데 1688~1689년의 명예혁명 때 망명했으며, 왕위는 확실한 개신교 신자인 메리 여왕과 그녀의 남편 오렌지 공 윌리엄이 차지했다. 당시 아기였고 출생 직후 바꿔치기 되었다는 소문도 돌았던 어린 제임스는 망명 초기 몇 년을 파리와 로렌에서 보냈다. 그러나 제임스 2세 지지자들의 반란이 실패로 돌아가자 교황령으로 이사했고, 1718년에서 1766년 사망할 때까지 주로 로마에 머물렀다. 이곳에 설치된 그의 궁정은 그랜드 투어의 주된 관광 명소가 되었다. 그러나 이곳을 찾아가는 사람들은 극도로 조심해야 했다. 영국의 첩자들에게 목격되면 본국에 신원이 보고될 수도 있었기 때문이다.

오늘날 팔라초 델 레Palazzo del Re(왕궁)는 그리 웅장해 보이지 않는다. 얼룩덜룩한 오렌지 색 벽토가 5층(1층과 2층 사이의 중간층까지 층으로 따질 경우)까지 발라져 있고, 정문 옆의 기둥들은 이오니아식 기둥머리를 갖추었지만 대청소가 절실해 보인다. 모퉁이를 돌면 한때 이 궁전의 정문이었던 자리 근처에 피자 가게가 있고, 1층에는 레스토랑과 그 옆에는 우편·택배 서비스 업체가 자리 잡고 있다. 여기까지가 궁전 근처까지 갈 수 있는 마지막 지점이다. 그러나 300년 전에는 이곳을 은밀하게 방문하는 게 흔한 일이었다. 1724년에 비밀 계단이 설치되어 궁전 내의 왕의 침소로 몰래 들어갈 수 있었다(비아 디 산 마르첼로에 위치했고 피아차 데이 산티 아포스톨리 쪽에 측문이 있었다). 하지만 이렇게 은밀히 방문해도 그 사실이 영국의 궁정에 모두 보고되었다. 예를 들어 그 해 12월에 2명의 복면을 쓴 남자가 이 계단을 걸어 올라갔다고 전해진다. 로마에서 판매되는 판화는 이 궁전을 팔라초 무티라고 일부러 사실과 다르게 표기했다. 그래야 이 판화를 사들이는 사람들이 반역자라는 혐의로 고소되는 걸 미연에 방지할 수 있었기 때문이다.[63]

비아 디 산 마르첼로 건너편에는 뜻밖의 의미를 지닌 장소가 있다. 나는 점심을 먹기 위해 안티카 비레리아 페로니로 왔다. 내부의 종이 테이블보에 새겨진 현지 역사를 보니 이곳에 과거 제국 역참의 마구간이 있었으며, 그뿐만 아니라 막센티우스 황제(기독교도를 박해한 것으로 유명하며, 나중에 콘스탄티누스에게 패배해 죽었다)가 교황 마르첼로

1세를 노예로 만들어서 노역을 시킨 곳이라 한다. 교황은 9개월 동안 이곳에서 구체적으로 밝혀지지 않은 치욕스러운 노동을 했는데, 아마도 마구간의 똥을 치우는 일이었을 것이다. 나중에 이곳은 얼음과 맥주를 보관하는 장소가 되었다. 오늘날에는 붉은색 작은 깃발과 맥주가 건강에 좋다는 슬로건, 맥주를 마시며 장난을 치는 천사들의 프레스코화로 장식되어 있다. 나는 노트북을 꺼내 글을 쓰기 시작했다. 웨이터가 계속 내게 숙제를 하는 거냐고 물었다. 작가라고 대답하니 그는 자신을 소개하면서 잘생긴 레닌이라는 남자를 만났다고 기록해 달라고 요청했다(그가 입은 붉은 티셔츠 소매에 찍혀 있는 이름을 보니 실제 이름이 레닌 맞았다). 식당 메뉴는 A4 용지에 이탈리아어로 인쇄되어 있었고, 현지인들이 가득해서 나는 그걸 좋은 신호로 받아들였다. 레닌은 개인적으로 티라미수의 품질을 보장한다고 말했는데, 먹어보니 아주 맛이 좋았다.

  로마에서의 생활은 늘 이렇다. 시내의 어떤 곳이든 우연히 멈춰서면 과거에 대한 세 층위의 이야기를 만나게 된다. 도시의 역사는 유동적이다. 교황의 역사로 로마를 볼 수도 있고, 이교도의 역사 혹은 박해 이야기로 볼 수도 있으며, 다른 여행자들과 마찬가지로 자신만의 이야기를 만들 수도 있다. 이렇게 세 겹의 눈을 갖고 로마를 바라보면 당신보다 앞서서 이 도시를 여행한 사람들이 남긴 일련의 주제와 이미지를 통해 당신만의 이야기로 그것들을 각색할 수 있다. 그랜드 투어가 본격적으로 궤도에 오르면서 북유럽과 서유럽에서 점점 더 많은 여행자들이 다양한 층위의 이야기를 적극 활용하게 되었다.

10
그랜드 투어

'오래된 왕위 계승자'가 로마에 있었음에도 불구하고 많은 영국 귀족 청년들이 그랜드 투어에 나서는 것을 막지는 못했다. 그랜드 투어를 다녀온 사람들의 여행기와 편지는 우리에게 도로들의 실제 체험을 말해줄 뿐만 아니라 도로가 그들에게 어떤 의미였는지를 말해준다. 작가 토머스 그레이Thomas Gray는 1738년에 이튼스쿨 친구이자 당시 총리의 아들이었던 호레이스 월폴Horace Walpole과 함께 이탈리아를 방문했다. 둘의 당시 나이는 20대 초반이었다. 그레이가 비아 플라미니아를 통해 로마에 도착했을 때 도시에 대한 첫인상은 아주 좋았다. 비테르보 산을 내려오며 그는 성 베드로 대성당의 돔을 보았다. 돔은 미켈란젤로의 감독 아래 건설된 것으로, 16세기 후반 이후 로마 도시 전경의 중심이 되었다. 거기서 좀 더 내려가자 그는 "오래된 로마의 포장도로 위를 걷기 시작했다"고 기록했다.[1] 12세기에 그레고리는 그의 저서 《로마 시의 경이로움에 대한 서술》에서 산 위에서 바라본 로마의 광경에 대한 인상을 기록해 놓았다. 당시 그가 전망의 중요성을 강조한 것은 꽤 새로운 시도였다(비록 몬테 마리오의 또 다른 이름인 몬스 가우디, 즉 '기쁨의 언덕'에는 로마를 바라보며 느끼는 종교적 기쁨의 의미가 내포되어 있었지만 말이다). 이제 로마 전경을 내려다보기 위해 잠시 걸음을 멈추는 것은 여행기의 필수 요소가 되었다. 1814년에 새뮤얼 로저스는 자신의 일기에 이렇게 썼다. "열다섯 번째와 열여섯 번째 이정표 사이에서 나는 로마의 전경을 내려다볼 준비를 하라는 말을 들었다." (하지만 그는 자신이 비아 아피아 위에 있다고 착각했다.) 1820년에 여행기를 출간한 샬롯 앤 이턴Charlotte Anne Eaton 역시 그녀의 여행 가이드가 동일한 지점에 멈춰 서게 했다고 기록했다.[2]

티베르 강을 건너면서 토머스 그레이는 로마 입성이 '매우 인상적'이라고 생각했다.

미켈란젤로가 설계하고 여러 조각상들로 장식된 웅장한 문(포르타 델 포폴로)을 통해 도시 안으로 들어가니 커다란 광장이 나왔다. 그 정중앙에는 거대한 화강암 오벨리스크가 서 있었다. … 오기 전 기대가 높았었는데, 고백하건대 이 도시의 웅장함은 그 기대를 무한히 뛰어넘었다.[3]

그레이는 '젊은 왕위 계승자'가 보르게세 공원에서 거행한 사냥 시합을 구경했지만, 참여하지는 않았다. '오래된 왕위 계승자'의 아들인 찰스 에드워드 스튜어트는 보니 프린스 찰리Bonnie Prince Charlie라는 별명을 갖고 있었다. 그레이는 로마에서 외곽으로 나들이를 나가기도 했는데, 티볼리에 있는 데스테 빌라를 방문했으나 그곳의 분수는 그에게 별로 좋은 인상을 주지 못했는지 이렇게 썼다. "테베로네 강의 절반이 2000개나 되는 요강을 향해 오줌을 누는 듯하다." 이후 그는 남쪽으로 내려가 헤르쿨라네움과 베수비오 산을 찾았으며, 비아 아피아를 따라 갔는데 그 길이 '다소 지루하다'고 적었다.[4]

그레이의 평가는 의외일 수 있다. 그러나 로마 도로의 역사적·상상적 중요성에도 불구하고 18세기의 여행자들은 대체로 그 길들이 그리 편안한 것은 아니었다는데 동의했다. 프랑스 귀족 샤를 드 브로스Charles de Brosses는 고대사에 대해 상당히 많은 글을 썼는데 주변 마을의 한심한 농민들이 비아 아피아를 '잉어 비늘 벗기듯' 훼손했다고 비난했다.[5] 그랜드 투어에 관한 저서를 펴낸 토머스 뉴전트Thomas Nugent 역시 비아 아피아가 근대식 수송에 그리 이상적 도로가 아니라고 보았다. 그는 "이 오래된 포장도로가 너무 단단하고 미끄러워 통행하기에 매우 불편했다. 특히 말들은 자주 편자를 잃어버렸다"고 말했다.[6] 안나 리그스 밀러Anna Riggs Miller도 비아 플라미니아에서 동일한 문제를 겪었다.[7] 그녀는 로마에서 나폴리로 가는 길에 많은 이들이 이미 경험했듯 테라치나를 막 지난 지점에서 "길이 (감히 이렇게 표현하자면) 바다를 통과하고 있는" 광경을 보고 깜짝 놀랐다. 그녀 일행은 마차 바닥 위까지 물이 차오른 채 이동해야 했다.[8] 제임스 보스웰도 땡볕 아래에서의 여행이 그리 유쾌하지 못했다. 그는 여행 중 "멀미가 나고 열병이 날까 두려웠다"고 했다.[9] 그렇지만 현대의 도로라고 해서 훨씬 나은 것도 아니었다. 미라보 후작은 오히려 현대의 길이 고대의 길만 못하다고 보면서 이렇게 말했다. "고대의 길은 영원히 버티도록 건설된 반면, 오늘날의 전형적 프랑스 도로는 두세 마리의 두더지만 있어도 1년 안에 망가질 수 있다."[10]

안나 리그스 밀러는 9개월에 걸쳐서 프랑스, 스위스, 이탈리아를 돌고 1776년에 익명으로 《이탈리아에서 온 편지들》을 펴냈는데, 여성 작가로서는 최초로 발간한 작품이었다.[11] 이 편지들은 도로의 상태와 위험에 대해 아주 생생한 통찰을 제공한다. 비테르보에서 글을 쓰면서 그녀는 자신의 일행이 겪은 두 가지 심각한 사건을 묘사했다. 하지만 개선의 기미에 대해서도 잊지 않고 적었다.

로마 전령 마차의 마부로도 활약했던 역참 주인은 산길에서 낙마해 사망했다. 도로의 또 다른 구간에서는 아쿠아-펜덴테 역참 소속의 가장 좋은 말이 진창에 빠져 죽고 말았다. 사람들이 적시에 그 말을 끌어낼 방도가 없었기 때문이었다. 그럼에도 현재 이 길은 예전에 비하면 나아진 편이었다. 왜냐하면 황제의 방문이 이루어지기 직전에 교황과 나폴리 왕이 각자의 영지 내의 도로를 보수하기로 동의했기 때문이다. 사람들은 나폴리 측 도로가 훨씬 더 좋아졌다고 전했다.[12]

도로의 현재 상태가 근대의 복원 작업 덕분이라고 인정하는 경우는 비교적 드물었다. 많은 작가들은 오히려 고대의 석재가 그대로 온전하게 남아 있을 만큼 도로의 품질이 뛰어났다고 암시하길 선호했다. 토비아스 스몰렛Tobias Smollett은 비아 플라미니아를 따라 로마로 가며 "이 길은 현대의 거리처럼 잘 포장된 길"이라면서 "많은 환난을 겪었음에도 여전히 장엄한 제국주의적 분위기를 간직하고 있다"고 전했다.[13] 독자들에게 이탈리아에 가면 진정한 과거로 되돌아갈 수 있다는 약속과, 이탈리아의 도로들이 현대의 기준에 따라 유지되거나 곧 유지될 것이라는 약속 사이에는 미묘한 긴장이 있었다.

그레이와 리그스 밀러가 실제로 여행을 떠났다는 점은 의심의 여지가 없지만, 여행 경험을 책으로 펴낸 모든 작가가 그런 것은 아니었다. 뉴전트의 경우가 대표적인 의심 사례다.[14] 아일랜드에서 태어난 뉴전트는 런던에서 생애의 대부분을 보내며 작가 겸 번역가로 명성을 쌓았고, 프랑스-영어 사전을 발간하기도 했다. 그의 저서 《그랜드 투어》는 그가 마흔이던 1749년에 출간되었으며 현대 가이드북 유형의 선구적 저작 가운데 하나였다.[15] 비록 뉴전트가 다른 사람들의 저서를 짜깁기해 안내서를 만들었을 가능성이 크지만, 당시 여행자들에게 제공되던 조언을 이해하는 데 유용한 입문서다. 그중 3권은 이탈리아에 관한 것인데 실용적인 조언들로 가득하다. 예를 들어 여행자들은 '가벼운 이불, 베개, 담요, 2장의 고급 깔개'를 챙길 것을 권했으며, 만약 이것이 번거롭다면 "적어도 시트는 꼭 챙겨가고, 여관 침대가 수상해보이면 신선한 짚을 요청하고 그 위에 시트를 깔라고" 했다.[16] 또한 마차 종류와 말 교체 여부 등 교통수단에 대해서도 논했다. 그리고 "로마에서는 유능한 고대 유물 전문가를 고용하는 것이 필수"라고 했는데, 그들이 여행자들에게 반드시 봐야 할 가치 있는 유적들을 안내해 주어 많은 수고를 덜 수 있다고 했다.[17]

뉴전트는 도로망과 유물들에 대해 자세한 정보를 제공해 독자들에게 강력한 인상을 심어주었다. 그는 치비타 카스텔라나 북쪽에서 티베르 강을 건너가는 과정을 이렇게 묘사했다. "이 다리는 아우구스투스가 세운 장대한 다리의 폐허 위에 식스토 5세와 클레멘스 8세가 멋지게 복원한 것으로, 이를 통해 비아 플라미니아가 이어졌다."[18] (16세기 후반 식스토 5세의 로마 재개발 사업은 논쟁의 여지가 없는 것은 아니다. 그는 비아 아피아에 있는 카실리아 메텔라의 무덤을 철거하려 했는데, 시 당국의 반대로 가까스로 보존되었다.)[19] 뉴전트는 남행해 로마로 가던 도중에 카스텔누오보 디 포르토에 도착했다. 그곳은 콜론나 귀족 가문의 위풍당당한 로카가 다스리는 소도시였다. 이곳에서 그는 "온전하게 보존되어 아름답게 보이는 비아 플라미니아가 얼마 전까지만 해도 점진적으로 흙에 덮여서 지하에 묻혀 있었다"는 비문을 발견했다.[20] 이는 도로 복원 작업이 있었다는 사실을 암시하는 것이다. 그러나 뉴전트는 그런 사실을 직접적으로 언급하지는 않았다. 《그랜드 투어》는 어디까지나 고대에 관한 책이었기 때문이다. 그는 이렇게 썼다. "길을 가는 동안에 고대 로마의 장엄함이 남긴 쓸쓸한 유적이 즐비하다." 로마에 들어가기 위해 폰테 밀비오를 건너면서 그는 "고대 비아 플라미니아의 포장도로를 만나게 되는데, 이 길은 아름다운 정원과 주택 사이를 지나 약 3킬로미터를 가면 로마라는 유명한 도시로 이어진다"고 적었다.[21] 2세기 전에 지어진 빌라들이 이제 도로변의 풍경이 되어 여행기에 언급될 정도가 된 것이다. 뉴전트는 '로마의 도로'라는 제목의 장문의 글도 수록했다. 이 글은 기존 도로들에 대한 당시 사람들의 인식에 대해 깊은 통찰을 제공한다(그의 연대는 그리스도의 탄생이 아니라 로마 건국을 기준으로 하고 있다).

우리가 로마와 그 인근 지역을 떠나기에 앞서 고대 로마의 대로들에 대해 한두 마디 언급하는 것도 나쁘지 않을 것이다. 그중 가장 대표적인 것이 비아 플라미니아와 비아 아피아다. 거의 모든 도시에는 포장도로가 나 있어 한겨울에도 여행자와 마차가 편히 다닐 수 있었다. 비아 플라미니아는 그것을 건설한 집정관 플라미니우스의 이름을 딴 것으로 리미니까지 이어지며, 건설은 로마 건국 533년에 시작됐다. 후에 베스파시아누스 황제가 도로를 확장해 아펜니노 산맥을 넘어 아드리아 해안 지대까지 연결시켰으며, 길이는 약 320킬로미터이다. 도로의 대부분 구간이 아직도 온전하게 남아 있다. 넓은 부싯돌과 자갈로 포장되어 있고, 양쪽에는 돌로 된 경계가 있으며, 그 경계에는 두세 걸음마다 경계석 위로 솟아오른 돌이 하나씩 서 있다. 모든 길들 중에서 가장 훌륭한 도로라고 하는 비아 아피아는 도로 건설자인 눈이 먼 원로원 의원 아피우스의 이름에서 유래했는데, 포르타 카페나 혹은 아피아에서 출발해 카푸아를 경유해 브린디시까지 약 563킬로미터 거리다. 로마 건국 442년에 건설이 시작되었고, 이 도로를 중심으로 여러 갈래의 길이 남서부 이탈리아 도시들로 뻗어 나갔다. 이 길은 지금도 로마와 나폴리 사이 여러 구간에서 양호한 상태를 유지하고 있다. 너비는 약 3.6미터로 대부분 푸른색의 거대한 판석을 덮었으며, 판석의 각 변의 길이는 대략 45센티미터다. 이 길의 특징적 장점은 내구성으로, 무려 1900년 이상 계속 사용돼 왔다. 그리고 처음 건설되었을 때의 상태를 여러 구간에 걸쳐서 온전하게 유지하고 있다. 일부 구간에서는 수레바퀴가 흔적을 남겼지만, 그 깊이는 약 7~10센티미터를 넘지 않는다. 이 도로 위로 무수하게 많은 행인, 말, 마차, 수레, 전차들이 지나갔다는 사실을 감안하면 지금까지 온전한 상태를 유지하고 있다는 것은 놀라운 일이 아닐 수 없다.[22]

샤를 드 브로스는 뉴젠트의 비아 아피아 예찬과 같은 의견을 보였다. 그는 이 길을 "고대에서 우리 시대까지 남아 있는 가장 위대하고 아름답고 경탄스러운 기념물이다. 로마인들이 해낸 모든 일 가운데 으뜸이다"라고 했다. 그가 보기에 이와 견줄 만한 고대 업적은 이집트, 칼데아, 중국의 운하 및 관개 시설뿐이었으며, 근대에 들어와서는 17세기에 지어진 약 240킬로미터 길이의 랑그독 운하(미디 운하)였

다. 이 운하는 지중해와 대서양을 연결하는데, 그 덕분에 배들은 지브롤터 해협을 우회할 수 있었다.[23]

한편, 일부 저술가들은 더 이상 통행할 수 없게 된 로마 도로의 소실을 한탄했다. 1763~1765년에 그랜드 투어에 나섰던 토비아스 스몰렛은 분명 고대의 사료들을 잘 알고 있었다. 그는 남프랑스 지역을 통과하면서 이런 논평을 했다.

《안토니누스 여정표》에 언급된 그 유명한 비아 아우렐리아를 복원시키지 못한 것은 참으로 안타까운 일이다. 이 길은 로마를 출발해 제노바를 경유한 후 남프랑스 지역 론 강의 아를까지 이어진다. 도로는 마르쿠스 아우렐리우스 황제에 의해 건설되었다고 하는데, 일부 흔적은 프로방스에서 여전히 찾아볼 수 있다.[24]

1800년 출간된 《이탈리아에서 온 편지들Letters from Italy》의 저자인 마리아나 스타크Mariana Starke 역시 이런 말을 했다. "해양 알프스를 지나는 옛 로마 도로가 더 이상 발견되지 않는다는 사실이 놀랍다."[25] 복원 사업이 이루어지지 않은 것에 대해 스몰렛은 제노바 귀족들을 비난했다.

제노바의 귀족들은 장사꾼이나 다름없는 저급하고 이기적이고 어리석은 정책을 취하면서 리비에라 지역 주민들을 가난과 의존 상태에 묶어두는 모든 방법을 동원했다. 이를 위해 그들은 육로로 그 지역에 들어갈 수 있게 하는 모든 조치를 철저하게 회피했으며, 동시에 해상 무역도 억제했다. 그들의 자본이 투입된 상업이 방해받을 것을 우려했기 때문이었다.[26]

스타크와 스몰렛은 여기서 당시의 이탈리아인은 경멸하고 고대의 로마인을 존경하는 그랜드 투어 관련 서적의 전형적인 수사법을 사용하고 있다. 그러나 도로 유지 보수 비용을 누가 부담할 것인가 하는 문제는 전혀 새로운 게 아니다. 고대 로마의 도시 지도자들은 양질의 교통망을 중요하게 여겼다. 유권자들이 도로 상태에 관심이 많았기 때문이다. 이는 2000년이 지난 지금도 크게 달라지지 않은 점이다.[27] 도로의 유지 보수는 티베리우스 황제 시대에도 이미 중요한 정치적 문제였는데, "이탈리아 내의 많은 도로들이 보수업자들의 횡포와 지방관들의 태만 때문에 파손되어 통행 불가능하다"는 아우성이 터져 나왔다.[28] 이후 부정부패로 여러 건의 기소가 있었고, 일부 범죄자들은 상당한 벌금을 부과 받았다. 그러나 서기 41년에 제위에 오른 클라우디우스 황제는 그들의 벌금을 일부 돌려주었다.[29]

이탈리아 사회 기반 시설의 한심한 상태를 개탄하는 유사한 불평이 오늘날 신문에서도 발견된다. 제노바 거리를 걷다보면 현재의 비아 아우렐리아, 즉 1번 국도를 올려다보게 된다. 구 항구를 둘러싸고 있는 고가 도로인 그 길은 콘크리트와 금속으로 지어졌는데, 전성기를 훨씬 지난 것처럼 보인다. 그곳에서 별로 떨어지지 않은 곳에서는 2018년에 악명 높은 모란디 다리 붕괴사고가 발생해 43명이 사망했다. 1960년대에 건설된 이 다리는 참사가 벌어지던 당시에도 이미 긴급 보수가 필요한 상태였던 것으로 알려졌다. 반면 바라보기 좋은 유적으로는 바로크 양식의 궁전 외관, 중세의 성문, 이곳으로 옮겨온 12세기 수도원 회랑 등이 있다.

그랜드 투어를 다녀온 사람들은 하나 같이 이탈리아인들의 성의 없는 접대와 교통수단을 개탄했는데, 특히 충격 흡수가 되지 않는 마차를 타고 가는 게 고역이라고 말했다. 또한 이탈리아 내의 여러 공국 간 이동도 점점 엄격해져 여행객들은 사전에 여권을 획득해야 했고, 지루한 세관 검사를 거쳐야 했다.[30] 자신의 저서 《프랑스와 이탈리아 여행기》에서 토비아스 스몰렛은 수시로 불평을 터트렸다. 뉴전트와 마찬가지로 스몰렛은 자신이 직접 현지 탐사 작업을 하지 않았다는 소문이 있었는데, 적어도 토리노에서는 방에 머무르며 '현지 안내원'으로부터 정보를 얻었다.[31] 스몰렛은 이렇게 썼다. "내가 도로에서 겪은 개인적 모험들은 대단치 않은 것이어서 인용할 만한 가치가 없다. 여관 주인, 역참 주인, 마부들을 상대로 한 사소한 시비가 전부다."[32] 수십 년 뒤에 니콜라이 고골 Nikolai Gogol은 로마에 관한 글 일부에서 이런 불평하는 태도를 비판했다. 그는 이탈리아 사람들을 높이 평가하면서 이렇게 썼다. "이탈리아 사람들은 외국인의 침입에도 불구하고 타락하지 않았다. 외국인들은 원래 비활동적인 사람들을 들쑤셔서 못되게 만들어 도로변의 여관이나 술집에 경멸스러운 사람들이 생겨났는데, 여행자는 종종 이런 사람들을 이탈리아 국민 전체인 양 오해했다."[33] 역사가의 관점에서 볼 때 그랜드 투어 관광객들이 옆에서 여행을 도와준 이탈리아 현지 주민들에 대해 기록하지 않으려 하는 태도는 매우 아쉽다. 그래서 이들의 생애에 대한 연구는 상대적으로 부족한 편이다. 하인들의 일기는 존재하지만, 21세기에 들어서야 비로소 출간되고 있다.[34]

여행자와 여관 주인, 하인과 고용인이 도로에 대해 서로 다른 경험을 갖고 있듯이, 남녀의 여행담도 마찬가지다. 모리슨 이후 남성 여행자들은 베투리노(현지 여행 가이드) 제도에 대해 종종 불만을 터뜨렸다. 언론인 윌리엄 해즐릿William Hazlitt은 이렇게 말했다. "관광 여행을 떠난 사람은 가능하다면 베투리노와의 동행을 피하도록 하라."[35] 그러나 여성들은 현지 안내인의 역할에 대해 좀 더 긍정적으로 평가했다.[36] 예를 들어 엘리자 폰 데어 레케Elisa von der Recke는 그녀의 베투리노가 독일인 마부들보다 우수하다고 생각했다. "독일을 여행하는 것보다 이탈리아를 여행하는 것이 훨씬 쉽고 즐겁다. 도로 상태는 탁월하며, 역마차를 타고 여행하는 사람은 신속하게 서비스를 받고 또 도로상의 역참에서 필요한 도움을 얻을 수 있다."[37] 패니 르왈드Fanny Lewald는 베투리노가 일행의 짐을 잘 관리해 주었을 뿐만 아니라 가장 좋은 호텔에 투숙할 수 있도록 도와주었다고 말했다.[38]

리그스 밀러 여행기에는 도로변에 사는 사람들의 필수적 의무에 대한 언급도 담겨 있다. 이것은 도로 주변에 살았던 고대인들에게 부과된 의무를 연상시킨다. 그녀는 이런 설명을 한다.

토리노 근처의 도로 상황은 아주 불안전했다. 도로에서 얼마 떨어지지 않은 숲속에 도적들이 숨어 있었기 때문이다. 행정관은 무장 농민들을 준비시켜 4~5인이 한 조를 이루어서 마을과 마을 사이를 교대 순찰할 것을 지시했다. 이렇게 미리 대비해 두어야 필요한 경우 여행자들을 도와줄 수 있기 때문이다. 또한 이 도로는 사르데냐 왕국과 밀라노 공국을 관통했는데, 도적들은 이를 적절히 활용했다. 두 국가의 경계선상에서 활동하면서 필요시 한 왕국에서 다른 왕국으로 도망치는 것이다.[39]

우리는 행정관의 지시에 대해 농민들이 어떤 조치를 취했는지 그저 추측할 수 있을 뿐이다. 부담스러운 임무를 떠맡은 농민들은 로렌스 스턴Laurence Sterne이 1768년에 출간한 책 《프랑스와 이탈리아의 감상적 여행》에도 등장한다. 스몰렛의 견해에 대한 반박인 이 책은 소설의 형태를 취하고 있는데, 주인공이 도로에서 겪은 고난을 서술한다 (스턴과 스몰렛은 실제로 만난 적이 있는데, 서로 싫어했다).

피곤에 절은 여행자는 암벽, 절벽, 험준한 산을 올라갈 때의 어려움과 내려올 때의 아찔함, 까마득한 정상에서 돌들을 타고 흘러내리는 폭포 등 도로의 갑작스러운 변화와 위험에 대해 불평을 터트리게 된다. 생 미셸과 마단 사이에서 농민들은 이런 장애물을 제거하기 위해 하루 종일 나와 일을 한다. 내가 타고 있던 마차가 그곳에 도착했을 때는 통행로가 열릴 때까지 아직 두 시간이나 더 걸릴 상황이었다. 이럴 때에는 죽치고 기다리는 것 외에 방법이 없다.⁴⁰

여행자 스턴이 기다리는 동안에 '농민들'이 힘든 일을 했던 것이다. 한편 초기 그랜드 투어는 주로 젊은 남성을 위한 교육용 목적으로 행해졌으나, 18세기에는 문서상으로 확인되는 여행자들의 적어도 3분의 1이 여성이었다.⁴¹ 이에 리그스 밀러 외에 다른 여성 작가들도 나왔는데 가령 헤스터 피오치Hester Piozzi의 《관찰과 명상Observations and Reflections》(1789), 레이디 모건의 여행기 《이탈리아》(1821)가 있다. 레이디 모건의 본명은 시드니 오웬슨Sydney Owenson으로, 유명한 소설가 겸 여행 작가였다. 주목할 만한 독일의 여류 작가로는 프리데리케 브룬Friederike Brun, 엘리자 폰 데어 레케, 테레제 폰 아트너Therese von Artner

등이 있다. 파인스 모리슨을 비롯해 많은 이전 작가들은 여성들의 해외여행에 반대했다. 그러나 분명한 이유로 상당수의 젊은 영국 가톨릭 여성들은 해외 수녀원에서 교육을 받았다.⁴² 존 무어John Moore는 1781년 발간한 자신의 저서 《이탈리아의 사회와 풍속론A View of Society and Manners in Italy》에서 이렇게 말했다.

> 로마와 피렌체에 한동안 머물던 여성들, 특히 미덕(고대 예술품을 가리킨다)에 대한 취향을 갖고 있던 여성들은 알프스를 넘어본 적이 없는 사람에게서는 찾아볼 수 없는, 아주 대담하면서도 차분하고 세밀한 시각으로 나체 조각상을 면밀히 살펴보고 비평하는 일에 몰두했다.⁴³

여성들의 도덕성에 미칠 영향에 대한 그의 우려는 1000년 전의 언어를 연상시킨다. 성 보니파스가 순례길 주변 매춘업소에서 일하는 영국 여성들을 두고 불평했던 것 말이다. 어떤 것은 참 더디게 변한다.

리그스 밀러와 피오치는 여행자들이 도로와 그 주변 유적들을 어떻게 인식했는지에 대해 중요한 증언을 남겼다. 밀러의 일행은 나폴리에서 포추올리로 가는 도중에 그녀의 말에 따르면 '그로토 디 포실리페'라는 동굴을 지나갔다. 그러나 그녀의 묘사에 의하면 '크립타 네아폴리타나'임에 틀림없다(포실리포에 있는 유일한 터널은 그로타 디 세야노인데, 이 터널은 나폴리 쪽으로 가지 않는다). 리그스 밀러는 이렇게 썼다. "이 동굴은 아주 오래된 것으로, 권위 있는 고대 유물 전문가들에 따르면 마르쿠스 코케이우스라는 로마인이 건설했다고 한다." 그녀는 각주에서 이런 말을 덧붙였다. "현지 주민들은 이곳이 마법의 힘에 의해 지어졌으며, 비르길리우스가 마법사였다고 굳게 믿는다."

16세기에 들어와 확장되고 포장된 이 동굴은 천장의 2개의 구멍을 통해 빛이 들어왔다. 하지만 바람이 부는 날에는 빛이 부족해 여행자들이 횃불을 사용해야 했다.[44] 여기서 리그스 밀러는 권위 있는 고대 유물 전문가들의 지식과 현지 주민들의 미신을 대비시킴으로써 평민들의 열등함을 암시했다.

피오치는 여기서 한 발 더 나아가 현지 안내인을 마치 정상적인 시간의 흐름에서 벗어나 존재하는 인물처럼 그려냈다.

> 과거와 현재, 과거와 현재의 품위 개념, 사건과 시간을 배분하는 방식이 기이하게도 마구 뒤섞여 그들의 머리를 혼란스럽게 만든다. 이는 그들과 대화를 해보면 금방 알 수 있다. 몇 주 전에 우리는 새로 도착한 영국인 친구들과 함께 바이아의 공중목욕탕과 로크리네 호수 등을 다시 방문했다. 노를 저어 호수를 건너가게 해준 토비아스는 물에 잠긴 비아 아피아를 보라고 말했다. 실제로 그곳에는 매우 큰 돌로 된 오래된 포장 위에 바퀴 자국까지 뚜렷하게 남아 있었다. 내가 관심을 보이자 토비아스가 말했다. "그렇습니다, 부인. 바로 이 길이 유명한 호라티우스와 베르길리우스가 다녔던 길입니다. 그들은 하루 만에 로마에서 이곳에 있던 별장으로 내려왔죠. 지금은 보시다시피 잦은 지진으로 물에 가라앉았지만 말입니다. 그러나 고대 로마 시절 이 도로는 아주 상태가 좋았고, 끊어진 적이 없었습니다. 그래서 아침 일찍 일어나 말을 타면 아베 마리아 기도(오전에 올리는 삼종 기도) 시간 전에 이곳에 도착할 수 있었습니다."[45]

토비아스의 사례는 도로에 대한 방문자들의 견해를 형성하는 데 현지 안내인이 중요한 역할을 했다는 것을 강조한다. 과거와 현재를 뒤섞음으로써 토비아스는 관광객들의 기대 심리에 부응한 것으로 보인다. 이는 로마 시장이 금지 조치를 내리기 전까지 현대의 '검투사들'이 콜로세움 밖에서 대중을 위해 포즈를 취해준 것과 비슷한 방식이다. 피오치는 고대의 여행 경험을 원했고, 토비아스는 그것을 제공했다. (연구에 따르면 이러한 현상은 심지어 오늘날에도 벌어지고 있다. 가령 서구 관광객들이 남반구의 어느 지역에 있는 '진정한 전통 마을'을 찾으면 이와 같은 일이 종종 벌어진다고 한다.)[46] 이탈리아 작가들도 고대의 현존을 주제로 삼았다. 알레산드로 베리Alessandro Verri는 그의 저서 《로마의 밤Notti romane》에서 자신을 고대 로마 정치가 키케로를 비롯한 유령들과 함께 비아 아피아 주변의 무덤 사이에 앉아 있는 인물로 그렸다.[47] 이렇게 보면 평민의 미신처럼 보이는 과거와 현재의 뒤섞임이 다른 맥락에서는 문학적 장치가 되기도 했다.

한 세대 뒤인 1800년에 나온 마리아나 스타크의 《이탈리아에서 온 편지들》은 여행 노선과 경비에 관한 세세한 조언 덕분에 여행자들에게 필수 읽을거리로 자리 잡았다. 스타크의 책은 워낙 표준적인 여행서로 통했기 때문에, 스탕달의 소설 《파르마의 수도원》 속 등장인물도 반드시 그것을 참고해야 한다고 말할 정도였다.[48] 그 뒤에 나온 존 머레이John Murray의 《대륙 여행Travels on the Continent》은 7쇄를 찍었고, 마리아나 스타크의 단권본 《대륙 여행자들을 위한 정보와 안내Information and Directions for Travellers on the Continent》는 이후 여행서들의 모델이 되었다.[49] 영국령 마드라스(현재 인도 첸나이)의 포트 세인트 조지의 전 총독 딸이었던 스타크는 가족과 함께 장기간 유럽 여행을 하면서 언니와 어머니를 간호했다. 그녀의 실용적인 여행서는 이러한 경험에서 우러나온 것이었다.[50] 그녀는 함께 여행하는 가족과 환자의 건강을 신경 쓰면서 그들의 필요에 부응하기 위해 각별히 신경을 썼다. 그녀는 로마의 배수 시설과 공기의 질에 대해 깊은 관심을 보였고, 카피톨리노 박물관은 '아주 춥고' 빈콜리에 있는 산 피에트로의 옛 감옥은 '춥고 습하다'라고 미리 경고했다.[51] 스타크의 책은 오늘날의 별점과 비슷한 느낌표를 사용해 주요 관광지의 등급을 매겨 놓았다. 시스티나 성당의 천장과 〈최후의 심판〉은 느낌표 5개, 라파엘로의 벽화 〈아테네 학당〉은 느낌표 4개, 바티칸의 라파엘로 방에 있는 〈콘스탄티누스의 막센티우스 격파〉는 느낌표 3개다(이 그림은 라파엘로가 아니라 그의 조수 줄리오 로마노가 그린 것이다).[52] 그녀는 여행자들의 로마 방문 목적에 대해 아주 개방적인 태도를 취했다.

여행자는 어떤 목적을 갖고 있든 만족을 얻을 수 있다. 고전 지식에 깊숙이 침잠할 수도, 예술과 학문을 주된 목적으로 삼을 수도 있고, 새로운 아이디어와 사물을 찾아다닐 수도 있다. 모든 도시 중에서 가장 흥미로운 도시인 이곳 로마에서는 그 어떤 목적이든 달성할 수 있다.[53]

그러나 그녀는 도시의 환경 구조에 대해서는 별로 깊은 인상을 받지 못했다. 로마의 거리들은 "포장이 잘 안 되어 있고 지저분했으며 거대한 건물들의 폐허가 여기저기에서 눈에 띄는데, 생각이 깊은 관찰자에게는 울적한 느낌을 안겨주었다"라고 했다.[54] 그렇지만 반드시 둘러보아야 할 관광 명소를 여럿 추천했다. 근대 천재의 걸작인 성 베드로 대성당을 비롯해 티볼리, 팔레스트리나, 프라스카티 같은 교외 도시 방문이 그것이다.[55] 티볼리의 경우 그녀가 추천한 명소 중에는 호라티우스의 빌라도 들어 있다.

여행자들은 숙박 시설을 필요로 했다. 그랜드 투어가 발전함에 따라 인프라 역시 변화했다. 이는 단순히 순례자나 상인의 필요를 충족시키는 것뿐만 아니라, 새로운 유형의 수요에도 부응하는 것이었다. 관광객들은 일반적으로 장기 숙박이 필요했고, 깨끗하고 편안한 환경에서 여행을 즐기는 데 더 큰 관심을 가졌다. 도시의 특정 지역은 이러한 여행객들에게 인기를 얻었는데, 예를 들어 파리의 포부르 생제르맹이나 로마의 스페인 광장이 그 예다. 에어비앤비Airbnb의 전신과도 같은 형태로, 이탈리아 대도시에서 가세가 기운 가문들이 가구 딸린 방을 관광객에게 빌려주면 높은 수익을 올릴 수 있다는 걸 발견했다.[56] 오늘날 로마에 있는 몇몇 호텔은 오래된 역사를 자랑한다. 가장 오래된 호텔 중 하나는 판테온 광장 맞은편에 있는 15세기 호텔 알베르고 델 솔레로, 순례자들에게는 산타 마리아 로톤다 혹은 성모 마리아 원형 교회로 알려져 있었다. 중세 여행자들에게 숙박시설을 제공했던 많은 수도원들은 오늘날에도 그렇게 하고 있다. 어떤 수도원은 다른 곳에 비해 더 화려한 스타일을 자랑한다. 가령 캄포 데 피오리 근처에 있는 스웨덴 수녀들이 운영하는 카사 디 산타 브리지다는 그림이 그려진 천장과 옥상 테라스가 있어서 도시의 광경을 내려다볼 수 있다. 산타 브리지다는 성녀 브리짓을 뜻하는데, 그녀는 남편이 산티아고 순례길을 다녀온 후 사망하자 1349년에 로마로 이사했고, 이후 자신도 성지로 순례를 떠났다.[57] 1749년 발간된 그랜드 투어 안내서에서 토머스 뉴전트는 로마의 여관 세 군데를 추천했는데 스쿠도 도로, 리온 도로, 라 체레나였다. 그는 그 외에도 '특정 국가에서 온 사람을 받아들이는 여러 숙박 시설'에 대해 말했는데, 이는 가톨릭 순례자 병원과 연계된 숙박 시설을 조심스럽게 언급한 것이었다. 그는 이런 말도 덧붙였다. "상당 기간 머무를 계획이 있는 사람이라면 가구 딸린 집을 얻는 게 좋으며 가격도 저렴하다. 팔라초라 불리는 저택이나 가구 딸린 집을 얻는 데 한 달에 6기니면 충분하다."[58] 마리아나 스타크는 1800년의 여행 안내서에서 "로마의 가장 좋은 호텔은 마르가리티, 사르미엔토, 피오"라고 말했다. 반면에 안나 리그스 밀러는 1770년대 피렌체의 바니니를 칭찬했다. 이곳은 슈나이더프와 함께 최고의 평가를 받은 여관 중 하나로, 여관 주인들은 "명예와 정직을 소중히 여기는데, 그런 태도는 여관 주인에게서 쉽게 찾아볼 수 있는 것이 아니다"라고 평했다.[59]

여기서 리그스 밀러는 대부분의 여관 주인들이 관광객들에게 사기를 친다는 암시를 강하게 풍기고 있다. 이러한 견해는 오늘날에도 계속된다. 그러나 공정하게 말해 보자면 안내서에 꼼꼼한 주의를 기울이지 않을 경우, 예상치 못한 규칙 때문에 애를 먹을 수 있다. 이탈리아에서 벌어질 수 있는 전형적인 오해는 테이블 서비스다. 내가 바에 들어가서 커피와 브리오슈(버터, 달걀을 넣은 빵)를 주문하면 바리스타는 내게 밖에 앉을 것이냐고 묻는다. 이 물음의 속뜻은 이런 것이다. 밖에 앉는다는 것은 테이블 서비스, 즉 추가 비용이 따른다는 뜻이다. 이렇게 되면 서서 먹을 때 2.60유로였던 아침 식사가 훨씬 더 비싸진다. 규칙을 모르면 속았다고 느낄 수 있지만, 사실 메뉴 뒤 붙어 있는 작은 글씨에 이미 적혀 있는 내용이다.

초기 그랜드 투어 여행자들은 소수이면서 상류층이었기 때문에, 정보를 얻을 수 있는 또 다른 경로가 있었다. 바로 영국 대사관이다. 일부 장기 주재 대사는 방문객들이 적절한 신분의 현지인들과 교류할 수 있는 사교 행사를 주최했다. 여기에는 피렌체의 호레이스 만Horace Mann

(1738~1786)과 나폴리의 윌리엄 해밀턴William Hamilton(1764~1800)이 포함된다.[60] 로마로 들어가는 다양한 도로의 주변에는 여행자들의 수요에 부응하고자 세워진 고급 호텔들이 있었다. 현존하는 가장 오래된 시설 중 하나로 피사의 로열 빅토리아 호텔이 있다. 기존의 여관을 확대해 1837년에 개장한 이 호텔의 창립자는 런던에서 유학한 이탈리아 사람이었다. 그는 부유한 여행자들이 개인 빌라를 임차하기보다 호화로운 호텔에서 머무르는 것을 더 선호하기에 충분히 시장성이 있다고 보았다.[61]

스타크는 로마에서 남쪽으로 가 나폴리 주위의 관광 명소를 둘러보았다. 대표적인 것은 폼페이 발굴지로, 이미 1763년에 그 마을의 성격이 명확히 규정됐다. 거기에서 그녀는 "비아 아피아로 추정되는 발굴된 도로를 보았다."[62] 실제 비아 아피아는 그보다 더 북쪽에서 내륙으로 방향을 틀지만, (새뮤얼 로저스의 착각과 마찬가지로) 이것은 비아 아피아가 문화적 상상력에 얼마나 깊이 자리 잡고 있었는지를 보여준다. 그보다 수십 년 뒤 미국 소설가 제임스 페니모어 쿠퍼James Fenimore Cooper도 동일한 실수를 저질렀다.[63] 로마에서 떠나오는 길에 스타크는 폰티네 습지의 준설 작업 과정에 깊은 인상을 받았다. 그 작업은 아피우스 클라우디우스 시절에 시작됐으나, 수 세기가 지나간 후 현재의 교황 아래에서 완료되었다. 그 교황은 비오 6세(재위 1775~1799)를 가리킨다. 또한 이 도로는 "유럽에서 가장 멋진 도로 중 하나로 공기를 정화하기 위해 취한 조치가 매우 현명하여 현재는 더운 날씨가 지속될 때를 제외하고는 위험이 전혀 없다"고 평가했다.[64] 폼페이에 간 그녀는 과거와 현재 사이의 유사성에 주목했다.

이 마을을 방문한다는 것은 그야말로 고대 로마인과 함께 한다는 뜻이다. 오늘날과 별반 다를 바 없는 주택, 가게, 가구, 분수, 거리, 마차, 농업 도구를 보고 있노라면 관습과 풍습이 변하기는 했지만, 지난 2000년 동안 그리 크게 변한 건 아니라는 결론을 내리게 된다.[65]

폼페이에 가면 고대 로마 속으로 들어가 있는 듯한 느낌을 받게 된다. 이것은 피오치가 말한 과거와 현재의 경계가 뒤섞이는 현상과 궤를 같이 하는 것이다. 로마 여행자는 반드시 교육적 목적만이 아니라 정서적 체험도 필요로 하고 있었다.

이러한 현상은 스타크가 나중에 비아 플라미니아를 따라 페루자 쪽으로 북행했을 때 '아우구스투스 시절에 건설되었다고 하는' 나르니 다리를 건너가는 순간에도 마음속에 떠올랐을 것이다.[66] 이 다리는 그랜드 투어의 핵심 관광 명소였는데, 특히 풍경화가들의 시선을 사로잡아 장-바티스트 카미유 코로Jean-Baptiste-Camille Corot가 1826년에 이 다리를 그리기도 했다. 나는 비아 플라미니아의 아이콘 같은 존재인 이 다리를 자세히 보기 위해 기차를 택했다. 아우구스투스의 다리는 로마에서 기차로 한 시간 거리인 나르니 아멜리아에 있다. 내가 탄 기차는 지방 고속철이었는데, 말로만 고속일 뿐 그리 빠르지 않아 최종 목적지인 안코나까지 4시간 15분이 걸린다. 단, 장점이 있다면 나르니까지 요금이 편도 6.25유로밖에 안 된다. 첫 정차역은 티볼리 도상에 있는 로마 티부르티나다. 이어 도시를 빠져나가 로마 풍경의 특징인 소나무, 포플러 나무, 벽면의 낙서 등을 지나 오르테로 향한다. 오르테는 고속도로 분기점이자 휴게소가 있는 곳이다. 여기서부터 스폴레토로 향하는 도로가 현대의 아우토스트라다 델 솔레(솔레 자동차 도로)와 연결된다. 이제 티베르 계곡을 달리고 있다. 기차에서 볼 때 왼쪽에 강이 있고 오른쪽에는 고속도로가 있으며, 그 너머로 산이 펼쳐진다. 기차가 교외를 벗어나자 집들이 점점 드물게 보였고, 올리브 숲을 지나 삼림 울창한 시골로 들어서자 잎이 노랗게 물들어가고 있었다.

나르니는 움브리아 도시의 전형적인 배치 구조를 갖고 있다. 언덕 아래엔 나르니 스칼로(나르니 중간 기착지)라는 기차역이 있고, 언덕 위에 성벽으로 둘러싸인 도시가 있다. 나는 역 주변 상점들이 모여 있는 구역을 벗어나 전형적인 흙빛의 네모나고 납작한 가옥들이 들어선 거리와 소규모 산업 단지를 통과해 철도 밑 지하도를 지나갔다. 콘크리트 벽에는 낙서가 가득했다. 그중에는 스프레이로 휘갈겨 쓴 영어 낙서도 있었다. "No Farmer, No Food, Modi Kutta(농부가 없으면, 음식도 없다. 모디 쿠타)." 쿠타 Kutta는 개를 뜻하는 힌두어로, 2021년에 인도의 나렌드라 모디 정부가 도입한 법에 대해 인도 농부들이 거세게 항의한 사건을 가리킨다. 농부들은 이 법 때문에 더 가난하게 될 것이라고 주장했다. 인도의 농업은 그랜드 투어와는 거리가 먼 것처럼 보일 것이다. 그러나 차, 커피, 담배, 설탕 같은 제품의 국제 무역은 동시에 이루어지고 있었다. 그랜드 투어에 나선 일부 여행자들과 나르니 관광명소 안내판에 소개된 화가들은 아마도 인도에서 생산된 목면 옷을 입거나 중국풍 장식으로 꾸며진 방에서 식사했을 가능성이 있다. 지하도 근처에는 자전거 대여 광고판이 있었는데, 업체 이름은 '그랜드 투어 란도Grand Tour Rando'였다.

다리들이 눈에 들어왔다. 모두 3개다. 고대의 다리는 기념비적인 거대한 아치만 남아 있어 더는 통행할 수 없다. 그 위로는 현대식 콘크리트 다리가 언덕 사이 강 계곡을 가로질러 차량을 실어 나른다. 더 아래쪽에는 파이프와 뒷골목을 지나는 세 번째 다리가 있다. 나는 이 글을 쓰기 위해 돌 위에 앉는다. 이 돌은 아마도 옛 로마 다리의 일부일 것이다. 작은 공원 안은 세 구간이 비스듬히 무너져 있다. 근처 표지판에는 QR 코드가 있어 스캔하면 드론으로 이 모습을 모두 볼 수 있다. 나무에서는 새들이 울고, 잎사귀가 시야를 가로질러 떨어진다.

매력적인 언덕 위 도시 중심부까지 오르는 길은 종아리 근육을 시험하는 험난한 오르막이다(이곳보다 더 유명한 오르비에토와 달리 여기에는 케이블카가 없다). 웅장한 건물들과 꼬불꼬불한 길의 분위기 때문인지 중앙 광장은 마치 영화 촬영장 같다. 언덕 위 도시 주변에서는 중세의 성벽을 여전히 발견할 수 있다. 14세기에 확장된 성벽은 비아 플라미니아 노선을 가로지른다. 나는 이 성벽의 일부인 포르타 폴렐라를 통해 구 시가지로 들어가 구불구불한 길을 따라 포르타 노바로 갔다. 노바는 '새로운'이란 뜻인데, 이 성문은 16세기에 새로 지어진 것으로 1527년의 약탈 이후 경사 아래쪽 땅이 버려지면서 만들어졌다. 아치 근처의 돌들은 매끈하게 절단되어 있으나 그 바로 옆의 약 6미터 높이의 돌들은 그리 매끈하지 않았다. 나폴레옹의 이탈리아 원정 직후 글을 썼던 스타크는 이 성벽을 보고 강한 인상을 받았을 것이다. 그녀는 페루자 일대에서 벌어진 한니발 원정을 특별히 강조하면서, 그가 멈추었던 중간 기착지들에 대해 이렇게 말했다.

파시나노와 오사이아 사이의 일대를 둘러보면 한니발의 군사적 재능에 대해 크게 감탄하지 않을 수가 없다. 그는 적지에 들어온 상태에서 적을 비좁고, 습지가 많고, 안개가 자주 끼는 들판으로 유인했다. 일단 이 들판에 들어서면 아무리 강하고 숫자가 많은 군대라 할지라도 자신을 오래 방어할 수가 없다. 왜냐하면 들판의 세 면은 카르타고 군대가 장악한 고지로 둘러싸여 있고, 나머지 한 면은 건널 수 없는 광대한 호수가 펼쳐져 있기 때문이다.[67]

한 학자는 스타크가 "자신을 로마 제국의 진정한 후계자로 여긴 신흥 영국 관료 계층을 위해 보다 효율적인 그랜드 투어를 형성하는 데 도움을 주었다"고 주장한다.[68] 로마 제국을 영국 제국과 연결시켜 생각한 방문객은 결코 스타크 혼자만이 아니었다. 당시 영국은 이미 제국을 건설 중에 있었다. 윌리엄 벡포드William Beckford는 노예 노동으로 운영되는 자메이카의 설탕 농장에서 큰돈을 벌어들인 가문의 사람이었는데, 1782년에 그랜드 투어에 나섰다. 영국 상류사회에서 외부인이었던 벡포드는 그랜드 투어를 통해 가문의 재산을 교양으로 바꾸면 대도시 상류층들에게 환영받을 수 있을 거라고 보았다.[69] 많은 여행자들과 마찬가지로 그는 로마로 들어가는 마지막 날에 아침 일찍 출발했다.

우리는 아직 어두울 때 출발했다. 비코 호수에 아침이 밝아오자 호수의 색깔은 짙은 울트라마린 블루가 되었고, 근처의 숲은 떠오르는 태양의 햇살을 받아 밝게 빛났다. 비테르보 너머 산에서 내려오면서 나는 성 베드로 대성당의 둥근 지붕을 보려고 애썼으나 보이지 않았다. 보이는 것은 짙은 안개의 바다였다. 마침내 안개가 물러나자 가장 호전적인 민족이 제국의 거점을 세운 광활한 들판이 모습을 드러냈다. 왼쪽으로는 멀리 아펜니노 산맥의 거친 봉우리들이 솟아 있었고, 반대편으로는 빛나는 바다의 수평선이 시야를 끝맺었다. 바로 이 넓은 들판에서 수많은 위대한 업적이 이루어졌다. 어느 민족이 이보다 더 장대한 무대를 선택할 수 있었을까. 여기에는 군대가 행진할 수 있는 공간이 있고, 진지를 구축할 충분한 땅이 있다. 또한 군사 경기를 치를 수도 있으며, 수도에서 오스티아로 뻗어나갈 수 있는 다양한 도로와 길도 마련되어 있다. 얼마나 많은 의기양양한 군단들이 이 포장도로를 따라 행군했던가! 얼마나 많은 포로 왕들이 있었던가! 수많은 전차와 마차가 한때 그 표면 위에서 빛났고, 아프리카 내륙에서 잡아온 야생동물과 인도 왕자들의 사절단, 그 뒤를 따르는 이국적인 수행원들이 원로원의 호의를 구하기 위해 서둘러 달려갔었다. 여러 세기 동안 이곳에는 거의 매일처럼 이러한 장엄한 장면이 펼쳐졌지만, 이제 그 모든 것이 사라졌다. 찬란한 소란스러움은 지나가버리고 이제 정적과 황량함만 남아 있다.[70]

도로에 대한 벡포드의 묘사는 세계적인 시야를 지닌 점에서 독특하다. 그가 말하는 로마인은 세계의 정복자였다. 묘사된 장면이 완전히 허구는 아니지만, 인도 왕자들의 사절단은 벡포드 시대의 영국 제국을 방문한 인물로도 볼 수 있다. 사라진 제국에 대해서 말해 보자면 벡포드가 그랜드 투어를 떠나기 6년 전에 영국은 북아메리카 식민지를 잃었고, 그 땅은 이제 미국이 되었다.

그랜드 투어의 초창기 여행담은 제국주의 사상의 발전을 암시한다. 알프스 고개를 극적으로 통과한 후에 토머스 그레이와 호레이스 월폴은 포 계곡 지대에 도착했다. 이곳은 이탈리아 북부에 있는 광대한 빙하 들판으로, 알프스 산맥과 아펜니노 산맥 사이에 자리 잡고 있었다(오늘날에는 베네치아 혹은 볼로냐에서 밀라노로 가는 기차의 노선이다). 그레이는 폐허가 된 수도교를 지나면서 들판의 역사를 상상하며 라틴어 시를 지었다. 처음엔 영어로 "우리는 유명한 들판을 지나갔다"로 시작하다가 라틴어로 전환해 트레비아 전투에서 당한 로마인의 슬픔을 말한다. 당시 트레비아의 강물은 붉게 흘렀으며, 고대에는 '아우소니아의 아들들(이탈리아를 시적으로 이르는 말)'이 한니발과 카르타고인들의 '무어인 기병대, 검은 피부의 부대'에게 패퇴해 황급히 달아난 곳이기도 했다.[71] 이러한 카르타고인 묘사는 18세기 유럽에서 형성된 인종차별 개념을 반영한 것이다. 그러나 그레이가 피부색깔로 인종을 분류한 대상은 북아프리카인에게만 국한되는 게 아니었다. 현지 나폴리 주민들에 대한 묘사도 인종차별적인 분위기를 물씬 풍긴다. 이는 지중해 사람이 완전히 백인인지에 대해 북유럽인들이 가졌던 양가적 시각을 반영한다.

보통 사람들은 유쾌하고 활발한 성격으로, 평균적인 이탈리아인보다 더 근면하다. 저녁까지 일한 뒤에는 류트나 기타(그들은 모두 연주를 할 줄 안다)를 들고 거리를 돌아다니거나 해변으로 가서 그림 같은 풍경을 즐긴다. 갈색 피부의 어린아이들은 벌거벗은 채로 깡충깡충 뛰어다니고, 좀 더 큰 아이들은 캐스터네츠를 연주하면서 춤을 추고, 다른 아이들은 그에 맞추어 심벌즈를 연주한다.[72]

이런 편견을 가진 것은 북유럽인만이 아니었다. 이탈리아 반도 북부의 이탈리아인들은 남부 사람에 대해 그에 못지않은 심각한 편견을 갖고 있었다. 1860년대에 이탈리아 총리를 지낸 루이지 파리니

Luigi Farini는 라벤나 출신인데, 남부에 대해 이렇게 말했다.

> 나의 친구여, 저기 남부 몰리세나 테라 디 라보로 같은 곳은 도대체 어떻게 된 곳인가! 정말 야만인들이야. 거긴 전혀 이탈리아가 아니야. 아프리카라고! 남부 농민들에 비하면 사막의 베두인족은 시민의 의무를 다 하는 시민 문화의 꽃이라 할 수 있지.73

그러나 마리아나 스타크가 볼 때 이런 편견은 로마 근처에서도 얼마든지 찾아볼 수 있는 것이었다. 그녀는 "티볼리의 여관 주인은 점잖고 공손하다. 그러나 지역 사람들은 대체로 야만적이다."74

중상류층 영국 여행자들이 당시 이탈리아의 보통 사람들을 인종차별적인 관점에서 열등한 존재로 보았다면, 고대의 선조들은 문명의 원천으로 여겼다. 이탈리아 여행을 구상 중이던 새뮤얼 존슨은 전기 작가 보스웰에게 이런 말을 했다. "지중해 연안에는 세계 4대 제국이 있었으니 아시리아, 페르시아, 그리스, 로마가 그것이다. 우리의 종교, 법률, 예술, 그리고 우리를 야만인과 구별되게 해주는 모든 것들이 지중해 연안으로부터 왔다."75 도로 또한 이러한 사고방식에 아주 편리하게 들어맞는다. 공화주의자이자 아일랜드 급진주의자였던 레이디 모건조차 이에 동의했다. "도로 건설 기술은 문명을 이루는 수단 중에서도 높은 평가를 받는다."76 로마 제국의 사회 기반 시설에 대한 칭송은 그 안에 또 다른 속셈을 갖고 있었는데, 바로 현대 제국을 칭송하려는 의도였다. 그러나 이런 상관관계가 성립하려면 교묘한 설득이 필요했다. 과거에 로마에 의해 정복당했던 이들이 자신들을 로마인과 동일시해야 하는 것이다. 캠던은 접목이라는 은유를 통해 사상의 근거를 제공했다. 결국 몇 가지 조건을 붙이면 새로운 유럽 제국은 로마인이 과거 유럽인에게 해주었던 문명의 촉진을 다른 이들(서아시아, 동남아시아, 아프리카)에게 해주고 있다고 그럴듯하게 주장할 수 있게 되었다.

4부

처음엔 도로, 그 다음엔 철도

1800~1900

11

나폴레옹

1792년 9월 22일, 마리아나 스타크는 일행과 함께 당시 피에몬테-사르데냐 왕국에 속해 있던 니스에 도착했다. 그녀는 성 밖의 거의 모든 여관이 피에몬테 병사들로 가득 차 있다는 사실에 다소 놀랐지만, 군사 총독의 딸답게 '위압적인 성격'이라는 표현이 딱 맞는 사람이었다. 그녀는 시내 호텔에 숙소를 잡고, 프랑스의 침공 위협이 커지면서 걸을 수 있는 거의 모든 고위 인사들이 알프스로 도망친 상황에서도 도시 사령관의 보호 아래 안전하게 지냈다. 귀족으로 오인되지 않기 위해 하인으로 변장한 그녀는 가족과 친구들을 영국 영사 가족과 함께 대피시키고 제노바로 향했다.[1] 그로부터 25년에 걸쳐서 프랑스 혁명과 나폴레옹 전쟁은 유럽의 정치 지형과 대륙 여행의 양상을 완전히 바꾸어 놓았다. 도로는 여전히 많은 면에서 로마로 이어졌지만, 나폴레옹이 스스로를 카이사르로 여기면서 로마의 경쟁 도시로 파리가 떠오르게 되었다.

마리아나 스타크가 유럽 대륙에 장기간 머문 시기는 나폴레옹의 전쟁 기간 동안과 거의 일치한다. 그녀는 "마치 불운한 사람처럼, 막 니스에 도착했는데 그곳이 점령되는 것을 보게 되었다"고 했다. 사실 이것은 그녀와 출판사가 적극 활용할 수 있는 포인트이기도 했다. 그녀는 단지 프랑스의 점령을 목격하기 위해 니스에 있었던 것이 아니었지만 4년 뒤 나폴레옹이 피렌체에 입성했을 때 그곳에 있었고, 1798년 2월 프랑스군이 로마에 입성하기 직전 12개월 동안 로마에 머물렀다(이것이 순전히 우연의 일치는 아닐지 모른다는 생각이 든다). 그녀는 로마 가톨릭에 적대적이면서도 나폴레옹의 무신론적 태도를 못마땅하게 여겼지만, 그래도 그를 존경했다. 그리고 "고대와 현대의 어떤 전사도 이처럼 짧은 기간에 이룬 적이 없는, 가장 빠르고 눈부신 정복"에 대해 크게 칭송했다.[2]

나폴레옹은 1796년에 이탈리아 원정군 사령관으로 임명됐고, 그 후 2년에 걸쳐서 베네치아, 제노바, 루카 등 여러 세기에 걸쳐 존속해 온 공화국들을 전복시킨 후 로마로 쳐들어갔다. 1797년 9월, 나폴레옹은 파사리아노(베네치아 북동쪽, 우디네 인근)에서 형제에게 이런 편지를 보냈다. "집정부(프랑스 정부)는 이탈리아 소군주들의 사소한 음모가 다시 시작되는 걸 허용하지 않을 거야."[3] 그는 이어 나폴리, 로마, 피렌체 간 연합 전선이 형성되는 것에 대한 우려를 표명하며 "고양이를 상대로 한 쥐들의 동맹일 뿐"이라고 말했다.[4] 당시 로마에서는 거의 여든 살에 가까운 교황 비오 6세가 오래 살지 못할 것으로 예상되었고, 나폴레옹은 콘클라베(교황 선거)가 벌어질 경우에 대비해 지시를 내렸다. "추기경들에게 때가 오면 내가 즉각 로마로 진격한다고 경고하도록 하라."[5]

실제로 프랑스 군대가 로마에 입성한 것은 그로부터 4개월 뒤인 1798년 2월 10일이었으나, 교황은 여전히 살아 있었다. 프랑스군 사령관 베르티에 장군은 많은 그랜드 투어 여행자들이 그랬던 것처럼 북쪽으로부터 성대하게 입성했다. 단지 차이가 있다면 이번에는 대규모 군대를 대동했다는 것이다. 장군은 카피톨리노 언덕에서 연설을 하면서 고대 로마 공화국의 영웅들 이름을 언급했다.[6] 교황 비오 6세는 프랑스로 압송되어 18개월간 유배 생활을 했고, 그가 비운 자리에는 로마 공화국이 들어섰다. 이는 프랑스의 괴뢰 체제였는데, 반대파들은 '웃기는 공화국repubblica per ridere'이라고 불렀다. 이 공화국은 약 18개월간 가까스로 버텼지만[7] 결국 패망했으며, 몰락에도 불구하고 나폴레옹은 1799년 11월 9~10일(브뤼메르 18일)의 쿠데타로 프랑스 권력을 손에 넣었다. 그는 고대 로마의 직함인 '제1통령'을 채택했고(1802년부터는 종신 제1통령), 스스로를 새로운 카이사르로 여기며 1804년 프랑스 황제로 즉위했다. 로마는 나폴레옹에게 중요한 의미를 지녔으며, 도로들 역시 그러했다.

그러나 도로는 나폴레옹의 적수인 교황 비오 6세에게도 중요했다. 본명이 조반니 안젤로 브라스키Giovanni Angelo Braschi인 교황은 프랑스 침공 20여 년 전인 1775년에 선출되었다. 그는 예수회를 지지하는 이들과 반대하는 이들 사이에서 온건한 노선을 취했으며, 재위 초반 국제적 사업 가운데 하나로 신생 미국에 최초의 로마 가톨릭 교구(볼티모어 교구)를 설립했다. 본국 내에서는 장기 집권을 했기 때문에 주요 기반 시설 공사를 추진했는데, 그중 대표적인 것은 폰티네 습지 배수 공사와 비아 아피아 복원도 있었다. 교황은 도로 옆 데체노비움 운하를 보수하도록 했고, 아드 메디아스('길의 중간 지점'이라는 뜻)[8]라고 알려진 예전의 중간 기착지 자리에 역참을 건설하도록 했다. 이 역참은 카살레 디 메사라고 하는데 현관의 아치가 높아서 마차들이 손쉽게 드나들 수 있었고, 오늘날에도 로마 시대 영묘 유적 옆 도로에서 볼 수 있다. 그 안으로 들어가면 안티카 포스타 바가 자리해 지나가는 여행객들에게 신선한 음료를 제공했다. 비오 6세는 이 공사를 자신의 공적이라 생각했고, 19세기 역사가 페르디난트 그레고로비우스Ferdinand Gregorovius에 의하면 이 도로를 '리네아 피아(비오의 길)'라고 명명했다고 한다.⁹ 그러나 이 이름은 오래 가지 못했다. 한편 북쪽에도 새로운 도로 부설 작업이 진행됐다. 1785년 개통된 알프스를 넘는 신도로를 묘사하며 마리아나 스타크는 "웅장함에 있어 고대 로마의 어떤 도로와도 필적할 만하며, 어쩌면 그보다 나을 수도 있다"고 평했다.¹⁰

존 체트우드 유스터스John Chetwode Eustace는 영국계 아일랜드인 사제로서, 1802년 그랜드 투어 때 세 청년의 가정교사 역할을 했다. 여행을 마치고 여행기를 작성하며 그는 비오 6세의 공을 높이 평가했다(정치적 상황을 감안하면 나폴레옹에게 공을 돌리기를 꺼렸을 가능성도 있다). 그가 묘사한 복원된 비아 아피아는 '훌륭한 길'이었다. 당시 "느릅나무와 버드나무가 양쪽으로 늘어서 드리운 그늘"이 있었고, 오늘날에는 종종 로마 소나무로 대체된다. 토르 트레 폰티에서는 여행자들이 개보수 공사 중에 발굴된 이정표와 기둥 등을 감상할 수 있었다.¹¹ 다른 곳에서 체트우드 유스터스는 크레모나와 만투아를 연결하는 비아 포스투미아Via Posthumia 같은 이름 없는 로마 도로들도 눈여겨 보았다. 그는 비아 에밀리아가 마르쿠스 에밀리우스 레피두스Marcus Emilius Lepidus에 의해 서기전 187년경 건설되었다는 것도 알았다.¹² 이러한 사실은 리비우스의 저작과 비문들에 의해 확인된다. 이것은 고대 로마에 깊은 관심을 가진 그랜드 투어 여행자들이 접할 수 있었던 세밀한 정보 수준을 보여준다.

프랑스 혁명은 프랑스 내의 가톨릭교회를 탄압하고 재산을 몰수했으며, 더 나아가 교황령 내의 영토인 아비뇽 지구도 점령했다. 프랑스 혁명은 교황 비오 6세에게 큰 시련이었다. 1796년 최초의 프랑스 침공 사태 때 아드리아 해의 핵심 항구인 안코나와 순례지 로레토 등 소규모 교황령 도시들이 점령되었다. 비오 6세는 다음해 2월에 프랑스와 강화 조약을 맺었으나 조약은 오래 가지 못했다. 1798년 저항 없이 로마가 침공당한 뒤 비오 6세는 포로로 잡혀갔다. 처음에 그는 파비아의 체르토사 수도원의 호화로운 환경에서 유배 생활을 시작했으나, 프랑스가 토스카나에 선전 포고를 하면서 북쪽의 발랑스로 압송됐다. 발랑스는 아비뇽과 리옹의 중간쯤에 있는 론 강 유역 도시다. 교황은 그곳에서 1799년 8월 29일에 사망했는데, 당시까지 역대 교황 중 최장기 재위 기록을 가지고 있었다.

이제 로마에서 콘클라베를 치르는 것은 불가능하게 되었으므로 추기경단은 석 달 뒤에 선거를 위해 베네치아 석호의 한 섬에 위치한 산 조르조 수도원에 모였다. 이것은 아비뇽 대분열 이후 로마 이외 지역에서 콘클라베가 거행된 최초이자 최후의 콘클라베였다. 논의는 신속하게 진행되지 못해 추기경들은 그 다음해 3월까지 논의한 끝에 바르나바 키아라몬티Barnaba Chiaramonti 추기경을 교황으로 선출했다. 그는 3월 14일 종이로 만든 삼중관을 쓰고 즉위식을 거행했다. 진품은 프랑스 정부가 움켜쥐고 내놓지 않았기 때문이다. 신임 교황(비오 7세)은 먼저 배를 타고 페사로로 갔고, 이어 고대 비아 플라미니아를 따라 로마로 갔다. 나폴레옹이 피에몬테의 알레산드리아 인근 마렝고 전투에서 오스트리아 군대를 격파하고 승리를 거두자 프랑스는 교황 비오 7세와 타협을 보았고, 교황은 로마에서의 통치를 회복했다. 1804년 교황은 나폴레옹의 대관식을 집전했다. 그러나 나폴레옹은 남행해 로마로 간 게 아니라 비오 7세를 파리로 불러 들였다. 또 교황은 전통에 따라 황제의 머리에 왕관을 올려준 것도 아니었다. 나폴레옹은 스스로 황제의 관을 머리에 올렸다.[13]

나폴레옹이 고대 로마 및 제국의 유산과 관련을 맺은 것은 주로 고고학, 새로운 사회 기반 시설, 그리고 파리에 '영원한 도시' 로마의 개선 행진로를 연상시키는 승리의 경로를 조성하는 것이었다. 그는 현재 클뤼니 박물관에 소장되어 있는 공중목욕탕을 포함해 파리에 남아 있는 고대 로마의 유물 대부분을 적극 활용해 파리를 새로운 로마 혹은 그보다 더 나은 도시로 만들려 했다. 1809년경에 나폴레옹은 루브르 궁전 옆에 서서 승전을 기념하는 개선로를 건설하겠다는 의도를 선언했다고 한다.

> 이곳이 내가 제국의 도로를 건설하고자 하는 곳이다. 여기서 시작해 바리에르 뒤 트론까지 펼쳐지게 될 것이다. 도로의 폭은 약 30미터로, 양 옆으로 가로수가 울창하게 늘어서게 될 것이다. 제국의 도로는 세상에서 가장 아름다운 길이 되어야 한다.[14]

이 계획은 성사되지 않았지만, 나폴레옹의 관심사를 보여주는 수많은 증거들이 파리에 남아 있다. 이 증거들은 고전적 영감에 대한 선례가 있음을 보여준다. 파리는 로마인들이 도래하기 전부터 존재했다. 서기전 50년대에 갈리아 원정 당시 루테티아 파리시오룸Lutetia Parisiorum('파리의 진흙땅'이라는 뜻)은 카이사르의 사령부가 됐다. 전설에 의하면 파리라는 이름은 트로이 전쟁을 일으킨 장본인인 파리스(그리스 미인 헬레네를 트로이로 납치해 전쟁을 일으킨 신화적 인물)에서 나왔다고 하나,[15] 어원학적 연구는 이런 주장을 뒷받침하지 않는다. 그렇지만 이 이야기의 존재 자체가 유럽 문화에서 고전 유산이 얼마나 중요한지 보여주는 또 다른 단서가 된다. 파리 북역에서 마젠타 대로를 따라 걷다 보면 포르트 생마르탱 거리 끝에서 생마르탱 문을 언뜻 볼 수 있다. 1674년 루이 14세 시절에 건설된 이 문은 전쟁의 신 마르스, 영웅 헤라클레스, 명성을 상징하는 이미지 속에 왕을 표현하고 있으며, 루이 14세에게 바쳐진 여러 고전적 기념물 중 하나다. 루이 14세는 또한 로마에 프랑스 아카데미를 설립했고, 로마의 고대 유물을 기록한 판화 제작으로 유명한 화가 피라네시Piranesi는 많은 프랑스 제자들을 끌어들였다.[16] 16세기 미술사학자 조르조 바사리Giorgio Vasari는 프랑수아 1세 치하의 퐁텐블로와 앙리 4세 치하의 파리가 로마와 비슷하다고 말했다. 우리는 이미 프랑수아 1세의 동시대인이자 경쟁자인 신성로마제국 황제 카를 5세의 고대 개선 재현 전례를 살펴보았다.[17] 그러나 나폴레옹은 제국을 선언했으므로 좀 더 장대한 건축물을 필요로 했다. 그의 기념물은 티투스·세베루스·콘스탄티누스의 개선문과 트라야누스의 기둥 등 로마의 유물에서 차용해 왔을 뿐만 아니라, 프랑스 내 사례에서도 차용하여 자국이 역사적 제국과 오랜 연관을 지녔음을 강조했다. 몬테 카를로 인근 라튀르비에 있는 아우구스투스 황제의 기념비Trophée des Alpes는 불로뉴 근처 위밀에 있는 그랑드 아르메의 오벨리스크에 비견될 수 있다. 또 고대 로마 시대의 오랑주 개선문은 파리에 있는 카루젤 개선문의 모델이 되었다. (이는 파리만의 사업이 아니었으며, 아치 등 고전 양식 조각품들이 이탈리아 도시에도 발주됐다.)[18]

나는 루브르 지하에 있는 쇼핑센터 덕분에 카루젤이라는 이름이 친숙하다. 이번에는 그 위에 있는 개선문을 둘러보기로 마음먹었다. 지난번 파리에 왔을 때에는 이곳을 그냥 지나쳐버린 게 틀림없다. 튈르리 궁을 치장하는 고전적 조각상과 가로수들과 혼연일체를 이루고 있어서인지 잘 보이지 않았다. 나는 이동 푸드 트럭에서 2.2유로를 주고 마키아토를 한 잔 샀고, 채색 화장지를 판매하는 고급 공중화장실을 1.5유로를 주고 이용했다. 나폴레옹이 의도한 인상과는 조금 다른 느낌인 것 같다. 좀 더 남쪽으로 내려와 아비뇽에서 기차로 갈 수 있는 오랑주에서 원본 개선문을 보기로 했다. 여기서는 나폴레옹 양식을 더 잘 느낄 수 있다. 개선문은 중세 시대에 성벽 모양으로 쌓여 있었지만 1807년 이후 복원되었다. 나폴레옹 체제는 파시스트보다 훨씬 이전부터 고대 기념물 복구 사업을 시행했다. 그 이후로 이 개선문은 사용 중인 도로 위가 아니라 여러 방사형 거리 한가운데 자리하게 되었다. 리옹에서 출발하는 여러 도로들에 사용되는 이름인 비아 아그리파 위에 설치된 이 개선문은 로마의 갈리아 정복을 기념하는 것으로, 티베리우스 황제에게 바쳐진 것이다(다만 원래 헌정 대상이 그였는지는 확실하지 않다). 개선문을 장식하는 조각은 전투 장면, 포로, 패배한 적들이 내버린 무기들을 묘사한다. 오랑주의 개선문이 야만족 프랑스인을 정복한 로마인의 승리를 기념한 것인 반면, 카루젤 개선문은 유럽 전쟁에서 승리한 프랑스인을 칭송하고 있다.[19]

나폴레옹의 기념물 중에서 가장 잘 알려진 것은 파리의 개선문이다. 이는 포룸에 있는 티투스 개선문에 영향을 받은 것으로, 나폴레옹의 아우스터리츠 전투 승리를 기념하기 위해 1806년에 발주됐다. 황제는 살아생전에 개선문의 완성을 보지는 못했지만, 파리를 관통하는 개선 행진로의 핵심 지점에 세워져 고대 로마의 개선식 의식을 재현하도록 계획되었다.[20] 나는 개선문에 가기 위해 먼저 튈르리 궁을 지나 걸었다. 이곳의 정원은 이탈리아 출신 상속녀였던 카트린 드 메디치Catherine de' Medici가 프랑스의 왕비가 되면서 조성한 것이다. 밤나무와 보리수나무를 지나면 금빛 첨탑이 얹힌 오벨리스크가 서 있다. 이는 나폴레옹의 이집트 원정 때 프랑스인들이 처음 주목한 구조물이었고, 그로부터 약 30년 뒤에 오스만 총독이 외교적 선물의 일환으로 프랑스 정부에 기증한 것이다. 오벨리스크를 지나 양옆에 가로수가 우거진 도로를 약 1.6킬로미터쯤 올라가면 개선문이 나온다. 그야말로 제대로 된 개선 행진로지만, 오늘날 늘어선 디자이너 샵과 양복을 입은 사무직 근로자들이 점심 식사를 하기 위해 거리로 쏟아져 나오는 모습을 보면 과거에 이 길을 걸어간 군대와 그들이 벌인 전쟁은 아득히 떨어져 있다는 생각이 든다. 그렇지만 신문 가판대에서 볼로디미르 젤렌스키의 인터뷰 기사를 광고하는 잡지를 보고, 팽창주의 전쟁은 오늘날에도 여전히 중요한 문제임을 다시금 떠올렸다. 나폴레옹의 도시 재개발 사업이라고 해서 비판이 없었던 것은 아니다.[21] 트라야누스 기둥을 모델로 설계되고 나폴레옹의 동상이 올려진 방돔 광장 기념물은 1871년 파리 코뮌 시절 무너졌다. 코뮌의 예술 분과 위원장이었던 화가 귀스타브 쿠르베Gustave Courbet는 이렇게 말했다. "예술적 가치가 전혀 없는 기념물이다. 과거 제국 왕조의 전쟁과 정복 사상을 영구화하려는 것으로, 공화국의 국민 정서상 용납

할 수 없다."²²

나폴레옹이 통치하던 시대에도 작가들은 예술품 약탈을 제국주의적 사업의 일환이라고 생각했다. 레이디 마운트 카셀Lady Mount Cashel의 일행으로 다녀온 유럽 여행에 대해 1801년 《유럽 대륙을 여행한 아일랜드 귀족An Irish Peer on the Continent》이라는 여행 책자를 펴낸 캐서린 윌모트Catherine Wilmot는 루브르의 중앙 예술 박물관에 대해 이렇게 말했다. "프랑스, 네덜란드, 독일 거장들의 작품 보관처일 뿐만 아니라 이탈리아 약탈의 결과물이다."²³ 그녀는 이탈리아 미술품 약탈을 프랑스의 아일랜드 정복 사업에 비유하면서 한 장군에게 이런 신랄한 말을 했다.

그들의 박애주의적 사업이 알프스 너머에서 이루어졌던 것처럼 아일랜드에서도 잘 진행이 되었더라면 지금쯤 우리 작은 나라 아일랜드는 루브르의 이탈리아 전리품들 사이에서 하나의 진귀품으로 있었을 것입니다.²⁴

마리아나 스타크는 나폴레옹을 전반적으로 칭송하고 있었음에도 불구하고 그가 이탈리아에서 예술 작품들을 무자비하게 약탈해온 사실에 우려를 표시했다. 하지만 그녀는 그래도 여전히 이탈리아에는 많은 작품들이 남아 있다고 독자들을 안심시켰다. 그녀는 독자들이 "그녀가 선정한 천재의 작품들이 모두 파괴되었거나 파리로 옮겨졌다"고 생각하는 것을 원하지 않았다.²⁵ 그녀는 로레토의 보물을 보호하기 위한 교황의 노력을 언급하면서 이렇게 묘사했다.

짐을 실은 노새와 말 떼가 산탄젤로 성으로 가고 있었다. 성문 앞에는 대

포로 경호되는 마차들이 서 있었고, 병사들에 따르면 그 마차에는 로레토의 보물이 실려 있었다. 교황 성하는 그 보물을 테라치나로 보내는 중이었다.[26]

테라치나는 험준한 언덕 위에 있고 폰티네 습지로 둘러싸여 있어서 방어하기 좋은 도시였다. 그러나 교황의 사전 예방 조치에도 불구하고 많은 예술 작품이 파리로 강제 반출되었다. 그런 작품 중에 파올로 베로네세Paolo Veronese의 〈가나의 혼인 잔치〉를 비롯해 〈라오콘 군상〉이나 〈벨베데레의 아폴로〉 같은 조각 작품들도 있었는데, 조각상은 이탈리아에 반환되었으나 베로네세의 그림은 반환되지 않았다. 약탈해온 예술 작품 덕분에 파리는 중요한 관광 명소로 새롭게 부상하게 됐다. 심지어 나폴레옹의 쿠데타 이전에도 공화국 정부를 찬양하며 만들어진 1797년 판화는 로마에서 예술품을 강제 반출하는 호송대를 묘사했고, 1798년의 파리 개선 행사를 위해 작곡된 노래는 "로마는 더 이상 로마에 있지 않고, 모두 파리에 있다네"라는 가사를 담고 있었다.[27]

바티칸에서 수많은 예술품들이 약탈되자 교황 비오 7세는 로마로부터 고대의 유물을 반출해 가는 것을 단속하고 나섰고, 이어 새로운 발굴 작업에 더욱 박차를 가하도록 지시했다. 조각가 안토니오 카노바Antonio Canova는 비아 아피아 도상의 유물 복원공사를 포함해 다양한 프로젝트의 책임을 맡았다. 그리하여 1775년에서 1780년 사이에 100건 이상의 발굴 공사가 시행되었고,[28] 카노바는 유물을 다른 곳으로 이동해 전시하기보다는 발굴 현장에서 보존하는 방식을 제시했다. 그의 선구적 사업으로는 네 번째 이정표 지점에서

1807~1808년 사이에 이루어진 세르빌리우스 콰르투스Servilius Quartus 의 무덤 복원 공사가 있다. 이 무덤은 오늘날에도 직접 가서 볼 수 있다. 그는 사방에 흩어져 있던 조각들을 모아 원래 유물과 조합하여 일종의 기념 벽을 만들었다.[29] 그러나 비아 아피아 도로변의 기념물 보존 작업은 긴 과정이었으며, 에게리아의 동굴을 포함해[30] 긴급 공사의 필요성에 대한 논의는 몇 년에 걸쳐서 계속 됐다.

한편 1809년에 나폴레옹은 비오 7세를 추방하고, 자신의 어린 아들을 로마의 왕으로 임명했다. 이어 새로운 제국 수도로서 로마를 재건하려는 야심찬 계획이 수립됐다. 특히 트라야누스 기둥 주변 공간을 중심으로 포룸 지역에 대한 정비 사업은 이 시기에 시작됐다. 이 과정에서 나폴레옹이 개선식을 거행하는 것에 대비해 포룸을 관통하는 도로인 비아 사크라Via Sacra의 발굴 사업이 착수됐다. 그러나 개선식 기회는 찾아오지 않았다. 몇 년 안에 황제의 운명은 바뀌었고, 그는 사실상 로마를 한 번도 방문하지 못했다. 이 시기에 로마에 고고학 공원을 세우자는 아이디어가 처음으로 제시되었지만, 현실화되기까지 그로부터 한 세기 이상을 기다려야 했다. 콜로세움과 카피톨리노를 연결하는 가로수길 계획도 역시 한 세기 이상 새로운 야심찬 독재자가 등장할 때까지 기다려야 했다.[31]

1815년에 영국인 여행가 존 밀라드John Millard는 필명인 헨리 콕스Henry Coxe로 펴낸 책에서 로마에서 프랑스인들이 수행한 다양한 개선과 개조 사업을 상당히 칭송했다. 그는 '수도에서 여러 해 동안 살아온 신사의 권위'를 내세우며 보고했다. 그에 따르면 콜로세움 주변 지역뿐만 아니라 베스타 신전과 포르투나 비릴리스 신전, 콘코르디아 신전, 주피터 토난스 신전 주위도 잘 정비되어 '위엄 있는 모습'을 갖추었으며, 티투스와 세베루스의 개선문도 마찬가지였다. 더욱이 이 공사는 공공 근로 사업의 일환으로 실시되어 노동자에게 소액의 급료와 따뜻한 수프를 제공했다.[32] 이전 세기에 헤스터 피오치도 도로 건설을 로레토의 방랑자들에게 일거리를 제공하는 좋은 고용 수단으로 보았다. 그러나 그녀는 그들이 노역을 괴로워한다는 점은 상상하지 못했다. 그녀의 말인즉 이러했다. "그들의 군주는 아름다운 새 도로를 만드는 일을 제공했고, 기꺼이 일할 의사가 있는 사람에게 급료를 지불하라고 지시했다."[33] 안타깝게도 로마 노동자들이 노동에 대해 어떤 의견을 가졌는지는 기록에 남아 있지 않다. 어쨌든 이 공사의 경우 그들은 급료를 지불받았으나, 다른 공사에서는 죄수들이 공사에 강제로 투입되기도 했다.[34]

안토니오 카노바는 나폴레옹의 주목을 받았고, 마침내 황제는 그의 협력을 이끌어내는 데 성공했다. 카노바는 처음에는 아이러니하게도 도로의 열악한 상태를 거절의 구실로 삼았다. 그렇지만 결국 파리에서 단기간 일하는 조건으로 좋은 협상 조건을 이끌어냈다.[35] 카노바는 고대의 사례를 들면서 나폴레옹의 공사를 칭송했다. 그는 황제에게 "폐하의 장엄한 도로들은 고대 로마인에게 필적할 정도로 가치가 높습니다"라고 말했다. 그에 대해 나폴레옹은 이렇게 대답했다. "내년이면 … 코니스 도로(해안의 절벽을 따라 난 도로)가 완공될 것이고, 그러면 눈을 밟지 않고도 파리에서 제노바까지 이동할 수 있을 것이다."[36] 이로써 토비아스 스몰렛이 염원했던 비아 아우렐리아의 복원도 곧 실현될 수 있었다.

나는 비아 아우렐리아를 따라 가기로 하고 아비뇽에서 기차를 타고 아를과 마르세유, 에탕 드 베르를 경유해 니스로 향했다. 에탕 드 베르는 석호인데, 처음엔 그것을 지중해로 착각했다. 기차와 나란히 달리는 도로에는 어떤 사람이 빈티지 차를 몰고 있었다. 기차의 에어컨이 너무 세서 나는 여행 중 처음으로 가방에서 카디건을 꺼내 입었다. 터널을 지나 기차가 마르세유 교외의 레스타크에 도착할 즈음 지중해가 오른쪽에서 펼쳐졌다. 크루즈 배들이 항구에 가득했다. 나는 마르세유에서 니스로 가는 완행열차로 갈아타고 2층 좌석에 앉아 갔다. 기차는 울창한 텃밭과 넓게 펼쳐진 교외 지역을 거쳐 유니테 다비타시옹〔르 코르뷔지에가 설계한 최초의 현대식 아파트〕을 지나갔다. 그러나 나중에 지도를 찾아보니 그럴 리가 없다는 것을 깨닫는다. 그냥 일반적인 모더니즘 양식의 건축물이었다. 기차는 절개지와 터널을 관통해 미끄러지듯 나아갔다. 이곳은 직선 도로를 내기에 적합한 곳은 아니다. 소나무, 관목, 골짜기에 숨어 있는 작은 포도원, 구운 흙빛의 집들을 지나 다시 지중해가 모습을 보였다. 기차는 푸른 만의 가장자리를 따라 달려 나갔다. 우리는 툴롱 산업 단지의 외곽에 도착했다. 기차는 한동안 내륙을 달리다 프레쥐스와 생 라파엘을 지나자 선로가 해안을 따라 굽이치면서 오른쪽으로 반짝이는 바다를 보여주었다. 그 거리가 너무 가까워 해수욕하는 사람들과 해변의 화려한 파라솔을 볼 수 있었다. 쾌속정이 칸느 항구를 가로질러 갔다. 이곳에서는 철길이 바로 해안가를 따라 놓여 있다. 해변 옆에 위치한 공항을 지나 우리는 니스에 도착했다.

주세페 가리발디Giuseppe Garibaldi의 출생지이자 여행가 마리아나 스타크의 중간 기착지인 니스의 옛 이름은 니카이아로, 서기전 350년경에 그리스·포카이아의 식민지로 건설되었다. 로마 시대의 유물이 약간 남아있지만 이 도시는 19세기에 인기 높은 영국 휴양 도시였다. 야자수가 늘어선 해안가는 영국의 험한 날씨를 피하기 위해 온 관광객들 때문에 '영국인 산책로'라는 이름이 붙었다. 나는 번잡한 벼룩시장을 지나 구 시가지로 들어가 셰 팔미르라는 식당의 공동 테이블에 앉아 점심을 즐기며 다른 혼자 온 여행객과 이야기를 나누었다. 그는 프랑크푸르트에서 온 갤러리 운영자였는데, 카프다일에서 전시장을 개장하고 하루 휴가를 내서 시간을 보내는 중이라고 말했다. 다시 기차에 오르니 철로는 절벽과 바다 사이, 제방과 터널을 누비며 나아갔다. 기차는 코트다쥐르를 따라 마을에서 마을로 이동하는 관광객들로 가득하다. 이번 여행 중 가장 영국인이 많이 등장하는 여행길이다. 나는 햇빛을 즐기는 학생들이 토리당의 당수 선거를 놓고 논쟁하는 얘기를 들었다(그날은 토리당의 리즈 트러스Liz Truss가 오래가지 못한 승리를 거둔 날이었다). 기차는 모나코-몬테카를로 터널 밑을 지나 돛단배들이 점점이 떠 있는 만 바로 옆으로 나왔다. 이곳의 이름은 로크브륀느-카프-마르탱으로, 높은 산들이 낮은 구름을 뚫고 창공에 우뚝 솟아 있었다.

이곳을 여행하다 보면 도로를 만드는 데 어려웠겠구나 하는 생각이 저절로 든다. 계단식 대지와 다리와 터널, 암벽을 아슬아슬하게 돌아가는 굽이진 길을 보면 '코니스 도로'라는 말은 현실을 제대로 전달하지 못하는 장식적인 단어라는 생각이 든다. 왜 사람들이 바다를 더 안전하게 느꼈는지 이해가 된다. 깎아지른 절벽, 듬성듬성 난

나무, 질서정연한 계단식 경작지들은 햇살 속에서는 멋진 풍경이지만, 폭풍우 속에서는 결코 흥미로운 광경이 아니다. 그러나 비는 거의 오지 않았다. 벤티밀리아의 이탈리아 쪽에서 건너는 강은 말라 있었고, 임페리아의 강과 또 다른 강도 마찬가지였다. 알벤가에 도달하니 강이 비로소 건강한 모습을 보였다. 기차로 가는 도중에 터널들이 곳곳에 있었고, 해변에는 회색 돌들이 많았다. 이 철로 역시 바다에 가까이 붙어 달렸다. 이곳에서는 산맥이 잠시 해안에서 물러난다. 철로 옆에는 잎이 두껍고 큰 다육식물이 자라고 있었고, 여전히 야자수가 보인다. 기차가 피에트라 리구레에 도착하기 직전, 절벽에 자리 잡은 자그마한 묘지를 보았다. 여기서는 죽음조차 토목 기술이 필요하다.

나폴레옹 시대에 개발된 것은 코니스 도로가 유일한 게 아니었다. 그로부터 50년 뒤 더 북쪽의 몽스니 고개에서 시행된 공사는 여전히 찬사를 받고 있다. 회고록 작가 엘피스 멜레나Elpis Melena는 자신이 그 고개를 건넌 경험을 기록으로 남기면서 이렇게 말했다. "제국의 건설자 나폴레옹의 기념물로서 존경과 경이의 대상이다."[37] 나폴레옹의 공공 시절 공사들은 고대 로마에서 영감을 받았을 뿐만 아니라 보다 최근의 통치자의 업적도 참고했다. 예를 들어 라인 강 옆의 도로는 '샤를마뉴의 길'이라고 명명되었다.[38] (나폴레옹의 형제 뤼시앵 보나파르트는 1814년 〈샤를마뉴〉라는 서사시를 집필해 파리에서 출간했다.)[39] 샤를마뉴가 사회 기반 시설을 감독했고 카를 5세가 도로를 무대 장치로 활용했다면, 나폴레옹은 거기서 한 발 더 나아갔다. 그의 도로 보수 공사 소식은 영국 언론에도 보도됐다. 1813년 3월 《리버풀 머큐리Liverpool Mercury》는 '대단히 유익한 작업'이라며 폰티네 습지의 배수 사업을 보도했다. 특파원은 이 사업은 원래 율리우스 카이사르가 계획했으며, 이제야 완수되었다고 했다.

보나파르트의 명령과 몇몇 저명한 프랑스 기술자들의 지휘 아래 이루어진 이 사업에서 나폴레옹은 카이사르를 자신의 모범으로 삼았다. 만약 그가 카이사르의 행적 가운데 선하고 진정으로 위대한 부분만 본받는 데 그쳤더라면, 유럽에는 참으로 다행이었을 것이다.

이 기사는 앞서 교황들이 후원했던 개보수 공사는 생략했다. 아마도 영국 특파원들이 반가톨릭 정서가 강했기 때문일 것이다. 신문 기사는 이렇게 계속된다. "나폴레옹은 이탈리아의 가장 유명한 지역에 건강과 안전함을 가져다주었다." 19세기 초에는 말라리아를 옮기는 모기들의 서식지로서 늪지가 지니는 의미가 제대로 이해되지 못했다. 대신 정체된 웅덩이와 불결한 늪지에서 발생하는 유해한 기운을 제거하면 여러 전염병이 줄어들 것이라고 여겼다. 원인과 결과에 대한 인식은 다소 빗나갔지만, 그래도 그 이점만큼은 의심의 여지가 없었다.[40]

그렇지만 이런 열렬한 언론 보도가 언제나 사실만을 전달하는 건 아니었다. 예를 들어 나폴리의 경우, 나폴레옹 정권은 이전 부르봉 왕가 시절에 이미 시작된 사업에서 혜택을 누렸다. 이는 처음부터 새로 시작한 게 아니라 점진적인 확장에 가까웠다.[41] 지방의 도로와 교량 개선을 감독하기 위해 '교량 및 도로 총국'이라는 새로운 조직이 설립됐는데, 세금은 종종 엉뚱한 곳으로 새어나갔다. 한 사례로 나폴리 남쪽의 도로 보수에 쓰일 예정이던 무려 18만 두카트가 목표 사업에 전달되지 않았다.⁴² (이 금액은 한 해 동안 수천 명의 인부들을 부릴 수 있는 돈이었다.)⁴³ 영국인 여행자들이 1815년에 불평했던 것처럼 도로변의 도적들도 골칫거리였다. 로마에서 나폴리로 여행을 준비하던 홀랜드 경과 오르드 가족에게 나폴리 국왕은 해로를 선택할 경우 프리깃함(호위용 함선)을 제공하고, 육로일 때에는 헌병 수행단을 붙여 주겠다고 제안했다. 《칼레도니언 머큐리Caledonian Mercury》는 약간의 반가톨릭 정서를 가미해 다음 내용을 보도했다.

교황청 관할 내 도시들을 여행자들이 안전하게 다닐 수 없는 것을 교황청 정부는 부끄럽게 여겨야 한다. 강도 무리가 밤중뿐만 아니라 백주 대낮에도 무리를 지어 활동하며, 그들은 피렌체에서 로마로 가는 마차와 폰티네 습지를 거쳐 나폴리로 가는 마차들을 가리지 않고 습격하고 있다.⁴⁴

1815년에 영국 여행자 헨리 콕스는 《이탈리아의 풍경Picture of Italy》이라는 책을 펴냈다. 이 책에서 그는 알프스를 넘어가는 새로운 길에 대한 최초의 영문 설명을 제공하겠다고 했다. 심플론 고갯길은 지난 여러 세기 동안 존재했으나 새롭게 보수되어 대포의 수송도 가능했고, 여행자들에게 훨씬 더 편안한 여행 경험을 제공했다.

제네바에서 밀라노까지 이어지는 이 장엄한 인간 노동과 놀라운 기술의 기념물은 온 세상 사람들의 찬양을 받을 만하다. 이 길은 보나파르트의 명령을 받아 니콜라스 세아르Nicolas Céard가 건설한 것으로, 그에게는 영원한 명예가 돌아가야 할 것이다. 이 웅대한 구간은 40개 이상의 각종 교량을 설치해 험한 협곡 사이를 연결하고 있으며, 수많은 터널과 지하 통로가 단단한 암석뿐 아니라 두껍게 층을 이루는 빙하 속까지 뚫어 놓았다. 여기에 더해 수로, 노선을 지지하고 양옆을 보강하는 성벽, 그리고 헤라클레스의 노동을 능가하는 사업에 필연적으로 포함된 무수한 인공구조물들을 모두 고려하면 경이로운 공사를 계획한 천재성과 이를 완수한 기술 중 어느 쪽을 더 감탄해야 할지 알 수 없게 된다. 3만 명이 넘는 인원이 끊임없이 동원된 이 사업은 3년간의 부단한 노력 끝에 1805년에 완공되었다.[45]

심플론 고개는 고대 도로와의 암묵적 연관성을 지닐 뿐 아니라, 반신인 헤라클레스의 노역에 비견함으로써 거의 인간의 성취 능력을 뛰어넘는 공사라는 암시를 하고 있다. 이런 열광적인 어조로 고개를 칭송한 사람은 콕스뿐만이 아니었다. 새뮤얼 로저스도 자신의 여행기에서 심플론 고개를 넘어간 체험을 언급했다. "경이로운 대상이다. … 이런 공사를 계획한 대담함과 그것을 시행한 천재성과 근면에 대해 찬탄하지 않을 수 없다."[46]

알프스 여행의 위험함을 감안할 때 새롭고 믿을 만한 도로의 설치는 당연히 환영받을 만한 일이었다. 1839년에 익명으로 여행기를 낸 어떤 사람은 도로 보수 공사 이전인 1800년에 알프스를 건너던 나폴레옹에게 벌어졌다는 사건을 기록했다. 그레이트 생 베르나르 고개를 건너던 중 "생피에르 숲 끝자락 근처의 위험한 구간에서 그는 노새에서 미끄러졌으나 안내인이 그의 옷자락을 붙잡아 추락을 막았다. … 안내인은 선물로 1000프랑을 받았다."[47] 자크-루이 다비드Jacques-Louis David의 그림 〈생 베르나르 고개를 넘어가는 나폴레옹〉은 의기양양한 모습의 보나파르트를 보여준다. 황제는 노새가 아니라 하얀 말을 타고 있고, 그림 아래쪽에는 샤를마뉴와 한니발이 이 고갯길을 넘어갔다는 글이 적혀 있다.[48] 여기서 한니발이 언급되는 것은 로마 도로들을 둘러싼 서사의 유연성을 보여준다. 우리가 이미 살펴본 바와 같이 한니발은 휘하 군대가 알프스 고개를 내려가는 길을 건설한 것으로 평가되지만, 한편으로 그는 로마인과 싸웠다. 영국의 로마 유산 애호가들이 자신들을 식민지 브리튼의 후예일 뿐만 아니라 동시에 로마인의 후예라고 주장하는 것처럼, 나폴레옹도 로마 황제들의 승리를 모방할 수도, 동시에 경쟁자의 맥을 이어받을 수도 있었다.

프랑수아-르네 드 샤토 브리앙François-René de Chateaubriand은 도로 위 삶에 대한 또 다른 이야기를 제공한다. 그는 1803~1804년에 잠시 로마 주재 프랑스 대사의 비서를 역임했다. 그는 고대 유적 복원 사업에 언제나 열렬한 태도를 보였던 것은 아니었다. 적어도 헤르쿨라네움과 폼페이 유적에는 그런 태도를 취했다.[49] 그러나 그의 저서 《이탈리아 기행》에서는 도로가 개선되기 이전에도 여행이 비교적 수월했음을 언급한다. 이 책에서 나폴리 기행을 다룬 장은 인상적인 묘사를 제공한다.

이탈리아 도로상에서 만나게 되는 저 혼잡스러운 사람들, 마차들, 물건과 물품을 보라. 영국인과 러시아인들은 큰돈 들여 고급 베를린 마차를 타고 여행하면서 그들 나라의 관습과 편견을 그대로 간직한다. 이탈리아인 가족들은 포도 수확지로 경제적으로 이동하기 위해 낡은 값싼 마차를 타고 간다. 수도사들은 걸어가면서 유물을 등에 가득 실은 노새를 고삐를 잡아당기며 통제한다. 노동자들은 커다란 황소가 끌고 가는 수레를 몰고 있는데, 수레 받침대 위에 자그마한 성모상을 올려두고 있다. 시골 여인들은 베일을 쓰거나 머리카락을 멋지게 땋고, 화려한 색의 속치마와 가슴 부분이 트인 리본 매듭 상의를 입고 있었다.[50]

나폴리에 도착해서 그는 이렇게 말했다. "도시를 거의 보지 못한 채 아주 깊은 도로를 따라 들어가게 된다. 원한다 해도 더 이상 옛 길을 따라갈 수 없다. 마지막 프랑스 지배 시기에 다른 진입로가 개통됐는데, 파우실립포(포실리포) 언덕을 둘러 아름다운 도로가 새로 만들어졌다."[51] 그러나 상실감도 함께 전했다. 로마를 벗어나면 전원 지방은 황량했고, 옛 제국과 풍요로움은 사라지고 없다는 취지였다.

여기저기 사람들이 거의 다니지 않는 곳에서 로마 도로의 흔적을 볼 수 있다. 어떤 곳에는 겨울이라 말라버린 물길도 있는데, 멀리서 보면 마치 사람들이 자주 다니는 넓은 도로처럼 보이지만 실제로는 한때 급하고 거칠게 내달리던 시냇물의 말라붙은 밑바닥이다. 로마 제국처럼 이 물길도 이제 사라져버렸다. 나무들도 찾아보기 어렵지만 길 양옆에는 수도교와 무덤들의 폐허가 남아 있다. 그것들을 가리켜 이 땅 고유의 숲이고 식물이라 해도 무방할 것이다. 이 땅은 죽음의 먼지와 제국의 잔해로 이루어져 있다. 들판에서 풍성한 곡식을 보았다고 생각했던 것이 가까이 다가가보니 시들어버린 풀이었다. 이런 황량한 풀들 밑에서도 고대 문화의 흔적이 때때로 발견된다. 여기에는 새도, 농부도, 소들의 울음소리도, 마을도 없다. 드물게 몇몇 형편없는 농장이 벌거벗은 시골 속에 나타나지만, 각 집의 창문과 문은 닫혀 있다. 연기도, 소음도, 주민도 나오지 않는다. 너덜너덜해진 남루한 옷을 입고, 열병으로 창백하고 야윈 야만인들이 이 울적한 주거지를 지키고 있을 뿐이다. 마치 고딕 전설에서 버려진 성의 입구를 지키는 유령과 같다. 이곳은 이렇게 말할 수 있을 것이다. 한때 세상의 주인이 거주했던 땅을 차지하려는 민족은 없었으며, 우리가 보는 이 평야는 킨키나투스(고대 로마의 집정관으로, 은퇴 후 농사지으며 살았다)가 쟁기를 들고 농장으로 돌아가며 남긴 자취처럼, 마지막 로마인의 손길이 남긴 모습 그대로다.[52]

영국인 그랜드 투어 여행자만 배타적 표현을 쓴 게 아니었다. 우리는 그것을 프랑스인에게서도 발견할 수 있다. '제국의 잔해', 그것을 지키는 '야만인들', '세상의 주인' 같은 문구가 그러하다. 고대 제국을 현대 제국과 비교하지 않아도 이런 용어는 그 역할을 충분히 해낸다. 더욱이 폐허와 먼지, 잔해 등 풍경을 보는 듯한 섬세한 시선을 통해 샤토브리앙은 새로운 낭만파 작가들의 모델이 되었다.

12

낭만파 인사들

1790년 당시 스무 살이던 윌리엄 워즈워스William Wordsworth는 옛 스톡알퍼 길을 따라 심플론 고개를 넘어갔다.[1] 당시는 나폴레옹의 새 도로 건설 이전으로, 지금도 갈 수 있는 이 길은 워즈워스에게 장엄한 자연풍경을 맛보게 했고, 훗날 그는 이 풍경을 시로 묘사했다.

> 시냇물과 길은 이 음울한 고개에서 동행자였고,
> 우리는 그들과 함께 느린 걸음으로 몇 시간을 걸었다.
> 쇠락하되 결코 사라지지 않을 숲의 헤아릴 수 없는 높이,
> 멈춰선 채 쏟아지는 폭포,
> 좁은 틈마다 굽이굽이 서로 부딪히며 길을 잃은 바람들,
> 맑은 하늘에서 쏟아지는 급류, 귓가에서 중얼거리는 바위,
> 길가에서 속삭이는 검은 이슬 낀 암석,
> 마치 그 속에 목소리가 있는 듯 광란하는 물줄기의

아찔한 광경과 현기증 나는 시선,

자유로운 구름과 하늘의 광막, 소란과 평화, 어둠과 빛

이 모든 것이 한 마음의 작용이자

같은 얼굴의 여러 표정, 한 나무 위에 핀 꽃송이,

대환란의 글자이자 영원의 상징과 표상 같았으며,

시작과 끝, 그 가운데 끝없이 이어지는 세계의 형상 같았다.[2]

워즈워스 이전의 여행자들은 사람을 좌절시키는 바람과 거친 급류를 일부러 피했으나 워즈워스와 동시대 낭만파 동료들은 로마로 가는 길에 새로운 이야기를 불어넣었다. 도로 자체가 바뀐 것이라기보다는 여행자들의 생각이 바뀐 것이었다. 낭만파 이전의 여행자들이 다음 목적지로 빨리 가는 것을 중시하고 자연 환경에 별 관심이 없었다면 그들은 도로가 놓인 풍경, 하늘과 시냇물, 암벽과 폭포 등에 더 큰 중요성을 부여했다.[3]

나도 2021년 11월에 심플론 고개를 통과하는 여행을 다녀왔다. 스위스에서 학회에 참석한 뒤 회의의 주최자에게 기차를 타고 고개를 넘어갈 것이라고 말하자 "그 길은 주로 터널이에요"라고 그가 대답했다. 아마도 내 얼굴에 실망의 빛이 스쳐지나갔나 보다. 그는 재빨리 이렇게 덧붙였다. "하지만 양옆의 산들을 볼 수 있어요."

유로시티 57 기차는 밀라노에 도착하는 데 세 시간 약간 넘게 걸렸다. 베른을 출발하면 차창 풍경은 현대식 건물과 중세를 모방한 바로크 양식이 섞여 있는데, 이 덕분에 베른은 유네스코 세계문화유산으로 지정되었다. 베른의 두 번째 정거장은 방크도르프Wankdorf인데, 영국 관광객이라면 장난스러운 이름이라며 사진을 찍어 SNS에 올

리고 사과해야 할 듯한 이름이다(wank는 영어로 '수음하다'라는 뜻). 하지만 더 높은 곳에서 즐길 풍경도 있었다. 우리는 온갖 색깔로 반짝거리는 숲을 지나갔다. 자작나무인 듯한 나무에는 붉은색과 구릿빛의 잎사귀가 달려 있었고, 가을의 모든 색조가 펼쳐졌다. 소나무는 짙은 녹색을 유지하고, 다른 나무들은 붉게 물들거나 떨어지는 안개에 뒤덮여 거의 단색처럼 보이기도 했다. 열차 안내 방송은 다음 역을 독일어, 이탈리아어, 영어로 전달했다. 툰 역에서는 위장복을 입은 2명의 청년이 벤치에 앉아 있었다. 스위스에서는 남성의 군 복무(또는 민간 대체복무)가 의무이며 일반적으로 10년에 걸쳐 300일 정도, 때로는 한 번에 집중적으로 이행한다. 잠깐 파란 하늘이 보이다가 회색 하늘로 바뀌더니 비가 내리기 시작한다. 왼쪽에 있는 호수는 구름 속으로 녹아들었고, 반대편 산비탈 위의 집들만 아스라이 눈에 들어온다. 다음 정거장은 스피츠였는데, 인터라켄으로 가는 연결편이 있었다. 인터라켄은 그 이름이 말해주듯이(독일어로 '호수 사이'라는 뜻) 호수와 다음 호수 사이에 위치한다. 이어서 우리는 터널로 들어선다. 터널 밖으로 나오니 샬레(알프스식 목조 주택) 지역이었다. 산비탈 위에는 햇빛이 조금 더 내리쬔다. 또 다시 푸른 하늘, 햇빛, 설산이 펼쳐졌다. 다음 역은 비스프. 이번에 다음 역을 알리는 방송은 영어, 이탈리아어와 함께 프랑스어도 나왔다. 아마도 비스프에서는 프랑스어 사용자가 많은 듯했다. 스위스에서의 마지막 정거장인 브리그에서도 프랑스어 방송이 나왔다.

세관원이 점검을 위해 기차에 올랐다. 브렉시트 이후 유럽에 온 세 번째 여행이었는데, 새 세관 규정을 신경 써야 한다는 것을 처음으로 떠올린 순간이다. 핸드폰으로 규칙을 찾아보고 있는데 세관원이 내 영국 여권을 한번 흘끗 보더니 됐다고 했다. 그는 통로 맞은편에 있는 잘 차려입은 여성에게 쇼핑을 얼마나 했고 또 세관 한도를 초과하지는 않았느냐고 물었다. 두 사람은 쇼핑이라면 밀라노가 낫다면서 즐거운 수다를 주고받았고, 세관원은 다음 칸으로 옮겨갔다. 돌아오는 여행길에 이탈리아 지역 내의 첫 번째 정거장인 도모도솔라에서 철로 옆 건물 벽에 휘갈겨 쓴 낙서를 보았다. "기차를 사랑하고, 국경을 미워하라."

하늘은 이제 안개가 끼어 짙은 회색이었고, 기차가 골짜기를 따라 내려가자 빗방울이 차창을 때렸다. 절개된 바위틈에 새겨진 큰 돌 비문이 눈에 들어왔지만, 속도가 너무 빨라 읽을 수 없었다. 골짜기는 이탈리아 호수 중 하나인 마조레 호 옆으로 넓어지며 끝없이 이어지는 듯한 장관을 이룬다. 실제로 이 구간은 약 25킬로미터 정도이며, 호수의 다른 쪽은 북쪽 로카르노까지 이어진다. 우리는 곧 호수를 뒤로 하고 밀라노 북쪽 평원으로 들어섰다. 하얀 황새 떼가 철로변 들판에 서 있었는데, 기차가 접근해 오자 그중 한 마리가 하늘 높이 날아올랐다.

로마를 낭만주의 관점에서 바라보기 시작한 선구자는 요한 볼프강 폰 괴테였다. 그는 1452년에서 1870년 사이 이탈리아 여행에 나섰던 수백 명의 독일 문인 여행자 중 하나였다.[4] 괴테는 30대 후반이던 1786년에서 1788년 사이 이탈리아를 방문했다. 이때 화가 안젤리카 카우프만Angelica Kaufmann, 곧 레이디 해밀턴이 되는 엠마 해밀턴Emma

Hamilton 등 다양한 저명인사들을 만났다. 그러나 괴테가 여행기《이탈리아 기행Italian Journey》을 펴낸 것은 그로부터 근 30년이 지난 1816년이었다. 마리아나 스타크 같은 여행 작가들은 독자들에게 실용적 조언을 해주는 것을 주된 목적으로 삼은 반면, 괴테의 여행은 미적 경험에 훨씬 더 큰 비중을 두었다. 여행기 역사에서 이는 이전에 하나의 장르로 여겨지던 것이 두 갈래, 즉 가이드북과 개인 에세이로 나뉘는 계기를 만들었다. 이는 부분적으로 성별에 따른 차이이기도 했다. 기존의 길을 벗어나거나 심지어 변장하고 여행하는 것이 괴테가 스타크보다 훨씬 수월했기 때문이다. 스타크가 해외여행과 삶에 대한 충분한 경험을 가지고 있었다는 점을 감안하더라도 말이다.[5] 비아 아피아와 콜로세움에 대한 괴테의 반응은 그의 접근 방식을 잘 보여준다.

어제 나는 에게리아의 님파이움과 카라칼라의 원형경기장, 비아 아피아를 따라 늘어선 무너진 무덤들, 그리고 메텔라의 무덤을 거닐었다. 메텔라의 무덤은 견고한 석조 건축이란 무엇인가를 마음속 깊이 느끼게 해주는 첫 장소였다. 이들은 영원히 남고자 했다. 그러나 모든 부식의 원인은 치밀하게 계산했지만, 약탈자의 파괴만은 막을 수 없었다. 당신이 이 자리에 함께할 수 있었더라면 얼마나 좋았을까. 주요 수도교의 폐허는 그 장엄함만으로도 마음을 숙연하게 했다. 한 민족 전체에 물을 공급하기 위해 이토록 거대한 구조물을 설계하다니, 얼마나 숭고하고도 아름다운 구상인가! 저녁이 되어 황혼 속에 잠긴 콜로세움에 다다랐다. 그것을 바라보면 다른 모든 것은 시시하게 느껴진다. 건물은 너무도 거대하여 마음속에 한 번에 담을 수 없다. 그러나 기억 속에서는 더 작게 느껴

지는데, 다시 돌아볼 때마다 그 웅장함은 매번 이전보다 더욱 거대하게 다가온다.[6]

워즈워스와 괴테는 각각 로마로 가는 길의 서로 다른 구간을 언급하고 있으나, 영원이라는 맥락 속에 그것을 위치시킨다. 두 사람은 다른 방식으로 로마에 영원을 부여한다. 워즈워스는 영원의 예표와 상징을 고개의 자연 환경 속에서 발견한다. 반면 괴테는 로마인의 작품들이 어느 의미에서 영원을 겨냥한다고 보았다. 도시 전체를 관광하면서 괴테는 현대식 개조 사업으로 로마의 옛 향기가 손상된 것을 개탄했다.

이 점은 미리 고백해 두어야겠다. 새로운 로마에서 고대 로마의 모습을 찾아내고 더듬어 가는 일은 슬프고도 쓸쓸한 작업이다. 하지만 찾아내려고 애써야 한다. 그러면 적어도 헤아릴 수 없는 감흥을 기대할 수 있다. 우리는 장엄함과 허물어짐의 흔적을 마주하게 되는데, 그 어느 쪽이든 상상을 뛰어넘는다. 야만인들이 남겨둔 것을 새로운 로마의 건축가들이 파괴해버렸다.[7]

도시에 대한 괴테의 소감은 전원을 바라보는 그의 느낌과 일맥상통한다.

어디를 가든, 어디에 눈길을 던지든 시선은 곧바로 풍경에 사로잡히게 된다. 궁전과 폐허, 정원과 조각상, 저 멀리 보이는 빌라들, 오두막과 마구간, 개선문과 승리의 기둥들이 온갖 모습과 양식으로 한데 어우러져 있다.

이런 것들이 너무나 가까이 모여 있어 한 장의 종이 위에 담아낼 수 있을 것만 같다.[8]

여기에서 로마의 유적은 더 이상 개별적인 모습이 아니라, 여행자의 훌륭한 미적 기호 덕분에 감상하게 되는 하나의 풍경으로 녹아든다. 괴테는 보다 솔직하게 이런 감정도 토로한다. "저녁이 되면 낮 동안의 관광과 감탄 덕분에 여행자는 아주 피곤해 탈진 상태가 된다."[9] 로마를 방문하는 많은 사람이 이런 감정에 공감할 것이다. 그러나 여행기 속에 서술된 괴테의 여행은 모두 사실 그대로인 것은 아니다. 그는 베네치아에서 길을 잃은 얘기를 하고 있으나 실은 그곳에 가기 전에 지도를 미리 구입했었고, 이탈리아 고전주의에 몰두해 있었다. 또한 괴테는 이전의 여러 여행 작가들과 마찬가지로 '이국적인 것'에 경계심이 있었으며, 시칠리아에서 아프리카 해안을 볼 수 있다는 말도 대수롭지 않게 흘려버렸다. 그는 전반적으로 볼 때 '유럽 문명의 요람'인 로마에 집중했다.[10]

풍경을 바라보는 괴테의 관점은 보편적으로 칭송받는 것은 아니지만, 의심할 나위 없이 하나의 기준점이 된다. 그의 테라치나 방문은 2개의 명판에 의해 기념되고 있는데 첫 번째 것은 175주기를, 두 번째 것은 200주기를 기념한 것이다. 나는 이곳 주위에서 독일인 관광객들을 많이 보았는데, 아마 이런 인연이 작용했을 것이다. 또한 괴테와 포룸 근처인 몬타나라 광장 지역을 서로 연결시켜 생각하는 사람들도 많아졌다. 그는 이곳 오스테리아 델라 캄파넬라에서 파우스티나라는 젊은 여인을 만난 것으로 짐작된다. 그는 이 여자와 한동안 사귀었는데, 그의 시 〈로마의 비가 Roman Elegies〉에도 등장한다.[11] 이 일대는 당시 장인들의 공방과 선술집들이 많이 들어서 있었다. 19세기의 목판화들은 이 일대의 활기찬 벼룩시장과 거리의 모습을 보여 준다.[12]

괴테의 이탈리아 여행기가 발간될 즈음 나폴레옹은 패배했고, 교황 비오 7세는 로마에 돌아와 있었다.[13] 전쟁이 끝나자 그동안 위축되어 있었던 관광 산업이 되살아났다. 군사적으로 적인 나폴레옹에 대한 반감에도 불구하고, 우리가 이미 살펴본 바와 같이 많은 영국인 여행자들이 나폴레옹 시대에 이루어진 이탈리아 기반 시설의 향상에 대해 호평을 하면서 존경심을 표시했다. 《칼레도니언 머큐리》는 교황청이 도로변의 강도 문제를 제대로 해결하지 않는다고 탄식한 반면, 헨리 콕스는 프랑스인들이 그 문제에 잘 대처했다며 공로를 인정했다.

이탈리아에 들어온 프랑스인이 이룬 업적은 여관 상태를 크게 개선한 것만이 아니다. 수도원과 종교 시설의 해산, 오랫동안 방치되어 왔던 도서관을 몰수해 유익한 목적에 활용되도록 한 것, 새로운 도로를 건설하고 기존 도로에서 강도들을 일소한 것, 도시와 주요 마을을 밝히기 위해 반사등을 사용한 것, 경찰 기능을 강화해 살인 건수를 현저히 낮춘 것을 비롯해 (많은 고대 유물을 발굴해 보존한 것은 물론) 그 외에 수많은 사소한 개선사항은 앞으로 오랫동안 그 혜택이 느껴질 것이고, 또 이탈리아에서 널리 인정될 것이다.[14]

심지어 레이디 모건도 프랑스인의 업적을 칭송했다. 조셉 애디슨, 존 체트우드 유스터스 같은 이전의 여행기 작가들과 그녀가 언급한

'그들보다 덜 알려진 100명 이상의 작가들'은 현대 도로가 고대 도로의 어느 구간과 일치하는지 자랑하듯 알려주는 데 관심이 있었지만, 레이디 모건은 도로의 편안함에 더 관심이 많았다.[15]

가벼운 마차의 바퀴가 흔들릴까 두렵고, 마차 연결 부위의 덜거덕거림으로 전율을 겪은 여행자들에게 고대 로마의 포장도로는 마차를 타고 가기보다 책으로 읽는 것이 훨씬 편하게 다가올 것이다. 이런 여행자들은 그들이 타고 갈 길이 레피두스나 플라미니우스 시절에 만들어진 것이 아니라, 보나파르트 나폴레옹의 집정관 시절에 만들어진 것임을 출발 전에 알게 된다면 기분이 좋을 것이다. 파르마로 가는 길은 이전과 현재의 두 가지 이점을 모두 갖추고 있다. 이 길은 로마 집정관 시절에 개통된 길이자 프랑스 정부에 의해 볼링장처럼 매끄럽게 다듬어진 길이기 때문이다.[16]

폐허가 된 로마 유적도 있지만, 근대화의 이점도 무시할 수 없었다. 1788년 '젊은 왕위 계승자'가 사망하면서 개신교 신자들의 관광도 더욱 활성화됐다. 영국인 방문객들은 더는 교황청에 들어가는 게 목격되는 것을 우려하지 않아도 되었다. 휴 윌리엄스Hugh Williams는 이렇게 말했다.

우리는 종종 콜로세움 근처를 즐겨 산책하는 교황 성하를 만났다. 그분의 아침 복장은 보라색 겉옷, 금테두리에 챙이 아주 넓은 보라색 모자, 보라색 양말과 구두였다. 로마 시민이 교황 성하를 만나면 그들은 무릎을 꿇었고, 성하는 축복을 내려주었다. 영국인들은 멈춰 서서 모자를 벗었고, 그들이 목례를 보내면 성하도 목례를 했다.[17]

이전의 영국인 방문객은 그들의 개인 편지와 저서에 가톨릭을 언급하지 않으려고 일부러 애를 썼으나, 위의 인용문을 보면 교황은 더는 종교 갈등 시절의 위협적 인물이 아니었다. 프랑스 혁명과 나폴레옹 치하의 무수한 탄압 사례를 겪은 후(캐서린 윌모트에 의하면 파비아의 체르토사 수도원은 수도사 수가 500명에서 25명으로 줄었다)[18] 교황은 도시의 그림 같은 풍경의 일부분이 됐다.

일부 영국인 저자들은 여전히 비판적인 어조를 유지했다. 1820년대에 당시 이미 유명한 언론인이었던 윌리엄 해즐릿은 이탈리아 여행 소감을 본국에 송고해 《모닝 크로니클 Morning Chronicle》에 연재했고, 이 기사들은 1826년에 단행본으로 출간됐다.[19] 급진적 종교 반대파 가문 출신인 해즐릿은 순례자들에 대해 아주 회의적인 견해를 갖고 있었다. 그는 순례자 숫자가 한 세기 전에 비해 크게 줄어들었다고 말했다. "순례자들은 악당이거나 바보다. 가톨릭은 범죄를 감추는 편리한 외투이자 가짜 미덕을 포장하는 화려한 의복이다." 그는 이런 논조를 칼럼에서 한동안 이어갔다.[20]

반면에 다른 신문 기사들은 유럽 대륙을 방문하고 싶은 관광객들의 의욕을 더욱 고취시켰다. 《스코츠 매거진 Scots Magazine》은 '이탈리아에서 온 편지'라는 칼럼을 실었고, 《서식스 애드버타이저 Sussex Advertiser》는 1815년 12월 4일자에서 이런 보도를 했다.

로마 근처 비아 아피아에서 대리석에 새긴 고대 해시계가 최근 발견되었다. 해시계에는 하늘의 사분면 명칭이 그리스어로 표기되어 있었다. 이것은 로마의 위도에 정확히 맞춰져 있었는데, 여러 정황으로 보아 이 해시계는 헤로데스 아티쿠스 Herodes Atticus의 것으로서, 비트루비우스 Vitruvius

가 묘사한 바로 그 해시계다.[21]

기사가 나온 지 208년이 지난 지금, 내가 여행을 하는 동안에도 신문들은 여전히 비아 아피아에서의 발견 소식을 전하고 있다. 이번에는 퀸틸리우스 가문의 빌라에서 와이너리가 발견됐다는 내용이었다.[22] 영국인 작가들은 또한 전보다 개선된 치안 상황에 대해 영국 독자들을 안심시켰다. 1820년 출간된 휴 윌리엄스의 《이탈리아 여행》은 이런 설명을 하고 있다. "비아 아피아에는 짧은 간격으로 군대가 주둔해 있다. 얼마 전 병사 1명이 강도들의 총격을 받기는 했지만, 이 도로는 이제 위험이 완전히 사라졌다고 말할 수 있다."[23]

간혹 발생하는 폭력 사건조차 여행의 매력으로 받아들여지기도 했다. 캐서린 윌모트의 이야기는 당시의 고딕풍 문학 경향을 반영하고 있다. 그녀는 도로상에서 발생할 수 있는 끔찍한 강도짓과 살인, 단검에 대한 두려움, 범법자들의 공포에 대해서 묘사했다.[24] 《스코츠 매거진》의 정기 칼럼에 실린 '이탈리아에서 온 편지'는 전형적인 사례를 제시한다.

바카노 쪽에서 로마로 접근하면서 우리는 도로변에 세워진 5~6개의 기둥을 보았다. 그 기둥 끝에는 암살자들의 다리와 팔이 매달려 있었다. 안으로 굽은 손가락들은 아직도 칼을 쥐고 있는 듯했다. 햇볕에 쪼여 오그라들고 검게 된 저 볼썽사나운 물체들은 인간의 능력과 위대함의 전시장인 로마에 다가서는 모든 여행자들의 머릿속에서 흘러갈 시적이고 아름다운 생각의 흐름을 크게 뒤흔들어 놓았다.[25]

저자는 또한 비아 카시아에서 폰테 밀비오 북쪽에 있는 이른바 '네로의 무덤'을 관광하는 즐거움(이런 단어가 적절한지 모르지만)을 누렸다.

나는 도로 옆의 둑을 황급히 올라가 이 기이한 기념물을 바라보았다. 인류의 위엄을 철저히 짓밟은 그 저주받아 마땅한 괴물의 유해가 들어있다는 곳. 묘비명은 거의 지워져 있었다. 나는 그것을 해독해볼 만한 시간적 여유는 없었지만, 폐허가 된 구조물을 한번 보는 것만으로도 만족했다. 그리고 그 묘에 들어간 자의 음울한 행태와 끔찍한 성격을 다시 떠올렸다.

로마의 도로들은 늘 반복되는 패턴이 있었지만 동시에 여행자들이 상상력을 마음껏 발휘할 수 있는 공간이기도 했다. 그러나 일부 여행자는 그에 대해 회의적이었다. 새뮤얼 로저스는 "나는 도로변 오른쪽에 있는 석곽, 이른바 네로의 무덤이라고 하는 곳을 지나갔다"[26]고 적었는데, 이 문장은 무덤의 주인이 과연 네로가 맞는지 의문을 표시하고 있다. 다만 그는 잡지 독자들을 위해 화려한 글을 작성한 게 아니라 개인 일기를 쓴 것이었다.

나는 에우클리데에서 223번 버스를 타고 비아 카시아를 따라 네로의 무덤을 찾아 갔다. 한 승객은 팔뚝 전체에다 예수 문신을 하고 있었고, 또 다른 승객은 피부에 피아차 델라 리베르타(자유의 광장)라는 거리 표시를 새겨놓았다. 나는 버스에서 내려 무덤이 아직도 존속하는 것을 발견했다. 그 옆에 세워진 이정표는 비아 카시아의 5마일 지점이라는 것을 알려주었다. 그러나 이곳은 이미 로마의 도심 확장에 흡수되어 저층 아파트 단지와 붉은 벽돌, 셔터, 주택의 발코니에 쳐져 있는 차양과 녹지가 시야를 가득 채우고 있어 과거의 풍경을 상상하기 어려웠다. 나는 24시간 슈퍼마켓, 화려한 가구점, 담배 가게, 운전 학원, 철물점, 피자 가게가 무덤 맞은편에 자리한 모습을 잠시 떠올리지 않으려 애썼다. 누군가가 무덤의 울타리를 훼손해 놓아 돌에 새긴 비문을 그런대로 볼 수 있었다. 이제 그 옆에는 2차 세계대전 당시 러시아 전선에서 전사한 이탈리아 군인들을 기리는 추모비가 세워져 있었다.

낭만파 문인들은 다른 이들만큼 로마 도로와 직접적으로 관련되지는 않았지만, 그들이 남긴 영향은 이후 로마 여행에 놀라운 변화를 가져왔다. 문인들과 관련된 장소들이 새로운 형태의 세속적 순례지가 된 것이다. 보르게세 공원을 거닐다보면 화려하고 기이한 형태의 괴테 동상을 볼 수 있다. 동상 주위에는 그의 작품을 가리키는 일련의 작은 인물상이 세워져 있는데 그중에는 《파우스트》와 《이피게니에》의 등장인물도 포함된다. 한쪽에는 로마 소나무가 서 있는데, 워즈워스는 이를 주제로 시를 쓰기도 했다. 이곳에는 바이런의 조각상도 있다. 책을 들고 있는 모습인데 책의 절반 이상이 떨어져 나가 지금은 샌드위치를 들고 있는 것처럼 보인다. 우리는 해리스 바, 하드록 카페, 일련의 호텔들이 있는 비아 베네토Via Veneto의 맨 윗부분에 와 있었다. 보르게세 공원에서 언덕 아래로 내려가니 로마의 저명한 스페인 계단이 나왔고, 그 옆에는 키츠-셸리 기념관이 있다. 피아차 디 스파냐 26번지에 있는 이 건물에서 영국 낭만파 시인 존 키츠John Keats는 1821년 스물다섯이라는 젊은 나이에 결핵으로 사망했다. 그는 따뜻한 날씨가 자신의 병세를 치유해 줄 것이라는 희망을 가지고 친구 조셉 세번Joseph Severn과 함께 이탈리아 여행을 떠났다. 그러나 그들은 11월에 도착해 콜레라 발생으로 격리 조치를 받아야 했고, 노력은 헛수고로 끝났다. 스코틀랜드 출신 의사인 제임스 클라크James Clark는 두 사람을 위해 이 건물에다 숙소를 잡아주었다. 이 집은 외국인들 사이에 인기 있고 경치 좋은 지역에 위치해 있었다. 이후 1906년에 키츠-셸리 기념 협회가 이 건물을 사들여서 방문객들에게 공개했다.[27] 영국 낭만파 시인 퍼시 셸리Percy Shelley는 이곳에 거주하지는 않았으며 그의 로마 거처는 비아 델 코르소 375번지에 세운 명판으로 기념되고 있는데, 현재 이곳은 도시의 주요 쇼핑 거리다. 명판은 위를 올려다보지 않으면 거의 보이지 않아 다른 보행자와 부딪힐 위험이 있다. 셸리는 비아 세스티나 65번지에서도 살았으나 그곳에는 명판이 설치되어 있지 않다.[28]

나는 유물들을 둘러보기 위해 키츠-셸리 기념관을 방문했다. 현대의 순례자들은 1층에서 계단을 올라가면 한때 셸리의 소유였던 꽃병과 비아레지오 해변에서 화장된 후 남은 그의 턱뼈 조각이 들어 있는 석고 유골함을 볼 수 있다.[29] 이어 키츠의 침실로 들어서면 좁은 침대의 줄무늬 매트리스와 베개가 있고, 침실에서 밖을 내다보면 광장이 내려다보인다. 키츠는 바로 여기서 생애 말년의 깊은 병중에 있으면서 자신이 '사후의 삶'을 살고 있다고 생각했다.[30]

다른 낭만파 문인들도 남쪽으로 여행을 했다. 영국의 시인 새뮤얼 테일러 콜리지Samuel Taylor Coleridge는 이들보다 15년 전에 로마를 방문했으나 나폴레옹이 영국인을 추방하면서 1805년에 황급히 로마를 떠나야 했다.[31] 바이런은 베네치아, 라벤나, 피사, 제노바를 돌면서 이탈리아에서 7년을 살았고, 장편 서사시 《차일드 해럴드의 순례》에서 콜로세움 등 로마의 유적을 등장시키며 현대 여행자들이 영웅들의 발자취를 따라 걷는 모습을 그렸다. 이러한 주제는 1822년 새뮤얼 로저스의 시 〈이탈리아〉에서도 등장한다. 이 시에서 로저스는 로마의 이야기를 듣고 흥분하던 어린 시절을 회상하면서 자신이 실제로 비아 아피아를 답사하게 될 줄은 상상도 못했다고 말한다.[32] 로마의 길이 이토록 사람들의 상상력을 사로잡는 한 가지 이유는 우리가 여전히 그 경험을 공유할 수 있고, 고대인들의 발자취를 따라 걸을 수 있기 때문이다.

그러나 바이런은 로마에 장기간 체류하지는 않았다. 1817년 4월에서 5월까지만 짧게 머물렀고(그의 편지 수취 주소는 피아차 디 스파냐 66번지였는데 키츠-셸리 기념관에서 아주 가까운 곳이다), 그리스로 건너가 그곳의 그리스 독립 전쟁을 돕다가 사망했다.[33] 그렇지만 바이런은 이 도시에서 기념되고 있다. 오늘날 파리올리 언덕의 고급 주거지한 골목에 있는 빌라 줄리아 바로 북쪽에는 '로드 바이런 호텔'이 자리하고 있다. 가로수 길 옆의 자동문은 고급 차량이 빌라 지하 주차장으로 들어갈 때 열리도록 설계되어 있다. 호텔 철문 위에는 "인생은 여행이며, 여행하는 것은 두 번 사는 것이다"라는 문구가 써 있다. 이것은 바이런의 말은 아니고 11~12세기 페르시아의 박식가 오마르 카이얌Omar Khayyam에게서 비롯된 것이라 한다. 정확한 출처가 누구든 간에 이 문구는 수 세기에 걸쳐 여행이 어떻게 포장되고 소비되어 왔는지 잘 보여준다.

코르소에 있는 셸리의 집과 마찬가지로, 괴테의 집도 현재 자그마한 박물관이 되어 있다. 괴테 또한 전망을 좋아해서 핀치오 언덕 풍경을 내다볼 수 있는 2층 방으로 옮겨 갔다.[34] 현재 괴테의 침실로 전시되고 있는 방에서는 동료 거주자인 화가 요한 하인리히 빌헬름 티슈바인Johann Heinrich Wilhelm Tischbein이 〈창가의 괴테〉를 수채화로 그렸을 가능성이 있다. 그들이 함께 머무는 동안에 티슈바인은 이보다 더 유명한 작품인 〈로마 캄파냐 지방의 괴테〉를 그렸다. 이 그림은 2미터 너비의 캔버스로, 로마와 그 주변 환경에 대한 낭만파들의 시각을 총체적으로 보여준다. 괴테는 시골에서 몸을 뒤로 젖힌 자세로 편히 앉아 있고, 그의 주변에는 로마뿐 아니라 그리스와 이집트를 떠올리게 하는 파괴된 건축물 조각들이 흩어져 있다. 배경에는 비아 아피아를 암시하는 카실리아 메텔라의 무덤과 허물어진 수도교가 그려져 있다.

티슈바인은 로마의 풍경을 그린 낭만주의 시대의 유일한 화가는 아니었다. 1819년 J. M. W. 터너J. M. W. Turner는 몬테 마리오에서 내려다본 로마의 풍경을 그렸다.[35] 이들은 로마로 가는 길을 화폭에 담았던 선배 화가, 즉 17세기 중반의 화가 클로드 로랭Claude Lorrain, 18세기에 피렌체 근처의 역참을 수채화로 그린 윌리엄 말로우William Marlow, 알반 언덕을 '마법의 땅'이라 부르며 이를 가로지르는 비아 아피아의 풍경을 그린 토머스 존스Thomas Jones 등의 전통을 따라갔다.[36] 실제로 이런 경향은 윌리엄 벡포드의 풍자 작품《비범한 화가들의 전기Biographical Memoirs of Extraordinary Painters》에서도 나타나는데, 여기에는 카실리아 메텔라의 무덤, 외로운 소나무, 전형적 모습의 폐허가 포함되어 있다.[37]

오늘날 키츠의 무덤은 '비가톨릭 공동묘지'의 주요 명소 중 하나다. 퍼시 셸리는 1818년 12월 편지에서 묘지를 이렇게 묘사했다. "성벽 근처의 녹색 언덕 … 내가 본 것 중에서 가장 아름답고 엄숙한 묘지."[38] 나는 지하철을 타고 시내를 가로질러 피라미데 역으로 갔다. 이 역명은 서기전 18~12년경에 건설된 가이우스 케스티우스Gaius Cestius의 피라미드에서 유래한 것인데, 현재는 번잡한 도로 교차점이 되어 있다. 시내 중심의 남쪽, 오스티아 역 근처에 위치한 이 묘지는 로마를 방문한 수많은 저명한 여행자들의 묘지이기도 하다. 피라미드 가까운 곳에 키츠의 무덤이 있는데, '젊은 영국 시인'이라는 표시와 함께 묘비에는 "여기 물로 이름을 쓴 자가 누워 있노라"라는 문구가 새겨져 있다. 그의 옆에는 "헌신적인 친구이며 죽음의 침상에서 곁을 지킨 친구" 조셉 세번의 묘가 있다. '침상의 곁'이라는 표현 때문에 일부 현대 평론가들은 두 사람이 커플이 아니었는가 하는 의문을 품었으나 사실이 아닌 듯하다. 키츠 사후에 세번은 화가로서 성공적인 커리어를 달성했고, 생애 말년에는 이탈리아 통일 초기의 혼란스러운 시기에 로마 주재 영국 영사가 됐다. 그는 1879년에 사망했는데, 그의 무덤 뒤에는 유아기에 죽은 그의 아들을 기리는 추모비가 세워져 있다. 그 비에는 로마에서 아이의 세례식을 거행할 때 워즈워스가 참석했다는 글이 있다. 나는 무덤 사이를 천천히 돌아다녔다. 셸리의 무덤은 탑 아래에 있다. 묘비명으로 새겨진 문장은 이러하다. "그에게서 나온 것은 사라지지 않는다. 단지 바다와 같은 변화를 겪고 풍요롭고 기이한 무엇인가로 변모한다." 셸리의 아들 윌리엄은 세 살 혹은 네 살 무렵 사망했는데, 그 무덤이 키츠 바로 뒤에 있다. 나는 영국 작가 존 애딩턴 시몬즈John Addington Symonds와 괴테의 아들 아우구스트의 묘비도 찾아볼 수 있었다. 인도의 첫 이탈리아 대사인 듀완 람 랄Dewan Ram Lall은 1949년 사망해 이곳에 기념되고 있지만, 그의 유골은 갠지스 강에 흩뿌려졌다고 한다. 안토니오 그람시 Antonio Gramsci의 묘도 여기에 있다. 그람시는 이탈리아 공산당의 창립 회원이었는데, 파시스트 체제 아래에서 10년 이상 구금되어 있다가 1937년에 사망했다.

키츠가 사망한 해는 나폴레옹이 사망한 해이기도 하며, 이 해에 레이디 모건은 《이탈리아》를 출간했다. 우리가 이미 살펴본 바와 같이 그녀는 도로 건설이 문명화에 기여한다는 점을 높이 평가했는데, 도로에 관해 말한 것은 그뿐만이 아니었다. 대부분의 논평이 고대적 기원에 집중한 반면 그녀는 도로와 기독교를 연결하면서 도로라는 구조물 위에 얼마나 다양한 이야기가 있을 수 있는지 다시금 보여주었다.

도로 건설 기술은 문명을 이루는 수단 중에서도 높은 위치를 차지한다. 그 실용성은 중세 암흑시대에는 충분히 이해되지 못했지만, 중요성은 충분히 인식되어 교회에 의해 독점적으로 다뤄졌다. 다리를 건설하고 숲을 개간하는 것은 다음 세상으로 가기 위한 구원의 행위였다. 왕이나 귀족들도 문자 그대로 천국으로 가는 길을 닦기 위해 지상에 도로를 건설하며 천국의 문에 도달하려 했다. 성 베네딕트는 아비뇽의 유명한 다리에 첫 돌을 놓음으로써 자신을 축성하는 기반을 닦았는데, 니콜라오 5세 교황에 따르면 이는 성령의 도움으로 이루어진 일이었다. 프레르 퐁티프 Frères Pontifs 수도회는 벽돌과 모르타르를 통해 명성을 쌓아올려, 당시 가장 부유하고 존경받는 수도회가 되었다.

프레르 퐁티프(번역하면 '도로를 건설하는 형제들')라는 종교 조직이 실제로 존재했다는 역사적 증거는 없다. 그러나 19세기, 심지어 20세기까지도 12세기 후반에 세워진 수도회가 순례길을 따라 다리 건설을 책임지고 수행했다는 이야기가 널리 믿어졌다.³⁹ 그리고 일반적인 어원설을 따라 레이디 모건은 로마 황제들과 후대의 교황이 사용한 폰티펙스 막시무스Pontifex Maximus(대제사장)라는 직책을 '수석 교량 건설자'라는 개념과 연결시켰다.

이 의미심장한 호칭이 적용될 수 있는 사람이 있다면 알프스에서 폰티네 습지에 이르기까지 도로를 건설하고, 숲을 개간하고, 다리를 건설한 바로 그 사람일 것이다.⁴⁰

중세에 대한 그녀의 관심은 낭만파들이 역사적으로 중세에 대한 이해와 감상을 더욱 높였음을 반영한다. 중세는 이전의 고전 중심 여행보다 미학적 사고방식에 더 잘 들어맞았다.

1840년대에 이탈리아 여행을 즐겼던 여행자들 중에는 메리 셸리Mary Shelley가 있다. 그녀는 남편 사후 20년 만에 아들 퍼시 플로렌스 셸리Percy Florence Shelley와 함께 이탈리아를 찾아왔다. 이 무렵 로마는 그녀의 디스토피아 소설 《최후의 인간The Last Man》에도 등장한다. 소설의 주인공은 자신이 참혹한 전염병의 최후 생존자라고 생각하며 로마를 자신의 여행지로 삼는다. 이보다 좀 더 밝은 얘기로, 그녀는 1844년에 《독일과 이탈리아에서의 산책Rambles in Germany and Italy》을 펴냈다. 이 책은 메리 셸리 모자가 배에서 내린 치비타베키아에서 시작해 비아 아우렐리아를 따라 즐긴 매력적인 마차 여행을 묘사한다.

길은 얼마 동안 바다를 옆에 끼고 달렸다. 해안은 작은 만, 포구, 곶으로 다양한 모습을 보였고, 8킬로미터마다 망루가 세워져 있었다. 마렘마(이탈리아 해안의 늪지대) 지역은 인간에게 치명적인 영향을 미치지만, 외관상으로는 야생적이면서도 푸르고 다채로운 목초지로 곳곳에 나무숲이 있고 언덕과 계곡으로 구분되어 있다. 오른쪽으로는 파도가 넘실거렸고, 왼쪽으로는 땅이 우리의 시야가 모자랄 정도로 널리 펼쳐져 있었다. 저 멀리 지평선에 산들이 모습을 드러냈다. 그 누구도 이 땅을 그저 땅덩어리로 볼 수 없을 것이다. 흙 한줌도 신성한 유물이고, 돌 하나도 호기심의 대상이다. 들리는 모든 이름이 어떤 욕구를 만족시키고 소중한 연상을 불러일으킨다. 이런 즐거움의 몽환 속에서 계속 앞으로 나아가다 보니 문득 오래된 성벽이 눈앞에 나타났다. 우리는 야니쿨룸 성을 통해 들어가서 성 베드로 광장을 따라 이동했다. 이어 즐거운 마법은 문득 사라진다. 이제 세관, 호텔, 도착에 따르는 각종 근심거리들로 생각을 옮겨야 하는 것이다.[41]

비록 건축물이 존재하지만, 이곳의 풍경 또한 매우 인상적이다. 호기심을 자아내는 것은 단순히 돌뿐만 아니라 땅덩어리 하나하나까지 포함된다. 메리 셸리처럼 1840년대에 이탈리아 여행을 다녀온 찰스 디킨스 또한 해안도로의 풍경을 찬양했다.

내가 볼 때 이탈리아에서 제노바와 스페치아 사이의 해안도로만큼 아름다운 것은 없다. 때로는 도로보다 훨씬 아래쪽에, 어떤 때는 도로와 거의 동일한 높이에 여러 형태로 부서진 바위 사이를 따라 끝없이 펼쳐진 푸른 바다가 있고 … 다른 한쪽에는 높은 언덕과 협곡이 있으며 그 사이에는 하얀 오두막, 짙은 올리브 숲, 문 열린 경쾌한 탑이 있는 시골 교회, 화사한 색깔로 칠해진 시골 주택들이 있다.[42]

그러나 디킨스는 로마를 처음 마주했을 때에는 실망했다.

이렇게 말하기가 좀 망설여지는데, 마치 런던처럼 보였다. 짙은 구름 아래 자리한 로마는 무수한 탑과 첨탑과 가옥들의 지붕이 하늘 높이 솟아 있었다. 그리고 그 모든 것을 제압하는 돔 지붕이 있었다. 이런 비교를 한다는 게 다소 어리석다는 것을 잘 알지만, 멀리서 본 도시는 너무나 런던과 비슷했다. 마치 누군가 거울 속에 비친 모습을 보여주는 것처럼 나는 다른 무엇으로 생각할 수 없었다.[43]

로마에 대한 인상이 이처럼 극명하게 갈리는 것은 어쩔 수 없는 일이다. 1837년에서 1847년까지 10년을 로마에서 보낸 니콜라이 고골 Nikolai Gogol(그의 출생지인 우크라이나어로는 미콜라 호홀) 또한 괴테처럼 보르게세 공원에 동상이 세워져 있는데, 그는 로마에 대해 보다 열정적으로 반응했다. 여행은 고골의 창작 과정에서 아주 중요한 것이었다. 그는 이렇게 썼다. "나는 여행에 많은 희망을 걸고 있다. 길을 나서면 마음에 만족감을 느끼고 머리가 맑아진다. 나는 거의 모든 작품의 주제를 여행길에서 구상했다."[44] 그 말에 공감한다. 나도 일상생활에서 벗어나 여행을 하며 글을 쓰고 있다. 여기서는 청소할 일도 없고, 완성해야 할 프로젝트도 없고, 책상 정리의 유혹도 없다. 고골은 자신의 여행을 서사로 기록하지는 않았지만, 50페이지 분량의 단편을 남겼다. 《로마》라는 단편은 한 젊은 왕자의 여행 이야기다. 그는 로마에서 파리로 갔지만, 그곳에 환멸을 느끼고 다시 로마로 돌아온다. 마치 고골의 경험과 비슷하다.[45] 이 멋진 글은 그랜드 투어의 전형적 풍경이 포함되어 있다. 왕자가 도시에 가까이 접근했을 때 웅장하게 모습을 드러내는 성 베드로 대성당의 돔, 새롭게 감상하는 고대의 유적과 중세·르네상스·현대의 건물들이 등장하는데, 그는 "그 모든 것을 똑같이 아름답게 여긴다. 특히 그는 모든 것들이 한데 어우러지는 모습을 사랑했다."[46] 일단 로마로 들어와서 왕자는 비아 아피아일 것으로 짐작되는 길을 따라 풍경을 보기 위해 나서고, 여행은 보르게세 공원의 테라스에서 흔히 찍히는 로마 일몰의 장엄한 풍경으로 끝을 맺는다.

그러나 여행 경험은 곧 변하기 시작했다. 이탈리아 여행 기간은 이미 줄어들고 있었다. 16세기 여행자들은 사실상 장기 유학생이나 다름없을 정도로 수년간 머물렀으나, 17세기에 들어와 평균 체류 기간은 4개월로 뚝 떨어졌다. 중산층 여행자들은 그 숫자가 계속 늘어나기는 했으나 장기간 체류할 정도의 금전적 여유는 없었다.[47] 더욱이 1844년에 워즈워스는 심플론 고개에 대한 그의 시를 다시 손보아야 할 이유가 생겼다. 영국에서 레이크 디스트릭트에 철도를 건설하려는 계획이 진행 중이었는데, 워즈워스는 나폴레옹이 새로 놓은 도로의 영향을 예로 들며 반대 입장을 주장했다.

도로와 계곡이 여전히 나란히 달리기는 했지만, 과거의 동행은 끝나고 말았다. 인공이 자연에 개입해 주도권을 쥐어버린 탓에 시내는 상대적으로 보잘것없는 존재가 되었다. 대국 간의 교류를 원활하게 한다는 점에서 새로운 도로의 유용성은 누구나 쉽게 수긍했고, 어떤 구간의 시공은 감탄을 자아내지 않을 수 없었다. 그러나 영원히 사라져버린 옛 풍경에 대한 아쉬움을 억누를 수는 없다.[48]

철도는 이제 나폴레옹의 새로운 도로보다 훨씬 더 강력한 힘을 발휘하며 로마 여행을 바꾸어 놓게 된다.

13

미국인들

나폴레옹의 패배 후에도 후임 정부들은 도로 개선 공사를 계속 수행했다. 그런 공사의 대표적인 것이 1820년대에 완공된 리구리아 해안도로다.¹ 1836년에 유럽 여행을 한 미국인 조지 파머 퍼트넘George Palmer Putnam은 2년 뒤 뉴욕에서 《유럽의 관광객: 여러 도로와 흥미로운 명소의 간결한 요약The Tourist in Europe: Or, A Concise Summary of the Various Routes, Objects of Interest》이라는 여행 안내서를 발간했는데, 이 책에서 신설 도로들의 존재를 언급했다. 그는 슈플뤼겐 고개를 넘어 코모로 이어지는 새로운 도로인 비아 말라Via Mala를 "숭고한 풍경을 뽐내는 산간 고개들을 관통하는 아주 멋진 길"²이라며 칭송했다. 그는 토리노와 제노바 사이의 멋진 풍경들이 가득한 산간 도로를 타고 가는 것을 즐겼다.³ 그리고 장엄한 심플론 고개에 대해서도 열광적인 반응을 보였다.

자연의 가장 거칠고도 다정한 얼굴이 한데 어우러진 이 고개를 4명이 함께 탈 수 있는 여행 마차를 타고 달려간다. 마차는 낮게 만들어져 있어 마음만 먹으면 언제든 내려 풍경을 즐길 수 있다. 이탈리아로 이어지는 길은 실로 숭고한데, 두려움이라기보다는 두려움에 가까운 감정이 곁들여져 그 장엄함이 한층 더해진다.[4]

이 길을 따라 여행하는 예술가는 전문이든 아마추어든 새로운 풍경을 스케치하고 그림으로 남길 만한 장소를 찾기 위해 두 눈을 크게 뜨고 살펴보곤 했다.[5]

파머 퍼트넘은 북아메리카에서 로마를 방문한 점증하는 여행자들 중 한 사람이었다. 이 여행은 19세기 중반에 이르러 교양 있는 미국인이라면 반드시 가야 하는 필수 코스가 됐다.[6] 과거 1775년에 랠프 이저드Ralph Izard와 그의 아내 앨리스 드 랜시Alice De Lancey는 동료 미국인 화가 존 싱글턴 코플리John Singleton Copley에게 그들의 초상화를 의뢰했다. 이저드는 1776년에서 1779년까지 대륙회의에 의해 토스카나 주재 특사로 임명되었는데,[7] 부부의 초상화는 런던의 로열 아카데미에 전시되었을 가능성도 있다. 초상화는 콜로세움을 배경으로 하여 유럽 귀족들의 그랜드 투어를 연상시키는데, 미국의 신흥 통치 계급의 이미지를 구축하는 과정에서 고전 시대와의 연계는 중요했다. 하지만 그 과정은 다민족 출신으로 구성된 고대 로마 통치자들의 민족적 배경은 애써 무시하곤 했다.[8]

철도의 발달은 미국인들의 여행을 한결 편리하게 만들었다. 19세기 중반에 이르러 증기선이 대서양을 건너면서 여행자들은 더는 옛 로마 도로에 의존할 필요가 없게 됐다. 심지어 워즈워스가 그토록 반대했던 레이크 디스트릭트의 철도를 타고 유럽 대륙으로 건너갈 수 도 있었다. 선호하는 여행 코스 중 하나는 영국에서 시작하는 것이었다. 노예 노동으로 재배된 목화를 수입하며 번성한 리버풀 항에 도착한 이들은 근처의 체스터를 여행의 출발점으로 삼았다. 이어서 스코틀랜드나 레이크 디스트릭트로 향해 월터 스콧Walter Scott이나 워즈워스의 나라를 보고, 다시 남행해 잉글랜드로 가서 옛 로마 도로를 따라 유럽 대륙으로 건너갔다. 헨리 제임스는 1875년에 그의 저서 《대서양 횡단 스케치Transatlantic Sketches》에서 체스터를 이렇게 묘사했다. "옛 로마의 성벽을 간직한 이 도시는 고대의 진귀하면서 완벽한 모습을 그대로 간직하고 있다. 그래서 다른 도시들은 상대적으로 시시해 보인다."9 당시 곧바로 지중해로 항해하는 것도 가능했지만, 그랜트 앨런Grant Allen은 1899년 《유럽 여행The European Tour》에서 먼저 리버풀이나 사우샘프턴으로 가는 옛 여행 계획의 이점을 강조했다. 이 경로로 가면 여행자는 상대적으로 친숙한 영국과 프랑스의 건축물부터 시작해 저지대 국가들과 라인 강, 베네치아와 피렌체를 거쳐 익숙한 세계에서 미지의 세계로 차츰 나아갈 수 있으며, 마지막으로 로마, 아테네, 이집트 순으로 여행을 마무리할 수 있었다.10

앨버트 비어슈타트Albert Bierstadt의 1858년 그림은 로마를 방문한 2명의 미국인 여행자를 보여준다. 그중 1명은 괴테를 매혹시켰던 몬타나라 광장 근처의 멋진 풍경의 수산 시장을 걸어가는데, 손에는 빨간 표지의 여행 안내서를 들고 있다. 화가는 현지인들이 고대 조각품들로 잘 알려진 고대인의 포즈를 취하게 함으로써 과거와 현재를 넘나들고 있다.11 여행자가 들고 있는 여행 안내서는 색깔로 보아 존 머레이의 책으로 보인다. 머레이의 안내서는 당시 표준 책자로, 정기적으로 증보가 됐다. 1866년에 《데일리 텔레그래프》의 특파원은 피렌체에서 영국인 서적상에게 구입한 판본이 무려 3년이나 지난 것이었다며 몹시 불만을 토로하기도 했다.[12] 이 책은 비아 아피아에 대해 폭넓은 정보를 제공했는데, 1853년 판본은 이렇게 설명한다. "이 길을 타고 가면 로마에서 가장 흥미로운 여행을 할 수 있다. 가벼운 방문객이든 고대 유적을 탐구하는 여행자든 누구에게나 적합한 길이다. 다만 후자라면 이 길을 몇 번 더 다녀가야 할 것이다."[13] 이런 안내서들은 고고학적 발굴 활동을 폭넓게 소개했는데, 특히 루이지 카니나Luigi Canina의 업적을 자세히 안내했다. 카니나는 이 시기 비아 아피아의 발굴 활동에 참여한 인사들 중에서 가장 중요한 인물이었다. 그는 1830년에 고대 로마의 지형도를 제작했고, 길을 따라 늘어선 유적들을 계속 조사하고 정리하는 과정에서 1849년에는 산 칼리스토 지하묘지를 발굴하기도 했다.[14] 머레이의 안내서는 티볼리 여행도 권했다. "티볼리로 가는 길은 비아 티부르티나를 타고 가는데 어떤 구간은 용암석으로 만든 커다란 석판이 덮인 고대의 포장도로를 지나간다."[15] 알반 언덕 남쪽에 우뚝 솟은 몬테 카비(몬테 카보라고도 한다)에서는 옛 로마 도로의 원형을 있는 그대로 볼 수 있다고도 안내한다.

이 고대 도로의 포장은 거의 완벽한 상태로 보존되어 있다. 연석들은 오르막 구간 대부분에서 원형을 그대로 유지하고 있고, 로마 도로의 주된 특징인 중앙의 완만한 곡선 또한 여전히 볼 수 있다. 도로의 상당 부분을 차지하는 커다란 다각형 포석에는 V. N.이라는 글자가 새겨져 있는데, 비아 누미니스Via Numinis를 뜻하는 것으로 보인다.[16]

책에서는 참고 사항이 계속 이어진다. 예컨대 나폴리로 가는 현대 도로는 비아 라비카나Via Labicana를 따른다거나, 로마에서 약 35킬로미터 떨어진 아르데아로 가는 길은 비아 아르데아티나Via Ardeatina를 따르는데, 이 도로는 많은 부분에서 옛 모습을 그대로 간직하고 있다는 식이다.[17] 한편 저자는 비아 라우렌티나가 지금은 여행하기 어렵게 된 것을 안타까워했는데, 나무들이 여러 구간에서 도로를 심하게 침범해 거대한 다각형 포석들이 뿌리에 의해 밀려나 버렸기 때문이다.[18] 이처럼 여행자들은 고대인의 발자취를 직접 밟고 걷는 듯한 경험을 하게 되었으며, 자신들이 지나가는 도로에 대해 정보를 제공받을 수 있었다. 그렇다고 해서 안내서가 최근 도로의 현대화 작업을 언급하지 않은 것은 아니다. 구체적 사례로 "최근에 토스카나 정부가 치비타베키아에서 리보르노까지 새로운 길을 건설했다"라고 알려준다.[19] 이러한 조언은 새로 생긴 도로 근처의 관광업을 활성화하는 데 중요한 역할을 했다.[20]

나 자신의 로마 여행도 미국인들의 그것과 별로 다르지 않게 맨체스터를 출발점으로 삼았다. '체스터chester'라는 이름에서 알 수 있듯, 이 도시는 로마 시대의 흔적을 간직하고 있다. 많은 영국 지명에 등장하는 체스터는 요새를 의미하는 라틴어 카스트룸castrum에서 왔다. 맨체스터에 있는 캐슬필드라는 지명도 옛 로마의 전초기지에서 온 것이다. 재건된 성문과 몇몇 건물들의 기초가 오래된 역사를 보여준다. 포장도로 위를 행군했던 로마 군단병과는 달리 나는 기차를 탔다. 그런데 기차가 훨씬 빠르긴 하지만 평소처럼 빠르지는 않았다. 기차 기관사들이 공휴일에 대한 보수와 근무 조건에 대한 내용으로 분쟁 중이었기에 기차 시간표가 크게 축소됐기 때문이었다. 나는 복잡한 통로에 여행 가방을 내려놓고 그 위에 쭈그려 앉아 가야 하는 게 아닐까 걱정했으나, 괜한 걱정이었다. 프라이드(축제) 주말이 끝난 월요일 오전 8시 35분의 맨체스터는 아직 깨어나지 않았고, 객차는 4분의 1도 차지 않았다. 2022년 여름은 무더웠고, 기록적인 더위가 엄습했다. 8월 말 남쪽으로 향하는 열차에서 바라본 풍경은 평소 초록으로 빛나는 상쾌한 땅이 아닌 피곤한 기색이 역력한 누런빛이었다. 런던에서 유로스타 기차가 지연되어 약 20분 정도 늦어졌다. 나는 영국 고속철 구간이 생긴 후 이 기차를 타본 적이 없었다. 기차는 콘크리트를 요리조리 가로지르며 터널을 들어갔다 나왔다 하더니 켄트 평야를 달려 채널 터널로 들어섰다. 터널을 빠져나와 위로 올라가니 프랑스였다. 켄트에서 그리 멀지 않은 곳인데도 전신주가 조금 낮아졌고, 차들은 우측통행을 했다. 스크린은 기차가 시속 297킬로미터로 달리고 있다고 정보를 전했다.

로마로 가는 미국인 여행자들이 머레이와 기타 여행 안내서의 조언만 따른 것은 아니었다. 제르멘 드 스타엘의 《코린 혹은 이탈리아》나 바이런의 《차일드 해럴드의 순례》 같은 문학 작품들, 새뮤얼 로저스의 시 〈이탈리아〉, 스타크, 레이디 모건, 벡포드의 저작들도 널리 읽혔다.[21] 여행자들 중에는 너새니얼 호손, 허먼 멜빌Herman Melville, 마크 트웨인 같은 소설가들도 있었다. 그들은 로마를 산책하고 로마의 도로들을 따라 걸으면서 영감을 얻었다. 호손은 그의 아내 소피아 피바디 호손Sophia Peabody Hawthorne의 주도로 로마 여행을 결심했는데, 그녀의 허약한 건강을 회복하려는 의도도 있었고 또 그녀 자신의 역사적 관심을 충족시켜 주려는 뜻도 있었다(그녀는 10대 시절에 《코린 혹은 이탈리아》를 읽었다).[22] 피바디 호손은 《영국과 이탈리아 노트Notes in

England and Italy》라는 책을 썼는데, 그녀 이전의 많은 여행자들이 그러했듯이 로마의 현존하는 유물을 직접 볼 수 있다는 것을 높이 평가했다.

우리는 비아 아피아를 따라 천천히 걸었다. 이는 최근에 교황 비오 9세가 드러내 놓은 길로, 너비와 길이가 모두 약 30센티미터가 넘는 커다란 판석으로 덮여 있었다. 길 위로 어떤 전차와 말들이 지나갔을까? 어떤 군단이 이 돌을 밟고 지나가며 족적을 남겼을까? 나는 세월의 흔적 위에 내 발을 올려놓아 본다. … 세상 어느 길이 이토록 많은 기억을 간직하고 있을까? 나는 길 위로 많은 사람들이 걸어갔다는 것을 전혀 의심하지 않으며 그 위를 실제로 걸어가 본다.[23]

피바디 호손은 자신의 체험을 과거의 그것과 구분하고 있는 반면, 1848년에 로마를 여행한 마가렛 풀러Margaret Fuller는 그런 구분을 하려면 시간이 좀 걸린다고 말했다. "이 도시는 고대와 현대가 뒤섞여 있기 때문에 처음에는 너무나 혼란스러운데, 시간이 좀 지나면 서서히 구분된다."[24] 허먼 멜빌은 좀 초연하면서 냉소적인 태도를 취하는데, 올리브 나무가 우거진 무덤을 "부패 속에 뿌려지고, 올리브 속에서 일어났다"고 묘사하며 사도 바울을 암시했다. 에게리아 동굴도 그에게 별로 깊은 인상을 안겨주지 못했다. "그 동굴에는 아름답다거나 인상적이라고 할 만하게 별로 없었다." 그러나 냉소적인 멜빌도 성 밖 성 바오로 대성전은 "장엄하다"고 말했다.[25]

너새니얼 호손의 장편소설 《대리석 목신상The Marble Faun》은 낭만적이면서 환상적인 이탈리아 이야기인데, 미국 독자들의 이탈리아 인식에 상당한 영향을 끼쳤다. 이 소설에서 도로들은 그리 강조되지 않지만, 이탈리아 반도를 무대로 한 소설은 도로를 완전히 피해갈 수는 없었다. 소설의 주인공 도나텔로는 이탈리아를 여행하면서 "십자가뿐만 아니라 길 위에서 만나는 수많은 성지에도 무릎을 꿇었다."[26] 여행자들이 토스카나 언덕을 지나갈 때 도로와 다리들은 언제나 거기에 있었고, 고대 로마의 추억도 불러왔다.

> 그들의 도로는 산들을 굽이굽이 감아 돌아 나가는데, 산들은 그 사이에 펼쳐진 땅으로부터 우뚝 솟아올라 있었다. … 석조 다리가 그 위를 가로지르고 있었는데, 육중한 아치는 오히려 짓누르는 듯한 돌들의 무게로 인해 견고하게 지탱되어 쉽게 무너지지 않았다. 그 거대한 다리의 기반에서 옛 로마의 장인 정신을 엿볼 수 있었다. 다리가 처음으로 짊어진 무게는 그 위로 행진했던 공화국 군대였다.[27]

이탈리아를 무대로 하는 소설이기에 《대리석 목신상》은 비아 아피아의 묘사를 넣지 않을 수 없다. "이 오래되고 유명한 도로는 … 다른 로마의 도로들처럼 황량하고 불쾌하다." 여기에서 황량한 분위기를 불러일으키는 것은 무덤들인데, 기억의 무의미함을 환기한다. 호손은 이렇게 썼다. "한두 가지 예외적인 사례들을 제외하고 이곳의 무덤들은 개인이나 그 가문의 이름조차 망각으로부터 구제해주지 못한다."[28] (이 묘사는 호손의 개인 비망록에도 나오는데, '황량하고 음산한 거리'를 언급한다.)[29] 그러나 이런 부정적 묘사조차도 도로의 문화적 의미를 인정하고 있다. 도로는 간단히 무시할 수 있는 존재가 아닌 것이다.

마크 트웨인은 미국인 여행자들을 부드럽게 풍자한 《순진한 해외 여행자Innocents Abroad》에서 필수 관광 명소로 교회의 돔, 언덕, 유적, 산, 기둥, 신전, 당시 일부 배수가 되어 관광지가 된 로마의 거대한 하수도 클로아카 막시마와 함께 비아 아피아를 소개했다.

비아 아피아는 과거의 모습을 상당히 간직한 채 아직도 여기에 남아 있다. 과거 황제들의 개선 행렬은 땅 끝에서 족쇄 채운 왕자들을 데려와 이 길 위로 걸어가게 했다. 우리는 전차들과 갑옷을 입은 병사들이 정복의 전리품을 가득 싣고 줄지어 가는 장면을 직접 볼 순 없지만, 어느 정도 상상으로나마 그 장관을 그려 볼 수 있다.[30]

트웨인은 상상력을 발휘할 수 있는 공간으로서 비아 아피아가 지닌 매력을 잘 묘사하고 있다. 죽은 자가 불러일으키는 황량한 분위기든, 제국의 장엄함을 추구하든 작가는 그것을 도로라는 무대 위에서 마음껏 설정할 수 있는 것이다.

19세기에 이르러 여행자들은 점점 더 다양한 철도 선택권을 갖게 되었다. 이탈리아의 최초 철도는 나폴리-포르티치 선으로, 1839년에 개통되어 나폴리의 왕궁과 해변 지역을 연결했다. 오래 전 도로가 로마의 황제들을 해안 휴양지와 연결시킨 것처럼, 이제 철도가 그 역할을 대신했다. 밀라노-베네치아 노선의 일부 구간은 1840년대에 개통됐고, 석호를 건너가는 교량은 1846년에 완공됐다. 그리고 1853년에는 토리노와 제노바를 잇는 노선이 개통됐다. 이 노선은 카밀로 디 카부르Camillo di Cavour가 정치적 영향력을 행사해 적극 후원했다.[31] 카부르는 당시 사르데냐의 총리이자 이탈리아 통일 운동의 핵심 인사였다. 이러한 기술은 단순히 관광을 변화시킨 것에 그치지 않고 국가 형성에도 기여했다. 효율적인 철도 운영을 위해서는 정치적 통일이 필요했다. 예를 들어 루카와 볼로냐 사이에 7개의 서로 다른 세관 검문을 거쳐야 한다면 열차 운행은 거의 불가능했을 것이다. 1848~1849년의 제1차 이탈리아 독립 전쟁이 실패한 이유는 여러 가지였지만, 그중 하나는 오스트리아 통치자들이 (나폴레옹 이후) 이탈리아 전역에 새로운 철도 연결망을 건설할 가능성을 심각하게 받아들이지 않은 데 대한 사업가들의 좌절이었다.[32]

1848~1849년의 봉기를 일으킨 지도자들 중에는 주세페 가리발디도 있었다. 그는 현재 프랑스에 속한 니스에서 1807년에 태어났지만, 그가 태어난 당시에는 프랑스 황제와 사르데냐 왕 사이에서 영토 분쟁이 벌어지고 있었다. 피에몬트 봉기에 가담한 혐의로 사형을 선고받은 그는 남아메리카로 달아났고, 브라질과 우루과이에서 게릴라 전술을 배웠다. 세계 여행은 더는 막연한 가능성이 아니라 일상이 되어갔다. 이후 가리발디는 유럽으로 돌아와 제1차 이탈리아 독립 전쟁에 참가했다. 이 전쟁과 1860년의 전쟁은 도로의 중요성과 도로를 통제하는 사람의 영향력을 잘 보여주었다. 2000년 전에 건설된 푸를로 터널의 입구에는 기념비가 하나 세워져 있다. 이는 오스트리아군이 교황령을 구하기 위해 비아 플라미니아를 따라 진격하려 했을 때 이탈리아 군대가 보여준 저항을 기념한다. 이탈리아 통일 50주년을 기념하기 위해 1911년에 세워진 기념비는 이 고갯길을 봉쇄해 수비를 강화했던 루이지 피안치아니Luigi Pianciani 대령과 휘하 부대의 항전

을 칭송한다. 같은 비아 플라미니아에 위치하지만 로마와 훨씬 가까운 폰테 밀비오에는 또 다른 기념비가 있다. 가리발디 휘하의 한 마니플maniple(고대 로마 군단 휘하의 소규모 부대 단위를 가리키는 용어)이 그의 명령에 따라 이곳에 있던 다리를 폭파해 외국 군대가 도시를 점령하는 것을 방해한 일을 기념한 것이다. 비아 아피아와 비아 카실리나 또한 남부에서 군대 이동을 위한 주요 노선이었다.[33] 또한 가리발디의 군대가 로마로 가는 주요 도로들을 피해 게릴라 전술을 사용한 것도 중요한데, 그들은 티볼리와 몬테 로톤도 사이의 산간 지대를 넘어가는 '노새 길'을 이용했다. 티볼리는 로마에서 방사형으로 뻗어나가는 길들 중 하나인 비아 티부르티나에 있었고, 몬테 로톤도는 그 다음 방사형 도로인 비아 살라리아 사이의 구릉지대다. 후대의 역사가인 G. M. 트레벨리언G. M. Trevelyan은 이렇게 썼다. "그것은 아주 위험한 작전이었다. 만약 프랑스가 그의 서진 이동에 대해 낌새를 파악했다면, 로마에서 어느 도로로든 신속하게 이동해 가리발디 군대의 측면을 공격할 수 있기 때문이다."[34]

1848~1849년의 봉기가 실패로 돌아가자 가리발디는 오스트리아를 피해 달아나는 도망자 신세가 되었다. 여기서 가장 주목할 점은 그가 주요 도로는 일부러 멀리 피해가며 도피해야 했다는 것이다. 라벤나와 베네치아 중간의 어느 지점에 갇힌 가리발디와 부상을 입은 동료 바티스타 콜리올로Battista Colliolo는 현지 후원자들의 도움으로 몸을 숨겼지만, 아펜니노 산맥을 넘는 데에는 2주가 걸렸다. 8월 말의 어느 밤, 그들은 피렌체와 볼로냐를 연결하는 주요 도로에 들어섰다. 발각될 위험에 처하자 가리발디의 동료 한 사람이 도움을 요청하러 갔는데, 그는 새벽이 되어도 돌아오지 않았다. 동이 트자 두 도망

자는 오스트리아 군대와 토스카나 군대가 순찰하는 도로 위에 갇힌 신세가 됐다. 더 이상 기다릴 수가 없어서 그들은 비쩍 마른 말이 끄는 남루한 시골 마차에 몸을 싣고 남쪽으로 고개를 넘어 내려갔다. 그들은 가는 중에 오스트리아 군대를 여러 번 만났다.[35] 그러나 그들은 발각되지 않았고, 칼라 마르티나의 해변가로 가서 보트를 타고 엘바로 갔다가 라 스페치아로 갔다. 그곳에서 가리발디는 육로를 통해 아마도 디킨스가 칭찬했던 현대화된 비아 아우렐리아를 따라 (혹은 불가피한 사정에 의해 이 도로를 피해가면서) 사르데냐 영토 내 제노바 남동쪽의 키아바리까지 안전하게 이동할 수 있었다.[36]

망명길에 오른 가리발디는 뉴욕으로 건너가 상선의 선장으로 취직해 페루에서 중국으로, 그리고 다시 미국으로 돌아와 런던과 타인사이드까지 항해했다. 1854년에 이탈리아로 돌아온 그는 처음에는 정계와 거리를 두었다. 그러나 1859년에 제2차 이탈리아 독립 전쟁이 발발하자 군대의 지휘관으로 복귀했다. 시칠리아 봉기는 하나의 기회를 제공했다. 그는 유명한 붉은 셔츠단 '천인대(이탈리아어로 밀레)'를 거느리고 그곳으로 향했다(이탈리아를 방문하는 사람들은 거의 모든 도시에서 비아 혹은 비알레 데이 밀레라는 이름의 도로를 발견할 것이다). 시칠리아를 점령한 가리발디와 휘하 부대는 1860년 8월과 10월 사이에 북진해 마침내 볼투르노 전투에서 부르봉군의 잔여 부대를 격파했다.[37] 볼투르노 강은 나폴리 북쪽에서 티리니안 해로 흘러들고, 도중에 레지아 디 카세르타 왕궁 근처를 지난다. 나폴리 전투 결과는 처음에는 불분명했지만 북쪽에서 피에몬테 군이 오면서 승부가 결정됐다. 케임브리지 대학 트리니티 칼리지의 교수였던 W. G. 클라크W. G. Clark는 1861년에 이탈리아 여행기를 펴냈는데, 나폴리에서 가리발디 군대를 직접 목격했다고 적었다.

> 우리는 도로에서 산발적으로 가리발디 군대의 병사들을 발견했다. 무기를 한데 쌓아놓고 시원한 그늘 위에 깐 볏짚 위에 앉아 있거나 누워 있었다. 어떤 병사는 잠을 자고, 어떤 병사는 담배를 피우고, 어떤 병사는 옷을 기우고, 어떤 병사는 무화과 값을 흥정했다. … 다들 겉보기에는 활기차고 건강해 보였으며 정규 군대라기보다 '유쾌한 거지들' 같아 보였다. 옛 카푸아의 성문 역할을 했던 고대 로마의 아치 구조물에는 나뭇가지로 바리케이드를 설치했다. 성문은 새 카푸아로 가는 길에 있었는데 거리는 약 3킬로미터 정도였다.[38]

1860년 10월 26일, 가리발디는 자신이 남부에서 거둔 성과를 사르데냐의 국왕 비토리오 에마누엘레 2세에게 건네주었다. 거의 신화화된 두 사람의 만남은 카푸아에서 북쪽으로 약 20킬로미터 떨어진 테아노에서 이루어졌다. 고대의 지리학자 스트라보에 의하면 테아노는 로마에서 남동쪽으로 뻗어있는 비아 라티나에서 가장 중요한 도시였다. 비아 라티나의 중세 때 이름은 비아 카실리나인데, 길의 최종 목적지인 카푸아의 라틴어 명에서 온 것이다. 오늘날 테아노에는 두 사람의 만남을 기념하는 2개의 경쟁적인 기념물이 있다. 나는 그것을 보기 위해 로마에서 출발해 E24, 즉 아우토스트라다 델 솔레(태양의 고속도로)를 타고 갔다. 이 고속도로는 이탈리아 반도를 관통하는 주요 노선으로, 밀라노와 나폴리를 연결한다. 로마 남쪽에서는 카실리나와 같은 계곡, 즉 넓은 리리 강 계곡을 따라 지나가는데 이는 습지와 해안 절벽으로 구불구불 이어진 비아 아피아보다 다차선

고속도로를 건설하기 용이한 지역이다. 고속도로의 전광판은 로마 도로의 흔적을 연상시킨다. 소 플리니우스가 방문객들에게 열네 번째 이정표에서 방향을 틀어야 한다고 알려준 것처럼, 오늘날 운전자들은 '628킬로미터 지점에서 도로 공사가 진행 중'이라는 정보를 제공받는다. 테아노는 휴게소 이름으로 쓰이고 있으며, 카실리나 역시 마찬가지다.

두 기념물은 주요 도로에서 그리 멀리 떨어져 있지 않다. 그중 하나는 바이라노 공동체에 있는 타베르나 델라 카테나인데, 18세기에 설치된 역참 여관으로 여기에 모여드는 사람들에게 약간의 다과를 제공했다. 현재 건물 외부에 벽돌 기념비가 세워져 있고 이탈리아 국기가 자랑스럽게 휘날리고 있으나, 건물 자체는 황폐하게 낡은 것처럼 보인다. 여기서 몇 킬로미터 떨어진 낭만적인 전원 풍경 속에 두 번째 기념물이 서 있다. 이정표 형태의 기둥인데, 아래 받침대에는 가리발디의 말을 인용한 글귀가 새겨져 있다. "나는 이탈리아 국왕을 경배한다 Saluto il Re d'Italia." 이 기둥은 가리발디와 왕의 만남 100주기를 기념하기 위해 인근 테아노 공동체에서 세운 것이다. 나는 이 두 기념물을 보면서 두 사람은 먼저 마을 밖에서 만난 후 적절한 장소로 옮겨 왕실의 절차에 따라 다시 만나지 않았을까 하는 생각이 들었다. 나의 이런 생각은 이탈리아 통일 운동 Risorgimento에서 뛰어난 활약을 한 피에몬테 출신 관리인 루이지 파리니의 편지로 확인됐다. 파리니는 프레센차노에서 테아노로 가는 길에서 두 사람이 만난 일을 묘사한다.

가리발디는 수백 명의 붉은 셔츠 부대를 이끌고 앞으로 나아가며 "이탈리아 국왕 폐하 만세!"를 외쳤다. 그러자 "비바"라는 함성이 터져 나왔고, 왕은 자상하게 전설적 영웅의 손을 잡았다. 우리는 모두 함께 테아노로 말을 타고 향했다. 국왕 왼편에는 가리발디가 있었고 그밖에 최고 사령관, 장군, 장관, 부관, 전령 장교들이 붉은 셔츠 부대원들과 뒤섞여 있었다. 그들은 롬바르드인, 베네치아인, 영국인, 피에몬테인, 제노바인, 로마인 등 다양했다.[39]

나폴레옹의 경우와 마찬가지로 고대 로마와의 비교는 가리발디 신화에서 핵심적이었다. 그는 독립을 위한 첫 시도 당시 이런 글을 남겼다. "로마는 과거의 영광에 걸맞았고, 앞으로도 그러할 것이다." 한 미국 상원의원은 가리발디가 "로마의 권세와 영광의 기념물들 사이에서 고대 로마의 정신을 되살렸다"[40]고 주장했다. 한 비문에서 시인 조수에 카르두치Giosue Carducci는 이렇게 썼다. "가리발디는 고대 로마의 가장 뛰어난 사람들과 견줄 만하며, 어떻게 보면 그의 인간애는 그들을 능가한다."[41]

20세기 초에 케임브리지 대학의 역사학자 G. M. 트레벨리언은 가리발디의 원정을 서술하면서 "가리발디의 군대가 행군했던 모든 길을 따라가고자 했다"고 밝힌 바 있다. 그는 이렇게 썼다. "가리발디의 군대는 티베르, 나르, 클라니스, 메타우루스, 루비콘의 계곡들을 건너며 행군했다. 그 지형과 색채, 분위기만큼 눈길을 사로잡고 이름난 도시와 강, 산들로 가득한 곳을 찾는 유럽 전역을 통틀어도 아마 불가능할 것이다. 이 예스러운 아름다운 땅에서 나는 고통과 죽음의 흔적을 직접 걸으며, 영웅의 발자취를 좇는 순례자들이 좀처럼 누리지 못하는 특별한 행운으로 그들이 어디를 지나고 매일 어떻게 지냈는지에 대한 생생한 앎을 함께 체험할 수 있었다." 트레벨리언은 가리발디의 여정을 서술하면서 꾸준히 그를 고대의 풍경 속에 배치했다. 나폴레옹의 동시대인들이 그를 고대의 황제와 비교했듯이, 트레벨리언 또한 마음속으로 가리발디를 루비콘 강을 건너는 카이사르에 비교했다.[42] 이제 로마로 여행하는 사람들은 철도를 첫 번째 이동 수단으로 선택하지만, 트레벨리언의 독자들은 가리발디와 길들에 관한 새로운 역사를 고대의 역사에 덧붙여서 발견할 수 있을 것이다.

재통일 운동 과정이 전개되면서 철도 개선은 빠른 속도로 진행됐다. 로마에서는 1846년에 현대화 사업을 중시하는 교황 비오 9세가 선출되면서 철도 공사에 박차를 가하게 되었다. 당시 로마에서는 이런 농담이 나돌았다. "그의 전임자인 교황 그레고리오 16세가 철도를 건설했더라면, 더 빨리 천국에 도달했을 것이다." 1856년에는 프라스카티로 가는 철도 노선이 건설되었고, 3년 뒤에는 치비타베키아로 가는 또 다른 노선이 부설됐다.[43] 하지만 중앙역 테르미니의 경우 로마 시민들은 한참을 기다려야 했다. 역을 디오클레티아누스 공중목욕탕 단지 위에다 설치하는 문제를 두고 논쟁이 벌어졌기 때문이다.[44] (역 이름인 테르미니는 '작은 목욕탕'이라는 뜻인데, 바로 이 위치를 가리킨다.) 1867년에서 1870년 사이에 건설된 중앙역은 로마로 들어오는 여러 노선을 하나로 모아주는 단일 종착역의 역할을 하게 되었다.[45] 헨리 제임스는 알프스를 넘어가면서 고트하르트 고갯길의 철도 터널 공사를 목격했다.

스위스 쪽 고갯길을 올라가니 도로 밑의 계곡에서 한 무리의 인부들이 작업을 하고 있었다. 그들은 넓은 화강암의 표면을 깨끗하게 드러내더니 한가운데다 둥글고 검은 구멍을 냈는데, 그 폭은 수프 접시 정도 되는 것 같았다. 이것은 성 고트하르트 철도 중앙 터널의 공사로 아직 태동 단계지만, 앞으로 약 8년 후면 터널이 완공될 것이다.

제임스는 직접 경험한 몽스니 터널은 "미래의 냄새를 강하게 풍긴다"라고 썼다.[46]

이제 철도는 느린 교통수단이자 환경 친화적인 선택이다(내 핸드폰의 앱은 이런 식으로 여행함으로써 얼마나 많은 탄소를 절약하고 있는지 알려준다). 그러나 제임스 시대에는 아주 빠른 운송 수단으로 보였을 것이다. 비엔나에서 부쿠레슈티로 가는 완행열차를 타면서 나는 예전 속도에 대해 체감하게 됐다. 이 노선은 아직 고속 열차가 다닐 수 있도록 개량되지 않았다(현재 공사가 진행 중이다). 두 도시 사이의 거리인 약 1062킬로미터를 이동하는 데 19시간이 걸린다. 평균 속도는 시속 56킬로미터 정도다. 객실에는 세면대가 있었고 차량의 끝부분에는 샤워실이 있었다. 하지만 실제로 운영되는 것 같지는 않았다. 그래도 침대는 꽤 편안했고 책 읽을 시간도 충분했다. 나는 식당칸에서 점심으로 따끈하게 요리된 치킨, 감자, 딜을 얹은 샐러드를 즐겼다.

새로운 여행 수단과 더불어, 고고학 관련 소식 역시 로마를 찾는 방문객들의 호기심을 자극했다. 1869년 5월 22일자 《일러스트레이티드 런던 뉴스》는 로마에서 활동하던 영국 고고학 협회의 최근 발굴 상황을 보도했다. 비아 아피아의 도로변에 있는 카라칼라의 온천장 바로 맞은편에서 세베루스와 코모두스의 공중목욕탕 잔해가 발견되었다는 것이다. 또한 독자들은 최근 발매된 '로마의 고대 거리와 인근 도로'에 관한 강연문 사본을 통해서도 흥미를 느낄 수 있었다. 즉 로마의 도로 소식을 알기 위해 반드시 직접 로마로 갈 필요는 없었다.

반면, 갈등 상황은 도로 위 새로운 건설로도 이어졌다. 로마가 이탈리아 왕국으로 편입되면서 정부는 도시로 들어오는 주요 도로들에 15개의 요새와 3개의 포대 설치를 지시했다. 거기에는 비아 아피아도 포함되었다.[47] 교황령이 새로운 왕국에 합류하기 전에도 로마는 철도망에 이미 편입되어 있어, 나폴리까지 가는 노선이 1863년에 완공됐다.[48] 베네치아 주재 미국 영사였던 윌리엄 딘 하웰스William Dean Howells는 새로 개통된 노선을 이용한 경험을 1867년에 발간한 《이탈리아 기행Italian Journeys》에서 묘사했다. 하웰스는 이렇게 소감을 말했다. "다른 지역에서는 2등칸 열차를 아무 문제없이 탈 수 있지만, 나폴리와 로마를 오가는 2등칸 열차는 체면과 편안함을 중시하는 여행자는 결코 탈 수 없다." 이것은 실용적 발언이라기보다 정치적 발언이었다. 그는 곧 교황들을 비난하며 이렇게 말하기 때문이다. "교황청은 남루함과 불결함이라는 특유의 영향력을 어디에서나 행사하고 있다. 그런 부실한 관리가 이 철도에서도 드러나고 있다. '별로 좋을 것도 없는' 1등칸을 탄 하웰스와 일행은 음울한 빗속을 뚫고서 북쪽으로 올라갔다. 그의 여행담은 이 지역이 여전히 농업 중심지임을 생생하게 보여준다.

땅에는 개암나무 숲이 많이 있었고 여기저기 듬성하게 소나무 숲이 있었다. 나무 아래에서 돼지들이 땅에 떨어진 도토리를 주워 먹고 있었고,

비에 젖은 돼지치기들은 농막에 피워놓은 불에다 몸을 말렸는데 증기가 모락모락 피어올랐다. 어떤 곳에서는 수풀이 울창했다. 다른 곳에서는 나무들이 다 잘려나가 바위투성이 언덕 등성이가 적나라하게 드러났는데, 얼마 안 되는 풀을 뜯고 있는 양 떼가 없었더라면 그 풍경은 아주 적막했을 것이다. 양치기들은 지팡이에 몸을 기댄 채 미동도 하지 않고서 그 곁을 스쳐 지나가는 우리들을 멍하니 쳐다보았다.

이런 풍경에 예외가 하나 있었으니, 몬테 카시노 수도원을 잠시 볼 수 있는 순간이었다. "수도원은 가파른 절벽 위에 우뚝 서 있어 마치 그 토대를 이루는 암석의 한 부분인 것 같았다."

하웰스는 우리에게 철도 노동자들에 대한 진귀한 목격담도 제공한다. "철도는 여기저기에서 보수 작업이 진행 중이었는데, 대부분의 노동자들은 여성이었다." (이는 남성들이 전쟁에 나가 있었기 때문일 수도 있고, 단순히 농사 수입을 보충하기 위한 일이었을 수도 있다.) 하웰스는 "위엄 있는 우아함 … 사람을 바라보는 것과 바라봄을 즐기는 용기 있는 검은 눈"이라는 묘사 등을 통해 여성 노동자들의 '멋진' 모습을 여러 번 언급했다. 이는 이탈리아 여성들을 바라보는 남성 여행자들의 태도에 대해 하나의 통찰을 제공한다.[49] 나는 하웰스가 자신의 하녀를 대할 때도 좋은 매너를 발휘했기를 바란다.

철도가 발달하면서 새롭고 편리한 호텔들의 건설이 촉진되었다. 그중 하나로 내가 제노바를 방문할 때 투숙하는 그랜드 호텔 사보이아가 있다. 이 호텔은 1897년에 건설됐는데, 피아차 프린치페 역 맞은편에 있다. 제노바는 해변을 따라 길고 가늘게 이어진 도시로 컨테이너 항구, 요트 계류장, 공항이 줄지어 있다. 그랜드 호텔 사보이아의 내부는 대리석, 모자이크, 오래된 목재, 풍성한 커튼이 있으며 침대 위에는 베개 4개, 롤쿠션 2개(줄무늬 새틴), 벨벳 쿠션이 놓여 있다. 그리고 객실마다 멋진 목제 옷걸이가 있으며 호텔 측이 손님을 신뢰한다는 느낌을 준다. 옷장·미니바·금고가 결합된 것은 현대식이지만 책상은 오래된 느낌이며, 침대 발치의 앤티크 트렁크는 전통적인 바다 여행을 떠올리게 한다. 이 호텔에서 누릴 수 있는 혜택 한 가지는 좋은 욕조다(다른 이탈리아 호텔들은 그렇지 못하다). 나는 하얀 목욕 가운을 걸치고 욕조에 거품을 가득 채웠다. BBC 국제 뉴스 웹사이트의 광고는 파리 소더비 경매에서 진행되는 '왕실 컬렉션'을 보여줬고, 동시에 이스탄불 쇼핑이 새로운 트렌드임을 전했다. 또한 연료비가 너무 올랐다는 음울한 뉴스를 전했다. 위로 올라가면 옥상 바와 2개의 자쿠지가 있고, 항구에 들어온 크루즈 배들과 컨테이너 대형 크레인이 보인다. 나폴리와는 다르게 제노바는 화려한 요트 계류장과 거친 부두를 서로 구분하지 않는다. 하지만 한 걸음 뒤로 물러서서 새로 건설된 빛나는 철도와 함께 이 호텔을 보면 전체적으로 훨씬 세련된 모습이 된다. 거리 위에서는 철도 선로를 내려다보며 항구 위 스모그 대신 철도를 상상할 수 있다. 물론 기차에서 뿜어져 나오는 증기와 연기도 만만치 않으니 크게 다르지 않았을지도 모른다. 어쨌든 모든 것이 탄소를 태우고 있다. 그리고 이것들이 분홍빛 저녁 햇살 속을 가득 메운다.

모든 여행자들이 새로운 교통수단을 열광적으로 받아들인 건 아니다. 저술가 겸 예술 비평가인 존 러스킨John Ruskin은 철도의 부설 이전과 이후에 이탈리아에서 상당한 세월을 보냈다. 그는 대표적인 철도 반대자로, 이런 주장을 했다. "나는 철도 여행을 '여행'이라고 생각하지 않는다. 그것은 어떤 장소로 운송되는 것에 불과한 것으로, 여행자는 화물이 되는 거나 다름없다."50 그는 이후에도 자주 같은 표현을 썼는데, 이 비유를 아주 좋아했던 것 같다.51 로마 입성에 대해 실망감을 표시한 디킨스와 비슷하게, 러스킨은 베네치아의 철도는 도시 경관을 망쳐 놓는다고 불평했다.

우리는 요새에서 모퉁이를 돌았다. 과거에는 바로 거기서부터 베네치아가 시작됐다. 그런데 지금은 그리니치 철도가 보인다. 아치는 줄고 단조로운 벽이 늘어나면서 탁 트인 바다와 도시의 경관 절반 정도를 가려버렸다. 이제 베네치아는 리버풀과 별반 다를 바 없어 보인다.52

21세기에 들어와 리버풀 해안은 아주 매력적인 곳이 되었으나 러스킨 당시에는 그리 매력적인 분위기를 풍기지 못했다(게다가 러스킨은 매우 까다로운 미적 기준을 가지고 있었다). 하지만 옛날 방식의 교통수단을 선호한 여행자는 러스킨만이 아니었다. 엘피스 멜레나는 1861년에 여행 이야기에 더해 가리발디와의 우정을 회상한 회고록을 펴냈는데, 다음과 같이 불평했다.

과거에 피렌체에서 피사에 이르는 아름다운 길은 아르노 강의 계곡 지대와 토스카나의 정원을 관통했으며, 마차와 마부들이 길 위를 끊임없이 오갔다. 그런데 지금은 길이 지도에서 사라져도 무방할 정도다. 철도가 들어선 구간에서 도로는 거의 쓸모없게 되어 여행의 시적 감흥과 즐거움은 사라지고 오로지 불쾌한 것들만 남았다. 쉬익 거리는 증기 소리를 내며 악마처럼 날아가는 기차가 지나가는 여러 도시와 역들의 이름은 여행자의 귀에는 겨우 반쯤 들린다. 분주한 직원이 끊임없이 이동식 감옥의 문을 열었다 닫았다 할 뿐이다.[53]

멜레나는 기차 여행자들이 그림 같은 마을 풍경을 놓치고 있다고 걱정했다. 이제 그들은 기차 창밖으로 스쳐 지나가는 풍경만 볼 수 있을 뿐이다. 일부 철도 관련 불만에는 명백한 도덕적 비판의 어조가 담겨 있다. 케임브리지 대학 교수인 W. G. 클라크는 역사적 유적들을 그저 수박 겉핥기식으로 간단히 둘러보는 태도를 불쾌하게 생각했다.

> 우리는 … 치비타베키아에 멈춰 섰다. 미국 신사 일행이 새로 개통된 철도를 이용해 로마를 방문할 수 있도록 하기 위해서였다. 그들은 목적을 달성하고 의기양양하게 되돌아왔다. 그들은 이렇게 말했다. "선생님, 영원의 도시에서 50분을 보냈습니다!"[54]

나는 클라크 교수의 견해에 동의한다는 것을 고백해야겠다. 처음 이탈리아를 방문해 피렌체에 갔을 때 내가 묵은 유스호스텔의 동료 여행자가 당일치기 로마 여행을 결정했다고 말한 걸 들었다. 당일치기? 로마에? 그것도 고속열차가 생기기 전의 일이었다. 로마는 하루 아침에 지어진 도시가 아니며, 당연히 당일치기 로마 여행은 더욱 말이 되지 않는 것이다. 나는 현대식 열차를 비판하는 사람들에게 어느 정도 공감한다. 볼로냐와 피렌체 사이를 달리는 프레체(화살) 고속열차를 탈 때마다 항상 실망감을 느낀다. 20년 전만 해도 아펜니노 산맥을 통과하며 아름다운 풍경을 볼 수 있는 한 시간가량의 기차 여행이었다. 그러나 지금은 거의 대부분 터널을 통과한다.

1860년에 기차로 로마 여행을 했던 영국 소설가 조지 엘리엇George Eliot도 도시에 도착하면서 실망감을 맛봤다. 이전의 많은 여행자들이 비아 카시아 근처의 높은 언덕에서 로마의 극적인 장관을 내려다보며 깊은 감동을 느꼈던 반면, 엘리엇에게는 "감탄할 만한 장관은 아무 것도 없었다."

주된 목적지는 나중에 그 정체를 알게 된 여러 수도교들 중 하나였다. 하지만 당시에는 고대 유물에 대한 개념이 명확하지 않아서 공중목욕탕 유적인 줄 알았다. 우리가 내린 기차역은 외딴 시골 풍경 같았고, 기다리고 있는 것은 오직 3대의 버스와 1대의 가정용 마차뿐이라 운에 맡겨 1대의 버스에 올라타야 했다. … 우리는 로마를 둘러보기 위해 산책에 나섰다. 그러나 버스 창밖에서 보았던 모습 때문에 마음 한편에는 꽤 큰 실망감이 자리 잡고 있었다. 지저분한 거리를 한참 걸으니 베드로 성당의 돔이 보였는데 그리 인상적인 것은 아니었다. … 나의 사전 짐작과 일치하는 것은 단 하나도 없었다.[55]

《데일리 텔레그래프》의 특파원도 로마 입성에서 별 감흥을 느끼지 못했다. 그가 기차로 로마에 도착하니 호텔의 안내원이 마차를 탈지 버스를 탈지 물었다. 특파원은 "버스라니!"라며 탄식했고, "로마는 예전의 로마가 아니구나"라고 아쉬워했다.[56] 《로마의 색채The Colour of Rome》라는 책을 쓴 올레이브 포터Olave Potter는 이런 의견을 말했다.

광장에서 얼굴을 찌푸리고 있는 음울한 눈빛의 도미니코회 수도사를 보면 당신은 사보나롤라를 떠올릴 것이다. 왜냐하면 로마는 과거를 떠올리게 하는 꿈의 도시이기 때문이다. 그러나 그 수도사가 붉은색 소형 로마 버스 운전사를 손짓으로 부르는 광경을 보게 되면 당신의 꿈은 곧 처참하게 깨지고 만다.[57]

올레이브와 함께 책을 쓴 예술가 요시오 마르키노Yoshio Markino 또한 '끔찍한 전차'에 실망했다고 한다.[58]

사실 그보다 전인 1856년에도 비아 아피아를 지나던 방문객들은 도로 옆에 설치된 전신선을 보고 놀라움을 금치 못했었다.[59] 반세기 뒤에도 그런 불평들은 계속 됐다. 그레고리 도일Gregory Doyle은 그의 저서 《유럽 여행 중의 사건들Incidents of European Travel》에서 이렇게 말했다. "불경한 현대인들이 고대 로마 황제들의 마지막 안식처 위에 전신주를 설치해 놓은 것을 보고 나는 충격을 받았고, 더 나아가 분노를 느꼈다."[60] 카밀라 크로스랜드Camilla Crosland라는 방문자는 이 주제를 가지고 두 편의 소네트〔시행 14개가 일정한 운율로 이어지는 14행시〕를 지었다. 첫 번째 소네트는 무덤을 건설하는 고대 로마인과, 이 도로를 따라 로마 군단병들이 포로와 우리 속의 들짐승을 앞세우고 행군하는 모습을 상상했다. 두 번째 소네트는 고대의 모습과 현대를 대비했다.

오늘날 저 유명한 아피아 길을 걸어가는 사람들은
옛날과는 사뭇 다르다. 그렇지만 여전히 푸른 하늘은
크고 부드러운 눈으로 세상을 인자하게 내려다본다.
마치 거대한 구슬 같은 대리석 무덤들은

아름다움의 목걸이에 걸린 듯 눈부시게 빛난다.
보라! 가느다란 전선이 어두운 가로수 사이로 떨며 지나간다.
그것들은 나라들의 운명을 엮으며
그들의 즉각적인 행위를 드러내 보인다.
위대한 이교도들은 저승에서 솟아올라
자신의 오래된 무덤이 이런 용도로 쓰이는 것을 보고
장차 다가올 모든 것의 진동이
세상을 근본부터 흔들고 있음을 느끼고 있을까?
과거의 목소리들이 현재의 소음 속에서 울려 퍼지고,
귀 기울이는 자에게 그들의 속삭임이 전해진다.[61]

그러나 모든 여행자들이 불평했던 것은 아니었다. 기차로 로마에 도착했을 때의 실망감에도 불구하고 조지 엘리엇은 이렇게 말했다. "비아 아피아를 이용해 카실리아 메텔라의 무덤에 가고, 그곳에서 수로로 연결된 평원 풍경을 바라본 것이 내가 가장 즐거워한 로마 체험 중 하나였다."[62] 현대의 전기 장치와 역사적 진정성을 조화시키려는 문제는 오늘날까지도 계속되고 있다. 비테르보의 중세 지구에서는 전기 가로등을 촛불이 켜진 형태의 외형으로 장식해 다소 예스러운 분위기를 살려 놓았다. 현대의 편리함은 주민이든 여행자든 항상 대가를 수반한다.

14

새로운 서사, 오래된 제국

이탈리아 통일 과정은 1861년 최초의 이탈리아 베데커 여행 안내서 발간과 시기적으로 맞물린다. 이 시기 토머스 쿡Thomas Cook은 해외여행의 붐을 일으켰는데, 그의 런던 사무실은 그보다 4년 뒤인 1865년에 문을 열었다. 1869~1870년에 유럽 여행을 했던 헨리 제임스는 이렇게 말했다. "우리처럼 까다로운 일부 사람들은 여행 사업가 쿡 씨를 비웃기도 했다. 그는 여행 쿠폰을 발급했고, 단체 관광객을 '직접 인솔해 다녔던' 것이다. 하지만 우리는 모두 어떤 식으로든 그의 단체 관광 무리에 속하게 되었다."¹ 이탈리아 여행에서 영감을 받아《전망 좋은 방》이라는 소설을 쓴 E. M. 포스터E. M. Forster는 표준 관광 명소들을 둘러보고 만족해 본국의 친구들에게 이런 편지를 썼다. "베데커 안내서에서 별표로 표시된 이탈리아 명소를 다 둘러보았는데, 전부 마음에 들어서 이탈리아인이 추천하는 명소들은 나중으로 미뤄도 전혀 아쉽지 않을 듯하네."²

이탈리아의 통일 사업은 1860년대 내내 진행되었다. 첫 번째 이탈리아 의회는 1861년 2월 18일 토리노에서 개회했다. 이때 교황령의 상당한 영토, 그중 두 번째 도시인 볼로냐도 통일 왕국에 합류했다. 그러나 로마와 베네치아는 여전히 통일 외부에 남아 있었다. 1866년에 오스트리아와 프로이센 사이에 전쟁이 발발했다. 그런데 이 전쟁은 새로 수립된 이탈리아 정부에 직접적인 파급 효과를 미쳤다. 왜냐하면 1797년에 베네치아 공화국이 붕괴한 후 베네치아와 주변 본토 지역이 오스트리아의 통치를 받아왔기 때문이다. 이탈리아는 전쟁에서 프로이센의 편을 들었다. 베네치아는 국민 투표를 실시해 이탈리아 편입을 압도적으로 찬성하는 결과(다소 수상하게 여기는 사람들도 있었다)가 나오자 새로운 이탈리아 왕국에 합류했다. 이제 로마만 왕국에서 빠져 있었는데, 가리발디 군대는 1867년 로마에서 또 다시 패배했다. 1865년부터 통일된 이탈리아 국가의 수도가 된 피렌체의 미국 공사 조지 P. 마시George P. Marsh는 무미건조하게 이렇게 말했다.

> 나는 사람들이 이에 대해 매우 강한 관심과 감정을 가지고 있다는 것을 보여주는 많은 증거를 갖고 있으나, 심플론 고갯길을 따라 이탈리아 국경에서 피렌체까지 대중교통으로 이동하는 동안 주위에 있던 사람들로부터 이탈리아에서 현재 벌어지고 있는 중요한 사건들에 대한 언급은 들어보지 못했다. 그들은 내가 최신 정보를 요구할 때에만 마지못해 답을 했다.³

가리발디 부대의 패배는 일시적인 것이었다. 1870년 로마 교황청 국가들의 지속적인 독립을 보장해주던 프랑스 수비대가 철수함에 따라, 이탈리아 부대는 별 저항을 받지 않고 로마에 입성했다. 그 다음 해 로마는 근 1500년 만에 이탈리아의 수도가 되었다.

도로와 철도와 더불어 새로 통일된 이탈리아는 방문객들에게 정보를 제공하는 새롭고 더 전문적인 역사 연구를 발전시켰다. 공식적으로는 객관적인 형태였지만(실제로는 고위 정치와 국제 관계에 대한 편향을 내포하고 있었다), 근대 민족국가를 위한 역사라는 최근 유럽 역사학계의 동향을 따라가는 것이었다. 그러나 당시에도 일부 관찰자들은 '위대한 인물'에게 집중하는 역사 연구의 한계를 의식하고 있었다. 그중 이탈리아 통일 운동의 주도적 사상가인 주세페 마치니Giuseppe Mazzini가 있었다. 그는 도로 건설을 은유로 삼아 이렇게 말했다. "지상의 위인들은 인류라는 도로 위에 놓인 표지석에 지나지 않으며, 종교로 보면 사제일 뿐이다."[4] 로마의 역사를 좀 더 광범위하게 개발하려는 노력은 결코 새로운 것이 아니었다. 근 한 세기 이상 이탈리아 통치자들은 비아 아피아 구간을 보존하려고 노력했다.[5] 관광객의 관점에서 볼 때, 역사와 고고학에 대한 학자들의 논쟁은(그 덕분에 나 같은 사람이 일자리를 얻고 있지만) 로마의 해석을 덜 복잡하게 하는 게 아니라 더 복잡하게 만든다. 빅토리아 시대 여행자들을 연구한 도리 아가자리안Dory Agazarian이 지적했듯이 "물리적인 '로마로 가는 길'은 탐색하기 쉽지만, 상상 속의 길은 복잡함으로 가득 차 있었다."[6] 18세기 이후 조셉 애디슨의 《이탈리아의 여러 지역에 대한 논평》 같은 책들은 여행자가 고대의 문화와 관련해 그들의 관광 명소를 선택하는 데 도움을 주었다. 그러나 신빙성 측면에서 문제가 있었다. 비아 아피아인 도로와 아닌 도로에 대해 혼돈을 일으키고 있을 뿐만 아니라, 사건이 벌어진 지 수 세기가 흐른 뒤에 쓰인 문헌들을 마치 목격담인 것처럼 인용하곤 했다. 이에 대해 1838년 럭비 스쿨 교장 토머스 아놀드Thomas Arnold는 《로마의 역사History of Rome》에서 옛 이야기를 수록하면서 역사적 증거가 있는 것과 없는 것을 구분했다. 그러나 "확실히 알 수 없다"라고 말하는 것은 확실한 사실을 얻기를 바라는 관광객들에게 그리 매력적이지 못했다.[7]

확실한 물질적 증거를 제공하는 고고학적 발굴 사업은 새로운 이탈리아 정부에게 환영을 받았다. 특히 이탈리아 왕국의 선례들을 발견하는 경우라면 더욱 환영을 받았다. 19세기 초에서 20세기에 걸쳐 포럼에서 발굴된 라피스 니제르('검은 돌'이라는 뜻) 유적은 한 왕의 존재를 언급하고 있었는데, 신생 이탈리아 정부의 건국 서사에 딱 들어맞는 것이었다(돌에 새겨진 문장의 의미에 대해서는 논의가 분분했다).[8] 그러나 다른 고고학적 발견들은 항상 그렇게 간단히 통합되지는 않아 관광객들에게는 솔직히 혼란스러운 상황이었다. 1854년에 영국 중산층 출신의 여행자 프랜시스 엘리엇Frances Elliot은 여행 안내서를 여러 권 참고해야 하는 현실을 개탄했다. 일부 관광객들은 사실보다는 즐거움을 추구했다. 관광 명소를 둘러보면서 즐거운 시간을 보낼 수 있다면 그걸로 됐다고 생각한 것이다.[9] 그랜트 앨런은 나중에 나온 여행 안내서에서 이렇게 말했다. "나는 세르비우스 툴리우스의 성벽이나 클로아카 막시마(로마의 대하수도)를 보기를 원하는 사람들을 위해 글을 쓰는 게 아니다. 이런 유적들은 전문가들을 위한 것이다. 당신이 런던에 있을 때 바킹에 있는 대도시 하수도의 배출구까지 굳이 찾아가지 않는 것처럼 말이다."[10]

고대 유적과 함께 로마의 후대 역사도 관광 포인트의 일부가 되었다. 이제 고대 유물만 둘러보는 것에서 벗어나기 시작한 것이다.

1889년 교황 율리오 3세가 공들여서 건립한 르네상스풍 별장인 빌라 줄리아는 이탈리아 반도의 로마 이전 초기 역사를 다루는 에트루리아 박물관이 되었다. 키츠-셸리 기념관은 낭만주의 시인들에 관심이 많은 관광객들을 위해 재단장되었다. 이탈리아 르네상스에 대한 중요한 저서들도 발간됐다. 먼저 스위스에서 야코프 부르크하르트Jacob Burckhardt가 《이탈리아의 르네상스 문명The Civilisation of the Renaissance in Italy》(1860)을 펴냈고, 영국에서는 존 애딩턴 시몬즈의 《이탈리아의 르네상스The Renaissance in Italy》(1875~1886)가 나왔다. 그 뒤를 이어 월터 페이터Walter Pater와 줄리아 애디Julia Ady의 책들도 나왔다. 보티첼리는 새롭게 명성을 획득한 화가가 되었고, 다빈치의 〈모나리자〉는 낭만적 상상의 중요한 대상이 되었다. 그래서 1911년 루브르 박물관에서 도난당하자(그래서 명성이 더욱 높아졌지만) 르네상스 예술사 전문가인 버나드 베렌슨Bernard Berenson은 "그 그림이 없어져서 차라리 잘 됐다"라고 말할 정도였다.¹¹ 이런 흐름은 여행 안내서에도 반영되었다. 이탈리아를 찾은 이들이 과거 여행자들의 저작과 교감한 것은 비단 미국 문학인들만이 아니었다. 20세기에 들어와 W. G. 제발트W. G. Sebald와 프란츠 카프카도 괴테의 발자취를 따랐으며,¹² 소피아 피바디 호손처럼 헨리크 입센Henrik Ibsen도 제르멘 드 스타엘의 소설 《코린 혹은 이탈리아》를 참조했다.¹³ 영국 소설가 조지 엘리엇은 키츠와 셸리의 무덤을 둘러보고 감동을 받았다. 오스카 와일드도 키츠의 무덤을 방문하고 그에 대해 소네트를 썼다(그리고 그의 편지를 수신하는 사람들에게 토머스 쿡 앞으로 답신을 보내라고 요청했다).¹⁴

로마는 이탈리아의 수도로서 기능을 발휘하기 위해 새로운 국가적 기념물이 필요했다. 1885년에 비토리오 에마누엘레 2세 왕에게 바치는 기념물인 비토리아노(혹은 알타레 델라 파트리아)의 건설이 카피톨리노 언덕에서 시작됐다. 언덕의 한쪽을 완전히 차지하고 있는 이 기념물은 1921년부터 이름 없는 병사의 무덤을 그 안에 포함시켰다.[15] 1930년대에 비로소 완공된 흰 대리석으로 된 이 기념물은 시내 중심부에서 포룸에 들어서는 방문자들의 시선을 제일 먼저 사로잡는다. 그 형태와 화려함(보기에 따라서는 기이한 호화로움) 덕분에 '타자기', '웨딩 케이크', '화려한 변기' 같은 별명을 얻었다. 결코 미묘하지 않은 별명이다.

로마 관광의 선택지가 넓어지면서 로마 여행을 둘러싼 서술도 한층 다양해졌다. 여전히 많은 여행자들은 로마의 위대함이나 기독교적 과거(순교의 기억을 노골적이든 은근히든 담아내며)를 주제로 삼았다. 또한 이제 거의 한 세기가 지난 낭만주의적 기록들을 되살리기도 했다. 헨리 제임스가 알프스를 넘어 그린덴발트에서 마이링겐으로 가는 아름다운 샤이텍 고개를 지날 때 길은 붐볐지만, 도로 교통 상황에 대한 그의 묘사는 낭만주의에 큰 빚을 지고 있다.

도로가 여행자들로 까맣게 메워졌다는 것은 결코 과장된 말이 아니다. 그들은 울창한 소나무 숲처럼 산비탈을 어둡게 뒤덮었고, 바위 절벽마다 점처럼 흩어져 마치 멀리서 풀을 뜯는 염소들처럼 어른거렸다. 그들이 집단적으로 내지르는 거대한 웅성거림은 12개 급류가 한꺼번에 요동치는 듯한 굉음으로 하늘로 치솟았다.[16]

로마에서의 마차 여행을 즐겼던 제임스는 비아 플라미니아를 따라 도시를 떠났다. "포르타 델 포폴로를 나서면 하나의 아치로 무거운 역사적 전통을 떠받들고 있는 폰테 몰레에 이른다. 그 다리는 흙빛의 티베르 강이 흘러가는 것을 지켜본다. 강은 4개의 교회 조각상들 사이로 흐르며 언덕을 넘어 피렌체로 가는 역참 도로를 옆에 끼고 굽이굽이 흘러간다."[17] 1861년 출간한《가리발디 장군에 대한 추억 Reflections of General Garibaldi》의 저자이자 철도를 별로 좋아하지 않았던 엘피스 멜레나는 로마에서 치비타 카스텔라나에 이르는 비아 플라미니아를 최근에 복구한 것을 칭송했다. 그녀는 이렇게 썼다. "이 길은 교황 비오 6세가 18세기 말엽에 네피를 관통하는 역참 도로를 부설한 이래에 완전히 버려지고 방치되어 왔다. 하지만 지금의 교황 비오 9세가 이 도로를 복구했다. 그래서 현재 안코나로 가거나 페루자를 경유해 피렌체로 가려는 모든 베투리노들이 사용하고 있다. 도로가 평탄한 데다 거리 단축의 이점이 있기 때문이다."[18] 그녀는 이런 말도 덧붙였다. "이보다 북쪽으로는 고대 비아 에밀리아의 기초 위에 건설된 새로운 도로도 있다."[19] 다른 곳에서는 산 고덴초 고개와 같은 새로운 도로들이 건설됐다. 이 도로는 아펜니노 산맥을 넘어가면서 피렌체를 리미니와 라벤나에 연결한다.[20] 다른 교통수단도 있었는데 헨리 제임스는《이탈리아에서의 시간 Italian Hours》에서 그것을 언급했다.

로마의 젊은이들은 열정적인 자전거 애호가들이다. 그들은 거의 벗은 복장 혹은 단체복을 입고 집단 혹은 조합을 이루어 달린다. 해질 무렵, 도시로 돌아오며 보니 강의 오른쪽 둑을 따라 이어진 길에 페달을 열심히 밟으며 등을 수그린 로마 시민들이 가득했다. 도시의 관심사가 무엇인지 구체적으로 알 수 있었다.[21]

19세기에는 이른바 '가상의 그랜드 투어'라고 부를 만한 현상도 등장했다. 존 러스킨은 영국의 북부 산업 지대 장인들을 위해 이탈리아 최고의 작품들을 복제하도록 화가들에게 의뢰했다. 만약 직접 여행에 나설 수 없다면, 그가 셰필드에 세운 박물관을 방문하면 되는 것이다. 그의 컬렉션은 현재 셰필드 미술관에서 순환 전시되고 있어서 굳이 로마로 가지 않아도 된다. 피크 디스트릭트에서 한 시간 정도 가면 복제 예술품들이 눈앞에 펼쳐진다. 물론 이 체험에는 한계가 있다. 소리도, 냄새도, 맛도 없다. 다만 컬렉션 안에는 요리책이 포함되어 있긴 하다. 로마는 러스킨의 초기 저작에서는 중심이 아니었다. 로마에 대한 그의 견해가 바뀐 것은 나중에 방문했을 때(이탈리아가 통일된 이후)였다. 자신의 종교관이 성숙했고 로마도 바뀌었기 때문에 이런 결과가 나온 것이다.[22] 그럼에도 윌트셔를 방문했을 때 그는 "드루이드(주술사) 집단, 영국식 성, 무수히 쌓인 봉분, 로마 도로, 벨가이의 제방 등이 마치 유물 전문가의 잡다한 컬렉션처럼 한데 뒤섞인 풍경을 보고 즐거워했다."[23] 이 무렵 러스킨과 다른 여행자들은 영국의 국토 측량 지도를 통해 고대 유적지 분포를 살펴볼 수 있었다. 그러나 이러한 과정은 초기에는 체계적이지 않았다. 토지 측량사들은 처음에 기존의 상업용 카운티 지도를 따라 그렸는데, 이 지도에는 교육받은 고객들의 흥미를 위해 고대 유적도 포함되어 있었다. 일부 측량사는 고고학에 더 관심을 보였으며, 영국 각 지역의 지도들은 일관성이 없었다. 1816년이 되서야 지도 제작에 대한 공식적인 지침이 확립되었다. "고대 성채, 드루이드 기념물, 유리화된 요새, 옛 무덤과 능묘 등이 발견될 때마다 그것을 지도에 표시하도록 하라."[24] 그러나 이때에도 로마 도로는 공식 목록에 들어 있지 않았다. 19세기 후반에 이르러 대형 지도가 제작되면서 고고학회는 고대 유적을 지도에 체계적으로 집어넣자는 로비를 했고(혹은 그 작업을 도왔고), 토지 측량사들은 의무적으로 측량 대상 지역의 향토사를 알고 있어야 했다.[25]

안락의자 여행자들(방안에서 여행 책자를 보며 여행을 대체하는 사람들)도 도로시아 브룩의 여행 체험을 즐길 수 있었다. 브룩은 조지 엘리엇의 장편소설 《미들마치》의 여자 주인공인데, 연상의 지식인 남편과 함께 로마로 신혼여행을 갔다가 빠르게 남편에게 실망감을 느끼게 된 도로시아는 로마의 답답한 분위기에서 벗어나기 위해 캄파냐 평야로 마차를 타고 나간다.

그녀는 최고의 미술관을 둘러보았고, 주요 전망대로도 안내되었으며, 아주 장엄한 유적과 영광스러운 성당도 방문했다. 그러나 결국 그녀가 자주 선택한 것은 캄파냐 평야로 마차를 타고 나가는 것이었다. 그곳에서 그녀는 시대의 억압적인 가면에서 벗어나 땅과 하늘만이 함께하는 고요 속에서 홀로 있을 수 있었다. 그러면 자신의 삶조차도 수수께끼 같은 의상을 입은 가면이 되어버린 듯한 느낌에서 벗어날 수 있었다.[26]

도로시아의 입장에서 로마의 도로를 이용해 캄파냐 평야로 나간 것은 도시와 그 과거에 깊숙이 개입하는 것이라기보다, 도시와 가톨릭에서 벗어나 자연으로 도피하는 것이다. 여기서 도로는 상징적 의미를 지니지 않고 단지 도피로를 제공할 뿐이다.

이와는 대조적으로 지그문트 프로이트의 로마 여행은 엄청난 문화적 의미를 갖고 있었다. 그는 총 24회의 이탈리아 여행 중 7회를 로마에 갔는데, 처음에는 방문에 큰 제약을 느껴 가지 않았다.[27] 그러다 로마를 찾아간 것은 최초의 이탈리아 여행으로부터 25년이 지난 1901년이었다. 그동안 그는 대표작《꿈의 해석》을 발간했다. 여기에는 로마와 이탈리아 전반에 대한 상상과 관련된 여러 꿈이 등장한다.[28] 그중 하나로 전보가 등장하는데, 거기에는 비아 혹은 빌라가 기재된 이탈리아 주소가 적혀 있다. 또 다른 꿈에서 프로이트는 기차의 창밖으로 티베르 강과 폰테 산탄젤로를 내다본다. 이 노선을 잘 아는 사람들은 이런 풍경이 나올 수 없다는 것을 잘 알지만, 아무튼 당대 로마 미술에서는 잘 알려진 장면이었다. 또 다른 꿈에서 프로이트는 언덕 위에서 안개에 절반쯤 가려진 로마를 내려다보는데, 이는 도시를 처음 접했을 때 흔히 느끼는 인상과 일치한다. 추가 분석에서 프로이트는 이런 결론을 내린다. "길을 묻는다는 것은 로마를 직접 암시하는 것이다. 모든 길이 로마로 통한다는 것은 잘 알려져 있지 않은가." 나중에 그는 자신을 카르타고 장군 한니발과 동일시한다. 이 장군 또한 프로이트와 마찬가지로 로마를 직접 보지는 못했다.[29] 이러한 꿈들의 의미를 충분히 탐구한 후에야, 비로소 프로이트는 로마 여행을 떠날 준비가 되었다.[30]

조지 엘리엇 소설의 주인공인 개신교 신자 도로시아가 로마 체험으로 심적 동요를 느꼈다면, 이 시대는 로마를 미신적인 도시, 교황청을 부패의 소굴로 묘사한 개신교에 맞서서 가톨릭 여행자들이 적극 그들의 주장을 편 시기이기도 했다.《가톨릭 순례자의 로마 안내서》같은 책은 기존 안내서들에 대한 대안으로 등장하면서 신앙과 부흥의 주제를 강조했다.[31] 이런 형태의 여행은 고전적 성격의 그랜드 투어와 병행하여 계속 이어졌다. 1814년에 비아 아피아를 여행하면서 새뮤얼 로저스는 "로레토 성당의 산타 카사로 가는 중인 2명의 순례자를 만났다. 이들은 각자 지팡이, 물병, 가죽주머니를 휴대했고, 방수천 위에는 은빛 십자가를 새겨 넣었다. 그들은 로레토에서 조개껍데기를 얻을 예정이라고 했다"고 기록했다.[32] 오늘날에도 로마 관광객들은 '일반' 또는 '기독교' 테마의 오픈탑 버스 투어 중 선택할 수 있다. 이러한 구분은 과거의 흔적처럼 보일지 모르나, 우리 집안은 중도 성향의 영국 국교회와 비국교도가 뒤섞여 있었기 때문에, 1990년대인 20대 초반에도 교회 안에서 예술을 감상하는 것이 신선한 경험이었다.

도로에 대한 서사는 과거의 전통에 강하게 의존하기도 했지만, 새로운 목적을 수행하기도 했다. 이탈리아 통일 이후 로마 여행을 떠난 사람들 중에는 노예 출신이자 노예폐지론자인 프레더릭 더글러스 Frederick Douglass도 있었다. 다른 많은 미국인 여행자들과 마찬가지로 그는 대서양을 건너 리버풀에 도착했고, 파리에 상당 기간 체류한 후에 1887년 1월에 로마에 도착했다. 거기서 그는 이미 그곳에 거주하고 있던 아프리카계 미국인들을 만났다. 그중에는 20년 전에 피렌체에서 의사 자격증을 딴 사라 파커 레몬드 Sarah Parker Remond와, 아프리카계와 원주민 혈통을 지닌 조각가 에드모니아 루이스 Edmonia Lewis가 있었다.[33] 1894년에 로마에서 사망한 파커 레몬드는 비가톨릭 공동묘지에 묻혔다. 그녀의 기념비는 그로부터 한참 지난 2013년에 건립되었다. 그 무렵 로마는 미국에 비해 흑인 미국인 여성들에게 더 많은 기회를 제공했으나, 루이스는 여전히 유럽인처럼 보이는 인물을 조각할 수밖에 없는 제약을 느꼈다.

　흑인 여행자들은 로마로 가는 길에서 다양한 체험을 했다. 1851년에 당시 20대 초반이었던 데이비드 F. 도David F. Dorr는 유럽 여행을 하고 《세계 일주 하는 흑인A Colored Man Round the World》이라는 책을 펴냈다. 도는 외견상 백인으로 통했지만 노예 신분이었고, 법적 소유주인 코넬리우스 펠로즈Cornelius Fellowes와 함께 동행했다. 펠로즈는 도를 아들이나 다름없이 대우했고, 언젠가 도를 노예 신분에서 해방시켜 주겠다고 했으나 약속을 지키지 않았다.³⁴ 도는 소유주로부터 도망치고 난 이후에야 비로소 여행기를 펴낼 수 있었다. 그는 책에서 노예 신분을 명확히 밝히면서도, 동시에 자신을 여유로운 신사로 그려냈다.³⁵ "전제주의적 기념물들이 가득해 부패하고 있는 로마를 뒤로한 채" 도는 비아 아피아를 따라 남쪽의 나폴리로 향했다. 그의 동행인은 E. G. 스콰이어스E. G. Squires였는데, 발견에 관한 책을 펴낸 저자였다. 도의 설명에 의하면 스콰이어스는 로마 지식에 정통했으며, 여행 가이드 비슷한 존재로 동행하면서 성벽과 성문들을 일일이 설명해 주었다. 알바노 근처에서는 하얀 대리석으로 된 높다란 기념비적 무덤을 가리키면서 위대한 폼페이우스의 무덤이라고 말했다.³⁶ 스콰이어스는 아마도 아메리카에 대한 연구로 잘 알려진 고고학자 E. G. 스콰이어E. G. Squier였을 것이다. 그리고 도의 여행은 유럽 백인들의 그랜드 투어와 비슷하다고 볼 수 있다. 유럽인들은 그랜드 투어에 나설 때 전문가를 모시고 함께 가는 것이 통상적이었다. 그러나 이러한 특혜는 유럽을 여행한 흑인들에게 언제나 제공되는 것은 아니었다. 저술가 마리아 그레이엄Maria Graham은 이탈리아 여행길에 모잠비크 출신의 이름 모를 하인을 대동했는데, 그는 현지 농민들이 기이한 시선으로 쳐다보는 대상이 되었다. 농민들은 "흑인의 외양이 길에서 혹시 만날지도 모르는 강도들을 겁먹게 할 것"이라고 말했는데, 흑인이 이곳에서는 워낙 드물어 그의 모습에 초자연적인 의미가 깃들어 있다고 여겼기 때문이다. 그래서 현지인들은 "흑인의 입맞춤을 받으면 특정 유아 질병을 물리치는 부적이 될 것이다"라며 그에게 아이를 내밀곤 했다.[37]

프레더릭 더글러스의 로마 방문은 1887년으로, 그의 나이 일흔 즈음이었다. 이는 그의 첫 유럽 방문이 아니었다. 1840년대에 그는 노예제 폐지를 위한 운동을 벌이며 영국과 아일랜드를 여행한 바 있었다. 로마로 향하는 여정에서 더글러스는 남프랑스와 북이탈리아를 "서유럽과 우리나라 문명이 흔들리며 자라난 요람"이라고 부르며 백인 서구 엘리트의 발자취를 따르기도 했지만,[38] 동시에 그 서사를 뒤흔들기도 했다. 로마를 언급하며 미국의 현재, 특히 인종 문제와 연관 지어 생각하는 것은 새로운 일이 아니었다. 예를 들어 토머스 제퍼슨Thomas Jefferson은 백인을 노예로 삼았던 로마의 노예제와 미국의 그것을 서로 비교하면서, 미국은 로마 제국처럼 방대한 규모로 노예를 해방시킬 수가 없다고 주장했다. 그 이유는 흑인들이 본성상 열등한 민족이라는 것이었다.[39]

더글러스의 여행기는 백인 그랜드 투어의 전형적인 서사를 재편했다. 문학연구자 로버트 S. 레빈Robert S. Levine의 말을 빌리면, 그의 여행은 "흑인의 정체성을 향한 여행"이었다.[40] 더글러스는 이렇게 썼다.

파리와 로마 사이를 여행하는 여행자는 검은 머리, 검은 눈, 도톰한 입술, 검은 피부가 증가한 것을 보게 될 것이다. 또한 남부와 동방풍의 옷

차림, 화려한 색채와 눈길을 끄는 장신구, 자유분방하고 외향적인 그들의 모습도 보게 될 것이다.[41]

더글러스는 추가적인 유사성을 제시했다. 프랑스와 이탈리아 사람들은 아프리카인들처럼 밤이면 마을과 도시에서 모여들었고, 머리에 짐을 이고 다녔다. 아비뇽의 교황궁에서는 이렇게 말했다. "옛 궁전 시대에는 종교의 차이가 인간을 갈라놓았듯, 오늘날 일부 지역에서는 피부색의 차이가 인간을 갈라놓는다." 그러나 이제 사상의 자유라는 문제로 취급되는 종교와는 다르게 "피부색 문제에는 아직 빛이 비치고 있지 않다"고 덧붙였다.[42] 아를의 원형경기장을 방문하고 또 상금을 내건 격투에 대한 신문 기사를 보고서 더글러스는 인간의 잔인함에 대해 깊이 명상했다. 그렇지만 인간의 천재성에 대한 발견도 했다. 그중 대표적인 인물이 아프리카 혈통을 지닌 알렉상드르 뒤마였다. 그는 뒤마가 샤토 디프에서 "아주 놀랍고 매혹적인 이야기들을 계속 만들어내고 있어서, 그곳을 한번 방문하고 싶은 욕구를 떨쳐낼 수가 없다"고 말했다.[43]

당대의 많은 현대적 여행자들과 마찬가지로 더글러스는 테르미니(로마의 중앙 철도역)에 도착해 실망감을 감출 수가 없었다. 하지만 캄파냐 평원을 향해 남쪽으로 달리는 열차 안에서 바라본 수도교의 장엄한 풍경은 아주 긍정적으로 평가했다. "이 수 킬로미터에 달하는 석조 건축물만큼 로마인의 기상과 힘을 잘 보여주는 구조물은 드물다."[44] 하지만 처음에 로마는 "요셉과 마리아가 이집트로 피신하기 1000년 전쯤 세워진 도시라기보다는, 최신식 미국의 도시 같은" 모습으로 다가왔다.[45] 요셉과 마리아를 언급한 것에서 알 수 있듯, 그는 로마를 다른 어떤 시각보다도 기독교적 여행자의 시선으로 접근했다. 하지만 판테온에 대해서는 바이런을 인용했다.[46] 7세기 전의 랍비 벤야민처럼, 더글러스는 티투스 황제와 관련된 기념물을 특별히 주목했다.

로마 제국의 영광을 잘 보여주는 개선문 중에서 티투스의 개선문만큼 깊고 슬픈 감정을 불러일으키는 것은 없다. 이 개선문은 불행한 유대인들의 멸망을 보여줄 뿐만 아니라, 멸시받던 민족의 가장 성스러운 종교적 유산이 이교도의 도시 한복판에서 짓밟힌 사실을 기념하고 있기 때문이다. 이 개선문은 사랑하는 예루살렘의 상실을 일깨워주기에, 모든 유대인에게 영원히 고통스러운 대상일 수밖에 없다.[47]

그러나 더글러스를 가장 매혹시키는 것은 사도 바울의 역사였다. 그는 사도 바울의 겸손한 설교를 "오늘날 사제들이 걸치고 있는 고급 비단과 값비싼 보석, 화려한 의복"과 비교했다. 그리고 바오로가 서 있던 자리들을 직접 밟는 일에는 어떤 벅찬 감흥이 깃들어 있었다.

용감한 사람이 서 있던 곳에 가만히 서 있어 보고, 그가 살았던 곳을 둘러보고, 그가 걸었던 비아 아피아를 걸어보는 것은 아주 감동적인 일이었다. 카이사르에게 호소한 뒤 로마로 가게 된 그는 자신의 운명을 맞이하게 될 길에 올랐다. 그 운명이 구명이 될지 죽음이 될지 알지 못한 채 말이다.[48]

더글러스는 로마에서 남행해 나폴리와 포추올리로 갔다. 포추올리에서 그는 "위대한 사도 바울이 처음 이탈리아 땅에 상륙했던 그 지점"에 서 보았다.[49] (오늘날 그 장소에서 기려지는 이는 바울과 요한 바오로 2세 교황뿐, 더글러스의 이름은 없다.) 더글러스는 바울의 여정을 따라 크레타 섬을 먼저 보고, 이어 이집트로 갔다.[50] 사도 바울은 오늘날의 남중부 튀르키예에 해당하는 타르수스에서 태어났다. 바울은 미국에서 여러 민족에게 설교한 '유색 성인'으로 어느 정도 받아들여지고 있었다.[51] 더글러스가 바울의 생애에 깊은 관심을 갖게 된 것은 결코 우연이 아니었다. 그의 이집트 여행도 흑인의 정체성에 다가가기 위한 여정의 일환이었다. 그러나 로마는 여전히 그에게 특별한 매력이 있는 도시였다.

로마처럼 명상에 알맞은 도시는 없다. 현대 생활의 소음과 번잡으로부터 물러나서 장중한 성찰과 벅찬 감흥으로 영혼을 채우고 싶은 사람에게 딱인 도시다. 관광객의 발밑과 주위에는 인간의 위대함의 흔적들이 가득하다. 이곳은 시대와 육체가 허락하는 한계 속에서 인간의 야망이 가장 높은 곳에 이르렀고, 인간의 힘이 가장 극한까지 뻗어 나갔던 자리다. 그러나 지하에 깊이 파묻힌 궁전, 무너진 기둥, 표면이 마모된 기념물, 부식된 아치, 허물어진 성벽 등은 모든 것이 덧없다는 교훈을 단단히 가르쳐 준다. 이 모든 것들은 세월의 침묵어린 파괴력과 자연의 끊임없는 작용에 의해 무너져 내리며 이를 만들어낸 위대한 사람들의 오만과 권세를 철저하게 조롱하고 있다.[52]

파묻히고, 무너지고, 마모되고, 부식된 것들의 목록 중에 도로는 빠져 있다는 게 눈에 띈다. 로마의 유물들이 상당수 허물어졌지만 그 위대함의 한 부분은 여전히 존재하고 있고, 그래서 수천 년이 지난 지금도 여전히 걸어 다닐 수 있다. 여행기를 마무리하며 더글러스는 이런 말로 독자들에게 희망을 불어넣는다. "나는 노예제 속에서 엄청난 고난을 겪고 인종과 피부색에 대한 편견에 맞서서 치열하게 싸웠으며 고국에서의 온갖 금지사항 때문에 어려움을 겪었으나, 그래도 내 인생에는 자유로운 공간이 남아 있다. 그래서 이렇게 인간대 인간으로서 아무런 시비도 받지 않고 자유롭게 온 세상을 걸어 다닐 수 있었다."[53]

인생의 공간에 대한 더글러스의 낙관론에도 불구하고 이 시기는 유럽 제국의 전성기이기도 했다. 로마와 그 도로들은 유럽인과 (백인) 미국인의 우월성에 대한 논거로 자주 언급되었다. 1839년 《고대와 현대 국가들의 도로와 철도, 차량, 여행 방식The Roads and Railroads, Vehicles, and Modes of Travelling, of Ancient and Modern Countires》이라는 책의 익명 저자는 로마의 도로를 가리켜 "문명이 진보해온, 그리고 여전히 진보하고 있는 경로"라고 말했다.[54] 이 책은 로마 도로에 상당한 분량을 할애했다. 그렇지만 저자는 로마의 도로가 반드시 다른 지역에 부설된 도로보다 우월한 것은 아니라는 입장이었으며, 특히 고대 멕시코의 도로들을 칭송했다.[55] 이 책은 동인도와 서인도 제도의 유럽인 정착과 무역을 다룬 책의 저자이자 18세기 역사학자인 아베 레날Abbé Raynal의 글귀를 인용하면서 시작한다.

지구상의 모든 나라들을 방문해보자. 도시에서 마을로, 마을에서 촌락으로 이동하는 교통수단이 없는 곳이 있다면, 우리는 그곳에 사는 사람들을 야만인이라고 불러도 좋을 것이다.[56]

이렇게 볼 때 도로의 유무가 이 시대의 교양 있는 유럽인이 볼 때 문명과 야만을 구분하는 표시였다. 그랜트 앨런은 이런 확고한 의견을 갖고 있었다. "유럽에서 우리는 현대 예술과 건축의 근원뿐만 아니라 미국의 제도, 법률, 사상, 언어의 원천을 발견할 수 있다." 그리고 이렇게 덧붙였다. "우리의 모든 삶은 그리스와 로마, 이집트와 아시리아, 그리고 우리 문명이 직접적으로 이어져 온 땅들과 밀접히 연결되어 있다." 나아가 인종 개념을 언급하며 "이것이 바로 유럽과 미국 문명의 직접적인 유전적 연결고리"라고 강조했다.[57] 19세기 중반 미국의 저명한 시인 제임스 러셀 로웰James Russell Lowell도 앨런의 주장에 동의했다.

어떤 면에서 우리는 그 어떤 민족보다 옛 로마의 권력과 감성을 잘 대변한다고 생각한다. 우리의 예술과 문학은 로마 제국의 그것처럼 어떤 면에서 이국적이다. 우리의 정치, 법률, 식민지 사업, 확장 정책과 무역의 본능 등은 모두 로마 제국에서 나온 것이다.[58]

주목할 점은 로웰은 보수주의자가 아니라 노예제 폐지에 적극적인 개혁가였다는 것이다. 당시 미국 문화의 계보는 서구의 백인에게서 나왔으며, 아메리카 대륙의 원주민 과거는 배제하고 아프리카 역사와의 접촉은 오로지 이집트만 인정하겠다는 사상이 미국 내에 널리 퍼져 있었고, 유럽 여행을 간 많은 미국인 여행자들의 머릿속에도 들어 있었다.

그러나 미국인들이 로마의 후계자라는 자리를 독점한 것은 아니었다. 한참 뒤인 1950년대에 영국인 저자 H. V. 모턴H. V. Morton은 1853년에 나온 《이탈리아에서의 6개월Six Months in Italy》라는 책에 묘사된 영국인들의 모습을 발견하게 된다. 조지 스틸맨 힐러드George Stillman Hillard라는 미국인이 쓴 이 책은 로마를 방문한 미국인이 아니라 영국인이 "옛 로마인의 합법적 후계자"라고 묘사했다. 당대에 이 책은 엄청난 인기를 누렸으나 한 세기 뒤에 《데일리 익스프레스》의 기자이자 베스트셀러 작가인 모턴은 이 책을 읽는 게 괴로웠다.[59]

옛 로마인의 정당한 후손이자 정신의 진정한 계승자인 그들은 온 세상이 자신들의 것인 양 당당하게 세상을 돌아다닌다. 그들의 태도는 솔직함과 단호함이 깃들어 있다. 명령의 언어가 자연스러우며, 그 자세에는 누구도 부인할 수 없는 권력에 대한 자부심이 흐른다. … 그들은 로마인처럼 강자에게는 거만하고 약자에게는 관용적이다. 그들은 불필요한 전쟁에 힘을 낭비할 여유가 없는 나라들에게 평화의 분위기를 강요한다. 그들은 법을 만들고, 도로를 건설하고, 다리를 세우는 사람들이다.[60]

이러한 유사성에 대해서는 시각적으로도 표현되었다. 우리 집에서 도보로 15분 거리에 있는 맨체스터 타운홀에는 1879~1880년 포드 매독스 브라운Ford Madox Brown이 그린 일련의 프레스코화가 있는데, 여기에는 현지의 요새(현재 캐슬필드에서 부분적으로 복원됨)를 건설하는 로마인들과, 브리지워터 운하를 건설 중인 현대 영국인을 함께 담았다.[61] 로마인 프레스코에는 노예로 끌려온 누비아인도 묘사하고 있는데, 이는 현대 맨체스터의 섬유 산업이 어떻게 형성되었는지를 불편하게 상기시킨다. 맨체스터와 관련이 있는 또 다른 인사는 제임스 브라이스James Bryce다. 그는 맨체스터 대학교의 전신인 오언스 칼리지에서 교수로 일하다가 미국 주재 영국 대사로 나가기 전, 로마 제국과 인도에 진출한 영국 제국 사이의 명백한 유사성을 꿰뚫어 보았다. 그는 이 주제로 1914년에 장문의 논문을 발표했다.

> 로마 제국이 의존한 소규모 병력과 오늘날 영국령 인도를 방어하는 병력과 같이 작은 힘으로도 맡은 바 임무를 수행하려면, 효율적인 교통망이 필수적이다. 이러한 수단을 확보하는 것이 로마인들의 첫 번째 과제였다. 그들은 고대의 위대한(어쩌면 유일한) 도로 건설자였다. 그들은 이탈리아 전역을 정복하기 전부터 이 정책을 시행했다. 도로는 그들이 반도 전역에서 지배권을 확보하는 결정적 장치 중 하나였다. 그들은 갈리아, 스페인, 아프리카, 브리튼, 소아시아와 동부 지역에서도 이 정책을 밀고 나갔다. 얼마나 철저하게 수행했는지 브리튼에서는 일부 로마 도로들이 18세기까지 주요 교통로로 사용되었다. 이와 마찬가지로 영국인들은 인도에서 뛰어난 토목 기술력을 발휘하며 먼저 도로를, 그 다음에는 철도를 놓는 등 이전 시대에는 들어본 적이 없는 대규모 지출을 감행하며 교통망을 구축했다.[62]

실제로 델리를 방문해 보면 그 유사성을 분명하게 목격할 수 있다. 1911년에 인도의 영국 지배자들은 에드윈 루티엔스Edwin Lutyens 경에게 새로운 제국 수도를 위해 고전적 개념의 킹스 웨이(또는 라즈파트)의 설계를 의뢰했다. 루티스는 일부 지역적 양식에 양보할 수밖에 없었지만, 대로의 끝부분에 있는 개선문은 누가 봐도 로마의 개선문이 도시 한가운데로 떨어져 내린 듯한 느낌을 주었다.

로마인의 문명화 사명은 어린이용 일반 교재에서도 다뤄질 만큼 중요했다. 1866년에 출간된 《어린이를 위한 그림 영국사A Picture History of England Written for the Use of the Young》는 로마인들의 업적 가운데 도로 건설을 언급했다.63 반세기 뒤에 C. R. L. 플레처C. R. L. Fletcher와 러디어드 키플링Rudyard Kiplnig 공저 《영국의 역사A History of England》는 독자들에게 이런 사실을 알려준다. 카이사르가 브리튼을 처음 공격한 이후 수십 년 동안 "브리튼 왕들의 목조 혹은 갈대집에서 사람들은 위대한 제국의 이름과 명성, 대리석으로 포장된 거리, 언덕과 골짜기를 가로질러 화살처럼 뻗어 서유럽을 관통하는 웅장한 포장도로에 대해 말하기 시작했다."64 공저자들은 동로마 제국이 존재했다는 사실은 생략했다. 이 역사서에서 중요한 것은 서로마 제국이었다. 키플링은 로마 제국의 한 백부장을 묘사하는 시를 쓰기까지 했다. 시에서 백부장은 브리튼에서 철수하라는 명령을 받는다. 그러나 새로운 제2의 조국에 그대로 머무르기를 원했던 그는 해안으로 내려가는 소나무 숲을 따라 옛 아우렐리아 도로를 타고 내려가기보다 여기에 그대로 머물러 습지 배수, 도로 건설, 토착군 훈련 등 어떠한 일이라도 하게 해달라고 요청한다.65 해외에 주둔하고 있는 로마군 병사와 20세기 영국 제국의 병사 사이에서 유사점을 발견하는 것은 그리 어려운 일이 아니다.

　제국에 대한 관심은 19세기 말이나 20세기 초반의 문헌에서만 나타나는 게 아니며, 영국인들만 관심을 표명한 것도 아니다. 남프랑스에 갔을 때 나는 니스에서 모나코-몬테 카를로까지 20분 걸리는 기차를 탔다. 비아 율리아 아우구스타의 가장 장관을 이루는 유적지 중 하나이자, 나폴레옹이 영감을 받은 또 다른 장소인 아우구스투스 황제의 기념비로 오르는 가파른 등반의 출발점이다. 이 장관에 접근하는 방법은 힘들이지 않고 버스를 타고 인근의 라튀르비 마을로 가거나, 운동 삼아 모나코에서 시작되는 가파른 오솔길을 따라 올라갈 수 있다. 아무리 '로마의 길'의 소나무 향기가 좋다 해도 9월의 무더운 날씨 속에 걸어간다는 것은 너무나 힘든 일이었다. 건너편 산등성이를 깎아 조성한 수영장을 부러운 시선으로 바라보았다. 그래도 바닷바람이 불어와 다소 위안이 되었다. 하지만 언덕 정상에 도착해 작은 유적 박물관에 도착하자, 내가 속았다는 것을 깨달았다. 원래 고대의 개선문이 분명 있었지만, 현재 존재하는 기념물은 1910년에 만든 창의적인 재구성 작품에 불과했다. 라튀르비La Turbie라는 마을 이름은 라틴 투르비아Latin Turbia에서 유래한 것으로 트로파이움tropaeum, 즉 승전 기념물을 뜻한다. 이 기념물은 언덕 위에 세워진 기둥식 건축물로, 아우구스투스 황제에게 알프스 부족들이 복종한 것을 기념했다. 그러나 수 세기 동안 방치되어 돌의 대부분이 제거되는 등 크게 훼손되었기 때문에, 현대 제국 시대에 복원 사업의 대상이 되었다. 돌에 새긴 비문은 플리니우스가 기록한 글귀를 기반으로 다시 새겨 넣었다. 그러나 복원 계획은 전쟁 통에 중단되었다가 1920~1930년대에 파리 주재 미국 부영사를 역임한 에드워드 터크Edward Tuck와 그의 부인 줄리아 스텔Julia Stell의 재정 지원으로 완료되었다. 고대 기념물의 재건과 로마 제국 되살리기는 어느 한 국가만의 일이 아니라 서구 세계 전역에서 진행되는 사업이다.

한편 이러한 서사를 두고 서구 밖에서의 도전이 있었다. 19세기 후반에 라호르의 정부 서적 보관소에서 일하다가 델리의 앵글로-아라비안 칼리지로 옮겨간 우르두 시인 알타프 후세인 알리Altaf Hussain Ali는 초창기 무슬림들이 고대 로마인 혹은 현대 영국인처럼 위대한 건설자라고 묘사했다. 그의 저서 《이슬람의 흥망에 관한 고찰Musaddas on the Flow and Ebb of Islam》은 "제국은 위대하다"라는 수사법을 유럽의 열강들로부터 차용했다.[66] 예를 들어 그는 무슬림의 공공사업에 대해 이렇게 썼다.

> 평평한 도로들, 양옆에 끊이지 않고 드리워진 나무 그늘 아래에 있는 깨끗한 고속도로들
> 적당한 간격으로 설치되어 있는 마일과 리그 표지판, 도로변에 마련된 우물과 여인숙
> 이 모든 것들이 그들의 모방으로 만들어졌고, 카라반(낙타나 말 등에 짐을 싣고 다니며 특산물을 사고파는 상인)이 남긴 흔적들이다.[67]

이것은 로마령 이집트 도로에 대한 묘사라고 해도 무방할 것이다. 이 역사는 매우 유연하여 서구 관찰자들이 흔히 문명사에서 배제하는 제국들을 포함해, 모든 종류의 제국에 적용될 수 있었다.

5부

로마로 행진하기

1900 ~ 현재

15

비아 무솔리니아

19세기에서 20세기로 접어들 무렵에도 로마의 유산을 연구하는 사람들 못지않게 일반 관광객들도 지속적으로 로마를 방문했다. 이 도시의 예술과 고고학은 늘 국제적 관심사였다. 두 번째로 로마에 살게 됐던 2009~2010년에 나는 로마에 있는 영국학교의 펠로로 근무했는데, 이 학교는 20세기 초창기에 세워진 여러 국제 연구소 중 하나였다. 이 학교의 초기 원장이었던 토머스 애쉬비Thomas Ashby는 로마에서 밖으로 뻗어나가는 여러 길들에 대해 소중한 사진 기록을 남겼다. 그는 도로 복구 사업이 시작되어 고대의 도로들을 침식해 들어가는 와중에 도보나 자전거를 타고 다니면서 역사적 풍경들에 대해 사진을 남긴 것이다.[1] 영국학교에서 나와 15분 정도 걸어 언덕을 내려가면 국가가 소유한 현대 예술 작품들을 전시하기 위해 1914년에 개관한 국립현대미술관이 나온다. 이곳을 지나 전차 선로와 쉴 새 없이 달려드는 자동차로 가득 메워진 발레 줄리아를 건너 넓은 석조 계단을 올라가면 보르게세 공원이 나온다. 여기서 왼쪽으로 방향을 틀어 소나무 숲을 통과해 분수대를 지나고, 페달 보트와 스케이트보드를 타는 사람들을 지나 핀치오 언덕의 발코니에서 피아차 델 포폴로(민중의 광장)를 내려다보고, 성 베드로 대성당 너머로 해가 저무는 광경을 수없이 보곤 했다. 그러나 이번에는 언덕길을 내려가기로 했다. 소나무 아래에서 키스하는 10대 커플을 지나 성벽 바깥의 황폐해진 벽돌 계단 아래로 내려갔다. 거기서 오른쪽으로 좀 더 가니 비아 플라미니아의 끝부분이 나왔다. 나는 길을 건너 포르타 델 포폴로를 통과해 분수대와 사자 석상이 있는 그랜드 피아차(대 광장)까지 갔다. 그 맞은편에는 3개의 도로가 뻗어 나오는데, 2개의 돔을 인 교회가 그 사이에 서 있다. 나는 왼쪽 길, 비아 델 바부이노로 들어섰다.

 이곳에 있는 호텔 데 루시는 1820년대부터 손님들을 맞이해 왔다. 호텔 건물 공사는 피아차 델 포폴로의 리모델링 작업과 함께 시행됐는데, 건축가 주세페 발라디에Giuseppe Valadier가 맡았다. 이 호텔은 2차 세계대전 전까지 부유한 여행가들이 많이 와서 묵었다. 투숙객 중에는 러시아, 스웨덴, 불가리아의 왕족도 있었고 피카소, 장 콕토Jean Cocteau, 세르게이 디아길레프Sergei Diaghilev 같은 저명한 문화계 인사들도 있었다.² 전쟁 후 한동안은 이탈리아 국영방송국 RAI의 본부로 쓰였지만, 2000년 초입에 들어와 다시 호텔이 되어 번잡한 도시의 중심부에서 단골 고객들에게 고급스러운 평온함을 제공하고 있다. 제노바의 그랜드 호텔이 다수의 베개를 제공한다면, 이 호텔은 베개뿐만 아니라 두 번의 방청소를 제공해준다. 밤에는 침대 위의 쿠션을 치워 잠자리를 마련해 주고, 아침에는 다시 쿠션을 제자리에 올려놓는 것이다. 투숙객이 직접 쿠션을 치워야 할 필요가 없는 것, 이것이

4성급과 5성급의 차이다. 침실에는 먹음직스러운 포도가 있고 욕실에는 신선한 꽃들이 놓여 있다. 그러나 이 호텔의 가장 큰 자랑거리는 정원이다. 호텔 주변의 거리에서는 거의 보이지 않는 이 정원은 테라스형으로 되어 있으며, 핀치오 언덕까지 이어진다. 피아차 델 포폴로에서 언덕으로 이어지는 공용 계단이 대중적인 것이라면, 테라스형 정원은 호텔 투숙객만이 이용할 수 있는 개인적인 것이다. 푸르고 울창하며 아름다운 정원에는 분수가 여러 층을 흘러내리듯 자리하고 있다. 그리고 밤에는 화려한 빛으로 물드는 동굴이 있고, 닳아 있는 석조 기둥 머리 장식(아마도 진품일 가능성이 크다), 야자수, 레스토랑 테이블 위 파라솔, 스트라빈스키 바의 작은 조명들이 어우러져 있다.

존 러스킨은 1874년에 이 호텔에 투숙했다.[3] 호텔의 정원은 던컨 그랜트Duncan Grant가 그린 1920년 그림에도 등장한다. 그랜트는 화가와 작가들로 구성된 유명한 블룸스버리 그룹의 일원이었다. 그랜트는 언덕 위쪽에 있는 빌라 메디치에서 머물렀고, 그의 애인 바네사 벨Vanessa Bell은 이 호텔에 묵었다.[4] 이탈리아는 영국 여행자들이 즐겨 찾는 곳이었다. 윈스턴 처칠은 1926년에 로마에 머물면서 포럼과 콘스탄티누스의 개선문을 그렸다. 바네사 벨은 1935년에 아들과 함께 로마를 다시 찾아왔다.[5] 그러나 러스킨이 인식했듯이 누구나 로마 여행을 할 정도로 재정적 여력이 있는 것은 아니었다. 그래서 영국 외무장관의 부인인 레이디 체임벌린은 이탈리아 평론가가 처음 제안했던 '이탈리아 미술 전시회를 런던에서 개최해야 한다'는 아이디어를 받아들였다.[6]

이탈리아의 새 지도자 베니토 무솔리니Benito Mussolini도 그 아이디어에 동의했다. 순회 전시는 1922년에 정권을 잡은 파시스트 체제를 널리 홍보할 수 있는 좋은 수단이었다. 그는 "단 하나의 예외도 없이" 보관 중인 예술 작품들을 정부 사업을 위해 대여하라는 공문을 내려보냈다.[7] 1929년 12월 전시회 개막 직전에 런던 잡지 《펀치》는 르네상스 복장을 한 무솔리니와 '이탈리아 그림'이라는 표시가 붙은 보티첼리풍의 여성에게 존 불(영국을 상징)이 무릎을 꿇고 있는 만화를 실었다. 그리고 르네상스 시기의 후원자였던 로렌초 데 메디치의 별명(위대한 로렌초)을 패러디해 이런 제목을 붙였다. "위대한 무솔리니. 벌링턴 하우스에서 개최될 이탈리아 미술 전시회에 대해 우리는 무솔리니 씨의 열정과 노력에 심심한 사의를 표하는 바이다."[8]

1차 세계대전이 시작되었을 때 이탈리아는 독일, 오스트리아-헝가리와 함께 3국동맹의 일원이었다. 그러나 막상 전투가 발발하자 이탈리아는 중립을 선언했고, 1915년에는 영국과 프랑스 편에 서서 참전했다. 그렇게 하면 더 유리한 국경을 확보할 수 있다고 보았기 때문이다. 1918년 이탈리아는 비토리오 베네토 전투에서 승리를 거두어 합스부르크 제국의 패배에 결정적 기여를 했다. 그러나 이탈리아는 1차 세계대전 종전 후에 원했던 영토를 조금밖에 얻지 못했고, 전쟁 중의 엄청난 손실에 비해 보상은 형편없다는 느낌을 갖게 됐다. 이어서 비엔니오 로소Biennio Rosso(붉은 2년)라는 사회 갈등의 시기가 찾아오며 새롭게 조성된 이탈리아의 북부 산업 단지에서 파업과 공장 점거가 계속 됐다. 그러나 이러한 투쟁은 정치적 권력으로 승화되지 못했고, 노조와의 갈등이 사그라지면서 베니토 무솔리니의 파시스트 운동이 힘을 얻었다.

1922년의 핵심적인 시기에 파시스트 운동 지도부는 페루자의 고급 호텔인 브루파니 팰리스에 사령부를 차렸다. 이 호텔은 16세기에 교황 바오로 3세가 언덕 위에다 세운 요새인 로카 파올리나 자리에 해외 관광객들을 손님으로 받기 위해 1884년에 건설됐으며, 움브리아 전원 지방을 내려다보는 경관이 좋아서 주로 고급 손님들이 많이 투숙했다. 몇 년 전에 이 호텔을 거점으로 한 관광 여행의 전문 강사로 나선 적이 있다. 나는 여행 첫날밤에 관광객들에게 물었다. "왜 이 호텔이 유명한지 아는 사람 있나요?" 아무도 알지 못했기에 답은 관광이 끝나는 그 주의 마지막 날을 위해 남겨두었다. 내 생각에 그렇게 많은 비용을 들여 휴가를 왔는데 파시스트가 즐겨 찾던 호텔이라는 사실을 알게 된다면 꽤 짜증날 것 같다.

호텔은 로마로 가는 길 위에 있었다. 그래서 파시스트 당원들은 '로마로의 행군'을 연출하기로 결정했다. 이 행군에는 지지자들이 이탈리아 전역에서 수도를 향해 이동하기 위해 외곽에 집결했다. 페루자에서 명령이 떨어지면 그들은 곧장 로마로 행군하게 될 것이었다. 무솔리니를 포함해 많은 사람들이 기차를 타고 로마 교외까지 갔다.[9] 행군의 한 부대는 동쪽에서 왔는데, 고대 비아 티부르티나를 따라 이동해 폰테 맘몰로의 새 다리를 건너서 행군해 왔다. 그로부터 10년 뒤 그 행군에 동조적이었던 작가는 이렇게 썼다. "도로에는 무수한 고대 유물들이 산재해 있었다. 빌라, 무덤, 성벽의 파편들이 흩어져 있었으며, 가끔씩 고대 로마의 커다란 포석들이 모습을 드러냈다."[10] 이번에도 로마의 도로는 연극 무대가 되었으나, 이번에는 좀 더 음울한 공연을 위한 것이었다.

만약 이탈리아 국왕이 로마가 포위 공격을 당하고 있다고 선언했더라면 충분히 파시스트들을 물리칠 수 있었을 것이라는 이야기가 자주 전해지지만, 이는 역사가들에 의해 반박되었다. 그것은 파시스트 행군의 폭력성을 과소평가한 것이라는 설명이다. 역사가들은 전후의 국론 통일을 위해서 파시즘이 우연히 발생한 현상이라고 주장하는 게 편리했을 거라고 지적했다.[11] 어쨌든 파시스트의 도로 점령은 상징적으로 아주 중요한 의미를 갖고 있었다. 그것은 그들의 자신감을 강화했다. 공개적으로 도로 위에서 행군한다는 것은 쉽사리 공격당할 위험이 있었다. 그러나 파시스트 당원이 그 과정에서 살해된다면, 그의 순교는 더욱 영웅적인 행위가 될 것이었다.[12] 미국 언론인 칼턴 빌스Carleton Beals를 포함해 일부 관찰자들은 이 행군과 고대 침략자들의 행진 사이에 명백한 유사성이 있다고 지적했다. 로마의 파시스트 본부 입구에서 어슬렁거리는 심술궂은 눈빛의 청년과 묵직한 몽둥이와 소총을 든 이들과 대화를 나눈 빌스는 도시 북쪽으로 향하는 비아 노멘타나Via Nomentana에서 5킬로미터 정도 떨어진 지점에 2만 명의 파시스트 당원들이 대포와 기관총을 갖추고 대기 중이라는 얘기를 들었다. 그렇지만 그날은 비가 내려 빌스는 현장으로 나가 탐문하지 않고 자기 방으로 돌아가 역사를 되새겼다.

> 저 먼 곳, 아득히 기억나는 곳, 몬스 사케르(신성한 산) 근처에서 2300년 전 퇴각하던 평민들이 야영을 했다. … 그 길 위로 정복자 카이사르의 군단들이 영원의 도시이자 세계의 중심인 로마를 점령하기 위해 왔다. 그것이 몇 번이던가? 한 해에 몇 번이던가? 한 세기에 몇 번이던가? 그리고 1870년에 이 길을 통해 사보이 가문의 군대가 새로운 국가를 건설하기 위해 포르타 피아의 성벽을 쳐부수러 왔다.[13]

다른 관찰자들은 파시즘의 근대성을 강조했고, 그 사상이 고대 로마와 확연하게 대비된다고 말했다. 옛 로마의 도로들은 이제 자동차 경주로가 되었다. 새로운 체제는 자동차 운송과 속도에 매혹됐다.[14]

불과 6개월도 지나지 않은 1923년 3월 26일, 무솔리니는 대규모 도로 건설 프로젝트를 실시했다. 유럽 최초의 고속도로가 밀라노와 북부 호수 지역을 연결할 예정이었다. 새 총리는 곡괭이를 든 포즈를 취한 데 그치는 것이 아니라(화보 14 참조), 41번이나 땅을 내리쳤다고 《라 스탐파La Stampa》는 보도했다.[15] 다음 해에 개통된 이 도로는 향후 10년 동안 건설될 여러 고속도로의 첫 사례였으며 그중에는 밀라노의 상업 중심지를 베르가모와 브레시아로 연결하는 구간, 다른 한쪽으로는 토리노로 이어지는 구간, 피렌체에서 바다로 향하는 도로, 베네치아와 파도바를 연결하는 도로, 남부에서는 나폴리와 폼페이를 연결하는 도로가 포함되어 있었다.[16] 이탈리아에는 이미 자동차 여행에 대한 붐이 조성되어 있었다. 프랜시스 밀턴Francis Miltoun은 여러 권의 유럽 여행 안내서를 펴낸 작가인데, 그중에는 《자동차로 달리는 이탈리아의 고속도로와 작은 길들Italian Highways and Byways by Motor Car》도 있었다. 1909년에 발간된 이 책은 자동차 운전자가 유익하게 이용할 수 있는 로마의 도로들을 열거하고 있다.[17] 그는 비아 아피아에 대해 이렇게 썼다. "지금도 그 길은 남아 있다. 끊긴 조각들이 현대 도로와 여기저기 이어지면서 마치 옛 길의 후계자가 된 듯하다."[18] 4년 뒤 《사이언티픽 아메리칸》에 실린 글에서 밀턴은 옛 로마의 도로망이 유럽의 도로 건설 발전에 큰 기여를 했다고 강조했다. "도로 문제는 유럽의 모든 계층에게 폭넓은 관심의 대상이었다. 이 공동 의식은 로마인들이 남긴 도로망 유산을 바탕으로 한다."[19]

D. H. 로렌스D. H. Lawrence도 1923년 출간한 《바다와 사르데냐Sea and

Sardinia》에서 자동차로 이탈리아를 여행한 체험을 서술하면서 로마 유산의 존재감을 지적했다.

> 이탈리아의 자동차들은 멋지다. 차들은 가파르고 구불구불한 길도 너무나 자연스럽게 달려, 마치 '달리는 것'이 당연하다는 듯하다. 게다가 편리하기까지 하다. 이탈리아의 도로들은 언제나 나를 감동시킨다. 아무리 험준한 지역이라도 좌절하는 법 없이 앞으로 나아가고, 그것도 기이할 정도로 손쉽게 통과한다. 영국이라면 적어도 산간 지대에서 '위험' 딱지가 세 번은 붙었을 것이고, 통과하기 어려운 길이라는 평판이 전국적으로 알려졌을 것이다. 그런데 여기서는 아무것도 아니다. … 이곳 사람들은 고지대를 달리는 도로와 끊임없는 교통망을 향한 열정이 있는 듯하다. 이런 점에서 이탈리아인들은 진정한 로마인의 본능을 발휘하고 있다. 그래서 도로들은 새롭다.[20]

다른 사람들도 열광적인 반응을 보였다. 영국의 소설가 올더스 헉슬리Aldous Huxley는 "심지어 기차조차 너무 불편한 이동 수단이 되어 잘 타지 않는다"고 했다. 그렇지만 헉슬리는 자신의 10마력 시트루앵 차가 몽스니 고개를 힘겹게 올라가자, 가볍게 올라가는 알파 로메오를 보고 무척 부러워했다.[21] 프리드리히 노아크Friedrich Noack는 20세기 초에 괴테의 로마 행적을 연구하면서 이탈리아에서 오랜 시간을 보냈다. 그는 자동차를 타고 비아 카시아를 따라 폰테 몰레를 넘어가 포르타 델 포폴로를 통과하는 것이 '교양 없는 대중이 우글거리는' 기차 여행보다 괴테가 경험했을 환경과 더 가깝다고 생각했다.[22]

도로 건설자들은 세금 감면 혜택을 받았다.[23] 도로 건설을 전문으로 하는 가족 기업을 이끌었던 피에로 푸리첼리Piero Puricelli는 새로운 도로 건설 과정에서 주역으로 활약했다. 그는 몬차에 있는 옛 합스부르크 왕실 빌라 자리에다 자동차 경주장을 건설했는데, 오늘날까지도 사용되고 있다. 푸리첼리는 1925년에 밀라노 공과대학교 도로공학과의 학과장을 맡았으며, 1929년에는 상원의원으로 지명되었다.[24] 이탈리아 관광 클럽의 회장인 루이지 비토리오 베르타렐리Luigi Vittorio Bertarelli 등 도로 건설을 지지하는 사람들에 의하면 새로운 고속도로의 건설은 모든 사람에게 혜택이 돌아가는 것이었다. 자동차 운전자는 새로운 도로를 지키는 군인들의 경례를 받으며 안전하게 달릴 수 있었는데, 이는 과거의 역참 제도를 상기시킨다. 걸어서 혹은 자전거로 이탈리아의 아름다운 전원 풍경을 즐기며 조용한 하루를 보내려 하는 사람들은 자동차 소음을 피해 작은 도로를 따라 걸어가면 된다.[25]

1920년대의 자동차 도로 건설은 파시스트 정권의 선전 수단으로서 가치가 있었지만, 어떤 면에서는 뒤처진 상태를 만회하기 위한 프로젝트이기도 했다. 이탈리아가 통일될 당시 국가 도로망은 국제 기준에 비추어볼 때 빈약했다. 이렇게 된 것은 투자가 제대로 이루어지지 않은 탓도 있지만 철도를 더 중시한 탓도 있었다. 이런 상황을 개선하기 위해 1914년 비아 아피아 라인을 따라서 새로운 도로를 건설하려는 계획이 수립되었다. 그 길은 아펜니노 산맥 아래 터널을 만들어 전차와 자동차 모두를 수용하려는 것이었는데, 결국 실패로 끝나고 말았다.[26] 오늘날 공식적인 도로 목록은 가능한 한 옛 로마 이름을 사용하는 것을 원칙으로 한다. 이것은 혼란이나 논란이 될 수 있는 요소를 가치 있는 역사적 전통과 연결하려는 시도였다.[27] 심지어

'비아 무솔리니아(무솔리니의 길)' 계획도 있었다. 이 도로는 기존의 베네치아–트리에스테 노선을 이스트리아의 피우메(현재 크로아티아의 리예카)까지 연장하는 것이었다. 이 지역은 1924년에 이탈리아에 합병되었다.[28] 이렇게 노골적으로 제국주의적 성격을 띤 도로에 무솔리니의 이름이 붙는 것은 우연한 일이 아니었다. 파시스트들이 볼 때 도로는 새로운 영토를 포섭하고 사회 질서 유지에 기여함으로써 체제의 혜택을 널리 선전하는 것이었다. 적어도 자동차를 굴릴 정도가 되는 사람들에게는 말이다.[29]

그러나 도로 건설에 대한 초창기 열정은 곧 시들해졌다. 고속도로는 건설 비용이 많이 들어갔으며, 이탈리아는 그 도로를 채우기에 충분한 자동차와 운전자가 있지 않았다. 밀라노 공과대학교 소속 전문가는 난처해하면서 이탈리아를 방문하는 해외 손님들이 교통량 부족에 대해 눈살을 찌푸리는 일이 잦다고 불평했다.[30] 1929년의 경제 대공황이 발생하자 제노바–세라발레 간 50킬로미터 길이의 국영 도로를 제외하고 야심찬 도로 건설 계획은 종말을 맞이했다. 그러나 비용이 그리 많이 들어가지 않는 국도 보수 공사는 꾸준히 이루어졌다. 파시스트 정부를 지지한 작가 루이지 빌라리Luigi Villari는 이런 칭송의 말을 했다. "1905년에는 캄파냐(로마 근교의 농촌 지역)의 도로가 100킬로미터밖에 안 되고 상태도 열악했으나, 1908년에서 1922년 사이에 65킬로미터가 더 추가됐다." 그는 1차 세계대전 전에 이 지역을 걸으면서 "유명한 고전적 이름을 가진 주요 도로 외에는 사실상 길이 없었다"고 회상했다. 그러나 1927년에 이르러 "도로망은 550킬로미터로 늘어났으며, 주요 도로들은 타르나 아스팔트를 입혀 포장했다. 이런 뛰어난 혹은 우수한 도로가 들어가지 않는 촌락은 사실상 없다"고 덧붙였다.³¹ 또한 비아 티부르티나의 현재 상태에 대해서 이렇게 논평했다. "예전에 이 도로는 거대한 석회암 덩어리를 실은 수레들이 다니며 도로의 표면을 크게 훼손했다." 그것은 2000년 전 도로가 확장되던 상황과 비슷했다. 그러나 "이제는 다시 정비해 타르칠을 하고 포장을 입혔으며, 아주 보존 상태가 좋다. 또한 도로를 다니던 덜커덕거리던 증기 전차는 편안한 모터 버스로 대체되었다."³² 빌라리가 노골적으로 체제 찬양을 한 점은 있으나, 이 시기에 사회 기반 시설이 크게 개선되었다는 데에는 의문의 여지가 없다.

빌라리는 이탈리아인 아버지와 영국인 어머니 사이에서 태어나 언론인 겸 작가로 성장했고, 미국의 여러 도시에서 이탈리아 부영사로 근무했다. 이런 경력 덕분에 그는 영국에서 파시스트 체제를 널리 홍보할 수 있는 이상적 인물로 여겨졌다.³³ 1932년 출간한 그의 책 《로마에서 오는 길On the Roads from Rome》은 런던의 출판사 맥클로즈에 의해 출판되었다. 이 책에서 빌라리는 캄파냐 지방의 여행 이야기를 그 지역을 개선하려는 정부의 노력과 엮어서 서술했다. 그는 "캄파냐에 진정으로 관심이 있는 사람이라면 한두 번 둘러보고 말 게 아니라 여러 번 방문해 그 분위기를 만끽하는 것을 추천한다"고 썼다. 단순히 책을 읽는 것만으로는 충분하지 않다는 뜻이었다.³⁴ 빌라리는 농업 기술과 말라리아 퇴치에 관해서는 현대적 발전을 열렬히 옹호하면서도, 정작 자동차에 대해서는 그리 열광적이지 않았다. "슬프게도 자동차는 점점 말들을 대체하고 있다. 그러나 말이야 말로 캄파냐에서 가장 만족스러운 이동 수단이다."³⁵ 방문객들은 "삼림 울창한 경관을 마음껏 즐길 수 있으며, 비아 티부르티나와 비아 노멘타나 사이의 마르코 시모네에 있는 멋진 참나무 군락과 비아 아피아 도로변에 있는 유명한 신성한 숲도 찾아가 볼 수 있다"고 기록했다.36 (이는 예전에 이곳을 찾은 수많은 작가들이 언급한 에게리아 동굴을 가리킨다.)

밤에는 전등들이 평소보다 더 밝았다. 어둠 속에서 여기저기 빛나는 눈처럼 프라스카티, 로카 디 파파, 티볼리, 몬테첼리오와 12개의 산간 마을이 반짝이고, 로마 시내를 밝히던 전기 아크 조명의 희고 아른거리는 빛이 멀리까지 퍼졌다. 캄파냐 주위에서는 모닥불을 자주 피워 놓는다. 가끔씩 지나가는 기차의 타는 듯한 불빛과 전차가 내는 흰 섬광이 장면에 생기를 더해 주었다. 여기에 많은 마을과 농가들이 이제 전기로 불을 밝히고 있어서, 어둠 속에 흩뿌려진 요정 같은 반짝임을 더했다.37

그러나 빌라리는 과거의 기다란 그림자를 강조하려고 애썼다. "오늘날의 사회적·경제적 문제들은 중세와 더 나아가 고전 시대의 관습 및 제도와 직접적으로 연계되어 있다." 그는 현대적 발전과 오래된 전통 사이의 갈등을 언급했다.38 캄파냐의 과거가 중요했듯, 앞으로 펼쳐질 미래 또한 중요한 것이었다.

오늘날 파시스트 체제를 유명하게 만든 도로는 고속도로가 아니라 로마 시내의 도로다. 1925년에 무솔리니는 '새로운 로마'에 관한 연설을 했다. 그는 "앞으로 5년 안에 로마는 온 세상 사람들에게 장엄하게 보여야 한다. 아우구스투스의 첫 제국 시대처럼 광대하고, 질서정연하고, 강력한 도시의 모습을 뽐내게 될 것이다." 그러려면 일련의 역사적 유물 주위에 공간을 창출하는 대대적 변화가 필요했다. "우리 역사 속 오래된 기념물들은 반드시 그동안의 고독에서 벗어나 거인처럼 우뚝 일어서야 한다." 또한 전차로 인해 흐려진 도시 경관을 재건하고, 오스티아에서 알타레 델라 파트리아의 무명 용사 무덤까지 세계에서 가장 길고 넓고 곧은 도로를 만들겠다고 했다.[39] 초창기 파시스트들은 고대 로마에 대해서 그리 열광적이지 않았고, 때로는 자신을 야만인 혹은 우상파괴자라고 주장하기도 했지만, 도로 건설을 강조하면서 파시스트와 과거 로마 사이에 직접적인 연결고리가 만들어졌다.[40] 2개의 새로운 도로가 도시 풍경을 바꾸기로 계획되었다. 한 도로는 '비아 델 마레'로, 남서쪽으로 달리면서 로마를 오스티아의 바다와 연결한다(도로의 첫 구간은 현재 비아 델 테아트로 디 마르첼로다). 다른 한 도로는 원래 '비아 데이 몬티' 혹은 '비아 데이 콜리(산간 도로)'로 불릴 예정이었으나 현재는 '비아 데이 포리 임페리알리'라는 이름을 갖고 있다. 이 길은 로마 포룸의 역사적 유적들을 관통하면서 콜로세움에서 팔라초 베네치아(같은 이름의 광장에 있다)까지 탁 트인 시야를 만들었다. 무솔리니는 여기에 시청을 설치했다.[41] 오늘날 이곳의 경관은 수많은 관광 사진의 배경이 되고 있으며, 그중 많은 사진은 아마도 20세기 역사를 거의 모른 채 찍힌 것일 것이다.

포룸을 통과하는 도로는 무솔리니나 파시스트 계획자들의 독창적 아이디어는 아니었다. 그보다 50년 전에 수립된 최초의 로마 개발 마스터 플랜에 이미 들어 있었다.[42] 도로의 건설이 소중한 고고학적 증거들을 훼손할지 모른다는 위험은 무시되었다. 곧 토지 측량이 발주되었고, 결과는 편리하게도 "도로를 우회시켜야 할 정도로 중요한 유물은 없다"라는 것이었다.[43] 도로를 건설하려면 로마의 유명한 일곱 언덕 중 하나인 벨리아를 제거해야 했으나, 이것 역시 받아들여졌다.[44] 굴착 과정에서 코끼리의 유해가 발견되자 고고학자 주세페 마르케티 롱기Giuseppe Marchetti Longhi는 로마의 중심부가 곧 '세계의 중심'

이라는 구체적 증거라고 주장했다.[45] 그가 볼 때 도로는 우리 인류의 과거, 현재, 그리고 미래의 숙명적 진화의 표현이었다.[46]

두 도로의 건설은 현지 주민들에게 상당한 희생을 강요하며 진행됐다. 비아 데이 몬티를 건설하기 위해 138채의 건물을 철거해야 했고,[47] 비아 델 마레는 역사적 유적지들을 추가로 해체해야 됐다. 그 중에는 아라코엘리 광장과 몬타나라 광장이 있었는데, 이것들은 로마의 유대인 게토(집단 거주지)로 그림 같은 구역이었다.[48] 괴테가 도로 공사 100년 전에 이곳을 방문해 그 풍경을 즐긴 바 있다. 너새니얼 호손 또한 마르셀루스 극장의 폐허를 로마 방문 중에 보고 이렇게 묘사했다. "아주 그림 같은 곳이다. 현대 로마의 상점, 주거지, 번잡한 생활이 밀접하게 연계되어 있기에 더욱 그러했다."[49] 화가 시드니 리Sydney Lee는 1927년에 마르셀루스 극장 일대를 그렸는데, 현재 리버풀의 워커 미술관에 소장되어 있다.[50] 이 그림은 철거 직전의 그 일대를 그린 것인데 고대 건물 바로 옆에 붙어 있는 초록색 셔터의 가옥, 아치 아래에서 판매 중인 옷과 음식, 머리에 짐을 이고 걸어가는 여인, 짐을 기다리는 마차꾼 등이 그려져 있다. 하지만 이제 후대에 지어진 건물들은 철거될 예정이었다. 그래야 고대의 극장이 리미니의 아우구스투스 개선문처럼 홀로 우뚝 서서 잘 보이게 될 터였다. 일이 이렇게 되자 심지어 파시즘에 우호적이었던 작가들조차 우려를 표시했다. 빌라리는 이제 아치가 다시 열리고 웅장한 고대 건물이 복원되며 마르셀루스 극장 근처에서 활발하게 영업을 하던 안장 제작자와 대장장이들을 말끔하게 정비하는 것에는 적극 찬성했지만, 몬타나라 광장에 변경을 가하는 것은 '불운한 일'이라고 생각했다.[51] 파시스트 정부의 교육 장관이었던 피에트로 페델레Pietro Fedele는 로마 시장에게 도로 공사의 악영향에 대해 불평했으나, 무솔리니가 개입해 질책했다. "철거 작업은 계속 돼야 하고, 필요하다면 피델레의 우울증도 제거하라. 그는 화장실 더미의 파괴에 대해 어리석게도 가슴 아파한다."[52] 1926년에 무솔리니는 다시 곡괭이를 집어 들고 마르셀루스 극장 앞에서 공사 시작을 알렸다(화보 14 참조). 시공은 도로를 건설한 경력이 있는 푸리첼리 회사가 맡아 2년 후 도로가 개통되었다.[53] 오래된 과거를 존중하는 뜻에서 도로는 타르페이아 바위 아래에서 시작되는 비아 오스티엔세[54]의 길을 따라갔다. 타르페이아 바위는 고대 로마인들이 반역자나 범죄자를 그 위에 세우고 밀어뜨려 죽인 곳이었다.[55]

이 개발은 집터와 일터에서 쫓겨난 주민과 자영업자들에게 아주 파괴적이었을 뿐만 아니라, 로마 여행자들의 여행 체험을 근본적으로 바꾸어 놓았다. 괴테의 시대, 그리고 19세기 내내 여행자들은 꼬불꼬불한 중세 거리들을 헤매다 길을 잃고서야 콜로세움을 발견할 수 있었다.[56] 그러나 이제는 기념물로 가는 길 자체가 하나의 지형지물이 되었고, 파시스트 관찰자의 말에 따르면 "건물, 오두막집, 골목길에 더 이상 질식당하지 않게 되었다."[57] 성 베드로 대성당 또한 과거에는 보르고의 좁은 골목길을 통해서만 접근할 수 있었는데, 신설된 비아 델라 콘칠리아치오네 도로의 건설로 광활한 조망이 열리게 되었다.[58] 포룸 주위의 경관이 이처럼 크게 바뀌었기 때문에 여행 안내 책자 역시 새로 집필되어야 했다.[59] 로마 시청의 공식 관보는 이렇게 설명했다. "성스러운 유적 사이에 새로 열린 도로들은 그동안 감춰져 있던 장엄함을 드러냈고, 과거의 영광 속으로 현대 생활의 역동성을 불러들였다. 어떤 의미에서 이 도로들은 고대 유적에 도시의 기능을 부여한 것이다."⁶⁰ 이러한 설명은 새 도로에만 해당하는 게 아니라 로마인들에게도 해당하는 것이었다. 1928년부터 1944년까지 로마 시의 미술 및 고고학 총감독관을 지낸 미술사가 안토니오 무뇨즈Antonio Muñoz는 이런 말을 했다. "로마 주민들의 영혼 또한 단단한 원칙 아래 다시 구축될 것이다. 조화, 질서, 명료함, 청결 등이 무솔리니 로마가 지향하는 특징들이다."⁶¹

나는 마르셀루스 극장 기슭의 고고학 유적지를 거닐었다. 오늘날 안내판에는 파시스트에 대한 언급이 없지만, 고대 유물들을 잘 보이게 하기 위해 1930년대 리미니에서의 철거 작업과 마찬가지로 중세와 르네상스 건물들을 철거했다는 얘기는 하고 있다. 그러나 대체로 그 설명 여부는 관광 가이드들의 재량에 맡겨져 있다. 파시스트 정부를 언급한 안내판이 있다면 대부분 예전의 것이 그대로 남아 있는 경우다. 예를 들어 오스티아의 한 안내판은 1927년의 복원 사업을 언급하면서 '지도자 베니토 무솔리니'라는 표현을 그대로 남겨두었다. 이런 대규모 철거 공사의 결과 중 하나는 비아 델 마레가 멋진 풍경을 갖춘 도로가 되었다는 것이다. 이제는 도로 위를 달리며 자동차 안에서 고대 기념물들을 조망할 수 있게 되었다. 그러나 공사는 바티칸과 마찰을 빚었다. 교황청은 철거 공사가 지하묘지를 훼손하지 않을까 우려했고, 파시스트 정부가 기독교 유적보다는 고대의 이교도 유적을 더 강조하는 것이 아니냐는 걱정을 했다.⁶² 무솔리니는 베네치아 궁에서 해안가의 고대 항구 유적 근처 왕실 영지에 있는 오두막까지 이 현대적 도로를 따라 자녀들과 함께 오토바이 경주를 즐기기도 했다.⁶³

오스티아 안티카로 가는 기차에 탑승한 나는 선로를 따라 나란히 이어지는 확장된 비아 델 마레를 볼 수 있기를 희망했다. 그러나 창문이 너무 더러워서 지나가는 차량들과 오토바이 정도만 희미하게 보였다. 돌아오는 기차 안에는 검은 옷을 입은 청년들이 무리지어 탔다. 그들은 손에 맥주를 들고 정차할 때마다 출입문에 매달려 손에 든 둘둘만 종이를 깊숙이 빨아들이고 있었다. 그중 한 청년은 축구팀 AS 로마의 스카프를 허리에 두르고 있었는데, 그날 저녁에 AS 로마는 북부 밀라노 근처 도시 베르가모의 팀인 아탈란타와 맞붙을 예정이었다. 청년들은 "우린 베르가모 팀을 싫어해"라는 노래를 불렀고, 이어 경찰에 대해서도 "모든 경찰은 나쁘다"라는 가사의 노래를 불렀다. 아마도 래퍼 페데즈Fedez가 부른 2010년 노래인 것 같았다. 최근에 이 노래가 재유행하면서 경찰에 대한 폭력 선동 논란이 있었다. 그러나 페데즈는 다른 이들과 마찬가지로 자신의 생각이 바뀌었다고 말했다. 그런 사람들 중에는 이탈리아의 총리 유력 후보자 조르자 멜로니도 있는데, 그녀는 젊은 시절에 노골적으로 무솔리니를 찬양했다고 말한 적이 있다.[64]

  1931년에 파시스트 정부는 로마를 위한 새로운 마스터 플랜을 내놓았다.[65] 무솔리니의 이전 개입과 마찬가지로 이 플랜은 널리 인기를 얻지는 못했다. 무모한 운전을 유발한다는 실용적인 관점뿐만 아니라, 너무 노골적으로 군국주의를 부추긴다는 이념적 측면도 있었다.[66] 포룸을 관통하는 도로는 이듬해 '로마 진군'[1922년 파시스트당이 로마로 진군해 무솔리니를 총리로 만들고 파시즘 정권이 집권한 사건] 10주년 기념행사의 일환으로 공식 개통되었다.[67] 무솔리니는 말을 탄 채 개통식의 리본을 끊은 후 군사 행진을 선두 지휘했다. 제국주의적 야망이 점점 커지면서 무솔리니 정부는 자신들을 고대 제국과 더욱 긴밀하게 연결시켰고, 이로 인해 최종적으로 비아 데이 몬티는 비아 델림페로(제국 도로)로 이름이 바뀌었다.[68] 1934년 4월, 도로 옆 벽에는 로마 제국의 확장을 보여주는 4개의 지도가 추가되었다. 1936년 5월 9일 무솔리니는 베네치아 광장의 발코니에서 로마 제국의 재건을 선언했고, 그 해 10월에 에티오피아를 점령한 후에는 파시스트 정부의 성공을 알리기 위해 다섯 번째 지도를 추가해 부착했다.[69] 이 지도들은 지하철 C호선이 들어서면서 사라졌으나, 15년 전에 내가 로마에 갔을 때 앞의 4개의 지도는 여전히 부착되어 있었다. 로마 시장 주세페 보타이Giuseppe Bottai가 볼 때 이탈리아 군대는 '무적의 전사이자 도로의 건설자'였다.[70] 그러나 비아 델림페로 거리를 따라 행진한 군대의 행렬은 단지 고대 로마와의 공명이 아니라 1차 세계대전에서 싸운 병사들의 최근 경험과도 공명을 일으키는 것이었다.[71]

나는 이탈리아 여행 중에 1차 세계대전과 제국주의적 사업을 기념하는 기념물들을 많이 보았다. 몬테 산탄젤로의 성 미카엘 동굴 성당 근처에 있는 기념비는 한쪽 면에 1차 세계대전에서 전사한 병사들을 추모하면서 에리트레아 전투(1895~1896)와 리비아 전투(1911~1915) 또한 추모하고 있었다. 바리 대성당에는 1936년에 제작된 명판이 있는데, 이탈리아의 국경지대를 강화하고 제국 권력의 후광을 세우기 위한 싸움에서 목숨을 잃은 병사들을 추모하고 있다. 반면에 두레스에는 1939년에 침공한 이탈리아군을 상대로 맞서 싸운 알바니아 파르티잔들의 죽음을 추모하는 다수의 명판이 광장 주변에 설치되어 있다. 그리고 포룸의 4개의 지도는 사라졌지만, 이 도로를 건설한 사람이 누구인지 알리는 기념물은 여전히 남아 있다. 비아 델림페로의 개통을 기념하는 기념비가 그 출발점인 알타레 델라

파트리아 뒤에 세워져 있는 것이다. 로마의 이정표를 흉내 낸 둥근 기둥은 주위의 기념물에 비하면 다소 초라해 보이는데, 그 위에는 이렇게 새겨져 있다.

비토리오 에마누엘레 3세의 통치시기에 정부 수반인 베니토 무솔리니와 로마 시장인 프란체스코 본콤파니 루도비시가 파시스트 시대 10주년을 기념해 1932년 10월 28일에 비아 델림페로를 개통했다.

16

비알레 아돌포 히틀러

비아 델림페로의 개통 몇 달 전인 1932년 7월에 무솔리니 정부는 한 통의 메시지를 받았다. 독일 국가사회주의당의 지도자가 로마 방문을 원한다는 것이었다. 곧 독일 의회에서 과반수를 차지하게 될 아돌프 히틀러Adolf Hitler는 "날씨가 너무 덥지 않다면 로마의 유물과 박물관을 둘러보고 싶다"는 뜻을 전했다. 메시지는 이런 말이 첨언되어 있었다. "그는 감수성이 예민한 사람이니, 따뜻한 환영은 그에게 지속적인 효과를 미칠 것입니다."[1] 정치적 성향을 막론하고 모든 정치가들이 로마 관광을 하고 싶어 했다. 마하트마 간디Mahatma Gandhi는 1931년에 이탈리아를 방문해 밀라노에서 기차를 타고 내려와 무솔리니의 환영을 받았다. 교황은 영국 외교와 관련된 이유 때문인지 접견은 거절했지만, 간디는 바티칸 박물관에 방문했다. 파테 뉴스릴(뉴스 영화)을 보면 간디는 파시스트 체제의 특징인 팔을 앞으로 일직선으로 내뻗는 인사(로마식 경례)를 받았다. 이런 인사 방식이 고대에 실제로 행해졌다는 증거는 없으며, 18세기 미술에 처음 등장한다. 그럼에도 불구하고 '로마식 경례'라는 이름으로 알려져 있어, 이를 사용하는 이들에게 핑계거리를 제공해왔다. 간디는 또 총검을 꽂은 총을 든 이탈리아 청년 사관생도들의 퍼레이드를 보았는데, 비폭력주의의 대표적 옹호자에게는 다소 엉뚱한 환영 방식이었다. 간디의 로마 방문은 짧게 끝났다. 저녁 식사가 끝난 후 간디는 기차를 타고 브린디시로 갔다. 철도가 이제는 비아 아피아의 전 구간을 대체한 셈이다. 이어 브린디시에서는 배를 타고 봄베이로 떠났다.² 1869년에 개통된 수에즈 운하는 간디의 여정을 고대에 비해 한결 수월하게 했다. 그렇지만 고대 시대에도 무역업자들은 로마 도로에서 잠시 벗어나 배를 타고 인도로 향하곤 했다.³ 히틀러의 로마 여행은 훨씬 더 수월했을 것이지만, 이탈리아 정부의 초대장을 기다려야 했다.

한편 파시스트의 도로 건설 사업은 토지 개간 공사와 함께 진행되었다. 그중에서도 압도적으로 가장 큰 사업은 폰티네 습지의 개간이었다. 토지 개간은 이미 오래 전부터 논의되어 오던 문제였다. 통일된 이래 50년 동안 매해 이 주제를 다룬 새로운 법안이 나올 정도였다.⁴ 입법자들이 계속 이 주제에 매달려 왔다는 사실 자체가 사업을 실시하고 유지하는 데 따르는 어려움을 보여준다. 1909년 프랜시스 밀턴은 자동차 여행 중 비아 아피아의 후계자가 된 현대식 도로를 달리며 주목할 만한 교통 상황을 목격했다. 그리고 이렇게 말했다. "여기에 이런 근사한 도로가 설치되었다는 것 자체가 놀라운 일이다. 여러 번의 개선 공사에도 불구하고 축축한 습지는 여전히 남아 있다. 그 결과 오늘날에도 '폰티네 습지 개선 사무소'라 불리는 회사가 이 문제를 해결하기 위해 지속적으로 공사를 하고 있다."⁵ 1930년대에 파시스트 정부는 5개의 신도시 계획을 수립했는데, 그중에는 1934년에 완공된 폰티네 습지 내의 리토리아(현재 라티나)도 들어 있었다.[6] 이 신도시 계획은 사회 개선 사업에 대한 확고한 의지를 보여주는 것이었다. 캄파냐 지역에 대해 글을 쓴 작가들은 그곳의 낙후성에 대해 빈번하게 지적했다. 20세기 초에 로마 문화계의 거장이자 시립 근대 미술관 관장이 된 우고 플레레스Ugo Fleres는 이렇게 말했다. "그 일대는 수천 년의 무게에 짓눌린 채 영원히 변하지 않는 지역이다. 폐허, 물소, 양, 말이 가득하고, 양치기는 오늘날에도 고대의 숲의 정령처럼 가죽 옷을 입고 있다."[7] 프랜시스 밀턴의 견해도 대동소이하다. "주변에는 몇 채의 누추한 오두막, 소·양·염소 떼, 도로변의 여관, 사이프러스 아래의 분수, 소수의 먼지 가득한 졸음 오는 마을을 제외하고는 발전적인 현대 생활의 모습을 전혀 볼 수 없다. 모든 것이 로마가 처음 붕괴하던 때 그대로 죽은 듯 따분하다."[8] 리토리아 개통식에서 무솔리니는 이런 말을 했다. "이것이 우리가 선호하는 전쟁이다."[9]

실제로 이 습지는 호라티우스의 시를 잘 아는 교양 있는 해외 독자층이나 그랜드 투어 여행기를 읽은 이들에게 익숙했기에, 이 사업은 상당한 선전 가치를 지녔다.[10] 찰스 디킨스는 그의 저서 《이탈리아의 풍경들》에서 습지를 이렇게 묘사했다.

지쳐 보이고 외롭기만 하며, 덤불로 뒤덮이고 물이 가득한 늪지였지만, 그 위로는 거리의 가로수가 그늘을 드리운 훌륭한 도로가 놓여 있었다. 우리는 여기저기에서 외롭게 서 있는 검문소를 지나갔고, 버려졌거나 담장을 두른 남루한 오두막도 보았다. 몇몇 양치기들은 도로 옆의 시냇물 둑 위를 천천히 걸어갔다. 때로는 사공이 노를 젓는 바닥이 평평한 배가

냇물에 물결을 일으키며 느리게 흘러갔다. 가끔 자기 안장 앞에 기다란 소총을 비스듬하게 걸친 말 탄 자가 맹렬하게 짖어대는 개들을 대동하고 나타났다. 그 외에는 우리가 테라치나에 도착할 때까지 바람과 그림자뿐 아무 것도 없었다.[11]

《파리 트리뷴Paris Tribune》의 특파원이었던 루스 스털링 프로스트 Ruth Sterling Frost는 1934년 《지리학 리뷰Geographical Review》에서 이탈리아의 현대화 공사를 칭찬했다. 고대 이래 폰티네 습지를 개선하려 했던 다양한 시도를 개관하면서 그는 이런 결론을 내렸다. "이러한 변모는 거의 기적이나 다름없다. 어디를 보더라도 그 공사가 만들어낸 아름다운 질서와 이상향적 분위기에 감동을 받는다."[12] 심지어 종전 후 연합군의 승리를 칭송하는 글을 쓴 미국 전쟁 종군기자 마이클 스턴 Michael Stern도 무솔리니의 업적을 칭송했다. "폰티네 습지를 이탈리아에서 가장 비옥한 농업지역 중 하나로 바꾸어 놓았으며, 그도 뭔가 좋은 일을 할 수 있다는 것을 보여주었다."[13] 그러나 습지를 개선하는 것만으로는 충분하지 않았다. 토지 개간이 지속 가능한 것이 되려면 꾸준히 유지 보수를 해주어야 한다.[14] 그렇게 하지 않으면 새롭게 개간된 풍경도 곧 허물어져 버리고 만다.

1937년은 아우구스투스 황제의 탄신 2000주기로, 새로운 이탈리아 제국이 선배 제국을 기념하기에 이상적인 기회였다. 계획된 행사 중에는 대규모 고고학 전시인 '모스트라 아우구스타 델라 로마니타(로마의 정신과 정체성을 주제로 한 아우구스투스 전시회)'도 있었다. 로마니타Romanità는 영어로 번역하면 이탈리아 원어의 뜻을 충분히 전달하지 못한다.[15] 라디오 방송은 이 전시회가 "고대 로마의 도로 시스템

뿐만 아니라 공공사업에 대해서도 잘 알게 되는" 기회가 될 것이라고 널리 알렸다. 고고학자만을 위한 전시가 아니라는 것이다. 덧붙여 "당신의 배경이 무엇이든, 당신의 관심사가 어디에 있든 이 전시회에서 아주 흥미로운 것을 발견하게 될 것"이라고 전했다.[16]

로마학 연구소의 전문가들도 파시스트 정부의 열광적 태도를 지원했다. 고고학자 피에트로 로마넬리Pietro Romanelli는 이렇게 썼다. "도로는 자신의 문명을 가까운 민족과 먼 민족 모두에게 전달하는 수단이다. 고대에 이 점을 가장 잘 이해한 민족은 로마인들이며, 그들이 남긴 도로망만큼 넓고 유기적이며, 견고하게 세계를 하나의 체계로 연결한 사례는 없다."[17] 교육부 장관이었던 주세페 보타이도 동의했다. "수도교가 도달하는 곳, 다리가 놓여 있는 곳, 군사 도로가 뻗어있는 곳, 아치나 둥근 천장이 세워진 곳마다 로마가 있었다."[18] 1938년에 로마학 연구소는 로마 세계의 주요 도로들을 총망라한 연구서를 펴냈다. 《로마 세계의 주요 도로Le grandi strade del mondo romano》라는 제목이 붙은 이 책은 여러 나라의 역사가와 고고학자들이 참여해 집필한 것으로, 도로 자체에 대한 설명뿐 아니라 각 시대의 사람들이 도로를 바라보는 태도도 함께 기술했다. 총 15개 장에서는 서유럽의 도로뿐만 아니라 불가리아, 체코슬로바키아, 루마니아, 아나톨리아, 아시아, 북아프리카의 도로까지 다루었다. 갈리아 지역을 담당한 알베르 그르니에Albert Grenier는 이렇게 말한다. "로마가 이룩한 업적 중에서 가장 위대하고 장엄하며 유익한 것은 광대한 제국 도로망의 구상과 조직이다."[19] 영국을 다룬 장에서 고고학자이자 미술사학자이며 전 로마 영국학교 부교장이었던 유제니 스트롱Eugénie Strong은 이렇게 논평했다.

자신들을 고대 브리튼인의 후예라고 주장하는 영국인들이 볼 때 고대 브리튼인을 야만인이라고 지칭하는 것은 그리 유쾌하게 들리지 않을 수 있다. 그러나 역사의 관점에서 살펴보면 브리튼인의 기록된 패배는 일시적 현상에 불과하고, 브리타니아가 로마인에게 복속된 것은 우리가 라틴 문명의 영향권에 들어갔다는 의미이므로 문명인으로서의 생활에 항구적인 영향을 끼친 것임을 깨닫게 된다.[20]

스트롱은 여기서 윌리엄 캠던 이후 많은 저술가들이 브리튼과 로마 문명과의 관계를 접목이라고 비유했던 방식을 완전히 포기하면서, 외세에 대한 복종이 어떤 특정한 환경에서는 그리 나쁜 것이 아니라고 명확하게 말하고 있다.

1938년에 무솔리니 정권은 지금까지의 방문자 중 가장 화려한 손님을 맞이했다. 바로 아돌프 히틀러였다. 1932년에 히틀러는 로마 방문을 간단히 언급했으나 성사되지 않았다가 두 지도자는 2년 후 베네치아에서 만났다. 두 사람의 개인적 관계는 처음엔 냉랭했으나 영국이 이탈리아의 1935년 에티오피아 침공을 반대하면서 서서히 좋아지기 시작했다. 무솔리니는 1937년 9월에 독일을 방문했고, 이제 독일 총리가 된 히틀러를 로마로 초청했다.[21] 배경에는 두 지도자 간의 일종의 경쟁적 과시가 있었다. 이번 초청은 실용적 외교 성과를 노린 것이 아니라 이미지, 일대 장관, 멋진 인상의 창출을 겨냥한 것이었다. 특별위원회는 히틀러와 그의 수행단이 브레너 고개를 넘어 남쪽으로 기차를 타고 이동하기 전까지 6개월 동안 준비를 했다. 히틀러는 1938년 5월 3일 로마에 도착했다. 오스티엔세 역에 도착한 히틀러와 다른 외교 손님들은 새롭게 단장된 도시의 모습에 현혹되었다. 그리고 역 바로 밖에는 포르타 산 파올로와 가이우스 케스티우스의 피라미드가 있었다. 길은 악슘의 오벨리스크를 지나갔는데, 최근에 에티오피아를 점령하고 얻은 전리품이었다. 역으로 이어지는 도로는 '비알레 아돌포 히틀러(아돌프 히틀러의 길)'라는 이름이 붙었고,[22] 히틀러 일행은 말이 끄는 마차를 타고 키르쿠스 막시무스를 지나 이 지역의 신 도로인 비아 데이 트리온피(승리의 길)에 들어섰다. 이어 그들은 콘스탄티누스 개선문과 콜로세움을 지나갔고, 비아 델 림페로를 통해 포룸을 통과해 베네치아 광장을 지나 퀴리날레 궁전으로 갔다. 비토리오 에마누엘레 3세 왕은 여전히 독재자인 무솔리니보다 상급자였다.[23] 히틀러 방문 환영 행사는 일대 장관인 전등 쇼에 의해 더욱 멋지게 연출되었다. 이 행사를 위해 4만 5천 개의 전등이 설치되었으며, 콜로세움은 독일 국기를 암시하는 붉은색 전등으로 주로 단장되었다.[24]

그 주 남은 기간 동안 히틀러는 로마의 유적지들을 순방했다. 무명용사의 묘에서 시작해 비아 아피아를 따라 첸토첼레(여기서 공군 비행 쇼를 보았다)와 보르게세 미술관에 갔으며, 판테온은 두 번이나 방문했다.[25] 그러나 고대 유적지 못지않게 새로운 도로의 건설도 이번 방문의 중요한 경험 요소였다. 독일의 아우토반에 큰 자부심을 느끼며 실용성뿐만 아니라 미학적 가치도 중시한 히틀러는 메르세데스 벤츠를 타고 정권의 도로 건설 현장을 직접 체험했다.[26] 노련한 예술사학자인 라누치오 비앙키 반디넬리Ranuccio Bianchi Bandinelli가 히틀러를 수행하며 가이드 역할을 맡았다. 나중에 반디넬리는 이번 여행이 공격의 기회가 될 수도 있었지만, 그의 '일반적인' 반파시스트 친구들에게는 그런 일을 실행할 연락망이 없었다고 주장했다.[27] 그러나 이런 주장은 유보적으로 들어야 한다. 왜냐하면 그의 회고록은 1990년대에 그의 가족에 의해 출판되었기에 사후 합리화의 성격이 있음을 염두에 둘 필요가 있기 때문이다. 고대 로마의 제국주의와 현대 파시스트 운동의 상호 작용이 이번 방문의 핵심 주제였으나, 다른 역사들도 무시하지는 않았다. 히틀러와 괴테, 그리고 과거 로마에서 대관식을 올렸던 신성로마제국 황제와의 유사성도 언급되었다.[28] 하지만 히틀러는 대관식이 있었던 바티칸은 방문하지 않았다. 무솔리니의 관점에서 볼 때 이런 연출은 충분히 대성공이었다. 히틀러의 수행단은 이번 방문을 통한 정치적 성과가 없는 것이 불만이었지만, 그래도 히틀러는 깊힌 인상을 받았다. 이탈리아 왕에게 보낸 전보에서 "이번 여행은 제 인생의 가장 소중한 추억이 될 것입니다"라고 말한 것이다.[29] 그는 여러 번 로마를 가리켜 "세계 제국의 결정체"라고 말했다.[30]

로마 도로의 중요성은 이미 독일의 아우토반 도로 개발 책임자들의 머릿속에 들어 있었다. 독일 도로 총감독 프리츠 토트Fritz Todt는 도로의 상징적 힘을 잘 알고 있었다. "도로는 문화의 산물로서, 우리가 이용하는 모든 도로는 나름의 역사와 의미가 있다."[31] 그는 아돌프 히틀러의 거대한 도로 사업을 적극 옹호하면서 헤로도토스뿐만 아니라 나폴레옹도 거론했다. "나폴레옹의 도로망은 그 지향이나 무자비한 설계에 있어서 위대한 정복자의 권력 의지를 드러냈다."[32] 1938년에 발표된 독일 아우토반의 문화적 중요성을 다룬 논문은 이렇게 말한다. "제국의 도로들은 역사의 풍경 위에 하나의 기념물이 되어야 한다."[33] 이러한 도로들은 고대 제국 모델에서 영감을 받아 다리와 고가도로 설계도 의도적으로 로마식으로 이루어졌다.[34] 실제로 당시 사람들은 히틀러가 "모든 문명의 시작은 도로 건설에서 시작된다"는 생각을 갖고 있으며, 러시아에 계획된 도로에도 로마 도로망을 모델로 삼으려 했다고 전했다.[35] 이러한 사상은 도로 건설 관리들만이 아니라 그보다 훨씬 많은 사람들에게 퍼져 나갔다.

로마-베를린 축은 1936년에 형성되었고 이탈리아와 독일 사이의 군사동맹인 '철강조약'이 1939년에 체결되었지만, 무솔리니가 프랑스와 영국에 선전포고를 한 것은 1940년 6월 10일이었다. 그 결과 로마에 있던 영국 기관들은 폐쇄되거나 지하로 잠적했다. 키츠-셸리 기념관의 큐레이터인 베라 카치아토레Vera Cacciatore는 그 간판을 내렸다. 이에 대해 조사를 하던 독일 관리는 기념관의 열쇠를 이탈리아 예술문화부가 보관하고 있다는 것을 알아냈다. 그 부서는 도시의 북부에 있었는데, 전시 중이라 통신이 제대로 이루어지지 않았으나 이를 확인하는 일은 우선순위가 아니었다. 다행히 키츠-셸리 기념관의 소장품들은 내부에 안전하게 보관되어 있었다. 그러나 1942년 12월이 되어 이탈리아의 전시 위험도가 높아지자 소중한 유물을 담은 두 상자가 로마 밖으로 반출되었다. 나폴레옹 전쟁 때 교황이 로레토의 보물을 남부의 테라치나로 보내는 계획을 세웠던 것처럼, 이제 세번이 그린 키츠의 마지막 그림, 키츠의 고대 그리스 항아리 그림, 키츠와 셸리의 머리카락과 편지들이 안전하게 몬테 카시노 수도원에 보관되었다.[36] 한편 외교관 가족들은 바티칸으로 피신해 교황청 영토 내에 있는 에티오피아 성 스테파노 교회와 연결된 학교에서 테니스를 즐겼다. 그들은 비아 아우렐리아를 따라 프레제네 해변으로 외출할 수 있는 특혜도 주어졌다. 그러나 그들은 1943년 8월에 이르러 남쪽으로 향하는 수십 대의 독일 차량을 마주치게 된다.[37]

이탈리아 내의 전쟁이 본격적으로 시작된 것은 1943년 5월 북아프리카에서 연합군이 승리를 거둔 이후였다. 7월에 연합군 부대는 시칠리아에 상륙했다. 연합군 폭격기들은 비행장, 철도 교량, 열차 정비·편성 구역 등 교통망을 주요 목표물로 삼았다. 7월 19일에는 역사상 단일 폭격으로는 최대 규모로 묘사되는 폭격이 540대 이상의 항공기와 1000톤의 폭탄을 동원해 진행됐다. 주요 목표물에는 테르미니(로마의 중앙 철도역) 외부 구역도 포함됐다. 이곳은 산 로렌초의 노동자 계급 지역에 인접해 있어 민간인 피해가 불가피했다. 추정에 의하면 2000~3000명이 사망했고, 그보다 훨씬 많은 사람이 부상을 당했다. 한 작가는 이렇게 묘사했다. "폭탄들은 뜨거운 죽음의 바람을 몰고 왔다."[38] 9월에는 연합군이 로마 시내에 일주일 안에 입성할 것을 약속하는 전단이 대량 살포되었으나, 이는 사실이 아니었다.[39]

한 공습 대피소는 나폴리 만 북쪽 해안의 자그마한 남향 만을 둘로 나누는 곳에 자리 잡고 있었는데, 유명한 고대의 유적이었다. 로마 기술자인 루키우스 코케이우스 아욱투스가 건설했다고 하는 4개의 도로 터널 중 하나로, 현재 그로타 디 세자노라는 이름으로 알려져 있다. 이 터널은 해안에 위치한 황제의 별궁으로 들어가는 개인 도로였는데, 길이는 700미터이고 두 가지 유형의 화산암을 통과하도록 설계된 것이었다. 그런데 암석들의 경도가 서로 달라 2개의 건설 공법이 동원되었다. 3개의 측면 터널은 환기를 위해 마련되었는데, 통과하는 사람들이 횃불을 사용해야 했기 때문에 필수적이었다. 이곳은 15세기에 인문주의자 조반니 조아키노 폰타노Giovanni Gioacchino

Pontano가 고대 로마의 궁정장관 세자누스와 잘못 연결시켜 언급하기도 했는데, 지역 주민 사이에서는 이곳의 존재가 잊힌 적은 없었던 것으로 보인다. 그러다가 1841년이 되어 부르봉 왕인 페르디난도 2세 시대에 복원공사가 시작됐다. 그로부터 한 세기 뒤에 나폴리 공습이 시작되자 주민들은 터널을 작은 방들로 나누었고, 아치에 커다란 천을 걸어 드리우고 측면 터널 중 하나를 화장실로 개조했다.

오늘날 코케키우스의 4개 터널 중 일반인에게 공개되는 것은 이곳뿐이다. 먼저 높다란 아치를 통해 그 안으로 들어서는데, 중간에 휘어진 길이 있어 터널 끝에는 빛이 없다. 이곳을 관리하는 단체인 가이올라에서 파견 나온 우리의 가이드는 여러 가지 이론이 있다고 설명했다. 한 이론은 터널의 양쪽 끝에서 두 작업 팀이 땅을 파들어 왔는데, 중간에서 딱 만나지 못했다는 것이다. 다른 이론은 단단한 암석층을 피하기 위해 휘어진 길이 생긴 것이라고 설명하며, 또 다른 이론은 갑자기 불어오는 바람이 촛불이나 횃불을 꺼트리지 않게 하기 위해 일부러 휘어진 길을 조성했다고 한다. 터널 끝에는 대형과 소형, 2개의 황제 극장의 흔적이 있다. 한쪽 방향으로는 포추올리와 바이아 만을, 다른 방향으로는 베수비오 산을 볼 수 있다. 세네카의 나폴리 터널 묘사는 고대 분위기가 어떠했는지 보여준다.

그 어떤 감옥도 그곳보다 길게 느껴질 수 없고, 그곳을 밝히던 횃불보다 더 희미한 빛도 없다. 횃불은 우리로 하여금 어둠 속에서 무언가를 보게 하기 위해 존재한 것이 아니라, 오히려 어둠 그 자체를 보게 만들었다. 설령 빛이 있다 해도 먼지가 그것을 삼켜버렸다. 탁 트인 바깥에서도 숨 막히고 불쾌한 것이 먼지인데, 환기조차 되지 않는 곳에서 흩날리며 지나

가는 이들의 얼굴로 들이치니, 그 답답함은 이루 말할 수 없었다.[40]

폭격을 당하는 사람들이 대피를 위해 안에 들어가 있었을 때의 상황은 그보다 훨씬 더 열악했을 것이다.

연합군의 공세가 치열해지면서 무솔리니 정부의 핵심 인사들은 그에게 등을 돌렸다. 1943년 7월 25일 불신임 투표 후 무솔리니는 해임되었고, 이어 비토리오 에마누엘레 3세의 명령으로 체포되었다. 그러나 8월에도 연합군의 공습은 계속 됐다. 9월 5일 왕과 그의 신임 총리 피에트로 바돌리오Pietro Badoglio 원수는 휴전을 선언하고 당시 연합군이 점령한 남부 지역으로 달아났다. 다음 날 시칠리아를 점령하고 있던 연합군은 나폴리 남동쪽의 항구 도시 살레르노에 상륙했다(아말피 해안이 살레르노와 나폴리 사이에 있다). 그러나 독일군은 북부에서 남쪽으로 밀고 내려왔다. 이탈리아에 주둔한 영국군을 따라간 《텔레그래프Telegraph》의 종군기자 크리스토퍼 버클리Christopher Buckley는 1945년 그의 책 《로마로 가는 길Road to Rome》에서 이탈리아군의 후퇴에 대해 서술했다.

파손된 장갑차와 트럭의 행렬이 북쪽에서 로마로 들어오는 비아 플라미니아를 따라 천천히 내려왔다. 그들은 로마에서 북쪽으로 약 16킬로미터 떨어진 몬테 로톤도에서 독일군과 교전한 뒤였다. 행렬을 지휘하던 장교는 구경꾼들에게 독일군이 이탈리아군을 향해 발포했다고 말했다.[41]

로마 북쪽에서는 한 무리의 이탈리아인들이 수십 년 전에 가리발디의 부하들이 그랬던 것처럼 도로와 교량에 지뢰를 매설해 독일군의 로마 입성을 지연시켰다.⁴² 그러나 가장 큰 전투는 새롭게 복원된 오스티엔세 역과 비가톨릭 공동묘지를 내려다보는 피라미드 근처인 포르타 산 파올로에서 발생했다. 독일군이 더 밀고 내려오자 이탈리아군은 남쪽으로 후퇴해 그곳에서 최후의 방어를 해보려 했으나, 아무 소용이 없었다. 9월 12일 독일군은 임시 감옥인 스키 리조트 호텔에 감금되어 있던 무솔리니를 구출했다. 그곳은 지형상 쉽게 방어할 수 있는 곳이었지만, 결과적으로는 전혀 그렇지 못했다. 그 후 무솔리니 괴뢰 체제인 살로 공화국이 세워졌고, 이는 독일의 이탈리아 북부와 로마를 포함한 중부 점령에 그럴듯한 구실을 제공했다. 일부 이탈리아군과 관료들은 여전히 무솔리니에 충성을 바쳐 독일군을 지원했지만,⁴³ 많은 이탈리아 사람들은 연합군과 함께 혹은 저항운동의 일원으로 싸웠다.

한편 살레르노 남부의 해안에서는 미국 야전군 외과의 폴 케네디 Paul Kennedy가 이탈리아 도착 첫날부터 고생을 하고 있었다. 그는 이렇게 썼다. "1943년 9월 22일 수요일 밤은 내가 겪은 그 어떤 비참한 밤보다도 최악이었다. 해변에서 불과 약 91미터 떨어진 곳에서 담요도 없이 수건 하나에 몸을 감싼 채 떨며 겨우 10분쯤 눈을 붙였을 뿐이었다."⁴⁴ 그는 곧장 야전 병원의 부름을 받았고, 천장까지 가득 짐을 실은 영국 트럭에 실려 나폴리로 이동했다. 그곳에서 그는 검은 연기를 거대한 기둥처럼 내뿜는 베수비오 화산을 보았다. 그것은 그가 이탈리아에서 본 첫 '관광지'였지만, 전통적인 그랜드 투어의 폼페이 방문과는 전혀 다른 풍경이었다. 케네디 일행은 칠흑 같은 어둠 속에서 나폴리에 도착했고, '정말 현대적이고 아름다운 건물'인 우체국 청사의 복도에서 그날 밤을 보냈다.⁴⁵

내가 처음 나폴리에 갔을 때는 케네디가 이곳을 방문한 지 거의 60년이 지난 뒤였다. 나의 여행 안내서는 장대한 곡선형 외관이 특징인 뛰어난 파시스트 건축물 팔라초 델레 포스테(우체국 청사) 방문을 추천했다. 그리고 이 책을 집필하기 위해 나폴리를 다시 찾아갔을 때에는 파시스트 체제의 또 다른 유산인 호텔 팔라초 에세드라에서 묵었다. 원래는 이탈리아의 새 제국을 과시하기 위해 1937년에 거행된 대규모 박람회인 모스트라 돌트레마레의 청사로 지어진 이 건물은, 복원 후 호텔로 전환되면서도 모더니즘 양식의 면모를 상당 부분 간직하고 있었다. 실내에는 흑백 모자이크 바닥이 깔려 있고, 고전주의 양식을 본뜬 안뜰 중앙에는 분수가 자리한다. 분수의 타일은 공간에서 유일하게 색채가 허용된 부분이다. 가구 역시 전체 분위기에 맞춰 배치되어 있는데, 네모난 가죽 의자와 곡선의 금속 장식을 두른 책상이 그 예다. 이 건물의 건축가 마르첼로 카니노Marcello Canino는 파시스트 체제의 지지자였는데, 당초 팔라초 델레 포스테 디자인 공모에 신청했으나 성공하지 못했다.[46] 계획한 것은 아니었지만 팔라초 에세드라 호텔에서 묵은 날은 하필이면 이탈리아 총선 이틀 전이었다. 복원된 이 공간과 여론 조사에서 선두를 달리고 있는 탈 파시스트 정당의 약진 사이에는 묘한 평행선이 있었다. 건물은 기념비적이고 웅장하며, 흰색 또는 연한 대리석으로 둘러싸여 있다. 폼페이의 채색된 로마 주택과는 전혀 다르다. 나는 지금 반짝이고 호화롭게 꾸며진 '과거 파시즘의 잔재' 속에 앉아 있다. 매끈하고 세련되며, 기술과 미래를 상징하는 듯하다. 그러나 여행을 즐기고 싶다면 너무 깊이 생각하지 않는 편이 나을지도 모른다. 식당의 식기는 손에 잘 맞게 균형을 이루었고, 조찬 식당의 벽에는 2개의 커다란 프레스코 벽화 외에는 아무 것도 부착되어 있지 않았다. 호텔 웹사이트에 따르면 그림은 에밀리오 노테Emilio Notte의 작품이라고 한다. 한 그림에는 터번을 쓴 인물과 흑인이 십자가를 든 사제 앞에서 무릎을 꿇고 있는 장면이 담겨 있었다. 때는 2022년 9월 24일, '로마 진군' 100주년을 앞둔 시점에서 내가 마주한 현실은 이것이었다. 파시스트 미학이 세련된 호텔의 분위기로 변모해 다시 소비되고 있는 모습이었다.

외과의사 케네디는 운 좋게도 목숨을 잃을 위기에서 벗어났다. 퇴각하던 독일군은 현대식 우체국 건물에 시한폭탄을 설치했는데, 폭탄은 이틀 뒤 터져 그곳에 피신해 있던 100명의 사람들이 목숨을 잃었다. 현재 내부에는 희생자들을 추모하는 기념물이 세워져 있다. 케네디는 폼페이를 방문해 약간의 기념품을 사려 했으나, 대대적 공세가 시작될지 모르니 부대에 계속 머물러 있으라는 명령을 받았다.[47] 결국 2000명 이상의 연합군 병사들이 살레르노에서 전사했고, 추가로 1만 1천 명이 부상을 당하거나 실종됐다. 그러나 이들은 한 역사가의 표현대로 "로마로 가는 길 위에 흔들림 없는 교두보"를 확보했다(아무도 이 비유에 이의를 달지 못할 것이다).[48]

한편 로마에서는 일부 옛 제도들이 본연의 역할을 발휘하기도 했다. 미군 유격대원인 윌리엄 뉴넌William Newnan은 프랑스 신학교의 영리한 교장인 몬리에 신부가 학교를 폐교하고자 내려온 이탈리아(파시스트) 군대를 속여 신학교가 교황 기관으로서 외교적 면책권을 가진 것처럼 믿게 만든 과정을 서술했다. 이어 신부는 학교를 호스텔로 운영해 필요한 비용을 마련했다. 이곳에는 "많은 이탈리아 유대인, 프라스카티에서 폭격을 피해 온 몇몇 이탈리아 사제, 징집을 피해 프랑스에서 내려온 5명의 젊은 프랑스인이 머물렀다." 다른 곳에서는 "즐거운 아일랜드 신학교가 로마에서 활기를 띠고 있었고, 즐겁고 풍족한 음식과 좋은 동료들로 가득했다."[49]

보다 직접적인 저항이 곧 시작됐다. 이탈리아 파르티잔들은 점령자의 도로 운송 수단을 공격 목표로 삼았는데, 그들이 공격 수단으로 삼았던 무기는 우리가 이미 앞에서 살펴본 '쇠못 덫'이었다. 나는 하드리아누스 성벽 근처의 코브리지 박물관에서 그것을 처음 보았는데, 로마 해방박물관에서도 다시 볼 수 있었다. 10월 10일에서 13일까지 밤마다 알반 언덕 근처 마을 출신의 파르티잔들이 비아 아피아, 비아 카실리나, 비아 아르데아티나 도상에다 네 귀퉁이가 뾰족한 못을 뿌렸다. 이 공격만으로 20대의 독일 트럭이 손상을 입었다. 이 못은 2개의 자그마한 L자형 쇠못을 서로 마주보아 직각을 이루도록 용접한 것으로, 못이 어떤 방식으로 땅에 떨어지든 한 쇠못은 위를 향하게 되어 있어 지나가는 차량의 타이어에 펑크를 낼 수 있었다. 이 못들은 아직도 마차에 의존하는 인근 지역에 거주하는 대장장이들에게 부탁해 쉽게 만들 수 있었다. 저항 조직을 지휘한 이탈리아 공산당 중앙군사위원회는 이런 지시를 내렸다.

우선 몇 사람만 있으면 되는 간단한 행위부터 시작하라. 예를 들어 적의 차량들이 많이 지나다니는 길에다 네 귀퉁이가 뾰족한 못을 뿌려라(표준 못을 준비할 것. 준비가 어렵다면 우리가 보내줄 수 있음). 가능하다면 차량의 흐름을 막기 위해 산사태를 일으켜라. 적 오토바이의 운전자와 동승자의 목을 따버릴 수 있도록 길에다 철사를 매달아라. 이런 행동들은 현재 가지고 있는 소수의 병력으로도 충분히 할 수 있다.[50]

도로와 통행 차량들을 파괴하는 것은 저항 운동의 핵심 요소였다. 그러나 점령군은 쇠못의 생산과 소지를 사형에 처할 수 있는 범죄로 규정하고, 더욱이 "도로 및 이런 행동이 반복되는 지역에 거주하는 자들에게 철저한 보복을 하겠다"는 위협적인 공문을 내려 보냈다.[51] 20세기 초부터 이러한 일반인에 대한 보복은 국제법상 전쟁 범죄로 간주되었으며, 마침내 이탈리아 주재 독일군 사령관인 알베르트 케셀링Albert Kesselring에게 적용되게 된다.

1943년 가을 그 주의 후반부에 로마에서 유대인 일제 검거가 시작됐다. 10월 16일 토요일 새벽에 SS(나치 친위대) 경찰관들이 도시 곳곳의 주택가에 나타났다. 밤중에 잠옷 바람으로 집에서 나온 게토의 유대인들은 마르셀루스 극장에서 비를 맞으며 기다려야 했다.[52] 다른 로마 유대인들은 트럭에 실려 곧바로 바티칸 근처의 이탈리아 군사학교로 압송됐다. 수잔 주코티Susan Zuccotti는 교황청과 홀로코스트(유대인 대학살)를 다룬 《그의 창문 바로 아래에서Under His Very Windows》라는 책을 펴냈는데, 교황청 사람들이 주변에서 벌어지는 일을 전혀 보지 못했다는 것은 말이 안 된다고 주장했다. 이 날 하루 동안 헤르베르트 카플러Herbert Kappler가 지휘하는 SS 경찰은 1259명을 검거했다.[53] 카플러는 전에 독일 대사관에서 경찰 담당관으로 일했으나, 실제로는 게슈타포(비밀경찰)와 해외 첩보부에서 일했던 인물이다.

2021년 가을에 마르셀루스 극장 외부의 고고학 발굴 지역을 방문했을 때 거기에 세워져 있는 안내판의 연혁에는 이 사건에 대한 언급이 전혀 없었다. 그 지역의 복원 사업에 대한 내용은 있었지만, 리미니의 개선문과 마찬가지로 수동형으로 서술되어 있을 뿐이었다. 철거가 이루어졌다고만 기록되어 있을 뿐 누가 했는지는 알 수 없었다. 고대 역사는 깔끔하게 1943년 10월 16일 사건을 기념해 만들어진 계단 위 기념 공간과 분리되어 있었다. 나는 게토의 중심 거리 끝으로 갔다. 여기는 레스토랑이 가득 했다. 아코디언과 더블 베이스를 연주하는 거리 음악가는 그들의 연주로 파르티잔 노래 〈벨라 치아오〉를 불렀다. 800년 전, 랍비 벤야민은 스페인에서 로마와 그 너머 지역을 여행했고, 약 200명의 유대인 공동체를 발견했다. 이는 1555년에 게토가 세워지기 이전의 일이지만, 반유대주의 정서는 고대의 문헌에서도 발견할 수 있다. 유베날리스Juvenalis의 제3 〈풍자시〉는 비아 아피아 주변의 에게리아 동굴을 '자연스럽지 않고 인공적으로 보이는 동굴'이라고 비난하면서 "풀로 연못을 둘러싸고 대리석으로 원래의 트래버틴을 훼손하지 않았더라면, 물의 영혼이 여기에 풍성하게 떠돌았을 텐데"라고 노래했다. 외래 대리석이 원래의 트래버틴을 훼손한다는 지적은 "신성한 샘과 그 신전이 이제 유대인들에게 넘어갔다"는 그의 논평과 비교하면 매우 은근한 표현에 불과하다.[54]

광장 주변에는 유대인 강제 압송에 대한 여러 명판이 설치되어 있다. 그중 1964년에 설치한 것이 대표적이다. 또 다른 명판은 112명의 학생들이 죽음의 수용소로 보내진 학교에 설치되었다.[55] 광장 옆, 로마 시대의 특징인 삼피에트리니(포석)로 포장된 골목에는 '걸림돌', 독일어로는 '슈톨퍼슈타이네Stolpersteine'로 알려진 황동판이 주택의 외부에 놓여 있다. 이 황동판에는 거주민이 강제 수송된 사실과 운명을 기록하고 있다. 예를 들어 이런 식이다. 세티미오 스파뇰레토,

1895년생, 1944년 3월 27일 체포, 1944년 5월 23일 아우슈비츠에서 살해. 레오네 파본첼로, 1902년생, 1944년 4월 13일 체포, 1944년 10월 아우슈비츠에서 살해. 이렇게 총 2000명 이상이 나치 수용소로 강제 압송됐다. 최초의 압송 대상자는 이탈리아의 인종법에 따라 기록된 명단에 의해 선택됐다. 그러나 나중의 압송 대상자는 주로 밀고에 의존했다.[56] 최근에 나온 책은 이러한 정보를 제공한 사람들을 '이탈리아의 처형자들'이라고 묘사한다. 원래 이탈리아어 원서에서는 더 심한 표현을 사용해 '이탈리아의 도살자들'이라 칭했다. 이것은 유대인 이웃들을 구제해준 선한 이탈리아인들에 대한 이야기만 많이 나오는 현상에 대하여 나름 균형을 잡아준다.[57]

   카플러는 처음에는 강제 압송이 아니라 금품 갈취를 하려 했다. 그는 로마의 유대인 공동체에 금 50킬로그램을 내놓으라고 요구했다. 유대인들이 금을 마련하지 못할 경우를 대비해 바티칸이 그들에게 빌려주겠다고 나섰지만, 결국 공동체가 자체적으로 모으는 데 성공해 그 도움은 필요하지 않았다. 이후 카플러는 상사들에게 유대인 공동체에게 금전적 이익을 얻을 수 있다는 점을 설득하려 했다고 증언했다. 그가 유대인 강제 압송에 대해 재고하려 했다면, 그건 그 조치가 독일군 점령자들에 대한 적개심을 더욱 강화할 것이라는 우려 때문이었을 것이다.[58] 일부 로마 유대인들은 이웃의 사전 경고 혹은 스스로의 기민한 행동 덕분에 검거를 피할 수 있었다. 이미 은신해 있던 사람들도 있었는데, 그런 이들 중에는 델라셈Delasem의 지도자들도 있었다. 이 조직은 로마에 있는 외국인 유대인 난민을 도와주는 단체였는데, 우호적인 사제들의 도움으로 은밀한 피신처 네트워크를 조직했다. 나치는 그들이 실제 압송한 인원보다 8배나 많은 유대인들을 검거하려 했다.⁵⁹ 《라디오 런던》이 강제 수용소가 실제로 존재한다고 보도했음에도 불구하고 현지 지도부와 많은 주민은 그들도 희생자가 될 수 있다는 사실을 믿지 못했다. 심지어 나치의 명령을 번역하기 위해 선발된 사람인 '아르미니오 바크스버거'조차 압송자들이 죽음의 수용소가 아니라 북부에 있는 강제 노동 수용소에 보내지는 것뿐이라고 믿었다. 10월 18일 월요일, 1000명 이상의 포로들이 로마를 가로질러 티부르티나 역에 있는 화물 터미널로 갔다. 여전히 존재하는 이 역은 티볼리로 가는 구 도로인 비아 티부르티나 도상에 있다. 압송 열차는 오르테와 테론톨라 역을 경유해 북쪽으로 갔다.

나는 이 여정을 계획한 것은 아니었으나 어느 순간 내가 같은 경로로 가고 있다는 것을 발견했다. 다만 반대 방향으로 이동하고 있을 뿐이었다. 아레초 남쪽이자 오르베토 북쪽에 있는 테론톨라 역에서 벽면에 부착된 명판이 내 시선을 잡아끌었다. 그것은 투르 드 프랑스 자전거 경기에서 두 번 우승한 지노 바르탈리Gino Bartali를 기념하는 것으로, 1943~1944년에 피렌체와 아시시 사이에서 훈련하는 동안 2차 세계대전 중의 인종차별적이고 이념적인 박해의 피해자들을 돕기 위해 여러 차례 이곳에 들렀다는 기록이었다. 바르탈리의 이야기는 여러 논란이 있다. 처음에는 있는 그대로 받아들여졌으나 최근 들어 문헌 자료에서 확인이 부족하다는 이유로 비판받기도 한다.⁶⁰ 그럼에도 이 이야기는 런던 상업 뮤지컬의 소재가 되었다. 도로와 철도는 역사만큼이나 많은 신화와 전설을 만들어 낸다. 아무튼 나는 사람들이 영웅 이야기를 원한다는 것을 이해한다. 그러나 진실은 항상 쉽지 않다.

다시 1943년의 얘기로 돌아가 보면, 로마를 떠난 지 여섯 시간 만에 압송 열차는 피렌체에 도착했고, 다음 날 정오에는 파도바에 도착했다. 그 무렵 기차에 탑승한 사람들은 이틀 동안 마실 물을 얻지 못했다. 파시스트 민병대가 나치에 대해 폭력을 행사하겠다고 위협한 뒤에야 유대인들에게 물이 주어졌다.[61] 파도바에서 열차는 독일과 폴란드를 거쳐 금요일 거의 자정 무렵 아우슈비츠에 도착했다. 승객 중에 196명을 제외한 모든 사람이 가스실로 보내졌다. 196명 중 47명이 여성이었고, 그 가운데 살아남은 자는 20명도 채 안 되었다. 생존한 유일한 여성, 세티미아 스피치치노Settimia Spizzichino는 홀로코스트 교육에 평생을 바쳤다. 지금 로마 남쪽 교외 가르바텔라에는 그녀의 이름을 딴 철도교가 남아 있다.[62]

17

7번 도로

석 달 뒤인 1944년 1월, 피터 톰킨스Peter Tompkins는 로마 북쪽 약 160킬로미터 떨어진 비아 아우렐리아 도로변에 숨어 있었다. 그의 은신처는 로마 귀족 영지에서 관리인으로 일하는 사람의 집이었다.[1] 미국 전략사무국OSS의 비밀 요원인 톰킨스는 고무보트로 해안에 상륙한 후 이곳까지 이동했다. 그는 이후 로마로 데려다 줄 사람과 접촉하기로 되어 있었으나, 나타나지 않았다. 그래서 2명의 리무진 운전사에게 그들의 사장이 자신의 친구라고 속이며 뇌물을 주고 자신과 이탈리아인 동료, 안전가옥과 로마 사이에서 심부름꾼 역할을 하던 T라는 소년, 여기에 의도치 않게 2명의 이탈리아 사보타주 요원까지 합류해 함께 차에 몸을 싣고 밤길을 달려 비아 아우렐리아를 따라 몬탈토 데 카스트로와 타르퀴니아를 향해 갔다.[2]

톰킨스는 위조 신분증, 금화 300개, 자신의 비밀 암호, 특정 주파수를 맞출 수 있는 무선 진동자, 베레타 9밀리미터 자동 권총, 그리고 무모하게도 소형 미녹스 카메라를 휴대하고 있었다.³ 운전사들은 독일 대사관과 파시스트 공화국에서 발급한 신분증을 갖고 있었다. 그래서 톰킨스는 그들이 독일 점령군 밑에서 일하는 자들이 아닐까 의심했으나, 사보타주 요원 중 1명이 그들 중 하나가 옛 군대 동료임을 알아보면서 안심이 되었다. 그는 "우리는 모두 안도했다"고 기록했다. 이들은 비아 아우렐리아를 벗어나 교외 길을 따라 밤새 이동했다. 톰킨스는 잠이 부족해 졸았고, 방향 감각도 흐릿해졌다. 이후 비테르보의 회갈색 성벽을 지나 새벽 무렵에 비아 카시아로 들어섰다. 중세 도시 비테르보는 로마 북쪽으로 이어지는 도로와 철도의 전략적 요충지로서, 연합군 공습으로 역사적 건물들이 많이 훼손되었다. 한 독일 트럭이 그들이 불법 연료로 주유하는 동안 지나갔지만 군인들은 단지 전조등을 끄라고 명령했을 뿐이었고, 검문소에서도 서류를 대충 확인해 통과할 수 있었다. 톰킨스는 추가 검문이 있지 않을까 두려워했으나 폰테 밀비오에 도착하자 광장은 텅 비어 있었다. 그들은 점령된 로마에 도착한 것이었다.⁴

일단 도시에 들어서자 톰킨스는 점령 초기부터 저항 운동을 벌여온 파르티잔 지도부와 접촉하는 임무가 주어졌다. 10월 16일의 유대인 강제 압송 후 일주일 만에 가장 큰 파르티잔 단체인 반디에라 로사(붉은 깃발)는 무기를 확보하기 위해 이탈리아 파시스트 군사 기지를 공격했다. 그러나 이 작전은 12명의 파르티잔이 체포되고 그중 11명이 즉시 처형되면서 실패로 끝났다. 그 뒤에 벌어진 작전들은 좀 더 성공적이었다. 한 번은 독일 경찰로 위장해 검문소를 설치하고(도로 통제가 얼마나 중요한지 다시금 일깨워주는 사례다) 이탈리아 아프리카 식민지 경찰 사형집행반의 트럭과 제복을 탈취하여 브라베타 요새로 향하는 처형을 막았다. 이탈리아와 독일 경비병을 모두 속인 파르티잔들은 포로들을 해방시키고 안전하게 빠져나가기 위해 인질과 함께 훔친 트럭을 타고 비아 아우렐리아를 따라 체르베테리에 있는 안전가옥으로 돌아갔다. 이런 본격적 작전 말고 소소한 저항 운동도 도움이 되었다. 애국행동집단GAP 소속의 파르티잔들은 비아 카실리나 등 로마 주요 도로에서 표지판을 제거해 적을 혼란에 빠트리는 행동을 벌였다.[5]

한편 연합군의 이탈리아 반도 상륙 작전은 더디게 진행되고 있었다. 전쟁은 새로운 지형을 만들어낸다. 2차 세계대전의 방어선들은 기존 도로들을 따라가는 것이 아니라 도로를 가로질러 구축되었다. 예를 들어 구스타브 선(방어선)은 나폴리 북쪽 약 80킬로미터 지점인 가리글리아노 강 하구 근처, 즉 비아 아피아가 해안에서 내륙으로 방향을 트는 지점에서 시작해 동쪽으로 약 135킬로미터 떨어진 산그로 강 하구인 아드리아 해 연안의 페스카라 남쪽 약 48킬로미터 지점에서 끝난다. 지뢰밭, 토벽, 철조망, 벙커 등이 설치된 구스타브 선은 이탈리아의 자연 지리를 최대한 활용한 방어선이었다. 이 선의 가장 높은 지점은 해발 518미터 정도인 몬테 카시노 수도원이었다. (이 수도원은 1000년 전에 이름 없는 청각장애 영국 순례자가 힘들게 찾아온 곳이기도 하다.) 독일군 사령관 케셀링은 구스타브 선이 적어도 6개월은 방어될 수 있다고 히틀러에게 안심시켰다.[6]

연합군은 구스타브 선 남쪽 약 16~32킬로미터 거리에 있고 방어가 비교적 약했던 바르바라 선을 1943년 11월에 돌파했다. 이어 12월 1일 미군 제5군은 구스타브 선에 대한 새로운 공세를 펼쳤다. 그러나 열흘 간의 전투에도 불구하고 핵심 목표물인 몬테 카시노와 비아 카실리나 북방 약 48킬로미터 지점의 프로시노네 시를 확보하지 못했다.[7] 남아프리카 병사 존 스몰우드John Smallwood는 로마로 가는 길에서 벌어진 '악몽 같은 여정'을 그의 일기에 기록했다.

탱크와 대포, 하프트랙(반궤도차)과 구급차가 3톤 트럭과 수송차량, 또 다른 탱크들과 뒤엉켜 끝없는 행렬을 이루고 있었다. 꼬리에 꼬리를 문 행렬은 숨 막히는 열기와 먼지 속에서 시동을 켠 채 한없이 기다리거나, 앞차를 따라잡으려 좁은 길목을 미친 듯 질주했다. 나무와 덤불은 부러지고 휘어져 형체를 잃었으며, 집들은 무너져 내리거나 커다란 상처처럼 갈라져 있었다. 누더기 옷을 입은 민간인들이 작은 무리로 서서 끝없이 이어지는 행렬을 애처로운 눈빛으로 바라볼 뿐이었다. 사방에는 적의 장비가 널려 있었다. 부서져 나뒹구는 트럭, 불길에 그을린 전차, 거꾸로 뒤집힌 대포가 흩어져 있었고, 찢겨나간 철조망과 전화선은 거미줄처럼 덤불과 울타리에 얽혀 있었다. 그리고 그 위로는 두텁고 메스꺼운 먼지의 장막이 깔려 있었고, 곳곳에서는 죽음의 악취가 공기를 짓눌렀다.[8]

전황을 전하던 기자들은 상황을 이해하기 위해 도로에 주목했다. '로마로 가는 길Roads to Rome'이라는 표현은 기사에 자주 등장했다. 1943년 12월 18일자 《던디 쿠리어Dundee Courier》는 '로마로 가는 길에 대한 이중 공세: 독일군, 허약해진 방어선에 매달려'라고 헤드라인을 뽑으며 "제5군은 로마로 들어가는 관문인 비아 아피아의 하류 구간에서 격전을 벌이고 있다"고 보도했다. 그보다 이틀 뒤 애버딘의 《프레스 앤드 저널》의 종군기자로 북아프리카 연합군 본부에 나가 있던 시릴 뷰리Cyril Bewley는 "제5군이 산 피에트로를 점령했다. 이곳은 카푸아-로마 도로상에서 카시노로 향하는 길을 차단하던 마지막 산악 요새였다"라고 전했다.⁹ 도로 확보는 실제로 연합군 작전의 핵심이었고, 손쉽게 가리키기 위해 고대 도로 이름 대신 번호가 붙여졌다. 《애버딘 저널》은 독자의 편의를 위해 이를 정리해 일람표를 제공했다. 로마를 중심으로 시계 방향으로 볼 때 해안을 따라 북쪽으로 뻗은 비아 아우렐리아는 1번 도로, 비아 카시아(일부는 순례길 비아 프란치제나와 겹친다)는 2번 도로, 북동쪽 리미니로 이어진 비아 플라미니아는 3번 도로, 비아 살라리아는 4번 도로, 티볼리로 향하는 비아 티부르티나는 5번 도로, 리리 계곡을 따라 남쪽으로 이어진 비아 카실리나는 6번 도로, 비아 아피아는 7번 도로, 로마와 고대 항구를 연결하는 비아 오스티엔세는 8번 도로로 지정되었다.¹⁰

그러나 로마 남쪽의 지형은 진군해 올라오는 연합군을 상대로 단단한 천연 방어시설을 독일군에게 제공했다. 우리가 이미 살펴본 바와 같이 비아 아피아는 폰티네 습지를 지나며, 일부 구간은 해안과 매우 가깝다. 비아 카실리나는 내륙에서 약 19~32킬로미터 떨어져 있었다. 그 사이에 험준한 산간 지역이 있는데, 아우룬치 산은 최고봉이 해발 1524미터에 달한다. 전진해 오는 군대는 높은 고지에 자리 잡고 있는 적들의 관찰과 공격에 노출될 수밖에 없었다. 그러나 현대식 보급로를 유지할 수 있는 길은 이 두 도로뿐이었다.¹¹ 두 도로 중에는 비아 카실리나가 더 선호되었다. 리리 계곡은 비교적 넓었던 반면 비아 아피아는 때때로 아주 가파른 절벽을 통과했기 때문이다.¹² 고대 로마 도로 건설자들을 곤란하게 했고, 교황들 역시 수 세기 동안 맞서야 했던 이 지형은 20세기의 군대에게도 다시 한 번 장애물로 작용했다.

구스타브 선을 돌파하지 못한다면 새로운 전략을 수립해야 했다. 피터 톰킨스는 여러 해가 지난 뒤에 이렇게 회고했다. "전에 한니발과 벨리사리우스가 선택했던 공격로, 즉 비아 카실리나와 비아 아피아를 따라 북상하면서 전면적 공격에 나서는 것은 희망 없는 일처럼 보였다." 톰킨스는 독자들이 두 장군 중 성공한 이는 벨리사리우스뿐임을 알고 있다고 가정한 듯하다. 한니발은 코끼리를 이끌고 알프스를 넘는 방법을 택했는데, 이는 연합군이 선택할 수 있는 방법이 아니었다. 톰킨스는 연합군이 알반 언덕을 점령할 수 있다면 전세가 유리해질 것이라 보았다.[13] 알반 언덕은 로마 남쪽 약 32킬로미터 지점에 있는 곳으로, 두 도로 사이에 위치해 도로들을 내려다볼 수 있었다. 연합군 사령부는 구스타브 선 북쪽 지점에 병력을 상륙시키는 수륙 양용 작전을 채택했다. 선택된 장소는 안치오와 그 옆 해변의 네투노였다. 이곳은 약 27킬로미터 떨어진 비아 아피아의 치스테르나와 연결되었는데, 고대의 역참 트레이스 타베르네가 있던 곳이다. 그러나 당시에는 전략적 요충지로서의 언덕 위 위치가 중요했다. 연합군 사령부의 이 결정은 상당한 회의론이 뒤따랐으며 오늘날 전쟁사가 사이에서도 논쟁점으로 남아 있지만, 윈스턴 처칠이 이 작전을 지지해 결국 실시하게 됐다.[14] 안치오 전투 이야기는 우리를 다시금 익숙한 장소인 폰티네 습지로 데려간다. 습지는 선택된 상륙 지점의 바로 남쪽에 있었다. 당시 토지 개간 사업이 이루어져 여러 도로들이 교차하고 있었지만, 특히 비가 많은 겨울철에는 여전히 중장비 이동에 적합하지 않았다. 그러나 이것은 독일군에게도 어려운 문제였다. 그들은 최전선을 지원하기 위해 비아 아피아, 즉 7번 도로에 의존하고 있었기 때문이다.[15]

자정이 막 지난 1944년 1월 22일, 연합군의 첫 함정이 안치오 해변에 닻을 내렸다. 연합군 공군은 이탈리아 북부에서 로마로 가는 교통을 단절하기 위해 철도와 공항을 폭격했으나 독일군은 이를 곧바로 수리했다.[16] 연합군은 코르시카와 사르데냐에서 벌인 양동 작전이 독일군을 속여서 실제 상륙 지점을 오판하기를 희망했다. 작전 성공 여부는 확실치 않으나, 상륙 작전이 독일군을 놀라게 한 것은 틀림없었다.[17] 그렇지만 독일군이 전혀 대비를 못한 것은 아니었다. 상륙 작전은 연합군이 택할 수 있는 여러 선택지 중 하나였고, 독일군은 이에 대비해 '리하르트 작전Case Richard'이라 불린 대응 시나리오를 준비해 두고 있었다. 연합군이 2개 사단에 이어 추가 병력을 상륙시키자 독일군도 이를 가동했다.[18] 상륙 후 첫 사흘 동안 연합군은 안치오에서 반원형으로 둘레 약 41킬로미터에 이르는 교두보를 확보했다. 그러나 독일군이 북쪽의 알반 언덕을 점령하고 있어, 연합군은 독일군의 포병 사격에 노출될 수밖에 없는 위치였다.[19] 전쟁 종군기자인 마이클 스턴은 전쟁이 끝난 후 아들과 함께 폰티네 습지를 지나면서 그 일대의 어려운 여건을 설명해 주었다. 독일군은 도로로 직접 내려오는 산간 지역을 확보하고 있었으므로 행군하는 병력은 포격에 곧바로 노출되었다. "우리가 독일군을 고지에서 몰아내지 않는 한, 그 행군은 자살행위였어." 언덕 맞은편에 있는 계곡도 선택지가 될 수 없었다. "거긴 몬테 카시노가 있었는데 그들이 고지를 점령하고 있었지."[20]

연합군은 계속해서 병력을 해안으로 상륙시켰다. 1944년 1월 29일 이미 6만 9천의 병력이 상륙해 있었고, 2월 중순에 이르러서는 숫자가 10만으로 늘어났다. 이에 맞서 독일군은 치스테르나와 소도시 캄폴레오네를 방어하기 위해 새 전선을 구축하고 12만 병력을 투입했다.[21] 그중에는 실레지아 출신의 요아힘 리브슈너(Joachim Liebschner)도 있었는데, 당시 열여덟 살이었다. 그는 연락병으로 자전거를 타고 소속 중대와 본부 사이의 도로들을 오가며 명령을 전달했다.

우리는 자전거를 지급받았는데, 사실 이건 정말 농담과도 같은 일이었다. 앞으로 나아가면 포격이 더욱 심해졌고, 공군의 공습까지 받았기 때문이다. 병사들이 좌우에 있는 참호 속으로 뛰어들 때 나는 자전거를 지켜야 했다. 나는 주임 상사에게 가서 여기서 어떻게 자전거를 쓰라는 건지 이의를 제기했다. 그러자 상사는 말했다. "자네가 서명했으니 책임은 자네에게 있다네." 이건 고충 호소에 대한 전형적인 독일군식 대답이었다. 나는 자전거를 나무에 기대어 세워놓고 우리가 전방에 도달하면 이 나무를 다시 찾으면 되겠다고 생각했다. 그러나 자전거뿐만 아니라 기대어 놓은 나무조차 사라져버리고 말았다.[22]

오늘날 안치오 상륙 작전은 마을 내 작은 박물관에서 기념되고 있다. 이곳에는 사진과 기념품, 기증된 군복, 액자에 넣은 신문 기사, 가방과 장비, 항구에 빠졌다가 조개들로 뒤덮여 돌처럼 굳어진 소총 등이 전시되어 있다. 박물관 직원이 전투가 가져온 파괴 상황을 촬영한 흑백 필름을 보여주었다. 연합군과 독일군 양측의 포격으로 마을만 파괴된 게 아니라 전원 지역도 피해 상황이 심각했다. 바둑판 모양의 들판에는 포탄 분화구가 곰보 자국처럼 선명했다. 박물관 밖에는 기념비가 세워져 있는데 하얀 석조 십자가가 그 위를 장식하고 있으며, 세로로 꽂힌 검 끝이 아래를 향하고 있다. 기념비에는 이렇게 새겨져 있다. "안치오 교두보 전투에서 목숨을 바친 제2대대의 포레스터스 장교, 준위, 부사관, 병사들의 숭고한 뜻을 기리며." 나와 같은 시간에 박물관을 방문한 영국인 부부가 있었다. 남자의 아버지는 안치오 전투에 참전했다고 한다. 참전용사와 그들의 가족에게는 이곳과 이탈리아 남부 전역에 있는 국제 공동묘지 등이 현대판 순례지가 되었다.[23]

미군 유격대원 윌리엄 뉴넌은 1945년 미국에 돌아간 직후에 친구와 가족들에게 그 전투에 대해 말해주었다. 그의 대대는 치스테르나 공격 임무가 부여되었다. 그는 이렇게 설명했다.

> 우리가 이곳을 공격 대상으로 삼은 것은 자연스러운 선택이었다. 치스테르나는 비아 아피아의 길목에 위치해 있었고, 이 도로는 카시노로 향하는 남쪽의 세 주요 도로 중 하나였다. 만약 연합군이 비아 아피아를 따라 카시노까지 장악했다면, 독일군은 크게 당황했을 것이다. 왜냐하면 식량과 탄약, 증원군을 투입하는 게 대단히 어려워지기 때문이다.[24]

그러나 공격은 실패했다. 뉴넌은 "독일군은 우리가 예상했던 것보다 훨씬 많은 병력을 동원해 놓고 있었다"고 회고했다. 유격대원들은 1월 31일과 2월 1일 사이의 밤에 독일군 전선을 돌파했으나, 탄약이 바닥나기 전에 마을을 점령하지는 못했다. 뉴넌의 부대원들은 소수를 제외하고 전사하거나 포로로 붙잡혔다. 이들은 로마의 콜로세움으로 끌려갔고 "거기서 트럭에서 내려져 독일군의 개선식을 위해 거리를 강제 행군해야 되었다."[25] 개조된 도로는 새로운 용도로 사용되었다. 미군 포로들은 이탈리아 북부로 압송됐는데, 뉴넌은 토스카나에서 가까스로 도망쳤다. 농부와 다른 탈출자들의 협력으로 남행해 로마로 갈 생각이었다. 그는 안치오 교두보가 곧 확대될 거라고 확신했다.[26] 주요 도로를 피하고 토스카나 시골길을 택해 이동하던 중 치우시 일대는 "도로라 부를 만한 것이 없고 작은 길들만 가득하다"는 것을 발견했다.[27] 1960년 12월의 CIA 보고서는 아드리아 해 건너 유고슬라비아 파르티잔들도 그와 유사하게 현대적 도로의 부재로 혜택을 보았다고 기록했다. 보고서 작성자는 "그들은 험준한 산간 지대에서 피신처를 발견했다. 거기서 성공적으로 매복하면서 도로를 습격하고 차단했다"고 언급했다. 그리고 "오늘날 주요 도로 상당수는 고대 로마인들이 개발했던 경로를 그대로 따르고 있다"고 덧붙였다.[28]

그보다 조금 더 남쪽으로 내려가 비아 카시아에 위치한 몬테피아스코네의 남쪽에서 뉴넌은 자그마한 산을 하나 발견했다. 그는 나중에 그 산이 카를로만 수도원이 있는 소라테 산이라는 걸 알았는데, 예전에 호라티우스가 칭송했고 그랜드 투어리스트 새뮤얼 로저스가 주목했던 바로 그 산이었다. 뉴넌은 이렇게 썼다. "북쪽에서 남쪽으로 내려오는 사람에게 길잡이로 사용할 수 있는, 이탈리아에서 몇 안 되는 단독 산 중 하나다."[29] 다만 뉴넌의 기록에서는 그가 소라테 산이 1930년대 후반 이탈리아 정부가 구축한 대규모 군사 벙커가 있는 곳이고, 1943년 9월 이후 독일 점령군 본부로 사용되던 곳이었음을 알았는지는 불분명하다. 어쨌든 뉴넌이 주요 도로에 접근할수록 도움을 얻는 것이 점점 어려워졌다.

좋은 도로는 그 근처에 독일군이 있다는 뜻이었다. 만약 독일군이 근처에 있거나 즉각 나타날 수 있는 상황이라면, 이탈리아군은 별 도움을 주지 못했다. 그들 자신도 위태로워지기 때문이다. 그러나 도로가 없는 곳

에서 그들은 자기만의 작은 성 안에 있는 듯 독립적이었고, 비교적 자유로웠다.[30]

결국 뉴넌은 다른 탈출자와 함께 주요 도로를 건너야 했다. 그는 "벼랑 끝에 선 범죄자처럼 느껴졌다"고 적었지만, 동시에 "우리에게 신경 쓰는 사람은 별로 없었다. 독일군과 직접 맞닥트리지 않는다면 전혀 문제될 것이 없었다"고 덧붙였다.[31] 그는 지역에서 영향력 있는 공산당원의 도움으로 리냐노 플라미니오까지 갔다. 이름이 암시하듯이 비아 플라미니아에 위치한 곳이었다. 또한 비테르보에서 로마까지 가는 철도 노선도 있어, 뉴넌은 새벽 4시에 기차를 타고 로마에 입성하는 데 성공했다.[32] 이후 공산당원은 뉴넌을 비아 플라미니아 주변의 한 아파트에 숨겨 주었다. 그곳에서 그는 독일군이 움직이는 소음을 들을 수 있었다. "독일군들은 밤마다 그 길을 오르내리며 병력을 이동시켰다. 빈 트럭을 내보내는 소리와 많은 마차가 지나가는 소리가 들렸다."[33]

한편 피터 톰킨스는 안치오 상륙 작전 하루 전에 로마에 도착해 정보를 수집하는 업무에 착수했다. 뉴넌이 도로의 중요성을 알아보았듯이 톰킨스도 도로의 동향을 주시했다. 상륙 작전 다음 날 밤, 즉 1월 22~23일 사이의 밤에 그는 이런 보고를 받았다. "로마에서 남쪽으로 향하는 교통이 매우 집중되어 있으며, 비아 아피아를 통해 이동 중이다. 로마 북쪽 반경 90킬로미터 내의 모든 독일군 부대는 남쪽으로 이동하라는 명령을 받았다. 그들이 사용한 도로는 아피아 안티카, 알바노, 비아 안지아테Via Anziate다." 그리고 "다른 부대들은 알바노-안치오 도로를 따라 교두보 주변에 배치되었고, 로마 남쪽

(오스티아 길의 포르타 산 파올로)에는 참호와 야전 방어시설들이 급히 설치되었다. 비아 아피아의 차량들은 총 270대였는데, 특히 오후 7시부터 새벽 사이에 집중됐다"고 했다.[34]

톰킨스와 그의 지휘관들은 모든 길이 로마로 통한다는 점을 적극 활용했다. 오늘날과 달리 도시를 우회하는 순환도로가 없던 당시, 도로와 철도 모두 병목 현상이 생기곤 했다. 뉴넌은 이렇게 썼다. "적절히 조직한다면 우리가 낮뿐만 아니라 비행기 정찰이 어려운 밤에도 그들을 연속적으로 감시할 수 있으며, 감시 내용을 카세르타와 교두보 양쪽에 보고할 수 있다." 나폴리 외곽의 거대한 18세기 궁전 카세르타는 당시 연합군 사령부로 사용되고 있었다. 사회당 소속의 파르티잔들은 이미 각 구역별로 지하 조직이 결성되어 있었고, 조직 본부로 다양한 세포 요원들이 보고를 올렸다.[35]

연합군의 상륙 소식은 도로의 북쪽, 점령된 로마에 살고 있는 사람들에게 희망을 안겨주었다. 비아 카실리나 주변에서는 '토르피냐냐타라와 체르토사 인민공화국'이 2월 여러 주 동안 효율적인 파르티잔 아지트 역할을 했다. 이곳에서 지원자들은 훈련을 받았고, 현지 경찰들은 나치가 아니라 지하 조직으로부터 명령을 받았다.[36] 그러나 안치오 교두보에서는 양측의 사상자가 아주 많았다. 2월 22일에는 연합군 사령관 존 P. 루카스John P. Lucas 소장이 교체되어 루시언 트러스콧Lucian Truscott 장군이 지휘를 맡았다. 전투는 교착 상태로 접어들었다.[37] 독일군은 배수 펌프를 중단하고 폰티네 습지가 물에 가득 잠기도록 해 연합군에 대한 자연 방어선을 확보했다. 하지만 이로 인해 말라리아를 일으키는 모기가 번성해 전쟁 후에 귀환한 민간인들에게 심각한 피해를 입혔다.[38] 40년 후에 이 시기를 회고하는 글을 쓴

피터 톰킨스는 안치오 작전 수행을 비판했다. 그는 독일군 사령관 케셀링이 "오직 기적만이 독일군을 구제할 수 있다"고 말했음에도, 연합군의 알렉산더와 클라크 장군이 과감성이 부족해 그런 이점을 살리지 못했다고 지적했다. 두 장군은 알반 언덕을 향해 곧장 진격한 것이 아니라 교두보 지역을 강화하는 데 더 집중했다.³⁹ 전쟁이 끝난 후 케셀링과 그의 참모장은 연합군이 충분히 로마를 점령할 수 있었다고 말했고, 로마 주둔 독일군 지휘관인 쿠르트 마엘처Kurt Maeltzer 장군도 같은 의견이었다.⁴⁰ 마이클 스턴은 아들에게 안치오 전투 실패에 대해 설명하기 어려웠지만 "전략 때문에 실패한 게 아니라, 지휘관들의 신통찮은 작전 수행 때문에 실패했다"고 설명했다.⁴¹ 그보다 훨씬 뒤 정찰 업무를 부여받은 미군 중위 존 T. 커밍스John T. Cummings는 그와 운전수는 비아 아피아 턱밑까지 운전해 갈 수 있었고, 알반 언덕을 지나 티베르 강이 보이는 지점까지 왔을 때에도 독일군은 발견하지 못했다고 주장했다. 커밍스의 기억이 정확하다면, 그의 정찰 보고서는 보고되지 않았거나 보고되었더라도 구체적 행동으로 이어지지 않은 것이다.⁴² 윈스턴 처칠은 이런 불평을 했다. "나는 우리가 야생 고양이처럼 무모하게 상륙해야 한다고 생각했는데, 결국 맞이한 것은 해변에 좌초한 늙은 고래였다."⁴³ 반면에 최근의 분석 결과는 가용 병력과 정보를 감안하면 루카스의 과단성 부족은 타당한 것이었다고 말한다.⁴⁴ 돌이켜볼 때 남쪽에서 올라와 로마 점령에 성공한 것은 1400년 전 벨리사리우스의 승전이 유일했다. 이 작전은 심지어 한니발도 실패했던 것이다.⁴⁵ 어느 쪽이 되었든 이러한 교착 상태는 '인민공화국' 주민들에게는 실망스러운 것이었다. 약 3주 후 남쪽으로부터의 지원이 사라졌다는 것을 파악하자, 독일군은 저항 운동 조

직가들을 일제 검거해 25명을 처형하고 나머지는 추방했다.[46]

이 조치는 로마 시민들의 결단을 재촉했다. 1944년 3월 23일, 몬테 카시노를 둘러싼 3차 전투가 한참 진행되고 있을 때 로마의 GAP 게릴라 조직 일부가 팔라초 바르베리니 인근에서 비아 라셀라Via Rasella를 따라 이동 중이던 경찰 호송대를 향해 폭탄을 투척했다. 이 공격으로 독일 경찰 소속 군부대 요원 30명이 사망하고, 인근에 있던 민간인 2명이 목숨을 잃었다. 비아 라셀라는 높은 건물들 사이에 나 있는 비좁고 가파른 도로로, 당시에도 삼피에트리니(포석)가 깔려 있었다. 내가 2021년 가을에 갔을 때에는 이곳에서 벌어진 사건을 알려주는 안내판이나 명판은 설치되어 있지 않았다. 괴테의 집, 셸리의 집, 키츠의 집은 명판이 있을 수 있지만, 이곳은 그렇게 쉽게 기억되기 어려운 장소다. 존 풋John Foot이 지적했듯이 비아 라셀라 폭탄 공격에 대해서는 두 가지 서로 다른 견해가 존재해 왔다. 하나는 점령된 로마 시민들의 폭넓은 지지를 받은 영웅적 저항 행위로 보는 시각이고, 다른 하나는 무의미한 도발로 보는 시각이다.[47] 이 공격에 대한 보복 조치로 점령자들은 사망한 30명보다 10배 많은 300명을 검거했다(최초의 30명 외에 추가로 3명의 군인이 사망했다). 검거된 사람들 중에는 비아 라셀라 인근 지역에 사는 주민, 이미 유대인이라는 이유로 억류되어 있던 75명, 그리고 '인민공화국'에서 게릴라를 훈련시킨 우치오 피시노Uccio Pisino, GAP 조직자 발레리오 피오렌티니Valerio Fiorentini, 톰킨스와 함께 로마로 향하는 도로를 감시하던 사회당 정보요원 22명 등 정치 활동가들이 포함되어 있었다.[48]

2세기의 수사학자이며 웅변술 교사였던 퀸틸리아누스는 이렇게 썼다. "범죄자들을 십자가형에 처할 때에는 사람들이 많이 다니는 길을 선택했다. 그래야 많은 사람들이 그것을 보고 공포에 사로잡힐 수 있기 때문이다. 모든 처벌은 범죄 자체보다는 죄를 저지르면 어떻게 되는지 알리는 데 더 큰 목적이 있다."[49] 아피아누스의 역사서 《내전사》에 의하면, 스파르타쿠스의 반란 진압 이후 로마에서 카푸아로 향하는 길을 따라 6000명의 반란군이 십자가형에 처해졌다.[50] 독일군이 비아 라셀라 공격에 대해 가혹하게 보복한 것도 일벌백계를 위한 것이었으나, 그 행위는 일반 대중의 눈에 띄지 않는 비아 아르데아티나에서 행해졌다.

20세기 초 역사가 주세페 토마세티Giuseppe Tomassetti는 로마 캄파냐 지방을 다룬 역사서에서 교외 도로들을 거론할 때 비아 아르데아티나에 대해서 이렇게 말했다. "이 도로는 가장 무시된 도로 중 하나이자 비교적 덜 알려진 도로다." 이 길은 과거에 로마에서 약 38킬로미터 떨어진 아르데아로 연결되었는데, 도시가 일찍 쇠퇴하고 인근 도로 간의 상업적 경쟁 덕분에 상대적으로 이용되지 않게 되었다. 그렇지만 아르데아에 도시의 지위가 부여된 1130년까지는 존속하고 있었던 것으로 보인다.[51] 19세기 초에는 '신성한 사랑의 마리아'를 기리는 성지가 있었으며, 성모 축일에는 화려하게 차려입은 여성 순례자들이 이곳을 찾아왔다.[52] 그러나 그로부터 한 세기 뒤에 역사가 토마세티는 이 지역의 풍경이 '황량하다'고 기록했다. 그와 그의 동료들은 여섯 마리의 맹견에게 공격을 받았지만, 다행히 엽총을 가지고 있어서 그 개들을 물리칠 수 있었다.[53]

토마세티는 이 도로가 현대에 들어와 악명 높은 장소가 될 것을 예측할 수 없었을 것이다. 독일군의 보복 행위는 이것이 처음은 아니었다. 먼저 1943년 10월 22일 비아 티부르티나에서 10킬로미터 지점에 있는 피에트랄라타에서 1차적 보복이 있었다. 그러나 비아 아르데아티나에서 벌어진 것은 가장 피비린내 나는 잔인한 보복이었다. 학살 행위는 버려진 채석장 동굴 속에서 자행됐다. 근처 고대 지하묘지에서 조금 걸어가면 있는 음산한 느낌이 드는 곳이었다. 오늘날 포세 아르데아티네 기념관은 2차 세계대전 중에 이탈리아에서 자행된 가장 악명 높은 행위 중 하나인 1944년 3월 24일 이곳에서 335명이 학살된 사건을 증언하고 있다. 그런데 이 수치도 정확한 것이 아니라고 한다.

기념관은 학살이 이루어진 U자형 동굴을 바탕으로 설계되었다. 독일군은 총살형을 집행한 후에 동굴의 양쪽 입구를 폭파해 학살 장소에 출입하지 못하게 했다. 오늘날 이 폭파로 생긴 분화구는 그대로 노출되어 있으며, 석벽을 세워 동굴 내부를 강화했다. 그리고 내부에는 작은 예배당이 있고, 언덕 경사면에는 작은 박물관이 있다. 박물관 내의 안내문은 1944년 당시 로마의 식량 배급은 하루 빵 100그램으로 제한되었는데, 그나마 50그램으로 다시 감축되었다고 한다. 나는 작은 빵 한 덩이를 10조각으로 나누고 그중 하나가 하루 식량이었다고 상상해 본다.

동굴은 아주 조용했다. 그곳에 방문한 사람은 나뿐이었다. 학살된 335인의 무덤은 거대한 콘크리트 판 아래에 있었다. 무덤은 화강암으로 만들어졌으며, 각 무덤 위에는 철제 월계관과 순교자의 이름이 새겨져 있었다. 이곳에서는 희생된 사람들을 가리켜 순교자라 했다. 그리고 작은 사진을 넣어둘 수 있는 케이스도 있었다. 일부에는 이름이 새겨져 있었는데, 가장 최근에 신원 파악이 된 것은 2021년 3월이었다.

안치오의 교착 상황은 1944년 5월 11~12일 밤에 해소됐다. 연합군은 병력을 증강해 상륙지점 해변에는 7개 사단이 배치되어 있었고, 구스타브 선 남쪽에는 추가로 18개 사단이 투입됐다. 부대 지휘관들은 대체로 영국인과 미국인이었지만 군대 자체는 캐나다인, 인도인, 알제리인, 남아프리카인, 뉴질랜드인, 프랑스인, 이탈리아인, 폴란드인 등 다국적군이었다.[54] 독일군 병사 요아힘 리브슈너는 처음엔 미군의 공세를 막아냈다고 생각했다.

나에게는 젊은 병사 10명과 노련한 병사 1명, 그리고 기관단총 2자루가 주어졌다. 이어 비아 아피아(7번 도로)상으로 진격해 오는 적을 저지하라는 명령을 받았다. 나는 잘 구축된 참호를 인계받았다. 그리고 도로 양옆에 기관단총 진지를 설치했고, 오른쪽 진지에 함께 했다. 다음 날 아침 8시에서 9시쯤 수백 명의 미군들이 도로상에 나타났다. 그들은 마치 평화 시처럼 소총을 어깨에 메거나 허리춤에 걸친 채 우리 쪽으로 오고 있었다. 우리는 그들이 불과 약 90~110미터 지점에 올 때까지 기다렸다. 이어 무차별 사격을 가해 일대를 아수라장으로 만들었다. 그들은 볼링 핀처럼 쓰러졌고, 나머지는 숲속으로 도망쳤다. 그들이 우리의 소재지를 파악하는 데 30분 정도가 걸렸다. 곧이어 진지에다 포격을 가하기 시작했다. 나는 그처럼 지독한 포격은 받아본 적이 없었다.[55]

이후 로마에서 남쪽으로 이동하던 미군 유격대원 뉴넌은 이렇게 회상했다. "미군 탱크 7대가 적의 대전차 포격을 당해 도로에 널브러져 있는 것을 발견했다. 그 탱크들은 다른 부대보다 앞서 굉음을 내며 진입했는데, 독일군 대전차포가 기다렸다는 듯이 포격을 가해 파괴했다."[56] 리브슈너는 잡혀서 포로 수용소에 보내졌다. 그는 나중에 이렇게 말했다.

미군들이 수송 중인 엄청나게 많은 전쟁 물자들을 보고 이때 처음으로 우리가 전쟁에서 이길 수 없을 것이라는 생각을 했다. 도로에는 탱크, 트럭, 지프차가 가득했고, 심지어 대낮에 움직이고 있었다. 우리는 자전거 1대조차 낮에는 총격을 피하지 못해 움직일 수 없었는데, 그들은 도로를 뒤덮으며 전쟁 물자, 대포, 탱크를 쉴 새 없이 이동시키고 있었던 것이다.[57]

연합군은 일주일 만에 구스타브 선을 돌파해 1944년 5월 18일에 몬테 카시노를 점령했다. 수도원은 이미 포격으로 완전 허물어진 상태였다. 연합군이 독일 병사들이 그 수도원에 숨어 있을 것이라고 오인한 것이다. 야전 외과의사인 폴 케네디는 참상을 이렇게 묘사했다. "폐허가 된 카시노는 완전 허물어진 돌무더기에 지나지 않았다. 나는 그처럼 완벽하게 파괴된 광경은 본 적이 없었다."[58]

오늘날 몬테 카시노 수도원은 1950년대에 세심하게 복원 작업을 거쳐 폐허에서 다시 일어섰다. 키츠-셸리 기념관 소속의 유물들은 아이러니하게도 1943년 10월 점령지 로마로 다시 되돌려지면서 구제되었다. 몬테 카시노의 유물담당관 돔 마우로 인구아네즈Dom Mauro Inguanez가 독일군 의무 장교가 모는 차를 얻어 타고 가면서 개인 짐에다 그것들을 담아 도시로 반입했던 것이다. 돔 마우로는 그 보물들을 아벤티네 언덕에 있는 성 안셀모 수도원에 가져갔다. 그곳의 큐레이터는 안전한 보관을 위해 유물을 몬테 카시노에 보낸 지 1년도 채 되지 않아 그것들을 다시 회수해 왔던 것이다.[59] 오늘날 몬테 카시노에 전시된 것은 대부분 역사의 흔적을 보여주는 모조품이며, 그곳 지하에 가야만 진품을 볼 수 있다. 지하실은 기묘하면서도 매혹적인 이집트풍인데, 폭격에도 불구하고 허물어지지 않고 살아남았다. 다른 곳에서도 파괴의 사정은 마찬가지였다. 예를 들어 안치오는 종전 후 도심 대부분을 새로 지어야 했다.

1944년 5월, 나폴리 외곽에서 케네디는 뉴스를 기다리고 있었다. 5월 22일에 그는 일기에 이런 식으로 건조하게 적었다. "전쟁이 현재 계속되고 있다. 우리의 기관총에서 날아가는 섬광탄이 실제로 보인다. 그것도 아주 가까이서 말이다." 그럼에도 그는 곧 "로마를 보게 될 것"이라는 낙관적인 전망을 남겼다. 그러나 그 전에 중상병들을 처리해야 했다. 치스테르나 전투 직후 200명의 외과 환자가 야전병원에 들어온 것이다. 전투는 독일군의 7번 도로(비아 아피아) 보급로를 성공적으로 끊어 놓았다.[60] 나중에 뉴넌이 로마에서 남쪽으로 향했을 때 그는 독일군 장비를 실은 트럭들이 길가에서 불타고 있는 광경을 보았다. 그는 이렇게 적었다. "마침내 우리는 허물어진 돌무더기에 불과한 장소에 도착했다. 장군이 내게 물었다. '자네 이곳이 어디인지 알겠나?' 내가 대답했다. '모르겠습니다.' '여긴 치스테르나야.' 장군이 말했다. 그곳은 완전 파괴되어 아무 것도 남아 있는 게 없었다."[61]

종군기자들은 그보다는 할 말이 많았다. 그래서 전쟁에 대한 책을 집필하면서 로마의 도로를 많이 언급했다. 《텔레그래프》 종군기자였던 크리스토퍼 버클리는 이렇게 썼다.

미군은 5월 24일에 테라치나를 점령했다. 다음 날 아침 미군 장갑차들은 곧게 뻗은 비아 아피아를 따라 아무런 저항도 받지 않고 약 32킬로미터를 내달렸다. 7시 반에 그들은 무솔리니 운하에서 동쪽으로 8킬로미터 떨어진 보르고 그라파에서 교두보 병력 일부인 공병들과 접촉했다. 이 운하는 1월 이래 안치오 전선의 방어선을 이루고 있었다.[62]

마이클 스턴은 자신의 글에 고대의 사례를 인용했다. 로마의 도로, 소나무 숲, 교회, 폐허를 언급하면서 죽음과 파괴를 뚫고 로마에 도착한 자신의 경험을 고대의 선례와 비교했다.

도시의 지붕 너머 남쪽 평야로 비아 카실리나가 뻗어 있다. 서기전 2세기 로마군이 사용했던 고대 로마 도로다. 이 길의 둑을 따라 폼페이우스는 스파르타쿠스와의 전투에서 잡아들인 6000명의 반역자들을 십자가에 매달았다. 이 길을 따라 나는 또 다른, 그러나 더 가까운 전쟁 속을 지나가고 있었다. 수염이 덥수룩하고 잠이 부족해 수척한 표정을 한 사람들이 주위에서 죽어나가고 있었다.[63]

스파르타쿠스 이야기의 다른 버전은 십자가형이 비아 아피아 상에서 벌어졌다고 주장한다.[64] 어쩌면 후대의 이야기꾼들은 객관적 사실보다는 이미지가 더 중요했을 것이다. 어쨌든 벨리사리우스 때와 마찬가지로 연합군도 남쪽으로부터의 행군에 성공했다. 스턴은 이렇게 썼다. "로마로 가는 길이 열렸다."[65]

영국 종군기자 리처드 맥밀런Richard McMillan은 전쟁이 치열하게 전개되던 1944년 8월에 출간한 《로마 위의 20명의 천사Twenty Angels over

Rome》라는 책에서 이런 비유를 구사했다.

로마의 정복자들이 많은 정복 사업을 완수하고 개선하며 돌아온 길인 비아 아피아는 다시 역사를 만들고 있었다. 약 2000년 전, 훗날 고대와 현대를 아우르는 로마 제국의 대동맥이 될 이 길은 맹인이었던 감찰관 아피우스 클라우디우스 카이쿠스가 징발한 노예들의 노동에 의해 그 모습을 드러내기 시작했다. 도로의 동맥은 여러 갈래로 뻗어져 나가 로마를 남부의 주요 도시들과 연결시켰다. 오늘날 이탈리아의 현대식 도로망은 로마 시대에 건설된 위대한 도로가 그어 놓은 선을 따라 형성되어 있다. 로마 제국 황제들은 이 길을 따라 지중해 전역으로 팽창된 그들의 권력 기반을 구축할 수 있었다.

죽은 카이사르의 그림자 속에서, 그들이 밟고 간 먼지 속에서, 세월에 흐려졌으나 잊힌 승리를 여전히 기념하고 있는 신전과 개선문 사이에서 영국군과 미군은 이 포탄에서 저 포탄으로 건너뛰면서 세계의 패권을 장악하기 위해 현대의 군단을 상대로 싸웠다.[66]

도로를 따라 북상한 이야기는 쿠르치오 말라파르테Curzio Malaparte의 자전적 소설 《피부The Skin》에서 아이러니한 풍자로 다시 전해진다. 말라파르테는 한때 파시스트였는데, 당시 연합군의 통역으로 활동하고 있었다. 소설에서 한 프랑스 장군은 로마 안내서를 고르며 샤토브리앙보다는 스탕달을 선호한다. 장군은 미군과 함께 북쪽으로 가다가 비아 아피아 누오바가 막혀 있는 것을 발견하고 대신에 비아 아피아 안티카를 택하는데, "좀 더 멀지만 주변 풍경이 아름답다"는 이유에서였다. 말라파르테는 미국인들의 무지를 조롱하면서 이 길은 세상에서 가장 고상한 도로일 뿐만 아니라, 길가의 무덤들이 카이사르, 술라, 키케로, 클레오파트라 등 쟁쟁한 인사들의 것이라고 지어낸다. 그러나 이러한 농담과 풍경에 대한 서정적 묘사와는 달리 이야기는 잔혹한 장면으로 이어진다. 환희에 들떠 미군이 로마로 쏟아져 들어가는 순간, 한 남자가 미군의 셔먼 탱크에 치여 죽는 것이다.[67] 이와 유사한 사건이 로베르토 바시Roberto Bassi의 회고록에도 기록되어 있다. 거기서 죽은 사람은 유대인 10대 소년 클라우디오 아마토Claudio Amato로, 로베르토 바시와 함께 도시의 고아원에 숨어 있다가 미군 로마 입성을 환영하기 위해 밖으로 나갔다가 변을 당했다는 것이다.[68] 그토록 기쁘던 날조차 죽음의 그림자를 피할 수는 없었다.

그보다 전인 1943년 10월에 로베르토 바시의 가족은 연합군이 곧 로마에 입성할 것이라는 희망을 가슴에 품고서 베네치아에서 로마로 피신했다. 그들은 10월 18일에 로마에 도착했는데, 바로 그들의 로마 친척이 아우슈비츠로 강제 이송되던 날이었다. 바시 가족은 해방이 찾아온 1944년 6월 3일까지 8개월 가까이 숨어 지내야 했다. 해방의 날, 로베르토는 병상에 누워 있었다.

> 담요를 몸에 두른 채 나는 침실 창가에 앉아서 티베르 강을 따라 난 길을 바라보았다. 오전 내내 그리고 이른 오후까지 도로는 북쪽으로 향하는 독일군 병사들의 행렬로 가득차 있었다. 대부분의 병사들은 초라하고 지쳐 보이는 모습으로 걸어가고 있었고, 제국의 증오의 상징이 된 철모를 쓴 이들은 극소수였다.[69]

로마의 또 다른 10대 소년인 해럴드 H. 티트먼 3세는 교황청 주재 미국 정무관의 아들이었는데, 전쟁 동안 쭉 일기를 써왔다. 같은 날인 6월 3일 밤, 그는 잠이 안 와서 교황청 단지 내의 산타 마르타 게스트하우스 옥상에 올라가서 주변을 내려다보았다. 독일군이 바티칸 성벽 옆에 있는 비아 아우렐리아를 따라 북쪽으로 퇴각하고 있었다.

독일군은 차량 운송 장비가 부족하다는 것을 알 수 있었다. 수레를 끌기 위해 말들을 대거 동원하고 있었기 때문이다. 심지어 자전거를 타는 이들도 있었다. 그들은 로마 시내에 있는 마차를 모두 훔쳐갔다. 어떤 병사들은 기관총을 어깨에 메고 있었는데, 그들의 모습은 끔찍할 정도로 절망적이었다.[70]

1943~1944년의 전쟁으로 약 6만 명의 연합군과 그 두 배에 달하는 이탈리아 민간인이 희생되었다.[71] 사망자와 부상자를 종합한 사상자 수는 독일군이 33만 6천 명, 연합군은 31만 3천 명으로 추산된다.[72] 고대의 도로들이 정복을 위해 세워졌다면, 현대의 파괴는 그보다 훨씬 더 깊은 참혹함을 남겼다.

18

로마의 휴일

1944년, 로마는 기대하지 않은 관광객들을 유치하게 됐다. 바로 여유 시간을 갖게 된 연합군 병사들이었다. 미군 병사들은 《군인을 위한 로마 안내서Soldier's Guide to Rome》라는 책자를 지급받았고, 영국군 병사들은 그와 비슷한 《로마: 연합군 병사의 기념물 안내서Rome: Allied Soldiers' Souvenir Guide》라는 책자를 제공받았다.¹ 수 세기 전의 그랜드 투어 안내서들과 마찬가지로 이 소책자들은 적당한 관광 명소들을 추천했다. 카라칼라의 온천장을 경유해 비아 아피아를 방문하는 일정도 그중 하나였다. 《군인을 위한 로마 안내서》는 지하묘지뿐만 아니라 성 밖 성 바오로 대성전도 강력하게 추천했다.² 여행 안내서 외에도 《군인을 위한 이탈리아사 개요Soldier's Outline of Italian History》 같은 역사책도 있었다.³ 관광은 병사들이 진군을 기다리거나 귀환하기 전까지의 시간을 건설적으로 보낼 수 있는 방법일 뿐 아니라, 소프트 파워의 힘을 보여주기 위한 수단으로도 장려되었다. 미국은 레지스탕스 내에 강력한 공산당 세력이 활동하고 있던 이탈리아가 향후 우호적인 자유민주주의 국가로 자리 잡기를 강하게 원하고 있었다.[4]

미군 병사들과 이탈리아 사람들과의 상호작용은 소설 창작에도 영감을 주었다. 1949년에 미군 특무대에 근무했던 앨프레드 헤이스Alfred Hayes는 《비아 플라미니아의 소녀The Girl on the Via Flaminia》라는 소설을 펴냈다. 이것은 소녀 리사가 자신의 아내인 척하는 한 미군 병사의 이야기이다. 이 작품은 도로의 오래된 기원에 대해서는 언급하지 않지만, 폰테 밀비오가 "아주 오래되고 많이 사용되는 다리"라는 언급을 했다. 헤이스가 주목한 것은 도로의 고대사가 아니라 전쟁의 잔혹한 현대성, 즉 군용 차량들이 질주하며 보행자들을 치고, 그들을 인도 가장자리에 피 흘린 채 방치하는 길의 풍경이었다.[5]

그보다 더 북쪽에서는 전쟁이 계속되고 있었다. 독일의 핵심 보급로인 브레너 고개는 여전히 공격 목표였다.[6] 그사이 로마는 빠르게 회복해 갔고, 새로운 기념비들도 세워졌다. 그중 하나는 아르데아티네 동굴 학살을 기리는 곳이었다. 당시 이곳에는 출입금지라는 표지판이 걸려 있었지만, 연합군 병사들은 그런 제약에서 자유로웠다.[7] 사실 '다크 투어리즘'은 현대에만 나타난 현상은 아니었다. 로마 황제 티베리우스의 조카이자 저명한 장군이었던 게르마니쿠스는 푸블리우스 퀸틸리우스 바루스 장군이 군대와 함께 끔찍한 매복 공격을 당했던 전장을 약 10년 뒤 방문해 전사자들에게 경의를 표했다고 전해진다. 그는 "습지와 위험한 평원을 지나며, 기억으로 인해 더욱 참혹하게 다가오는 슬픔 가득한 장소"에 들어섰다.[8]

아르데아티네 동굴은 처음부터 많은 추모객들을 불러 모았다. 매주 일요일이면 7000명 이상이 비아 아르데아티나를 따라 걸어가 그

동굴에 잠든 사람들에게 꽃을 바쳤다고 한다.[9] 초기 방문객 중에는 1945년에 그곳을 방문한 미국 언론인 마이클 스턴도 있었는데, 그는 이 장소를 역사적 관점에서 파악했다.

영국인 사제와 나는 산 세바스티아노의 성곽 탑문을 지나 아우렐리아 성벽 안으로 들어갔다. 지금으로부터 약 2000년 전에 베드로는 로마 박해를 피해 도망치며 지금 내가 지프차로 지나가는 바로 그 돌바닥 위를 걸었다. 그가 아피아 안티카에서 성문으로부터 약 1.6킬로미터 지점에 다다랐을 때, 예수가 그의 앞에 나타나자 베드로가 물었다. "도미네, 쿠오바디스Domine, quo vadis(주님 어디로 가십니까)?" 충실한 신도들을 로마에 내버려두고 달아나던 것을 부끄럽게 여긴 베드로는 발걸음을 돌려 순교와 성인의 길을 택했다. 로마 병사들이 성 베드로를 체포한 바로 그 지점에 도미네 쿠오바디스 성당이 들어서 있다. 나는 이곳에서 방향을 틀어 비아 아르데아티나로 들어섰다.[10]

공식 추모 기념관은 1950년 3월 24일, 학살 발생 6주년을 맞아 개관했다.[11] 로마를 다룬 영문 베스트셀러 저자인 H. V. 모턴H. V. Morton도 이곳을 방문했다. 그는 이곳에서 독일인을 만나 이런 생각을 했다. "이것은 살인자가 범죄 현장에 되돌아오는 경우가 아닐까?"[12] 모턴의 명성을 고려하면 이는 다소 자극적인 외국인 혐오로 생각할 수도 있다. 그러나 학살 사건에 개입했던 SS(나치 친위대) 대위 에리히 프리브케Erich Priebke는 관광객 신분으로 로마를 두 번이나 방문했다. 그는 1990년대에 재판을 받아 처음에는 유죄로 판정되었으나 이후의 선행과 상부의 지시를 따른 것이라는 이유로 처벌되지 않고 방면됐

다. 그러나 엄청난 항의가 터져 나오자 다시 재판을 받고 투옥됐다.[13]

로마에서 기억의 풍경이 변화하는 모습은 전후 도로명 변경에서도 드러난다. 비아 델림페로(제국 거리)는 비아 데이 포리 임페리알리(제국 포룸 거리)가 되었다. 고대 제국은 현대의 제국에 비해 덜 유해하다고 생각한 듯하다. 내가 로마의 영국학교 근무 시절에 자주 걸어갔던 도로의 이름은 비알레 브루노 부오치(브루노 부오치 거리)였다. 부오치는 반파시스트 노동조합원이었는데, 1944년에 나치 점령군에게 살해당했다. 이 도로의 예전 이름은 비아 데이 마르티리 파시스티(파시스트 순교자들의 거리)였다.[14] 오스티엔세 기차역 밖 광장은 이제 파르티자니 광장(파르티잔의 광장)이 되었고, 비알레 아돌포 히틀러는 비알레 델레 카베 아르데아티네(아르데아티네 동굴 대로)라는 이름으로 바뀌었다.[15]

종전 후 몇 년 사이에 각종 사회적 제도들이 원상 복구되었다. 라틴어 교사인 리디언 러셀 베넷Lydian Russell Bennett은 1947년 7월 로마에 도착했다. 로마에 있는 미국아카데미(로마의 영국학교 같은 것)에서 실시하는 여름학교에 참가하기 위해서였다.[16] 그녀는 나폴리 항구에 도착해 현지 주민들의 가난한 상태를 보고 충격 받았다. 전쟁 중에 팔다리를 잃은 사람들도 있었고, 온몸이 부스럼투성이인 아이들도 있었다. 베넷은 이렇게 기록했다. "그러나 우리의 연민은 곧 공포에 의해 제압당했다." 현지의 병든 아이들이 동정심을 자아내기는 했지만, 나폴리 사람들은 그녀에게 낯설고 다른 존재로 느껴졌다는 것을 보여준다. 이는 과거 그랜드 투어 관광객들의 태도와 유사했다. 전쟁은 관광의 풍경도 바꾸어 놓았다. 베넷은 "유명한 산타 루치아 호텔에서 점심을 먹었는데 통상 나오는 스파게티, 와인, 과일이었지만, 폭격의 흔적과 갓 공사한 콘크리트의 냄새가 역력한 방에서 식사를 해야 했다." 로마로 북행하면서 그녀의 일행은 오래된 올리브 나무 숲, 정돈된 포도원, 다채색의 농가가 있는 전형적인 이탈리아 시골 풍경을 보았다. 그녀는 "민투르나이와 유명한 발굴 현장들을 지나며 흥분을 느꼈다." 그러나 여행길이 항상 아름답기만 한 것은 아니었다.

가는 길 내내 전쟁 중에 폭격을 맞은 흔적이 우리들 눈에 들어왔다. 가장 인상 깊은 곳은 테라치나와 포르미아이였다. 한 마을에서는 판자로 덮인 2개의 상자 위에다 당당히 '방카Banca(은행)'라는 간판을 내걸고 있었는데, 이곳에서 사람들이 금융 업무를 보고 있었다.
점점 짙어지는 황혼 속에 로마에 가까이 다가갈수록 전쟁 피해의 흔적은 점점 줄어들었다. 우리는 때론 옛 비아 아피아를 따라가고, 때로는 옛 도로 바로 옆에 나있는 새로운 길을 따라갔다. 후자는 군대의 이동을 촉진하기 위해 건설한 것이다. 전 구간에서 임시로 설치한 다리를 제외하면 도로 상황은 양호했다. 그 다리를 보니 독일군이 북쪽으로 퇴각하며 강마다 치열하게 저항했다는 신문 기사가 떠올랐다.[17]

수 세기 전의 작가들을 때때로 떠올리게 했던 베넷의 로마로 가는 길은 이제 새로운 역사적 층위를 덧입게 되었다.
로마 재건 사업은 계속되었고, 관광 산업도 성장했다. 이렇게 된 데에는 1953년의 영화 〈로마의 휴일〉이 크게 기여했다. 오드리 헵번과 그레고리 펙이 주연한 이 영화는 오스카상을 3개나 수상했는데, 1950~1960년대에 로마의 치네치타 스튜디오에서 제작한 일련의 할리우드 영화 중 하나였다. 1954년에 나온 영화 〈애천〉과 함께 이 영화는 로마를 낭만적이면서도 현대적인 즐거움이 있는 관광지로 소개했다.[18] 항공 산업의 성장도 대륙 간 여행을 손쉽게 만들었다. 1955년에 이르러 이탈리아로 여행하는 미국인 관광객의 절반이 비행기를 이용했고, 1960년에는 4분의 3으로 늘어났다. 1958년부터 제트기가 운항시간을 단축시키며 뉴욕-유럽 간 직항이 가능해졌다(이전의 비행은 뉴펀들랜드나 섀넌 공항, 혹은 두 곳 모두를 경유하며 가장 짧은 대서양 경로만 이용했다). 이 무렵 여성들도 남성들 못지않게 여행을 많이 다녔다. 1957년 출간된 프로머Frommer의 《하루 5달러 유럽 여행Europe on $5 a Day》은 새로 등장한 이코노미 클래스 요금을 활용해 예산을 아끼려는 여행자들에게 유용한 팁을 제공했다.[19] 이러한 여행은 미국 국무부에 의해 적극 장려되었다. 국무부는 대서양 양안의 우호 증진에 적극적이어서 미국 여권 신청자들에게 해외에 나가 있는 동안 조국을 돕는 방법에 대해 조언해주기까지 했다.[20] 공산주의에 대한 공포가 팽배한 시절이었다.

로마 관광 외에도 이탈리아는 다양한 휴양 옵션을 제공했다. 도시에서는 예술, 역사, 문화가 충실했지만, 해변과 산악 리조트(북부 스키 포함), 온천과 스파도 있었다.[21] 물론 이런 시설 역시 역사적 선례가 있다. 고대 로마인들은 온천을 즐겼고, 교황 비오 2세도 마찬가지였다. 반면에 낭만주의자들은 장엄한 산간 풍경을 좋아했다. 또한 라벤나 궁전은 아예 해변으로 장소를 옮기기도 했다. 스포츠 팬들은 1960년의 로마 올림픽이 이탈리아를 다시 세계 무대에 올려놓기를 희망했다. 한때 파시스트 체제를 찬양하기 위해 세워진 포로 이탈리코(스포츠 단지)를 사용해야 했지만, 이곳이 로마의 광범위한 역사적 경관에 통합되면서 상징물의 영향력은 다소 희석되었다. 그러나 거대하게 '통치자 무솔리니'라고 새긴 오벨리스크는 현재도 여전히 서 있다. 올림픽 마라톤 코스는 포룸 근처의 일부 파시스트 시대 도로와 (관광 명소를 포함시키려 한다면 이것은 불가피한 일이었다) 로마에서 가장 유명한 도로인 비아 아피아를 포함했다.[22]

이런 상황 아래에서 1960년대의 저가 해양·태양 관광은 이탈리아에 새로운 문제점들을 제기했다. 이 관광은 전쟁 참전 경험으로 항공 여행에 익숙해진 하급 중산층과 노동자층을 대상으로 한 것으로, 북유럽에서 남유럽까지 생소한 관광지로의 여행을 쉽게 만들었다. 그러나 여행객들은 문화 체험보다는 해변 휴가에 더 관심이 많았다.[23] 역사와 예술로 유명한 나라인 이탈리아로서 그건 좀 곤란한 문제였다. 물론 이탈리아에도 해변 리조트가 있었지만 휴가 비용이 스페인의 2배, 오스트리아·유고슬라비아·그리스에 비해 25퍼센트 더 비쌌다. 1920년대에는 관광객들이 평균 2주 정도 머물렀는데, 1965년에는 평균 6일로 줄었다. 항공편 경쟁력도 충분치 않아 1980년대 후반과 1990년대 초반에는 해외여행객의 80퍼센트가 자동차로 이동했다.[24] 나의 유년 시절에 이탈리아는 휴양지로 쉽게 갈 수 있는 곳이 아니었다. 이러한 사정은 1990년대에 환경적으로는 문제가 있지만 값싼 비행기 요금이 나오면서 바뀌게 되었다.

나는 로마 여행을 할 때 대부분 저렴한 비행기를 이용했다. 저가 비행기는 탄소 배출뿐만 아니라 여러 가지 단점이 있었다. 알프스를 볼 수 있는 시간은 기껏해야 15분이고(이것도 날씨가 흐리지 않을 경우다), 지면의 상황은 아예 볼 수가 없다. 처음으로 기차 여행을 했을 때 계곡이 상공에서 내려다보는 것보다 훨씬 더 넓다는 것을 알게 되었다. 이는 과거 관광객들이 산의 높이를 주로 관찰했던 것과는 반대되는 경험일 것이다. 과거 여행자들은 산을 지나가면 아주 높다는 얘기를 많이 했었다. 나는 최소한 일부 비용이라도 경비로 처리할 수 있을 때까지 육로 여행을 시도하지 않았다. 그러다 2011년에 영국에서 출발해 이탈리아로 갔다가 다시 영국으로 돌아오는 자동차 여행을 하면서 처음으로 이 여행에 대한 글을 쓸 생각을 했다.

국제적인 성공을 거둔 이탈리아 휴양지는 극소수였는데, 그중 하나가 비아 플라미니아 끝자락의 리미니였다. 이 도시는 1840년대에 해변 목욕 시설을 조성했고, 1920~1930년대에는 고급 관광지 이미지를 포기하고 모든 서비스를 포함하는 관광 패키지를 통해 중산층 관광객을 유치했다.[25] 그러나 파시스트 지지자들 사이에서 인기가 높았던 것이 종전 후에는 불리한 점이 되었다. 그 결과 오락 시설과 당시 지방 정부가 소유했던 독창적인 목욕 시설들은 결국 철거됐다.[26] 1938년에 개항한 리미니 공항은 1950년대 후반부터 이탈리아 전세 비행기들의 주된 목적지가 되었다. 그러나 지중해 다른 도시와의 경쟁 속에 리미니는 국내 관광에 의존하게 됐고, 나중에는 바다의 해조류 때문에 해수욕을 할 수 없었던 어려운 해를 계기로 회의 시설과 테마파크에 관광 수입을 의존하게 됐다.[27]

오늘날 리미니는 매력적인 역사 도시, 현대식 해변 리조트, 매력적인 해안 산책로가 조화를 이루고 있다. 차의 내비게이션을 통해 리미니에서 비아 플라미니아가 아닌 고속도로로 안내받으면서 도로도 상당히 개선된 것을 알 수 있었다. 전후에 도로가 이처럼 많이 개발된 것은 유럽 전역에서 평화를 구축하는 수단으로 도로 공사를 중시했기 때문이다. 도로의 건설을 주장한 사람들의 논리는 사람과 물자의 이동이 원활해지면 대륙 간 관계가 좋아진다는 것이었다. 1948년 제네바에서는 국제 도로위원회가 소집되었다.²⁸ 이탈리아는 전쟁 후 철도망이 크게 손상되어 도로 교통이 급격히 증가했다. 국토 고속도로망 계획은 1955년에 의회의 승인을 얻어 실행되었다. 1981년에는 고속도로의 거리가 총 5900킬로미터였는데, 1939년의 500킬로미터에 비하면 크게 발전한 것이었다. 이런 사회 기반 시설의 확충은 개인 승용차의 엄청난 증가와 발맞추어 진행됐다. 이탈리아에서는 이를 자동차 대중화motorizzazione di massa라고 했는데, 1957년 출시된 피아트 500 같은 저렴한 자동차가 양산되면서 가능해졌다. 그러나 이런 자동차 붐은 1973년의 석유 위기와 그에 따른 유가 인상으로 인해 종말을 맞이했다. 당시 위기가 너무 심각해 일요일에는 승용차 운행이 일시적으로 금지되기도 했다.²⁹

고속도로의 확대는 사회적 현대화라는 캠페인의 일환이기도 했다. 북부 파도바에서 공부 후 브린디시 근처의 오리아로 돌아온 한 지역 의사는 1960년에 방문한 기자 찰스 리스터Charles Lister에게 이렇게 말했다. "여기 남부는 가끔 유럽 같아 보이지 않아요. 그래도 고속도로가 들어서면 더 나아질 거라 기대합니다."³⁰ 심지어 20세기 후반에도 도로가 문명화의 수단이라는 사상이 끈질기게 남아 있었다. 다만 무엇을 문명으로 여기는지는 일관되지 않았다. 베네벤토의 졸리 호텔 소유주인 마르초토Marzotto 백작은 '상주하는 2명의 젊은 여성'을 운운하며 호객행위를 했는데, 이는 예전에 순례자 길에 들어서 있던 성적 서비스 시설을 연상시킨다. 백작은 리스터에게 고속도로망이 확대되면서 호텔 사업이 성장할 것을 기대한다고 말했다.³¹ 이것은 1958년의 《로마로 가는 길》(같은 제목의 오스트리아 책을 번역한 것)의 저자들이 고대 도로와 현대 도로 간의 연결성을 강조하며 열광했던 것과는 조금 다른 의미다.

자동차 시대에 들어와서 비로소 로마로 가는 도로들이 그 중요성을 되찾았다. 19세기 중반 철도 건설로 한때 잃었던 위상이 이제 다시 살아난 것이다. 자동차, 버스, 스쿠터가 달리는 길들은 여전히 고대 로마의 도로들이다. 그 길가에는 고대 유적과 순례지가 자리하고 있어 오늘날 다시 찾아가는 이들이 많다.[32]

그러나 모든 방문자들이 새로운 변화에 감탄한 것은 아니었다. 베스파 오토바이를 타고 달려 나가는 오드리 헵번과 그레고리 펙은 정말 멋져 보인다. 그렇지만 H. V. 모턴이 볼 때 자동차는 성가신 장애물이었다. 이것을 피하려면 오직 일찍 일어나는 방법뿐이었다.

이른 아침 시간, 나는 100여 년 전 여행자들에게 로마가 어떤 모습이었을지 조금이나마 상상할 수 있다. 오래된 궁전들은 아래층 창문에 철제 장식이 둘러져 있고 벽은 어두운 오렌지색, 노란색, 로마풍 붉은색으로 칠해져 있다. 안뜰로 이어지는 아치형 출입구에는 분수가 이끼 낀 대야로 물을 떨어뜨리고, 르네상스의 위엄을 자랑하듯 서 있는 어둡고 비좁은 골목은 예전 중세 시대를 상기시킨다. 그러나 조상들이 누렸던 정적과 위엄의 순간은 그리 오래 가지 않는다. 곧 자동차와 스쿠터들이 경적을 울리며 도로를 요란하게 달려오기 시작한다.[33]

교황의 차량 행렬은 3대의 검은색 승용차가 함께 움직이고, 엄청난 굉음의 오토바이를 탄 푸른 제복을 입은 20여 명의 청년들의 호위를 받는다.³⁴ 가장 전통 있는 기관조차 현대를 받아들인 셈이다.

그리고 버스들이 있었다. 모턴은 이렇게 논평했다. "관광버스는 분명히 기계화 전투와 보병 수송 경험의 덕을 본 것이다."³⁵ 그는 콜로세움에서 비아 아피아까지 승객을 실어 나르는 대개 반쯤 비어 있는 버스를 묘사하면서 "철도 아치 밑을 지나 물이 거의 없는 시내를 건넌다. 이게 낭만적인 알모네 강이라니, 믿기지 않는다."³⁶ 찰스 리스터 또한 버스에 대해 신랄한 비판을 했다. 여기에 나오는 것은 과거에 호라티우스가 다녀가서 유명해진 아리치아에서 만난 버스다.

> 이탈리아 버스들은 눈에 보이기 훨씬 전에 소리를 통해 알 수 있다. 이 버스는 난간 벽 근처에서 배기가스를 내뿜으며 헐떡이고 있다. 바퀴가 다리라면 아마 얼마 못 가 무릎을 꿇었을 것이다. 버스의 차체는 나이 들고 병들어 뒤틀렸으며, 내부에서는 경련성 천식의 기침 소리가 난다. 버스 지붕에는 남부에서 가져온 온갖 짐, 즉 집에서 만든 상자, 터진 여행가방, 형태도 없이 흐트러진 상자에 담긴 엉킨 실타래와 닳은 밧줄이 실려 있다. 그 주위에는 승객들이 모여 이야기를 떠들어 대고 있는데, 마치 이것이 마지막 여행인 양 흥분되어 보인다.³⁷

그러나 모턴은 가끔 자신이 찾던 고요한 과거를 발견하기도 했다. 비아 아피아 도로변의 빌라를 지나며 그는 이렇게 기록했다. "이 길은 19세기 조상들이 마차를 타고 이곳을 다닐 때와 전혀 달라지지 않은 듯하다.³⁸ 옛 정원의 담장과 포도덩굴 사이에서 길이 좁아지는 이 지점은 지난 세기의 작가들이 묘사한 로마의 평온한 풍경을 그대로 간직하고 있다."³⁹ 모턴의 책은 로마가 종전 이후에 유럽의 제국들이 사라져가는 시기에도 여전히 사람들의 마음을 사로잡는 곳임을 증언하고 있다. 그는 카피톨리노에 대해 이렇게 말했다. "카피톨리노 언덕은 로마 세계의 중심부, 모든 길이 모여들고 다시 뻗어 나가는 문명의 중심지를 내려다보고 있다."[40]

이러한 고대 도로에 대한 경외심은 건축 규제를 무시하고 비아 아피아 도로 바로 옆에 건물을 지으려는 토지 소유자들의 난개발로부터 길을 지키려는 투쟁에도 반영되었다. 19세기 초 카노바가 개입한 이래 이 지역의 문화유산들을 지키려는 일련의 프로젝트가 시행되었다. 1824년 호텔 드 뤼시의 건축가인 주세페 발라디에는 카실리아 메텔라의 능묘 옆에 산재해 있던 파편과 비문들을 수집해도 좋다는 허가를 얻었고, 19세기 중반에 루이지 카니나가 그 일을 이어 맡아 고대 유적들을 하나의 대규모 야외 박물관으로 보존하려 했다. 그리고 1869년에 상업, 예술, 농업, 공공 공사부 사무총장이 비아 아피아의 재개방은 로마의 고대 유산들을 보존하기 위한 다양한 교황청 프로젝트들 중 가장 위대한 성과라고 칭송했다.[41] 이후 고고학 공원을 조성하려는 여러 시도가 이어졌고, 1953년에는 비아 아피아 안티카 중 로마의 포르타 산 세바스티아노에서 프라토키에-보윌라이(현재 맥도날드 매장의 유리 바닥 아래로 보이는 도로 지점) 구간을 '중대한 공공적 관심 대상'이라고 공식적으로 선언했다.[42] 그러나 각종 규제에도 불구하고 불법 건축은 21세기까지도 이어졌다.[43] 현재 이 도로를 보존하는 가장 좋은 방법은 유네스코 세계문화유산에 등재하는 것이다. 이탈리아 정부는 이 일의 성사를 위해 공식적인 후원을 하고 있다.[44]

여행자들의 발걸음은 계속 이어졌다. 찰스 리스터는 1960년에 비아 아피아를 답사했으나 그 이야기를 책으로 펴낸 것은 1991년이었다.⁴⁵ 전 《라이프》지 로마 지국장이었던 도라 제인 햄블린Dora Jane Hamblin과 메리 제인 그룬스펠드Mary Jane Grunsfeld는 1974년에 여행기를 펴냈는데, 그들은 로마에 켜켜이 쌓인 역사 위에 자신들의 이야기를 덧그려 넣었다. 아마 그 무렵에 인기가 높았던 1960년작 〈스타르타쿠스〉 같은 검투사 얘기를 극장에서 보았을 것이다. 이러한 영화들은 제2차 세계대전을 취재하던 수많은 특파원들이 되풀이해 전했던 이야기에서 영감을 얻은 것이었다. 하지만 이탈리아 역사의 어떤 측면은 기억하기가 불편했다. 찰스 리스터는 이렇게 말했다. "이탈리아 사람들은 전쟁이나 전투의 기억을 다룬 책들은 별로 좋아하지 않는다. 그들은 쿠르치오 말라파르테 같은 작가들의 작품을 부끄럽게 여겼다."⁴⁶ 반면 햄블린과 그룬스펠드는 샤를마뉴에서 호손과 멜빌 그리고 가리발디에 이르는 보다 전형적인 이야기를 들려주었다. 그리고 많은 여행자들도 비록 기록으로 남기지 않았지만, 아마 비슷한 방식으로 길 위의 체험을 이야기했을 것이다.

전혀 다른 방식으로 도로를 재현한 것은 페데리코 펠리니Federico Fellini 감독의 1972년작 영화 〈로마〉였다. 서로 느슨하게 연결되는 일련의 장면들을 통해 두 번의 로마 여행에 대해 말하고 있는데, 한번은 1970년대 그리고 다른 한번은 1930년대다. 리미니 출신이었던 펠리니는 영화의 서두를 비아 플라미니아에서 자전거를 타고 '로마까지 340킬로미터'라고 적힌 이정표를 지나가는 여성들로 시작한다.⁴⁷

내레이터는 이것이 "시간에 닳아버린 돌, 로마의 첫 이미지"라고 말한다. 전통적인 고대 이정표와는 다소 다르지만 그것을 암시하고 있으며, 뒤이어 나오는 장면들 또한 과거와 긴밀하게 얽혀 있다. 학교에서 소년들이 루비콘 강을 찾아가 "아 로마ₐ Roma(로마로)!"를 외친다. 어린 펠리니는 카피톨리노의 늑대상, 산타 마리아 마조레 대성당, 비아 아피아 도로변에 있는 카실리아 메텔라의 무덤 등 도시의 명소들을 보여주는 슬라이드 쇼를 본다. 그러다가 한 소년이 거의 나체에 가까운 여인의 슬라이드를 끼워 넣는 바람에 순식간에 난장판이 된다. 고대 로마는 1970년대의 장면들과 대조를 이룬다. 현대의 고속도로 요금소, 비아 살라리아로 향하는 도로 표지판, 콜로세움 주변의 교통 체증이 그것이다. 새로운 지하철 터널이 포르타 산 세바스티아노에서 가까운 아피아 안티카 밑으로 지나간다. 공사 인부들은 공동묘지 구역을 우회하다가 조각 작품들과 프레스코화가 가득한 고대 로마의 가옥과 마주치는데, 갑자기 스며들어온 공기가 고대의 예술품을 파괴한다. 다시 1930년대로 돌아와 젊은 펠리니는 사창가를 방문한다. 대기실에서 기다리는 동안 그의 뒤쪽 벽에는 소나무와 수도교가 그려진 거대한 그림이 걸려 있다. 비아 아피아의 전형적인 풍경이다.

7년 뒤 관객들은 영화 〈브라이언의 생애〉에서 로마의 도로야 두말할 필요도 없는 업적이라는 걸 보게 된다. 그러나 이탈리아에서는 그렇지 않았다. 이 영화가 1991년까지 상영 금지였기 때문이다.[48]

나의 마지막 로마 여행 또한 비아 아피아를 따라갔다. 다만 나는 바리에서 베네벤토로 북쪽을 향해 길을 잡았다. 반면에 많은 여행자들은 남쪽으로 향한다. 18세기 중반부터 폼페이 유적이 주요 명소가 되었지만, 그보다 더 전에는 돌길을 헤쳐가야 하는 어려움에도 불구하고 남부 도시들이 여행지로 인기가 있었다. 1753년 당대에 이탈리아 유명 건축가였던 루이지 반비텔리Luigi Vanvitelli는 도로들의 상태에 대해 불평했다. "상상할 수 없을 정도로 열악하고 포석들이 너무 울퉁불퉁해 마차가 전복될 위험이 있다. 가엾은 비아 아피아여!"⁴⁹ 오늘날 기차는 비아 트라이아나도, 더 오래된 비아 아피아도 아닌 좀 더 북쪽을 지나는 노선을 따른다. 하지만 여정은 여전히 이 지역의 분위기를 전해준다. 바리에서 포지아까지 이어지는 첫 번째 구간은 평평하고 해안 가까이를 달려서 수월하다. 그러나 베네벤토에 이르려면 산악 지대를 넘어야 하는데, 현재는 터널을 통해 길이 뚫려 있다. 그렇지만 철도는 옛 도심까지 들어가지는 않는다. 내가 그곳에 도착했을 때는 시간이 늦어 걸어가지 않고 택시를 타고 숙소로 향했다.

1717년 클로인 주교 조지 버클리George Berkeley는 이곳을 찾아 대리석으로 포장된 거리들과 집들의 담벼락에 박혀 있는 고대의 유물 파편들을 보았다.⁵⁰ 그러나 주된 기념물은 베네벤토와 브린디시를 연결하는 비아 아피아 트라이아나의 건설을 기념하는 트라야누스의 개선문이었다. 건축가 반비텔리와 화가 겸 판화가인 장 클로드 리샤르드 생 농Jean-Claude Richard de Saint-Non은 1781년에 이곳을 여행해 그 광경을 찬양했다. 반비텔리는 이렇게 말했다. "아주 아름답다. 우리 시대가 이 멋진 아치 밑에다 도시의 출입구를 설치하는 야만 행위를 저지르긴 했지만 말이다."⁵¹ 생 농은 이렇게 썼다. "이탈리아에서 가장 잘 보존된 기념물 가운데 하나다."⁵² 그로부터 2세기 뒤에 찰스 리스터도 개선문을 보았다. "네모반듯하고 압도적이며, 역사를 따라 이어지는 황제들의 승리를 보여주는 수많은 조각으로 장식된, 그리스도교

세계에서 가장 뛰어난 로마 개선문이다."⁵³ 실제로 장식 조각들은 게르마니아와 다뉴브 지역의 평정 사업과 트라야누스의 군대 재편, 다키아 정복을 보여준다.⁵⁴

이 기념물 옆에는 현지 역사가인 조반니 데 니카스트로Giovanni de Nicastro가 1723년에 남긴 문구가 새겨진 비문이 있다.

성인의 유골을 숭앙하는 것처럼 모든 사람이 이 개선문을 숭앙해야 한다. 모두가 그 경이를 되새기면서 침묵 속에서 숭배하듯 바라보아야 한다. 우리는 이 거대한 기념물이 지금처럼 존중받은 적은 일찍이 없었음을 기억해야 한다. 이 위대한 작품은 앞으로 여러 세기에 걸쳐서 더욱 경외의 대상이 되어 사람들의 존경을 받을 것이다.

개선문의 주변 환경을 볼 때 니카스트로의 예언은 실현된 듯 보인다. 주변은 정리되어 더없이 존중받는 기념물처럼 보이지만, 그 모습은 결코 고대의 풍경이 아니다. 이것은 파시즘 시대의 도시 경관 속에 끼워 넣어진 풍경이며, 거리의 소실점 끝에 작아진 개선문은 도로가 과거나 현대나 군국주의와 얼마나 깊이 얽혀 있는지를 일깨워준다.

여행의 마지막 구간은 고속열차를 탔다. 단 두 시간, 정차는 한 번뿐이다. 기차는 터널들을 계속 통과했다. 비아 아피아가 절개지를 통과하고 언덕을 넘어가는 모습은 오롯이 상상에 맡겨야 한다. 카세르타에 이르면 열차는 레지아 디 카세르타 바로 앞에 멈춘다. 나폴리 외곽의 왕궁이자 한때 연합군의 본부였던 곳이다. 그곳을 지나 북쪽으로 향하면 철도는 비아 아피아보다 비아 카실리나를 더 가까이 따라간다. 리리 계곡을 따라 달리는 열차의 왼편에는 전쟁 묘지가 자리한 음울한 산들이 지나쳐 간다. 이윽고 테르미니 역에 도착해 열차에서 내려 발을 내딛는다. 이곳은 여러 차례 찾아온 터라 풍경이 보이지 않는다고 해도 개의치 않는다. 버스는 외면한 채 택시를 불렀다. 그리고 마침내 나는 로마에 도착했다.

에필로그

오늘날의 길들 위에서

화가 요시오 마르키노는 20세기 초에 로마를 방문했다. 그는 처음엔 기대에 못 미쳐 그 이유가 무엇인지 궁금해 했다. 그러다 깨달았다. "유럽인에게 로마는 그들의 조상을 드러내는 계시와 같지만, 우리 일본인에게 로마는 단지 낯선 도시일 뿐이다."[1] 아마 외부인만이 로마인이 유럽인에게는 조상이면서도 정복자이기도 하다는 사고방식을 포착할 수 있을 것이다. 분명히 내 고향에서 로마의 도로는 풍경 속에 스며들어 있다. 도로에 얽힌 이끼와 신화는 초록빛 초원에 새겨져 있으며, 가을 낙엽의 갈색 점들로 점점이 흩어져 있다. 포스 가도는 링컨에서 데번의 시턴까지 약 354킬로미터의 길인데, 이 장거리 구간은 지금도 눈으로 볼 수 있다(화보 13 참조). 워틀링 도로는 켄트에서 출발해 템즈 강을 건너 런던에 이르고, 이어 미들랜즈 지방을 관통해 록시터 근처의 로마풍 도시에 도달한다. 우리는 어민 스트리트와 디어 스트리트를 가지고 있으며, 하드리아누스 성벽을 따라 스테인게이트가 있다. 거의 잊힌 도로들은 들판의 경계선이나 울타리 옆으로 겨우 드러나 있다. 고속도로가 생기기 전까지 이 도로망은 영국 도로 체계의 기반이 되었다.[2]

그러나 단순히 수치, 거리, 공사 등 오로지 숫자에만 집중하면 도로들의 문화적 위력을 간과하게 된다. 만약 오래된 유물을 박물관에서 집어 든다면 경보기가 울릴 테지만, 유럽 전역과 그 너머에서는 로마 도로 위를 실제로 걸을 수 있다. 과거 사람들이 걸었던 길을 걸을 수 있다는 것에는 부인할 수 없는 마력이 있다. 때때로 고대 도로를 현대 지도 위에 겹쳐 놓은 지도 이미지가 온라인에서 화제를 모으기도 한다. 이 책을 쓰는 동안 내 핸드폰의 알고리즘은 나의 관심사를 파악하고 계속 로마 도로들에 대한 이야기를 올려주었다. 스털링에서 카디스, 이스탄불에 이르기까지 육로로 여행하며 도로들을 따라 걷는 경험은 비행기로는 얻을 수 없는 연결감을 주었다. 그러나 이것이 이야기의 전부는 아니다. 로마의 도로망은 유럽에만 국한된 게 아니다. 지중해가 제국의 중심이었기 때문이다. 당신은 돌들이 거짓말을 하지 않는다고 생각할지 모른다. 그러나 도로의 표준은 시간이 흘러가면서 바뀌었다. 처음에는 내해를 중심으로 한 도로였으나 점점 서쪽으로 향하는 도로가 되었고, 북서유럽이 부유해지면서 북서쪽 도로가 되었다. 결국 도로의 역사는 곧 유럽의 역사가 되었다. 그것은 균일함의 이야기, 제국의 이야기다. 각 도시는 원형경기장, 포룸, 목욕탕, 극장, 도로와 개선문을 갖게 되었고, 그 도시들은 다시 정복, 강압, 편입에 의해 서로 연결되어 놀라운 문화유산이 되었다.

도로 건설 공사는 로마인 자신들의 비문과 외부 관찰자들에게 찬사를 받았지만, 상류층 외의 일반 대중이 건설이 이루어진 첫 몇 세기 동안 새로운 연결망을 어떻게 생각했는지는 알기 어렵다. 어쩌면 사람들은 A에서 B로 가는 여행이 수월해진 것을 환영했을 수도 있고, 도로 건설로 인해 그들의 땅이 수용되고 타키투스가 자세히 묘사한 바 있는 것처럼 강제 노동을 해야 됐던 것을 분개했을 수도 있다. 아마도 두 가지 모두 있었을 것이다. 정확히 알 수는 없지만, 현대의 도로 건설 계획만 보아도 반대 의견이 나타난다. 새로운 우회도로가 건설되더라도 어떤 사람들은 그 과정에서 잘린 나무들을 안타까워한다. 도로를 건설하는 데에는 비용이 따른다. 그리고 이는 계획 과정에 민주적인 의사결정이 어느 정도 반영된 경우에도 마찬가지다. 고대의 불평은 흔적만 남아 있지만, 어쨌든 존재했음을 알 수 있다. 서로마 제국의 몰락(혹은 점진적인 쇠퇴)과 고대 도로에 대한 관심의 부활 사이에는 1000년의 시간적 간격이 있다. 르네상스는 최초의 유럽 제국들의 등장과 시기적으로 일치한다. 제국들은 로마 세계의 여러 부분을 재정복했을 뿐만 아니라 새로운 영토를 찾아 나섰다. 제국의 역사는 다시금 유용한 것이 되었다. 도로는 '로마가 우리를 위해 한 일'이라는 담론이 유럽의 문화 속에 너무나 깊숙이 침투되어 있기 때문에, 우리는 그런 역사적 간극을 잊어버리는 경향이 있다. 현대인들의 로마 도로에 대한 매혹은 이미 기억을 넘어 신화화된 과거에서 시작되었다. "사막을 만들어놓고 그것을 평화라고 부른다"는 타키투스의 문구는 잘 알려져 있지만, 그가 도로 건설에서 언급한 강제 노동에 대한 비유는 잘 알려져 있지 않다. 로마라는 과거는 교황과 군주, 현대의 제국 지도자, 활동가, 정치인들에게 유용한 역사가 되었다. 로마는 재창조되어 개선문과 돔, 도로, 그리고 그 후신인 철도에 의해 재현되었다. 로마는 제국의 역사에서 하나의 교과서가 되어 후대의 많은 제국들이 로마에게서 직간접적인 영감을 얻었다.³ 그럼에도 도로 해석에서 이러한 역사는 거의 비판적 검토의 대상이 되지 않았다. 우리는 여전히 라셀스의 의견에 동의한다. "도로는 로마의 위대함과 부유함을 보여주는 가장 큰 증거다."

우리는 파괴의 순간들도 회상해야 한다. 17세기에 타이그 오 시아나인의 여행기는 로마인과 그들을 추종하는 자들이 박해자였다는 사실을 분명히 밝혔다. 1968년 아프리카계 미국 시인 니키 지오바니 Nikki Giovanni는 로마의 문명사를 거론하면서 마틴 루터 킹과 말콤 X의 암살 사건을 논평했다.

> 그들은 위대한 비아 아피아에서
> 카르타고인들을 죽였고,
> '국가를 문명화하기 위해'
> 무어인들을 죽였다.⁴

내가 이 글을 쓰는 시점에서 '길들의 여왕 Regina Viarum'인 비아 아피아는 유네스코 세계문화유산에 후보로 올라 있다. 후보 추천 이유로는 '탁월한 공학적 성취', '로마인들이 이룩한 도로 건설의 혁명', '진정으로 혁신적인 로마 도로의 법적 지위', '도로 복구와 재생을 목표로 한 수많은 작업은 건축 복원사에서 중요한 위치를 차지' 등이 올라가 있다.⁵ 다 그럴듯한 사유인데, 왜 16세기부터 비아 아피아를 개간하고 복원하려는 많은 공사들이 벌어졌는지 그 이유를 묻게 된다. 도로의 역사와 도로에 개입하려는 선택은 결코 중립적이지 않다. 세계문화유산에 후보로 올라간 것은 오늘날의 유럽에 특징을 부여하는 제국에 대한 양가적 태도를 반영하는 것이다.

그렇지만 후보로 올라간 것은 로마 도로의 역사를 재고하고, 도로가 관광객에게 어떻게 제시될지를 재검토할 기회이기도 하다. 그러나 비아 아피아만이 문화적 지위를 부여받은 역사적 경로는 아니다. 1987년에 산티아고 데 콤포스텔라 순례길(1993년 세계문화유산 등재)을 시작으로 유럽 위원회는 유럽 전역의 '문화 경로'를 인정해왔으며, 2004년에는 비아 프란치제나를 추가했다. 또한 고대 비아 에그나티아를 도보 여행 경로로 개발하기 위한 재단도 설립되었다. 이러한 도로들은 2000년에 걸친 역사를 이야기할 수 있는 놀라운 기회를 제공하며, 천천히 걸으면서 아름다운 풍경을 체험할 수도 있게 한다. 유적과 복원물에는 한 대륙의 기억이 담겨 있다.

우리는 도로에 대해 어떤 이야기를 할 수 있을까? 우선 나는 도로를 건설한 사람들에 대해 더 많은 것을 알고 싶다. 관련 기록이 없기 때문에 그 간극을 메울 수 있는 유일한 방법은 역사 연구가 아니라 상상력을 십분 발휘하는 것밖에 없지만, 이런 시도는 매우 중요하다. 랍비들을 기억하는가? 한때 '로마인들이 우리를 위해 한 일'을 비판적으로 말하는 것은 사형에 처해질 만큼 위험한 일이었다. 사람들이 입을 꾹 다물고 있었던 것도 그리 놀라운 일이 아니다. 그러나 과거가 그렇다고 해서 지금도 그런 논의를 할 수 없다는 얘기는 아니다. 우리는 도로들의 정치적 용도에 대해서 발언해야 한다. 왜 샤를마뉴에서 나폴레옹에 이르기까지 황제들은 도로를 복구하려 했는가? 왜 새로운 도로와 도시 경관이 파시즘 시대에 구도시 주변에서 중요해졌는가? 왜 도로는 작가와 화가들에게 영감의 원천이 되었는가? 로마 도로는 기술적 우월성, 군사적 강건함, 자연 지배에 대한 생각을 집약하고 있지만, 지난 여러 세기 동안 자연 풍경 속에 녹아들어서 그 역사를 그림처럼 보이게 했다. 도로는 여러 세기에 걸쳐서 권력의 행사라는 교훈을 제공했다. 우리가 도로가 활용되고 남용되는 방식을 잘 이해한다면 오늘날의 대규모 정치적 프로젝트가 자금을 대고 후원하는 사람들, 그로부터 혜택을 얻는 사람들, 그 과정에서 권력을 잃는 사람들에게 어떤 의미를 가지는지 이해할 수 있다. 또한 이 문화유산이 서구와 유럽의 정체성 확립에 얼마나 중요한 역할을 했는지, 스스로에 대해 어떤 이야기를 만들어 갔는지를 이해하는 데에도 도움을 준다.

18개월 동안 영국에 머무른 후에 나는 2021년 11월 로마로 갈 계획을 세웠다. 3주 뒤 길을 나섰을 때는 새벽이었다. 로마에 도착하니 태양이 라테라노 대성당의 정면을 부드럽게 감싸고, 아파트 상층부를 은은하게 물들이고 있었다. 로마의 중심부에서 참피노로 가려면 레푸블리카 광장의 분수 곁을 지나 지하철 A선을 따라 내려가야 한다. 고대 로마 왕들의 이름을 따서 지은 레 디 로마 역을 지나 그 왕의 이름을 단 피자 가게를 통과한다. 드디어 비아 아피아 누오바로 들어선다. 쌍방향 차선의 도로는 낭만은 덜하지만 현실감 있는 풍경이 펼쳐진다. 길 양쪽에 자동차 전시장, 가구점, 슈퍼마켓이 들어서 있다. 그 사이로 가느다란 벽돌 수로의 표시가 이어지고, 이제는 무덤이 그 자리를 지킨다. 하늘로 곧게 뻗은 소나무들이 도처에 솟아 있다. 바로 비아 아피아 안티카다. 우리의 발 아래 2000년의 시간이 흐르고 있다.

비행기가 공항을 향해 천천히 내려오고, 도로는 동쪽으로 이어진다. 우리는 차를 몰아 찬란한 햇빛 속으로 달려간다.

감사의 말

내가 지금껏 써온 그 어떤 책보다 이 책은 많은 사람들의 도움을 받았다. 우선 대리인 캐서린 클라크, 편집자 윌 해먼드, 앨리스 스키너와 교정자인 던컨 히스에게 감사드린다. 그리고 양장본 표지를 디자인해준 스티븐 파커, 삽화와 페이퍼백 디자인을 맡아준 크리스 위멜과 아멜리아 톨리, 교정쇄를 읽어준 그레이미 홀과 홍보담당자 수지 메리에게 고마움을 표한다. 나는 로마 소재 영국학교의 교직원, 펠로, 학자들에게 큰 신세를 졌다. 특히 2009~2010년 같이 근무했던 이들의 도움이 없었더라면 지금처럼 로마와 그 역사에 대해서 많이 알지 못했을 것이다. 또한 2021년 가을에 학교를 방문했을 때 클레어 혼스비는 학교의 소장품 중 역사 안내서들에 대한 아주 유익한 소개를 해주었다.

이 책의 초기 작업은 2020~2021년의 코로나 바이러스로 인한 이동 제한 시기에 수행되었다. 나는 여러 사람이 자료 조사에 참여해

준 것에 대해 감사한다. 루크 데일리-그로브스는 나폴레옹, 가리발디, 2차 세계대전에 대해 조사해 주었다. 로렌 웨인라이트는 비잔틴 제국, 루이사 이치는 중세 초기의 로마, 샬롯 고티에와 에드워드 캐디는 순례자와 십자군에 대해 조사해 주었다. 맨체스터 메트로폴리탄 대학의 RISE 계획에 참여한 학생 인턴들도 추가로 도움을 주었다. 2020년에는 코너 제피콧, 라리사 브레잉엄-스미스, 로렌 개논, 로이지 로프리, 2022년에는 새뮤얼 졸리, 케이틀린 라이언 덴홈, 마티아 프랜치나, 헨리에타 몬트빌레이트 등이 수고해 주었다. 맨체스터 메트로폴리탄 대학의 학생 인턴십 계획에도 감사드린다. 필로리다 시미어 테스페이는 장소와 여행 계획을 조사했고, 루시 홉킨슨은 사진을 조사했으며, 라군 마이어스는 홍보를 도왔고, 엠마 글렌힐은 참고문헌들을 공유해 주었다. 에이프릴 퍼지, 루이사 이치, 캐스린 허록, 제레미 필레, 안나 머서, 루크 데일리-그로브스는 이 책의 초고를 읽고 논평을 해주었다.

맨체스터 메트로폴리탄 대학과 인근 맨체스터 대학 도서관의 직원들은 코로나로 사회적 거리 두기 제한이 장기화된 상황 속에서도 집필에 필요한 서비스를 계속 제공하기 위해 무척 애를 썼다. 여행이 가능해진 후에는 로마 도로망 인근 혹은 주변의 문화유산 유적지, 박물관, 호텔, 기차, 여행사, 버스 회사, 카페, 레스토랑 등에 종사하는 많은 사람들이 내 작업을 도와주었다. 나의 해외 기차 여행은 국제 기차여행 안내 사이트 seat61.com의 폭넓은 안내 덕분에 더욱 편안했다. 영국이 EU에서 탈퇴했음에도 인터레일 서비스를 계속 이용할 수 있어 고마움을 느꼈다. 하지만 비자 규정을 숙지하기 위해 몇 시간을 소비해야 했던 것은 안타까운 일이었다. 몇 년 전만 하더라도

EU 전역을 아무런 비자 문제 없이 돌아다닐 수 있었는데 말이다.

  이 책을 거의 완성해 가던 시점에 나의 두 오랜 친구인 앨런 맥아더와 안드레아 스프레아피코의 때 이른 부고를 듣게 되었다. 글을 쓰는 과정의 여러 시점에서 두 친구가 많은 도움을 주었는데, 그에 대해 감사를 표시하고자 한다. 내 여행에서 그들보다 더 좋은 친구를 만날 수는 없을 것이다.

옮긴이의 말

쿠오바디스-베니오 로맘

유럽 5개국 관광 여행을 다녀온 사람들 중에는 이탈리아 기행, 특히 로마와 폼페이 관광이 특별히 기억에 남는다고 말하는 분들이 많다. 대체로 영국과 프랑스를 먼저 돌고 이탈리아로 들어가기 때문에 그 나라들이 서로 비교되면서 신구 문명의 확연한 차이를 느끼게 된다. 차이의 본질은 로마에 가면 2000년 전의 고대와 2025년의 현재가 공존하는 느낌을 받는다는 것이다. 로마 중심의 큰 광장인 포로 로마노 Foro Romano (라틴어로는 포룸 로마눔) 한가운데에 우뚝 서 있는 콜로세움, 베수비오 산의 화산재 밑에 덮여 있다가 1748년에 발견되어 꾸준히 발굴된 폼페이 마을, 1840년대에 도로변 유물 발굴이 본격적으로 실시된 비아 아피아가 그러하다. 성경에 '인간의 1000년은 하느님에게 하루와 같다'라는 말이 나오는데, 2000년 전의 일이 두 시간 전의 일처럼 느껴지는 도시인 로마는 이 신기한 현상 때문에 '영원의 도시'라는 별명이 붙었다.

그런 만큼 로마를 다녀온 적이 있거나, 고대 로마사를 어느 정도 알고 기독교 전파에 관심이 있는 독자들은 이 책에 큰 흥미를 느낄 것이다. 특히 저자가 기차나 버스를 타고 로마로 가는 길을 직접 답사한 기록이기에 저자를 가리키는 '나'가 나올 때마다 과거와 현재가 공존하면서 마치 과거의 사건이 지금 여기에서 벌어지고 있는 듯한 느낌을 받는다. 또한 도로변의 사물들에 대한 묘사가 선명하고 설득력이 높다. 독자를 현장에 끌어들이는 문장의 흡입력도 대단해 가령 5장에서 포추올리 항구로 가는 길에 대한 묘사는 이러하다. "나는 … 언덕을 내려가 바닷가 부두로 갔다. 그곳에서 나는 맥주를 마시며 손에 든 과자를 낚아채려고 달려드는 비둘기들과 맞서 싸웠다." 이 문장을 읽으면 마치 저자 옆에서 같이 맥주를 마시며 언덕길 아래로 내려가는 느낌이 든다.

 2장에서 저자가 스페인의 서부 카디스에서 세비야까지 기차를 타고 오면서 포에니 전쟁의 주요 유적지, 스키피오 얘기, 기차 밖으로 보이는 풍경 등을 묘사하고 있는데, 독자들은 이 부분을 읽으면 실제로 기차를 타고 여행하고 싶다는 유혹을 느낄 것이다. 또한 저자는 《바빌론 탈무드》에 나오는 비판적 문장을 인용한다. "로마인은 자기 이익을 위해 일을 한다. 시장은 창녀들을 들이기 위해, 공중목욕탕은 자기 위생을 위해, 다리는 세금을 거두기 위해, 그리고 도로는 이 모든 것을 성사시키기 위해 건설되었다." 물질적 번영을 구가했던 로마인의 모습을 아주 선명하게 그려낸 문장이다. 6장에서는 십자군이 이용한 길에 대한 설명이 나오는데 분명 그 길은 구체적인 도로지만 동시에 추상적인 것을 가리킨다. 그래서 역사가 도리 아가자리안은 이런 말을 했다. "물리적인 '로마로 가는 길'은 탐색하기 쉽지만, 상상

속의 길은 복잡함으로 가득 차 있었다."

이 책의 앞부분은 중세 이전의 도로 이야기라 다소 먼 시대의 얘기처럼 느껴지나, 뒤로 갈수록 익숙한 인물들이 많이 등장해 점점 재미있어진다. 특히 나폴레옹 이후 무솔리니와 히틀러가 등장하는 책의 후반부에서는(15~18장) 완전 몰입하게 된다. 12장에 등장하는 영국 낭만파 시인들인 워즈워스, 키츠, 셸리, 영문학사에서 셰익스피어 다음으로 위대하다는 찰스 디킨스, 그리고 조지 엘리엇 얘기 등은 아주 흥미진진하다. 조지 엘리엇의 장편소설 《미들마치》는 영어로 쓰인 장편소설 중 최고봉으로 꼽히는 작품인데, 소설의 여주인공 도로시아가 로마로 신혼여행을 떠난 얘기도 흥미롭다. 그 외에 괴테, 너새니얼 호손, 허먼 멜빌, 마크 트웨인, 헨리 제임스, 고골 등 후대 문학가들의 로마 방문도 언급하면서 입체적인 해설을 더한다. 또한 1901년에 로마를 방문한 지그문트 프로이트는 여행과 관련된 꿈들을 《꿈의 해석》에 서술하기도 했다. 야코프 부르크하르트의 《이탈리아의 르네상스 문명》(1860), 존 애딩턴 시몬즈의 《이탈리아의 르네상스》(1875~1886)에 대한 설명도 간결하면서도 요령을 얻은 부분이다. 책의 마지막을 장식하는 현대의 무솔리니와 독일 히틀러를 다룬 부분, 그리고 영화 〈로마의 휴일〉을 다룬 부분도 흥미진진하다.

이 책은 첫 머리에서 "모든 길은 로마로 통한다"라는 중세의 표현을 제시한다. 먼저, 길에 대한 정의는 다양하다. 중국 소설가 루신은 이렇게 말했다. "길은 처음부터 지상에 있던 것이 아니며, 사람이 많이 다니면 그게 곧 길이 된다." 이탈리아 고고학자 주세페 마르케티는 도로가 "우리 인류의 과거, 현재, 그리고 미래의 숙명적 진화의 표현"이라고 정의했다. 도로의 상징적 힘을 꿰뚫어 본 독일 도로 총감독 프리츠 토트는 "도로는 문화의 산물로서, 우리가 이용하는 모든 도로는 나름의 역사와 의미가 있다"라고 말했다. 일본인 화가 요시오 마르키노는 20세기 초에 로마를 방문하고서 "유럽인에게 로마는 그들의 조상을 드러내는 계시와 같은 곳이다"라고 말하기도 했다. 도로의 매력은 까마득한 높이에서 곧게 떨어지는 폭포수처럼 아무런 말도 없이 계속 펼쳐진다는 것이다. 주위의 자연 풍경 역시 말이 없다. 그러나 들을 귀가 있고 볼 눈이 있는 사람은 그 도로에서 벌어진 많은 것들을 떠올리고 상상하면서 나름의 이야기를 만들어나간다.

선사시대부터 사람들은 여행을 하면서 도로를 냈다. 그들은 자신이 만든 물건을 다른 마을 사람들과 교환함으로써 이익을 거두려했다. 그 결과 도시에서 읍으로, 마을에서 촌락으로 가게 해주는 길이 어디에나 생겨나게 되었다. 이렇게 볼 때 수익을 올리겠다는 목적이 지상에 길을 내게 된 최초의 계기라고 할 수 있다. 이러한 상업적 교역에 더해 군사적 정복을 거듭하면서 물질적 번영을 성취했고, 그 과정에서 문명도 자연스럽게 발달해 널리 퍼지게 됐다. 도로가 역사적 의미를 가지고 있다는 건 바로 이런 뜻으로, 길은 실로 역사 발전의 중요한 원동력이었다.

로마인들은 길의 중요성을 잘 알고 있었으므로 세상을 제국의 시스템에 연결시키기 위해 광범위하고 조직적이며 튼튼한 도로망을 구축했다. 로마가 이룩한 업적 중에서 가장 위대하고 유익한 것이 바로 도로망이다. 이것은 로마 제국 시대에 단발로 그친 문화적 현상이 아니다. 지금까지도 유럽 여러 나라, 북아프리카, 소아시아, 그리고 남북 아메리카에 영향을 미치고 있다. 오늘날 서양인들은 로마인을 제국 건설자로 기억하기보다는 자신들의 정체성을 확립시켜 준 정신적·문화적 조상이라고 여기고 있다. 그런 만큼 로마 제국은 지난 2000년 동안 세계사에 엄청난 영향을 미쳤다. 로마 이후 세계의 역사는 곧 제국을 모방하며 경쟁해온 역사였다. 가령 샤를마뉴의 카롤링거 제국, 오토 1세의 신성로마제국, 술탄 바예지드의 오스만 제국, 15세기에서 17세기에 걸쳐 형성된 포르투갈과 스페인 해양 제국, 나폴레옹의 프랑스 제국, 18세기에서 20세기에 걸쳐 구축된 영국의 상업 제국, 히틀러의 제3제국, 무솔리니의 신로마제국, 그리고 오늘날의 팍스 아메리카나에 이르기까지 모두 이육사의 시 속 "바다를 연모해 내달리는 산맥처럼" 로마를 바라보았다.

로마가 사통팔달의 도로망을 따라 전파한 문화적 제도 중에서 가장 대표적인 것이 기독교다. 이 종교는 4세기에 콘스탄티누스 대제의 적극적인 후원 아래 로마의 국교로 올라섰다. 제국은 기독교 덕분에 행정의 결속력을 다지고 피정복민들의 자발적 복종을 이끌어내며 장수를 누릴 수 있었다. 기독교 또한 로마 제국 덕분에 유럽은 물론 북아프리카와 소아시아, 중동 지역, 그리고 15세기의 대항해시대를 거치면서 남북 아메리카 대륙과 오세아니아 지역까지 전파되었다. 이렇게 로마의 문물과 기독교는 중세 유럽을 거쳐 오늘날에 이르기까지 많은 지역에서 그들의 물질적·정신적 정체성을 규정해주는 획기적인 요인이 되었다.

이러한 문물의 영향력을 가장 잘 보여주는 구체적 사례가 이 책에서 많이 거론된 비아 아피아(아피아 길)다. 이 길은 총 길이 385로마마일(569킬로미터)로, 유럽에서 최초로 건설된 대로이자 이탈리아에서 가장 긴 도로다. 로마 시의 남단에서 출발해 카푸아-아이쿨라눔-베누시아-실비움-브린디시로 이어지면서 로마와 이탈리아의 남쪽 지역을 하나로 이어준다. 이 길을 통해 로마는 정복 사업을 펴나갔고, 사업의 성공에 힘입어 해외 진출을 했다. 아피아 길은 또한 권력, 죽음, 기억의 길이기도 하다. 이 길 위로 무수한 로마 장군들이 독수리 군단을 이끌고 정복 사업을 나갔으며, 마침내 반도의 발꿈치 부분에 해당하는 브린디시에 이르러서는 바다 건너 그리스로 도약하고 이어 지중해 전역과 아프리카 북부 지역을 석권하면서 지중해를 '우리의 바다'로 만들었다. 죽음의 길은 비아 아피아 길가의 많은 무덤과 지하 무덤을 가리키는 말이다. 대표적인 죽음은 서기전 70년대에 이 길(로마-카푸아 구간)에서 스파르타쿠스 반란자 6000명을 십자가에 처형한 것이다. 사람들이 많이 다니는 길에서 이런 잔인한 형벌을 집행한 것은 일벌백계의 공포를 안겨주려는 것이었다. 이 길에 있는 지하 공동묘지는 십자가형에 처해진 자들의 무덤 외에도 순교한 기독교인들의 무덤, 노예였다가 해방된 자유민의 무덤들이 들어서 있다. 지하 공동묘지는 원시 기독교의 예배 장소로도 활용되었는데, 이것은 포교 초창기의 척박한 환경을 잘 보여준다.

비아 아피아에 기억의 길이라는 이름이 붙은 것은 지난 2000년 세월 동안 많은 여행자와 순례자들이 이 길을 지나면서 저마다의 꿈을 꾸고 상상을 했기 때문이다. 순례자들과 일반 여행자들은 제국 건설자들과는 다른 어떤 것을 만들어내기 위해 로마로 갔다. 구체적인 사례로 영국 낭만파 시인 키츠와 셸리는 모두 로마에 가서 죽었고, 무덤도 로마의 비가톨릭 공동묘지에 있다. 로마의 스페인 광장 계단 바로 옆에는 두 시인을 추모하는 키츠-셸리 기념관이 있다. 그 기념관에 가면 스물다섯 살의 청년 시인 키츠가 죽어간 침대를 볼 수 있다. 우리는 두 시인을 생각하면 왜 로마에 가서 죽었는지 그 이유가 궁금해진다. 대답은 그들이 영원을 동경해 영원의 도시 로마로 갔고, 영원의 일부가 되었다는 것이다. 이와 관련해 일반 순례자와 여행자도 그들 나름의 기억하고 싶은 것이 있다. 이 책의 9장 끝부분은 그것을 이렇게 설명한다. "로마에서의 생활은 늘 이렇다. 시내의 어떤 곳이든 우연히 멈춰서면 과거에 대한 세 층위의 이야기를 만나게 된다. 도시의 역사는 유동적이다. 교황의 역사로 로마를 볼 수도 있고, 이교도의 역사 혹은 박해 이야기로 볼 수도 있으며, 다른 여행자들과 마찬가지로 자신만의 이야기를 만들 수도 있다. 이렇게 세 겹의 눈을 갖고 로마를 바라보면 당신보다 앞서서 이 도시를 여행한 사람들이 남긴 일련의 주제와 이미지를 통해 당신만의 이야기로 그것들을 각색할 수 있다." 이렇게 볼 때 로마로 가는 길은 여행자 각자의 개별적 이야기를 엮어내는 길이 된다.

순례자들은 또한 잃어버린 영혼을 찾아나서는 사람들이다. 그들은 물질이 아무리 많아도 영혼이 없으면 온전하지 못하고, 일시적인 것(물질)이 영원한 것(영혼)을 대체할 수 없다고 믿는다. 영혼과 물질의 행복한 결합을 잘 보여주는 것으로 이 책의 화보 16이 있다. 이것은 영화 〈로마의 휴일〉의 한 장면인데 오드리 헵번과 그레고리 펙이 오토바이를 타고서 포룸의 콜로세움 옆을 지나가는 장면이다. "베스파 오토바이를 타고 달려 나가는 오드리 헵번과 그레고리 펙은 정말 멋져 보인다."(18장)

이 영화는 TV 명화극장에서 처음 본 이래 재방영될 때마다 보아 지금껏 5번 이상은 본 것 같다. 그 결과 세상의 모든 사물은 하나의 비유라는 얘기를 떠올리게 되었다. 서양에서는 오래 전부터 영혼을 지상(육체)에 유배 온 공주로 비유해 왔는데, 오토바이를 타고 가는 아름다운 공주와 미국인 신문 기자는 영혼과 육체의 행복한 동행을 상징하는 게 아닐까? 그 장소가 로마라면 이런 기독교적 주제를 충분히 떠올릴 만하다. 오드리 헵번의 아름다운 용모는 영혼의 원래 모습이 저렇지 않을까 하는 상상을 불러일으킨다. 이 장면 이후에 공주는 기자가 한눈을 파는 사이에 혼자서 오토바이를 몰고 달려 나가는데, 기자가 황급히 그녀를 뒤따라간다. 이 부분은 영혼이 때때로 육체에서 벗어나려 하고, 그러면 육체는 황급히 그 뒤를 따라간다고 해석해 볼 수 있다. "모든 인간은 너를 향해 나아간다omnis caro ad te"라는 라틴어 격언이 떠오른다. 이 격언 속의 카로caro는 육체를 의미한다. 그리고 '너'는 아름다운 공주, 언제 달아날지 모르는 영혼이다. 우리 인간은 어느 순간 영혼의 부재를 깨닫고 그를 향해 나아가려 하는 것이다. 이렇게 볼 때 중세 이후 현대에 이르기까지 많은 순례자들이 로마로 간 것은 영혼을 찾기 위해서였다고 짐작해 볼 수 있다.

그런데 영혼 혹은 그에 대한 사랑으로 나아가는 길은 언제나 고통이 따른다. 길은 교량, 터널, 강물, 숲, 언덕 같은 에움길을 통과해야 비로소 목적지에 도달한다. 인생도 여러 범속한 고통을 통과해야 깊은 사랑에 도달한다. 평소 늘 가보고 싶어 했으나 마침내 로마로 가는 길에 오른 사람들은 하나 같이 고통을 뚫고 환희로 나아간 사람들이다. 그들은 인생이 충분히 살아볼 만한 가치가 있는 것이며, 지금보다 더 큰 즐거움의 예고편이라고 확신했다. 이 책의 각 장에서 소개되는 서너 사람들의 간단한 전기는 그 치열한 물질적·정신적 통찰의 과정을 잘 보여준다. 신약성경의 두 주인공 베드로와 바울도 모두 로마로 가는 길에 올랐고, 그 길에서 몸소 영혼의 사랑을 실천했다. 그러한 사정은 이 책의 3장에 다루어져 있다. 그리고 14장에서는 바울의 얘기가, 그리고 1장과 18장에는 유명한 쿠오바디스 얘기가 간략하게 나온다.

베드로는 네로 황제의 사형 명령이 떨어지자 오래 고뇌하다가 신자들의 권유로 로마에서 도피하기로 결심했다. 그는 소년 하인 나자루스를 데리고 새벽녘에 캄파냐 들판을 향해 비아 아피아를 걸어갔다. 곧 태양이 언덕 위로 떠올랐다. 이때 커다란 황금빛 테두리가 하늘로 떠오르는 것이 아니라 언덕 꼭대기에서 땅으로 내려오며 베드로 쪽으로 다가왔다. 베드로는 나자루스에게 저 빛이 보이느냐고 묻는데, 소년은 보이지 않는다고 대답한다. 갑자기 베드로는 무릎을 꿇으며 흐느끼는 목소리로 물었다. "쿠오바디스, 도미네?Quo vadis, domine?(주님, 어디로 가십니까?)" 그러자 또 다시 베드로에게만 들리는 목소리가 들려왔다. "베니오 로맘, 이떼룸 끄루치피지Venio Romam, iterum crucifigi(십자가에 다시 못 박히러 로마로 간다)."

베드로는 아무 말 없이 얼굴을 땅에 파묻고 엎드린 채 물질적 유혹에 빠져 잠시 자신의 영혼을 놓아버린 데 대해 괴로워했다. 소년에게 베드로는 죽은 사람처럼 보였다. 드디어 몸을 일으킨 베드로는 떨리는 손으로 순례자의 지팡이를 집어 들고, 묵묵히 일곱 언덕이 있는 로마 쪽으로 되돌아섰다. 나자루스가 다시 물었다. "쿠오바디스, 도미네?" "베니오 로맘." (헨릭 시엔키에비츠의 1896년 소설 《쿠오바디스》를 각색해 인용.)

이상으로 이 책의 주요 내용을 살펴보았는데, 오늘날 로마로 가는 여행자는 이런 정보를 모두 알고 가는 것은 아니다. 누가 인생의 복잡한 이면을 다 알고 시작에 나서겠는가. 로마에 가는 사람은 도시에 들어가기 전에 몬테 마리오에서 성 베드로 대성당의 돔을 먼저 보게 된다. 돔의 상징이 무엇인지 알아보는 것은 나중으로 미뤄두고, 먼저 반짝거리는 돔과 그 위의 랜턴을 보아두는 게 중요하다. 자세한 해석은 세월이 흘러가면서 천천히 해도 되는 것이다. 먼저 꿈을 꾸어야 해몽을 할 수 있다. 이 책은 그런 꿈을 꾸도록 도와준다.

이종인

여행 경로

2021년 여름
바스-사이런세스터-월-록시터 로만 시티-요크-코브리지-세인트 메리 화이트커크-안토니누스 성벽

2021년 11월
베른에서 로마, 심플론 고개 경유-나르니

2022년 4월: 비아 율리아 아우구스타
카디스-세비야/이탈리카-코르도바-발렌시아-타라고나-바르셀로나-님므-토리노

2022년 9월: 비아 프란치제나, 비아 율리아 아우구스타, 비아 에밀리아, 비아 플라미니아, 비아 아피아
파리-아비뇽-오랑주-아를-모나코-니스-제노바-파비아-리미니-라벤나-푸를로-비테르보-로마-포추올리-테라치나-안치오-카시노

2022년 10월: 비아 밀리타리스(디아고날리스), 비아 에그나티아, 비아 트라이아나/아피아
비엔나/카르눈툼-소피아-플로브디프-이스탄불-테살로니키-두레스-바리-몬테 산탄젤로-베네벤토-로마

경유한 14개 국가
영국, 스페인, 프랑스, 스위스, 이탈리아, 벨기에, 독일, 오스트리아, 헝가리, 루마니아, 불가리아, 튀르키예, 그리스, 알바니아

참고문헌

* 직접 확인할 수 없었던 인쇄물들을 포함해 문서보관소 및 신문 자료는 출처주에 표시했다.

인쇄된 1차 자료

Addison, Joseph. 1718. *Remarks on Several Parts of Italy*. 2nd edn. London.

Alberti, Leandro. 1550. *Descrittione di Tutta Italia*. Bologna.

Allen, Grant. 1899. *The European Tour*. New York.

The Anglo-Saxon Chronicle according to the several original authorities. 1964. Ed. by B. Thorpe. Milwood.

Anon. 1668. 'Vita Ex MS. Beneuentano.' In *Acta Sanctorum Volume 06: Mar. I*, 340–264. Antwerp.

_____. 1839. *The Roads and Railroads, Vehicles, and Modes of Travelling, of Ancient and Modern Countries*. London.

_____. 1882. *Le Voyage de La Saincte Cyté de Hierusalem*. Ed. by M. Ch. Schefer. Paris.

_____. 1958. *Roads to Rome: From Pisa, Bologna and Ravenna to the Eternal City*. London and New York.

Bandinelli, Ranuccio Bianchi. 1995. *Hitler e Mussolini, 1938: il viaggio del Fuhrer in Italia*. Rome.

Bassi, Roberto. 2014. *Skirmishes on Lake Ladoga. Venice to Rome: In Flight from the Racial Laws*. Trans. by Jeremy Scott. New York.

Beals, Carleton. 1932. *Rome or Death: The Story of Fascism*. London.

Beard, Thomas, and Thomas Taylor. 1648. *The Theatre of Gods Judgements*. London.

Beckford, William. 1783. *Dreams, Waking Thoughts and Incidents*. London.

_____. 1834. *Biographical Memoirs of Extraordinary Painters*. London.

Bede, the Venerable. 1723. *The Ecclesiastical History of the English Nation*. London.

Benjamin of Tudela. 1907. *The Itinerary of Benjamin of Tudela*. Ed. by Marcus Nathan Adler. New York.

Bennett, Lydian Russell. 1948. 'A Roman Summer'. *The Classical Journal*, 43.6: 359–65.

Berkeley, George. 1948. *The Works of George Berkeley Bishop of Cloyne*. Ed. by A. A. Luce and T. E. Jessup. 9 vols. London.

Biondo, Flavio. 1927. *Scritti inediti e rari*. Rome.

Bonaparte, Napoleon. 1856. *The Confidential Correspondence of Napoleon Bonaparte with His Brother Joseph*. 2 vols. New York.

Bordeaux Pilgrim (c.333 CE), *The Bordeaux Pilgrim*. Trans. by Andrew Jacobs. Online

at: https://andrewjacobs.org/translations/bordeaux.html.
Boswell, James. 1867. *The Life of Samuel Johnson*, LL.D. London.
Bracciolini, Poggio. 1993. *De Varietate Fortunae*. Ed. by Outi Merisalo. Helsinki.
de la Brocquiére, Bertrandon. 1807. *The Travels of Bertrandon de La Brocquière*. Trans. by Thomas Johnes. Hafod.
de Brosses, Charles. 1885. *Lettres Familiéres Écrites d'Italie En 1739 et 1740*. Paris.
Bryce, James. 1914. *The Ancient Roman Empire and the British Empire in India*. London.
Buckley, Christopher. 1945. *Road To Rome*. London.
de Busbecq, Ogier Ghiselin. 1968. *The Turkish Letters of Ogier Ghiselin de Busbecq, Imperial Ambassador at Constantinople, 1554-1562*. Oxford.
Byron, Lord. 1828. *The Works of Lord Byron*. 4 vols. London.
Camden, William. 1695. *Camden's Britannia newly translated into English, with large additions and improvements*. Trans. by Edmund Gibson. London.
Canova, Antonio. 1825. *Napoleon and Canova: Eight Conversations Held at the Chateau of the Tuileries, in 1810*. London.
Carducci, Giosue. 1897. 'Per la morte di Giuseppe Garibaldi', in *Letture del Risorgimento italiano scelte e ordinate da Giosue Carducci*. Vol. 2, 540-49. Bologna.
Cassiodorus, Magnus Aurelius. 1886. *The Letters of Cassiodorus*. Ed. by Thomas Hodgkin. London. Online at: https://www.gutenberg.org/files/18590/18590-h/18590-h.htm.
Cavour, Camillo. 1962-2012. *Epistolario*. 21 vols. Florence.
de Chateaubriand, François-René. 1828. *Travels in America and Italy*. 2 vols. London.
Chaucer, Geoffrey. 1870. *The Treatise on the Astrolabe of Geoffrey Chaucer*. Ed. by Andrew Edmund Brae. London.
Chetwode Eustace, John. 1819. *A Classical Tour Through Italy*. London.
Codex Theodosianus. 1923. Ed. by P. Krueger. Berlin.
Corpus Velazqueño: Documentos y Textos. 2000. Ed. by the Dirección General de Bellas Artes y Bienes Culturales. 2 vols. Madrid.
Coryat, Thomas. 1905. *Coryats Crudities*. 2 vols. Glasgow.
Coxe, Henry (John Millard). 1815. *Picture of Italy; Being a Guide to the Antiquities and Curiosities of That Classical and Interesting Country*. London.
Crosland, Camilla (Mrs Newton). 1871. *The Diamond Wedding, A Doric Story, and Other Poems*. London.
The Deeds of the Franks and Other Jerusalem-Bound Pilgrims: The Earliest Chronicle of the First Crusades. 2011. Ed. by Nirmal Dass. Lanham, MD.
Dickens, Charles. 1846. *Pictures from Italy*. London.
Dorr, David F. 1999. *A Colored Man Round the World*. Ed. by Malini Johar Schueller. Ann Arbor, MI.

Douglass, Frederick. 1892. *The Life and Times of Frederick Douglass*. Boston.

Doyle, Gregory. 1910. *Incidents of European Travel*. Syracuse, NY.

Dulcken, H. W. 1866. *A Picture History of England Written for the Use of the Young*. London.

Egeria. 1999. *Egeria's Travels*. Ed. by John Wilkinson. 3rd edn. Warminster.

Eliot, George. 1889. *Middlemarch*. Chicago.

———. 1998. *The Journals of George Eliot*. Ed. by Margaret Harris and Judith Johnston. Cambridge.

Elliot, Frances. 1872. *Diary of an Idle Woman in Italy*. Leipzig.

Epitaphium Ansae reginae. 1878. Ed. by Ludwig Bethmann and Georg Waitz, MGH. *Scriptores rerum Langobardicarum et Italicarum saec. VI-IX*. Hanover, pp. 191–2.

Estienne, Charles. 1552. *La guide des chemins de France*. Paris.

Eusebius Pamphilus. 1845. *The Life of the Blessed Emperor Constantine*. London.

Fabri, Felix. 1896. *The Book of the Wanderings of Brother Felix Fabri*. Trans. by Aubrey Stewart. 2 vols. London.

Fenimore Cooper, James. 1838. *Gleanings in Europe*. 2 vols. Philadelphia.

Fisher Jr, Ernest F. 1993. *Cassino to the Alps*. Washington, DC.

Fletcher C. R. L., and Rudyard Kipling. 1911. *A History of England*. New York.

Forster, E. M. 2000. *A Room With A View*. Ed. by Malcolm Bradbury. London.

Frederick I, Holy Roman Emperor. 2016. *The Crusade of Frederick Barbarossa: The History of the Expedition of the Emperor Frederick and Related Texts*. Ed. by G. A. Loud. London.

Freud, Sigmund. 1953–74. *The Standard Edition of the Complete Psychological Works of Sigmund Freud*. Ed. by James Strachey and Anna Freud. 24 vols. London.

Frost, Ruth Sterling. 1934. 'The Reclamation of the Pontine Marshes', *Geographical Review*, 24.4, 584–95.

Fulcher of Chartres. 2017. *Fulcher of Chartres: Chronicle of the First Crusade*. Trans. by Martha Evelyn McGinty. Philadelphia.

Fuller Ossoli, Margaret. 1852. *Memoirs*. 3 vols. London.

Galen. *Claudii Galeni Opera Omnia. Volume 10*. 2011. Ed. by Karl Gottlob Kuhn. Cambridge.

Gamucci, Bernardo. 1565. *Libri Quattro Dell'antichita di Roma*. Venice.

Geoffrey de Villehardouin. 1908. *Memoirs or Chronicle of the Fourth Crusade and the Conquest of Constantinople*. Trans. by Frank T. Marzials. London.

Gilles, Pierre. 1729. *The Antiquities of Constantinople: With a Description of Its Situation, the Conveniencies of Its Port...* London.

Giovanni, Nikki. 1968. *The Great Pax Whitie*. Online at: https://www.poetryfoundation.

org/poems/48221/the-great-pax-whitie.
Goethe, Johann Wolfgang von. 1885. *Goethe's Travels in Italy*. Trans. by Alexander James William Morrison and Charles Nisbet. London.
_____. 1977. *Roman Elegies*. Trans. by David Luke. London.
Gogol, Nikolai. 2020. *The Nose and Other Stories*. Trans. by Susanne Fusso. New York.
Graham, Maria. 1820. *Three Months Passed in the Mountains East of Rome, During the Year* 1819. London.
Graves, Robert. 1934. *Claudius the God and His Wife Messalina*. Harmondsworth.
Gray, Thomas. 1935. *Correspondence of Thomas Gray*. Ed. by Leonard Whibley and Paget Jackson Toynbee. 3 vols. Oxford.
Gregorius. 1987. *The Marvels of Rome*. Trans. and ed. by John Osborne. Toronto.
Grenier, Albert. 1938. *Le Strade romane nella Gallia... II edizione*. [Quaderni dell'Impero. Le grandi strade del mondo romano. no. 1.] Rome.
Hali. 1997. *Hali's Musaddas: The Flow and Ebb of Islam*. Trans. by Christopher Shackle and Javed Majeed. Delhi.
Hawthorne, Nathaniel. 1901. *The Marble Faun*. 2 vols. Boston.
_____. 1980. *The French and Italian Notebooks*. Ed. by Thomas Woodson. Ohio.
Hayes, Alfred. 2007. *The Girl on the Via Flaminia*. New York.
Hazlitt, William. 1826. *Notes of a Journey Through France and Italy*. London.
Hillard, George Stillman. 1881. *Six Months in Italy*. Boston.
Hitler, Adolf. 1973. *Hitler's Table Talk, 1941-44: His Private Conversations*. Trans. by Norman Cameron and R. H. Stevens. 2nd edn. London.
Howells, W. D. 2004. *Italian Journeys*. Online at: https://www.gutenberg.org/files/14276/14276-h/14276-h.htm.
Huxley, Aldous. 1948. *Along the Road: Notes and Essays of a Tourist*. London.
Informacōn for Pylgrymes unto the Holy Londe. 1824. Ed. by George Henry Freeling. London.
Isabella d'Este. 2017. *Isabella d'Este: Selected Letters*. Ed. and trans. by Deanna Shemek. Tempe, AZ.
James, Henry. 1875. *Transatlantic Sketches*. Boston.
_____. 1909. *Italian Hours*. London.
Jefferson, Thomas. 2006. *Notes on the State of Virginia*. Chapel Hill, NC. Online at: https://docsouth.unc.edu/southlit/jefferson/jefferson.html.
Jerome, Saint. 2013. *Jerome's Epitaph on Paula: A Commentary on the Epitaphium Sanctae Paulae*. Ed. and trans. by Andrew Cain. Oxford.
Kempe, Margery. 2000. *The Book of Margery Kempe*. Ed. by B. A. Windeatt. Harlow.
_____. 2015. *The Book of Margery Kempe*. Ed. by Anthony Bale. Oxford.

Kennedy, Paul A. 2016. *Battlefield Surgeon: Life and Death on the Front Lines of World War II*. Lexington, KY.

Klein, Harry. 1969. *Light Horse Cavalcade: The Imperial Light Horse, 1899-1961*. London.

Lassels, Richard. 1697. *An Italian Voyage, or, A Compleat Journey through Italy*. London.

Lawrence, D. H. 1923. *Sea and Sardinia*. London.

Le Huen, Nicole. 1517. *Le grant voyage de Jherusalem*. Paris.

Lister, Charles. 1991. *Between Two Seas: A Walk down the Appian Way*. London.

The Lives of the Ninth-Century Popes (Liber Pontificalis): The Ancient Biographies of Ten Popes from A.D. 817-891. 1995. Trans. by Raymond Davis. Liverpool.

Ludwig, Emil. 1950. *Colloqui Con Mussolini*. Trans. by Tomaso Gnoli. Milan.

McMillan, Richard. 1945. *Twenty Angels Over Rome: The Story of Fascist Italy's Fall*. London.

Maillet, Thomas (?). 2007. *Les proverbez d'Alain*. Ed. by Tony Hunt. Paris.

Malaparte, Curzio. 2013. *The Skin*. Trans. by David Moore. New York.

Medieval Italy: Texts in Translation. 2009. Ed. and trans. by Katherine Ludwig Jansen, Joanna H. Drell and Frances Andrews. Philadelphia.

Melena, Elpis. 1861. *Recollections of General Garibaldi, Or, Travels from Rome to Lucerne*. London.

Melville, Herman. 1989. *Journals*. Evanston, IL.

Mesarites, Nicholas. 2017. *His Life and Works (in Translation)*. Trans. by Michael Angold. Liverpool.

Miltoun, Francis. 1909. *Italian Highways and Byways from a Motor Car*. Boston.

_____. 1913. 'Europe's Good Roads', *Scientific American*, 108.2: 36-54.

Montaigne, Michel. 1903. *The Journal of Montaigne's Travels in Italy*. Trans. by W. G. Waters. 3 vols. London.

Moore, John. 1820. *The Works of John Moore, MD, with Memoirs of his Life and Writings*. 7 vols. Edinburgh.

Morgan, Sydney (Lady). 1821. *Italy*. 2 vols. London.

Morton, H. V. 1957. *A Traveller in Rome*. New York.

Moryson, Fynes. 1907. *An Itinerary Containing His Ten Yeeres Travell: Through the Twelve Dominions*. 4 vols. Glasgow.

Munday, Anthony. 1980. *The English Roman Life*. Oxford.

Munoz, Antonio. 1935. *Roma di Mussolini*. Milan.

Murray, John (Firm). 1853. *Rome and Its Environs*. London.

Mussolini, Benito. 1951-62. *Opera omnia di Benito Mussolini*. Ed. by Edoardo Susmel and Duilio Susmel. 35 vols. Florence.

N. D. R. 1929. 'Il concorso per il Palazzo delle Poste e Telegrafi a Napoli', *Architettura e*

Arti Decorative, Fascicolo 1, September 1929. Online at: https://opac.sba.uniroma3.it/arardeco/1929/29_I/Art1/I1T.html.

Newnan, William Loring. 1945. *Escape in Italy: The Narrative of Lieutenant William L. Newnan*. Ann Arbor, MI.

Nithard. 1970. *Carolingian Chronicles: Royal Frankish Annals and Nithard's Histories*. Ed. by Bernhard Walter Scholz. Ann Arbor, MI.

North, Thomas. 2020. *Thomas North's 1555 Travel Journal: From Italy to Shakespeare*. Ed. by Dennis McCarthy and June Schlueter. Lanham, MD.

Nugent, Thomas. 1749. *The Grand Tour. Containing an Exact Description of Most of the Cities, Towns, and Remarkable Places of Europe*. London.

Ó Cianain, Tadhg, and Paul Walsh. 1915. 'The Flight of the Earls'. *Archivium Hibernicum*, 4: iii–268.

Odo of Deuil. 1948. *De Profectione Ludovici VII in Orientem = The Journey of Louis VII to the East*. New York.

The Origins of the Grand Tour: The Travels of Robert Montague, Lord Mandeville (1649-1654), William Hammond (1655-1658), Banaster Maynard (1660-1663). 2004. Ed. by Michael G. Brennan. London.

Palmer Putnam, George. 1838. *The Tourist in Europe*. New York.

Parker, John Henry. 1883. *The Via Sacra. Excavations in Rome from 1438 to 1882*. Oxford.

Paul the Deacon. 1878. *Historia Langobardorum*. Hanover.

Peabody Hawthorne, Sophia. 1869. *Notes in England and Italy*. New York.

Phocas, Joannes. 1889. *The Pilgrimage of Joannes Phocas in the Holy Land*. Trans. by Aubrey Stewart. London.

Piccolomini, Aeneas Sylvius (Pius II). 1947. *The Commentaries of Pius II: Books IV and V*. Trans. by Florence Alden Gragg, and ed. by Leona C. Gabel. Northampton, MA.

_____. 1988. *Secret Memoirs of a Renaissance Pope: The Commentaries of Aeneas Sylvius Piccolomini Pius II*. Trans. by Florence Alden Gragg, and ed. by Leona C. Gabel. London.

Piozzi, Hester Lynch. 1789. *Observations and Reflections Made in the Course of a Journey through France, Italy and Germany*. 2 vols. London.

Playfair, Robert Lambert. 1877. *Travels in the Footsteps of Bruce in Algeria and Tunis*. London.

Potter, Olave M., and Yoshio Markino. 1910. *The Colour of Rome*. Toronto.

Priorato, Galeazzo Gualdo. 1658. *The History of the Sacred and Royal Majesty of Christina Alessandra, Queen of Swedland*. Trans. by John Burbury. London.

Raymond d'Aguilers. 1968. *Historia Francorum Qui Ceperunt Iherusalem*. Trans. by J. H.

Hill and L. L. Hill. Philadelphia.

Raymond, John. 1648. *An Itinerary: Contayning a Voyage, Made Through Italy, in the Yeare 1646, and 1647.* London.

Riggs Miller, Anna. 1777. *Letters from Italy.* 2nd edn. 2 vols. London.

Riqueti, Victor, Marquis de Mirabeau. 1762. *L'Ami des hommes, ou Traite de la population.* New corrected edn. 4 vols. Avignon.

Rogers, Samuel. 1828. *Italy: A Poem. Part the Second.* London.

_____. 1956. *The Italian Journal of Samuel Rogers.* Ed. by J. R. Hale. London.

Romanelli, Pietro. 1938. 'Le grandi strade romane nell'Africa settentrionale', *Le grandi strade del mondo romano*, 13. Rome.

Ruskin, John. 1909. *Works of John Ruskin.* Ed. by E. T. Cook and Alexander Wedderburn. 39 vols. London.

_____. 1972. *Ruskin in Italy: Letters to his Parents.* Ed. by H. I. Shapiro. Oxford.

Sandys, George. 1615. *A Relation of a Journey Begun an Dom. 1610. Foure Bookes Containing a Description of the Turkish Empire, of Aegypt, of the Holy Land, of the Remote Parts of Italy, and Ilands Adjoyning.* London.

Sanudo Torsello, Marino. 2011. *Marino Sanudo Torsello, the Book of the Secrets of the Faithful of the Cross = Liber Secretorum Fidelium Crucis / Marino Sanudo Torsello.* Trans. by Peter Lock. Farnham.

Scudder, Horace. 1901. *James Russell Lowell: A Biography.* 2 vols. Boston.

Shelley, Mary Wollstonecraft. 1844. *Rambles in Germany and Italy in 1840, 1842, and 1843.* 2 vols. London.

Shelley, Percy. 1880. *Prose Works of P. B. Shelley.* 4 vols. London.

Smollett, Tobias. 1907. *Travels through France and Italy.* Ed. by Thomas Seccombe. Oxford.

de Stael, Madame. 1833. *Corinne, or Italy.* Trans. by Isabel Hill. London.

Starke, Mariana. 1800. *Letters from Italy, between the Years 1792 and 1798.* 2 vols. London.

Stendhal. 1997. *The Charterhouse of Parma.* Trans. by Margaret Mauldon. Oxford.

Stephanus, Eddius. 1927. *The Life of Bishop Wilfrid.* Ed. by Bertram Colgrave. Cambridge.

Stern, Michael. 1964. *An American in Rome.* New York.

Sterne, Laurence. 2003. *A Sentimental Journey And Other Writings.* Ed. by Ian Jack and Tim Parnell. Oxford.

Strong, Eugenie. 1938. 'Viaggio attraverso le strade della Britannia romana', *Le grande stradi del mondo romano*, 6. Rome.

Suchem, Ludolf von. 1895. *Ludolph Von Suchem's Description of the Holy Land: And of the Way Thither. Written in the Year A.D. 1350.* Trans. by Aubrey Stewart. London.

Theophanes. 2006. *The Journey of Theophanes: Travel, Business, and Daily Life in the Roman East*. Ed. and trans. by John Matthews. New Haven, CT.

Thomas, William. 1963. *The History of Italy (1549)*. Ithaca, NY.

Three Byzantine Saints: Contemporary Biographies. 1996. Trans. by Elizabeth Dawes and Norman H. Baynes. Crestwood, NY. Online at: https://sourcebooks.fordham.edu/basis/theodore-sykeon.asp

Tittmann Jr., Harold H. 2004. *Inside the Vatican of Pius XII: The Memoir of an American Diplomat During World War II*. Ed. by Harold H. Tittmann III. New York.

Tomassetti, Giuseppe. 1979. *La Campagna romana antica, medioevale e moderna*. Ed. by Luisa Chiumenti and Fernando Bilancia. 7 vols. Florence.

Tompkins, Peter. 1962. *A Spy in Rome*. New York.

Trevelyan, George Macaulay. 1933. *Garibaldi*. 3 vols. London.

Twain, Mark. 1879. *The Innocents Abroad*. Hartford, CT.

Vanvitelli, Luigi. 1976. *Le lettere di Luigi Vanvitelli della Biblioteca Palatina di Caserta*. Ed. by Franco Strazzullo. Galatina.

Vegetius Renatus, Flavius. 1993. *Vegetius: Epitome of Military Science*. Trans. by N. P. Milner. Liverpool.

_____. 2004. *Epitoma rei militaris*. Trans. by Michael D. Reeve. Oxford.

Verri, Alessandro. 1860. *Le notti romane del conte Alessandro Verri*. Turin.

Villari, Luigi. 1932. *On the Roads from Rome*. London.

Vita sanctae Arthellaidis. 1668. Ed. by Jean Bolland and others. BHL 719. In *Acta Sanctorum Volume 06: Mar. I*, 264. Antwerp.

Waller, Edmund, and John Denham. 1857. *The Poetical Works of Edmund Waller and Sir John Denham*. Ed. by George Gilfillan. Edinburgh.

Wilde, Oscar. 1962. *The Letters of Oscar Wilde*. Ed. by Rupert Hart-Davis. London.

William of Malmesbury. 1998. *Gesta regum Anglorum*. Ed. and trans. R. A. B. Mynors; completed by R. M. Thomson and M. Winterbottom. Vol. 1. Oxford.

William of Tyre. 1943. *A History of Deeds Done beyond the Sea*. New York.

Williams, Hugh William. 1820. *Travels in Italy, Greece, and the Ionian Islands*. 2 vols. Edinburgh.

Wilmot, Catherine. 1920. *An Irish Peer on the Continent (1801-1803): Being a Narrative of the Tour of Stephen, 2nd Earl Mount Cashell, through France, Italy*, Etc. Ed. by Thomas U. Sadleir. London.

Wordsworth, William. 1984. *The Illustrated Wordsworth's Guide to the Lakes*. Ed. by Peter Bicknell. Exeter.

Wortley Montagu, Lady Mary. 1893. *The Letters and Works of Lady Mary Wortley Montagu*. London.

Wotton, Henry, and Logan Pearsall Smith. 1907. *The Life and Letters of Sir Henry Wotton*. Oxford.

Wright, Edward. 1730. *Some Observations Made in Travelling through France, Italy*, &c. 2 vols. London.

2차 자료

Adams, C. E. P., and Ray Laurence. 2011. *Travel and Geography in the Roman Empire*. London.

Adams, C. E. P. 2011. '"There and Back Again": Getting Around in Roman Egypt'. In Adams and Laurence, pp. 138-66.

Adams, J. N. 2003. *Bilingualism and the Latin Language*. Cambridge.

Agazarian, Dory. 2015. 'Victorian Roads to Rome: Historical Travel in the Wake of the Grand Tour'. *Nineteenth-Century Contexts*, 37.5: 391-409.

Ahmed, Talat. 2019. *Mohandas Gandhi: Experiments in Civil Disobedience*. London.

Albanese, Giulia. 2019. *The March on Rome: Violence and the rise of Italian Fascism*. Trans. by Sergio Knipe. London.

Alcock, Susan E., John Bodel, and Richard J. A. Talbert. 2012. *Highways, Byways, and Road Systems in the Pre-Modern World*. Chichester, West Sussex; Malden, MA.

Allen, E. John B. 1972. *Post and Courier Service in the Diplomacy of Early Modern Europe*. The Hague.

Allen, Rosamund, ed. 2004. *Eastward Bound: Travel and Travellers, 1050-1550*. Manchester.

Anderson, Carolyn. 2011. 'Cold War Consumer Diplomacy and Movie-Induced Roman Holidays'. *Journal of Tourism History*, 3.1: 1-19.

_____. 2019. 'Accidental Tourists: Yanks in Rome, 1944-1945'. *Journal of Tourism History*, 11.1: 22-45.

Armellini, Mariano. 1887. *Le chiese di Roma dalle loro origini sino al secolo XVI*. Rome.

Arthurs, Joshua. 2012. *Excavating Modernity: The Roman Past in Fascist Italy*. Ithaca, NY.

Asbridge, Thomas S. 2004. *The First Crusade: A New History*. New York; London.

Ayres, Philip. 1997. *Classical Culture and the Idea of Rome in Eighteenth-Century England*. Cambridge.

Bacciolo, Andrea. 2020. ' "Belonging of Right to Our English Nation". The Oratory of Domine Quo Vadis, Reginald Pole, and the English Hospice in Rome'. *RIHA Journal*, article no. 0238.

Badin, Donatella Abbate. 2007. *Lady Morgan's Italy: Anglo-Irish Sensibilities and Italian Realities*. Bethesda, MD.

Baigent, Elizabeth. 2004. 'Nugent, Thomas (c. 1700-1772), writer and traveller'. *Oxford Dictionary of National Biography*. Oxford.

Baker, Paul R. 1964. *The Fortunate Pilgrims: Americans in Italy, 1800-1860*. Cambridge, MA.

Barlow, Paul. 1996. 'Local Disturbances: Madox Brown and the Problem of the Manchester Murals'. In *Reframing the Pre-Raphaelites: Historical and Theoretical Essays*, ed. by Ellen Harding, pp. 81-97. Aldershot.

Barnard, John Levi. 2017. *Empire of Ruin: Black Classicism and American Imperial Culture*. Oxford; New York.

Barnish, S. J. B. 1987. 'Pigs, Plebeians and Potentes: Rome's Economic Hinterland, c. 350-600 A.D.'. *Papers of the British School at Rome*, 55: 157-85.

Barrington Atlas of the Greek and Roman World. 2000. Ed. by Richard J. A. Talbert, in collaboration with Roger S. Bagnall et al. Princeton, NJ.

Bartlett, Robert. 2013. *Why Can the Dead Do Such Great Things? Saints and Worshippers from the Martyrs to the Reformation*. Princeton, NJ.

Baskins, Cristelle. 2014. 'Popes, Patriarchs, and Print: Representing Chaldeans in Renaissance Rome'. *Renaissance Studies*, 28.3: 405-25.

Bate, Jonathan. 2004. 'Hazlitt, William (1778-1830), writer and painter.' *Oxford Dictionary of National Biography*. Oxford.

Battilani, Patrizia. 2009. 'Rimini: An Original Mix of Italian Style and Foreign Models?' In Segreto et al., pp. 104-24.

Baumgartner, Karin. 2015. 'Packaging the Grand Tour: German Women Authors Write Italy, 1791-1874'. *Women in German Yearbook*, 31: 1-27.

_____. 2014. 'Travel, Tourism, and Cultural Identity in Mariana Starke's Letters from Italy (1800) and Goethe's Italienische Reise (1816-17)'. *Publications of the English Goethe Society*, 83.3: 177-95.

Baxa, Paul. 2010. *Roads and Ruins: The Symbolic Landscape of Fascist Rome*. Toronto.

Belke, Klaus. 2002. 'Roads and Travel in Macedonia and Thrace in the Middle and Late Byzantine Period'. In Macrides, pp. 73-90.

_____. 2008. 'Communications: Roads and Bridges'. In *The Oxford Handbook of Byzantine Studies*, ed. by Elizabeth Jeffreys, John F. Haldon, and Robin Cormack, pp. 295-308. Oxford; New York.

Berechman, Joseph. 2003. 'Transportation- Economic Aspects of Roman Highway Development: The Case of Via Appia'. *Transportation Research Part A: Policy and Practice*, 37: 453-78.

Bisaha, Nancy. 2023. *From Christians to Europeans: Pope Pius II and the Concept of the Modern Western Identity*. Abingdon.

Blennow, Anna. 2019. 'Wanderers and Wonders. The Medieval Guidebooks to Rome'. In *Rome and The Guidebook Tradition*, ed. by Anna Blennow and Stefano Fogelberg Rota, pp. 33–88. Online at: https://doi.org/10.1515/9783110615630.

Bossy, John. 1964. 'Rome and the Elizabethan Catholics: A Question of Geography', *Historical Journal*, 7: 135–49.

Bosworth, R. J. B. 2011. *Whispering City: Rome and Its Histories*. New Haven, CT.

Bourhill, James. 2011. *Come Back to Portofino: Through Italy with the 6th South African Armoured Division*. Johannesburg.

de Bourrienne, L.- A. F. 1829. *Memoires de M. de Bourrienne, Ministre d'Etat; sur Napoleon, le Directoire, le Consulat, l'Empire et la Restauration*, Vol. IV. Paris.

Bowes, Kim, and Afrim Hoti. 2003. 'An amphitheatre and its afterlives: survey and excavation in the Durres amphitheatre'. *Journal of Roman Archaeology*, 16: 380–94.

Boyer, Marjorie Nice. 1964. 'The Bridgebuilding Brotherhoods', *Speculum*, 39.4: 635–50.

Bradley, Mark. 2010. *Classics and Imperialism in the British Empire*. Oxford.

Bradley, Mark. 2010. 'Tacitus' *Agricola* and the Conquest of Britain: Representations of Empire in Victorian and Edwardian England'. In Bradley, pp. 123–57.

Breitman, Richard. 2002. 'New Sources on the Holocaust in Italy'. *Holocaust and Genocide Studies*, 16.3: 402–14.

Brigden, Susan, and Jonathan Woolfson. 2005. 'Thomas Wyatt in Italy', *Renaissance Quarterly*, 58: 464–511.

Broder, David. 2023. *Mussolini's Grandchildren: Fascism in Contemporary Italy*. London.

Brodersen, Kai. 2011. 'Geographical Knowledge in the Roman World'. In Adams and Laurence, pp. 7–21.

Bronstein, Judith. 2007. 'The Crusades and the Jews: Some Reflections on the 1096 Massacre'. *History Compass*, 5.4: 1268–79.

Brown, John S. 2019 (May). ' "Sad Sacks" First Unit to Fight Into Rome'. *Army*, 63–6.

Buchanan, Andrew. 2016. ' "I Felt like a Tourist Instead of a Soldier": The Occupying Gaze–War and Tourism in Italy, 1943–1945'. *American Quarterly*, 68.3: 593–615.

Buck, Pamela. 2011. 'Collecting An Empire'. *Prose Studies*, 33.3: 188–99.

Buzard, James. 1993. *The Beaten Track: European Tourism, Literature and the Ways to Culture, 1800-1918*. Oxford.

Cacciatore, Vera. 2005. 'The House in War-Time'. In *Keats in Italy: A History of the Keats-Shelley House in Rome*, pp. 68–71. Rome.

Caddick-Adams, Peter. 2013. *Monte Cassino: Ten Armies in Hell*. Oxford.

Campedelli, Camilla. 2021. 'The Impact of Roman Roads and Milestones on the Landscape of the Iberian Peninsula'. In *The Impact of the Roman Empire on Landscapes: Proceedings of the Fourteenth Workshop of the International Network*

Impact of Empire (Mainz, June 12-15, 2019), pp. 111–30. Leiden.

Canny, Nicholas P. 1971. 'Historical Revision XVI: The Flight of the Earls, 1607'. *Irish Historical Studies*, 17.67: 380–99.

Caprotti, Federico. 2007. *Mussolini's Cities: Internal Colonialism in Italy, 1930-1939*. Youngstown, NY.

Carroll, Clare. 2018. *Exiles in a Global City: The Irish and Early Modern Rome, 1609-1783*. Leiden.

Carucci, M. 2017. 'The Danger of Female Mobility in Roman Imperial Times'. In Lo Cascio and Tacoma, pp. 173–90.

Cassibry, Kimberly. 2021. *Destinations in Mind: Portraying Places on the Roman Empire's Souvenirs*. New York.

Casson, L. 1974. *Travel in the Ancient World*. London.

Chapoutot, Johann. 2016. *Greeks, Romans, Germans: How the Nazis Usurped Europe's Classical Past*. Trans. by Richard R. Nybakken. Berkeley, CA.

Chazan, Robert. 1996. *In the Year 1096: The First Crusade and the Jews*. Philadelphia.

Chevallier, Raymond. 1989. *Roman Roads*. Trans. by N. H. Field. London.

Chiurco, G. A. 1929. *Storia della rivoluzione Fascista*. 5 vols. Florence.

Clark, Lloyd. 2013. *Anzio: The Friction of War*. London.

Clark, Martin. 2013. *The Italian Risorgimento*. 2nd edn. London.

Clark, W. G. 1861. 'Naples and Garibaldi'. In *Vacation Tourists and Notes of Travel*, ed. by Francis Galton, pp. 1–75. London.

Clegg, Jeanne. 2021. 'From Dead End to Central City of the World: (Re) locating Rome on Ruskin's map of Europe'. *Papers of the British School at Rome*, 89: 279–317.

Coarelli, Filippo, James J. Clauss, Daniel P. Harmon, J. Anthony Clauss, and Pierre A. Mackay. 2014. 'Via Appia'. In *Rome and its Environs: An Archaeological Guide*, ed. by Filippo Coarelli, pp. 365–400. Berkeley, CA.

Cobb, Matthew. 2015. 'The Chronology of Roman Trade in the Indian Ocean from Augustus to the Early Third Century CE'. *Journal of the Economic and Social History of the Orient*, 58: 362–418.

Coffin, David R. 1979. *The Villa in the Life of Renaissance Rome*. Princeton, NJ.

Colbert, Benjamin. 2014-20. 'Mariana Starke, 1762-1838'. *Women's Travel Writing, 1780-1840: A Bio-Bibliographical Database*. Online at: https://btw.wlv.ac.uk/authors/1135 (accessed 24 August 2023).

Colville, John. 1985. *Fringes of Power: Downing Street Diaries 1939-1955*. London.

Comfort, Anthony. 2019. 'Travelling Between the Euphrates and Tigris in Late Antiquity'. In Kolb 2019a, pp. 109–31.

Connelly, Charlie. 4 August 2022. 'HV Morton: Terrific Writer ⋯ Terrible Man'. Online at:

https://www.theneweuropean.co.uk/hv-morton-terrific-writer-terrible-man/.

Consoli, Gian Paolo. 2003. 'Dal primato della citta al primato della strada: il ruolo del piano di Armando Brasini per Roma nello sviluppo della citta Fascista'. In *L'architettura nelle citta italiane del XX secolo: dagli anni Venti agli anni Ottanta*, ed. by Vittorio Franchetti Pardo, pp. 202–11. Milan.

Corp, Edward. 2010. 'The Location of the Stuart Court in Rome: The Palazzo Del Re'. In *Loyalty and Identity: Jacobites at Home and Abroad*, ed. by Paul Monod, Murray Pittock, and Daniel Szechi, pp. 180–205. Basingstoke.

Coulston, Jon. 2011. 'Transport and Travel on Trajan's Column'. In Adams and Laurence, pp. 106–37.

Craig, Leigh Ann. 2003. '"Stronger than Men and Braver than Knights": Women and the Pilgrimages to Jerusalem and Rome in the Later Middle Ages'. *Journal of Medieval History*, 29.3: 153–75.

D'Arco, Carlo. 1857. *Delle arti e degli artefici di Mantova*. 2 vols. Mantua.

Davies, Hugh E. H. 1998. 'Designing Roman Roads'. *Britannia*, 29: 1–16.

———. 2008. *Roman Roads in Britain*. Oxford.

Davis, John A. 2006. *Naples and Napoleon: Southern Italy and the European Revolutions, 1780-1860*. Oxford.

De Blois, Lukas. 2015. 'Invasions, Deportations and Repopulation. Mobility and Migration in Thrace, Moesia Inferior, and Dacia in the Third Quarter of the Third Century AD'. In *Lo Cascio and Tacoma*, pp. 42–54.

De Lange, N. R. M. 1978. 'Jewish attitudes to the Roman Empire'. In *Imperialism in the Ancient World*, ed. by P. D. A. Garnsey and C. A. Whittaker, pp. 255–82. Cambridge.

Del Lungo, Stefano. 2014. *Roma in eta carolingia e gli scritti dell'anonimo Augiense: (Einsiedeln, Bibliotheca Monasterii Ordinis Sancti Benedicti, 326 [8 Nr. 13], IV, ff. 67v-86r)*. Rome.

Del Nero, Domenico. 1997. 'La via Francigena in Toscana'. In *La Via Francigena: atti della giornata di studi: la Via Francigena dalla Toscana a Sarzana, attraverso il territorio di Massa e Carrara: luoghi, figure e fatti: Massa, 5 maggio 1996*, pp. 9–17. Modena.

Della Portella, Ivana, ed. 2004a. *The Appian Way: From Its Foundation to the Middle Ages*. Trans. by Stephen Sartarelli. Los Angeles.

———. 2004b. 'Wanderings Along the Appian Way', pp. 8–10; 'From Benevento to Brindisi', pp. 146–85; 'The Via Appia Traiana', pp. 186–229; in Della Portella 2004a.

Derose Evans, Jane, ed. 2013. *A Companion to the Archaeology of the Roman Republic*. Chichester.

De Seta, Cesare. 1996. 'Grand Tour: The Lure of Italy in the Eighteenth Century'. In Wilton and Bignamini, pp. 13–20.

Diehl, Charles. 1888. *Etudes sur l'administration Byzantine dans l'exarchat de Ravenne (568- 751)*. Paris.

Douglass, Laurie. 1996. 'A New Look at the Itinerarium Burdigalense'. *Journal of Early Christian Studies*, 4.3: 313–33.

Dyson, Stephen L. 2008. *In Pursuit of Ancient Pasts: A History of Classical Archaeology in the Nineteenth and Twentieth Centuries*. New Haven, CT.

———. 2019. *Archaeology, Ideology and Urbanism in Rome from the Grand Tour to Berlusconi*. Cambridge.

Easton, M. G. 1897. *Illustrated Bible Dictionary*. 3rd edn. London. https://www.ccel.org/e/easton/ebd/ebd3.html (accessed 22 April 2023).

Edwards, Catharine. 1996. 'The Roads to Rome'. In *Imagining Rome: British Artists and Rome in the Nineteenth Century*, ed. by Michael Liversidge and Catharine Edwards, pp. 8–19. London.

Ehrlich, Michael. 2006. 'The Route of the First Crusade and the Frankish Roads to Jerusalem during the Twelfth Century'. *Revue Biblique (1946-)*, 113.2: 263–83.

Eidelberg, Shlomo, ed. 1977. *The Jews and the Crusaders: The Hebrew Chronicles of the First and Second Crusades*. Madison, WI.

Elliot van Liere, Katherine. 2007. '"Shared Studies Foster Friendship": Humanism and History in Spain'. In *The Renaissance World*, ed. by John Jeffries Martin, pp. 242–61. London.

Ellis, Heather. 2023. 'The Indian Civil Service, Classical Studies, and an Education in Empire, 1890–1914'. *The Historical Journal*, 66: 593–618.

Emiliani, Vittorio. 2004. 'The Appian Way as Literary Journey'. In Della Portella 2004a, pp. 11–13.

Erskine, Andrew. 2010. *Roman Imperialism*. Edinburgh.

Evangelista, Matthew Anthony. 2020. 'Myron Taylor and the Bombing of Rome: The Limits of Law and Diplomacy'. *Diplomacy & Statecraft*, 31.2: 278–305.

Fafinski, Mateusz. 2021. *Roman Infrastructure in Early Medieval Britain*. Amsterdam.

Fagrskinna: A Catalogue of the Kings of Norway. 2004. Ed. and trans. by Alison Finlay. Leiden.

Failmezger, Victor. 2020. *Rome-City in Terror: The Nazi Occupation 1943-44*. Oxford.

Falcasantos, Rebecca Stephens. 2017. 'Wandering Wombs, Inspired Intellects: Christian Religious Travel in Late Antiquity'. *Journal of Early Christian Studies*, 25.1: 89–117.

Fauri, Francesca, and Matteo Troilo. 2020. 'The "Duce Hometown Effect" on Local Industrial Development: The Case of Forli', *Business History*, 62.4: 613–36.

Ferguson, Gary. 2016. *Same-Sex Marriage in Renaissance Rome: Sexuality, Identity, and Community in Early Modern Europe*. Ithaca, NY.

Ferrari, Aldo. 2021. '"Most of Them Are Honourable". Luigi Villari e gli armeni durante la "guerra Armeno-Tatara" Del 1905-1906', *Studi Slavistici*, 18: 257-73.

Fiore Melacrinis, Francesco M. S. 2023. 'Annual wages in the Kingdom of the Two Sicilies from 1800 to 1860 and the beginning of the Italian regional divide', *European Review of Economic History*, advance article.

Fletcher, Catherine. 2015. *Diplomacy in Renaissance Rome: The Rise of the Resident Ambassador*. Cambridge.

Foot, John. 2000. 'Via Rasella, 1944: Memory, Truth, and History', *Historical Journal*, 43: 1173-81.

———. 2021. 'San Gino', *LRB Blog*, online at: https://www.lrb.co.uk/blog/2021/february/san-gino (accessed 26 April 2023).

———. 2023. 'The March on Rome Revisited. Silences, Historians and the Power of the Counter-Factual', *Modern Italy*, 28: 162-77.

Formica, Sandro, and Muzaffer Uysal. 1996. 'The Revitalization of Italy as a Tourist Destination', *Tourism Management*, 17.5: 323-31.

Foubert, Lien. 2018. 'Men and Women Tourists' Desire to See the World: "Curiosity" and "a Longing to Learn" as (Self-) Fashioning Motifs (First-Fifth Centuries C.E.)', *Journal of Tourism History*, 10.1: 5-20.

Foxhall Forbes, Helen. 2019. 'Writing on the Wall: Anglo-Saxons at Monte Sant'Angelo Sul Gargano (Puglia) and the Spiritual and Social Significance of Graffiti', *Journal of Late Antiquity*, 12.1: 169-210.

Frauzel, Flavia. 2013. 'From Canterbury to Rome: Plures de Gente Anglorum Ad Petri Limina. Pilgrimage as a Worldwide System of Connectivity during the Late Antiquity and the Early Middle Ages'. In *SOMA 2012: Identity and Connectivity: Proceedings of the 16th Symposium on Mediterranean Archaeology, Florence, Italy, 1-3 March 2012*, ed. by Luca Bombardieri et al., pp. 1087-94. Oxford.

Gabriele, Matthew. 2011. *An Empire of Memory: The Legend of Charlemagne, the Franks, and Jerusalem before the First Crusade*. Oxford.

Galatariotou, Catia. 1993. 'Travel and Perception in Byzantium', *Dumbarton Oaks Papers*, 47: 221-41.

Galliazzo, Vittorio. 1994. *I Ponti Romani. II. Catalogo Generale*. Treviso.

Games, Alison. 2008. *The Web of Empire: English Cosmopolitans in an Age of Expansion, 1560-1660*. Oxford.

Gameson, Richard. 1999. *St Augustine and the Conversion of England*. Stroud.

Gates-Foster, Jennifer. 2012. 'The Well-Remembered Path: Roadways and Cultural Memory in Ptolemaic and Roman Egypt'. In Alcock et al., pp. 202-21.

Geissler, Erhard, and Jeanne Guillemin. 2010. 'German Flooding of the Pontine Marshes in World War II: Biological Warfare Or Total War Tactic?' *Politics and the Life Sciences*, 29.1: 2-23.

Ghirardo, Diane. 1989. *Building New Communities: New Deal America and Fascist Italy*. Princeton, NJ.

Gikandi, Simon. 2014. *Slavery and the Culture of Taste*. Princeton, NJ.

Gleadhill, Emma. 2018. 'Improving Upon Birth, Marriage and Divorce: The Cultural Capital of Three Late Eighteenth-Century Female Grand Tourists'. *Journal of Tourism History*, 10.1: 21-36.

Goodden, Angelica. 2008. *Madame de Stael: The Dangerous Exile*. Oxford.

Graham-Campbell, Angus. 2004. 'Where Byron Stayed in Rome: The "Torlonia Letter" Rediscovered'. *The Keats-Shelley Review*, 18.1: 102-3.

Green, Roger Lancelyn, and Walter Hooper. 2002. *C. S. Lewis: A Biography*. London.

Grosholz, Emily. 2015. 'Letter from Rome'. *The Hudson Review*, 68.2: 189-93.

Haldon, John. 2006. 'Roads and Communications in the Byzantine Empire: Wagons, Horses and Supplies'. In *Logistics of Warfare in the Age of the Crusades*, ed. by John Pryor, pp. 131-58. Aldershot.

Hallenbeck, Jan T. 1982. 'Pavia and Rome: The Lombard Monarchy and the Papacy in the Eighth Century'. *Transactions of the American Philosophical Society*, 72: 1-186.

Hardacre, P. H. 1953. 'The Royalists in Exile During the Puritan Revolution, 1642-1660'. *Huntington Library Quarterly*, 16.4: 353-70.

Hardwick, Lorna, and Christopher Stray. 2008. *A Companion to Classical Receptions*. Oxford.

Harris, Jonathan. 2017. *Constantinople: Capital of Byzantium*. 2nd edn. London.

Harvey, Margaret. 1999. *The English in Rome, 1362-1420: Portrait of an Expatriate Community*. Cambridge.

Haskell, Francis. 2000. *The Ephemeral Museum: Old Master Paintings and the Rise of the Art Exhibition*. New Haven, CT.

Hauken, Tor. 1998. *Petition and Response. An Epigraphic Study of Petitions to Roman Emperors 181-249*. Bergen.

Herrin, Judith. 2021. *Women in Purple: Rulers of Medieval Byzantium*. Princeton, NJ.

Higgins, Valerie. 2013. 'Rome's Uncomfortable Heritage: Dealing with History in the Aftermath of WWII'. *Archaeologies*, 9.1: 29-55.

Hitchin, Keith. 2014. *A Concise History of Romania*. Cambridge.

Hitchner, R. Bruce. 2012. 'Roads, Integration, Connectivity, and Economic Performance in the Roman Empire'. In Alcock et al., pp. 222–34.

Holland, Robert. 2018. *The Warm South: How the Mediterranean Shaped the British Imagination*. New Haven, CT.

Holum, Kenneth G. 1990. 'Hadrian and St Helena: Imperial Travel and the Origins of Christian Holy Land Pilgrimage'. In *The Blessings of Pilgrimage*, ed. by Robert Ousterhout, pp. 66–81. Urbana, IL.

Hudson, Roger. 2014. 'The Vendome Column, 1871'. *History Today*, online at: https://www.historytoday.com/archive/vendome-column-1871.

Humm, Michel. 1996. 'Appius Claudius Caecus et la construction de la via Appia'. *Mélanges de l'École Francaise de Rome. Antiquité*, 108.2: 693–746.

Ingamells, John. 1996. 'Discovering Italy: British Travellers in the Eighteenth Century'. In *Wilton and Bignamini*, pp. 21–30.

Inglis, Erik, and Elise Christmon. 2013. '"The Worthless Stories of Pilgrims"? The Art Historical Imagination of Fifteenth-Century Travelers to Jerusalem'. *Viator*, 44.3: 257–327.

Izzi, Luisa. 2014. 'Anglo-Saxons Underground: Early Medieval graffiti in the Catacombs of Rome'. In Tinti, pp. 141–77.

Jaques, Susan. 2018. *The Caesar of Paris-Napoleon Bonaparte, Rome, and the Artistic Obsession That Shaped an Empire*. New York.

Johns, Christopher M. S. 1998. *Antonio Canova and the Politics of Patronage in Revolutionary and Napoleonic Europe*. Berkeley, CA.

Kaicker, Abhishek. 2010. 'Visions of Modernity in Revisions of the Past: Altaf Hussain Hali and the "Legacy of the Greeks"'. In *Bradley*, pp. 231–48.

Kalla-Bishop, P. M. 1971. *Italian Railways*. Newton Abbot.

Kallis, Aristotle. 2014. *The Third Rome, 1922-43: The Making of the Fascist Capital*. Basingstoke.

Kaplan, M. 2000. 'Quelques remarques sur les routes a grande circulation dans l'empire Byzantin du VIe au XIe siecle'. In *Voyages et voyageurs a Byzance et en Occident du VIe au XIe siecle*, ed. by Alain Dierkens and Jean-Marie Sansterre with Jean-Louis Kupper, pp. 83–100. Geneva.

Karmon, David. 2011. *The Ruin of the Eternal City: Antiquity and Preservation in Renaissance Rome*. Oxford.

Katz, Robert. 2003. *The Battle for Rome: The Germans, The Allies, The Partisans and the Pope, September 1943-June 1944*. New York.

Keynes, S. 1997. 'Anglo- Saxon Entries in the "Liber Vitae" of Brescia'. In *Alfred the Wise: Studies in Honour of Janet Bately on the Occasion of Her 65th Birthday*, ed. by Jane Annette Roberts, Janet L. Nelson, Malcolm Godden, and Janet M. Bately, pp. 99–119.

Woodbridge.
Keyvanian, Carla. 2015. *Hospitals and Urbanism in Rome, 1200-1500*. Leiden.
Kirk, Terry. 2011. 'The Political Topography of Modern Rome, 1870-1936'. In *Rome: Continuing Encounters Between Past and Present*, ed. by Dorigen Sophie Caldwell and Lesley Caldwell, pp. 101-28. Farnham.
Kitzes, Adam H. 2017. 'The Hazards of Professional Authorship: Polemic and Fiction in Anthony Munday's English Roman Life'. *Renaissance Studies*, 31: 444-61.
Klynne, Allan. 2009. 'Where have all the ruins gone? Chasing the past along Via Tiburtina'. In *Via Tiburtina: Space, Movement & Artefacts in the Urban Landscape*, ed. by Hans Bjur and Barbro Santillo Frizell, pp. 165-80. Rome.
Kolb, Anne. 2011. 'Transport and Communication in the Roman State: The Cursus Publicus'. In *Adams and Laurence*, pp. 95-105.
_____. 2019. 'Via Ducta-Roman Road Building: An Introduction to Its Significance, the Sources and the State of Research'. In *Roman Roads: New Evidence-New Perspectives*, ed. by Anne Kolb, pp. 3-21. Berlin.
Krautheimer, Richard. 1980. *Rome, Profile of a City, 312-1308*. Princeton, NJ.
Kuelzer, A. 2002. 'Pilgrimage to the Holy Land'. In *Macrides*, pp. 149-61.
Kulikowski, Michael. 2006. *Rome's Gothic Wars: From the Third Century to Alaric*. Cambridge.
Larmour, David H. J., and Diana Spencer. 2007. *The Sites of Rome: Time, Space, Memory*. Oxford.
Larnach, Matthew. 2016. 'All Roads Lead to Constantinople: Exploring the Via Militaris in the Medieval Balkans, 600-1204'. University of Sydney, doctoral thesis.
Laurence, Ray. 1999. *The Roads of Roman Italy: Mobility and Cultural Change*. London.
_____. 2011. 'Geography in Roman Britain'. In Adams and Laurence, 67-94.
_____. 2013. 'Roads and Bridges'. In Derose Evans, pp. 296-307.
Leask, Nigel. 2006. 'Bruce, James, of Kinnaird', in *Oxford Dictionary of National Biography*. Oxford.
Levine, Robert S. 2002. 'Road to Africa: Frederick Douglass's Rome. In *Roman Holidays: American Writers and Artists in Nineteenth-Century Italy*, ed. by Robert K. Martin and Leland S. Person, pp. 226-45. Iowa City.
Levis Sullam, Simon. 2018. *The Italian Executioners: The Genocide of the Jews of Italy*. Trans. by Oona Smyth with Claudia Patane. Princeton, NJ.
Lo Cascio, Elio, and Laurens Ernst Tacoma, eds. 2017. *The Impact of Mobility and Migration in the Roman Empire. Proceedings of the Twelfth Workshop of the International Network Impact of Empire (Rome, June 17-19, 2015)*. Leiden.
Lowe, Benedict. 2018. 'Manilius and the Logistics of Salting in the Roman World'. *Journal*

of Maritime Archaeology, 13.3: 467–80.

Lyth, Peter. 2009. 'Flying Visits: The Growth of British Air Package Tours, 1945–1975'. In Segreto et al., pp. 11–30.

Maas, Michael, and Derek Ruths. 2012. 'Road Connectivity and the Structure of Ancient Empires: A Case Study from Late Antiquity'. In Alcock et al., pp. 255–64.

McCabe, A. 2002. 'Horses and Horse-Doctors on the Road'. In Macrides, pp. 91–7.

MacCannell, D. 1973. 'Staged Authenticity: Arrangements of Social Space in Tourist Settings'. *American Journal of Sociology* 79: 589–603.

McCavitt, John. 1994. 'The Flight of the Earls, 1607'. *Irish Historical Studies*, 29.114: 159–73.

McCormick, Michael. 2002. *Origins of the European Economy: Communications and Commerce AD 300-900*. Cambridge.

McDonough, Frank. 2019–21. *The Hitler Years*, 2 vols. London.

McGeary, Thomas. 2014. 'British Grand Tourists Visit Rosalba Carriera, 1732–1741: New Documents'. *British Art Journal*, 15.1: 117–19.

Mack, Robert L. 2000. *Thomas Gray: A Life*. New Haven, CT.

McKechnie, Paul. 2019. *Christianizing Asia Minor: Conversion, Communities, and Social Change in the Pre-Constantinian Era*. Cambridge.

McKitterick, Rosamond, John Osborne, Carol M. Richardson, and Joanna Story, eds. 2013. *Old Saint Peter's, Rome*. Cambridge.

Macrides, R. J., ed. 2002. *Travel in the Byzantine World: Papers from the Thirty-Fourth Spring Symposium of Byzantine Studies, Birmingham, April 2000*. Aldershot.

Madgearu, Alexandru. 2010. 'Narses'. In *The Oxford Encyclopedia of Medieval Warfare and Military Technology*, ed. by Clifford J. Rogers. Online edition.

Magoun Jr., Francis Peabody. 1940. 'The Rome of Two Northern Pilgrims: Archbishop Sigeric of Canterbury and Abbot Nikolas of Munkathvera'. *Harvard Theological Review*, 33.4: 267–89.

———. 1944. 'The Pilgrim-Diary of Nikulas of Munkathvera: The Road to Rome'. *Mediaeval Studies*, 6: 314–54.

Mailloux, Steven. 2013. 'Narrative as Embodied Intensities: The Eloquence of Travel in Nineteenth-Century Rome'. *Narrative*, 21.2: 125–39.

Mairs, Rachel. 2020. 'Interpretes, Negotiatores and the Roman Army: Mobile Professionals and Their Languages'. In James Clackson et al., eds., *Migration, Mobility and Language Contact in and around the Ancient Mediterranean*, pp. 203–29. Cambridge.

Malamud, Margaret. 2009. *Ancient Rome and Modern America*. Oxford.

Manacorda, Daniele. 2000. 'Archeologia e storia di un paesaggio urbano'. In *Museo*

Nazionale Romano Crypta Balbi, pp. 7-47. Milan.

Manera, Carles, Luciano Segreto, and Manfred Pohl. 2009. 'Introduction. The Mediterranean as a Tourist Destination: Past, Present and Future of the First Mass Tourism Resort Area'. In Segreto et al., pp. 1-10.

Mari, Zaccaria. 1983. *Tibur: Pars Tertia*. Florence.

Marraro, Howard R. 1944. 'Unpublished American Documents on Garibaldi's March on Rome in 1867'. *The Journal of Modern History*, 16.2: 116-23.

Matheus, Michael. 2000. 'Borgo San Martino: An Early Medieval Pilgrimage Station on the Via Francigena Near Sutri'. *Papers of the British School at Rome*, 68: 185-99.

Mauri, Enzo. 2021. 1979. 'Esce fra le polemiche Brian di Nazareth, il film che i Monty Python non volevano fare. Acclamato all'estero, in Italia è distribuito dopo dodici anni'. *70-80. it*, online at: https://www.70-80.it/1979-esce-fra-le-polemiche-brian-di-nazareth-il-film-che-i-monty-python-non-volevano-fare-acclamato-allestero-in-italia-e-distribuito-dopo-dodici-anni/ (accessed 22 April 2023).

Mayer, Roland. 2007. 'Impressions of Rome'. *Greece & Rome*, 54.2: 156-77.

Meyenberg, Roger, and Vincent, Patrick. 2001. 'Wordsworth's Route Over the Simplon in 1790: A Reconstruction'. Online at: http://romantic-circles.org/reference/misc/simplon/index.html (accessed 21 February 2023).

Midura, Rachel. 2021. 'Itinerating Europe: Early Modern Spatial Networks in Printed Itineraries, 1545-1700'. *Journal of Social History*, 54.4: 1023-63.

Milkova, Stiliana. 2015. 'From Rome to Paris to Rome: Reversing the Grand Tour in Gogol's "Rome"'. *The Slavic and East European Journal*, 59.4: 493-516.

Mitchell, Stephen. 1999. 'The administration of Roman Asia from 133 BC to AD 250'. In *Lokale Autonomie und Ordnungsmacht in den kaiserzeitlichen Provinzen vom 1. bis 3. Jahrhundert*, ed. by Werner Eck, pp. 17-46. Munich.

_____. 2020. 'The Mansio in Pisidia's Döşeme Boğazı: A Unique Building in Roman Asia Minor'. *Journal of Roman Archaeology*, 33: 231-48.

Moi, Toril. 2006. *Henrik Ibsen and the Birth of Modernism: Art, Theater, Philosophy*. Oxford.

Moraglio, Massimo. 2007. 'Between Industry and Tourism: The Turin-Savona Motorway, 1956-2001'. *The Journal of Transport History*, 28.1: 93-110.

_____. 2009. 'Real Ambition or Just Coincidence?: The Italian Fascist Motorway Projects in Inter-War Europe'. *The Journal of Transport History*, 30.2: 168-82.

_____. 2017. *Driving Modernity: Technology, Experts, Politics, and Fascist Motorways, 1922-1943*. New York.

Morley, Neville. 2010. *The Roman Empire: Roots of Imperialism*. London.

Moskal, Jeanne. 2000. 'Politics and the Occupation of a Nurse in Mariana Starke's

Letters from Italy'. In *Romantic Geographies*, ed. by Amanda Gilroy, pp. 150-64. Manchester.

———. 2001. 'Napoleon, Nationalism, and the Politics of Religion in Mariana Starke's Letters from Italy'. In *Rebellious Hearts: British Women Writers and the French Revolution*, ed. by Adriana Craciun and Kari Lokke. Albany, NY.

Munby, Julian. 2008. 'From Carriage to Coach: What Happened?' In *The Art, Science and Technology of Medieval Travel*, ed. by Robert Bork and Andrea Kann, pp. 41-53. Aldershot.

Murray, Alan V. 2018. 'The Middle Ground: The Passage of Crusade Armies to The Holy Land By Land and Sea (1096-1204)'. In *A Military History of the Mediterranean Sea*, ed. by Georgios Theotokis and Aysel Yıldız, pp. 185-201. Leiden.

Nasrallah, Laura S. 2017. 'Imposing Travelers: An Inscription from Galatia and the Journeys of the Earliest Christians'. In *Journeys in the Roman East: Imagined and Real*, ed. by Maren R. Niehoff, pp. 273-96. Tubingen.

Nicassio, Susan Vandiver. 2009. *Imperial City: Rome under Napoleon*. Chicago.

Nilsson, Mikael. 2021. *Hitler Redux: The Incredible History of Hitler's So-Called Table Talks*. Abingdon.

Nuti, Lucia. 2015. 'Re- Moulding the City: The Roman Possessi in the First Half of the Sixteenth Century'. In *Ceremonial Entries in Early Modern Europe*, ed. by J. R. Mulryne, pp. 113-33. Farnham.

O'Callaghan, R. T. 1953. 'Vatican Excavations and the Tomb of Peter'. *The Biblical Archaeologist*, 16: 70-87.

O'Connor, Anne. 2016. 'A Voyage into Catholicism: Irish Travel to Italy in the Nineteenth Century'. *Studies in Travel Writing*, 20.2: 149-61.

O'Connor, Thomas, and Mary Ann Lyons, eds. 2010. *The Ulster Earls and Baroque Europe: Refashioning Irish Identities, 1600-1800*. Dublin.

Olcelli, Laura. 2015. 'Lady Anna Riggs Miller: The "Modest" Self-Exposure of the Female Grand Tourist'. *Studies in Travel Writing*, 19.4: 312-23.

Onuf, Peter, and Nicolas Cole, eds. 2011. *Thomas Jefferson, the Classical World, and Early America. Charlottesville*, VA.

Ord, Melanie. 2007. 'Venice and Rome in the Addresses and Dispatches of Sir Henry Wotton: First English Embassy to Venice, 1604-1610'. *The Seventeenth Century*, 22.1: 1-23.

Ortenberg, Veronica. 1990. 'Archbishop Sigeric's Journey to Rome in 990'. *Anglo-Saxon England*, 19: 197-246.

O'Sullivan, Firmin. 1972. *The Egnatian Way*. Newton Abbot.

Painter, Borden W. 2005. *Mussolini's Rome: Rebuilding the Eternal City*. New York.

Paris, Rita, ed. 2001. *La via Appia, il bianco e nero di un patrimonio italiano*. Milan.

Pazos, Anton M. 2020. *Nineteenth-Century European Pilgrimages: A New Golden Age*. London.

Pelteret, David A. E. 2014. 'Not All Roads Lead to Rome'. In Tinti, pp. 17–41.

Pelù, Paolo. 1997. 'Aspetti della via Francigena nel territorio di Massa di Lunigiana'. In *La Via Francigena: Atti della giornata di studi: Massa, 5 maggio 1996*, pp. 19–30. Modena.

Pennock, Caroline Dodds. 2023. *On Savage Shores: How Indigenous Americans Discovered Europe*. London.

Pepper, Simon, and Nicholas Adams. 1986. *Firearms and Fortifications: Military Architecture and Siege Warfare in Sixteenth-Century Siena*. Chicago.

Perowne, Stewart. 1973. *The Journeys of St Paul*. London.

Pfister, Manfred. 1996. *The Fatal Gift of Beauty: The Italies of British Travellers*. Amsterdam.

Piana, Pietro, Charles Watkins, and Ross Balzaretti. 2018. 'Travel, Modernity and Rural Landscapes in Nineteenth-Century Liguria'. *Rural History*, 29.2: 167–93.

Picciotto, Liliana. 2009. 'The Shoah in Italy: Its History and Characteristics'. In *Jews in Italy under Fascist and Nazi Rule, 1922-1945*, ed. by Joshua D. Zimmerman, pp. 209–23. Cambridge.

Pinto, John A. 2016. 'Speaking Ruins: Travelers' Perceptions of Ancient Rome'. *SiteLINES: A Journal of Place*, 11.2: 3–5.

Pirro, Deirdre. 2019. 'Mahatma Gandhi's Italian Visit'. *The Florentine*, 6 February, online at: https://www.theflorentine.net/2019/02/06/mahatma-gandhi-italian-visit-mussolini/.

Popkin, Maggie L. 2022. 'The Vicarello Milestone Beakers and Future-Oriented Mental Time Travel in the Roman Empire'. In *Future Thinking in Roman Culture: New Approaches to History, Memory, and Cognition*, ed. by Maggie L. Popkin and Diana Y. Ng. Abingdon.

Portelli, Alessandro. 2007. *The Order Has Been Carried Out: History, Memory, and Meaning of a Nazi Massacre in Rome*. Basingstoke.

Pryor, John, ed. 2006. *Logistics of Warfare in the Age of the Crusades*. Aldershot.

Pucci Donati, Francesca. 2018. *Luoghi e mestieri dell'ospitalita nel Medioevo: Alberghi, taverne e osterie a Bologna tra Due e Quattrocento*. Spoleto.

Quilici, Lorenzo. 2002. 'Da Roma alle foci del Garigliano: Per un parco regionale della Via Appia Antica'. In *Ancient History Matters: Studies presented to Jens Erik Skydsgaard on his seventieth birthday*, ed. Ascani et al., pp. 77–86. Rome.

Rautman, Marcus Louis. 2006. *Daily Life in the Byzantine Empire*. Westport, CT; London.

Redigonda, Abele L. 1960. 'Leandro Alberti'. *Dizionario biografico degli italiani*, online at: https://www.treccani.it/enciclopedia/leandro-alberti_(Dizionario-Biografico) (accessed 23 August 2023).

Rehm, Ulrich. 2016. 'The critical fortunes of "Vasari's Botticelli" in the nineteenth century'. In *Botticelli Reimagined*, ed. by Mark Evans and Stefan Weppelman, pp. 48-9. London.

Reilly, Benjamin James. 2019. 'Northern European Patterns of Visiting Rome, 1400-1850'. *Journal of Tourism History*, 11.2: 101-23.

Riall, Lucy. 2007. *Garibaldi: Invention of a Hero*. New Haven, CT.

Richards, Greg, ed. 2007. *Cultural Tourism: Global and Local Perspectives*. Binghamton, NY.

Richardson, L. 1992. *A New Topographical Dictionary of Ancient Rome*. Baltimore.

Ridley, Ronald. 2009. *The Eagle and the Spade: Archaeology in Rome during the Napoleonic Era*. Cambridge.

Riganelli, Giovanni. 1999. 'Il corridoio bizantino nelle vicende storichee dell'Umbria altomedievale'. In *Il corridoio bizantino e la via Amerina in Umbria nell'alto Medioevo*, ed. by Enrico Menesto, pp. 117-44. 2 vols. Spoleto.

Ritter, Max. 2018. 'Panegyric Markets in the Byzantine Empire'. In *Despoina Ariantzi and Ina Eichner*, eds, Fur Seelenheil und Lebensgluck: Das byzantinische Pilgerwesen und seine Wurzeln, pp. 367-82. Heidelberg. Online at: https://books.ub.uni-heidelberg.de/propylaeum/reader/download/495/495-30-85025-1-10-20190513.pdf

Robb, Graham. 2016. *The Discovery of France*. London.

Roe, Nicholas. 2012. *John Keats: A New Life*. New Haven, CT.

Rossiaud, Jacques. 1988. *Medieval Prostitution: Family, Sexuality and Social Relations in Past Times*. Oxford.

Rowell, Diana. 2012. *Paris: The 'New Rome' of Napoleon I*. London.

Rowlandson, Jane, ed. 1988. *Women and Society in Greek and Roman Egypt: A Sourcebook*. Cambridge.

Rubinstein, Ruth. 1988. 'Pius II and Roman Ruins'. *Renaissance Studies*, 2.2: 197-203.

Russell, Amy. 2014. 'Memory and Movement in the Roman Fora from Antiquity to Metro C'. *Journal of the Society of Architectural Historians*, 73.4: 478-506.

Salvadore, Matteo. 2017. 'African Cosmopolitanism in the Early Modern Mediterranean: The Diasporic Life of Yohannes, the Ethiopian Pilgrim who became a Counter-Reformation Bishop'. *The Journal of African History*, 58.1: 61-83.

———. 2022. 'The Narrative of Zaga Christ (Ṣägga Krəstos): The First Published African Autobiography (1635)'. *Africa*, 92.1: 1-41.

Salway, Benet. 2011. 'Travel, Itineraria, and Tabellaria'. In Adams and Laurence, pp. 22-66.

Samuels, Ernest, with Jayne Newcomer Samuels. 1987. *Bernard Berenson: The Making of a Legend*. Cambridge, MA.

Sandrock, Kirsten. 2015. 'Truth and Lying in Early Modern Travel Narratives: Coryat's Crudities, Lithgow's Totall Discourse and Generic Change'. *European Journal of English Studies*, 19: 189-203.

Sartorio, Giuseppina Pisani. 2004. 'Origins and Historic Events', pp. 14-39, and 'The Urban Segment from Porta Capena to Casal Rotondo', pp. 40-83, in Della Portella 2004a.

Savill, Benjamin, ed. 2021. *Cult of Saints in Late Antiquity database*. Online at: http://csla.history.ox.ac.uk.

Scheidel, Walter. 2013. 'The Shape of the Roman World'. Online at SSRN: http://dx.doi.org/10.2139/ssrn.2242325.

Schipper, Frank. 2009. *Driving Europe*. Amsterdam.

Schobesberger, Nikolaus. 2016. 'Mapping the Fuggerzeitungen: The Geographical Issues of an Information Network'. In *News Networks in Early Modern Europe*, ed. by Joad Raymond and Noah Moxham, pp. 216-40. Leiden.

Scobie, Alexander. 1990. *Hitler's State Architecture: The Impact of Classical Antiquity*. University Park, PA.

Segreto, Luciano, Carles Manera, and Manfred Pohl, eds. 2009. *Europe at the Seaside: The Economic History of Mass Tourism in the Mediterranean*. New York.

Seymour, W. A., ed. 1980. *A History of the Ordnance Survey*. Folkestone. Online at: https://www.ordnancesurvey.co.uk/documents/resources/os-history.pdf.

Simmons, Laurence. 2006. *Freud's Italian Journey*. Amsterdam.

Sinisi, Lucia. 2014. 'Beyond Rome: The Cult of the Archangel Michael and the Pilgrimage to Apulia'. In Tinti, pp. 43-68.

Smith, Melanie K., and Mike Robinson, eds. 2006. *Cultural Tourism in a Changing World: Politics, Participation and (Re)presentation*. Clevedon.

Spotts, Frederic. 2003. *Hitler and the Power of Aesthetics*. Woodstock, NY.

Stabler, Jane. 2013. *The Artistry of Exile*. Oxford.

Staccioli, Romolo Augusto. 2003. *Roads of the Romans*. Rome.

Stenhouse, William. 2005. 'Visitors, Display, and Reception in the Antiquity Collections of Late-Renaissance Rome'. *Renaissance Quarterly*, 58.2: 397-434.

Stevens Crawshaw, Jane. 2016. 'The Places and Spaces of Early Modern Quarantine'. In *Quarantine: Local and Global Histories*, ed. Alison Bashford, pp. 20-29. London.

Stevenson, Jane. 2022. *Siena: The Life and Afterlife of a Medieval City*. London.

Stopani, Renato. 1992. *La via Francigena del sud: l'Appia Traiana nel Medioevo*. Florence.

_____. 1998. *La via Francigena in Toscana. Storia di una strada medievale*. Florence.

Strong, Roy. 1984. *Art and Power: Renaissance Festivals 1450-1650*. Woodbridge.

Sweeney, James Ross. 1973. 'Basil of Trnovo's Journey to Durazzo: A Note on Balkan Travel at the Beginning of the 13th Century'. *The Slavonic and East European Review*, 51.122: 118-23.

Sweet, Rosemary. 2012. *Cities and the Grand Tour: The British in Italy, c. 1690-1820*. Cambridge.

_____. Gerrit Verhoeven and Sarah Goldsmith, eds. 2017. *Beyond the Grand Tour. Northern Metropolises and Early Modern Travel Behaviour*. London.

Talbert, Richard J. A., with Tom Elliot, Nora Harris and Martin Steinmann. 2010. *Rome's World: The Peutinger Map Reconsidered*. Cambridge.

_____. 2012. 'Roads Not Featured: A Roman Failure to Communicate?', in Alcock et al., pp. 235-54.

Terrenato, Nicola. 2019. *The Early Roman Expansion into Italy: Elite Negotiation and Family Agendas*. Cambridge.

Thessaloniki and its Monuments. 1985. Ed. by the Thessaloniki Ephorate of Byzantine Antiquities. Thessaloniki.

Thomas, Rebecca. 2020. 'Three Welsh Kings and Rome: Royal Pilgrimage, Overlordship, and Anglo-Welsh Relations in the Early Middle Ages'. *Early Medieval Europe*, 28: 560-91.

Thommen, Lukas. 2012. *An Environmental History of Ancient Greece and Rome*. Cambridge.

Tinti, Francesca, ed. 2014. *England and Rome in the Early Middle Ages: Pilgrimage, Art, and Politics*. Turnhout.

Tompkins, Peter. 1985. 'What really happened at Anzio'. *Il Politico*, 50.3: 509-28.

Towner, John. 1985. 'The Grand Tour: A Key Phase in the History of Tourism'. *Annals of Tourism Research*, 12.3: 297-333.

Treharne, Elaine. 2014. 'The Performance of Piety: Cnut, Rome and England'. In Tinti, pp. 343-64.

Tresoldi, Lucia. 1975-77. *Viaggiatori tedeschi in Italia*. 2 vols. Rome.

Underwood, Lucy. 2012. 'Youth, Religious Identity, and Autobiography at the English Colleges in Rome and Valladolid, 1592-1685'. *The Historical Journal*, 55.2: 349-74.

Van Allen, Susan. 2021. 'What did the ancient Romans eat?' Online at: https://www.bbc.com/travel/article/ 20210719-what-did-the-ancient-romans-eat (accessed 23 August 2023).

Vasori, Orietta. 1980. *I monumenti antichi in Italia nei disegni degli Uffizi*. Ed. by Antonio Giuliano. Rome.

Vego, Milan. 2014. 'The Allied Landing at Anzio-Nettuno, 22 January-4 March 1944: Operation SHINGLE'. *Naval War College Review*, 67.4: 1-60.

Ventre, Francesca. 2004. 'From the Alban Hills to Cisterna Latina', pp. 84-105, and 'From the Pontine Plain to Benevento', pp. 106-45, in Della Portella 2004a.

Vingtain, Dominique, and Claude Sauvageot. 1998. *Avignon: Le Palais Des Papes*. Saint-Leger-Vauban.

Voaden, Rosalynn. 2004. 'Travels with Margery: Pilgrimage in Context'. In R. Allen, pp. 177-95.

Vout, Caroline. 2012. *The Hills of Rome: Signature of an Eternal City*. Cambridge.

Wacher, John. 2000. *A Portrait of Roman Britain*. London.

Wade, Janet. 2022. 'Expeditions from Rome: Thomas Ashby, his BSR companions and the Roman roads of Italy'. *Papers of the British School at Rome*, 90: 267-95.

Wade, Janet, and Alessandra Giovenco. 2022. 'Road trips, rail journeys and landscape archaeology: reconstructing research itineraries and travel excursions in Italy through the British School at Rome's photographic collections'. *Papers of the British School at Rome*, 90: 297-324.

Ward-Perkins, J. B. 1957. 'Etruscan and Roman Roads in Southern Etruria'. *The Journal of Roman Studies*, 47.1/2: 139-43.

Warnock, Robert. 1942. 'Boswell on the Grand Tour'. *Studies in Philology*, 39.4: 650-61.

Webb, Diana. 2002. *Medieval European Pilgrimage c. 700-c. 1500*. Gordonsville, VA.

Weber, Elke. 2004. 'Sharing the Sites: Medieval Jewish Travellers to the Land of Israel'. In R. Allen, pp. 35-52.

Weingarten, Susan. 1999. 'Was the Pilgrim from Bordeaux a Woman? A Reply to Laurie Douglass'. *Journal of Early Christian Studies*, 7.2: 291-7.

Wildvang, Frauke. 2007. 'The Enemy Next Door: Italian Collaboration in Deporting Jews during the German Occupation of Rome'. *Modern Italy*, 12: 189-204.

Williams, Michael E. 1979. *The Venerable English College, Rome: A History: 1579-1979*. London.

Wilson, Mark. 2009. 'The Route of Paul's First Journey to Pisidian Antioch'. *New Testament Studies*, 55: 471-83.

Wilton, Andrew, Ilaria Bignamini, Tate Gallery, and Palazzo delle Esposizioni. 1996. *Grand Tour: The Lure of Italy in the Eighteenth Century*. London.

Winter, Jay. 2008. 'Sites of Memory and the Shadow of War'. In *Cultural Memory Studies: An International and Interdisciplinary Handbook*, ed. by Astrid Erll and Asgar Nunning, pp. 61-74. Berlin.

Wyatt, Michael. 2005. *The Italian Encounter with Tudor England: A Cultural Politics of Translation*. Cambridge.

Zaldini, Mara. n.d. 'Il monastero di San Felice'. Online at: http://www-wp.unipv.it/biblioteche/ wp-content/uploads/2012/09/SanFeliceZaldini.pdf (accessed 23 August 2023).

Zei, Constantino. 1917. 'Le terme romane di Viterbo'. *Bollettino d'Arte*, 11: 155–70.

Zilcosky, John. 2017. 'Learning How to Get Lost: Goethe in Italy'. *Eighteenth-Century Studies*, 50,4: 417–35.

Zuccotti, Susan. 1996. *The Italians and the Holocaust: Persecution, Rescue, and Survival*. Lincoln, NE.

주

* 도서명을 비롯한 자세한 서지사항은 참고문헌을 참조할 것.
* 웹사이트는 2023년 12월 13일에 접속해 확인했다.
* 별도의 표기가 없는 한 라틴어·고대 그리스어 원전의 번역은 Loeb Classical Library의 것이다.

약어

CIL	*Corpus Inscriptionum Latinarum*
ILS	*Inscriptiones Latinae Selectae*
LCL	Loeb Classical Library
MGH	*Monumenta Germaniae Historica*

프롤로그 | 로마의 길은 이야기가 있다

1　Maillet, 128. Chaucer, 20.
2　Cassius Dio, *Historiae Romanae* 54.8.4 (LCL 83: 300-01); Richardson 1992, 254. Plutarch, *Galba* 24.4 (LCL 103: 260-61).
3　Statius, *Silvae* 2.2.
4　Graves, 147-8.
5　Thommen, 74; Hitchner, 222-3.
6　Dionysius Halicarnassensis, *Antiquitates Romanae* 3.67.5 (LCL 347: 240-41).
7　Thommen, 71.
8　Casson, 174.
9　Humm, 741.
10　후반부의 연대는 불확실하다. 다음을 참조. Laurence 2013, 296.
11　Humm, 734, 737.
12　Lister, 10에서 그것을 반복한다. 단서는 Van Allen 참조.
13　Laurence 1999, 13-21; for the currency, Humm, 733.
14　Laurence 1999, 197-9.
15　Sartorio, 68; Coarelli, 394.
16　후자의 예로는 Hardwick와 Stray 참조.
17　맥락에 대해서는 Goodden 153-80 참조.
18　De Stael, 63; this translation from Pinto, 3.
19　Rogers 1956, 219-20.
20　Mailloux, 126은 로마가 19세기 미국 방문자들에게 제공한 "상상적 풍경"을 설명한다. 나는 이 아이디어에 대해, 로마 도로들에 대한 일반 대중의 역사적 관행을 다루고 있는 곧

나올 논문에서 논의했다.

21   Dickens, 169.

1 | 길에서 만난 로마인들

1   Staccioli, 17.
2   Richardson 1992, 254.
3   Staccioli, 34.
4   Mari, 366-7; Klynne 168.
5   Thommen, 74. Ward-Perkins, 140.
6   Staccioli, 49.
7   Terrenato, 232-6.
8   Polybius 1.58. Translation online at perseus.tufts.edu
9   Polybius 3.50, 3.55. Translation online at perseus.tufts.edu
10 Chevallier, 85.
11 Humm, 713.
12 Appian, *Bella civilia* 1.120 (LCL 5: 238-9).
13 Byron, vol. 1, 249.
14 Staccioli, 55.
15 Siculus Flaccus 110-11, trans. in Chevallier 65; Laurence 1999, 59-61.
16 Capitoline Museums, inv. no. NCE 476.
17 Laurence 1999, 144.
18 Laurence 2013, 303.
19 Chevallier, 83. 이것은 비아 아피아의 특별한 변종을 가리킨다. 반면에 Laurence 1999. 65는 스타티우스가 통상적 프로젝트라기보다 하나의 이상을 묘사한 것이라고 본다. Stat., *Silv*. 4.3, Chevallier의 번역.(또한 LCL 206: 242-3).
20 Berechman, 473.
21 Davies 2008, 32-3, 37.
22 Davies 1998, 8-9, 14; Humm, 719-20.
23 Diodorus Siculus 20.36. 1-4, translation from Sartorio, 26 (also at LCL 390: 236-7); see also Humm, 696.
24 Laurence 2013, 296.
25 Humm, 704.
26 Plutarch, Gaius Gracchus 7. 1-2; translation from Casson, 166 (also at LCL 102: 212-13).
27 Laurence 2013, 299.
28 Green and Hooper, ch. 11, unpaginated digital edition.
29 CIL (*Corpus Inscriptionum Latinarum*) XI: 6625-7.

30 Davies 1998, 9-10.
31 Davies 2008, 38-9, 41.
32 Staccioli, 123.
33 Montaigne, vol. 3, 12. The inscription is CIL XI: 6106.
34 멜로니의 당과 원래의 파시스트들의 관계에 대해서는 Broder 참조.
35 안내판에 제시된 번역문.
36 Talbert 2012, 241.
37 Staccioli, 79-80.
38 Galen, vol. 10, 633. Translation from Della Portella 2004b, 8.
39 ILS (*Dessau, Inscriptiones Latinae Selectae*) 5863, trans. in Erskine, 120-21.
40 Capitoline Museums, inv. no. NCE 2416.
41 Laurence 2013, 304-5.
42 Salway, 32.
43 Suetonius, *Divus Iulius* 57 (LCL 31: 110-11) and Pliny (the Elder), *Naturalis Historia* 7.84 (LCL 352: 560-61); for context Laurence 1999, 81.
44 Laurence 1999, 82.
45 Kolb 2011, 101.
46 15,000 asses 이상의 가치를 지닌 수송 기구에 대해서는 Laurence 1999, 136.
47 Laurence 1999, 138-41.
48 Laurence 1999, 172-3.
49 Scheidel, 4.
50 Foubert, 5-6.
51 Casson, 147.
52 Seneca (the Younger), *Epistulae* 104.13 (LCL 77: 198-9); *De tranquillitate animi* 2.13 (LCL 254: 220-21); see also Foubert, 9-10.
53 Casson, 139.
54 Pliny the Younger, *Epistulae* 2.17 (LCL 55: 132-3).
55 Laurence 1999, 84.
56 Laurence 1999, 103-4.
57 Martial, *Epigrammata* 3.47.15, trans. in Casson, 146 (also at LCL 94: 220-23).
58 https://www.ostia-antica.org/dict/topics/severan-emperors/statio-32.htm.
59 https://www.ostia-antica.org/regio2/2/2-3.htm.
60 Livy, *Periochae* 107 (LCL 404: 132-3); see also Ventre, 87-9.
61 Laurence 1999, 179.
62 Ventre, 96.
63 Horace, *Satirae* 1.5. 3-13 (LCL 194: 64-5).
64 Seneca (the Elder), *Suasoriae* 6.17, translation from Ventre, 132.

65 Thommen, 76-8.
66 Strabo, *Geographica* 5.3.8, trans. in Staccioli, 7 (also in LCL 50: 404-5).

2 | 로마 제국을 가로지르는 길

1   Popkin, 113; Cassibry, 34.
2   Chevallier, 49.
3   Cassibry, 35-6.
4   Strabo, *Geog*. 3.4.9 (LCL 50: 93-7); Campedelli, 115.
5   Popkin 121; Cassibry, 34.
6   Campedelli, 111, 122, 127.
7   Cassibry, 51.
8   Coarelli, 167.
9   Manacorda, 11-12; Kallis, 95.
10 Cicero, *Epistulae ad familiares* 415 (X.32), (LCL 230: 358-9).
11 Cicero, *Pro Balbo* 29 (LCL 447: 660-63); Chevallier, 226, fn. 18.
12 Lowe, 469.
13 Cassibry, 59.
14 Livy, *Ab Urbe Condita* 39.29.8-10, (LCL 313: 294-5).
15 C. E. P. Adams, 154.
16 Apuleius, *Metamorphoses* 1.15, (LCL 44: 26-7).
17 Apuleius, *Met*. 8.15, (LCL 453: 72-3).
18 Suet., *Tiberius* 3.37, (LCL 31: 364-5).
19 Laurence 1999, 144.
20 Mitchell, 246.
21 *P.Mich.inv*. 1367/Recto, https://quod.lib.umich.edu/a/apis/x-1409/1367r.tif. University of Michigan Library Digital Collections. Translation Carucci, 182-3, adapting Rowlandson, 148.
22 Sen., *De Ira* 3.20, (LCL 214: 306-7).
23 Brodersen, 12.
24 Vegetius, *De re militari* 3.6, cited and translated Salway, 31; see also Larnach, 29.
25 Chevallier, 34.
26 Salway, 34, 59.
27 Brodersen, 18; Salway, 30; Blennow, 58.
28 Talbert 2010, 7.
29 Talbert 2010, 135-6.
30 Rautman, 142.
31 Talbert 2010, 139.

32 Talbert 2012, 250.
33 https://banc.memoria.gencat.cat/en/results/espais_memoria/45.
34 Chevallier, 78.
35 Musée Départemental Arles Antique, FAN 1992.520.
36 Musée de la Romanité, Nîmes, interpretive material.
37 Cassibry, 42.
38 Erskine, 61.
39 J. N. Adams, 275, 552-3 and 617-18.
40 Mairs.
41 Velleius Paterculus, *Historiae Romanae* 2.120. 2-3 (LCL 152: 302-5).
42 Morley, 43, 82.
43 Campedelli, 112.
44 Suet., *Divus Augustus* 49.2, LCL 31: 228-9.
45 Kolb 2011, 95-6, 98-9.
46 Museum of Burdur, inv. no. 2670, text online at https://www.judaism-and-rome. org/edict-governor-galatia-requisitioning-transport-and-accommodation; cited in Kolb 2011, 97.
47 Eusebius, *Vita Constantini* 4.36.4; for discussion Kolb 2011, 102.
48 C. E. P. Adams, 145.
49 Laurence 1999, 58-9. *XII Tabulaesive Lex XII Tabularum*, 7.6 (LCL 329: 470-71); for the widths see also Varro, *De Lingua Latina* 7.15 (LCL 333: 282-3).
50 Davies 2008, 42.
51 *Codex Theodosianus*, 282-95.
52 Kolb 2011, 98.
53 Laurence 2011, 75, 87.
54 Laurence 2013, 307.
55 Strabo, *Geog.* 5.3.8, trans. in Talbert 2012, 238-9 (also in LCL 50: 404-5).
56 Plut., *Moralia. Praecepta gerendae reipublicae* 10.55 (Stephanus 811B), LCL 321: 222-5, as adapted by Valerius Maximus, *Factorum et dictorum memorabiliumlibri IX* 3.7.ext5 (LCL 492: 314-15).
57 Tacitus, *Annales* 1.20 (LCL 249: 280-81).
58 Tac., *Agricola*, 30-31 (LCL 35: 80-82, which however uses 'desolation' rather than the more common 'desert').
59 Shabbat 33b, https://www.sefaria.org/Shabbat.33b.5?lang=bi&with=About&lang2 =en. For context: de Lange, 268.
60 De Blois, 53; examples from Hauken, 40 and 205-6.
61 Krautheimer, 3.

62 Staccioli, 86.
63 Casson, 165.
64 Maas and Ruths, 255-6.

3 | 초기 기독교인의 여행

1   Isaiah 11:16, 35:8, 40:3, 62:10. Easton, entry for 'Highway'.
2   Bartlett, 410-11.
3   Frauzel, 1088; Blennow, 70.
4   Webb, 1, 11; Frauzel, 1087.
5   Galatians 1: 17-18, 21, 2:1; see Perowne, 29.
6   Wilson; Nasrallah.
7   Chevallier, 21.
8   Acts, 28: 15-16.
9   McKechnie, 151.
10 McKechnie, 279-81.
11 McKitterick et al., 2.
12 For Paul VI see https://www.vatican.va/content/paul-vi/it/audiences/1968/documents/hf_p-vi_aud_19680626.html (accessed 23 August 2023); 전문가 사전 경고의 초창기 사례에 대해서는 O'Callaghan 71.
13 Holum, 66.
14 Holum 76은 그녀가 "그 범위를 크게 확대했다"라고 주장한다.
15 영어 번역본은 Bordeaux Pilgrim 참조(번역 Jacobs).
16 Talbert 2010, 139-40; Larnach, 31, 72; Belke 2008, 302.
17 Thommen, 74, Chevallier, 165-70.
18 For the discussion see L. Douglass; Weingarten; Falcasantos.
19 Anonimus post Dionem, 15, *Digital Fragmenta Historicorum Graecorum* IV, p. 199.
20 Online at https://edh.ub.uni-heidelberg.de/edh/inschrift/HD043084. My thanks to Julia Hillner for identifying the source.
21 Vout 3은 그런 주장을 하는 여러 도시들을 열거하고 있다.
22 Kuelzer, 157.
23 *Barrington Atlas*, map 58.
24 Egeria (ed. Wilkinson), 3. Blennow, 63-4.
25 Egeria, 7.
26 Egeria, 100.
27 Egeria, 100.
28 Egeria, 101, 103.
29 Theophanes (ed. Matthews), 72.

30 Theophanes, 62.
31 Theophanes, 49.
32 Theophanes, 53-5.
33 Theophanes, 123.
34 Theophanes, 126.
35 Theophanes, 49.
36 Theophanes, 50.
37 Larnach, 166.
38 Mitchell 2020.
39 Staccioli, 127.
40 Coulston, 109-10 and 112-13.
41 McCabe, 91.
42 McCabe, 92, 95-7.
43 Strabo, *Geog.* 17.1.45 (LCL 267: 120-21); for discussion C. Adams, 141.
44 Comfort, 126.
45 Cornelius Nepos, *De excellentibus ducibus exterarum gentium* 18.8.7 (LCL 467: 222-3).
46 Comfort, 111, 118, 119.
47 아나톨리아의 도로들에 대한 지속적인 연구는 www.anatolianroads.org 참조.
48 Jerome (ed. Cain), 51.
49 Jerome, 51-63.
50 Jerome, 65.
51 Jerome, 313: editor's commentary.
52 Gameson, 8-12: the quotation is from Bede, ch. 23.

4 | 비잔티움과 비아 에그나티아

1 *Vita sanctae Arthellaidis*; for context Sinisi, 51.
2 Kulikowski, 38.
3 Procopius, *De Bellis (or De Bello Gothico)*, 5.14.6 (LCL 107: 142-3).
4 Procop., *Goth.* 5.14.11 (LCL 107: 144-5).
5 Archaeological Museum of Thessaloniki: https://www.amth.gr/en/exhibitions/exhibit-of-the-month/1809. 이 세부사항을 일반 대중에게 알린 Gareth Harvey에게 감사드린다.
6 Chevallier, 140, Erskine, 28-9.
7 Laurence 2013, 305, citing Cicero *De provinciis consularibus* 2.2 (LCL 447: 542-3); *In Pisonem*, 17(40), (LCL 252: 188-9). Casson gives the date as 'shortly after 148 BC', 164.

8   Erskine 28-9.
9   Larnach, 25.
10 Belke 2008, 304.
11 Belke 2008, 300.
12 Belke 2008, 304.
13 McCormick, 69; Haldon, 136.
14 Haldon, 137; McCormick, 68.
15 Haldon, 136.
16 Samantha Lock and agencies, 'Greece and Turkey trade blame after 92 naked migrants rescued at border', *The Guardian*, 17 October 2022, online at https://www.theguardian.com/world/2022/oct/17/greece-and-turkey-trade-blame-after-92-naked-migrants-rescued-at-border.
17 *Thessaloniki and its Monuments*, 9-10.
18 Rautman, 141; Ritter.
19 Pryor, 4-5; O'Sullivan, 28.
20 Apul., *Met.* 1.1, (LCL 44: 4-5).
21 Chevallier, 85.
22 Bowes and Hoti.
23 CIL IX: 6052.
24 Sidonius Apollinaris, *Epistulae* 9.3. 1-2, (LCL 420: 508-9).
25 Sartorio, 29, citing CIL X: 6850-52=ILS 867; Cassiodorus 2. 32-3.
26 Pelteret, 20.
27 Pelteret, 21.
28 Stephanus, *Life of Bishop Wilfrid* (ed. Colgrave), 51.
29 Pelteret, 22.
30 Pelteret, 21.
31 Barnish, 171; Cassiodorus, 8.33.
32 Webb, 17-18.
33 https://www.edoardotresoldi.com/works/basilica-di-siponto/.
34 Sinisi, 43.
35 Foxhall Forbes, 183.
36 Izzi, 147 and 172; Foxhall Forbes, 191.
37 Madgearu.
38 Hallenbeck, 7-8. Diehl, 68-9.
39 Diehl, 69-70.
40 Riganelli, 141-2.
41 Hallenbeck, 146-8, 160. Nithard, 49.

42　Krautheimer, 107.
43　Riganelli, 144.
44　McCormick, 397.
45　Herrin, 75, 78-9, 98-100, 114, 117-18, 126-8.
46　Webb, 130.
47　Horace, Odes 1.9 (LCL 33: 40-41).
48　Nithard, 38.
49　McCormick, 395.
50　McCormick, 399.
51　McCormick, 445.
52　McCormick, 478-9.

5 | 순례자와 비아 프란치제나

1　Paul the Deacon, 229; trans. from Bartlett, 412.
2　Fafinski, 52.
3　Fafinski, 62-3.
4　Fafinski, 57-9, 81.
5　Izzi, 149-55.
6　Savill, record no. E05710, online at http://csla.history.ox.ac.uk/record.php?recid=E05710.
7　Keyvanian, 80-81; Ortenberg, 204-5.
8　Pelteret, 25. 여기에 번역이 제공되어 있다.
9　Pelteret, 33.
10　Voaden, 181.
11　R. Thomas, 564; Keynes 112-14.
12　R. Thomas, 561.
13　R. Thomas, 562, 566.
14　Pelteret, 28-9.
15　*Anglo-Saxon Chronicle* ed. Thorpe, discussed in Frauzel, 1090.
16　https://www.lombardiabeniculturali.it/architetture/schede/PV240-00123/.
17　*Epitaphium Ansae reginae*, 192; Bartlett, 436.
18　Zaldini.
19　Blennow, 66-7.
20　Blennow, 42-3. It is Franz Alto Bauer who suggests the more specific dating.
21　Blennow, 53.
22　Blennow, 53-5.
23　Blennow, 41. Del Lungo는 수고본의 사본을 제공한다.

24 *Liber Pontificalis* 107: 53.
25 Matheus, 185.
26 Del Nero, 9.
27 Matheus, 186; Del Nero, 9-11; Stevenson 34-5; 심층 연구를 위해서는 Stopani 1992와 Stopani 1998을 참조.
28 Matheus, 187.
29 Webb, 129.
30 Matheus, 187.
31 Webb, 130; Matheus, 188; Magoun 1940, 269-70.
32 Magoun 1940, 276; on the Schola see Keyvanian, 80-82.
33 Ortenberg, 200.
34 Ortenberg, 228-9.
35 Bartlett, 417.
36 Gates-Foster, 214.
37 Now cared for by the Churches Conservation Trust. https://www.visitchurches.org.uk/static/uploaded/ 5f6b1f35-1f92-450f-a18e44f110873301.pdf.
38 Vasori, 185-6; Zei, 166.
39 Treharne, 344-5.
40 *Fagrskinna* 164; Treharne, 359.
41 MGH *(Monumenta Germaniae Historica), Epistolae Karolini Aevi II* ed. E. Dümmler, Berlin 1895, p. 145. 16-20. For discussion Pelteret, 28; McCormick, 275.
42 William of Malmesbury, 326-7. 번역은 약간 수정되었음.
43 Magoun 1944, 314-36; see also Webb, 131-2.
44 Magoun 1944, 337, 350.
45 Magoun 1944, 345-6.
46 James 1875, 195.
47 Magoun 1940, 280.
48 Weber, 39.
49 Benjamin, 1-5.
50 Benjamin, 6-9.
51 Benjamin, 10.
52 Benjamin, 11.
53 Benjamin, 11-12.
54 Benjamin, 12.
55 Strabo, *Geog*, 5.4.5 (LCL 50:444-5). 터널 건설에 대해서는 다음 자료 참조. Davies 1998, 9-10. 더 자세한 정보는 Strabo, *Geog*, 5.4.7 (LCL 50: 450-51), Seneca *Ep. ad Luc*. 57. 1-2 (LCL 75: 382-3) 참조.

56 'Mozart & Material Culture: Naples: Grotta di Pozzuoli', online at https://mmc.kdl.kcl.ac.uk/entities/place/naples-grotta-di-pozzuoli-also-known-crypta-neapolitana/.
57 Benjamin, 12.
58 Benjamin, 12-15.
59 von Suchem, 8.
60 de la Brocquière, 70.
61 Leask; Playfair.
62 Webb, 24-5.
63 Webb, 25. Blennow, 71-2.
64 Blennow, 82.
65 Blennow, 78.
66 Mayer, 164, who amends Osborne's translation of Gregorius.
67 Lucan, *De Bello Civili*, 3, 84-92.
68 Webb, 25.
69 Webb, 116, 134.
70 Pucci Donati, 107.
71 Pucci Donati, 110.
72 Pucci Donati, 111.
73 Pucci Donati, 112.
74 Pucci Donati, 115.
75 Pelù, 25.
76 Vingtain, 17.
77 *Medieval Italy: Texts in Translation*, 295, translated from *Chronicon Estense*, 148-9.
78 Craig, 166-7.
79 MGH, *Epistolae Merowingici et Karolini Aevi, Epistola ad Cuthiberthum archiepiscopum Cantabrigensem*, no. 78, 354-5. For discussion Frauzel, 1089.
80 *Three Byzantine Saints*, ch. 3.
81 Strabo 17.1.16 (LCL 267: 60-61). Trans. from C. Adams, 145.
82 Staccioli, 7, citing Pliny, *Naturalis Historia*, 36.2. My thanks to Rob Boddice for identifying Staccioli's source.
83 Fabri 1.1, 163; for context Craig, 172-3.
84 Fabri, 1.1, 110; for context Inglis and Christmon, 263.
85 Translation from Voaden, 185.
86 *Voyage de la saincte cyté de Hierusalem*, 56, trans. in Inglis and Christmon, 271.
87 Windeatt, Introduction, in Kempe 2000, 13.
88 Windeatt, Introduction, in Kempe 2000, 10-11.

89   Bale, Introduction to Kempe 2015, xviii-xix.
90   Kempe 2000, 96-99.
91   Kempe 2000, 101.
92   Kempe 2000, 111.
93   Kempe 2000, 112-13; for context, Bartlett, 438.
94   Rossiaud, 33.
95   Webb, 121.
96   Kempe, 115.
97   Craig, 171-2.
98   Kempe, 116. On the English hospice, Harvey, 55-66.

6 | 십자군과 비아 밀리타리스

1   Bartlett, 414; Asbridge, 39.
2   Suchem, 4.
3   McCormick, 69-70.
4   McCormick, 73.
5   Larnach, 117.
6   Haldon, 137.
7   Haldon, 138.
8   Larnach, 8, 12.
9   Belke 2002, 77.
10   Kaplan, 93.
11   McCormick, 549-50.
12   McCormick, 551.
13   *Deeds of the Franks*, 28.
14   *Deeds of the Franks*, 25.
15   Gabriele, 41-2.
16   Larnach, 117.
17   Belke 2002, 79; Belke 2008, 298; Larnach 117-18.
18   Davies 2008, 47.
19   Murray, 186-8.
20   Murray, 189.
21   Asbridge, 149.
22   Belke 2008, 301, 305.
23   Larnach, 145-7.
24   Asbridge, 91-2.
25   Sanudo Torsello, 214.

26 Asbridge, 105-6.
27 Eidelberg, 22; Bronstein, 1268.
28 Chazan, ix-x.
29 Bronstein, 1270-71.
30 Fulcher, 22.
31 Asbridge, 89, 95.
32 Murray, 186-7.
33 Asbridge, 105-6.
34 Larnach, 45.
35 Asbridge, 92-3; Murray, 187.
36 Belke 2002, 82.
37 Raymond d'Aguilers, 6.
38 Raymond d'Aguilers, 16.
39 Galatariotou, 226-7; Mesarites, 228.
40 Raymond d'Aguilers, 16.
41 Raymond d'Aguilers, 17.
42 Sanudo Torsello, 73.
43 Schipper, 209.
44 Larnach, 138-9.
45 William of Tyre, vol. 1, 122.
46 Larnach, 143, 254; Murray, 189.
47 Hitchin, 17-19.
48 *Crusade of Frederick*, 70.
49 *Crusade of Frederick*, 7.
50 *Crusade of Frederick*, 46.
51 *Crusade of Frederick*, 46.
52 *Crusade of Frederick*, 60.
53 *Crusade of Frederick*, 60.
54 *Crusade of Frederick*, 66.
55 *Crusade of Frederick*, 70.
56 *Crusade of Frederick*, 71.
57 Odo of Deuil, 33.
58 Geoffrey de Villehardouin, 91. https://bulgariatravel.org/asens-fortress-and-the-city-of-asenovgrad/.
59 Sweeney, 118.
60 Sweeney, 119.
61 Sweeney, 120.

62 Sweeney, 121.
63 Larnach, 63, 242.
64 Haldon, 138-9.
65 *Deeds of the Franks*, 33.
66 Ehrlich, 270.
67 Ehrlich, 266, 269-70.
68 Ehrlich, 266, 272.
69 Ehrlich, 273-82.
70 Ehrlich, 282-3.
71 Phocas, 17.
72 Phocas, 26.
73 Sanudo Torsello, 412-16.
74 Belke 2002, 83.
75 Belke 2008, 298.
76 Belke 2002, 90.

7 | 도로의 르네상스

1 Bracciolini 9, 97, 99, 189.
2 Karmon, 54-7.
3 Caprotti, xxv.
4 Leonardo da Vinci, 'A map of the Pontine marshes, 1515', Royal Collection, inv. no. RCIN 912684, online at: https://www.rct.uk/collection/themes/exhibitions/leonardo-da-vinci-a-life-in-drawing/derby-museum-and-art-gallery-derby/a-map-of-the-pontine-marshes.
5 Karmon, 67.
6 Karmon, 65.
7 Karmon, 75.
8 D'Arco, vol. 2, 44, trans. in Karmon, 75.
9 Stenhouse, 413.
10 Bisaha, 2-4, 37.
11 Piccolomini 1988, 94.
12 Piccolomini 1947, 350.
13 Piccolomini 1988, 293.
14 Galliazzo, 37.
15 Piccolomini 1988, 297-8.
16 Piccolomini 1988, 70.
17 Piccolomini 1988, 184.

18 Piccolomini 1988, 309.
19 Piccolomini 1988, 310-11.
20 Piccolomini 1988, 300.
21 Rubinstein, 199-202.
22 Piccolomini 1998, 28-9.
23 Piccolomini 1988, 29-31.
24 Piccolomini 1988, 31.
25 Piccolomini 1988, 31.
26 Piccolomini 1988, 140.
27 Erhard Etzlaub, ' "Romweg", map of central Europe', British Library.
28 Examples from this period include *Informacōn for Pylgrymes* and Le Huen.
29 Alberti, 259r.
30 Alberti, 121v.
31 Isabella d'Este, 385.
32 Stenhouse, 397, 405, 410.
33 Elliot van Liere, 248.
34 Elliot van Liere, 242.
35 Sartorio, 46-7; Coffin, 64-5.
36 Biondo, 155.
37 Pepper and Adams, 23-7.
38 Ventre, 126.
39 Coffin, 38.
40 https://www.landmarktrust.org.uk/search-and-book/properties/sant-antonio-11845/#Overview.
41 Coffin, 257.
42 Coffin, 152-3, 167, 150.
43 Coffin, 171.
44 Gamucci, 137; translation from Coffin, 178.
45 North, 206.
46 North, 193-4.
47 Piccolomini 1988, 161-2.
48 Nuti, 119-22.
49 Karmon, 108.
50 Karmon, 102-3; Rowell, 133; Strong, 83.
51 Fletcher, 126.
52 Bacciolo, para. 17.
53 Karmon, 105-7.

54 E. J. B. Allen, 3-4, 9, 13.
55 Midura, 1028.
56 Schobesberger, 239.
57 Isabella d'Este, 495-6.
58 For further discussion, see Fletcher, ch. 5.
59 Midura, 1026-9.
60 Fletcher, 115.
61 Calculation from orbis.stanford.edu

8 | 탐험가, 첩자, 사제들

1 Sartorio, 58.
2 Bacciolo.
3 W. Thomas, 50.
4 W. Thomas, 41.
5 North, 190.
6 North, 203.
7 Estienne; for context Chevallier, 57.
8 Underwood, 349; Williams, 4-6.
9 Munday, xiv-xv, 5.
10 For discussion of this interest see Wyatt.
11 Kitzes, 444.
12 Bossy, 135-8; M. E. Williams, 7.
13 Munday, 6.
14 Brigden and Woolfson, 485-7.
15 Fletcher, 118.
16 Munday, 7, 9.
17 Munday, 11-12.
18 Munday, 17.
19 Munday, 21.
20 Munday, 35-6.
21 Munday, 41-2.
22 Munday, 25.
23 Munday, 38-40.
24 Munday, 46.
25 Munday, 65.
26 Munday, 70-73.
27 Munday, 49-50.

28   Munday, 95.
29   Munby.
30   Montaigne, vol. 1, 80.
31   Montaigne, vol. 1, 90-91.
32   Montaigne, vol. 1, 103.
33   Montaigne, vol. 1, 108.
34   Montaigne, vol. 1, 115. CIL 3: 5987.
35   Montaigne, vol. 1, 116.
36   Montaigne, vol. 2, 1.
37   E. Wright, vol. 1, 111; for discussion Ingamells, 22.
38   Stevens Crawshaw.
39   Montaigne, vol. 2, 4.
40   Montaigne, vol. 2, 36, 41.
41   Montaigne, vol. 2, 54.
42   Montaigne, vol. 2, 69.
43   Montaigne, vol. 2, 70-71.
44   Montaigne, vol. 2, 71.
45   Montaigne, vol. 2, 73.
46   Montaigne, vol. 2, 75, 80-82.
47   Montaigne, vol. 2, 131.
48   Montaigne, vol. 2, 165-6.
49   Montaigne, vol. 2, 181-2.
50   Montaigne, vol. 2, 182-3.
51   Montaigne, vol. 3, 22, 27.
52   Montaigne, vol. 3, 42.
53   Montaigne, vol. 3, 190.
54   Ferguson, 85.
55   Ferguson, 77.
56   Ferguson, 88-92.
57   Ferguson, 79, 123.
58   Beard and Taylor, 281.
59   Moryson, vol. 1, 212, 222, 224, 231.
60   Redigonda.
61   Moryson, vol. 1, 266-7.
62   Wotton, vol. 1, 70, note 3; for discussion see Ord, 3-4.
63   Ord, 2-3.
64   Coryat, vol. 1, 158.

65 Coryat, vol. 1, 160, 165.
66 Coryat, vol. 1, 171.
67 Coryat, vol. 1, 170.
68 Coryat, vol. 1, 203.
69 Coryat, vol. 1, 206.
70 Coryat, vol. 1, 211-14.
71 Coryat, vol. 1, 216.
72 Coryat, vol. 1, 228.
73 Coryat, vol. 1, 259, 263, 268.
74 Coryat, vol. 1, 281-5.
75 Sandrock, 192.
76 Sandys, 1.
77 Addison, 126.
78 Sandrock, 192.
79 Midura, 1051; Chevallier, 59.
80 Wilton and Bignamini, 99.

9 | 왕실의 피난자들

1 McCavitt: 좀 오래되었지만 그래도 수정주의적 주장을 펴는 것은 Canny를 볼 것. O'connor와 Lyons는 폭넓은 맥락을 제공한다.
2 Ò Cianáin, ed. Walsh, ix. Carroll, 26.
3 Ò Cianáin, 88.
4 Ò Cianáin, 91.
5 Ò Cianáin, 123.
6 Carroll, 23; Ò Cianáin, 169.
7 Carroll, 26.
8 Ò Cianáin, 201.
9 Ò Cianáin, 251.
10 Ò Cianáin, 209.
11 Ò Cianáin, 209-11, 239.
12 Salvadore 2022.
13 Salvadore 2022, 28.
14 Salvadore 2022, 4.
15 Armellini, 622.
16 Salvadore 2017.
17 Baskins, 405.
18 Translation by David Bowles, cited in Pennock, 29.

19 Corpus Velazqueño, vol. 1, p. 1650, no. 267.
20 Priorato, 96-8.
21 Priorato, 95.
22 Priorato, 105.
23 Priorato, 119.
24 Priorato, 122.
25 Priorato, 176.
26 Priorato, 211.
27 Priorato, 213.
28 Priorato, 239, 275-6.
29 Priorato 301-3.
30 Priorato, 311.
31 Priorato, 326.
32 Wilton and Bignamini, 99.
33 Waller and Denham, 247; for context see Hardacre, 356.
34 Raymond, 120.
35 Raymond, 123-4.
36 *Origins of the Grand Tour*, 260.
37 Games, 37-8.
38 De Seta, 13.
39 Lassels, 159.
40 Sweet, Verhoeven and Goldsmith, Introduction.
41 McGeary, 117.
42 Towner, 304.
43 Bartlett, 434.
44 Reilly: death rates 102, route and timing 109-11.
45 Addison, 141-2.
46 Milkova, 499.
47 Warnock, 652.
48 Morgan, vol. 1, 262-3.
49 Busbecq, 16.
50 Busbecq, 15 and note.
51 Busbecq, 48.
52 Busbecq, 36-7.
53 Gilles, 147.
54 Wortley Montagu, 288.
55 Wortley Montagu, 291-2. 문은 최근에 논란이 된 복원 작업을 거쳤다.https://ancient-

bulgaria.bg/listings/gate-trajan.

56 Harris, 194-9.

57 Busbecq, 241; Larnach, 63.

58 Chora: https://muze.gen.tr/muze-detag/kariye. Basilica Cistern 박물관의 공식 웹사이트는 16세기의 서양 지지학자들이 그 물탱크를 재발견했다고 주장할 때조차도 그것이 현지인들에게 이미 알려져 있었다고 주장한다. https://yerebatan.com/en/basilica-cistern/about-us/.

59 Camden, 87; for discussion Ayres, 86.

60 Ayres, 87-8.

61 Cited in Ayres, 110-11.

62 Ayres, xiv.

63 Corp.

10 | 그랜드 투어

1   Gray, vol. 1, 145; Mayer, 167.

2   Rogers 1956, 207; Mayer, 168.

3   Gray, vol. 1, 146; Mayer, 167.

4   Gray, vol. 1, 156, 159; Mack, 246-9.

5   Brosses, 318.

6   Nugent, vol. 3, 341.

7   Riggs Miller, vol. 2, 286.

8   Riggs Miller, vol. 2, 39.

9   Warnock, 654-5, 657.

10 Riqueti, vol. 1, 91, translation from Robb, 222; Hitchner, 223.

11 Gleadhill, 23. Olcelli, 312-13.

12 Riggs Miller, vol. 2, 20-21.

13 Smollett, 246.

14 Sweet, 15.

15 Baigent.

16 Nugent, vol. 3, 61.

17 Nugent, vol. 3, 65.

18 Nugent, vol. 3, 210.

19 Sartorio, 64-8.

20 Nugent, vol. 3, 211.

21 Nugent, vol. 3, 212.

22 Nugent, vol. 3, 279-80.

23 Brosses, 316.

24 Smollett, 203.
25 Starke, vol. 1, 3.
26 Smollett, 203.
27 Laurence 1999, 41.
28 Tacitus, *Annales* 3.31 (LCL 249: 572-3).
29 Dio 59.15 and 60.17 (LCL 175: 304-5 and 408-9), cited in Laurence 1999, 46.
30 Ingamells, 21-2; Rogers, ed. Hale 1956, 79-81.
31 Sweet, 16.
32 Smollett, 72.
33 Gogol, 260.
34 다음을 참조. Servants' Grand Tour journals, edited by Richard Ansell.
35 Hazlitt, 331.
36 Baumgartner 2015, 11 and note 31.
37 Translation of Recke's *Tagebuche* vol. 1, 221, in Baumgartner 2015, 12.
38 Translation of Lewald, *Italienisches Bilderbuch*, 36, in Baumgartner 2015, 13.
39 Riggs Miller, vol. 2, 390-91.
40 Sterne, 101.
41 Gleadhill, 21.
42 Games, 37.
43 Moore, vol. 2, 424-5; for context Gleadhill, 24.
44 Riggs Miller, vol. 2, 118.
45 Piozzi, vol. 2, 66-7.
46 이 주제에 대한 고전적 연구는 다음을 참조. MacCannell; Richards; Smith and Robinson.
47 Verri, 246-51; Sartorio, 34.
48 Stendhal, 238.
49 Buzard, 69-70.
50 Colbert.
51 Starke, vol. 1, 330-31, 351, 341.
52 Starke, vol. 2, 3-5.
53 Starke, vol. 1, 336.
54 Starke, vol. 1, 335.
55 Starke, vol. 2, 51-9.
56 Towner, 321-2.
57 Kempe 2000, 18.
58 Nugent, vol. 3, 269.
59 Starke, vol. 2, 61; Riggs Miller, vol. 2, 17.
60 Towner, 324.

61 https://www.royalvictoria.it/en/the-hotel/.
62 Starke, vol. 2, 98.
63 Fenimore Cooper, vol. 1, 165.
64 Starke, vol. 2, 64.
65 Starke, vol. 2, 107-8.
66 Starke, vol. 2, 170.
67 Starke, vol. 2, 178.
68 Baumgartner 2014, unpaginated online edition.
69 Gikandi, 115-18.
70 Beckford 1783, 196-7.
71 Mack, 236. Translation from Mack.
72 Gray, vol. 1, 163, cited in Mack, 249.
73 Cavour, vol. 17, 2483, translation from M. Clark, 122.
74 Starke, vol. 2, 57.
75 Boswell, 266.
76 Morgan, vol. 1, 23. Badin, 7.

11 | 나폴레옹

1 Starke, vol. 1, 25-47.
2 Starke, vol. 1, 153; 스타크의 여행 개요와 침략과의 관련성은 다음을 참조. Moskal 2001, 162-6.
3 Bonaparte, vol. 1, 41.
4 Bonaparte, vol. 1, 42.
5 Bonaparte, vol. 1, 43.
6 Nicassio, 21. Dyson 2019, 35.
7 Nicassio, 16.
8 Ventre, 109, 118-19.
9 Gregorovius, cited in Ventre, 109.
10 Starke, vol. 1, 8.
11 Chetwode Eustace, 452.
12 Chetwode Eustace, 112, 121.
13 Nicassio, 16.
14 de Bourrienne, vol. 4, 52, trans. from Rowell, 65.
15 Rowell, 7.
16 Rowell, 11-12.
17 Rowell, 91, 133.
18 Jaques, Part 3, ch. 4, unpaginated digital edition.

19 Rowell, 17.
20 Rowell, 43.
21 Rowell, 39.
22 Cited in Hudson.
23 Wilmot, 11; for context Buck, 190.
24 Wilmot, 72; for context Buck, 192–3.
25 Starke, Introduction; Moskal 2001, 176.
26 Starke, vol. 1, 137; Moskal 2001, 181.
27 *Journal de Paris*, No. 309, 27 July 1798:1295, trans. in Rowell, 11; original text in Rowell, 168.
28 Ridley, 29.
29 Paris, 11.
30 Ridley, 51–2, 84.
31 Dyson 2019, ch. 2.
32 Coxe, 187–8.
33 Piozzi, vol. 2, 157.
34 Dyson 2019, 55.
35 Jaques, Part 3, ch. 2, unpaginated digital edition; Johns, 106–12.
36 Canova, 37–8.
37 Melena, 128–9.
38 Jaques, Part 3, ch. 2.
39 Rogers 1956, 274, fn. 1.
40 *Liverpool Mercury*, 89, Friday, 12 March 1813, p. 7, 'Miscellaneous Extracts', no. LX.
41 Davis, 174.
42 Davis, 197.
43 정확하게 계산하기 어렵다. 노동자들은 현금뿐만 아니라 현물로도 보수를 지급받았기 때문이다. 나의 개략적 추산은 Fiore Mclacrinis의 수치를 근거로 삼았다.
44 *Caledonian Mercury*, 27 February 1815, 'London News Continued'.
45 Coxe, 8.
46 Rogers 1956, 159–60.
47 Anon., *Roads and Railroads*, 19.
48 Rowell, 30–31.
49 Rowell, 13.
50 Chateaubriand, vol. 2, 227.
51 Chateaubriand, vol. 2, 231.
52 Chateaubriand, vol. 2, 256–7.

12 | 낭만파 인사들

1. Meyenberg and Vincent.
2. Wordsworth, online at: https://www.poetryfoundation.org/poems/45552/the-simplon-pass.
3. Towner, 313-14.
4. 개관은 Tresoldi를 참조.
5. Baumgartner, 2014, unpaginated online edition.
6. Goethe 1885, 123-4.
7. Goethe 1885, 118.
8. Goethe 1885, 119.
9. Goethe 1885, 119.
10. Zilcosky, 421, 422, 426-7.
11. Goethe 1977, elegy XVIII, p.83, 편집자가 노트를 한 것처럼(p.10) 이 이름은 관습적인 것이다. elegy XV, p.73 and note 참조.
12. Arthurs, 77. 'Vita popolare della vecchia Roma-Piazza Montanara', in L'illustrazione popolare vol. XXIII, no. 46, Milan, 14 November 1886.
13. Nicassio, 17 for the timeline.
14. Coxe (Millard), xxi: for context Sweet, 11-12.
15. Morgan, vol. 1, 262.
16. Morgan, vol. 1, 263.
17. H. W. Williams, vol. 1, 353.
18. Wilmot, 117.
19. Towner, 310. Jonathan Bate, 'William Hazlitt, 1778-1830', ODNB.
20. Hazlitt, 245-9.
21. 'Discus upon the Appian Way', Sussex Advertiser, 4 December 1815, p. 2.
22. Charlotte Higgins, 'Lavish ancient Roman winery found at ruins of the Villa of the Quintilii near Rome', The Guardian, 17 April 2023, online at: https://www.theguardian.com/world/2023/apr/17/ancient-roman-winery-found-ruins-villa-of-quintilii-rome.
23. H. W. Williams, vol. 2, 114.
24. Wilmot, 125.
25. 'Letter from Italy', in the Scots Magazine, 1 September 1818, p.16.
26. Rogers 1956, 207.
27. https://keats-shelley.org/about.
28. 나는 이 정보를 제공한 Anna Mercer에게 감사드린다.
29. 키츠-셸리 기념관 해설 자료.
30. Holland, 95; Roe, 388.

31 Holland, 79.
32 Rogers 1828, 19.
33 Graham-Campbell; Holland, 86.
34 Casa di Goethe 해설 자료.
35 *Stone Pines on Monte Mario, with a View of Rome from near the Villa Mellini*, 1819, Tate Britain, D16337; Turner Bequest CLXXXIX 11.
36 Lorrain: English Heritage, The Wellington Collection, Apsley House. WM. 1599-1948. Marlow: Tate Britain, T03602. Wilton and Bignamini, 23.
37 Beckford 1834, 54-8.
38 P. Shelley, vol. 4, 63.
39 Boyer, 635.
40 Morgan, vol. 1, 23-4.
41 M. Shelley, vol. 2, 214.
42 Dickens, 144.
43 Dickens, 163-4.
44 Letter to Stepan Shevyrev, 10 August 1839. Trans. in Milkova, 493.
45 Milkova, 497.
46 Gogol, 247.
47 Towner, 316.
48 Wordsworth, 197.

13 | 미국인들

1 Piana et al., 169.
2 Palmer Putnam, 28.
3 Palmer Putnam, 37.
4 Putnam, 34 (incorrectly paginated as 43).
5 Piana et al., 187.
6 Pazos, ch. 4, unpaginated digital edition.
7 Pazos, ch. 4. For the painting see: https://collections.mfa.org/objects/31228.
8 초창기 미국에서 고전을 받아들인 복잡한 상황에 대해서는 Malamud; Onuf and Cole 참조.
9 James 1875, 7.
10 G. Allen, 28-9.
11 *Roman Fish Market. Arch of Octavius*. Albert Bierstadt, 1858. De Young Museum, San Francisco. Accession no. 1979.7.12. Online at: https://www.famsf.org/artworks/roman-fish-market-arch-of-octavius.
12 'The Road to Rome', *Daily Telegraph*, 12 December 1866.

13 John Murray, 246.
14 Dyson 2008, 37–8, 40–41.
15 John Murray, 250.
16 John Murray, 271.
17 John Murray, 288, 306.
18 John Murray, 304.
19 John Murray, 325.
20 Piana et al., 187.
21 Baker, 27–8.
22 Hawthorne 1980, 905–8.
23 Peabody Hawthorne, 250.
24 Fuller Ossoli, vol. 3, 161.
25 Melville, 111; for context Mailloux, 126-7.
26 Hawthorne 1901, vol. 2, 79.
27 Hawthorne 1901, vol. 2, 83–4.
28 Hawthorne 1901, vol. 2, 208, 210.
29 Hawthorne 1980, 117.
30 Twain, 274.
31 Piana et al., 181; Kalla–Bishop, 24–6.
32 M. Clark, 36, 49.
33 Trevelyan vol. 1, 157–8.
34 Trevelyan, vol. 1, 243.
35 Trevelyan, vol. 1, 312.
36 Riall, 98–9.
37 M. Clark, 82.
38 W. G. Clark, 51–2.
39 Cavour, vol. 17, part 5, 2482, translation from M. Clark, 121.
40 This was Gen. Lewis Cass, Democratic senator for Michigan; Riall, 110, note 50.
41 Carducci, 541.
42 Trevelyan, vol. 1, 5, 282.
43 Kalla–Bishop, 27–8.
44 Parker, vol. 3, x.
45 Kalla–Bishop, 44.
46 James 1875, 74.
47 Sartorio, 71.
48 Kalla–Bishop, 38.
49 Howells, ch. 12, unpaginated online edition.

50 Ruskin 1909, vol. 5, 370; Piana et al., 169.
51 Ruskin 1909, vol. 8, 159.
52 Ruskin 1972, 198. This was a trip in 1845. For context see Piana et al., 170.
53 Melena, 112.
54 W. G. Clark, vii; 15.
55 Eliot, 1998, 341; Mayer, 171.
56 'The Road to Rome', *Daily Telegraph*, 13 December 1866.
57 Potter and Markino, 254.
58 Potter and Markino, xix.
59 Dyson 2008, 38.
60 Doyle, 58.
61 Crosland, 278-9.
62 Eliot 1998, 343.

14 | 새로운 서사, 오래된 제국

1 James 1875, 63.
2 Forster, ed. Bradbury, xii.
3 Marraro, 118-19.
4 Giuseppe Mazzini, 1906-90. *Scritti editi et inediti di Giuseppe Mazzini*. 106 vols, Imola; vol. 29, 92-4, cited in Riall, 65.
5 Laurence 2013, 299; Quilici.
6 Agazarian, 392.
7 Agazarian, 395-6.
8 Agazarian, 398-9.
9 Elliot, 72, 81-2; for context Agazarian, 401-3.
10 G. Allen, 263.
11 Rehm; Samuels and Samuels, 215.
12 Zilcosky, 430.
13 Moi, 83.
14 Eliot 1998, 348-9; Wilde, 41-2, 824.
15 Baxa, 90.
16 James 1875, 62.
17 James 1875, 136.
18 Melena, 8.
19 Melena, 103.
20 Melena, 107.
21 James 1909, 225.

22 For discussion see Clegg.
23 Ruskin 1909, vol. 37, 405.
24 Seymour, 63.
25 Seymour, 173-5.
26 Eliot 1889, 182.
27 Simmons, 15.
28 Simmons, 23-4.
29 Freud, vol. 4, 317, 194, 195, 196; Simmons, 121, 133, 134, 136, 138-9.
30 Simmons, 140.
31 O'Connor, 159.
32 Rogers 1956, 207.
33 Levine, 234.
34 Dorr, 12.
35 Dorr, xi.
36 Dorr, 102.
37 Graham, 180.
38 F. Douglass, 681; Levine, 231.
39 Levine, 234; Jefferson.
40 Levine, 232.
41 F. Douglass, 682.
42 F. Douglass, 686-7.
43 F. Douglass, 688-9.
44 F. Douglass, 693, 701.
45 F. Douglass, 693-4.
46 F. Douglass, 694-5.
47 F. Douglass, 695-6.
48 F. Douglass, 699-700; for context Mailloux, 129.
49 F. Douglass, 702.
50 F. Douglass, 713-14.
51 Levine, 241.
52 F. Douglass, 714.
53 F. Douglass, 716.
54 Anon., *Roads and Railroads*, iii.
55 Anon., *Roads and Railroads*, 59.
56 나는 이 논평의 최초 사료를 발견하지 못했다. 하지만 이 논평은 1796년에 나온 《엔사이클로피디아 브리태니커》의 여러 판본에서 아베 레날의 것으로 파악하고 있다.
57 G. Allen, 11-12.

58	Scudder, vol. 1, 342; for background see Baker, 209.
59	Morton, 196-8; Baker, 29. On Morton's popularity, see Connelly.
60	Hillard, 442-3, summarised in Morton, 197.
61	Edwards, 18. Barlow, 91-2. 누비아인의 묘사에는 풍자의 기운이 감돈다고 했으나 나는 관람자들이 그런 식으로 인식할 것인지에 대해서는 회의적이다.
62	Bryce, 20. For context see Ellis.
63	Dulcken, 10. For background, Bradley, 152-5.
64	Fletcher and Kipling, 14-15.
65	Fletcher and Kipling, 18.
66	Kaicker, 247-8.
67	Hali, 131, stanza 77.

15 | 비아 무솔리니아

1	Wade; Wade and Giovenco.
2	https://press.roccofortehotels.com/hotel-de-russie-fact-sheet/.
3	Ruskin 1909, vol. 37, 98.
4	Scarlett Conlon, 'Creative set: Fendi celebrates the Bloomsbury legacy', *The Guardian*, 23 January 2022, online at https://www.theguardian.com/fashion/2022/jan/23/creative-set-fendi-celebrates-the-bloomsbury-legacy. 나는 해당 내용을 직접 확인할 순 없었다.
5	*The Forum in Rome, with the Arch of Constantine*, National Trust, Chartwell. Online at: https://artuk.org/discover/artworks/the-forum-in-rome-with-the-arch-of-constantine-218679. 벨의 회화 작품은 다음을 참조. https://artuk.org/discover/artworks/the-forumrome-73760, https://artuk.org/discover/artworks/the-forum-rome-with-thefacade-and-campanile-of-sanfrancesca-romana-santa-marianuova-220626/.
6	Haskell, 109.
7	Haskell, 114.
8	*Punch*, 18 December 1929, reprinted in Haskell, fig. 31.
9	Albanese, 91-3.
10	Villari, 189-90.
11	For a discussion of the historiography, Foot 2023.
12	Baxa, 38-9.
13	Beals, 291-4; Baxa, 52.
14	Baxa, 49.
15	Moraglio 2017, 1.
16	Moraglio 2017, 26; Moraglio 2009, 175.

17 Miltoun 1909, 66.
18 Miltoun 1909, 183.
19 Miltoun 1913, 36.
20 Lawrence, 176–7.
21 Huxley, 16–21.
22 괴테 하우스 전시의 해설 자료.
23 Fauri and Troilo, 613.
24 Moraglio 2017, 14–15.
25 Moraglio 2017, 7, 10.
26 Moraglio 2017, 27–9, 42.
27 Moraglio 2017, 95.
28 Moraglio 2017, 158.
29 Moraglio 2009, 171.
30 B. Bolis, 'Ancora in tema di autostrade, di camionabili, e di strade automobilistiche', *Le strade* 3(1954), 66, trans. in Moraglio 2009, 177.
31 Villari, 181–2.
32 Villari, 187.
33 Ferrari, 257.
34 Villari, vii.
35 Villari, 17, 6.
36 Villari, 11.
37 Villari, 15–16.
38 Villari, 17.
39 Mussolini, vol. 22, 48; translation adapted from Kirk, 122.
40 Baxa, 10–11.
41 Kirk, 123.
42 Painter, 22.
43 Arturo Bianchi, 'Il centro di Roma: La sistemazione del Foro Italico e le nuove vie del mare e dei monti', in *Architettura* 12.3 (1933): 149. Translation from Arthurs, 63.
44 Baxa, 84.
45 Giuseppe Marchetti Longhi, 'La via dell'Impero nel suo sviluppo storico-topografico e nel suo significato ideal', *Capitolium* 10.2 (1934): 62. Translation from Arthurs, 66–7.
46 Marchetti Longhi, 54. Translation from Arthurs, 66.
47 Arthurs, 59.
48 Baxa, xiv.
49 Hawthorne 1980, 106.

50 Sydney Lee, *Theatre of Marcellus, Rome*, 1927. Walker Art Gallery, accession number WAG 2880. https://artuk.org/discover/artworks/theatre-of-marcellus-rome-97785.
51 Villari, 4-5.
52 Consoli, 208; translation from Kallis, 84-5.
53 Bosworth, 174; Moraglio 2017, 82.
54 Kallis, 84.
55 Baxa, xi.
56 Baxa, 12, 71-2.
57 *Casabella* 85 (January 1935), 13, trans. in Painter, 22.
58 Baxa, 84.
59 Baxa, 85.
60 Ceccarius, 'L'isolamento della Mole Adriana', *Capitolium* 1934: 209-10. Trans. in Baxa, 13.
61 Muñoz, xi, trans. in Arthurs, 59-60.
62 Baxa, 128-9.
63 Ludwig, 31; for context Baxa, 85.
64 Enrico Spaccini, 'Fedez e la denuncia per vilipendio per I versi sui carabinieri', 10 September 2022, online at: https://www.open.online/2022/09/10/fedez-canzone-carabinieri-denuncia-vilipendio-risposta-video/.
65 Baxa, 54.
66 Baxa, 79-80, 92-3.
67 Baxa, 112.
68 Kallis, 85.
69 Kirk, 123; Painter, 24.
70 'La carta marmorea dell'Impero Fascista', *L'Urbe* 1 (1936): 3-4, trans. in Baxa, 11.
71 Baxa, 94.

16 | 비알레 아돌포 히틀러

1 Archivio Centrale dello Stato, JAJA, Job 170, Mussolini's Secretariat, trans. in Baxa, 141.
2 Pirro. For further context Ahmed, 111-14; 영상은 다음을 참조. https://www.youtube.com/watch?v=3PXfoxs8UbY
3 Cobb.
4 Ghirardo, 40, cited in Caprotti, xxv.
5 Miltoun 1909, 183, 72.
6 Caprotti, 81; for background, see Ghirardo, 46-58.
7 Cited in Sartorio, 34.

8   Miltoun 1909, 183.
9   Painter, 161.
10 Caprotti, 86.
11 Dickens, 234.
12 Frost, 595.
13 Stern, 132.
14 Caprotti, 96.
15 Arthurs, 92.
16 Translations from Arthurs, 105, citing MCR MAR b. 201, fasc. 7, sotto 'Radio'.
17 Romanelli, 4, translation from Arthurs, 129–30.
18 Bottai, 'Roma e la scuola italiana', *Roma* 17.1 (1939): 6, cited and translated in Arthurs, 131.
19 Grenier, 3.
20 Strong, 5. My translation.
21 Kallis, 240. McDonough, vol. 1, ch. 6, unpaginated digital edition.
22 Painter, 153.
23 Baxa, 149–50; Painter, 120; Kallis, 241; Scobie has a contemporary map, 25.
24 Mayer, 175.
25 Baxa, 143; Kallis, 241–2.
26 Baxa, 144–5, 155.
27 Bandinelli, 18–19, cited in Baxa, 145.
28 Baxa, 142, 153.
29 Scobie, 34, fn. 134.
30 Scobie, 20.
31 Fritz Todt, ed., *Deutschlands Autobahnen* (Bayreuth: Gauverlag Bayerische Ostmark, 1937), 22, trans. in Chapoutot, 237.
32 Todt, 3, 6, trans. in Chapoutot, 238.
33 Emil Maier-Dorn, 'Die kulturelle Bedeutung der Reichsautobahnen', *Die Strasse* 5, no. 23 (1938): 736, trans. in Chapoutot, 239.
34 Chapoutot, 240.
35 Hitler, 537–8, cited in Chapoutot, 237. For important caveats relating to this source, see Nilsson.
36 Grosholz, 192; Cacciatore, 68–9.
37 Tittmann Jr, 90, 176.
38 Cited in Evangelista, 294–5.
39 Anderson 2019, 24.
40 Seneca, *Ep. ad Luc.* 57.2 (LCL 75: 382–3).

41 Buckley, 188.
42 Failmezger, ch. 4.
43 Evangelista, 298.
44 Kennedy, 59.
45 Kennedy, 63.
46 For his shortlisting see N. D. R., online at: https://opac.sba.uniroma3.it/arardeco/1929/29_I/Art1/I1T.html. 최종적으로 계약은 주세페 바카로에게 돌아갔다.
47 Kennedy, 64.
48 Katz, 48.
49 Newnan, 36-7.
50 Documenti della resistenza romana, 909, cited and translated in Katz, 59-60.
51 Katz, 87-8.
52 다르게 표시되어 있지 않는 한, 나는 여기서 Zuccotti, 101-25의 이야기를 따른다.
53 For Kappler, Breitman, 402.
54 Juvenal 3. 10-20, discussed in Larmour, 192.
55 Higgins, 44.
56 Wildvang, 191.
57 Levis Sullam.
58 Breitman, 404.
59 Wildvang, 191.
60 Foot 2021.
61 Zuccotti, 121.
62 Picciotto, 213. 이 다리를 일반 대중에게 알린 Agnes Crawford에게 감사드린다.

17 | 7번 도로

1 Tompkins 1962, 23.
2 Tompkins 1962, 33.
3 Tompkins 1962, 26-7.
4 Tompkins 1962, 34-7.
5 Failmezger, ch. 12.
6 Vego, 98.
7 Vego, 103.
8 Klein, 141; for context Bourhill, 129 and Caddick-Adams, 267.
9 '5th Open Road To Rome', *Aberdeen Journal*, 20 December 1943.
10 'Eight Roads To Rome', *Aberdeen Journal*, 3 June 1944.
11 Fisher Jr, 28-30.
12 Caddick-Adams, 16.

13 Tompkins 1985, 510–11.
14 Vego, 104.
15 Vego, 105–6.
16 Vego, 115.
17 Vego, 123–4.
18 Vego, 128.
19 Vego, 126.
20 Stern, 131.
21 Vego, 131; Brown, 63–4.
22 Joachim Liebschner interview, Sound Archive 8878, Imperial War Museum, edited in L. Clark, 112.
23 For context: Winter, esp. 67.
24 Newnan, 1.
25 Newnan, 2.
26 Newnan, 13.
27 Newnan, 16.
28 'The Roads of Yugoslavia', CIA/RR GR 60/3, pp. 2, 7, online at https://www.cia.gov/readingroom/docs/CIA-RDP79T01018A000300040001-7.pdf
29 Newnan, 16.
30 Newnan, 17.
31 Newnan, 23.
32 Newnan, 24.
33 Newnan, 29.
34 Tompkins 1962, 70.
35 Tompkins 1962, 84–5; Tompkins 1985, 516–17.
36 Portelli, 63.
37 Vego, 134; Brown, 64.
38 Geissler and Guillemin, 4.
39 Tompkins 1985, 513.
40 Tompkins 1985, 515–16.
41 Stern, 131.
42 Katz, 151.
43 Colville, 476.
44 Vego, 138.
45 Katz, 65.
46 Portelli, 63.
47 Foot 2000, 1175–7.

48 Portelli, 63; Tompkins 1985, 524.
49 (Quintilian), *Declamationes minores*, 274 (LCL 500: 258-9).
50 Appian, *Bella civilia*, 1.120 (LCL 5: 238-9).
51 Tomassetti, vol. 2, 481.
52 Nicassio, 110.
53 Tomassetti, vol. 2, 483.
54 Brown, 64.
55 Joachim Liebschner interview, Sound Archive 8878, Imperial War Museum, edited in L. Clark, 309.
56 Newnan, 46.
57 Joachim Liebschner interview, Sound Archive 8878, Imperial War Museum, edited in L. Clark, 310.
58 Kennedy, 131.
59 Grosholz, 192; Cacciatore, 69.
60 Kennedy, 113.
61 Newnan, 47.
62 Buckley, 328.
63 Stern, 3.
64 Ventre, 141.
65 Stern, 8.
66 McMillan, 129.
67 Malaparte, 278, 289-91, 298.
68 Bassi, ch. 25. 페이지가 없는 디지털 판본.
69 Bassi, ch. 27. 페이지가 없는 디지털 판본.
70 Tittmann Jr, 209.
71 Evangelista, 298.
72 https://www.nam.ac.uk/explore/italian-campaign.

18 | 로마의 휴일

1 Anderson 2019, 31-2.
2 Anderson 2019, 35.
3 Anderson 2019, 44.
4 Buchanan, 595-6.
5 Hayes, 1.
6 Evangelista, 293.
7 Anderson 2019, 35.
8 Tac. *Ann.* 1.61., 번역은 Foubert II에서 각색.

9   Portelli, 209.
10 Stern, 17.
11 Painter, 155.
12 Morton, 139.
13 Foot 2000, 1180-81.
14 Bosworth, 193.
15 Painter, 153.
16 Bennett, 359.
17 Bennett, 361-2.
18 Anderson 2011, 7.
19 Anderson 2011, 4-5.
20 Anderson 2011, 2-3.
21 Formica and Uysal, 324.
22 Higgins, 32.
23 Lyth, 11-13.
24 Formica and Uysal, 326-7; Manera et al., Introduction 7-8.
25 Battilani, 105-6.
26 Battilani, 107-8.
27 Battilani, 107-16.
28 Schipper et al., 192-3.
29 Moraglio 2007, 93, 105.
30 Lister, 293.
31 Lister, 114.
32 Anon., *Roads to Rome*, 페이지가 없는 판본.
33 Morton, 8.
34 Morton, 302-3.
35 Morton, 20.
36 Morton, 137-8.
37 Lister, 26-7.
38 Morton, 139.
39 Morton, 177.
40 Morton, 31.
41 Paris, 10-12.
42 Paris, 15.
43 Paris, 22.
44 'Italy seeks UNESCO World Heritage Status for Appian Way', online at https://www.wantedinrome.com/news/italy-unesco-world-heritage-status-appian-way.html

45　Lister, 1.
46　Lister, 208.
47　For background: Emiliani, 12.
48　Mauri.
49　Vanvitelli, 257, no. 159, translation from della Portella 2004b, 149.
50　Berkeley, vol. 7, 270.
51　Vanvitelli, 257, no. 159, translation from della Portella, 150.
52　Jean-Claude Richard de Saint-Non, *Voyage pittoresque, ou Description des Royaumes de Naples et de Sicile*, 5 vols, Paris, 1781-6. Translation from della Portella, 186.
53　Lister, 119.
54　Della Portella 2004b, 189-90.

에필로그 | 오늘날의 길들 위에서
1　Potter and Markino, xxi.
2　Wacher, 32, 121-2.
3　Higgins, 49.
4　Giovanni, online at: https://www.poetryfoundation.org/poems/48221/the-great-pax-whitie; for discussion see Barnard, 175-7.
5　https://whc.unesco.org/en/tentativelists/349/.

화보 도판 출처

1. Arch of Augustus, Rimini, Emilia Romagna, Italy. © Gacro74/Alamy.
2. Round milestone from the Ephesus area, Asset ID: 1426322156. © Z. Ayse Kiyas Aslanturk/Shutterstock.
3. Votive Deposit of Vicarello, probably first century CE. One of four silver cups, each bearing an itinerary from Cádiz to Rome. © Ryan Bauman/Flickr. Used under a CC-BY-2.0-DEED licence.
4. Slab with feet in relief and dedicatory inscription to the goddess Caelestis. Marble, third century CE. Musei Capitolini, Palazzo Senatorio, Galleria Lapidaria. Inventory no. 2416. © Sovrintendenza Capitolina/Foto in Comune
5. Rome and Central Italy, from the Peutinger Table, thirteenthcentury copy of a fourth-century original. © DEA Picture Library/Getty.
6. Bibliothèque de Genève, ms. fr. 85, William of Tyre, History of the Crusades. f. 130v. c. 1460-65. © www.e-codices.ch
7. On the Road to Emmaus, Jesus and two disciples, Duccio di Buoninsegna, c. 1308-11, Museo dell'Opera del Duomo, Siena. © Wikimedia Commons.
8. A wood-cut map of Germany, Erhard Etzlaub, Nuremberg, c. 1492. © British Library Board/Bridgeman.
9. Courtyard of an Inn with Classical Ruins, c. 1621-47, Viviano Codazzi and Domenico Gargiulo, Walters Art Museum. Acquired by Henry Walters with the Massarenti Collection, 1902. © Creative Commons Licence.
10. Exit from cave Crypta Neapolitana (or Grotta di Posillipo) on the coast of Pozzuoli, Louis Ducros, 1778. © Sepia Times/Universal Images Group/Getty.
11. Napoleon Bonaparte crossing the Saint Bernard in 1800, Paul Delaroche, 1848, Louvre Museum, Paris. © Leemage/Corbis/Getty.
12. View of Rome from the Arco Oscuro, 1831, (oil over graphite on paper), André Giroux. © Fitzwilliam Museum, University of Cambridge/Bridgeman.
13. Fosse Way, Gloucestershire, 2018. Aerial view of the Roman road looking north-east towards Northleach. © English Heritage/Heritage Images/Getty.
14. Mussolini with a Pickaxe on the cover of 'La Domenica del Corriere', 1935. © Stefano Bianchetti/Corbis/Getty.
15. Hand-drawn postcard from Aldous Huxley to Matthew Huxley, 1924. Aldous and

Laura Huxley papers. © UCLA Library Special Collections. By kind permission of the Huxley estate.

16 Roman Holiday, Audrey Hepburn and Gregory Peck in front of the Colosseum, directed by William Wyler, 1953. © Archivio di Augusto Di Giovanni/Bridgeman.

찾아보기

* 별도의 표기가 없는 한 지명은 영국과 이탈리아의 것이다.

ㄱ

〈가나의 혼인 잔치〉(파올로 베로네세) 309
가디타니 59
가르가노 127-8
《가리발디 장군에 대한 추억》(엘피스 멜레나) 377
가리발디, 주세페 22, 313, 354-60, 365, 372, 428
가무치, 베르나르도 211
가에타 55, 207
《가톨릭 순례자의 로마 안내서》 380
간디, 마하트마 417-8
갈렌 45
갈리아 32, 74, 83, 158, 161, 305-6, 390, 421
게네세 73
게르마니쿠스 464
경건왕 루도비쿠스 1세, 프랑크족 통치자 134
고갱, 폴 73
고골, 니콜라이 278, 341-2, 492
《고대의 조각상에 대해》(울리세 알드로반디) 207
고드프루아, 로렌 공작 174, 189
《고트 전쟁》 254
고트하르트 고개 244, 360-1
고흐, 빈센트 반 73
《관찰과 명상》(헤스터 피오치) 280
괴테, 요한 볼프강 폰 35, 324-8, 333, 336-7, 341, 347, 375, 404, 410-1, 424, 452, 492

《교회사》(가경자 베다) 106
구드룸, 이스트 앵글리아 통치자 140
구스타브 선 441, 444-6
구알도타디노 132
군데베르가, 롬바르드족 왕비 143
《군인을 위한 로마 안내서》 463
그람시, 안토니오 338
그랜드 투어 12, 22, 253-5, 258, 265, 269, 271, 276-8, 280, 285-6, 288-9, 291-2, 301-3, 320, 342, 346, 378, 382-3, 419, 429, 463, 466
《그랜드 투어》(토머스 뉴전트) 273-4
그레고로비우스, 페르디난트 302
그레고리오 16세, 교황 360
그레고리오 1세, 교황 106
그레이, 토머스 269-72, 292-3
그레이엄, 마리아 382
그로마 39
그룬스펠드, 메리 제인 475
그르니에, 알베르 421
그리스도 33-4, 70, 85, 87, 92, 94, 112, 239
그리펀, 로버트 225
《그의 창문 바로 아래에서》(수잔 주코티) 433
《꿈의 해석》(지그문트 프로이트) 380

ㄴ

나르니(나르니아) 41-2, 58, 288-9
　아우구스투스의 다리 288
　포르타 노바 290
나르세스, 장군 111, 114, 130-1, 200

나사렛, 팔레스타인 106, 247
나우포르투스, 슬로베니아 81
나폴리 17, 41, 113, 127, 131, 154-5, 201,
　　207, 209, 247-8, 253-7, 271-2, 275, 281,
　　287, 293, 300, 315-6, 318-9, 349, 353,
　　356-7, 362, 364, 382, 385, 403, 427-30,
　　441, 450, 457, 466, 478
　　산타 루치아 호텔 466
　　크립타 네아폴리타나(나폴리의 동굴) 154,
　　　281
　　팔라초 델레 포스테 430
　　팔라초 에세드라 호텔 430
《내전》(루카누스) 158
《내전사》(아피아누스) 453
네로, 황제 214, 332, 498
네르바, 황제 46, 229
노멘타나, 비아 402, 407
노바레사, 수도원 134
노스, 토머스 211-3, 221
노아크, 프리드리히 404
노웰, 토머스 225
노테, 에밀리오 431
니스(니카이아), 프랑스 299-300, 312-3,
　　354, 391
니시(나이수스), 세르비아 115, 173, 177-8,
　　183
니카스트로, 조반니 데 478
니케아, 그리스 92, 169, 189
니코폴리스 106, 161 → 또한 "엠마오"를 보라
니코폴리스 아드 이스트룸, 불가리아 185
니콜라오 1세, 교황 145, 169
니콜라오 5세, 교황 196-7, 338
님므, 프랑스 25, 58, 72-4, 135, 222, 259
　　원형경기장 25, 73, 222, 259
　　퐁 뒤 가르 74

님파이움 35, 210, 238, 325

ㄷ

다뉴브 강 83, 168-9, 172-3, 178-9, 182
다리우스 대왕, 페르시아 16
다키아 45, 102, 179
더글러스, 프레더릭 381, 383-7
더럼 대성당, 가경자 베다의 무덤 204
데넘, 존 252
데메트리우스 119
데스테, 이사벨라, 후작부인 198, 207, 216
데스테, 이폴리토, 추기경 209
데시데리우스, 롬바르드족 왕 132-3
《데일리 익스프레스》 389
《데일리 텔레그래프》 348, 367
데케노비움 125
델라셈 435
도미치아나, 비아 87
도미티아, 비아 57, 68, 72, 74
도미티아누스, 황제 82
도미티우스 아헤노바르부스, 장군 74
두레스(디라키움), 알바니아 84, 120, 122-3,
　　168, 172, 175, 185, 414
뒤 트리, 르니에르 185
뒤마, 알렉상드르 384
드레이크, 프랜시스 264
드외의 오도 183
디아고날리스, 비아 21, 94, 115, 168, 187-8
　　→ 또한 "밀리타리스, 비아"를 보라
디아길레프, 세르게이 398
디야르바키르, 튀르키예 104
디오니시오스 16, 80
디오도루스 시쿨루스 39-40, 55
디오클레티아누스, 황제 84, 97, 152, 360
디종, 프랑스 125

찾아보기　569

ㄹ

《라 스탐파》 403
라벤나 112, 131-3, 159, 222, 294, 335, 355, 377
　갈라 플라치디아의 영묘 112
　네오니아 세례당 112
　성 아폴리나레 성당 112
라비카나, 비아 349
라셀라, 비아 452-3
라셀스, 리처드 253-4, 256, 484
라우렌티나, 비아 51, 349
라이트, 에드워드 230
《라이프》 475
라이헤나우, 독일 142
라인 강 163, 174, 314, 347
라치오(라티움) 31, 33, 88, 113, 151, 233
라타키아(라오디케아) 100
라튀르비, 프랑스 305, 391-2
라티나(리토리아) 419
라티나, 비아 31, 55, 113, 208, 233, 252, 357
란테, 빌라 210
랄, 듀완 람 338
랑그독 운하(미디 운하) 275
러스킨, 존 364-5, 378, 399
레겐스부르크, 독일 172-3
레날, 아베 387
레몬드, 사라 파커 381
레몽 다길레르 175
레빈, 로버트 S. 383
레오 10세, 교황 210
레오 3세, 교황 133
레오나르도 다빈치 197, 207, 375
레이먼드, 존 252
레지나 묘비 76
레지아 디 카세르타 356, 478

레케, 엘리자 폰 데어 279-80
레판토 해전 215
레피두스, 마르쿠스 에밀리우스 302
렉타, 비아 197
렙티스 마그나, 리비아 156
로도피 산맥 94, 184
로랭, 클로드 336
로레토 206, 216, 227, 232, 245, 251, 303, 308-9, 311, 380-1, 425
로마
　괴테의 집 336, 452
　나보나 광장 34, 234
　디오클레티아누스 공중목욕탕 360
　라테라노 대성당 153, 160, 227, 245, 486
　라피스 니제르 374
　로드 바이런 호텔 335
　로마학 연구소 421
　리냐노 플라미니오 449
　마르셀루스 극장 410-2, 433
　몬타나라 광장 327, 410
　베드로와 바울의 무덤 85
　베스타 신전 310
　벨리아 409
　보르게세 공원 270, 333, 341, 398
　부르구스 삭소눔 141
　비아 데이 몬티 409-10, 414
　비아 데이 트리온피 423
　비아 델 마레 409-10, 412-3
　비아 델 테아트로 디 마르첼로 409
　비아 델라 콘칠리아치오네 411
　비아 델림페로 414-5, 417, 466
　비아 줄리아 198, 220
　비알레 델레 카베 아르데아티네 466
　비알레 브루노 부오치 466
　비알레 아돌포 히틀러 423, 466

비토리아노 376
빌라 메디치 399
산 조반니 아 포르타 라티나 233
산 줄리아노 데이 피아밍기 234
산 칼리스토의 지하묘지 246, 348
산타 프리실라의 지하묘지 227
산티 아포스톨리 114, 266
성 베드로 대성당 89, 157, 160, 196-7, 202, 214, 269, 284, 342, 398, 411, 498
성 토마스 호스피스 165
세르비우스 툴리우스의 성벽 374 → 또한 "바티칸"을 보라
세베루스와 코모두스의 공중목욕탕 361
세베루스의 개선문 311
스콜라 삭소눔 146, 165
스페인 계단 333
아벤티네 언덕 457
안티카 비레리아 페로니 266
알베르고 델 솔레 285
에트루리아 박물관 210
영국학교 19, 397, 421, 466
오스티엔세 역 422, 429, 466
유대인 게토 410
잔니콜로 언덕 13
주피터 토난스 신전 310
첸토첼레 423
치네치타 스튜디오 467
카사 디 산타 브리지다 285
카스텔 산탄젤로 226
카피톨리노 박물관 37, 46
카피톨리노 언덕 301, 474
카피톨리노 주피터 신전 13
캄포 데 피오리 198, 285
코모딜라 지하묘지 140
콘스탄티누스의 개선문 200, 215, 305, 399, 423
콜로세움 31, 59, 157, 200, 202, 283, 310, 325, 329, 335, 346, 409, 411, 423, 447, 476, 496
퀴리날레 423
클로아카 막시마 353, 374
키르쿠스 막시무스 29-30, 423
키츠-셸리 기념관 333-5, 375, 425, 456
타르페이아 바위 411
테르미니 360, 384, 479
트라야누스의 기둥 305
티투스의 개선문 385
파리올리 언덕 335
판테온 238, 246, 285, 385, 423
팔라초 델레 430
팔라초 베네치아 409
포룸 보아리움 29
포르타 델 포폴로 214, 376, 398, 404
포르타 산 세바스티아노 474, 476
포르투나 비릴리스 신전 310
포세 아르데아티네 기념관 454
폰테 몰레 211, 245, 377, 404
폰테 밀비오 274, 332, 355, 440, 464
피아차 델 포폴로 398-9
피아차 디 스파냐 334-5
피에트랄라타 42, 454
황금 이정표(포룸) 11, 30, 33, 116
《로마 시의 경이》 157
《로마 시의 경이로움에 대한 서술》(그레고리) 157, 269
《로마 시의 교회 안내》 143
《로마 위의 20명의 천사》(리처드 맥밀런) 458
《로마: 연합군 병사의 기념물 안내서》 463
〈로마〉(페데리코 펠리니) 475
로마넬리, 피에트로 421

《로마로 가는 길》(크리스토퍼 버클리) 428
《로마에서 오는 길》(루이지 빌라리) 407
《로마의 밤》(알레산드로 베리) 283
《로마의 색채》(올레이브 포터) 367
〈로마의 소나무 숲〉(오토리노 레스피기) 13
《로마의 역사》(토머스 아놀드) 374
〈로마의 휴일〉 467
로메아 스트라타 145
로물루스 아우구스툴루스, 황제 112
로웰, 제임스 러셀 388
로저스, 새뮤얼 24, 270, 287, 317, 332, 335, 380, 448
로크브륀느-카프-마르탱, 프랑스 313
로트루드, 공주 134
론 강/론 계곡 107, 126, 153, 255, 276, 303
《롬바르드인의 역사》(파울루스 디아코누스) 139
롱기, 주세페 마르케티 409
루도비시, 프란체스코 본콤파니 415
루비콘 강 45, 359-60, 476
루이 11세, 프랑스 왕 216
루이 14세, 프랑스 왕 305
루이 7세, 프랑스 왕 183
루이스, C. S. 41
루이스, 에드모니아 381
루카스, 존 P., 소장 450-1
루티엔스, 에드윈 390
르왈드, 패니 279
리딩턴, 윌트셔 140
리미니(아리미눔) 41, 43-4, 58, 71, 81, 131, 248, 274, 377, 410, 412, 443, 470, 475
리버풀 347, 365, 381
  워커 미술관 410
《리버풀 머큐리》 314
리부스키디아누스, 섹스투스 소티디우스 스

트라보 78
리브슈너, 요아힘 446, 455-6
리슐리외, 추기경 253
리옹, 프랑스 107, 125-6, 224-5, 238-9, 246, 248, 255, 303, 306
리키니우스, 황제 103
릴, 알랭 드 11

■

마렝고 전투 304
마르구스 전투 97
마르마라 해 188-90
마르세유, 프랑스 72, 126, 132, 153, 312
마르첼로 1세, 교황 266
마르첼리아나 127
마르초토, 백작 471
마르크도르프, 독일 229
마르키노, 요시오 368, 481
마르티노 5세, 교황 196-7
마르티노, 리오 197
마르티알리스, 율리우스 210
마리스, 비아 97, 99
마리아 테레지아, 황후 259
마리차 강 184-5, 187
마시, 조지 P. 372
마엘처, 쿠르트, 장군 451
마운트 카셀, 레이디 308
마치니, 주세페 373
마태오의 무덤 201
막센티우스, 황제 34, 215, 266
막시미아누스, 황제 72
만, 호레이스 286
만프레도니아 128
말라, 비아 345
말라리아 153, 255-6, 315, 407, 450

맨체스터 21, 76, 94, 349-50, 389
  오언스 칼리지 389
  타운홀 프레스코화 389
머레이, 존 283, 347-8, 350
머시아의 켄레드 140
메디치, 코시모 데, 피렌체 공작 211
메사리테스 176
메이나드, 바나스터 253
메흐메트 2세, 오스만 술탄 199
멜로니, 조르자 44, 413
멜빌, 허먼 350-1, 475
《모닝 크로니클》 330
모디, 나렌드라 289
모리슨, 파인스 235-6, 279, 281
모스트라 아우구스타 델라 로마니타 420
모차르트, 볼프강 아마데우스 154
몬터규, 레이디 메리 워틀리 261-2, 265
몬테 로톤도 355, 428
몬테 마리오 151, 158, 214, 270, 336, 498
몬테 산탄젤로 127-9, 162, 164, 170, 414
몬테 카를로 305, 391
몬테 카시노 수도원 98, 363, 425, 441, 456
몬테피아스코네 147-8, 448
몽스니 90, 126, 134-5, 314, 361, 404
몽테뉴, 미셸 드 42, 228-33, 235, 239-40, 245, 254
무뇨즈, 안토니오 412
무솔리니, 베니토 399-401, 403, 406, 408-9, 411-5, 417, 419-20, 422-5, 428-9, 469, 492, 494
무펠, 니콜라우스 160
문카트베라의 니클라스 151
미누키아, 비아 45
《미들마치》(조지 엘리엇) 379, 492
미켈란젤로, 부오나로티 269-70

밀레, 비알레 데이 356
밀리타리스, 비아 21, 94, 115, 168-72, 177-8, 186, 188, 261, 263
밀비우스 다리 전투 34

ㅂ

바그레이브, 존 241, 252
《바다와 사르데냐》(D. H. 로렌스) 403
바돌리오, 피에트로, 원수 428
바라테스 75, 204
바루스, 푸블리우스 퀸틸리우스, 장군 464
바르바라 선 441
바르셀로나(바르시노), 스페인 67-70, 72, 152
바르탈리, 지노 436
바리 45, 123-4, 127-8, 172, 175, 414, 476-7
바사리, 조르조 305
바시, 로베르토 460
바실, 트르노보의 주교 185-6
바에티카 67 → 또한 "코르도바"를 보라
바예지드 2세, 오스만 술탄 262
바오로 3세, 교황 209, 235, 401
바울, 사도 85-9, 97, 105, 107, 227, 252, 351, 385-6
바이아 87, 201, 257, 282
바카노 132, 331
바크스버거, 아르미니오 436
바토니, 폼페오 255
바티칸 141, 197, 215, 237, 248, 284, 309, 412, 417, 424-5, 433, 435, 461
반디넬리, 라누치오 비앙키 423
반디에라 로사 440
반비텔리, 루이지 477
발다사레(바티스타) 234
발라디에, 주세페 398, 474
발랑스, 프랑스 135, 303

발렌시아, 스페인 57, 67-8
발루가니, 루이지 156
발부스, 루키우스 코르넬리우스 60
발칸 반도 115-6, 168-9, 171-2, 177
방크도르프 322
버클리, 조지, 클로인 주교 477
버튼, 윌리엄 264
벌링턴, 리처드 보일, 3대 백작 264-5
베네벤토 31, 45, 98, 130, 132, 155, 471, 476-7
 졸리 호텔 471
 트라야누스의 개선문 477
베넷, 리디언 러셀 466-7
베드로, 성인 33-4, 85-6, 89-90, 105, 141, 157, 220, 465
베들레헴, 웨스트 뱅크, 팔레스타인 106
베렌슨, 버나드 375
베로나 90, 230, 233, 250
베르가모 90, 403, 413
베르길리우스 282
베르타렐리, 루이지 비토리오 405
베르티에, 루이-알렉상드르, 장군 301
베른, 스위스 322
베사리온, 바실리우스 추기경 208, 210
베스파시아누스, 황제 42-3, 274
베키쿠스 149
베투리노 235, 279, 377
벡포드, 윌리엄 291-2, 336, 350
벤 요하이, 시몬, 랍비 82
벨, 바네사 399
벨라스케스, 디에고 249
벨리사리우스 113-4, 444, 451, 458
벨리코 타르노보(트르노보), 불가리아 185
〈벨베데레의 아폴로〉 309
《변신》(아풀레이우스) 64, 120

보로메오, 카를로, 성인 259
보르도 순례자 90-1, 93, 97-8
보르자, 루크레치아 128, 209
보에몽, 왕자 175
보타이, 주세페 414, 421
본콤파냐, 비아 232
볼로냐 31, 58, 156, 158-9, 206, 222, 225, 231, 244, 251, 255, 293, 354-5, 366, 372
부가, 영국 수녀원장 141
부다페스트, 헝가리 178
부스베크, 오지에 기셀린 드 260-1
브라스카, 산토 162
브라운, 포드 매독스 389
브라이스, 제임스 389
〈브라이언의 생애〉(영화) 14, 476
브란체보(브라녜보) 공작 180
브레너 고개 137, 250, 255, 422, 464
브레시아 90, 142, 403
 산 살바토레 수도원 142
브로스, 샤를 드 275
브루스, 제임스 156
브룬, 프리데리케 280
브리엔의 발터, 레체 백작 185
브리짓, 성녀 285
《브리타니아》(윌리엄 캠던) 264
브리튼 69, 318, 390-1, 422
브린디시 12, 17, 45, 83, 89, 97, 127, 172, 236, 254, 256, 275, 418, 471, 477
블로러(아블로나), 알바니아 122, 175
비스콘티, 잔 갈레아초, 밀라노 공작 213
비스프, 스위스 323
《비아 플라미니아의 소녀》(앨프레드 헤이스) 464
비엔나, 오스트리아 178, 259, 262, 361
 쇤부른 궁전 259

574

칼스키르헤 259
비오 2세, 교황 199-202, 204-6, 214, 254, 468
비오 4세, 교황 211
비오 5세, 교황 209
비오 6세, 교황 287, 300-3, 377
비오 7세, 교황 303-4, 309-10, 328
비오 9세, 교황 351, 360, 377
비온도, 플라비오 208
비잔티움 84, 89, 127, 171-2, 189 → 또한 "이스탄불"을 보라
비테르보 147-9, 151, 269, 272, 291, 369, 440, 449
비토리오 베네토 전투 400
비토리오 에마누엘레 2세, 이탈리아 왕 357, 375
비토리오 에마누엘레 3세, 이탈리아 왕 415, 423, 428
비톨라, 북마케도니아 186
빌리슈트, 알바니아 121

ㅅ

사누도 토르셀로, 마리노 177, 192
사도행전 87-8
《사이언티픽 아메리칸》 403
사크라, 비아 310
산 고덴초 고개 377
산 조반니 인 노노 146
산 지미냐노 146
산 피에트로 284, 442
산티아고 데 콤포스텔라 73, 190, 485
산티폰세, 스페인 63
살라 콜로니아 256
살라딘 171
살라리아, 비아 19, 30, 55, 144, 210, 220,

355, 443, 476
살라망카, 스페인 208
살레르노 201, 428-9, 431
3국동맹 400
삼니움 전쟁 32
삼피에트리니(포석) 33, 35, 147, 434, 452
상갈로, 안토니오 다 209
생 라파엘, 프랑스 312
〈생 베르나르 고개를 넘어가는 나폴레옹〉(자크-루이 다비드) 317
샤를마뉴 132-4, 139, 142, 144, 150, 170-1, 221, 240, 314, 318, 475, 485
샹베리, 프랑스 126, 135
《서식스 애드버타이저》 330
서튼 후, 서퍽 127
설, 프레더릭 210
성 데이비드 교회, 웨일스 157
성 베네딕트 113, 338
성 보니파스 160, 281
성 세바스티안 교회 34
《세계 일주 하는 흑인》(데이비드 F. 도) 382
세네카 49, 427
세르디카 칙령 96
세르지오 1세, 교황 140
세바스테, 비아 86
세번, 조셉 334, 337, 425
세베린, 루마니아 260
세비야, 스페인 60-3, 67
세아르, 니콜라스 316
세풀베다, 후안 히네스 데 207-8, 259
셀레우키아, 아나톨리아 105
셉템브리, 불가리아 184
셸리, 메리 339
셸리, 퍼시 339
소락테/소라테 산 24, 134-5, 170, 448

소(小) 세네카 65
소피아(세르디카), 불가리아 91-4, 100, 115, 168, 178, 181-4, 186, 261
쇼투스, 프란치스쿠스 216
수비아코 206
수에즈 만 98-9
수에토니우스 64, 77, 240
《순진한 해외 여행자》(마크 트웨인) 352
스렘스카미트로비차(시르미움), 세르비아 91
스몰우드, 존 442
스위니, 제임스 로스 185
스카르페리아 231
《스코츠 매거진》 330-1
스콰이어스, E. G. 382
스크레티스카 100-1
스키피오 아프리카누스 61, 215, 221
스타크, 마리아나 276-7, 283-4, 286-8, 290-1, 294, 299-300, 302, 308, 325, 350
 《대륙 여행자들을 위한 정보와 안내》 283
 《이탈리아에서 온 편지들》 276, 283
스턴, 마이클 420, 445, 451, 458, 465
스털링, 스코틀랜드 263, 482
스테인게이트 204
스튜어트, 제임스 프랜시스 에드워드 265
스튜어트, 찰스 에드워드 270
스트라다 스타탈레 53
스트라타 디오클레티아나 84
스트롱, 유제니 421-2
스파르타쿠스 34, 453, 458
스페인 내전 71
《스페인 도시들의 고대 유물》(암브로시오 데 모랄레스) 208
스피치치노, 세티미아 437
시게릭, 캔터베리 대주교 146-7, 152
시나이 산 98

시도니우스, 주교 125
시스토, 리오 197
시에나 145-6, 225, 231
시트릭, 더블린 왕 142
시폰토 127-8, 130
식스토 5세, 교황 197, 253, 273
신겐 압 카델, 포이스 왕 142
심플론 고개 316-7, 321-2, 342, 345, 372
십자군/십자군 용사 156, 167-8, 170-7, 179-81, 183, 185, 189-91, 262
 제1차(1096~9) 168, 171, 173-5, 177, 190
 제2차(1147~9) 171-2, 183
 제3차(1189~92) 172, 185
 제4차(1202~4) 171

ㅇ
아그리파, 마르쿠스 비프사니우스, 장군 154
아그리파, 비아 125, 306
아니오(아니에네) 강 30
 폰테 노멘타노 200
 폰테 디 노나 47
아르데아티나, 비아 33, 349, 432, 464-5
 포세 아르데아티네 학살 454
아르베이아 로마 요새 75
아르텔라, 성녀 111, 114-9, 122-4, 126-30, 200
아리마대 106
아리키아(아리치아) 53
아마토, 클라우디오 460
아말피 201, 428
아메리나, 비아 132
아미앵, 프랑스 125, 224-5, 237
아베르키오스, 히에라폴리스 주교 89
아비뇽, 프랑스 159-60, 195, 255, 303, 306, 312, 338, 384

아우구리우스, 부제 71
아우구스타, 비아 21, 58, 68, 70, 72
아우구스투스, 황제 11, 13, 16, 44, 46, 58, 69, 71, 77-8, 154, 180, 232, 245, 288, 305, 391-2, 408, 420
아우구스투스 개선문 251, 410
아우렐리아 안티카, 비아 209
아우렐리아, 비아 41, 55, 72-4, 83, 144-5, 276, 311-2, 339, 356, 425, 439-41, 443, 461
아우룬치 산 197, 443
아우슈비츠 460, 435, 437
아우스터리츠 전투 307
아우토스트라다 델 솔레 288, 357
아욱투스, 루키우스 코케이우스 154, 426
아울론 트레젝툼 97
아쿠아이 아폴리나레스 58
아쿠아이 파세리스 149
아퀴타니아, 비아 125
아퀼레이아 91
아트너, 테레제 폰 280
아펜니노 산맥 24, 30, 42, 212, 274, 292, 355, 366, 377, 405
아피아 누오바, 비아 459, 486
아피아 안티카, 비아 33, 449, 465, 474, 476, 486
　막센티우스의 빌라 34
　산 칼리스토의 지하묘지 246, 348
　에게리아의 님파이움 35, 325
　카실리아 메텔라의 무덤 20, 35, 53, 196, 273, 336, 369, 474, 476
　퀸틸리우스 가문의 빌라 36, 331
　파르코 아피아 안티카 35
　팔미스의 산타 마리아(도미네 쿠오바디스) 33

아피아 트라이아나, 비아 45, 83, 97, 122, 124, 248, 477
아피아, 비아
　그로토 디 에게리아 246
　산 세바스티아노 144-5, 215, 227, 465, 474, 476,
　세 여관(트레이스 타베르네) 88, 252, 444
　세르빌리우스 콰르투스의 무덤 310
　신성한 숲 408
　아피 포룸 54, 88
　유네스코 세계문화유산 474, 484
　카살레 디 메사 302
　키케로의 무덤 54-5, 283, 460
　토르 트레 폰티 302
아피우스 클라우디우스(카이쿠스) 17-8, 236, 275, 287, 459
안사, 왕비 143
안타키아(안티오크), 튀르키예 99, 189
안토니누스 성벽, 스코틀랜드 75
《안토니누스 여정표》 66, 69, 90, 102, 104, 127, 222, 264, 276
안토니누스 피우스, 황제 66
안토니우스 베루스, 황제 229
안티노폴리스, 이집트 104
안티오코스, 그레고리 176
알 아쉬무닌(헤르모폴리스), 이집트 99
알레산드리나, 비아 197
알렉산데르 3세, 교황 153
알렉산드로스 대왕 97, 120
알바이울리아(아풀룸) 179
알반 언덕 38, 53, 158, 210, 257, 336, 348, 432, 444-5, 451
앙리 4세, 프랑스 왕 305
애국행동집단(GAP) 441, 452
애디, 줄리아 375

찾아보기　577

애쉬비, 토머스 397
〈애천〉 467
앨런, 윌리엄, 추기경 225
《앵글로 색슨 연대기》 140
에그나티아, 비아 21, 83-4, 94, 97, 114-7, 119-22, 155, 168-70, 172-3, 175, 186, 192, 200, 485
에그나티우스, 그나이우스 114
에델스위스, 왕비 142-3
에디르네(아드리아노플), 튀르키예 183-4, 261
에밀리아, 비아 58, 68, 133, 244, 248, 251, 255, 259, 302, 377
에우메네스, 장군 104
에우제니오 4세, 교황 196
에울로기우스, 부제 71
에탕 드 베르, 프랑스 312
에트루리아 31, 57, 200, 210, 375
에파가토스, 루키우스 크리스피누스 95
에파미논다스, 장군 81
엘 샤이크 에바다(안티노폴리스), 이집트 104
엘레우시스, 그리스 161
엘리자베스 1세 223, 239
엘젬의 콜로세움 156
엠마오(니코폴리스) 106, 190
《여행담》(조지 샌디스) 240
《영국의 역사》(C. R. L. 플레처, 러디어드 키플링) 391
《영국인의 로마 생활》(앤서니 먼데이) 223-4
예루살렘 85-6, 129, 153, 160, 162, 167, 171-2, 190-2, 245, 247, 385
예수 85, 94, 105-6, 122, 142, 465 → 또한 "그리스도"를 보라
오닐, 휴, 티론 백작 243-4

오도, 클루니 수도원장 145
오도넬, 로리, 티르코넬 왕 243
오도아케르 112
오랑주, 프랑스 306
오렌지 공 윌리엄(윌리엄 3세) 265
오마르 카이얌 335
오스만 제국 182, 188, 199-200, 215, 261-3, 494
오스티아 안티카 51, 412
오스티엔세, 비아 51, 55, 232, 411, 443
《오즈의 마법사》(L. 프랭크 바움) 93
오파, 머시아인 왕 140, 150
와이어트, 토머스 224
와일드, 오스카 375
요비누스 46
요크(에보라쿰) 76, 205, 265
요한 15세, 교황 146
요한 19세, 교황 150
요한 바오로 2세, 교황 87, 386
우드워드, 사제 225
우파키클리, 튀르키예 104
《우편 지리도》(니콜라 상송) 241
움브리아 83, 132, 289, 401
워즈워스, 윌리엄 321-2, 326, 342, 346, 492
워틀링 도로 15, 79, 101-2, 140, 481
월폴, 호레이스 269, 292
윈프리드, 주교 126
《유럽 대륙을 여행한 아일랜드 귀족》(캐서린 윌모트) 308
《유럽 여행 중의 사건들》(그레고리 도일) 368
《유럽 여행》(그랜트 앨런) 347
《유럽의 관광객》(조지 파머 퍼트넘) 345
유스티누스 2세, 황제 131
유스티니아누스 1세, 황제 112-3, 116, 200
율리아 아우구스타, 비아 126, 391

율리오 2세, 교황 198, 220
율리오 3세, 교황 210-1, 235, 375
이레네, 여제 134, 169
이스탄불(비잔티움, 콘스탄티노플) 21, 117, 186, 188-9, 263, 364, 482
　밀리온 타시(황금 이정표) 116-7, 263
　바실리카 저수지 128, 263
　코라 교회 263
　하기아 소피아 117
《이슬람의 흥망에 관한 고찰》(알타프 후세인 알리) 392
이탈리아
　독립 전쟁 354, 356
　비엔니오 로소 400
　3국동맹의-- 400
　이탈리아 전쟁(1494-1559) 216
　이탈리아 형제당 44
　1차 세계대전 중의-- 400, 414
　통일 337, 354, 358, 371-3, 378, 381, 405
　파시스트당 413
《이탈리아 기행》(샤를-니콜라 코생) 258
《이탈리아 기행》(윌리엄 딘 하웰스) 362
《이탈리아 기행》(프랑수아-르네 드 샤토브리앙) 318
《이탈리아 여행》(휴 윌리엄스) 331
《이탈리아 전역의 묘사》(레안드로 알베르티) 206, 260
《이탈리아》(레이디 모건) 280, 338
《이탈리아에서 온 편지들》(안나 리그스 밀러) 272
《이탈리아에서의 6개월》(조지 스틸맨 힐러드) 389
《이탈리아의 르네상스 문명》(야코프 부르크하르트) 375
《이탈리아의 르네상스》(존 애딩턴 시몬즈) 375, 492
《이탈리아의 사회와 풍속론》(존 무어) 281
《이탈리아의 여러 지역에 대한 논평》(조셉 애디슨) 256, 373
《이탈리아의 역사》(윌리엄 토머스) 220
《이탈리아의 풍경》(헨리 콕스) 316
《이탈리아의 풍경들》(찰스 디킨스) 419
이탈리카, 스페인 62-3
이턴, 샬롯 앤 270
인구아네즈, 돔 마우로 456
인스브루크, 오스트리아 137, 250
인터라켄, 스위스 323
《일러스트레이티드 런던 뉴스》 361
입센, 헨리크 375
잉글랜드 203-4, 223, 243-4, 250, 347 → 또한 "브리튼"을 보라

ㅈ
《자동차로 달리는 이탈리아의 고속도로와 작은 길들》(프랜시스 밀턴) 403
자마 전투 62
《전망 좋은 방》(E. M. 포스터) 371
《전쟁의 역사》(프로코피우스) 113
제노, 조반니 바티스타, 투스쿨룸 주교 208
제럴드, 오리악 백작 145-6
제롬, 성인 105-6
제발트, W. G. 375
제임스 2세, 스코틀랜드 왕 265
제임스 6세이자 1세 236
제임스, 헨리 151, 347, 360-1, 371, 376-7, 492
　《대서양 횡단 스케치》 347
　《이탈리아에서의 시간》 377
존스, 토머스 336
존슨, 새뮤얼 258, 294

주헴, 루돌프 폰 155, 167
줄리아, 빌라 210-1, 335
쥘, 피에르 261
《지리학 리뷰》 420
지오바니, 니키 484

ㅊ

《차일드 해럴드의 순례》(조지 바이런) 35,
　335, 350
찰스 1세, 영국 왕 265
찰스 2세, 영국 왕 250, 252-3
처칠, 윈스턴 399, 444, 451
체드왈라, 웨식스 왕 140
치스테르나, 치비타베키아 444-5, 447, 457

ㅋ

카노바, 안토니오 20, 309, 311, 474
카디스, 스페인 25, 57, 59-63
카라칼라, 황제(마르쿠스 아우렐리우스 안토
　니누스) 66, 156, 325, 361, 463
카롤링거 르네상스 137, 144
카르눈툼, 오스트리아 115, 168
카르두치, 조수에 359
카를 5세, 신성로마제국 215, 252, 305, 314
카를 6세, 신성로마제국 259
카비(카보), 몬테 348
카스텔누오보 디 포르토 274
카시아, 비아 19, 47, 132, 134, 146-7, 151,
　158-9, 332, 367, 404, 440, 443, 448
카실리나, 비아 31, 113, 357, 432, 441-4,
　450, 458, 478
카이사르, 율리우스 45-6, 48, 103, 158, 202,
　204, 237, 240, 257, 299, 301, 305, 315,
　360, 385, 391, 402, 459
카일레스티스, 여신 46

카푸아 17, 34, 127, 153, 236, 275, 357, 453
《칼레도니언 머큐리》 316, 328
칼레스 푸블리카이 37, 64
칼로얀, 불가리아 차르 185
칼리굴라, 황제 87
칼릭스투스 2세, 교황 157
칼만, 헝가리 왕 173
캄비세스, 아케메네스 왕 65-6
캄파냐 24, 151, 379, 406-8, 419, 453, 498
캄파니아 87
캠피언, 에드먼드 223
커밍스, 존 T 451
켐프, 마저리 160, 163-6
코르도바, 스페인 57, 63, 67, 69
코르푸, 코르시카 155, 247
코리엇, 토머스 236-40, 245-6, 256
《코린 혹은 이탈리아》(제르멘 드 스타엘) 23,
　350, 375
코모두스, 황제 361
《코스모그라피아》(세바스티안 뮌스터) 229
코케이우스, 마르쿠스 281
콕토, 장 398
콘라트, 황제 150
콘스탄티노플 84, 97, 99, 112, 115-6, 134,
　155, 168-71, 188, 192, 199, 221, 260-3 →
　또한 "이스탄불"을 보라
콘스탄티누스 6세, 비잔틴 황제 134
콘스탄티누스 대제, 황제 111, 205, 494
콜론나, 마르칸토니오 215
콜리올로, 바티스타 355
콜리지, 새뮤얼 테일러 334
쿠르베, 귀스타브 307
쿠르수스 푸블리쿠스 77
쿠마이 41, 201
쿠퍼, 제임스 페니모어 287

쿡, 토머스 371, 375
크누트 왕 150
크로스랜드, 카밀라 368
크리스티나, 스웨덴 여왕 249-52
클라우디우스, 황제 13, 16, 277
클라크, W. G. 356, 366
클라크, 제임스 334
클레멘스 7세, 교황 209
클레멘스 8세, 교황 273
키안티지아나, 비아 225
키츠, 존 334, 337-8, 375, 425, 452

ㅌ

타라고나, 스페인 57, 59, 70, 152
타란토 45
타이그, 오 시아나인 244, 484
타키투스 81-2, 229, 240, 483
탕헤르, 모로코 84, 155
터너, J. M. W. 336
터크, 에드워드 392
테라치나 17, 33, 38, 54, 88, 125, 207, 209, 257, 271, 309, 327, 420, 425, 458, 467
테르니 217, 255
테르메 델 바쿠코 149
테베, 그리스 81
테살로니키 84, 97, 100, 114, 117, 119-20, 124, 168-9
테오도라, 황후 112
테오도리쿠스 대왕, 동고트족 통치자 112
테오도시우스 법전 79, 103, 116
토르 디 퀸토 101
토르셀로, 마리노 사누도 177
토트, 프리츠 424
톰킨스, 피터 439-40, 444, 449-52
투델라의 벤야민, 랍비 152

툴루즈의 레몽 173, 175
트라야누스, 황제 40, 45-6, 62, 102, 122, 124, 229, 260-2, 305, 307, 310, 477-8
트라이아나, 비아 45, 83, 97, 122, 124, 248, 477
트리비아(세 갈래 길) 149
티베리우스, 황제 13, 64, 78, 277, 306, 464
티볼리 30-1, 37, 47, 201, 206, 209, 270, 284, 294, 348, 355, 408, 436, 443
티부르티나, 비아 37, 55, 201, 209, 259, 348, 355, 401, 407, 436, 443
티슈바인, 요한 하인리히 빌헬름 336
티투스, 황제 153, 305, 307, 311, 385
팀가드(타무가디), 알제리 156

ㅍ

파가누치오 산 42
파노(파눔 포르투나이) 41, 131, 221, 251
파도바 90, 240, 403, 437, 471
파르네세, 피에르 루이지 235
《파르마의 수도원》(스탕달) 283
파리
  개선문 306-7
  뤼테스 원형 극장 238
  베르사유 255
  생 미셸 대로 238
  생 자크 거리 238
  생드니 수도원 136
  소르본 238
  카루젤 개선문 306
  코뮌 307
  《파리 트리뷴》 420
  포르트 생마르탱 305
  포부르 생제르맹 285
파리니, 루이지 293, 358

파비아 131, 142-3, 145, 211-3, 217, 303, 330
라 체르토사, 역참 213
성 조반니 돔나룸 143
파울라, 성인 105-6
파팔리스, 비아 197
《펀치》 400
페르티낙스, 황제 229
페이터, 월터 375
펙, 그레고리 467, 472, 496
펠라, 마케도니아 97
펠라지오 1세, 교황 114
펠레그리노, 비아 델 197
펠로즈, 코넬리우스 382
펠리페 2세, 스페인 왕 207
포 강/포 계곡 151, 250, 292
포르투갈의 마리아 207
포르투엔시스, 비아 144
포를리 101
포세 아르데아티네 기념비 33
포솜브로네 132, 221
포스 가도, 영국 79, 481
포스투미아, 비아 302
포실리포(파우실립포) 281, 319
포에니 전쟁 32, 58, 62, 70
포이팅거 지도 68-9, 88, 90, 104, 149, 187
포지아 41, 128, 477
포추올리 87, 153-4, 236, 281, 385, 427
포필리아, 비아 127
폰타노, 조반니 조아키노 426
폰테프랙트, 요크셔 140
폰티네 습지 38, 53, 196, 207, 253, 287, 301, 309, 314, 316, 418-20, 443-5, 450
폴, 레지널드 추기경 219
폼페이 287-8, 318, 430-1, 476
푸를로 터널 42, 206, 221, 240

푸블리키우스, 마르쿠스 29
〈풍자시〉(유베날리스) 434
프라스카티 284, 360, 408
프라이토리아, 비아 205
프란치스카, 비아 145
프란치제나, 비아 25, 145-8, 158-9, 485
프랑수아 1세, 프랑스 국왕 259, 261, 305
프랑스
갈리아 32, 74, 83, 158, 161, 305-6, 390, 421
보나파르트, 나폴레옹 22, 290, 299-302, 304-11, 314-5, 318, 321, 328-30, 335, 338, 342-3, 345, 354, 359-60, 391, 424-5, 485
종교전쟁 224 → 또한 "프랑크족"을 보라
《프랑스와 이탈리아 여행기》(토비아스 스몰렛) 278
《프랑스와 이탈리아의 감상적 여행》(로렌스 스턴) 280
《프랑스의 길 안내》(샤를 에스티엔) 221, 241
프랑크족 114, 145, 171
《프랑크족의 행적》 170, 189
프레쥐스, 프랑스 103, 312
프로스트, 루스 스털링 420
프룩투오수스, 주교 71
프리드리히 1세 바르바로사, 신성로마황제 172
《프리드리히 바르바로사의 원정사》 179
프리브케, 에리히 465
프리오라토, 갈레아초 과르도 249-51
프리울리 103, 131
프리토기타, 웨식스 왕비 142
플라미니아, 비아 21, 41-4, 55, 58, 68, 83, 114, 131-3, 164-5, 210-1, 216, 232, 236, 245, 248, 255, 258-9, 271-4, 288, 354-5, 376, 449, 470, 475

플라카, 비아 55
플라쿠스, 시쿨루스 36
플랑쿠스, 무나티우스 238
플레레스, 우고 419
플로브디프(필리포폴리스), 불가리아 93-7,
　100, 115, 145, 168-9, 181, 183-7
플루타르크 81, 221, 254
플리니우스, 대(大) 161
플리니우스, 소(小) 49-51, 358
피렌체 158-9, 165, 196, 198, 208, 211, 225,
　231, 233, 255, 281, 286, 300, 316, 336,
　347, 355, 365-6, 372, 377, 381, 403, 436-7
《피부》(쿠르치오 말라파르테) 459
피사 153, 233, 287, 335, 365
피안치아니, 루이지 대령 354
피오렌티니, 발레리오 452
피오의 문 251
피우메, 이스트리아 406
피카소, 파블로 398
피콜로미니, 에네아 실비오 199, 203-5 → 또
　한 "비오 2세, 교황"을 보라
핀치아나, 비아 144
핀투, 마르코 234
필리포스 2세, 마케도니아 120
필립 1세, 프랑스 왕 175

ㅎ

하드리아나, 비아 104
하드리아노 1세, 교황 132
하드리아누스 성벽 25, 76, 432, 481
하드리아누스, 황제 62, 95, 97, 204
《하루 5달러 유럽 여행》(프로머) 468
하이웰 다, 디버드 왕 142
한니발 32, 58, 62, 97, 221, 240, 251, 290,
　293, 318, 380, 444, 451
합스부르크 제국 400
해밀턴, 엠마, 레이디 324
해밀턴, 윌리엄 287
햄블린, 도라 제인 475
《행운의 다양성에 대해》(포지오 브라치올리
　니) 196
헤르모폴리스의 테오파네스 99
헴스케르크, 마르텐 반 207
헵번, 오드리 467, 472
호라티우스 24, 53, 88, 209, 256-7, 282, 284,
　419, 448
호손, 너새니얼 350-1, 410, 492
호홀, 미콜라 341
화이트커크, 스코틀랜드 203
훼트넬, 레이디 253
히틀러, 아돌프 417-8, 422-4, 441, 492, 494

로마로 가는 길
인간과 문명을 연결한 2천 년의 여정

1판 1쇄 2025년 10월 20일

지은이 | 캐서린 플레처
옮긴이 | 이종인

펴낸이 | 류종필
편집 | 노민정, 이정우, 권준, 이은진
경영지원 | 홍정민
표지 디자인 | 석운디자인
본문 디자인 | 이미연

펴낸곳 | (주)도서출판 책과함께
　　　주소 (04022) 서울시 마포구 동교로 70 소와소빌딩 2층
　　　전화 (02) 335-1982
　　　팩스 (02) 335-1316
　　　전자우편 prpub@daum.net
　　　블로그 blog.naver.com/prpub
　　　등록 2003년 4월 3일 제2003-000392호

ISBN 979-11-94263-73-9 03920